DIE SCHWEIZERISCHE RECHTSORDNUNG IN IHREN INTERNATIONALEN BEZÜGEN

FESTGABE ZUM SCHWEIZERISCHEN JURISTENTAG 1988

DIE SCHWEIZERISCHE RECHTSORDNUNG IN IHREN INTERNATIONALEN BEZÜGEN

FESTGABE
ZUM SCHWEIZERISCHEN JURISTENTAG
1988

*Dargeboten von
der juristischen Abteilung der Rechts-
und Wirtschaftswissenschaftlichen Fakultät
der Universität Bern*

Herausgegeben von
GUIDO JENNY UND WALTER KÄLIN

VERLAG STÄMPFLI & CIE AG BERN · 1988

Diese Festgabe erscheint als Sonderband 124bis
der «Zeitschrift des Bernischen Juristenvereins»,
herausgegeben von Bundesrichter Prof. Dr. Heinz Hausheer
im Verlag Stämpfli & Cie AG Bern

Zitiervorschlag: Festgabe Juristentag 1988

©

Verlag Stämpfli & Cie AG Bern · 1988
Gesamtherstellung: Stämpfli & Cie AG,
Graphisches Unternehmen, Bern
Printed in Switzerland
ISBN 3-7272-9218-0

VORWORT

Es gehört zu den historischen Verdiensten des Schweizerischen Juristenvereins, dass er ausgangs des letzten Jahrhunderts dem Prozess zur Vereinheitlichung des eidgenössischen Rechts wesentliche Anstösse verliehen hat. Ging es damals um die Überwindung kantonaler Normenvielfalt und -zersplitterung, sieht sich das Recht gut hundert Jahre später zunehmend mit der Aufgabe konfrontiert, sachgerechte Lösungen für die Regelung grenzüberschreitender Lebenssachverhalte und Konflikte bereitzustellen. Nationales Recht der Gegenwart ist in mannigfacher Weise in über- und internationale Bezüge eingebunden, wird durch sie ergänzt oder gar modifiziert. Die bestehenden Verflechtungen sind längst nicht mehr Gegenstand rein wissenschaftlich betriebener «Rechtsvergleichung»; vielmehr prägen sie unmittelbar und in wachsendem Ausmass auch die innerstaatliche Rechtsanwendung, den Berufsalltag des praktisch tätigen Juristen.

Der Blick auf diese Zusammenhänge hat die Wahl des Themas bestimmt, dem die im vorliegenden Sonderband der ZBJV vereinten Aufsätze gewidmet sind. Mit der Überreichung der Festgabe an die Teilnehmer des diesjährigen Schweizerischen Juristentages möchte die juristische Abteilung der Rechts- und wirtschaftswissenschaftlichen Fakultät der Universität Bern dem Schweizerischen Juristenverein die Reverenz erweisen. Sie würdigt damit die besondere Bedeutung, die diesem Gremium seit seiner Gründung für die Pflege und Fortbildung des Rechts in unserem Lande zukommt.

Die Herausgeber danken im Namen der Abteilung all jenen, die das Erscheinen der Festgabe in dieser Form ermöglicht haben: den Donatoren für die grosszügige finanzielle Unterstützung, Herrn Dr. Jakob Stämpfli für die umsichtige Betreuung der Verlagsarbeiten und den nicht vollamtlich in der Lehre engagierten Kollegen für die trotz ihrer hauptberuflichen Belastung rege Mitwirkung.

Guido Jenny   Walter Kälin

DONATORENLISTE

Bernischer Anwaltsverband
Bernischer Juristenverein
Schweizerischer Gewerbeverband
Gewerbeverband der Stadt Bern
Berner Handelskammer
Burgergemeinde Bern
Verband Bernischer Banken
Einwohner-Ersparniskasse Bern
Berner Allgemeine Versicherungsgesellschaft
Schweizerische Mobiliar Versicherungsgesellschaft
Schweizerische Treuhandgesellschaft
Allgemeine Treuhand AG
Fides Treuhandgesellschaft
Schweiz. Serum- & Impfinstitut Bern
Société Suisse Microélectronique et d'Horlogerie SA, Bienne
Schweizerischer Hotelier-Verein
Hasler AG
Wander AG
Loeb AG

INHALTSVERZEICHNIS

I. VÖLKERRECHT UND LANDESRECHT

ROLF BÄR, *Dr. iur., o. Professor für schweizerisches und internationales Privat- und Handelsrecht sowie Europarecht*
Extraterritoriale Wirkung von Gesetzen 3
ARTHUR HAEFLIGER, *Dr. iur., alt Bundesrichter, em. ao. Professor für Strafrecht und Strafprozessrecht*
Das Erfordernis einer nationalen Beschwerde bei Verletzung der Europäischen Menschenrechtskonvention 27
WALTER KÄLIN, *Dr. iur., o. Professor für eidgenössisches und vergleichendes kantonales Staatsrecht sowie Völkerrecht unter Einschluss des Rechtes internationaler Organisationen*
Der Geltungsgrund des Grundsatzes «Völkerrecht bricht Landesrecht» 45
PETER SALADIN, *Dr. iur., o. Professor für Staats-, Verwaltungs- und Kirchenrecht*
Völkerrechtliches ius cogens und schweizerisches Landesrecht 67

II. RECHTSVERGLEICHUNG UND -REZEPTION

BRUNO HUWILER, *Dr. iur., o. Professor für Zivilrecht und römisches Recht*
Zum Bereicherungsanspruch gegen den Fahrniseigentümer kraft Ersitzung: Eine rechtsvergleichende Fallstudie . 99
H. ALBERT KAUFMANN, *Dr. iur., o. Professor für römisches Recht, Rechtsvergleichung, internationales Privatrecht sowie schweizerisches Privatrecht*

Rechtsnachteile in der Errungenschaftsbeteiligung wegen
Erfüllung sittlicher Pflichten? 131

KARL-LUDWIG KUNZ, *Dr. iur., o. Professor für Kriminologie,
Strafrecht und Rechtstheorie*
Der Umfang der Notwehrbefugnis in vergleichender
Betrachtung 161

DIEMUT MAJER, *Dr. iur., Privatdozentin für Verfassungsgeschichte der Neuzeit, Staats- und Verwaltungsrecht, insbesondere Deutschlands*
Die Auswahl der Verfassungsrichter in Westeuropa und
in den USA 177

WOLFGANG WIEGAND, *Dr. iur., o. Professor für Privatrecht und Privatrechtsgeschichte*
Die Rezeption amerikanischen Rechts 229

III. DIE RECHTLICHE BEWÄLTIGUNG INTERNATIONALER WIRTSCHAFTSVERFLECHTUNGEN

EUGEN BUCHER, *Dr. iur., o. Professor für Privatrecht einschliesslich Rechtsvergleichung*
Die Regeln betreffend Schiedsgerichtsbarkeit im neuen
IPRG und deren verfassungsrechtlicher Hintergrund 265

GERHARD GERHARDS, *Dr. iur. und Dr. rer. pol., Privatdozent für ausgewählte Bereiche des Sozialversicherungsrechts, insbesondere Arbeitslosenversicherungsrecht*
Die Grenzgänger in der schweizerischen Arbeitslosenversicherung 299

EUGEN MARBACH, *Dr. iur., Privatdozent für Privatrecht, einschliesslich Immaterialgüterrecht und Wettbewerbsrecht*
Der Stellenwert ausländischer Sachverhaltselemente bei
der Beurteilung nationaler Markenrechte 319

PAUL RICHLI, *Dr. iur., nebenamtlicher ao. Professor für Wirtschafts-, Finanzverfassungs- und Verwaltungsrecht*
Zur internationalen Verflechtung der schweizerischen Währungsordnung 339

IV. INTERNATIONALES DOPPELBESTEUERUNGSRECHT

PETER LOCHER, *Dr. iur., o. Professor für Steuerrecht*
Zur «negativen Wirkung» von Doppelbesteuerungsabkommen 365

WALTER RYSER, *docteur en droit, professeur honoraire pour droit fiscal bernois, fédéral et international, droit des sociétés*
L'érosion unilatérale de la portée des traités préventifs de la double imposition 397

V. INTERNATIONALES STRAFRECHT UND RECHTSHILFE

GUNTHER ARZT, *Dr. iur., o. Professor für Strafrecht, Strafprozessrecht und strafrechtliche Hilfswissenschaften*
Zur identischen Strafnorm beim Personalitätsprinzip und bei der Rechtshilfe 417

HANS SCHULTZ, *Dr. iur., em. o. Professor für Strafrecht, Strafprozessrecht, strafrechtliche Hilfswissenschaften und Rechtsphilosophie*
Bemerkungen zu IRSG Art. 74 443

I.

VÖLKERRECHT UND LANDESRECHT

ROLF BÄR *

EXTRATERRITORIALE WIRKUNG VON GESETZEN

Von «extraterritorialer» Wirkung pflegt man zu sprechen, wenn sich eine Norm ausserhalb des Staatsgebiets des Normsetzers fühlbar macht. Eine bereits erfolgte oder eine bloss potentielle Anwendung beeinflusst Verhalten im Ausland, das aber für den Betrachter meist Inland ist. Nimmt der Betrachter dies als irgendwie unangenehm wahr, formuliert er den Vorwurf, der Erlass-Staat (ein unschöner, aber praktisch kurzer und klarer Ausdruck) «exportiere» sein Recht. Es scheint dem die Vorstellung zugrunde zu liegen, ein nationaler Gesetzgeber habe nur «für sein Staatsgebiet» zu legiferieren, und deshalb müsse sich die Normwirkung auch auf dieses Staatsgebiet beschränken; die extraterritoriale Wirkung verstosse gegen Völkerrecht und mindestens gegen die courtoisie internationale. Auch die «extraterritoriale Wirkung» ist jedesmal ein Ausdruck des Unmuts, nicht nur die Beschreibung eines Phänomens.

Da solche Unmutsäusserungen nicht nur in der journalistischen, sondern auch in der juristischen Diskussion in unserem Land recht verbreitet geworden sind – etwa im Zusammenhang mit ausländischen Kartellrechten, mit Insider-Sanktionen oder prozessualen Zwängen –, mag der Versuch einer gewissen Klärung in dieser Festschrift den richtigen Platz finden, da ihre Adressaten die schweizerischen Juristen überhaupt sind. Damit ist gleich auch gesagt, dass hier nicht für Spezialisten geschrieben wird, die im folgenden nichts Neues erfahren werden. Vielmehr wird für den allgemeinen Gebrauch unternommen, die in diesem Zusammenhang anstehenden Probleme von Scheinpositionen zu lösen und auf jenen Boden zu stellen, auf welchem sie in Wahrheit ausgetragen werden müssen; sie bleiben auch dort

---

* Herrn lic. iur. KONRAD BÄHLER, Assistent, sei sehr herzlich gedankt für sachkundige Mitarbeit und fruchtbare Diskussionen.

noch schwierig genug. Und aus Platzgründen wird der belegende und weiterführende Apparat rudimentär bleiben, denn Literatur und Anwendungsbeispiele sind in den letzten Jahren fast unermesslich geworden [1].

1. Wie bereits angedeutet, beruht der Vorwurf extraterritorialer Wirkung auf der Vorstellung einer gesollten territorialen Selbstbeschränkung. – Das *Territorialitätsprinzip* als völkerrechtlicher Zuordnungsbegriff hat indessen mehrere Bedeutungen, die eingangs darzulegen sind, weil erfahrungsgemäss in unserem Zusammenhang die «Territorialitäten» durcheinandergeworfen und aus einer Version Argumente für eine andere gezogen werden [2].

a) Die *Territorialität der Staatsgewalt* ist unbestritten und strikte einzuhalten: Nicht nur Zwangsausübung (über indirekten Zwang später), sondern auch andere Behördenaktivitäten sind auf das betreffende Staatsgebiet beschränkt [3]. Fremde Steuerrevisoren, Zollfahnder, Gesundheitsfunktionäre haben ohne Zustimmung der inländischen Behörden hier nichts zu suchen. Entsprechende Präjudizien sind aber für unser Problem irrelevant, das eine «andere Territorialität» betrifft.

b) Desgleichen unbestritten und hier nicht einschlägig die *Territorialität der Normgeltung:* Die Norm ist nur für Behörden des Erlassstaates verbindlich. Wenn im Rahmen des IPR ausländisches Recht angewandt wird, dann kraft der inländischen Kolli-

---

[1] Zur Einführung und überblickmässigen Information vgl. etwa GROSSFELD, Internationales Unternehmensrecht, Heidelberg 1986; ZÄCH (Hrsg.), The European Business World and the Extra-Territorial Application of United States Economic Regulations, WuR Sonderheft 1983; ROSENTHAL/KNIGHTON, National Laws and International Commerce, London/Boston/Henley 1982; vor allem jedoch MENG, Völkerrechtliche Zulässigkeit und Grenzen wirtschaftsverwaltungsrechtlicher Hoheitsakte mit Auslandswirkung, ZaöRV 44 (1984) 675 ff.

[2] Zum folgenden bereits BÄR, Kartellrecht und Internationales Privatrecht, Habilitationsschrift, Bern 1965, ASR Heft 369, 323 ff.

[3] VERDROSS/SIMMA, Universelles Völkerrecht, 3. Aufl. Berlin 1984, 636; MÜLLER/WILDHABER, Praxis des Völkerrechts, 2. Aufl. Bern 1982, 273 ff. – Die hohe See wird hier unberücksichtigt gelassen.

sionsnorm[4]. Sie befiehlt dem inländischen Richter, auf bestimmte Tatbestandskonstellationen ausländisches Recht anzuwenden. Wird auf den Nachlass eines Deutschen mit letztem Wohnsitz in der Schweiz deutsches Erbrecht angewandt, dann nicht, weil das deutsche IPR diesen räumlichen Geltungsanspruch für deutsches Erbrecht erhebt (EG BGB 25 I), sondern nach schweizerischem NAG 22 II (in internationaler Ausweitung; ebenso IPRG 90 II), sofern der Erblasser seinen Nachlass letztwillig seinem Heimatrecht unterstellt hat. Der ausländische «extraterritoriale» Geltungsanspruch wird nur aus praktischen Gründen beachtet (sog. Renvoi des IPR), weil es je nach Materie sinnlos sein kann, ausländisches Recht nicht im Einklang mit dessen räumlichem Geltungsanspruch anzuwenden; doch darüber entscheidet die inländische Kollisionsnorm (neues IPRG 14; bisher Praxis)[5]. Überdies setzt sich eine inländische Norm, die sog. international zwingend angewandt sein will, beim inländischen Richter auf jeden Fall durch (neues IPRG 18; fälschlich in der Lehre als lois d'application immédiate bezeichnet, da nie die materielle Norm unmittelbar angewandt wird, sondern nur kraft der Kollisionsnorm, welche die räumliche Geltung bestimmt und in den Fällen von IPRG 18 meist eine nur einseitige – eine sog. Grenznorm – ist)[6].

Eine ausländische Norm wird also im Inland – soweit völkerrechtliche Verpflichtungen fehlen – nur *freiwillig* angewandt; sie «gilt» für inländische Behörden nie per se[7]. Für unseren Zusammenhang ist es noch einmal nicht die einschlägige Territorialität.

---

[4] KELLER/SIEHR, Allgemeine Lehren des internationalen Privatrechts, Zürich 1986, § 14 I 2a S. 130, § 20 I S. 230.

[5] KELLER/SIEHR (Fn. 4), § 20 I 1 S. 230; NEUHAUS, Die Grundbegriffe des Internationalen Privatrechts, 2. Aufl. Tübingen 1976, 64, 322.

[6] KELLER/SIEHR (Fn. 4), § 21 3b, S. 242 ff., insbes. S. 244 f.; NEUHAUS (Fn. 5), 105 f.; ausführlich KEGEL, Internationales Privatrecht, 6. Aufl. München 1987, 36, 192.

[7] Vgl. oben Fn. 5, ferner WENGLER, Völkerrecht Bd. 2, Berlin 1964, 947 ff.; RUDOLF, Territoriale Grenzen der staatlichen Rechtsetzung, Berichte der deutschen Gesellschaft für Völkerrecht, Heft 11, 37.

Das gilt auch für Art. 19 des neuen IPRG, das – vor allem auf ausländische wirtschaftsrechtliche Eingriffe gemünzt – ausländische Normen ausserhalb des IPR-Systems anzuwenden erlaubt, wenn sie selber einen solchen Geltungsanspruch erheben *und* wenn dieser örtlich wie sachlich als berechtigt erscheint – in *schweizerischen* Augen[8]! Wenn gegen Art. 19 schon der Vorwurf erhoben worden ist, er verletze das Territorialitätsprinzip, dann kann es nicht die hier besprochene sein, sondern entweder das nachfolgend unter lit. *c* besprochene (m. E. inexistente) oder ein blosser rechtspolitischer Vorwurf an den schweizerischen Gesetzgeber. Dieser hat es für richtig erachtet, im Interesse realistischer Zivilrechtsprechung auch nicht reine Privatrechtsnormen einfliessen zu lassen; nicht *um* die schweizerischen Gerichte für ausländische Rechtspolitik durchlässig zu machen, sondern weil Zivilparteien in internationalen Verhältnissen davor nicht abgeschirmt zu werden vermögen und dem bereits bei Entscheidung z. B. einer Vertragsverletzung Rechnung zu tragen ist. Dabei ist nicht nur die Abwägung der Parteiinteressen von Bedeutung, sondern auch der rechtspolitische Inhalt der Norm, beurteilt aus schweizerischer Sicht[9].

c) Eine *Territorialität der Normwirkung* ist als völkerrechtlicher Abgrenzungssatz eine Legende, sobald man die denkbaren Territorialitäten säuberlich auseinanderhält. Dürfte ein Staat nur in dem Sinne «für sein Staatsgebiet» legiferieren, dass sich die Normanwendung ausschliesslich im Inland auswirkt, nicht aber z. B. auf das Verhalten Auslandsdomizilierter, müsste er alle

---

[8] Vgl. BÄR, Internationales Kartellrecht und unlauterer Wettbewerb, in: Beiträge zum neuen IPR des Sachen-, Schuld- und Gesellschaftsrechts, FS R. Moser, Zürich 1987, 163 f., insbes. Anm. 58, S. 173.

[9] Obwohl ich eine Norm dieser Art wohl als erster in der Schweiz postuliert habe (Fn. 2), muss ich der Versuchung einer weiter ausholenden Verteidigung hier widerstehen. Einziger Einwand ist, dass Art. 13, 2. Satz, solchen Eingriffsnormen der normal ermittelten lex causae nicht ausdrücklich den selben Filter vorschiebt, was aber in der Rechtsprechung unbedingt geschehen sollte (Ansatz: «nicht allein»). Das Resultat wäre die in der zitierten Schrift postulierte Sonderanknüpfung wirtschaftsrechtlicher Eingriffe.

ernsthaft grenzüberschreitenden Tatbestände aus dem Regelungsbereich ausklammern, und da dies auch für alle andern Staaten zuträfe, blieben solche Tatbestände im Resultat rechtsfrei. Wir Handelsrechtler hätten endlich den Freiraum für die gehätschelte «lex mercatoria»!

Das ist unvernünftig, unzumutbar und gewiss nicht Völkerrecht[10]. Die «extraterritoriale Wirkung», der «Export» von Normen, ist im Prinzip nichts Aussergewöhnliches[11] (Ziff. 2 nachfolgend), und der Problematik muss mit weit subtileren Überlegungen beigekommen werden (Ziff. 3 ff.).

2. Da die hier betrachteten Schlagworte von einem gewissen Unmut getränkt sind und Unmut selten selbstbezüglich ist, sei kurz nachgewiesen, dass auch die Schweiz «Export» betreibt: Als in einem kartellprivatrechtlichen Prozess ein Pariser Verlagshaus vor Schranken stand, hat das Bundesgericht nicht gezögert, das Kartellrecht – im Einklang mit der neueren Doktrin – dem Auswirkungsprinzip zu unterstellen, den Fall also an die Auswirkung der Kartellabrede am schweizerischen Markt anzuknüpfen und auslandsdomizilierte Kartellmitglieder auf ein dem schweizerischen Kartellrecht konformes Verhalten zu verpflichten[12]; dies, obwohl es nur wenige Jahre her war, seit man den umgekehrten Fall als Völkerrechtsverletzung reklamiert hatte, dass die kartellistische Ordnung des amerikanischen Uhrenmarktes durch Schweizer Fabrikanten durch die Antitrustbehörden der USA erfasst worden war[13]. Doch kann kein Staat Ordnung in die Wett-

[10] So bereits der Ständige Internationale Gerichtshof im «Lotus»-Urteil, CPJI Sér. A N° 10/1927, 18 f.; DAHM, Völkerrecht Bd. 1, Stuttgart 1958, 254; VERDROSS/SIMMA (Fn. 3), 761 f.; MENG (Fn. 1), 685, 740.

[11] Ebenso z. B. KELLER/SIEHR (Fn. 4), § 14 III 3 S. 135.

[12] BGE *93* II 192 = Pra *56* Nr. 144 («Hachette»-Fall); befürwortend die Doktrin: MERZ, Das schweizerische Kartellrecht, Bern 1967, ASR Heft 376, 36 f.; SCHÜRMANN, Wirtschaftsverwaltungsrecht, 2. Aufl. Bern 1983, 330. Bezüglich des neuen Kartellgesetzes vgl. Botschaft BBl *1981* II 1337 ff.; SCHMIDHAUSER, Altes und neues Kartellgesetz im Vergleich, WuR *1986* 365 f.

[13] Zu diesem Fall, dem sog. «Swiss Watchmakers Case», siehe MÜLLER/WILDHABER (Fn. 3), 266 ff.

bewerbsverhältnisse beim inländischen Absatz bringen, wenn er Auslandsdomizilierte frei liesse.

Ebenso trifft die Bankenkommission, mit Unterstützung des Bundesgerichts, Verfügungen gegen Auslandsbanken (wenn auch formell an den inländischen Sitz der Muttergesellschaft gerichtet), wenn der Bankplatz Schweiz betroffen ist[14]. Extraterritorial wirken aber auch etwa die Bestimmungen gegen den wirtschaftlichen Nachrichtendienst[15] oder zugunsten des Bankgeheimnisses[16].

Auch wir kommen also nicht um «Export» herum, wenn wir eine für jedermann gültige, territorial einheitliche Sachordnung für nötig halten. Das mahnt zu Besonnenheit mit Vorwürfen in umgekehrter Richtung. Zudem fallen solche Vorwürfe schon niemand ein, wenn man sich an extraterritoriale Wirkungen ausländischen Rechts längst *gewöhnt* hat, so vor allem im Bereiche des IPR: Wendet ein ausländisches Gericht auf einen Kaufvertrag zwischen einem Ausländer und einem Schweizer ausländisches Recht an, wird das Urteil bei uns anerkannt und vollstreckt, soweit sog. internationale Gerichtsbarkeit (nach schweizerischen Vorstellungen) gegeben war und das Ergebnis nicht als massiv ungerecht erscheint (ordre public), doch durchaus anders sein kann, als es nach schweizerischem Recht ausgefallen wäre. Das

---

[14] BGE *108* I b 519 E. 2 b = Bull BaK *12* (1983) 13 f. Vgl. ferner Jahresberichte BaK *1982* 20 f., *1983* 23 f. und BODMER/KLEINER/LUTZ, Kommentar zum schweizerischen Bankengesetz Zürich 1976/81/82/86, N. 28 zu Art. 23bis BaG. – Auch in gewissermassen umgekehrter Richtung wurde einer schweizerisch domizilierten Tochtergesellschaft zur Auflage gemacht, dafür besorgt zu sein, dass die zu Aufsichtszwecken erforderlichen Informationen durch die ausländische Mutterbank zur Verfügung gestellt werden. – Vgl. Bull BaK *14* (1984) 5 ff., Jahresbericht BaK *1984* 33 f. und BODMER/KLEINER/LUTZ a. a. O., N. 31 zu Art. 23bis BaG.

[15] Schutzprinzip StGB Art. 4 Abs. 1.

[16] Hier und beim Schutz des Fabrikations- und Geschäftsgeheimnisses (StGB Art. 162) ist die Strafbarkeit der Auslandstat nicht unumstritten und wird zum Teil mit verschiedenen Begründungen bejaht. Vgl. für eine Übersicht zum Problem HONEGGER, Amerikanische Offenlegungspflichten im Konflikt mit schweizerischen Geheimhaltungspflichten, Diss. Zürich 1986, 149 f., 152.

gilt auch für inhaltlich heiklere Gebiete, wie das Familien- oder Erbrecht. Das nichtstaatsvertragliche IPR beruht geradezu auf dem Satz, dass internationale Tatbestände nach einem nationalen Recht zu beurteilen sind, welches dann notwendig extraterritorial wirkt. Von einem Konflikt zwischen staatlichen Souveränitäten spricht hier niemand mehr[17]; ganz im Gegensatz zur Frühgeschichte des IPR im 19. und beginnenden 20. Jahrhundert (z. B. in der Diskussion zum sog. Unilateralismus[18] oder zum Renvoi-Problem[19]).

Doch gilt dies nicht nur für das klassische Privatrecht, sondern auch für wirtschafts- und verwaltungsrechtliche Eingriffe: Dass ein österreichisches seuchenpolizeiliches Importverbot eine vertragsstörende Wirkung auch auf den schweizerischen Kaufvertragspartner ausübt, wird in BGE *79* II 303 anerkannt, weil inhaltlich nicht zu beanstanden. Oder: Der gerichtliche Widerstand gegen ausländisches Devisenrecht in z.B. vertragsrechtlichem Kontext ist lange nicht nur mit diskriminatorischen Wirkungen[20] begründet worden, sondern auch mit dem überwiegenden Wert der Vertragstreue[21]. Doch jedenfalls der letztere Gesichtspunkt hat sich mit der mählichen Gewöhnung an staatliche Devisenkontrollen verflüchtigt, und letztere sind anerkennungsfähig geworden[22]. Dazu bedarf es nicht geradezu des Gedankens, dass

---

[17] Siehe SCHWANDER, Internationales Privatrecht Allgemeiner Teil, St. Gallen 1985, 3-1, 23; KEGEL (Fn. 6), 80, 92; NEUHAUS (Fn. 5), 30 ff.; MENG (Fn. 1), 690.

[18] Nachweise zum Unilateralismus bei KELLER/SIEHR (Fn. 4), 110 ff. Zur Ablehnung desselben SCHWANDER (Fn. 17), 5-12, 48; KEGEL (Fn. 6), 194; NEUHAUS (Fn. 5), 32 ff., insbes. aber 102.

[19] Ablehnend zu «Souveränitätsargumenten» in diesem Zusammenhang bereits MELCHIOR, Die Grundlagen des deutschen internationalen Privatrechts, Berlin/Leipzig 1932, 241; ferner prägnant SCHWANDER (Fn. 17), 9-4a, 79.

[20] Vgl. BGE *60* II 310, *61* II 246, *64* II 98f.

[21] Deutlich BGE *76* II 41, *80* II 52.

[22] Siehe BGE *63* II 312 ff., *72* III 52 (Auszüge in SJIR *1947* 227 ff.), BGE vom 30. Oktober 1951 (unveröffentlicht, Auszüge in SJIR *1953* 327 ff., 331), BGE vom 26. Juni 1980 i. S. Ungrad c. Ungrad (unveröffentlicht, Auszüge in SJIR *1981* 419 ff. mit Kommentar P. LALIVE/A. BUCHER). Gewisse Ansätze ent-

die Schweiz gegebenenfalls genau die selbe Massnahme träfe (wie bei der Seuchenpolizei), sondern der Gewöhnung an eine international jedenfalls nicht völlig singuläre Rechtspolitik, selbst wenn sie nicht auch die eigene ist, wir ihr aber eine gewisse Berechtigung in souveräner Entscheidung eines anderen Staates nicht abzusprechen vermögen [23].

Aus diesen Erscheinungen ist abzuleiten, dass extraterritoriale Wirkungen nicht aussergewöhnlich und notwendig sind, sich der hier besprochene Vorwurf also nicht auf das Phänomen selber bezieht, sondern auf Auswirkungen, die sich an einer gegenläufigen, einigermassen gewichtigen inländischen Rechtspolitik stossen oder jedenfalls von einem uns völlig fremden Institut u. dgl. herrühren, wie das z. B. von vielen Eigenheiten angelsächsischen Verfahrensrechts gilt.

Wenn wir den erwähnten Zusammenstoss zunächst ausklammern, so gilt für den Rest, sich bewusst zu machen, dass sich der Betrachter von seiner Prägung durch die nationalen Rechtsinhalte befreien muss und Fremdes nicht gleich für exotisch halten darf. In der sehr zurückhaltenden Rechtsprechung zur Vorbehaltsklausel des ordre public ist das Recht jedes Staates, andere Rechtsinhalte zu haben – auch wenn in der Anwendung oft extraterritorial wirkend –, im IPR längst Praxis geworden.

Die Frage ist also nur, an *wie geartete* Sachverhalte ein Staat sein Recht anknüpfen darf, selbst mit Weiterwirkung im Ausland.

3. Eine Abgrenzung der legislatorischen Kompetenzen eines Staates könnte nur vom *Völkerrecht* herrühren. Es wäre berufen, die Anknüpfungskriterien festzulegen, gemäss denen ein Staat ei-

---

hält auch BGE *64* II 102, 103 f. Siehe auch für einen Spezialfall OR 501 Abs. 4. – Eine differenzierende Betrachtungsweise, welche die Anwendbarkeit fremden Devisenrechts nicht a priori verneint, empfiehlt auch die neuere Lehre, vgl. KLEINER, Internationales Devisenschuldrecht, Zürich 1985, 23.15 S. 100, 23.33 S. 120 ff., 23.37 S. 125 f., 23.57 S. 141; F. A. MANN, Legal Aspects of Money, 4th ed. Oxford 1982, 401 ff.

[23] Vgl. insbes. auch F. A. MANN (Fn. 22), 405 f.

nen nicht in jeder Beziehung rein inländischen Tatbestand seinem Recht und seiner Jurisdiktion unterstellen dürfte.

Das *Völkervertragsrecht* wäre hier sicher und prinzipiell unproblematisch. Es ist unter bestimmten Staaten ausgehandelt und formuliert. Probleme der Auslegung und der Durchsetzung sind hier nicht zu behandeln. Aus praktischen Erfahrungen (etwa hinsichtlich der staatsvertraglichen Rechtshilfe und den USA[24]) sollte man sich aber darüber einig sein, dass der Staatsvertrag nicht bloss zur Verfügung steht, sondern verpflichtet, und darüber, welche einzelstaatlichen Massnahmen dadurch ausgeschlossen werden. – Nur ist Völkervertragsrecht bloss sehr punktuell vorhanden, bringt also nur selten die Lösung unseres Problems. Anderseits wäre die Problemlösung pro Materie möglichst stark auf diesem mühsamen Wege anzustreben.

Das *Völkergewohnheitsrecht* nämlich hat nur wenig zu bieten, wobei der Leser bei den nachfolgenden Erörterungen seine Aufmerksamkeit immer wieder darauf richten sollte, dass das Völkergewohnheitsrecht kaum je zu einer exklusiven Kompetenzzuteilung für internationale Tatbestände führt, sondern in der Regel höchstens zu Beschränkungen noch immer *konkurrierender* Kompetenzen. Die Klage ob störender «extraterritorialer Wirkungen» wird also weiterhin erhoben werden.

4. Erörterungen über *völkergewohnheitsrechtliche Schranken* setzen meist beim *Lotus-Urteil* des Internationalen Gerichtshofs (1927) ein, wo dieser zu beurteilen hatte, ob die Türkei zu Recht einen Offizier eines französischen Schiffs, das auf hoher See ein türkisches gerammt und dadurch türkische Seeleute getötet hatte, strafrechtlich erfassen durfte, nachdem das französische Schiff Istanbul angelaufen hatte. Dies wurde bejaht aufgrund des Terri-

---

[24] Diese neigen dazu, Rechtshilfeabkommen, speziell das Haager Beweisaufnahmeübereinkommen von 1970, nicht als alleinigen, verbindlichen Weg zur Beschaffung von im Ausland belegenen Beweismitteln zu betrachten. Vgl. zum neuesten Stand in den USA HEIDENBERGER, Die Supreme Court-Entscheidung zum Haager Beweisübereinkommen, RIW *1987* 666 ff.

torialprinzips (Schiff als Territorium des Flaggenstaats), nicht etwa des passiven Personalitätsprinzips; Gesichtspunkte, die hier nicht weiter interessieren und inzwischen völkervertragsrechtlich verändert worden sind. Die einleitenden allgemeinen Grundsätze indessen enthalten berühmte Sätze: Nach der Feststellung der Souveränität der Staaten in der Territorialität der Machtausübung (vorne Ziff. 1 a) fährt das Urteil fort[25]:

> «Mais il ne s'ensuit pas que le droit international défend à un État d'exercer, dans son propre territoire, sa juridiction dans toute affaire où il s'agit de faits qui se sont passés à l'étranger et où il ne peut s'appuyer sur une règle permissive du droit international. Pareille thèse ne saurait être soutenue que si le droit international défendait, d'une manière générale, aux États d'atteindre par leurs lois et de soumettre à la juridiction de leurs tribunaux des personnes, des biens et des actes hors du territoire, et si, par dérogation à cette règle générale prohibitive, il permettait aux États de ce faire dans des cas spécialement déterminés. Or, tel n'est certainement pas l'état actuel du droit international. Loin de défendre d'une manière générale aux États d'étendre leurs lois et leur juridiction à des personnes, des biens et des actes hors du territoire, il leur laisse, à cet égard, une large liberté, qui n'est limitée que dans quelques cas par des règles prohibitives; pour les autres cas, chaque État reste libre d'adopter les principes qu'il juge les meilleurs et les plus convenables.»

In Abkürzung der umfänglichen Diskussion darüber seit 1927 und bis in jüngste Zeit darf wohl als herrschend bezeichnet werden die Abwendung von jeder positivistischen Idee, es handle sich um eine Frage der Beweislast für das Vorliegen bzw. das Fehlen eines inhaltlich bestimmt umrissenen Völkerrechtssatzes[25a]. Angesichts der Schwerfälligkeit der Entstehung solchen Völkergewohnheitsrechts wäre dies eine unnötige Hemmung der Rechtsfortbildung[26].

Anderseits gibt der Kern der Erwägungen noch immer den gültigen Stand insofern wieder, als das Völkerrecht – wiewohl dazu kompetent – nicht für jeden Konfliktsfall eine Lösung der-

---

[25] Vgl. Fn. 10, S. 18, 19.

[25a] Oben nicht zitiert. Die betreffenden Ausführungen gipfeln im berühmten Satz «Les limitations de l'indépendance des Etats ne se présument donc pas».

[26] Dazu ausführlich MEESSEN, Völkerrechtliche Grundsätze des internationalen Kartellrechts, Baden-Baden 1975, 74 ff.; ferner MENG (Fn. 1), 737 ff.

art bereithält, dass einem der beteiligten Staaten die exklusive Kompetenz zugewiesen werden kann[27]. Dies ist im übrigen nicht bloss ein vorübergehender Mangel, denn man muss auch die Interessenverteidigung durch den souveränen Staat als Kompetenz des Völkerrechts anerkennen[28]. «Der Schuss über die Grenze ist weder allein eine innere Angelegenheit des Staates, in dem geschossen wird, noch desjenigen, in dem der Schuss trifft»[29]. Konkurrierende Zuständigkeiten (und «Export von Normen») können also legitim sein, und es bleibt – ungeachtet rechtstheoretischer Positionen – praktisch beim Satz, jeder Staat sei frei, doch unter Vorbehalt völkerrechtlicher Einschränkungen.

Was die letzteren betrifft, ist seit 1927 die Fortbildung des Rechtszustands weniger mittels neuer Einzelsätze erfolgt, als eher in der Betonung und Formulierungen einer Generalklausel: Zuerst noch sehr zurückhaltend als Verbot rechtsmissbräuchlicher (praktisch: interessenarmer) Anknüpfung bezeichnet, hat sich in den letzten Jahren unter verschiedenen Bezeichnungen (Grundsätze der Mässigung, der sinnvollen Anknüpfung, des Verbots mittelbarer Intervention u. dgl.[30]) in der Doktrin durchgesetzt die Pflicht jeden Staates, seinem Recht und seiner Gerichtsbarkeit nur Tatbestände zu unterwerfen, an denen er *ein erhebliches Interesse* besitzt, und dies in Abwägung zu gegenläufigen erheblichen Interessen anderer Staaten. Die von MENG[31] gewählte Formel des «völkerrechtlich geforderten Abwägungsminimums» erhellt aber in glücklicher Kürze die Grenze und eine Gefahr: Ausgehend vom Postulat der Interessenabwägung entsteht die Versuchung für jeden Autor, der sich in die Materie vertieft, nach

---

[27] MANN, The doctrine of jurisdiction in international law, RdC *111* 1964-I, 10; DAHM (Fn. 10), 254; WENGLER (Fn. 7), 944; VERDROSS/SIMMA (Fn. 3), 762.
[28] MENG (Fn. 1), 739 unten.
[29] MENG (Fn. 1), 749.
[30] Nachweise bei BÄR (Fn. 8), 173 f.
[31] (Fn. 1), 770.

seinem persönlichen Geschmack und mit subtilen Unterscheidungen ein privates Völkerrecht zu entwerfen, dem möglicherweise zwar die Zukunft gehört, nicht aber die Gegenwart. Es geht in der Tat um ein Abwägungs*minimum,* das sich noch nicht allzuweit vom Rechtsmissbrauchsverbot entfernt hat, allerdings den Rechtsmissbrauch am Massstab der wachsenden internationalen Verflechtung und Konfliktshäufigkeit – vor allem in Wirtschaftsdingen – zu messen hat. Ein Überziehen des Abwägungsgebots bringt auch die Gefahr mit sich, als Massstab einen angeblich internationalen Normal-Standard des Inhalts berechtigter Interessen zu nehmen und Abweichungen allzu rasch als chauvinistischen Missbrauch zu diskreditieren, statt sie als Eigenheiten von Staaten oder Staatengruppen hinsichtlich Wirtschaftsverfassung, Verfahrensrecht, moralischen Wertungen, politischen Zielen u. dgl. in Erwägung zu ziehen, was ganz gewiss dem geltenden Völkerrecht noch entspricht.

Bis hierher zusammenfassend, darf sich ein Staat Tatbestände mit Auslandsberührung nicht frei unterwerfen, auch nicht bloss bis zur Grenze der minimalen Interessen. Er darf sich aber unterwerfen, woran er ein erhebliches Interesse hat; dies zwar beurteilt unter Abwägung gegenläufiger ausländischer Interessen, doch ohne vor einem ausländischen, ebenfalls erheblichen Interesse zurückweichen zu müssen. Es fehlt nämlich an einem völkerrechtlichen Satz der ausschliesslichen Geltung des stärksten Interesses. Zu solchen eindeutigen Abwägungsresultaten würden weltweit uniforme Gewichtseinheiten fehlen. Man könnte es vielleicht auch so ausdrücken, dass das altbekannte Postulat der courtoisie internationale ein Stück weit in das Völkerrecht eingegangen ist, ohne aber ganz absorbiert zu werden. Sie kommt auch heute noch vor, wo in der Staatenpraxis vor einer Gegenposition ohne eigentliche völkerrechtliche Verpflichtung zurückgewichen wird (nachfolgend Ziff. 6 b); dies allerdings – sofern eine Regelhaftigkeit feststellbar wäre – wiederum als möglicher Kern einer Rechtsfortbildung. – Doch noch immer führt das geltende Völkerrecht zu keinen kollisionsfreien Kompetenzordnungen.

5. Wenn sich die Doktrin an die Abwägungen und Grenzen herantastet, tut sie es häufig unter herkömmlicher Benützung des Begriffsgegensatzes «Territorialhoheit»–«Personalhoheit»[32]. Als Grundlage eines Gedankengerüsts durchaus sinnvoll, ist der Gegensatz indessen stärker verwischt, als er in der älteren Völkerrechtsliteratur erschienen ist. Dazu einige Überlegungen ohne Anspruch auf Vollständigkeit:

a) Die Literatur scheint mir tendenziell – in Gründen und Voraussetzungen nicht klar umrissen – zu einem Vorzug der *Territorialhoheit* vor der Personalhoheit als Grundlage völkerrechtlicher Anknüpfung zu neigen[33]; doch nicht notwendig im Sinne der Exklusivität[34]: Das Lehrbuchbeispiel, es wäre z.B. der Schweiz verwehrt, den Schweizern in der ganzen Welt das Rechtsfahren zu gebieten, ist von einer Plausibilität ohnegleichen und erklärt sich auch aus der Interessenarmut. Sobald aber hinter beiden Hoheiten je erhebliche Interessen stehen, bedeutet der Vorzug m.E. nur, dass sich das Interesse des Territorialstaates *jedenfalls durchsetzen* darf[35], ohne dass damit etwas über eine mögliche Konkurrenz mit dem Personalstatut gesagt wäre[36]. Er darf sich durchsetzen, weil (und sofern in der betreffenden Materie) er in einer modernen Auffassung das vordringlichste Bedürfnis

---

[32] Zum Beispiel SAHOVIC/BISHOP in: SØRENSEN (Hrsg.), Manual of Public International Law, New York 1968, 355 ff., insbes. 359 f.; MENZEL/IPSEN, Völkerrecht, 2. Aufl. München 1979, 150 f.; ROUSSEAU, Droit international public, tome III, Paris 1977, 136 f.; THIERRY/COMBACAU/SUR/VALLÉE, Droit international public, Paris 1979, 322 ff., insbes. 324 f.; BROWNLIE, Principles of Public International Law, 2. ed. Oxford 1973, 302 f.; SEIDL-HOHENVELDERN, Völkerrecht, 6. Aufl. Köln u.a. 1987, 280 f.

[33] Zum Beispiel BROWNLIE (Fn. 32), 291; THIERRY/COMBACAU/SUR/VALLÉE (Fn. 32), 322; SEIDL-HOHENVELDERN (Fn. 32), 280 f., und ausgeprägt auch BOWETT, Jurisdiction: Changing Patterns of Authority over Activities and Resources, BYIL 53 (1982) 1 ff., insbes. 8.

[34] WENGLER (Fn. 7), 945 ff.; BROWNLIE (Fn. 32), 303; ROUSSEAU (Fn. 32), 137; THIERRY/COMBACAU/SUR/VALLÉE (Fn. 32), 324.

[35] MENZEL/IPSEN (Fn. 32), 151; THIERRY/COMBACAU/SUR/VALLÉE (Fn. 32), 324; ausführlich MENG (Fn. 1), 757 ff., insbes. 764 f.

[36] Näheres unten Ziff. 5 c.

vorweisen kann: Die Ordnung des Wettbewerbs, der Kreditwirtschaft, des Wertpapierhandels, des Gesundheitswesens, des technischen Fortschritts usw., aber auch z. B. die strafrechtlich geschützte Rechtsmoral des Zusammenlebens, müssen sinnvollerweise je *territorial geschlossen* sein; nämlich geltend für und gegen jedermann, der am betreffenden Verkehr teilnimmt, welchem Land er nach Heimat oder Wohnsitz auch angehören mag [37].

«Am betreffenden Verkehr teilzunehmen», bedeutet aber nicht im Sinne des strafrechtlichen Territorialprinzips einen Handlungs- oder einen Erfolgsort im Inland als Verwirklichung der Tatbestandsmässigkeit einer einzelstaatlichen Norm, sondern bezieht sich auf den *Regelungszweck* der betreffenden Materie. Wird letzterer *nicht berührt,* sollte ein Handlungsort im Inland die völkerrechtliche Zuständigkeit nicht nach sich ziehen. (Dass dies beim Schuss über die Grenze der Fall ist, folgt aus dem starken moralischen Interesse, dass im Inland niemand unbefugterweise schiesse; anders, wie wir sehen werden, bei der Wettbewerbsbeschränkung zum Export.)

Wird der Regelungszweck dagegen *berührt,* sind auch das Handeln und sogar ein erster handfester Erfolg noch im Ausland kein Hindernis für eine Inlandsunterstellung [38], sofern die notwendig territorial geschlossene Ordnung gestört wird, sozusagen «im Import». Gerade in wirtschaftsordnenden Materien wird daher für die völkerrechtliche Anknüpfung das *Auswirkungsprinzip* zum massgebenden Kriterium der Territorialhoheit, was das Gerüst der internationalstrafrechtlichen Jurisdiktionsvoraussetzun-

---

[37] Ähnlich BOWETT (Fn. 33), 8.

[38] Die «jurisdiction in personam» des amerikanischen Rechts, wonach ein Verfahren eine gewisse materialisierte Spur der beklagten Person im Inland erfordert, ist ebenfalls keine völkerrechtliche Voraussetzung; vgl. BÄR (Fn. 2), 346 ff. – Umgekehrt allerdings begründet sie auch keine völkerrechtliche Zuständigkeit, die gemäss den Kriterien des Haupttextes nicht gegeben wäre; d. h. amerikanisches Recht gilt nicht mit universeller Auswirkung, nur weil gegen die beklagte Person in den USA j. i. p. besteht. Dies ist in der älteren Antitrustpraxis, die keine grenzrechtliche Anknüpfung kannte, gelegentlich übersehen worden.

gen einschmilzt, indem das Schutzprinzip und (zumeist auch) das passive Personalitätsprinzip zum Territorialitätsprinzip stossen; dieses wiederum verstanden ohne technische Tatbestandsmässigkeit von Handlung und/oder Erfolg. – Dass das jedem Juristen vertraute, weil examenwirksame System der strafrechtlichen Jurisdiktion nicht auch das Gerüst der völkerrechtlichen Beurteilung ist[39], sondern nur in einer vereinfachten und konturenärmeren Version, ist zu betonen nicht unwichtig.

b) Die *Auswirkung* als ein bereits in die völkerrechtliche Literatur eingegangenes Prinzip lässt sich am Recht der Wettbewerbsbeschränkungen (schweizerisch: Kartellrecht) veranschaulichen: Bis vor gegen zwanzig Jahren war strittig, ob hier der Sitzstaat der wettbewerbsbeschränkenden Subjekte die Befehlsgewalt habe oder der Staat, auf dessen Markt sich die Wettbewerbsbeschränkung auswirkt. Inzwischen hat sich im Prinzip das letztere durchgesetzt, weil jeder Staat bestimmen soll, ob und wie für die auf seinem Gebiet geltend gemachte z.B. Nachfrage ein Wettbewerb der z.B. Anbieter herrschen soll (Auswirkung auf den territorialen Markt). Einzelheiten sind völkerrechtlich noch umstritten: Ob die Auswirkung unmittelbar, gezielt, wesentlich («substantial») sein müsse. – Die selben Fragen (auch die Konkretisierung von «Markt») als Auslegungsfragen ergeben sich zur Kollisionsnorm Art. 137 des neuen IPRG. Dafür, wie auch für Angaben und Belege zu den völkerrechtlichen Aspekten[40], darf ich auf einen neusten Aufsatz verweisen[41].

Nur eine Einzelheit sei hier herausgehoben: Der Schreibende postuliert, die wirtschaftliche Einbusse am Sitz der behinderten Aussenseiter sei nicht auch als Marktauswirkung zu betrachten;

---

[39] Ob es in strafrechtlichen Materien anders wäre, da das Lotus-Urteil in einem Straffall darauf eingegangen ist, bleibe hier dahingestellt. Vgl. BÄR (Fn. 2), 332.

[40] Ferner für einige rechtsvergleichende Angaben zum einzelstaatlichen Kartell-Grenzrecht.

[41] BÄR (Fn. 8). Bejahend zum Auswirkungsprinzip neuestens nun auch SEIDL-HOHENVELDERN (Fn. 32), 281.

das Recht am Sitz des im Export behinderten Aussenseiters sei also nicht konkurrierend ebenfalls anwendbar. Dieses, etwa in der deutschen grenzrechtlichen Literatur zum GWB keineswegs herrschende [42] Postulat habe ich mit einer Überlegung aufgestellt, die für unseren Zusammenhang allgemein von Bedeutung ist, allerdings an dieser Stelle etwas zu früh kommt, weil sie zu den Möglichkeiten der langfristigen Konfliktsbewältigung (Ziff. 6 nachfolgend) zählt: Wenn sich jeder Staat für sein Kartellrecht darauf beschränkt, nur gerade die unmittelbaren Auswirkungen auf seinen territorialen Markt zu erfassen, beschränkt er sich auf jenes primäre Interesse an seiner Marktverfassung, das ihm nie jemand streitig machen kann, obwohl es extraterritorial (auf ausländische Importeure) wirkt. Er trägt anderseits mit dem Nichterfassen sekundärer (aber durchaus realer) Interessen zur Verminderung internationaler Normkollisionsfälle bei. Eine solche *einzelstaatliche, kollisionsrechtspolitische Selbstdisziplin* [43] in der extraterritorialen Wirkung ist langfristig überall dort ein Kern von Völkerrechtsbildung, wo gleichartige Tatbestände in vielen Staaten relativ häufig entschieden werden müssen und sich die verschiedenen Literaturen rechtsvergleichend befruchten, und wo der Vorteil locken könnte, mittels einer kollisionsarmen Anknüpfung im Hauptinteressenbereich unangefochten zu sein.

c) Die *Personalhoheit* ist ein anderer Gesichtspunkt als die Territorialhoheit, nicht etwa eine Alternative. Kollisionen mit der Territorialhoheit, sitzrechtsfremden Verhaltensgeboten, bleiben völkerrechtlich möglich [44].

Entgegen den klassischen Fällen der älteren Völkerrechtsliteratur ist Gegenstand der diskutierten Personalhoheit nicht mehr so sehr die Heimat (Staatsangehörigkeit; z.B. Konflikt mit dem

---

[42] Vgl. BÄR (Fn. 8), 172.
[43] Für den Schreibenden ein beherrschendes Postulat vgl. BÄR (Fn. 8), 173, aber auch schon in (Fn. 2), 421. Siehe nun auch eine neueste OECD-Publikation: Minimizing Conflicting Requirements, Approaches of «Moderation and Restraint», Paris 1987.
[44] Zitate bei BÄR (Fn. 2), 341.

Aufenthaltsstaat über die Militärdienstpflicht), sondern der Sitz natürlicher und (dort mit «Heimat» zusammenfallend) juristischer Personen bzw. assimilierter Handelspersonengesellschaften[45]. Im Sinne des Domizils bzw. des Sitzes ist aber die Anknüpfung nicht rein personalistisch, d. h. kein deutlicher Gegensatz zu sog. territorialistischen Anknüpfungen an sachliche Zusammenhänge, wie wir aus der Anknüpfungslehre des IPR wissen: In internationalfamilienrechtlichen Zusammenhängen gilt sie als territorialistisch (nämlich mit der Heimat als Anknüpfungspunkt verglichen), in andern Zusammenhängen als personalistisch (nämlich z. B. mit der lex rei sitae, der lex loci delicti commissi oder einer andern lex loci actus verglichen). Die Anknüpfung an den Sitz kann durchaus auch dem Schutz eines *territorial uniformen Rechtsgutes* dienen, wenn sich aber als genügend erweist, die Inlandsdomizilierten zu erfassen, wie z. B. bei Bankgeheimnis und Bankenaufsicht, aber auch bei der moralisch und sozial gerechten Familienverfassung, die man nicht auf Familien auszudehnen braucht, die im Inland Ferien machen. Hier ist das Regelungsbedürfnis anders als z. B. beim Wettbewerb, weshalb die Anknüpfungsbegriffe anders sind (Domizil-Auswirkung). Die völkerrechtliche Interessenlage ist aber die gleiche. Diese Überlegung führt dazu, den Gegensatz von Territorial- und Personalhoheit zu relativieren, und sie hat m. E. zur Folge, dass die Faustregel der Überwertigkeit der ersteren fast wertlos wird und die hier betrachteten kollidierenden Unterstellungen unter nationale Normen, mit je extraterritorialen Wirkungen, *nur noch unter dem Gesichtspunkt erheblichen Regelungsinteresses geprüft* werden können; nicht anders, als bei Kollisionen je territorialer Anknüp-

---

[45] Ich gehe im folgenden auf den Gegensatz der Sitzbestimmung nach effektivem Verwaltungsmittelpunkt oder nach statutarischem Sitz und sog. Inkorporation nicht ein, da das letztere rechtssichere Prinzip rein international-privatrechtlich ist und für andere Materien (Steuerrecht usw.) die Anknüpfung an das sachhaltigere erstere Prinzip nicht ausschliesst. Die in dieser Arbeit besprochenen Kollisionen können sich mit beiden Anknüpfungen ereignen.

fungen [46]. Ist das Interesse beidseits vorhanden, steht das Völkerrecht nicht bereit, die Interessenabwägung vorzunehmen und einen Vorrang auszusprechen [47], sondern es bleibt bei einer völkerrechtslegitimen Kollision; man denke etwa an die Doppelbesteuerung einerseits am Sitz, anderseits am Ort der Einkommenserzielung, oder an hinkende Ehen oder Scheidungen, wo überall nur ein Staatsvertrag hülfe.

Der klassische Konfliktsfall dagegen – Territorialordnung gegen «Verfolgung» des physischen Staatsbürgers im Ausland durch sein Heimatrecht – ist in den neueren «Affären» kaum je von Bedeutung gewesen. Erst dann aber ist der Gegensatz der beiden Prinzipien akzentuiert.

Diese Lage sollte man sich vor Augen halten, bevor man sich über (fremde) extraterritoriale Wirkungen beklagt und sich zum Vorwurf des Völkerrechtsverstosses versteigt.

6. Betrachten wir nun noch *Ansätze von Konfliktsbeilegung oder -milderung*.

a) Am solidesten wirkt natürlich eine *internationale Vereinbarung;* sei es ein eigentlicher Staatsvertrag (z.B. zur Rechtshilfe) [48], sei es ein im Effekt gleichwertiger Vorgang (z.B. zur internatio-

---

[46] Das Territorialitätsprinzip schliesst ja entgegen einem verbreiteten Missverständnis Konflikte hinsichtlich der Regelungszuständigkeit nicht aus, weil international gelagerte Sachverhalte sich in ihren Elementen auf verschiedenen Staatsgebieten verwirklichen. Zu damit verbundenen Schwierigkeiten in der Anwendung des Territorialitätsprinzips insbes. THIERRY/COMBACAU/SUR/VALLÉE (Fn. 32), 300.

[47] Insbesondere besteht keine völkerrechtliche Regel dahingehend, dass bei einem unauflösbaren Befolgungskonflikt zwischen den Regelungen zweier Staaten generell die Regelungszuständigkeit des Territorialstaates vorgehe. BÄR (Fn. 8), 176 f. Anm. 101 mit Nachweisen; ausführliche Erörterungen insbes. bei MENG (Fn. 1), 757 ff.

[48] Von grosser Bedeutung in unserem Zusammenhang insbesondere der Rechtshilfevertrag in Strafsachen mit den USA vom 25. Mai 1973 (SR 0.351.933.6) zusammen mit dem dazugehörenden Bundesgesetz vom 3. Oktober 1975 (SR 351.93).

nalen Bankenaufsicht[49]; das «Memorandum of Understanding» betr. Insiderhandel[50]). Ebenso eine *Anpassung inländischen Rechts* (z. B. Strafbarkeit des Insiderhandels als Beseitigung eines Hindernisses der Rechtshilfe[51]). Dass letzeres in der rechtspolitischen Diskussion als «lex americana» apostrophiert worden ist, visiert durchaus ein richtiges Moment: ob man es auf eine unbehebbare Konfliktssituation ankommen lassen will, oder ob man das Gut, zum amerikanischen Börsenhandel zugelassen zu bleiben (der Ausschluss wäre m. E. nicht völkerrechtswidrig), entsprechend hoch einschätzt. Es ist dies indessen nicht einfach eine Frage des allgemeinen politischen Machtgefälles, wenngleich der politisch Mächtige häufig auch quantitativ mehr anzubieten hat bzw. lästigere Schranken aufzustellen in der Lage ist. Es nützt nichts, sich eine totale Verrechtlichung internationaler Machtausübung zu wünschen. Wie wenig weit sie noch fortgeschritten ist, zeigt z. B. die Mühsal der Bekämpfung von Handelsschranken im Rahmen des GATT, einem immerhin höchst fortschrittlichen Instrument.

b) Die in Ziff. 5 b exemplifizierte *Selbstdisziplin in der einzelstaatlichen Rechtsanwendung* ist dort als ein Ansatz zur Regelbildung in einem langfristig anzustrebenden internationalen Konsens erschienen.

Die Selbstdisziplin kommt aber auch vor als *Zurückweichen* ad hoc mit einer (nicht völkerrechtswidrigen) extraterritorialen

---

[49] Vgl. das sog. «Basler Concordat» von 1975. Dazu NOBEL, Praxis zum öffentlichen und privaten Bankenrecht der Schweiz, Ergänzungsband Bern 1984, 39 ff.; ferner COING, Das Basler Concordat von 1975 – ein Beitrag zur Entwicklung des internationalen Verwaltungsrechts, in: FS F. Vischer, Zürich 1983, 123 ff.

[50] Dazu NOBEL (Fn. 49), 131 ff., und M. D. MANN, International Legal Assistance in Securities Law Enforcement – Status and Perspectives, WuR *38* (1986) 175 ff., insbes. 189 ff.

[51] Änderung des Schweizerischen Strafgesetzbuches vom 18. Dezember 1987 (BBl *1988* I 3). Referendumsfrist abgelaufen am 11. April 1988. – Vgl. auch in diesem Zusammenhang den Briefwechsel vom 10. November 1987 zum Rechtshilfevertrag mit den USA bezüglich Rechtshilfe in ergänzenden Verwaltungsverfahren bei Insideruntersuchungen (AS *1988* 416).

Wirkung vor einer gegenläufigen Rechtspolitik im Staate dieser Wirkung. So hätte die amerikanische Antitrustbehörde im «Watchmakers of Switzerland-Fall» die Bereitschaft gezeigt, dem Umstand Rechnung zu tragen, dass die schweizerischen Uhrenproduzenten nach schweizerischem Recht *zwangs*kartelliert gewesen wären; nur war dies nicht der Fall[52]. Aber in anderen Fällen enthielten amerikanische Antitrust-Urteile «*saving clauses*»[53] zu einzelnen Punkten des Urteilsdispositivs; z.B. für den Fall, dass eine angeordnete Lizenzierung im Vollzugsland auf amtlichen Widerstand (Gesetzgebung, Urteil) stiesse. Aufrecht blieben jedenfalls andere Dispositivpunkte, wie Unterlassung bestimmten Verhaltens auf dem amerikanischen Markt oder Schadenersatz.

An dieser Stelle sei eingeschoben, dass ich an die mähliche Entstehung eines Völkerrechtssatzes glaube, wonach jedenfalls der *Bestand einer Unternehmung* nur unter Jurisdiktion des Sitzstaates stehe, und zwar nicht nur bezüglich gesellschaftsrechtlicher Entflechtung, sondern auch bezüglich des Gebots auf Veräusserung von Beteiligungen oder des Aufnahmezwangs in einen Verband[54]. – Dies wäre keineswegs Folge des Effektivitätsgesichtspunktes, denn Befehle zu bestimmtem Tun[55] vermöchten durchaus mit Massnahmen ausserhalb des Sitzstaates sanktioniert zu werden. Die *Effektivität* ist allgemein 1. eine faktische Schranke, wenn weder direkt noch indirekt ausserhalb eines bestimmten Staates ein Vollstreckungsmittel besteht, im übrigen aber 2. nur ein kollisionsrechts*politischer* Gesichtspunkt (unter anderen), um allenfalls vernünftigerweise vor der Regelung im Staat der direkten Vollzugsmöglichkeit zurückzuweichen. Die Möglichkeit, die Gebote allein mit inländischen Mitteln direkt

---

[52] Zitat bei BÄR (Fn. 2), 409.

[53] Nachweise bei BÄR (Fn. 8), 176.

[54] Dieser Gesichtspunkt gilt auch für die Anwendung von Art. 137 IPRG; BÄR (Fn. 8), 177.

[55] Dieses ist völkerrechtlich keineswegs auf Tun im Inland beschränkt; vgl. BÄR (Fn. 2), 333, und etwa GEIMER, Internationales Zivilprozessrecht, Köln 1987, Rz. 396 ff.

vollstrecken zu können, ist aber keine Schranke der Unterstellung unter nationales Recht[56].

Auch in anderen Materien (z.B. Auslieferung von Beweismitteln) sind Fälle von Zurückweichen vor sog. Abwehrgesetzen (*«blocking statutes»*[57]) bekannt[58], wenn der Sitzstaat des Befehlsadressaten diesem z.B. die Auslieferung von Beweismitteln verbietet. Einige Staaten haben gezielt solche Gesetze erlassen, wogegen unsere Bestimmungen über das Bankgeheimnis oder den wirtschaftlichen Nachrichtendienst zu gleichem Resultat führen. – Nur: Völkerrechtlich besteht keine Pflicht zurückzuweichen[59]. WENGLER[60] hat sich umgekehrt sogar gefragt (und ebenfalls abgelehnt), ob das blocking statute des Sitzstaates völkerrechtswidrig wäre, wenn sich der Verbotsadressat in eine genügende Binnenbeziehung (z.B. Wettbewerbsbeschränkung) zum Staat begeben hat, der die Beweismittel verlangt. – Je ausreichendes Interesse vorausgesetzt, dürfte es indessen bei der Kollision bleiben; vorbehalten eine staatsvertragliche Ordnung der Rechtshilfe.

c) Angesichts von konkreten Fällen sehr harten indirekten Zwangs betreffend *Beweismittel* vermag ich als allgemeine Grenze nur die Interessenabwägung im Sinne einer *minimalen Zweckproportionalität* zu sehen. Nicht aber ist allein massgebend der private Pflichtenkonflikt zwischen Gebot und gegenläufigem Verbot des

---

[56] Ähnlich schon RIEZLER, Internationales Zivilprozessrecht, Berlin, Tübingen 1949, 288 Anm. 13. – Ebenso zum IPR auch BGE *92* II 87, *100* Ia 115.

[57] Vgl. die Zitate bei BÄR (Fn. 8), 175.

[58] So insbesondere in den USA, wobei die jüngere Praxis allerdings regelmässig ein Zurückweichen ablehnt. Vgl. den Überblick bei STÜRNER, Der Justizkonflikt zwischen USA und Europa, in: Der Justizkonflikt mit den Vereinigten Staaten, hrsg. von W. J. HABSCHEID, Veröffentlichungen der Wissenschaftlichen Vereinigung für Internationales Verfahrensrecht, Verfahrensrechtsvergleichung und Schiedsgerichtswesen e.V., Bd. 3, Bielefeld 1986, 27 ff. mit zahlreichen Nachweisen.

[59] Vgl. oben Fn. 47 und neuestens GEIMER (Fn. 55), Rz. 176, 404.

[60] (Fn. 7), 995; ebenso MENG, Neuere Entwicklungen im Streit um die Jurisdiktionshoheit der Staaten im Bereich der Wettbewerbsbeschränkungen, ZaöRV *41* (1981) 510 ff.

Sitzstaates[61]. Möglich wäre jedenfalls als milderes Mittel – milder nicht unbedingt für den Privaten! – eine prozessuale Vermutung, die ausgebliebenen Beweismittel wären nachteilig gewesen. Prozessualem Denken durchaus entsprechend, könnte dies auch in internationalen Tatbeständen nicht als unzulässig gelten[62].

d) Doch eine andere Frage stellt sich vor allem in solchen Zusammenhängen: die Relevanz von *Konzernbeziehungen*. Darf ein Staat einer bei ihm sitzenden Muttergesellschaft befehlen, was durch die im Ausland sitzende Tochtergesellschaft verwirklicht werden müsste, bzw. an die inländische Tochtergesellschaft adressieren, was erst die ausländische Muttergesellschaft zu befolgen in der Lage wäre?

Solche Fragen können nicht einfach im Sinne der formellen Trennung und der Personalhoheit gelöst werden, was beidemal zur Verneinung führte. Andernfalls wäre jede Art von Durchgriff nur nach Recht und Gerichtsstand der herrschenden Gesellschaft zulässig[63], was z.B. den legitimen Gläubigerschutz durchkreuzte. Aber auch den umgekehrten, oben erstgenannten Fall wird man nicht durchwegs negativ bescheiden können. Immerhin wird das Inlanddomizil einer Mutter- oder Konzerngesellschaft nicht generell als «Aufhänger» für die Unterstellung einer ganzen weltweiten Gruppe unter inländische Normen genügen dürfen. Die wirtschaftliche Gruppeneinheit allein darf die ge-

---

[61] Vgl. dazu besonders deutlich GROSSFELD (Fn. 1), 241 ff. Das ausländische Recht wird lediglich als «Tatsache» berücksichtigt, welche einer Beweisanordnung nicht entgegenzustehen vermag, jedoch allenfalls von der Verhängung von gewissen Sanktionen bei Nichtbefolgung absehen lässt.

[62] Vgl. MENG (Fn. 1), 763; STÜRNER (Fn. 58), 26; GEIMER (Fn. 55), Rz. 434 f.

[63] Zu den schwierigen IPR-Fragen bezüglich Durchgriff und Konzernrecht vgl. z.B. EBENROTH, Münchener Kommentar zum BGB, Bd. 7 EGBGB. IPR, München 1983, nach Art. 10 Rz. 293 ff., 332 ff.; GROSSFELD, Staudingers Kommentar zum BGB, EGBGB Teil 2a, 10./11. Aufl. Berlin 1981, Internationales Gesellschaftsrecht Rz. 257 ff., 389 ff.; KEGEL, Soergel Kommentar zum BGB, Bd. 8 EGBGB, 11. Aufl. Stuttgart 1984, Rz. 221 vor Art. 7.

ringfügigen völkerrechtlichen Schranken nicht noch weiter hinausschieben[64].

Ohne damit eine exakt subsumtionsfähige Unterscheidung zu formulieren, würde ich die blosse Konzernleitungsmöglichkeit durch die inlandsdomizilierte Muttergesellschaft als Anknüpfung nicht genügen lassen, sondern nur eine der Muttergesellschaft durch ihren Sitzstaat auferlegte, von einem genügenden rechtspolitischen Interesse gedeckte Verpflichtung, in den grenzüberschreitenden Beziehungen mit Tochtergesellschaften, wie aber auch mit Dritten, z. B. den Transfer technischen Wissens (Patentlizenzen oder know how) oder hochtechnischer Produkte durch Vertragsgestaltung (auch mit Weiterüberbindungsverpflichtungen) gemäss inländischen Embargovorstellungen zu beeinflussen[65].

e) Diese Überlegung scheint mir in Nachbarschaft zu stehen zu *Wenglers Prinzip der Vorteilsrücknahme:* Ein Staat kann an gewährte Vorteile (z. B. Exportlizenzen) Bedingungen knüpfen, die sich auf Verhalten im Ausland beziehen (z. B. Embargo), doch wenn ihm gegenüber Verletzungen weder die Territorialhoheit, noch die Personalhoheit über den Verkehr zur Verfügung steht, dann kann die Sanktion nur in der künftigen Verweigerung von Vorteilen bestehen, die zu gewähren er ja nicht verpflichtet ist[66]. – Zu diesem Ansatz möchte ich mich nicht definitiv aussprechen, weil er jedenfalls vertiefte und kasuistisch überprüfte Überlegungen zur Abgrenzung von der Territorialhoheit kraft Auswirkung

---

[64] Anders die heftig kritisierte Tendenz in den USA. Vgl. OWEN, Extraterritorial Application of U.S. Trade and Finance Controls: Freezings, Vestings, Embargoes, etc., in: ZÄCH (Fn. 1), 142 ff.; ferner etwa die Beiträge von BOCKSLAFF, VAGTS, LOWE, KUYPER, MEESSEN und BASEDOW zum berühmten Pipeline-Embargo-Fall, in: GYIL *27* (1984) 28 ff.

[65] Vgl. F. A. MANN, The doctrine of international jurisdiction revisited after twenty years, RdC *186* (1984-III) 62 f.; BASEDOW (Fn. 64), 138 f.; WENGLER, Wege der rechtlichen Steuerung des Verhaltens von Ausländern im Ausland und das internationale Privatrecht, IPRax *1983* 145 ff.

[66] WENGLER (Fn. 65), 145, 148 ff., Nachschrift S. 153 a. E.; vgl. auch WENGLER (Fn. 7), 946 Anm. 5.

auf die inländische Sozial- und Wirtschaftsordnung erfordern würde.

f) Ein – wie mir scheint – letzter Ansatz in der Literatur ist das *Interventionsverbot,* hier verstanden als Verbot der Einwirkung auf einen andern Staat mittels *mittelbaren* Zwangs. – Von der Völkerrechtswissenschaft meist auf besonders intensive Beeinflussung (vor allem direkt des staatlichen Willens) beschränkt[67], wird es in der neueren Literatur gelegentlich (z. B. MENG[68]) als Grundlage eines differenzierteren Systems zulässiger Anknüpfung gewählt. Doch führt dies m. E. nicht zu mehr als zur bekannten Schranke einer gewissen Interessenproportionalität, zum «Prinzip Rücksicht»[69], zur «obligation to exercise moderation»[70]. Es verbietet nur «autoritative Einmischung», nicht blosse «Beeinflussung» (VERDROSS[71]), also nicht grundsätzlich die extraterritoriale Wirkung.

Dieses hier leider nur in Umrissen besprochene Phänomen lässt sich nicht mit unwirschen Unwerturteilen wegwischen, sondern wir müssen mit ihm umgehen lernen: vornehmlich durch geduldige Bemühungen auf diplomatischem Wege, aber auch durch analytische und wertende Durchdringung der einzelnen Erscheinungsformen und «Affären». Das wird uns auf Jahrzehnte hinaus beschäftigen.

[67] Nachweise: BÄR (Fn. 2), 343.
[68] MENG (Fn. 1), 747 ff., bes. 753.
[69] GROSSFELD (Fn. 1), 16 f.
[70] Sir G. Fitzmaurice in seiner separate opinion zum Barcelona Traction-Urteil des IGH, ICJ Reports 1970, 105.
[71] VERDROSS, Völkerrecht, 5. Aufl. Wien 1964, 228.

ARTHUR HAEFLIGER

DAS ERFORDERNIS EINER NATIONALEN BESCHWERDE BEI VERLETZUNG DER EUROPÄISCHEN MENSCHENRECHTSKONVENTION

Es wäre keine sinnvolle Ordnung, wenn man sich über eine Verletzung der Europäischen Menschenrechtskonvention (EMRK) nur in Strassburg beklagen könnte und die innerstaatlichen Behörden sich darum nicht zu kümmern hätten. Es lässt sich mancher Beschwerdefall im Land selber erledigen, wenn sich der Verletzte an eine staatliche Behörde wenden kann. Ein nationales Verfahren hat eine Art Filterwirkung. Von manchen Streitfällen bleiben die Konventionsorgane verschont, weil sie eine staatliche Instanz beilegt. Die Strassburger Behörden wären zudem überfordert, wenn sie alle Beschwerden erstinstanzlich zu behandeln hätten. Es erleichtert ihnen die Arbeit ganz erheblich, wenn vorher eine nationale Beschwerdeinstanz den Sachverhalt festgestellt und sich mit den Argumenten des Beschwerdeführers auseinandergesetzt hat. Man muss sich zum Vergleich nur etwa vorstellen, in welche Situation das Bundesgericht geriete, wenn es beispielsweise in einer Bausache nicht auf dem Entscheid einer kantonalen Rechtsmittelbehörde aufbauen könnte, sondern sich als erste Rekursinstanz mit der umstrittenen Verfügung der Baubehörde zu befassen hätte. Es wäre im übrigen für den angegriffenen Staat fast eine Zumutung, wenn er sich in Strassburg verteidigen müsste, ohne dass vorher seine Behörden die Sache beurteilen konnten. Es leuchtet deshalb ein, dass es die EMRK den Mitgliedstaaten zur Pflicht macht, dem Verletzten das Recht zur Beschwerde bei einer nationalen Instanz einzuräumen. Der Art. 13 der Konvention, der diese Anordnung trifft, hat folgenden Wortlaut:

«Sind die in der vorliegenden Konvention festgelegten Rechte und Freiheiten verletzt worden, so hat der Verletzte das Recht, eine wirksame Beschwerde bei einer nationalen Instanz einzulegen, selbst wenn die Verletzung von Personen begangen worden ist, die in amtlicher Eigenschaft gehandelt haben.»

Der Gedanke, der dieser Vorschrift zugrunde liegt, wird in Art. 26 weitergeführt: Die Strassburger Behörden können sich mit einer Sache nur befassen, wenn vorher der innerstaatliche Rechtszug erschöpft worden ist. Der Verletzte muss mithin – entsprechend einer allgemeinen Regel des Völkerrechts – die ihm zur Verfügung stehenden nationalen Rechtsmittel einsetzen, bevor er seine Beschwerde in Strassburg anbringen kann. Der Art. 26 ist, wie mit Recht gesagt wird, das Gegenstück zu Art. 13 [1].

Der Bürger hat nach dieser Konventionsregel das Recht, sich bei einer nationalen Behörde zu beschweren, wenn die in der «Konvention festgelegten Rechte und Freiheiten verletzt worden sind». Die Konvention räumt dem Betroffenen damit ein Individualrecht ein, über dessen Verletzung er sich bei den Strassburger Behörden beklagen kann. Er kann dem Staat gegenüber den Vorwurf erheben, er habe ihm das in der EMRK vorgeschriebene Beschwerderecht vorenthalten. Dieser verfahrensrechtliche Anspruch ist akzessorischer Natur. Man kann sich bei den Konventionsorganen nicht ausschliesslich über eine Missachtung des Art. 13 beschweren, sondern muss im Zusammenhang damit immer auch die Verletzung eines andern in der Konvention verbürgten Grundrechts geltend machen. Nach dem Wortlaut des Art. 13 könnte man annehmen, es müsse vorerst die Verletzung eines solchen andern Rechts festgestellt sein, und erst nachher könnten die Strassburger Behörden die Rüge prüfen, die von der

---

[1] TRECHSEL, Europäische Grundrechtszeitschrift (EuGRZ) 1977 423; THOMAS A. WETZEL, Das Recht auf eine wirksame Beschwerde bei einer nationalen Instanz (Art. 13 EMRK) und seine Ausgestaltung in der Schweiz, Diss. Basel 1983, 111; HOTTELIER, La Convention européenne des droits de l'homme dans la jurisprudence du Tribunal fédéral, 156; PIERRE MERTENS, Le droit de recours effectif devant les instances nationales en cas de violation d'un droit de l'homme, Bruxelles 1973, 88.

Konvention verlangte Beschwerdemöglichkeit habe dem Verletzten nicht zugestanden. In diesem Sinn hat die Europäische Kommission für Menschenrechte die Regel zunächst in der Tat angewandt. Der Gerichtshof lässt es indes in seiner neuern Rechtsprechung genügen, dass jemand mit vertretbaren Gründen die Behauptung aufstellt, er sei in einem andern Grundrecht verletzt worden[2]. Damit ist der logischen Überlegung Rechnung getragen, dass niemand eine Verletzung vor einer nationalen Instanz dartun kann, wenn er nicht vorher zu diesem Zweck eine Beschwerde an eine solche Instanz richten kann[3]. Anderseits wird mit der Praxis des Gerichtshofs verhindert, dass sich ein Beschwerdeführer mit haltlosen Behauptungen über die Verletzung eines andern Grundrechts beklagt und so die Strassburger Behörden missbräuchlich dazu veranlassen kann, die Frage nach dem Bestand eines nationalen Beschwerderechts abzuklären. Der Art. 13 verlangt nicht, dass die staatliche Beschwerdeinstanz eine richterliche Behörde sei. Die Aufgabe kann auch einer Verwaltungsbehörde, einer Regierungsstelle, einem parlamentarischen Organ übertragen sein. Im Fall Klass, der in diesem Zusammenhang als einer der Leitfälle gelten kann, entschied sich der Strassburger Gerichtshof dahin, eine für eine Sonderaufgabe (Telefonüberwachung) eingesetzte Kommission könne durchaus Beschwerdeinstanz im Sinne des Art. 13 sein[4]. Verlangt ist anderseits, dass es sich um eine unabhängige und unparteiische Instanz handelt. Das Bundesgericht nahm an, das Eidgenössische Justiz-

---

[2] Urteil Leander vom 26. März 1987, Entscheide des Europäischen Gerichtshofs für Menschenrechte (GH) Bd. 116 S. 29 Ziff. 77; Urteil Klass, GH 28 S. 29 = EuGRZ *1979* 287; Urteil Silver, GH 61 S. 42 Ziff. 113 = EuGRZ *1984* 147. Im erstgenannten Urteil verneinte der Gerichtshof einstimmig die Verletzung eines «andern» Rechts, räumte aber dem Beschwerdeführer doch ein, er habe eine plausible Rüge vorgebracht.

[3] Urteil Klass, EuGRZ *1979* 287. Der Gerichtshof stimmte damit dem Sondervotum des Kommissionsmitglieds Trechsel zu, dem sich ein weiteres Mitglied (Frowein) angeschlossen hatte: EuGRZ *1977* 422/423.

[4] Urteil Klass, EuGRZ *1979* 288, mit Hinweis auf das Golder-Urteil von 1975.

und Polizeidepartement entspreche dieser Anforderung, wenn bei ihm eine Beschwerde gegen eine vom Bundesamt für Polizeiwesen verfügte Asylverweigerung eingereicht wird, denn das Departement sei klarerweise nicht «mehr oder weniger an die Auffassungen der untergebenen Verfügungsinstanz gebunden». Das Urteil scheint der Praxis des Europäischen Gerichtshofs für Menschenrechte zu entsprechen, die freilich in der Rechtslehre kritisiert wird [5].

Die Beschwerdeinstanz braucht, wie gesagt, keine richterliche Behörde zu sein. Die EMRK enthält aber nicht nur die allgemeine Garantie einer nationalen Beschwerde. Wird jemandem die Freiheit durch Festnahme oder Haft entzogen, kann er verlangen, dass ein Gericht über die Rechtmässigkeit des Freiheitsentzuges entscheidet und bei Widerrechtlichkeit seine Entlassung anordnet (Art. 5 Abs. 4 EMRK). Nicht bloss die Rekursmöglichkeit als solche ist in diesem Fall gewährleistet, sondern dem Betroffenen ist das Recht zugestanden, sich an den Richter zu wenden, von dem die EMRK annimmt, er biete besondere Gewähr für einen sichern Schutz der Individualrechte. Es verhält sich ähnlich, wenn über zivilrechtliche Ansprüche und Pflichten oder über strafrechtliche Anklagen zu urteilen ist. Auch in diesen Fällen können die Beteiligten beanspruchen, dass der Entscheid «von einem unabhängigen und unparteiischen, auf Gesetz beruhenden Gericht» ausgeht (Art. 6 Abs. 1 EMRK). Art. 5 Abs. 4 und Art. 6 Abs. 1 der Konvention, welche eine richterliche Behörde vorsehen, sind im Verhältnis zu Art. 13 Spezialnormen, welche der generellen Regel vorgehen. In einem Fall, in dem der Verletzte Anspruch auf den Entscheid einer Justizbehörde hat, beschäftigt sich der Europäische Gerichtshof für Menschenrechte demnach nicht mit dem Art. 13 [6].

---

[5] BGE *111* Ib 71 ff.; Urteil Silver, GH 61 S. 43 Ziff. 116 = EuGRZ *1984* 147; Kritik: FROWEIN/PEUKERT, Kommentar zur Europäischen Menschenrechtskonvention N. 4 zu Art. 13 S. 300.

[6] Urteil Airey, GH 32 S. 18 Ziff. 34 = EuGRZ *1979* 629/630; Urteil Sporrong und Lönnroth vom 23. September 1982, EuGRZ *1983* 528 Ziff. 88 mit Hinweis.

Die Behörde muss die Kompetenz haben, die Frage der Konventionsverletzung zu entscheiden und bei Bejahung allenfalls «redress» anzuordnen. Wenn sie bloss Empfehlungen abgeben kann, ist die Beschwerde nicht «wirksam» im Sinn des Art. 13 [7]. Anderseits wird die Meinung vertreten, es sei nicht unbedingt nötig, dass die Beschwerdeinstanz imstande sein müsse, den Entscheid aufzuheben, wenn sie eine Konventionsverletzung feststellt; es genüge, wenn sie den Verstoss feststellen und den Nachteil wieder gutmachen könne [8]. Falls der konventionswidrige Eingriff in ein Individualrecht aufgrund der angefochtenen Verfügung andauert, ist es indes nötig, dass die Beschwerdeinstanz durch Aufhebung des Entscheids dem rechtswidrigen Zustand ein Ende setzen kann. Der Art. 13 verlangt eine «wirksame» Beschwerde und schreibt nicht vor, dass es in einem Mitgliedstaat mehrere Beschwerdeinstanzen geben müsste. Es steht also mit der Konventionsregel nicht in Widerspruch, wenn in der Schweiz zum Beispiel die Verfügung eines Bundesamts nur beim zuständigen Departement mit Beschwerde angefochten werden kann und der Rechtszug damit abgeschlossen ist. Es genügt anderseits auch, wenn beim Fehlen eines kantonalen Rechtsmittels die Rüge der Konventionsverletzung nur mit staatsrechtlicher Beschwerde dem Bundesgericht vorgetragen werden kann [9]. Die Mitgliedstaaten können das Beschwerdeverfahren grundsätzlich frei ordnen. Die Konvention will an sich nicht in ihre Gestaltungsfreiheit eingreifen. Es müssen aber doch bestimmte Verfahrensgarantien bestehen. Der Verletzte muss Gelegenheit haben, seinen Standpunkt darzulegen, er muss erkennen können, welchen Eingriffen er ausgesetzt ist, das Verfah-

---

[7] Kommentar FROWEIN/PEUKERT N. 3 zu Art. 13.
[8] Kommentar FROWEIN/PEUKERT N. 6 zu Art. 13. Die Rechtsprechung des Gerichtshofs, der die Möglichkeit des «redress» verlangt, schafft in diesem Punkt keine letzte Klarheit. GURADZE (Kommentar zur Europäischen Menschenrechtskonvention N. 4 zu Art. 13) meint, wenn eine Beschwerde wirksam sein solle, müsse die angerufene Behörde die angefochtene Verfügung aufheben können. Im gleichen Sinn: BGE *111* Ib 71 ff.
[9] BGE *111* Ib 71 ff.; *105* Ia 104.

ren muss der Sache angemessen sein, allenfalls ist dem Betroffenen die Möglichkeit einzuräumen, einen Vertreter beizuziehen, und der Entscheid der Beschwerdeinstanz ist zu begründen[10]. Immer im Bestreben, den Spielraum des nationalen Gesetzgebers nicht unnötig einzuschränken, unterlässt es die Konvention, vorzuschreiben, welche Prüfungsbefugnis der innerstaatlichen Beschwerdebehörde zustehen muss. Auch in diesem Zusammenhang ist die Wirksamkeit der Beschwerde das massgebende Kriterium; die Kognitionsbefugnis der Rekursinstanz darf nicht derart eingeengt sein, dass der effektive Schutz der in der Konvention verbürgten Rechte nicht mehr gewährleistet wäre. Bestehen in einem nationalen Verfahren mehrere Beschwerdemöglichkeiten, was in der Schweiz meist zutrifft, genügt es, wenn eine der Beschwerdeinstanzen mit hinreichender Prüfungsbefugnis abklären kann, ob der angefochtene Entscheid in der Konvention festgelegte Rechte oder Freiheiten verletzt[11]. Das entspricht dem Sinn des Art. 13, der das staatliche Verfahrensrecht soweit als möglich respektieren und nur Gewähr dafür schaffen will, dass ein Verstoss gegen die Konvention schon auf nationaler Ebene mit der Möglichkeit des Erfolgs geltend gemacht werden kann. Genügt eine einzige innerstaatliche Beschwerdebehörde, so liegt es im übrigen auf der Hand, dass den Anforderungen der Konvention damit Genüge getan ist, dass von zwei Instanzen die eine den Vorwurf der Konventionsverletzung «wirksam» überprüfen kann. Auf der gleichen Linie liegt die Praxis des Strassburger Gerichtshofs, wonach es ausreicht, wenn alle nationalen Rechtsmittel zusammengenommen den Anforderungen des Art. 13 entsprechen, mag auch keines von ihnen für sich allein genügend sein. Diese Rechtsprechung ist vielleicht etwas diskutabel, und es

---

[10] Kommentar FROWEIN/PEUKERT N. 4 zu Art. 13, S. 300; vgl. dazu den instruktiven Bericht des Bundesamts für Justiz zum sog. Annahmeverfahren vom 12. Juli/7. September 1984, veröffentlicht im Schweizerischen Jahrbuch für internationales Recht (SJIR) *1986* 162/63 und VPB *1985* Nr. 36 S. 258 ff.
[11] WETZEL (Fn. 1), 140.

ist verständlich, dass sie in der Rechtslehre einer gewissen Kritik begegnet [12].

Ist eine mögliche Verletzung der Konvention auf eine Verfügung zurückzuführen, so kann der Betroffene praktisch nur dann Beschwerde erheben, wenn er von der Massnahme Kenntnis erhält. Im Fall Klass, in dem der Vorwurf unzulässiger geheimer Telefonüberwachung erhoben wurde, stellte sich dem Strassburger Gerichtshof die Frage, ob es nicht zu einer Verletzung des Art. 13 führe, wenn die Person, gegen die sich die Massnahme richtet, von dieser gar nichts erfährt. In der Sache selber kam der Gerichtshof zum Schluss, der Art. 8 EMRK, der das Privatleben schützt, sei nicht verletzt worden. Was den Art. 13 angeht, räumte er ein, dass es die Geheimhaltung der Massnahme dem Betroffenen schwierig, wenn nicht unmöglich mache, eine Beschwerde einzulegen, doch müsse die Konvention in ihrer Gesamtheit gelesen werden. Jede Auslegung des Art. 13 müsse mit der innern Logik der Konvention übereinstimmen. Er, der Gerichtshof, könne den erwähnten Artikel nicht in einer Weise auslegen, die praktisch einer Aufhebung seines Entscheids gleichkäme, wonach die fehlende Information des Betroffenen mit der Konvention (Art. 8) vereinbar sei. Wenn die geheime Überwachung des Telefons nach Art. 8 zulässig sei, könne sie nicht unter dem Gesichtswinkel des Art. 13 wegen mangelnder Bekanntgabe zu beanstanden sein [13]. In diesen Fällen ergibt sich eine Einschränkung des Geltungsbereichs des Art. 13 aus der Natur der Sache, und der Umstand, dass die Massnahme nicht bekanntgegeben wird, hat an sich keine Verletzung dieser Konventionsregel zur Folge. Der Gerichtshof liess indes erkennen, dass nach seiner Ansicht nach Wegfall der Massnahme im allgemeinen die Information der Betroffenen notwendig sei. Das Bundesgericht erklärte im Anschluss an das erwähnte Strassburger Urteil in ei-

---

[12] Urteil Leander (Fn. 2), 30 Ziff. 77 mit Hinweis; Kritik: Kommentar FROWEIN/PEUKERT N. 6 zu Art. 13 S. 300 unten.
[13] Urteil Klass, GH 28 S. 29 = EuGRZ *1979* 288 Ziff. 68.

nem Fall, der sich ebenfalls auf die Telefonüberwachung bezog, es bedeute einen Verstoss gegen die Konvention, wenn ein Gesetz die Information der Beteiligten nach Wegfall der Telefonkontrolle *generell* ausschliesse, insoweit werde auch der Art. 13 verletzt[14]. Damit wird das Urteil Klass in differenzierter Weise ausgelegt. Es lässt sich mit Grund die Meinung vertreten, je nachdem, ob die Unterlassung der nachträglichen Information vor Art. 8 standhalte oder nicht, sei auch der Art. 13 beachtet oder verletzt, und eine gesetzliche Ordnung, welche die Orientierung in allen Fällen ausschliesst, lasse sich mit Art. 13 nicht vereinbaren.

Recht merkwürdig ist der Schluss des Art. 13 abgefasst. Der Verletzte hat das Recht, eine Beschwerde bei einer nationalen Instanz einzulegen, «selbst wenn die Verletzung von Personen begangen worden ist, die in amtlicher Eigenschaft gehandelt haben». Die Beschwerden, mit denen ein Verstoss gegen die Konvention behauptet wird, richten sich gegen behördliche Akte, und die Verletzung geht regelmässig von Personen aus, die in amtlicher Eigenschaft handeln. Der etwas apokryphe Schluss des Artikels scheint mit Rücksicht auf die Verhältnisse in England in die Konvention Eingang gefunden zu haben. Als die EMRK 1950 geschaffen wurde, soll in Grossbritannien noch die Auffassung verbreitet gewesen sein, gegen «die Krone» könne wegen ihrer Immunität keine Beschwerde erhoben werden[15]. Wie dem auch sei, der Schlusspassus ist wenig glücklich formuliert, da er anzudeuten scheint, die Verletzung gehe in der Regel nicht von Personen aus, die in amtlicher Eigenschaft handeln, was natürlich nicht zutrifft.

---

[14] Urteil der I. öffentlichrechtlichen Abteilung vom 9. November 1983 i. S. Vest und Demokratische Juristen der Schweiz, BGE *109* Ia 298 ff., veröffentlicht in EuGRZ *1984* 232.

[15] Kommentar FROWEIN/PEUKERT N. 5 zu Art. 13; vgl. auch WETZEL (Fn. 1), 102 ff. SCHORN (Die Europäische Konvention zum Schutze der Menschenrechte und Grundfreiheiten, 280) bezeichnet den Hinweis auf die «amtliche Eigenschaft» als überflüssig.

Das schweizerische Rechtsmittelsystem eignet sich besonders gut für die Prüfung der Rüge, die EMRK sei verletzt. Es wird mit Grund gesagt, es sei geradezu auf diese Aufgabe zugeschnitten [16]. In den allermeisten Fällen steht in der Schweiz ein Rechtsmittel zur Verfügung, wie es in Art. 13 der Konvention verlangt ist [17]. Auf Einzelfälle, in denen der Bestand einer «wirksamen Beschwerde» vielleicht zweifelhaft sein kann, die aber kaum praktische Bedeutung haben, ist hier nicht einzugehen. Dagegen ist zu zwei Fragen Stellung zu nehmen, die zur Diskussion Anlass geben. Ist dem Art. 13 in den Fällen Genüge getan, in denen der Verstoss gegen die Konvention von einer Kantonsverfassung oder von einem Bundesgesetz ausgeht?

Das Bundesgericht prüfte ursprünglich Kantonsverfassungen überhaupt nicht daraufhin, ob sie mit dem Bundesrecht, zu dem auch die Europäische Menschenrechtskonvention gehört, im Einklang sind [18]. Es ist Aufgabe der Bundesversammlung, die Kantonsverfassungen zu gewährleisten, und sie untersucht in diesem Verfahren, ob die kantonalen Verfassungsnormen mit dem Bundesrecht vereinbar sind. Im Hinblick darauf lehnte es das Bundesgericht ab, eine solche Prüfung vorzunehmen, da die Bundesversammlung zur Frage der Übereinstimmung des kantonalen Rechts mit dem eidgenössischen jeweils bereits Stellung genommen hat und es dem Gericht nicht zusteht, diesen Entscheid des obersten Staatsorgans zu zensurieren. In einem neuern Entscheid hat das Gericht seine Praxis gelockert [19]. Es nimmt nun eine Prüfung für sich in Anspruch, wenn das höherrangige Recht *nach* der Gewährleistung der in Frage stehenden Verfassungsnorm durch die Bundesversammlung in Kraft trat. In diesen Fällen, in denen

---

[16] WETZEL, (Fn. 1), 137.
[17] JÖRG PAUL MÜLLER, Die Anwendung der Europäischen Menschenrechtskonvention in der Schweiz, ZSR *94* (1975) I 390 ff.; WILDHABER, Erfahrungen mit der Europäischen Menschenrechtskonvention, ZSR *98* (1979) II 344 ff.; WETZEL (Fn. 1), 127 ff., insbes. 161 ff.
[18] BGE *104* Ia 219 mit Hinweis.
[19] BGE *111* Ia 239; vgl. zum Problem Kantonsverfassung/EMRK: WILDHABER (Fn. 17), 342.

das Parlament das Problem der Übereinstimmung aus Gründen der Zeitfolge nicht überprüfen konnte, steht nichts entgegen, dass sich das Bundesgericht mit der Frage befasst. Der konkrete Fall, in dem das Bundesgericht seine Praxis in diesem Sinn änderte, war der folgende: Die Verfassung des Kantons Appenzell-Innerrhoden sah generell vor, dass in Strafsachen die Hauptverhandlung unter Ausschluss der Öffentlichkeit stattfindet, was mit der Europäischen Menschenrechtskonvention (Art. 6 Abs. 1) in Widerspruch steht. Ein Angeklagter beklagte sich beim Bundesgericht mit staatsrechtlicher Beschwerde darüber, dass in seinem Fall aufgrund der erwähnten Verfassungsvorschrift die Öffentlichkeit ausgeschlossen sei, und das Gericht hiess die Beschwerde gut mit der Begründung, die Verfassungsregel sei mit der Konvention nicht im Einklang. Es konnte so entscheiden, weil die EMRK für die Schweiz nach der Gewährleistung der fraglichen Verfassungsnorm in Kraft getreten war[20]. Wäre das zeitliche Verhältnis das umgekehrte gewesen, hätte das Bundesgericht die Frage nicht geprüft. In den Fällen, in denen die Konvention bei der Gewährleistung der in Frage stehenden kantonalen Verfassungsnorm schon in Kraft stand, werden auch kantonale Beschwerdeinstanzen nicht zur Frage Stellung nehmen können, ob die Verfassungsvorschrift mit der Konvention vereinbar ist, so dass in der Schweiz keine Beschwerde erhoben werden kann, mit der sich die entsprechende Konventionsverletzung rügen lässt. Das ist der eine Punkt, in dem kein nationales Rechtsmittel zur Verfügung steht.

Gibt es in der Schweiz eine Beschwerde, mit der geltend gemacht werden kann, die Vorschrift eines Bundesgesetzes sei mit der EMRK unvereinbar? Über die Frage ist schon viel geschrieben worden, sie ist schwierig, und die Meinungen gehen auseinander[21]. Um zunächst vom Rang der Konvention im Rahmen

---

[20] In der Schweiz gilt die EMRK seit dem 28. November 1974.

[21] MALINVERNI, L'application de la Convention européenne des droits de l'homme en Suisse, Mémoires publiés par la Faculté de droit de l'Université de Genève, Nr. 49 (1975) 33 ff.; WILDHABER (Fn. 19), 342 ff.; ANDREAS AUER, Die

der schweizerischen Rechtsordnung zu sprechen: Die herrschende Meinung geht dahin, ein Staatsvertrag stehe über einem Bundesgesetz, und zwar unbekümmert darum, ob der Vertrag vor oder nach dem Erlass des Gesetzes zustande kam. Das Bundesgericht teilt in seiner neuern Rechtsprechung diese Auffassung [22]. Es ist demnach davon auszugehen, dass ein Staatsvertrag – ob er dem Referendum unterstand oder nicht – einen höheren Rang einnimmt als ein Bundesgesetz. Das gilt auch für die Europäische Menschenrechtskonvention, und es ist deshalb an sich zutreffend, wenn etwa beispielsweise gesagt wird, sie habe den Vorrang vor dem Zivilgesetzbuch [23].

Eine andere Frage ist die nach der Prüfungsbefugnis. Können schweizerische Beschwerdebehörden prüfen, ob ein Bundesgesetz der Konvention widerspricht? Nach Art. 113 Abs. 3 der Bundesverfassung können die rechtsanwendenden Behörden nicht prüfen, ob ein Bundesgesetz mit der Verfassung im Einklang ist, und zwar gilt das Prüfungsverbot für die abstrakte und die inzidente Normenkontrolle [24]. Es stellt sich die Frage, ob diese Regel

schweizerische Verfassungsgerichtsbarkeit, 100 ff.; GRET HALLER, Die innerstaatliche Anwendung der Europäischen Menschenrechtskonvention in der Schweiz, ZBl 78 (1977) 521 ff.; HOTTELIER (Fn. 1), 152 ff.; MÜLLER (Fn. 17), 379 ff.

[22] JÖRG PAUL MÜLLER, Völkerrecht und schweizerische Rechtsordnung, Handbuch der schweizerischen Aussenpolitik, 1975, 224 ff.; HÄFELIN/HALLER, Schweizerisches Bundesstaatsrecht, 311 N. 1054; ANDRÉ GRISEL, A propos de la hiérarchie des normes juridiques, ZBl 88 (1987) 377 ff.; OLIVIER JACOT-GUILLARMOD, La primauté du droit international face à quelques principes directeurs de l'Etat fédéral suisse, ZSR 104 (1985) I 383 f.; AUBERT nimmt an, bloss ein späterer Staatsvertrag gehe einem Bundesgesetz vor: Traité de droit constitutionnel suisse, supplément 1967–1982, N. 1326 S. 147 und N. 1777 S. 218/219.

BGE 106 Ib 402 mit Hinweis; 109 Ib 173; 110 V 76; 111 V 202; vgl. WILDHABER (Fn. 19), 330 mit Hinweis auf die Bundesgerichtspraxis.

[23] GRISEL (Fn. 22), 390.

[24] BGE 107 Ia 281; AUER (Fn. 21), 78. Frau Nationalrätin (jetzt Ständerätin) Monika Weber hat folgendes Postulat eingereicht: «Der Bundesrat wird beauftragt, zu prüfen und der Bundesversammlung Bericht zu erstatten, ob insbesondere angesichts der durch die Europäische Menschenrechtskonvention gegebenen Beschwerderechte die Möglichkeit geschaffen werden sollte, beim Bundes-

analog auf die EMRK anzuwenden ist in dem Sinn, dass Gesetze auch nicht daraufhin geprüft werden dürfen, ob sie mit der EMRK vereinbar sind. Das Bundesgericht hat staatsrechtliche Beschwerden wegen Verletzung der EMRK verfahrensmässig jenen wegen Verletzung verfassungsmässiger Rechte gleichgestellt, aus der Überlegung heraus, dass die Konventionsregeln, soweit sie Grundrechte verbürgen, den die Freiheitsrechte gewährleistenden Normen der Verfassung entsprechen[25]. Was bedeutet diese Gleichstellung? Bei staatsrechtlichen Beschwerden wegen Verletzung eines Staatsvertrags muss nach der gesetzlichen Ordnung der kantonale Instanzenzug nicht erschöpft sein, während das bei solchen wegen Verletzung verfassungsmässiger Rechte in der Regel vorgeschrieben ist[26]. Das Bundesgericht hält sich nicht an den Wortlaut des Gesetzes und wendet die Regel, welche für die Verletzung eines verfassungsmässigen Rechts gilt, bei einem Verstoss gegen die EMRK analog an. Diese Praxis fand meist Zustimmung, auf jeden Fall begegnete sie keiner ernsthaften Kritik[27]. Wie es sich rechtfertigt, im Zusammenhang mit der Zulässigkeit der staatsrechtlichen Beschwerde die EMRK verfahrensmässig der Verfassung gleichzustellen, so drängt es sich auf, dasselbe zu tun, wenn es um die Überprüfung von Bundesgesetzen geht. Den rechtsanwendenden Behörden ist es nach Art. 113 Abs. 3 der Bundesverfassung versagt, Bundesgesetze auf ihre Ver-

gericht die Verfassungsmässigkeit von Bundesgesetzen und Bundesbeschlüssen im Zusammenhang mit einem konkreten Anwendungsakt anzufechten.»

[25] BGE *101* I a 67 ff.; *102* I a 203; *106* I a 359; vgl. dazu die präzise Darstellung bei KÄLIN, Das Verfahren der staatsrechtlichen Beschwerde, 122 und 278 mit Hinweisen.

[26] Bundesgesetz über die Organisation der Bundesrechtspflege (OG), Art. 84 und 86. Ein Zwischenentscheid kann nur angefochten werden, wenn die in einer staatsrechtlichen Beschwerde erhobene Rüge des Verstosses gegen die EMRK neben der Rüge der Verletzung des Art. 4 BV selbständige Bedeutung hat und nicht offensichtlich unbegründet ist (Art. 87 OG; BGE *102* I a 199 ff.).

[27] J. P. MÜLLER bezeichnet die Praxis mit Recht als kühn, findet aber, in ihrem praktischen Ergebnis überzeuge die Begründung ([Fn. 21], 395 ff.). Zustimmend: WILDHABER (Fn. 19), 347; AUER (Fn. 21), 102. Vgl. auch AUER, ZSR *99* I 1980, 135 mit Literaturhinweis, und neuerdings auch JÖRG PAUL MÜLLER, Kommentar zur Bundesverfassung, Einleitung zu den Grundrechten, N. 208.

fassungsmässigkeit hin zu prüfen, und es erscheint als durchaus geboten, auch in dieser Hinsicht die EMRK verfahrensmässig der Verfassung gleichzustellen und die erwähnte Regel analog auf die Konvention anzuwenden, so dass die rechtsanwendenden Behörden Bundesgesetze auch nicht daraufhin überprüfen dürfen, ob sie mit der Konvention im Einklang sind [28]. Auch in diesem Zusammenhang ist bedeutsam, dass sich die in der EMRK verbürgten Grundrechte in weitem Mass mit den in der Verfassung garantierten decken. Dürften die Bundesgesetze daraufhin geprüft werden, ob sie mit der EMRK vereinbar sind, so wäre praktisch in sehr weitem Mass durch die Hintertüre eine Verfassungsgerichtsbarkeit eingeführt, die sich auch auf die Gesetze des Bundes erstrecken würde. Der Art. 113 Abs. 3 der Bundesverfassung wäre so durch einen «Handstreich» weitgehend illusorisch gemacht [29]. Das kann nicht der Sinn der Ratifikation der EMRK

[28] Diese Ansicht scheint an Boden zu gewinnen. MALINVERNI fasst die Lösung, die hier vertreten wird, ebenfalls ins Auge, sieht sie aber nur für den Fall vor, dass man der EMRK Verfassungsrang beimisst ([Fn. 21] 34). Wie hier: HOTTELIER (Fn. 1), 162/163 und 166/167. J. P. MÜLLER vertrat die Meinung, das Bundesgericht habe Bundesgesetze – jedenfalls sofern sie vor dem 28. November 1974 erlassen wurden – auf ihre Übereinstimmung mit den Verfassungsgehalten, die in der Konvention miterfasst sind, zu prüfen, wobei sich die Kontrolle aber nur auf die Anwendung eines Bundesgesetzes im Einzelfall beziehe ([Fn. 17], 380). Im Kommentar zur Bundesverfassung (Einleitung zu den Grundrechten, N. 211) führt J. P. MÜLLER aus: «Zutreffender scheint heute eine pragmatische Lösung, die von der grundsätzlichen Anwendbarkeit der Bundesgesetze ausgeht und – soweit sich diese nicht konventionskonform auslegen lassen – die Durchsetzung der Forderungen aus der Konvention dem Gesetzgeber oder allenfalls dem Rechtsschutzsystem der Konvention überlassen will.» Das entspricht im Ergebnis der hier vertretenen Ansicht.
[29] AUER (Fn. 21), 102; AUBERT (Fn. 22), N. 1777 S. 219: «...Cette thèse est inacceptable. Elle revient à introduire clandestinement dans notre système politique un morceau de juridiction constitutionnelle, par l'effet d'un traité qui n'a même pas été exposé au référendum.» KAUFMANN, Frauen, Italiener, Jesuiten, Juden und Anstaltsversorgte, St. Galler Festgabe zum schweizerischen Juristentag 1965, 253: «Bedenkt man, dass die Konvention weitgehend die gleichen Grundrechte schützt wie die Verfassung, ergäbe sich praktisch mit der Prüfung der Konventionskonformität die Prüfung der Verfassungsmässigkeit der Bundesgesetzgebung.» Vgl. auch AUER (Fn. 27), 139/140.

durch die Bundesversammlung gewesen sein, und in der Rechtslehre ist eine solche These mit Recht als unannehmbar bezeichnet worden. Den schweizerischen Behörden ist es mithin versagt, Bundesgesetze daraufhin zu prüfen, ob sie mit der EMRK vereinbar sind. Die Konvention wird auch in diesem Kontext der Verfassung nur verfahrensmässig (hinsichtlich der Prüfungsbefugnis) gleichgestellt. Diese Betrachtung ändert im übrigen nichts daran, dass die EMRK nach ihrem Rang über den Bundesgesetzen steht, so gut natürlich auch die Verfassung höherrangig ist, obschon die ihr widersprechenden bundesgesetzlichen Normen anwendbar und damit in Geltung bleiben (Art. 113 Abs. 3 BV). Das Bundesgericht hat in mehreren Fällen entschieden, die rechtsanwendende Behörde dürfe die Bundesgesetze nicht daraufhin prüfen, ob sie mit der EMRK übereinstimmen. Diese Urteile sind zwar nicht in der Amtlichen Sammlung veröffentlicht und nicht sehr einlässlich begründet[30]. Es ist aber klar, dass das Bundesgericht das Verbot, Bundesgesetze auf ihre Verfassungsmässigkeit hin zu prüfen, analog auf die Europäische Menschenrechtskonvention anwendet, da sie in verschiedener Hinsicht ein Staatsvertrag besonderer Art ist und die Rechte, die sie gewährleistet, ihrer Natur nach einen verfassungsrechtlichen Inhalt haben. Aufgrund der bundesgerichtlichen Rechtsprechung besteht demnach auch in diesem zweiten Punkt kein nationales Rechtsmittel.

Bedeutet es einen Verstoss gegen den Art. 13 EMRK, dass in der Schweiz in den erwähnten beiden Fällen (Kantonsverfassung, Bundesgesetz) dem Verletzten keine nationale Beschwerde zur Verfügung steht? Unser System hält vor der Konvention stand,

---

[30] Urteil der I. öffentlichrechtlichen Abteilung vom 14. Juni 1983 i. S. H., publ. in SJIR *1984* 203/4; Urteil der II. Zivilabteilung vom 18. Oktober 1984, SJIR *1985* 250/251; Urteil der I. öffentlichrechtlichen Abteilung vom 11. Februar 1985, SJIR *1986* 127. Das Gericht geht bisweilen so vor, wenn es ein Problem noch nicht für ganz geklärt hält. MALINVERNI/WILDHABER erklärten dazu, das Gericht könne nicht «durch eine derart summarische Begründung das äusserst heikle Rechtsproblem überspielen» (SJIR *1986* 124).

soweit es ausgeschlossen ist, unmittelbar die Norm einer Kantonsverfassung oder eines Bundesgesetzes mit Beschwerde wegen Verletzung der EMRK anzufechten. Dass es im erwähnten Umfang keine nationale Beschwerde gibt, die zu einer abstrakten Normenkontrolle führen könnte, verstösst nicht gegen die Konvention. Der Europäische Gerichtshof für Menschenrechte hat im Urteil Leander vom 26. März 1987 seine frühere Praxis bestätigt, wonach der Art. 13 keine Beschwerde verlangt, mit der man bei einer nationalen Behörde die Rüge müsste vorbringen können, ein Gesetz stehe als solches in Widerspruch zur Konvention (oder zu gleichwertigen nationalen Rechtsnormen)[31]. Die Strassburger Behörden gelangten vor allem auf dem Weg historischer Auslegung zu dieser bedeutenden Einschränkung des Geltungsbereichs des Art. 13. Als die Konvention geschaffen wurde, gab es nur sehr wenige Mitgliedstaaten, welche die Überprüfung gesetzlicher Erlasse durch einen Gerichtshof kannten, und es ist nicht anzunehmen, dass man bei Abschluss des Staatsvertrags den andern Staaten eine so einschneidende Änderung der innerstaatlichen Ordnung hätte aufzwingen wollen. Der Schlusspassus des Art. 13 bildet, wie von Strassburger Richtern gesagt wurde, zusätzlich ein Indiz, das in diese Richtung weist. Wenn hier von «Personen» die Rede ist, «die in amtlicher Eigenschaft gehandelt haben», liegt die Annahme nahe, der Art. 13 beziehe sich nicht auf Akte der gesetzgebenden Behörde[32]. Er verlangt somit nicht

---

[31] Urteil Leander, GH 116 S. 29 f. Ziff. 77; ferner Fall Lithgow, GH 102 S. 74 Ziff. 206; Fall James und Mitbeteiligte, GH 98 S. 47 Ziff. 85. Kommentar FROWEIN/PEUKERT N. 8 zu Art. 13; WILDHABER (Fn. 17), 342; wohl anders BEATRICE WAGNER, EuGRZ *1986* 422. Es ist nicht etwa so, dass innerstaatlich die abstrakte Normenkontrolle von vornherein nicht verlangt wäre, weil man sie mit der Individualbeschwerde nach Art. 25 EMRK auch in Strassburg nicht verlangen könnte. Sofern eine Person durch ein Gesetz, ohne Vorliegen besonderer Durchführungsmassnahmen, unmittelbar betroffen ist, kann sie nach Art. 25 EMRK gegen das Gesetz Beschwerde führen: Urteil Klass, GH 28 S. 17 f. Ziff. 33 = EuGRZ *1979* 278.
[32] Vgl. das bedeutsame Votum von Frau Bindschedler und drei weitern Richtern in der Sache James, GH 98, S. 51 f.

eine Beschwerde, mit der man bei einer nationalen Behörde unmittelbar ein Gesetz anfechten könnte mit der Begründung, es sei mit der Konvention in Widerspruch [33].
Es stellt sich die weitere Frage, ob diese Rechtsprechung auch für die sog. inzidente Normenkontrolle gilt. Verlangt der Art. 13, dass in der Schweiz der Verletzte im Anschluss an einen Anwendungsakt bei einer nationalen Behörde die Rüge vorbringen kann, das angewandte Bundesgesetz widerspreche der Konvention? Die Praxis der Strassburger Organe zu dieser Frage war gewissen Fluktuationen unterworfen. In frühern Urteilen ging der Gerichtshof davon aus, es müsse eine nationale Beschwerde zur Verfügung stehen, mit der im Anschluss an einen Anwendungsakt die Konventionswidrigkeit der angewandten gesetzlichen Norm geltend gemacht werden kann. Im Urteil James und Mitbeteiligte vom 21. Februar 1986 ging er von dieser Praxis ab und erklärte, der Art. 13 gehe nicht so weit, dass er eine Beschwerde verlange, mit welcher man bei einer nationalen Behörde beanstanden könnte, ein staatliches Gesetz sei als solches mit der Konvention im Widerspruch [34]. Bei der allgemeinen Formulierung dieses Textes ist der Schluss erlaubt, der Art. 13 verlange nach der Ansicht des Gerichtshofs nicht, dass sich der Verletzte im Anschluss an einen Anwendungsakt bei einer nationalen Behörde über die Konventionswidrigkeit des angewandten Gesetzes müsste beschweren können. Für diese Interpretation der neuern Praxis sprechen zudem verschiedene Umstände. Im konkreten Fall (James) war ein Anwendungsakt angefochten, es stand somit die inzidente Normenkontrolle in Frage. Der Gerichtshof verwies ferner auf die Praxis der Menschenrechtskommission, die den Anwendungsbereich des Art. 13 noch etwas

---

[33] Wenn hier vom «Gesetz» die Rede ist, ist damit allgemein ein Erlass des obersten Staatsorgans verstanden; auch eine Verfassung gehört dazu.
[34] Urteil James und Mitbeteiligte, GH 98 S. 47 Ziff. 85. Frühere Praxis: Urteile Silver und Mitbeteiligte, Abdulaziz, Cabales und Balkandali, Campbell und Fell.

deutlicher im erwähnten Sinn eingeschränkt[35]. Schliesslich zeigt das Sondervotum des Richters Pinheiro Farinha, dass der Gerichtshof die Mitgliedstaaten ganz allgemein von der Pflicht befreien will, eine nationale Beschwerde für die Überprüfung der Gesetze einzuführen. Richter Farinha kritisierte die Auslegung des Art. 13 durch die Mehrheit des Gerichts mit folgenden Worten:

«... La violation des droits reconnus peut résulter de la loi en soi et les actes incriminés être en conformité au droit interne, c'est-à-dire ne pas découler d'une mauvaise application de la loi. En ce cas – je n'aperçois nulle raison de faire une exception pour l'activité législative –, il faut qu'une instance nationale existe et ait compétence pour connaître de la violation.»

In ähnlichem Sinn äusserten sich die Richter Pettiti und Russo[36]. Aus diesen Voten lässt sich ableiten, dass der Gerichtshof (in seiner Mehrheit) in restriktiver Auslegung des Art. 13 weder eine abstrakte noch eine inzidente Kontrolle gesetzlicher Normen verlangt. Es ist nicht zu ersehen, dass das Strassburger Gericht seit dem Urteil James seine Praxis geändert hätte. In den Urteilen Lithgow vom 8. Juli 1986 und Leander vom 26. März 1987 wurde sie ausdrücklich bestätigt[37]. Es genügt nach der Rechtsprechung des Gerichtshofs, dass sich der Verletzte innerstaatlich darüber beklagen kann, das Gesetz, so wie es lautet, sei in einer nach der Konvention zu beanstandenden Art und Weise angewandt worden[38].

Bei dieser Rechtslage bedeutet es keinen Verstoss gegen Art. 13 der Konvention, dass in der Schweiz Kantonsverfassungen nur zum Teil, Bundesgesetze gar nicht auf ihre Konventionskonformität hin überprüft werden können. Es versteht sich, dass

---

[35] Vgl. Entscheid Young/James/Webster, EuGRZ *1980* 454 Ziff. 177: «... Art. 13 betrifft nicht die Gesetzgebung und gewährleistet kein Rechtsmittel zur Überprüfung der Vereinbarkeit der Gesetzgebung mit der Konvention.»
[36] GH 98 S. 53. Eine ganz ähnliche Kritik erhoben in der Kommission bei der Behandlung der Beschwerde Young/James/Webster die Kommissionsmitglieder Opsahl und Trechsel: EuGRZ *1980* 455.
[37] GH 102 S. 74 Ziff. 206; GH 116 S. 30 Ziff. 77 d.
[38] Fall Lithgow, GH 102 S. 74/75 Ziff. 206/207.

die Strassburger Organe befugt sind, diese Prüfung vorzunehmen. Man kann es mit Grund als unbefriedigend empfinden, dass in diesen Fällen die Rüge der Konventionsverletzung erstinstanzlich in Strassburg behandelt wird und vorher nicht von einer nationalen Instanz beurteilt werden kann[39]. Es wird sich aber wohl stets um Ausnahmefälle handeln, und dem Vertreter der Eidgenossenschaft steht in Strassburg die Gelegenheit offen, zu der Beschwerde Stellung zu nehmen und allenfalls darzulegen, dass eine beanstandete Verfassungs- oder Gesetzesnorm vor der EMRK standhält.

---

[39] HOTTELIER (Fn. 1), 167.

WALTER KÄLIN

DER GELTUNGSGRUND DES GRUNDSATZES «VÖLKERRECHT BRICHT LANDESRECHT» *

I. DAS PROBLEM

Die Regel «Völkerrecht bricht Landesrecht» gehört zu den tragenden Grundsätzen der schweizerischen Rechtsordnung. Die Geltung des Prinzips der derogatorischen Kraft des Völkerrechtes auch für die innerstaatliche Rechtsanwendung ist trotz Fehlens einer ausdrücklichen Regel im geschriebenen Recht seit langem derart allgemein anerkannt, dass die Expertenkommission für die Vorbereitung einer Totalrevision 1977 zum Schluss kommen konnte, die Frage bedürfe keiner ausdrücklichen Regelung in der Bundesverfassung[1]. Bei näherer Betrachtung erweist sich dieser Schein allseitiger Übereinstimmung allerdings als trügerisch. Auf der Ebene der Doktrin ist bis heute nicht entschieden, ob der Grundsatz im Völkerrecht oder im Landesrecht verankert ist[2]. Umstritten ist auch seine konkrete Tragweite: Zwar steht fest, dass Staatsverträge der Bundesverfassung, bundesrätlichen Verordnungen, Konkordaten und allem kantonalen Recht vorgehen[3]; unklar ist aber das Verhältnis zwischen Vertrag und Bun-

---

* Meiner Assistentin, Frau lic. iur. Lisbeth Sidler, danke ich für ihre tatkräftige Mitarbeit.
[1] Bericht der Expertenkommission für die Vorbereitung einer Totalrevision der Bundesverfassung 1977, 26 f.
[2] Siehe dazu den Überblick bei Ziff. II.
[3] CHRISTIAN DOMINICÉ, Le droit international coutumier dans l'ordre juridique suisse, Genf 1969, 30, 33 f.; ANDRÉ GRISEL, A propos de la hiérarchie des normes juridiques, ZBl 88 (1987) 382 f., 393; IMBODEN/RHINOW, Schweizerische Verwaltungsrechtsprechung, Basel/Stuttgart 1976, Bd. I, 81 f.; PIERRE LARDY, La force obligatoire du droit international en droit interne, Basel 1966, 203; JÖRG P. MÜLLER, Völkerrecht und schweizerische Rechtsordnung, in: RIKLIN/HAUG/BINSWANGER (Hrsg.), Handbuch der schweizerischen Aussenpolitik, Bern 1975, 224.

desgesetz bzw. allgemeinverbindlichem Bundesbeschluss: Bundesgericht und Bundesrat haben auch hier im allgemeinen den Vorrang des Völkerrechts vor dem Landesrecht anerkannt, trotzdem aber im Laufe der Jahrzehnte in Abweichung davon wiederholt entschieden, spätere Bundesgesetze würden generell[4] oder wenigstens unter bestimmten Voraussetzungen[5] früher abgeschlossenen Staatsverträgen mit dem Ausland vorgehen. Die beiden Konfliktbereiche hängen eng miteinander zusammen: Wie zu zeigen sein wird, kann nämlich späteres Landesrecht nur dann früherem Völkerrecht, das ihm widerspricht, vorgezogen werden, wenn der nationale Verfassungsgeber überhaupt die Freiheit hat, das Verhältnis der beiden Rechtsebenen für den Bereich der innerstaatlichen Rechtsanwendung zu regeln. Die Frage nach dem Geltungsgrund der Maxime «Völkerrecht bricht Landesrecht» besitzt also nicht nur akademisches Interesse, sondern auch praktische Relevanz. Nicht zuletzt stellt sie sich in Hinblick auf die von der Bundesversammlung beschlossene «sanfte» Totalrevision der Bundesverfassung, welche u.a. «das geltende ... ungeschriebene Verfassungsrecht nachführen» soll[6]. Die folgenden Ausführungen beschränken sich auf das Grundsätzliche; ausgeklammert bleibt insbesondere die Frage des Verhältnisses zwischen Bundesgesetzen und EMRK[7].

---

[4] BGE 59 II 337 f. und im Anschluss daran die Botschaft des Bundesrates zur Rheinau-Initiative, BBl *1954* I 739; vgl. dazu hinten Ziff. V.1.
[5] BGE *99* Ib 39; vgl. dazu hinten Ziff. V.2.
[6] Art. 3 des Bundesbeschlusses über die Totalrevision der Bundesverfassung vom 3. Juni 1987, BBl *1987* II 963.
[7] Vgl. dazu den Beitrag von ARTHUR HAEFLIGER im gleichen Band.

II. EINE BESTANDESAUFNAHME

1. Die Ansichten der Lehre

a) Völkerrechtliche Ansatzpunkte

Viele schweizerische Autoren erblicken die Grundlage des Prinzips der derogatorischen Kraft völkerrechtlicher Regeln im Völkerrecht selber. Ein Teil von ihnen argumentiert dabei mit der Theorie des *Monismus:* Nach dieser Auffassung über das Verhältnis von Völkerrecht und Landesrecht, welche die schweizerische Praxis sehr stark prägt, bilden beide Rechtsebenen eine an sich einheitliche Rechtsordnung; entsprechend sind völkerrechtliche Verpflichtungen innerstaatlich zu beachten, sobald sie für die Schweiz verbindlich werden. Soweit zwischen Völkerrecht und Landesrecht Widersprüche existieren, sind sie aufgrund des Primats des Völkerrechts zu lösen. Dieses Postulat ergibt sich für Autoren wie DICKE und JACOT-GUILLARMOD[8] aus der Natur des Völkerrechtes: Dieses existiert nur solange, als die Staaten sich daran halten und ihre internen Interessen dem Anliegen der Aufrechterhaltung einer internationalen Ordnung unterordnen. Hier kommt ein seit dem 19. Jahrhundert in der Schweiz immer wieder vertretener Gedanke zum Ausdruck, die Auffassung nämlich, dass das Völkerrecht für die Wahrung der Interessen des politisch relativ schwachen Kleinstaates nach aussen von eminent wichtiger Bedeutung ist[9].

Autoren wie LARDY, FREYMOND, GRISEL und andere[10] argumentieren mit dem vertragsrechtlichen Grundsatz *pacta sunt ser-*

---

[8] DETLEV CH. DICKE, Les traités internationaux et le droit interne dans le système juridique Suisse, in: Publications de l'institut suisse de droit comparé, Pouvoir exécutif et pouvoir législatif. La responsabilité pré- et post-contractuelle. Droit international public et privé, Zürich 1986, 91; OLIVIER JACOT-GUILLARMOD, Fondements juridiques internationaux de la primauté du droit international dans l'ordre juridique suisse, ZBJV *120* (1984) 233 f.

[9] Vgl. dazu die Stellungnahme des Bundesrates bei RUDOLF ULLMER, Die staatsrechtliche Praxis der schweizerischen Bundesbehörden aus den Jahren 1848–1863, Bd. I, Zürich 1862, 533.

[10] LARDY (Fn. 3), 207; PIERRE FREYMOND, La ratification des traités et le problème des rapports entre le droit international et le droit interne, Lausanne

vanda: Weil Staaten völkerrechtlich verpflichtet sind, vertragliche Vereinbarungen zu halten (Art. 26 VRK[11]) und sie sich dieser Verpflichtung nicht durch Berufung auf innerstaatliches Recht entziehen können (Art. 27 VRK), muss Völkerrecht dem widersprechenden Landesrecht vorgehen. Andersfalls wird, wie etwa GUGGENHEIM[12] betont, der betreffende Staat für seine Handlung völkerrechtlich verantwortlich. Nicht nur diese drohende Verantwortlichkeit, sondern, wie GRISEL[13] bemerkt hat, auch die Tatsache, dass kein Staat ohne Verletzung von Treu und Glauben von seinen Vertragspartnern die Einhaltung völkerrechtlicher Verpflichtungen verlangen kann, denen er selber nicht nachkommen will, machen die Anerkennung des Primats des Völkerrechts notwendig.

b) Landesrechtliche Ansatzpunkte
Art. 113 Abs. 3 BV bestimmt, dass «die von der Bundesversammlung erlassenen Gesetze und allgemeinverbindlichen Beschlüsse sowie die von ihr genehmigten Staatsverträge für das Bundesgericht» – und wie die Praxis klargestellt hat, auch für alle anderen rechtsanwendenden Behörden[14] – «massgebend» sind. Ein Teil der Lehre[15] vertritt zwar die Ansicht, daraus lasse sich für die Hierarchie von Völkerrecht und Landesrecht nichts ablei-

---

1947, 155 ff.; GRISEL (Fn. 3), 390; JACOT-GUILLARMOD (Fn. 8), 235 ff.; siehe auch WALTHER BURCKHARDT, Kommentar der Schweizerischen Bundesverfassung vom 29. Mai 1874, 3. Aufl. Bern 1931, 790; WALTER HALLER, Kommentar der Schweizerischen Bundesverfassung vom 29. Mai 1874, Art. 113, Bern 1987, 30.

[11] Wiener Konvention über das Recht der Verträge vom 23. Mai 1969 (VRK).

[12] PAUL GUGGENHEIM, Völkerrechtliche Schranken im Landesrecht, Karlsruhe, 1955, 3; gleicher Ansicht JACOT-GUILLARMOD, (Fn. 8), 239 ff.

[13] GRISEL (Fn. 3), 390.

[14] WALTER KÄLIN, Das Verfahren der staatsrechtlichen Beschwerde, Bern 1984, 34 f.; HALLER (Fn. 10), 25 f.

[15] LARDY (Fn. 3), 204, 207; JACOT-GUILLARMOD, La primauté du droit international face à quelques principes directeurs de l'Etat fédéral suisse, ZSR NF *104* (1985) 403 ff; IMBODEN/RHINOW (Fn. 3), 81.

ten. Andere Autoren, die nach einer landesrechtlichen Regel für die Bestimmung des Verhältnisses zwischen Völkerrecht und Landesrecht Ausschau halten, stützen sich aber auf diese Verfassungsnorm; die Schlüsse, welche daraus gezogen werden, widersprechen sich allerdings zum Teil.

GRISEL[16] meint, wenn Art. 113 Abs. 3 BV dem Völkerrecht den Vorrang vor der Bundesverfassung einräume, müsse ihm auch im Verhältnis zu den im Vergleich zur Verfassung rangniedrigeren Bundesgesetzen derogatorische Kraft zukommen. AUBERT, FAVRE, FLEINER/GIACOMETTI, SIEGENTHALER und andere[17] weisen demgegenüber darauf hin, dass diese Bestimmung Bundesgesetze und allgemein verbindliche Bundesbeschlüsse gleich wie Staatsverträge behandle und sie deshalb auf die gleiche Stufe stelle; aus diesem Grund müssten Widersprüche zwischen einem Staatsvertrag und einem Bundesgesetz bzw. einem allgemein verbindlichen Bundesbeschluss mit Hilfe der Regel «lex posterior derogat legi priori» oder eventuell mit der Maxime der derogatorischen Kraft der lex specialis bereinigt werden.

Weniger häufig, aber ebenfalls mit unterschiedlichen Resultaten, wird mit *Grundprinzipien unserer Verfassungsordnung* argumentiert. AUBERT[18] meint etwa, das Gewaltentrennungsprinzip verpflichte den Richter, den gesetzgeberischen Willen auch dort zu achten, wo das spätere Gesetz einem früheren Staatsvertrag widerspreche. Umgekehrt kommt etwa JACOT-GUILLARMOD zum Schluss, der Vorrang des Völkerrechtes vor nationalem Recht ir-

---

[16] GRISEL (Fn. 3), 390.

[17] JEAN-FRANÇOIS AUBERT, Traité de droit constitutionnel suisse, Neuchâtel 1967, Bd. II, 483; FRANCIS CAGIANUT, Die Bedeutung der EMRK für den Schweizer Richter, in: Völkerrecht im Dienste des Menschen, FS Hans Haug, Bern/Stuttgart 1986, 49, 53; ANTOINE FAVRE, Droit constitutionnel suisse, Fribourg 1970, 462; FLEINER/GIACOMETTI, Schweizerisches Bundesstaatsrecht, Zürich 1949, 830; YVO HANGARTNER, Grundzüge des schweizerischen Staatsrechts, Zürich 1980, Bd. I, 200; PAUL SIEGENTHALER, Der Staatsvertrag als Streitgegenstand, ZBJV *120* (1984) 213 f.

[18] JEAN-FRANÇOIS AUBERT, Traité de droit constitutionnel suisse, supplément 1967-1982, Neuchâtel 1982, 219.

gendwelcher Art lasse sich als spezieller Teilgehalt des Legalitätsprinzips verstehen[19] und wegen der gleichgerichteten Zielsetzung auch mit der Neutralität vereinbaren[20].

2. Die Praxis

Die Praxis des *Bundesgerichtes* ist seit jeher recht einheitlich: Dem Völkerrecht wurde – auch bei Konflikten zwischen früherem Vertrag und späterem Bundesgesetz – bis 1923 ausnahmslos der Vorrang eingeräumt[21]. In den Fällen Lepeschkin (BGE *49* I 196) und Steenworden (BGE *59* II 337 f.) hat das Gericht zwar entschieden, spätere Bundesgesetze würden früherem Völkerrecht vorgehen; im Entscheid Schubert (BGE *99* Ib 39) wurde aber einschränkend ausgeführt, dies gelte nur, wenn der Bundesgesetzgeber *bewusst* Völkerrecht verletzen wollte. Abgesehen von diesen drei Urteilen hat das Bundesgericht bis in jüngste Zeit die derogatorische Kraft des Völkerrechtes immer wieder im Sinne seiner ursprünglichen Rechtsprechung bestätigt[22].

Bundesrat und Bundesverwaltung haben immer die Meinung vertreten, das Völkerrecht stelle keine materielle Schranke für die Rechtsetzung dar. Die Annahme einer völkerrechtswidrigen Verfassungsinitiative beispielsweise bewirke aber auf innerstaatlicher Ebene nicht automatisch den Vorrang des späteren Bundesrechtes vor früherem Völkerrecht, sondern nur, dass der Bundesrat die vertragliche Bindung auflösen müsse[23]. Für die Anwendung von in Kraft stehenden Bundesgesetzen haben die Bundes-

---

[19] JACOT-GUILLARMOD (Fn. 15), 397 ff. SIEGENTHALER (Fn. 17), 207 führt aus, aus dem Gedanken der Rechtsstaatlichkeit liesse sich zumindest das Gebot staatsvertragskonformer Auslegung der Bundesgesetze ableiten.
[20] JACOT-GUILLARMOD (Fn. 15), 392 ff.
[21] BGE *7* 783; *18* 193; *20* 57, 61; *21* 710; *22* 1030; *35* I 473, 596; *48* II 261.
[22] BGE *49* II 361, *54* I 43 f.; *56* I 246 f., *57* I 22 f., *76* IV 49, *78* I 119, *87* I 136 f., 199, *91* I 130, *94* I 678, *95* I 465, *96* I 747, *97* I 375, 572, *100* Ia 410, *106* Ib 402, *110* V 76, *111* Ib 71.
[23] VEB 29 (1959–60) Nr. 22, S. 58; BBl *1954* I 739.

behörden jeweils den Vorrang des Völkerrechtes vor dem Landesrecht betont[24]. Die Frage des Verhältnisses zwischen früherem Staatsvertrag und späterem Bundesgesetz wurde in jüngerer Zeit allerdings als ungeklärt bezeichnet[25]. In der publizierten Praxis findet sich, soweit ersichtlich, kein Fall, in welchem einem späteren Bundesgesetz Vorrang vor dem früher ratifizierten Vertrag eingeräumt wurde.

III. AUSGANGSPUNKT:
DIE VÖLKERRECHTLICHEN FREIRÄUME

Wie lässt sich dieses Knäuel unterschiedlicher, sich teilweise gegenseitig ausschliessender Argumentationslinien entwirren? Anzusetzen ist bei der Frage, wie weit das Völkerrecht den Staaten für die Anwendung internationaler Vereinbarungen Vorschriften macht. Zu unterscheiden sind zwei Ebenen:

Auf der *zwischenstaatlichen Ebene* stellt jeder Vertragsbruch eine Völkerrechtsverletzung dar, für welche der handelnde Staat völkerrechtlich verantwortlich wird[26]. Die Bestimmung von Art. 26 VRK, dass Verträge für die Vertragsparteien verbindlich und «von ihnen nach Treu und Glauben zu erfüllen» sind, stellt kodifiziertes Völkergewohnheitsrecht dar[27]; das Verbot von Art. 27 VRK, sich zur Rechtfertigung von Vertragsbrüchen auf Bestim-

---

[24] LUDWIG R. SALIS, Schweizerisches Bundesrecht, Bern 1903, Bd. II, 437; VEB *8* (1934) Nr. 14, 28, Bericht des Bundesrats an die Bundesversammlung über die Konvention zum Schutze der Menschenrechte und Grundfreiheiten, BBl *1968* II 1071.

[25] VPB *37* (1973) Nr. 32 S. 11.

[26] Aus der reichhaltigen Literatur seien hier VERDROSS/SIMMA, Universelles Völkerrecht, 3. Aufl. Berlin 1984, 856 f.; IAN BROWNLIE, Principles of Public International Law, Oxford 1977, 38; LUZIUS WILDHABER, Treaty-Making Power and Constitution, Basel 1971, 185, genannt.

[27] Deutlicher Beleg für den breiten Konsens, auf welchem diese Regel ruht, ist etwa die Tatsache, dass Art. 26 VRK anlässlich seiner Erarbeitung mit 96:0 Stimmen angenommen wurde: siehe MARK E. VILLIGER, Customary International Law and Treaties, Dordrecht 1985, 94.

mungen des innerstaatlichen Rechts zu berufen, konkretisiert bloss den allgemeinen Grundsatz von pacta sunt servanda. Insbesondere sind die Staaten auch für den Erlass völkerrechtswidriger Gesetze verantwortlich[28]. Wie auch von der schweizerischen Praxis anerkannt wird[29], müssen die Staaten deshalb ihre völkerrechtlichen Verpflichtungen ungeachtet ihres innerstaatlichen Rechts erfüllen. *Wie* sie das tun, überlässt das Völkerrecht jedoch dem souveränen Entscheid jedes Staates. Es enthält keinerlei Regeln über die Art der Durchsetzung völkerrechtlicher Pflichten auf der *innerstaatlichen Ebene*. Die Staaten können frei wählen, ob sie gemäss der Theorie des sog. Dualismus Völkerrecht innerstaatlich erst anwenden wollen, nachdem es in nationales Recht transformiert worden ist, oder ob sie im Gefolge monistischer Theorien dessen unmittelbare Anwendung durch nationale Gerichte und Behörden zulassen wollen[30]. Auch dort, wo von der transformationslosen Geltung des Völkerrechtes ausgegangen wird, bestehen unterschiedliche Lösungen für die Festlegung des Ranges völkerrechtlicher Regeln im innerstaatlichen Normengefüge. Entsprechend vielfältig ist die Praxis der Staaten.

In Belgien gilt seit einem vielbeachteten Entscheid des Cour de cassation von 1971 ein absoluter Vorrang internationaler Verträge, welcher sich nach Meinung des Gerichtes aus der Natur des Völkerrechtes ergibt[31]. Die französische Verfassung gesteht den Staatsverträgen zwar gegenüber den Gesetzen,

---

[28] VERDROSS/SIMMA (Fn. 26), 856 f. mit Hinweisen auf die internationale Schiedsgerichtspraxis.

[29] Vgl. WALTHER BURCKHARDT, Die staatsrechtliche Wirkung der Staatsverträge, in: Aufsätze und Vorträge 1910-1938, Bern 1970, 180 f.; MÜLLER (Fn. 3), 223 mit Hinweisen; BBl *1954* I 739.

[30] MENZEL/IPSEN, Völkerrecht, München 1979, 56 f.; GEORG DAHM, Völkerrecht, Stuttgart 1958, Bd. I, 56; MÜLLER (Fn. 3), 223; SIEGENTHALER (Fn .17), 203; ALFRED VERDROSS, Die doppelte Bedeutung des Ausdruckes «Primat des Völkerrechts», in: FS Rudolf Bindschedler, Bern 1980, 264.

[31] Etat belge c. S. A. «Fromagerie Franco-Suisse <le ski>», Journal des tribunaux *86* (1971) 460 ff.; siehe dazu JEAN J. A. SALMON, Le conflit entre le traité international et la loi interne en Belgique à la suite de l'arrêt rendu le 27 mai 1971 par la Cour de cassation, in: Journal des Tribunaux, Bruxelles, 18. Septembre 1971, 509 ff.; MÜLLER (Fn. 3), 227.

nicht jedoch im Verhältnis zur Verfassung einen übergeordneten Rang zu [32]. Auch in den Niederlanden kommt den Staatsverträgen Vorrang vor den Gesetzen zu [33]. In den USA gelten Staatsverträge zusammen mit der Verfassung und den Bundesgesetzen als «supreme Law of the Land»; Konflikte zwischen späteren Bundesgesetzen und früheren Verträgen werden auf der Basis der lex posterior-Regel gelöst [34]. In der Bundesrepublik Deutschland gehen die «allgemeinen Regeln des Völkerrechts» den Gesetzen vor [35]. Übriges Völkerrecht ist den Bundesgesetzen hierarchisch gleichgestellt; deshalb geht im Konfliktfall die frühere Norm der späteren und die spezielle Bestimmung der allgemeinen vor [36]. In Italien finden die lex posterior- und die lex specialis-Regeln auf das Verhältnis zwischen Gesetzen und Verträgen Anwendung [37]; das Völkergewohnheitsrecht muss demgegenüber nur dem Verfassungsrecht weichen [38].

Diese Vielfalt der Lösungen ist in Doktrin und Staatenpraxis immer als rechtmässig anerkannt worden [39]. Der Grundsatz der Wahlfreiheit der Staaten bei der Festlegung der hierarchischen Stellung des Völkerrechts auf der Ebene der innerstaatlichen Rechtsanwendung bildet somit einen Satz des Völkergewohnheitsrechtes; er beruht nicht nur auf einer entsprechenden allgemeinen Übung der Staaten, sondern auch auf ihrer Überzeugung, dabei rechtmässig zu handeln.

Wenn aber die Staaten völkergewohnheitsrechtlich frei sind, selber zu entscheiden, wie sie dem Völkerrecht innerstaatlich

---

[32] Art. 55 der französischen Verfassung von 1958; GEORG RESS, Der Rang völkerrechtlicher Verträge nach französischem Verfassungsrecht, ZaöRV *35* (1975) 456.

[33] Art. 66 des Grundgesetzes der Niederlande; SIEGENTHALER (Fn. 17), 211.

[34] Art. VI Abs. 2 der amerikanischen Verfassung; LAURENCE H. TRIBE, American Constitutional Law, Mineola, New York 1978, 167 f.; WILDHABER (Fn. 26), 195 f.

[35] Art. 25 des Bonner Grundgesetzes von 1949; siehe hierzu aus der reichhaltigen Literatur KONRAD HESSE, Grundzüge des Verfassungsrechts der Bundesrepublik Deutschland, 15. Aufl. Heidelberg 1985, 38 f., Rz. 101 ff.

[36] FÜRST/GUNTHER, Grundgesetz, Das Verfassungsrecht der Bundesrepublik Deutschland in den Grundzügen, 3. Aufl. Stuttgart 1982, 149.

[37] ANTONIO LA PERGOLA/PATRICK DEL DUCA, Community Law, International Law and the Italien Constitution, AJIL 79 (1985) 607.

[38] Art. 10 der italienischen Verfassung von 1948; LA PERGOLA/DEL DUCA (Fn. 37), 603.

[39] IGNAZ SEIDL-HOHENVELDERN, Völkerrecht, Berlin 1975, 117, Rz. 392 f.; VERDROSS (Fn. 30), 264; MENZEL/IPSEN (Fn. 30), 56.

zum Durchbruch verhelfen wollen, wird es zur verfassungsrechtlichen Frage, welche Ordnung in einem bestimmten Staat gelten soll. Der Grundsatz «Völkerrecht bricht Landesrecht», wie er in der Schweiz prinzipiell anerkannt ist, kann sich somit nicht unmittelbar aus dem Völkerrecht ergeben. Wo der Primat des Völkerrechts für den innerstaatlichen Bereich aus «pacta sunt servanda» abgeleitet wird, geschieht dies nicht kraft Völkerrecht, sondern deshalb, weil der Verfassungsgeber sich so entschieden hat. Ob die schweizerische Bundesverfassung tatsächlich diese Lösung getroffen hat, ist im folgenden zu untersuchen.

IV. ZURÜCK ZU DEN ANFÄNGEN: DER GRUNDENTSCHEID DER BUNDESVERFASSUNG VON 1874

1. Der monistische Charakter der Bundesverfassung

Wie bereits angetönt, sind die schweizerischen Auffassungen über das Verhältnis zwischen internationalem und innerstaatlichem Recht stark von der Theorie des gemässigten Monismus[40] geprägt. Gemäss dieser Theorie bilden Völkerrecht und Landesrecht verschiedene Ebenen einer an sich einheitlichen Rechtsordnung. Deshalb braucht Völkerrecht nicht in Landesrecht transformiert zu werden, um innerstaatlich Anwendung finden zu können; die Behörden haben es deshalb auf der nationalen Ebene zu beachten, sobald es für den betreffenden Staat verbindlich wird (Grundsatz der transformationslosen Geltung). Soweit völkerrechtliche Normen «self-executing»-Charakter besitzen, weil sie geeignet sind, als Grundlage für den Entscheid von Einzelfällen zu dienen, kann sich der Einzelne vor innerstaatlichen Gerichten und Behörden direkt darauf berufen (Grundsatz der direkten Anwendbarkeit). Die Einheit von Völkerrecht und Landesrecht geht

---

[40] Vgl. dazu MÜLLER/WILDHABER, Praxis des Völkerrechts, Bern 1982, 100 ff.; VERDROSS/SIMMA (Fn. 26), 53 ff. Ein klassischer Vertreter des gemässigten Monismus ist VERDROSS (Fn. 30), 261 ff.

für die gemässigten Monisten zwar nicht so weit, dass echte Konflikte zwischen den beiden Rechtsebenen ausgeschlossen wären, weil – wie die radikalen Monisten behaupten – dem Völkerrecht widersprechendes Landesrecht einfach nichtig wäre. Vielmehr gelten auch im Konfliktfall die Normen beider Ebenen weiter, der Widerspruch ist aber auf der Basis des *Primats des Völkerrechts* zu lösen [41].

Die schweizerische *Praxis* folgt der Theorie des gemässigten Monismus, ohne auf sie ausdrücklich Bezug zu nehmen. Dass Regeln des Völkergewohnheitsrechtes automatisch auch innerstaatlich gelten, ist unbestritten; gleiches gilt für das Völkervertragsrecht [42]. Das Bundesgericht hat in Hinblick darauf erklärt:

«Ein von der Bundesversammlung genehmigter Staatsvertrag wird mit dem Austausch der Ratifikationsurkunden für die Vertragsstaaten völkerrechtlich verbindlich; er erlangt zusammen mit der völkerrechtlichen auch landesrechtliche Wirkung, sofern er entsprechende Rechtsregeln zugunsten oder zu Lasten der Bürger aufstellt. ... Einer Umsetzung von Verträgen in ein besonderes Bundesgesetz bedarf es nicht.» [43]

Für diese Untersuchung von besonderer Bedeutung ist die Tatsache, dass trotz Fehlens einer Bestimmung über das Verhältnis von Völkerrecht und Landesrecht die geschriebene Verfassung von 1874 deutlich monistische Züge trägt:
– Die Bundesverfassung sieht *kein* Verfahren vor, um – wie es für dualistische Systeme typisch ist – Völkerrecht durch gesetzgeberischen Akt in Landesrecht zu *transformieren*. Gemäss konstanter Praxis zu Art. 85 Ziff. 5 BV hat die Bundesversammlung die Ratifikation von Staatsverträgen bloss zu ge-

---

[41] MÜLLER/WILDHABER (Fn. 40), 101; VERDROSS/SIMMA (Fn. 26), 53 ff.
[42] AUBERT (Fn. 17) 483; FLEINER/GIACOMETTI (Fn. 17), 829; PAUL GUGGENHEIM, Lehrbuch des Völkerrechts, Basel 1948, 34 f.; HANGARTNER (Fn. 17), Bd. I, 43, und viele andere.
[43] BGE *94* I 672 (Fall Frigerio); ähnlich BGE *96* I 747; BGE *98* I b 387 und Antwort von Bundesrat Spühler vom 10. Dezember 1968 auf die Interpellation betreffend Staatsverträge und innerstaatliche Gesetzgebung von Nationalrat Korner, Amtl. Bull. NR *1969* 225 f., abgedruckt in MÜLLER/WILDHABER (Fn. 40), 103 f.

nehmigen. Wie BURCKHARDT schon 1915 detailliert herausgearbeitet hat, kann darin nicht ein Transformationsakt im Sinne der Ausstattung völkerrechtlicher Regeln mit Gesetzeskraft erblickt werden[44]. Die Genehmigung erfolgt nämlich mit einfachem Bundesbeschluss und nicht im Gesetzgebungsverfahren[45]. Auch nach der Neufassung des Staatsvertragsreferendums in der Revision von Art. 89 BV im Jahre 1977 unterliegen nicht alle auf den Einzelnen direkt anwendbaren Staatsvertragsnormen dem fakultativen Referendum, so dass der Unterschied prinzipiell bestehen bleibt.
- Gemäss *Art. 113 Abs. 1 Ziff. 3 BV* urteilt das Bundesgericht u.a. «über Beschwerden ... von Privaten wegen Verletzung von ... Staatsverträgen.» In konstanter Praxis[46] lässt das Bundesgericht die Staatsvertragsbeschwerde auch zu, soweit die Verletzung von direkt anwendbaren[47] Regeln des Völkergewohnheitsrechts oder von Verträgen gerügt wird, die dem Parlament nicht zur Genehmigung unterbreitet wurden. Die Verfassung erlaubt damit dem Einzelnen, sich vor Bundesgericht *direkt* auf völkerrechtliche Normen zu berufen. Diese Regelung entspricht klar monistischen Auffassungen, weil sie voraussetzt, dass Völkerrecht innerstaatlich zusammen mit dem Landesrecht Anwendung finden kann.
- Einen weiteren, wenn auch schwächeren Hinweis gibt schliesslich der Text von Art. 2 der Übergangsbestimmungen der BV. Danach traten mit der Annahme der BV nur widersprechende «Bestimmungen der eidgenössischen Gesetzgebung, der Konkordate, der kantonalen Verfassungen und Gesetze», nicht aber der Verträge mit dem Ausland ausser Kraft. Offensichtlich anerkannte damit der Verfassungsgeber Weiter-

---

[44] BURCKHARDT (Fn. 29) 182 ff.
[45] *Ders.* (Fn. 29), 184 und Kommentar (Fn. 10), 79.
[46] Vgl. die Hinweise bei KÄLIN (Fn. 14), 116 f.
[47] «Self-executing», d. h. direkt anruf- und anwendbar ist eine Regel, «wenn sie hinreichend bestimmt und klar ist, um im Einzelfall Grundlage eines Entscheides zu bilden.» (BGE *106* Ib 187).

geltung und Primat des Völkerrechtes auch im Rahmen der neuen Verfassung.

2. Die Praxis bis 1923

Dem Monismus und damit verbunden der Anerkennung des Primats des Völkerrechts vor allem widersprechenden Landesrecht entspricht auch die frühe bundesgerichtliche Praxis: In BGE 7 783 entschied das Bundesgericht, ein späteres Bundesgesetz könne einen älteren Staatsvertrag nicht derogieren. Zur Begründung führte es an, der Vertrag sehe vor, dass er bis zu einer allfälligen Kündigung in Kraft bleibe. Obwohl das Parlament widersprechendes Bundesrecht erlassen habe, sei im konkreten Fall der Vertrag nicht gekündigt worden; er sei deshalb immer noch anwendbar. Dieser Begründung liegt offensichtlich die Überlegung zugrunde, der Grundsatz von pacta sunt servanda verbiete es, widersprechenden neuen Bundesgesetzen den Vorrang einzuräumen, solange der Vertrag nicht gekündigt worden ist. Entsprechend kam es in BGE *18* 193 zum Schluss, ein neues Bundesgesetz könne «widersprechende Bestimmungen der bestehenden Staatsverträge ... ohne Verletzung völkerrechtlicher Pflichten» nicht derogieren. Der Grundsatz, dass spätere Bundesgesetze frühere Staatsverträge nicht brechen, wurde in der Folge wiederholt ohne nähere Begründung bestätigt[48]. In der Praxis von Bundesrat und Bundesversammlung finden sich keine abweichenden Entscheide. Zwar scheint sich das Problem des Verhältnisses zwischen früherem Vertrag und späterem Bundesgesetz kaum gestellt zu haben. Im umgekehrten Fall wurde aber der Vorrang des Völkerrechtes jeweils ohne weiteres anerkannt[49]. Insgesamt vertrat der Bundesrat eine ausgesprochen völkerrechtsfreundliche Haltung[50].

---

[48] BGE *20* 57; *20* 61; *21* 710; *22* 1030; *35* I 596; *48* II 261.
[49] Siehe die Praxis bei SALIS (Fn. 24), 436 f.
[50] Vgl. etwa das Zitat aus dem Jahre 1859 bei ULLMER (Fn. 9), 533 Nr. 587.

Die Anerkennung des Primats des Völkerrechts vor ihm widersprechendem Landesrecht irgend welcher Normstufe scheint im 19. und anfangs des 20. Jahrhunderts so selbstverständlich gewesen zu sein, dass Burckhardt noch 1915 die «Auffassung der rechtsanwendenden Behörden» mit folgenden apodiktischen Worten umschreiben konnte:

«– Wenn ein späteres Gesetz dem Wortlaute nach einem früheren Vertrage widerspricht, wird kein Richter und keine Verwaltungsbehörde die Frage aufwerfen, ob wohl das Gesetz den Vertrag bestehen lassen *wolle* und ob der Grundsatz: lex posterior generalis non derogat legi anteriori speciali zutreffe, sondern er wird erklären, dass Verträge durch Gesetze nicht aufgehoben werden können und deshalb das Vertragsrecht weiter gilt.» [51]

3. Zwischenergebnis

Es lässt sich nachweisen, dass die Verfassung von 1874 ursprünglich einen Entscheid zugunsten des Primats des Völkerrechtes und damit für den Vorrang älterer Staatsverträge auch vor jüngeren Bundesgesetzen getroffen hat. Dies ergibt sich nicht nur implizit aus dem Verfassungstext, sondern auch ausdrücklich aus der Praxis des Bundesgerichtes. Dieser Befund schliesst allerdings nicht aus, dass die vereinzelten späteren Entscheide des Bundesgerichtes, welche späteren Bundesgesetzen den Vorrang vor früheren Staatsverträgen eingeräumt haben, einen Verfassungswandel bewirken konnten. Ob dies zutrifft, ist im folgenden zu prüfen.

---

[51] BURCKHARDT (Fn. 29), 187 f.

V. KEIN VERFASSUNGSWANDEL DURCH DIE BUNDESGERICHTLICHEN AUSNAHMEN VOM PRIMAT DES VÖLKERRECHTES

1. Die Steenworden-Praxis

Im Fall *Steenworden* (BGE *59* II 337 f.) hat das Bundesgericht entschieden, Staatsverträge und Bundesgesetze seien gleichrangig. Im Konfliktfall dürfe der Vertrag dem Gesetz nicht einfach vorgehen; solche Konflikte müssten wie die Unvereinbarkeit zwischen zwei Gesetzen gelöst werden, d. h. auf der Basis der Regel: lex posterior derogat legi priori.

Der Bundesrat hat sich in BBl *1954* I 739 dieser Auffassung angeschlossen und unter Hinweis auf BGE *59* II 337 ausgeführt, späteres Verfassungsrecht müsse früherem Völkerrecht vorgehen, da ja sogar ein späteres Bundesgesetz den früheren Vertrag derogiere.

Das Bundesgericht hat seine Position im Entscheid *Steenworden* allein mit Hinweisen auf den im Jahre 1923 entschiedenen Fall *Lepeschkin* (BGE *49* I 196) und auf FLEINER[52] begründet: In BGE *49* I 196 hatte das Bundesgericht ausgeführt, die Genehmigung von Staatsverträgen durch die Bundesversammlung habe zwei Komponenten, nämlich erstens das Eingehen einer Völkerrechtlichen Verpflichtung und zweitens die innerstaatliche «Ausstattung des Vertragsinhalts mit Gesetzeskraft, seine Verbindlichkeitserklärung für Behörden und Bürger des eigenen Staates». Diese Argumentation, welche sich in gleicher Weise bei FLEINER findet, fusst klar auf dualistischen Theorien, welche, wie vorne dargelegt wurde, dem schweizerischen Verfassungsrecht eindeutig nicht entsprechen. Die Begründung im Fall *Lepeschkin* ist systemwidrig und deshalb nicht tauglich, den Vorrang späterer Gesetze vor früheren Verträgen zu rechtfertigen. Damit ist aber

---

[52] Der Hinweis betrifft FRITZ FLEINER, Schweizerisches Bundesstaatsrecht, Tübingen 1923, 758, dessen Argumentation mit jener des Bundesgerichtes in BGE *49* I 196 weitgehend übereinstimmt.

auch der Begründung im *Steenworden*-Entscheid der Boden entzogen. Die beiden Urteile, deren Argumente von der Lehre nicht rezipiert und vom Bundesgericht später stillschweigend [53] aufgegeben worden sind, vermögen einen Wandel des ursprünglichen Verfassungssinns nicht zu begründen.

2. Der Fall Schubert

Das Bundesgericht scheint von seiner Entscheidung im Fall *Steenworden* selber nicht überzeugt gewesen zu sein. Nur so lässt es sich erklären, dass es im Urteil *Librairie Hachette S. A.* aus dem Jahre 1967 in Hinblick auf das Verhältnis zwischen dem Gerichtsabkommen mit Frankreich von 1869 und dem späteren Kartellgesetz von 1962 ohne jeglichen Hinweis auf die frühere Entscheidung ausführen konnte: «Que la Convention l'emporte sur les règles du droit interne, cela ne saurait faire aucun doute.» [54] Auch in späteren Entscheiden wurde früheren Vertragsrecht Vorrang vor späterem Gesetzesrecht eingeräumt [55]. Im Fall *Frigerio* (BGE 94 I 678) wurde ausgeführt, zur Frage, ob *Steenworden* oder *Librairie Hachette S. A.* richtig sei, müsse nicht abschliessend Stellung genommen werden. Es genüge

«festzuhalten, dass der Bundesgesetzgeber gültig abgeschlossene Staatsverträge gelten lassen will, sofern er nicht ausdrücklich in Kauf nimmt, dass völkerrechtswidriges Landesrecht zustande komme. Im Zweifel muss innerstaatliches Recht völkerrechtskonform ausgelegt werden; d. h. so, dass ein Widerspruch mit dem Völkerrecht nicht besteht.»

Im Jahre 1973 bestätigte das Bundesgericht im Fall *Schubert* (BGE 99 I b 39) zwar das Gebot der völkerrechtskonformen Auslegung; damit werde «grundsätzlich der Vorrang des internationalen Rechts anerkannt – gleichgültig, ob es älter oder weniger alt als die landesrechtliche Norm ist». Es entschied aber, wenn

---

[53] Siehe dazu den folgenden Abschnitt.
[54] BGE 93 II 197.
[55] Dies geschah explizit in BGE 95 I 456, 97 I 384 und im Ergebnis auch in BGE 96 V 140.

der Gesetzgeber bewusst gegen geltendes Völkerrecht legiferieren wollte, könne eine solche Abweichung «zwar die völkerrechtlichen Rechte und Pflichten des Staates nicht ändern,» sie sei «aber im innerstaatlichen Bereich massgebend und für das Bundesgericht verbindlich (BV *113* III)»[56]. Weil das Bundesgericht im konkreten Fall die Absicht der Bundesversammlung, mit der Lex Furgler gegen bestehende Niederlassungsverträge zu legiferieren, für gegeben erachtete[57], wies es die Beschwerde eines Österreichers ab, der gerügt hatte, die Unterstellung seines geplanten Liegenschaftserwerbs im Tessin unter die Bewilligungspflicht verletze den schweizerisch-österreichischen Niederlassungsvertrag von 1875.

Trotz der Kargheit der Begründung und des Fehlens jeglicher Auseinandersetzung mit der Doktrin lassen sich aus dieser Entscheidung drei Elemente herausschälen:

- Das Bundesgericht hat nicht nur darauf verzichtet, seinen Entscheid mit einem Hinweis auf die Fälle *Lepeschkin* und *Steenworden* zu begründen, sondern den grundsätzlichen Primat des Völkerrechtes vor dem Landesrecht auch im Verhältnis des späteren Gesetzes zum früheren Vertrag *ausdrücklich anerkannt*. Die auf dualistischen Theorien beruhenden Begründungen der früheren Entscheide sind damit wohl endgültig überwunden worden.

- Das Bundesgericht hat nicht mit dem Vorrang späteren Rechts argumentiert. Es ist damit jenen Autoren[58] *nicht* gefolgt, welche aus Art. 113 Abs. 3 BV ableiten, die Bundesverfassung stelle Gesetze und Staatsverträge gleich, weshalb für die Lö-

---

[56] BGE *99* Ib 44; zitiert nach der deutschen Übersetzung in Praxis *62* (1973) Nr. 106, S. 292 E. 3, bestätigt in BGE *112* II 13 E. 8.

[57] BGE *99* Ib 44 E. 4. Vgl. dazu die fundierte Kritik bei LUZIUS WILDHABER, Bemerkungen zum Fall Schubert betreffend das Verhältnis von Völkerrecht und Landesrecht, Schweizerisches Jahrbuch für Internationales Recht *30* (1974) 195 ff. und bei HANS HUBER, Die Rechtsprechung des Bundesgerichts im Jahre 1973, ZBJV *110* (1974) 492 f.

[58] Vgl. vorne Fn. 17.

sung von Konflikten generell die lex posterior- und die lex specialis-Regeln gelten würden.
- Bloss für den Fall, dass der Gesetzgeber bewusst früheres Staatsvertragsrecht verletzen wollte, fühlt sich das Bundesgericht an den gesetzgeberischen Willen gebunden. Nur diese begrenzte Bindung begründet es mit Art. 113 Abs. 3 BV.

Wie ist das zu beurteilen? Das Bundesgericht hat sich m. E. zu Recht nicht jener Lehrmeinung angeschlossen, welche in Art. 113 Abs. 3 BV eine generelle Gleichstellung von Bundesgesetz und Staatsvertrag erblickt und daraus den Vorrang der späteren und spezielleren Norm ableitet. Wie JACOT-GUILLARMOD, IMBODEN/RHINOW, GRISEL und andere[59] betont haben, sagt diese Bestimmung nicht, die beiden Normarten seien gleichrangig, sondern sie bestimmt, dass das Bundesgericht an Gesetz *und* Staatsvertrag gebunden sei. Massgeblichkeit der Bundesgesetze bedeutet nur, dass die *Bundesverfassung* sie nicht zu derogieren vermag, nicht aber, dass die Vorrangregeln für das Verhältnis der Bundesgesetze unter sich und zu den völkerrechtlichen Regeln aufgehoben sind[60]. Art. 113 Abs. 3 BV beantwortet damit die Frage der Normhierarchie zwischen Vertrag und späterem Gesetz nicht selber. Das Bundesgericht muss deshalb wählen, welcher Norm der Vorrang zu geben ist[61]. Dabei hat es vom Primat des Völkerrechtes auszugehen, wie er in der Bundesverfassung von 1874 implizit vorgesehen ist. Die Tatsache, dass Bundesgericht und Bundesrat auch dort, wo sie den Vorrang des späteren Gesetzes anerkannt haben, nie mit einer angeblichen Gleichstellung von Vertrag und Gesetz in Art. 113 Abs. 3 BV argumentiert haben, belegt, dass seit 1874 *kein* entsprechender *Verfassungswandel* eingetreten ist. Trotz seines Resultates ist der Entscheid *Schubert*

---

[59] DICKE (Fn. 8), 105; GRISEL (Fn. 10), 390; IMBODEN/RHINOW (Fn. 3) 81; JACOT-GUILLARMOD (Fn. 15), 403 f.; ANDREAS AUER, La jurisdiction constitutionnelle en Suisse, Basel 1983, 100 f.

[60] KÄLIN (Fn. 14), 69 f.

[61] Siehe dazu die sehr differenzierte und überzeugende Argumentation bei JACOT-GUILLARMOD (Fn. 15), 403 ff.

damit ebenfalls nicht geeignet, den Grundsatz des Primats des Völkerrechts im Verhältnis zwischen früherem Vertrag und späterem Bundesgesetz aufzuheben.

Damit ist allerdings die Frage noch nicht entschieden, ob das Bundesgericht dort, wo der Gesetzgeber *bewusst* früheres Staatsvertragsrecht verletzen wollte, ausnahmsweise den gesetzgeberischen Willen zu achten hat. Unbehelflich ist zwar der Hinweis des Bundesgerichtes, in einem solchen Fall sei der Entscheid des Gesetzgebers für das Bundesgericht wegen Art. 113 Abs. 3 BV massgeblich und verbindlich. Es ist widersprüchlich, eine generelle Bindung aus Art. 113 Abs. 3 BV an das spätere Gesetz (richtigerweise) abzulehnen, sie aber für den Fall bewusster Abweichung vom Völkerrecht zu bejahen. Nichts im Wortlaut von Art. 113 Abs. 3 BV und seiner Handhabung in der Praxis kann die Auffassung rechtfertigen, in diesem Fall seien Bundesgesetze «massgeblicher» als die laut Verfassungstext ebenfalls verbindlichen Staatsverträge.

Hinter der unzutreffenden Begründung versteckt sich aber eine Einsicht, die zu respektieren ist: Es sind durchaus Situationen denkbar, in welchen Bundesrat und Bundesversammlung aus politischen Gründen derart klar und bewusst gegen bestehendes Völkerrecht verstossen wollen, dass dem Bundesgericht angesichts der Verhältnisse faktisch nichts anderes übrig bleibt, als klein beizugeben und den Entscheid des Gesetzgebers zu tolerieren[62]. Amerikanische Gerichte würden in solchen Fällen vom Vorliegen einer «political question» sprechen und auf einen Entscheid verzichten[63]. Das Bundesgericht hat eine entsprechende Doktrin bisher nicht entwickelt. Sollte es je zur eben beschriebenen Zwangslage kommen, deren Vorliegen nicht leichthin zu bejahen ist, wäre es besser, im Urteil würde klar erklärt, warum das Gericht sich ausserstande sehe, den Fall als Rechtsfrage zu entscheiden, als auf kaum überzeugende dogmatische Begrün-

---

[62] Ähnlich DICKE (Fn. 8), 105.
[63] Siehe dazu TRIBE (Fn. 34), 71 ff.

dungen zurückzugreifen. Man hat wohl den Entscheid im Fall *Schubert* als dogmatisch wenig geglückten Versuch einer schweizerischen «political question»-Doktrin zu verstehen. Trifft diese Interpretation zu, ist der Fall aber ebenfalls ungeeignet, als Beleg für einen Verfassungswandel im Bereich der Rangfolge zwischen Vertrag und späterem Gesetz zu dienen.

VI. SCHLUSS

Der Vorrang des Völkerrechtes vor allem entgegenstehenden Landesrecht ist eine *verfassungsrechtliche* Regel, welche in der Bundesverfassung von 1874 implizit verankert ist.

Diese Regel gilt, wie in einer nun mehr als hundertjährigen Praxis immer wieder bestätigt wurde, auch für das Verhältnis zwischen Vertrag und späterem Gesetz. Die wenigen Urteile, in welchen anders entschieden wurde, überzeugen in dogmatischer Hinsicht nicht; zudem sind sie isolierte Einzelfälle geblieben. Sie vermögen deshalb nicht, neues ungeschriebenes Verfassungsrecht zu begründen. Vielmehr gilt, was das Bundesgericht in den nach *Schubert* gefällten Urteilen in Sachen *Bolzano* und *Lanusse* entschieden hat, dass nämlich gemäss der Konzeption des schweizerischen Rechtes und der konstanten Rechtsprechung zur Hierarchie der Normen das internationale Recht den internen Normen vorgehe[64], und dies im Bereich der Auslieferung gleich wie in den übrigen Bereichen auch für das Verhältnis zwischen Vertrag und späterem Gesetz gelte[65].

Die Meinung von JACOT-GUILLARMOD, die Schlacht für das Primat des Völkerrechtes sei in der Schweiz erst noch zu schlagen[66], ist wohl zu pessimistisch. Wie ein Blick auf einen Teil der

---

[64] Fall *Bolzano*, BGE *106* Ib 402 E. 5 a.
[65] Fall *Lanusse*, BGE *102* Ia 319, E. 1: «... en matière d'extradition comme dans *les* autres domaines, les traités internationaux ont le pas sur la loi nationale, même s'ils lui sont antérieurs.» (Hervorhebung durch den Autor).
[66] JACOT-GUILLARMOD (Fn. 8), 231.

schweizerischen Lehre [67] zeigt, vermochten die Fälle *Steenworden* und *Schubert* aber den bis anfangs des 20. Jahrhunderts bestehenden Konsens aufzuweichen. Gerade für eine auf die Nachführung des *geltenden ungeschriebenen* Verfassungsrechtes ausgerichteten Totalrevision der Bundesverfassung, wie sie nun in Gang gesetzt worden ist, rechtfertigt sich unter diesen Umständen die Aufnahme der schlichten, aber einprägsamen Regel «Völkerrecht bricht Landesrecht». Sie vermöchte, die Grundsätze für das Verhältnis zwischen Völkerrecht und Landesrecht klarzustellen, ohne dem Bundesgericht zu verunmöglichen, zu gegebener Zeit notwendige oder gar unausweichliche Differenzierungen und Feinkorrekturen – etwa im Sinne einer «political question»-Doktrin – vorzunehmen.

[67] Vgl. die in Fn. 17 genannten Autoren.

PETER SALADIN

VÖLKERRECHTLICHES IUS COGENS UND SCHWEIZERISCHES LANDESRECHT *

1. ZUR ALLGEMEINEN RECHTLICHEN TRAGWEITE DES VÖLKERRECHTLICHEN IUS COGENS

Die Kategorie des völkerrechtlichen ius cogens ist zugleich alt und neu[1]: Bis zum (glücklicherweise transitorischen) Sieg des Rechtspositivismus[2] war der Bestand solchen Rechts unbestritten, «weil die naturrechtliche Schule die Auffassung vertreten hatte, dass dem positiven Völkerrecht ein notwendiges (ius necessarium), unveränderliches Völkerrecht zugrunde liege»[3]. Als man – nach dem Ersten und endgültig nach dem Zweiten Weltkrieg – erkannte, wie verhängnisvoll sich ein «reiner Positivismus» des von einem Staat gesetzten Rechts auswirken kann, weckten Völkerrechtstheorie und -praxis das (fast) begrabene ius cogens wieder auf: Die International Law Commission beschäftigte sich (neben andern Gremien) im Zuge der Vorbereitung einer Vertragsrechtskonvention intensiv damit, und die Wiener Konvention vom 23. Mai 1969 über das Recht der Verträge bestätigte definitiv seine positive Geltung. Art. 53, 64 und 71 lauten wie folgt:

* Für intensive und ausgezeichnete Mithilfe danke ich meinen Assistentinnen lic. iur. Elisabeth Giesser und Fürsprecherin Erika Schläppi, für wertvolle Hinweise und Anregungen meinem Kollegen, Prof. Walter Kälin.

[1] Vgl. statt vieler JOCHEN ABRAHAM FROWEIN, Jus Cogens, Encyclopedia of Public International Law, North-Holland 1984, 328. Vgl. auch etwa den Überblick bei HEINRICH BERNHARD REIMANN, Ius cogens im Völkerrecht, Zürich 1971, 12 ff.

[2] Und bei einzelnen Autoren sogar während der Hochblüte des Rechtspositivismus, so in gewissem Sinne bei GEORG JELLINEK, Die rechtliche Natur der Staatenverträge, Wien 1880, 59.

[3] ALFRED VERDROSS/BRUNO SIMMA, Universelles Völkerrecht, 3. Aufl. Berlin 1984, 328.

Art. 53. Verträge in Widerspruch zu einer zwingenden Norm des allgemeinen Völkerrechts (jus cogens). Ein Vertrag ist nichtig, wenn er im Zeitpunkt seines Abschlusses einer zwingenden Norm des allgemeinen Völkerrechts widerspricht. Im Sinne der vorliegenden Konvention ist eine zwingende Norm des allgemeinen Völkerrechts eine Norm, die von der internationalen Staatengemeinschaft als Ganzes als eine Norm angenommen und anerkannt ist, von der keine Abweichung erlaubt ist und die nur durch eine nachfolgende Norm des allgemeinen Völkerrechts, die denselben Charakter trägt, abgeändert werden kann.

Art. 64. Entstehung einer neuen zwingenden Norm des allgemeinen Völkerrechts (jus cogens). Wenn eine neue zwingende Norm des allgemeinen Völkerrechts entsteht, wird jeder bestehende Vertrag, der im Widerspruch zu dieser Norm steht, nichtig und erlischt.

Art. 71. Rechtsfolgen der Ungültigkeit eines Vertrages wegen Widerspruchs zu einer zwingenden Norm des allgemeinen Völkerrechts. 1. Im Falle eines gemäss Artikel 53 nichtigen Vertrages haben die Parteien
(a) soweit möglich die Rechtsfolgen aller Handlungen zu beseitigen, die im Vertrauen auf irgendeine Bestimmung begangen worden sind, die einer zwingenden Norm des allgemeinen Völkerrechts widerspricht; und
(b) ihre gegenseitigen Beziehungen in Übereinstimmung mit der zwingenden Norm des allgemeinen Völkerrechts zu bringen.
2. Im Falle eines Vertrages, der gemäss Artikel 64 nichtig wird und endet:
(a) befreit die Beendigung des Vertrags die Parteien von jeder Verpflichtung, den Vertrag weiterhin zu erfüllen;
(b) beeinträchtigt die Beendigung des Vertrages keinerlei Recht, Verpflichtung oder die Rechtslage der Parteien, die durch die Ausführung des Vertrages vor seiner Beendigung entstanden sind, vorausgesetzt, dass diese Rechte, Verpflichtungen oder die Rechtslage danach nur in dem Masse beibehalten werden können, dass ihre Beibehaltung selbst nicht in Widerspruch zu der neuen zwingenden Norm des allgemeinen Völkerrechts steht.

Heute erscheint völkerrechtliches ius cogens als Kategorie geltenden Rechts weitgehend anerkannt [4]; nur bei wenigen Autoren hat Skepsis oder entschiedene Ablehnung die Verabschiedung der Wiener Vertrags-Konvention überdauert [5].

[4] Vgl. statt vieler FROWEIN (Fn. 1), 328; GÜNTHER JÄNICKE, Zur Frage des internationalen Ordre Public, Berichte der Deutschen Gesellschaft für Völkerrecht 7 (1967) 88; MILENKO KRECA, Some General Reflections of Main Features of Jus Cogens as Notion of International Public Law, in: FS Wolfgang Abendroth, Frankfurt 1982, 29; FRITZ MÜNCH, Bemerkungen zum Jus Cogens, in: FS Hermann Mosler, Berlin 1983, 618.
[5] So bei HELMUT RUMPF, Die Lehre von den zwingenden Völkerrechtsnormen, in: FS Boris Meissner, Berlin 1985; kritisch auch etwa GODE HARTMANN,

Die folgenden Überlegungen gelten dem Verhältnis zwischen völkerrechtlichem ius cogens und schweizerischem Landesrecht. Es erübrigt sich daher, auf die allgemeine rechtliche Tragweite jener Kategorie hier ausführlich einzugehen. Nur die wichtigsten Eigenschaften, Funktionen und Wirkungen sollen dargestellt werden – damit hinreichende Klarheit besteht, wovon im folgenden die Rede ist –, und vor allem diejenigen Eigenschaften, Funktionen und Wirkungen, die für das Verhältnis zu nationalem Recht relevant erscheinen. Allerdings ist im voraus festzuhalten, dass über jene Eigenschaften, Funktionen und Wirkungen im einzelnen heute alles andere als Klarheit besteht. Vieles ist vag und umstritten, eine «solide» Gerichtspraxis liegt nicht vor.

a) Das völkerrechtliche ius cogens ist, wie der Name sagt, *zwingend,* kann also durch Abrede nicht beseitigt oder verändert werden; es kann «nur durch eine nachfolgende Norm des allgemeinen Völkerrechts, die denselben Charakter trägt, abgeändert werden» (Art. 53, Vertragsrechtskonvention). Die Kategorie des völkerrechtlichen ius cogens ist damit derjenigen des von Privatrechtsdogmatik und -gesetzgebung herausgearbeiteten zwingenden (nationalen) Rechts nachgebildet[6], auch wenn sie, wie bemerkt, eine durchaus eigenständige Geschichte hat.

Internationales jus cogens?, Demokratie und Recht *1983* 390 ff. Einer der wichtigsten früheren Kritiker war GEORG SCHWARZENBERGER (International Jus cogens?, neu abgedruckt in: The concept of Jus Cogens in Public international Law, Conference on International Law [Lagonissi 1966], Geneva 1967, 115 ff.). Bemerkenswert schliesslich die Argumentation CHARLES CHAUMONTS (Mort et transfiguration du jus cogens, in: Mélanges P. F. Gonidec, Paris 1985, 469 ff.), nach der zwar die Konzeption eines jus cogens der Staaten in unüberwindbare Schwierigkeiten führt, nicht aber diejenige eines Jus cogens der Völker. Vgl. auch die Übersicht bei MICHAEL SCHWEITZER, Ius cogens im Völkerrecht, Archiv des Völkerrechts *15* (1971/1972) 197 ff.

[6] Vgl. hiezu etwa MÜNCH (Fn. 4), 618 ff.; HERMANN MOSLER, Jus Cogens im Völkerrecht, SchwJIR *25* (1968) 14 ff.; LEVAN ALEXIDZE, Legal Nature of Jus Cogens in Contemporary International Law, Recueil des Cours *1981* III 233 ff.

b) Die Normen des völkerrechtlichen ius cogens gehören zum ordre public der Völkergemeinschaft[7] (und übrigens, soweit relevant, auch zum ordre public der Schweiz)[8]. Dieser Bezug erscheint in der Literatur freilich wenig geklärt. HERMANN MOSLER etwa sieht die beiden Kategorien «nahe verwandt», HERSCH LAUTERPACHT scheint sie als identisch anzusehen (s. hinten). Für die Zwecke dieser Arbeit braucht die Frage nicht weiter verfolgt zu werden. Wesentlich ist, dass die Normen des völkerrechtlichen ius cogens ebenso wie diejenigen des ordre public der Völkergemeinschaft als *«overriding principles of international law»* (HERSCH LAUTERPACHT) gelten müssen[9] und darum von FRITZ MÜNCH (und andern) treffend als «Verfassungssätze der Völkergemeinschaft»[10], von F. A. MANN als «fundamental law of the family of nations»[11] bezeichnet werden.

c) Als «overriding principles of international law» gelten die Normen des völkerrechtlichen ius cogens an sich sinnvollerweise *universal* (immerhin wird in der Lehre über die Möglichkeit bloss regionalen ius cogens diskutiert[12]) und «in most cases» erga omnes[13]. Kein einzelnes Subjekt kann sich ihnen entziehen, keines kann sich von ihnen (durch einseitige Willenserklärung oder durch Vereinbarung) rechtsgültig lossagen. Tut es ein Völker-

---

[7] So VERDROSS/SIMMA (Fn. 3), 328; MÜNCH (Fn. 4), 620; JÄNNICKE (Fn. 4), 96.

[8] Vgl. hiezu etwa die Hinweise in BGE *103* Ia 205 sowie bei HANS A. STÖCKER, Europäische Menschenrechtskonvention, Ordre-public-Vorbehalt und nationales Selbstbestimmungsrecht, EuGRZ *1987* 473 ff.

[9] HERSCH LAUTERPACHT, in: YILC *1953* II 165.

[10] MÜNCH (Fn. 4), 621.

[11] F. A. MANN, The Doctrine of Jus Cogens in International Law, in: FS Hermann Mosler, Berlin 1983, 401.

[12] Zur Möglichkeit bloss regionalen ius cogens' vgl. etwa MICHEL VIRALLY, Réflexions sur le «jus cogens», Annuaire Français de Droit International *1966* 1 ff., 14 ff.

[13] So FROWEIN (Fn. 1), 329; vgl. hiezu den Korfu-Kanal-Fall, ICJ Reports *1949* 22, und besonders auch den Barcelona Traction-Fall, ICJ Report *1970* 32, und JOCHEN ABRAHAM FROWEIN, Die Verpflichtungen erga omnes im Völkerrecht und ihre Durchsetzung, in: FS Hermann Mosler, Berlin 1983, 243.

rechtssubjekt gleichwohl, so macht es sich «qualifiziert» verantwortlich; es begeht ein «international crime», nicht nur ein «international delict» (i. S. von Art. 19 des Entwurfs zur Staatenverantwortlichkeits-Konvention)[14] – eine Konsequenz, die freilich nicht unumstritten ist[15]. Damit ist zugleich gesagt, dass derartige Einzeldurchbrechungen die «zwingende» und die «universale» Qualität einer Völkerrechtsnorm nicht aufheben; es genügt für die «Begründung» solcher Qualität die Anerkennung durch «a very large majority» der Völkerrechtssubjekte[16].

[14] Konventionsentwurf der International Law Commission über die Staatenverantwortlichkeit, abgedruckt in: Archiv des Völkerrechts *24* (1986) 472 ff.
Art. 19 lautet wie folgt:
«International crimes and international delicts
1. An act of a State which constitutes a breach of an international obligation is an internationally wrongful act, regardless of the subject-matter of the obligation breached.
2. An internationally wrongful act which results from the breach by a State of an international obligation so essential for the protection of fundamental interests of the international community that its breach is recognized as a crime by that community as a whole constitutes an international crime.
3. Subject to paragraph 2, and on the basis of the rules of international law in force, an international crime may result, *inter alia,* from:
(a) a serious breach of an international obligation of essential importance for the maintenance of international peace and security, such as that prohibiting aggression:
(b) a serious breach of an international obligation of essential importance for safeguarding the right of self-determination of peoples, such as that prohibiting the establishment or maintenance by force of colonial domination;
(c) a serious breach on a widespread scale of an international obligation of essential importance for safeguarding the human being, such as those prohibiting slavery, genocide and *apartheid;*
(d) a serious breach of an international obligation of essential importance for the safeguarding and preservation of the human environment, such as those prohibiting massive pollution of the atmosphere or of the seas.
4. Any internationally wrongful act which is not an international crime in accordance with paragraph 2 constitutes an international delict.»
Vgl. hiezu auch den Kommentar der International Law Commission, YILC *1976* II, part two, 120.
[15] Vgl. GIORGIO GAJA, Jus Cogens beyond the Vienna Convention, RdC *1981* III 298 ff.; YILC *1976* II, part two, 119 f.
[16] Vgl. GAJA (Fn. 15) m. w. H.; vor allem so die International Law Commis-

Daraus folgt wiederum, dass die Normen des völkerrechtlichen ius cogens ihren Geltungsgrund nicht (nur) in Verträgen zwischen einzelnen Staaten haben können. Sie sind vielmehr *Bestandteile des Völkergewohnheitsrechts oder allgemeiner Rechtsgrundsätze* – oder auch *«omnilateraler» Verträge* (UNO-Charta!) [17]. Wären solche Normen (auch bloss partiell) nur («nicht-omnilaterales») Vertragsrecht, so bestände ja eben Freiheit der Völkerrechtssubjekte, sich ihnen zu unterwerfen oder nicht. Das bedeutet allerdings nicht, dass zwingendes Völkerrecht nicht auch in Verträgen ausdrücklich verankert werden kann und soll – im Gegenteil, solche Verankerung, wenn immer möglich verbunden mit Konkretisierung und verfahrensrechtlicher Absicherung, ist erwünscht und für «Herausbildung» und Effektivität solchen Rechts sogar wohl notwendig. – Die Heranbildung von zwingenden Völkerrechtsnormen erfolgt damit zwangsläufig nach denselben Grundsätzen, nach denen sich Völkergewohnheitsrecht (oder allgemeine Rechtsgrundsätze) bilden (falls man sie nicht als irgendwie «naturrechtlich vorgegeben» ansieht); ob qualifizierte oder auch einfach abweichende Anforderungen gelten («a very large majority of states»! geringere Anforderungen an die «Übung»?) und was sie im einzelnen bedeuten, braucht hier nicht weiter erörtert zu werden. Ich muss und kann hier auch der Frage nicht nachgehen, ob das völkerrechtliche ius cogens allenfalls als Rechtsquelle sui generis anzusehen wäre, und wie eine solche Annahme mit dem IGH-Statut (Art. 38) in Einklang gebracht werden könnte.

---

sion, vgl. VERDROSS/SIMMA (Fn. 3), 334. Vgl. auch – mit Bezug auf die Geltung völkerrechtlichen Gewohnheitsrechts – die vergleichbaren Ausführungen des IGH im Nicaragua-Fall (ICJ Reports *1986* 98).

[17] Vgl. hiezu etwa WALTER KÄLIN, Verfassungsgrundsätze der schweizerischen Aussenpolitik, ZSR nF *105* II 249 ff., 372; VERDROSS/SIMMA (Fn. 3), 331; MOSLER (Fn. 6), 37 ff.; MANN (Fn. 11), 401 ff., vgl. hiezu auch besonders ALEXIDZE (Fn. 6), 253 ff. Zum Verhältnis von Völkergewohnheitsrecht und Völkervertragsrecht vgl. neuerdings besonders MARK E. VILLIGER, Customary international law and treaties, Dordrecht usw. 1985.

d) Das völkerrechtliche ius cogens bindet die Völkerrechtssubjekte nicht nur in ihrem vertraglichen Handeln, sondern allgemein, *absolut;* alles (rechtliche und tatsächliche) Handeln (vor allem) der Staaten hat sich nach ihm zu richten [18].

Diese These ist zwar umstritten; HERMANN MOSLER und KRYSTYNA MAREK etwa möchten die Wirkung zwingender Völkerrechtsnormen auf die Bindung völkerrechtlicher Verträge beschränken [19]. Art. 53 der Vertragsrechtskonvention kann aber m. E. nicht so interpretiert werden, dass er die Kategorie des völkerrechtlichen ius cogens als ausschliesslich für vertragliches Handeln der Völkerrechtssubjekte relevant bezeichnete. Und es erscheint auch durchaus sinnvoll, auch *einseitiges Staats-Handeln «nach aussen»,* welches gegen völkerrechtliches ius cogens verstösst, mit besonders schwerwiegenden Rechtsfolgen zu belegen – sei es mit (völkerrechtlicher) Nichtigkeit (was hier nicht weiter erörtert zu werden braucht), oder (und) mit besondern Sanktionen, wie sie der Entwurf zur Staatenverantwortlichkeits-Konvention vorsieht, oder auch mit besondern innerstaatlichen Konsequenzen. In der Tat: Betrachtet man die Normen des zwingenden Völkerrechts als «overriding principles», so muss ein Verstoss dagegen, wie bemerkt, als «international crime» gelten; ein solches Delikt kann aber, wie aus dem Entwurf zur Staatenverantwortlichkeits-Konvention deutlich hervorgeht, durch irgendwelches Verhalten eines Staats begangen werden; es wäre paradox, gerade einseitiges, nicht-vertragsbezogenes Handeln wider «overriding principles» «straflos» zu belassen! Merkwürdiger-

---

[18] Vgl. STEPHAN VEROSTA, Die Vertragsrechts-Konferenz der Vereinten Nationen 1968/69 und die Wiener Konvention über das Recht der Verträge, ZaöRV *29* (1969) 687; ferner etwa die Hinweise im Rahmen der Lagonissi Conference (The concept of jus cogens in international law, Geneva 1967: E. SUY, The Concept of Jus Cogens in Public International Law, 46, 59, und Summary record of the discussion, 85 f., 94, 96, 109, 111).

[19] MOSLER (Fn. 6), 25/26; KRYSTYNA MAREK, Contribution à l'étude du jus cogens en droit international, in: Recueil d'études de droit international en hommage à Paul Guggenheim, Genève 1968, 426 ff./440 f.

weise wird aber jener Schluss in der Literatur nur selten ausdrücklich gezogen!

Ferner: Ist alles Handeln der Völkerrechtssubjekte durch völkerrechtliches ius cogens gebunden, so hat das zur Folge, dass ihm auch *staatliches Handeln «nach innen»* unterworfen ist, und das heisst: staatliche Rechtssetzung ebenso wie der Vollzug dieser Rechtssetzung in Verwaltung und Jurisdiktion[20]. Voraussetzung ist allerdings, dass solch «internes» Handeln überhaupt völkerrechtlich relevant, also überhaupt geeignet ist, gegen Völkerrechtsnormen zu verstossen. Bedenkt man aber, dass zum heutigen Bestand des Völkerrechts auch Individualrechte (Menschenrechte) gehören, so ist solche Relevanz leicht gegeben. Auch diese Schlussfolgerung wird nur selten gezogen und ausgesprochen. Sie war freilich durchaus präsent in der International Law Commission während der Arbeiten an der Vertrags-Konvention[21].

Freilich bedeutet hier absolute Verbindlichkeit zunächst eben nur: völkerrechtliche Verbindlichkeit; verstösst ein Staat durch «internes» Handeln gegen zwingendes Völkerrecht, macht er sich völkerrechtlich verantwortlich; ob sein Akt «nichtig» ist wie ein entsprechender völkerrechtlicher Vertrag, und ob er innerstaatliche Verantwortlichkeit des «deliktischen» Staats auslöst, bestimmt sich nach innerstaatlichem Recht (vgl. dazu hinten Ziff. 3.a).

Wer die Bindung innerstaatlichen Handelns an völkerrechtliches ius cogens grundsätzlich verneinen will, muss sich auf den Standpunkt eines radikalen Dualismus von völkerrechtlicher und staatsrechtlicher Ordnung stellen[22]. Dazu scheint heute aber kaum jemand bereit zu sein.

---

[20] Vgl. WALTER KÄLIN, Das Verfahren der staatsrechtlichen Beschwerde, Bern 1984, 44.

[21] So sprachen LAUTERPACHT und FITZMAURICE, die ersten beiden Berichterstatter der ILC für die Vertragsrecht-Kodifikation, jeweils von «acts» der Staaten, die gegen das Jus Cogens verstossen, um das umfassend gemeinte Jus Cogens-Konzept anzudeuten. Vgl. LAUTERPACHT in: YILC *1953* II 154.

[22] Vgl. hiezu VERDROSS/SIMMA (Fn. 3), 53 ff.

e) Welche Normen zum Bestand des völkerrechtlichen ius cogens gehören, sagt die Wiener Vertragsrechtskonvention nicht. Hier besteht denn heute auch die grösste Unsicherheit und Uneinigkeit[23].

Noch schwieriger ist eine zweite Frage zu beantworten: Kann, muss der Bestand an zwingenden Völkerrechtsnormen – wie immer er im einzelnen umschrieben wird – als «abgeschlossen», «unveränderbar», «ewig» gelten? Man ist geneigt, die Frage sofort zu verneinen – etwa im Blick auf die allmähliche Herausbildung jenes Bestandes in der Geschichte, und auch mit Rücksicht auf die vorne (Ziff. 1.e) festgestellte «Schaffung» zwingenden Völkerrechts auf denselben Wegen, auf denen sich Völkergewohnheitsrecht (und allenfalls allgemeine Rechtsgrundsätze) bilden (vgl. Art. 54 und auch Art. 53 i. f. der Wiener Vertragsrechtskonvention). Indessen fragt sich, ob hier nicht gerade (weltweit, oder bloss in einer Welt-Region?) der Prozess einer immer «dichteren» und allgemeineren Anerkennung unverfügbaren Rechts stattfindet, wie ihn modernste Strömungen der Rechtsphilosophie fordern[24]; ob jener Bestand, jener «feste Kern» des völkerrechtlichen ius cogens nicht so beschaffen ist, dass wir uns eine rechtliche Ordnung, die sich als «rechtsstaatliche» versteht und das «Prinzip Menschenwürde» zuoberst setzt, ohne jenen Kern nicht mehr vorstellen können, für keine irgendwie geartete Zukunft. Die Frage kann und muss hier nicht weiter verfolgt werden.

In folgenden Punkten scheint sich bis heute eine mehr oder weniger geschlossene communis opinio herausgebildet zu haben[25]:

---

[23] Bis Ende 1987 war die Konvention von 56 Staaten ratifiziert. Die Schweiz hat seinerzeit die Konvention nicht unterzeichnet, besonders wegen der für sie unbefriedigenden Regelung von Streitigkeiten gemäss Art. 42 ff.

[24] Vgl. etwa BEAT SITTER, Plädoyer für das Naturrechtsdenken, Basel 1984.

[25] Vgl. hiezu etwa VERDROSS/SIMMA (Fn. 3), 331 f.; FROWEIN (Fn. 1), 328 f.; MÜNCH (Fn. 4), 618 ff.; MOSLER (Fn. 6), 28 ff.; JÄNICKE (Fn. 4), 88 ff.; JENS MARTENSEN, Ius cogens im Völkerrecht, Diss. Hamburg 1971, 88 ff.

- Zum völkerrechtlichen ius cogens gehören allgemein «Normen, die im gemeinsamen Interesse aller Staaten gelten und tief im allgemeinen Rechtsbewusstsein verankert sind»[26].
- Im besondern verbietet Art. 53 der Wiener Vertragsrechtskonvention etwa folgende Verträge:

    «1. Verträge, durch die sich zwei Staaten verpflichten würden, in die Rechte dritter Staaten einzugreifen, in denen also z. B. Beistand in einem durch das VR verbotenen Krieg vereinbart würde.

    2. Verträge, in denen ein Staat verpflichtet würde, seine Freiheit soweit einzuschränken, dass er nicht mehr imstande wäre, seine vr gebotenen Aufgaben zu erfüllen, z. B. seine Polizei so einzuschränken, dass eine Aufrechterhaltung der öffentlichen Ordnung unmöglich würde. Seit dem Inkrafttreten der UN-Charta gehören hierher aber vor allem Verträge, durch die ein Staat genötigt würde, in seinem Hoheitsbereich die vr anerkannten fundamentalen Menschenrechte aufzuheben oder einzuschränken. Daher wären alle Vereinbarungen ungültig, die diesen Kernbereich des humanitären VR beeinträchtigen würden. Diese Grenze besteht ganz unabhängig von der Zugehörigkeit der betrachteten Staaten zum Mitgliederkreis eines bestimmten humanitären Abkommens, da die «elementaren Grundsätze der Humanität» (considérations élémentaires d'humanité) eine absolute Geltung im VR aufweisen, wie auch der IGH in seinem Endurteil im Corfu Channel Case ausgesprochen hat. Ein auf Aufhebung oder Beschränkung der wesentlichen Menschenrechte hinzielender Vertrag würde contra bonos mores der modernen Völkerrechtsgemeinschaft verstossen.»[27]

    Aus dem vorn Gesagten folgt freilich die Notwendigkeit einer Verallgemeinerung dieser Aussage: Nicht nur völkerrechtliche Verträge sind verboten, die etwa den «Kernbereich des humanitären Völkerrechts» beeinträchtigen, sondern eben jegliches hierauf gerichtete oder solches bewirkende Handeln eines Völkerrechtssubjekts.

- Aber auch der *«Kernbereich des humanitären Völkerrechts»* erscheint als Kategorie noch sehr vag. Welche Normen sind hinzuzurechnen?[28]

---

[26] VERDROSS/SIMMA (Fn. 3), 331.
[27] VERDROSS/SIMMA (Fn. 3), 332.
[28] Vgl. zum Problem der «Hierarchisierung» von Menschenrechten etwa THEODOR MERON, On a hierarchy of international human rights, AJIL *1986* 1 ff.

– Wichtige Hinweise geben multilaterale Menschenrechtsabkommen, welche bestimmte Rechte in irgendeiner Weise als *unaufhebbar* bezeichnen. Dies gilt etwa für die «notstandsfesten» Rechte der Europäischen Menschenrechtskonvention (EMRK) (Art. 15 Abs. 2: Art. 2 (bedingt), Art. 3, 4 Abs. 1 und 7) [29]. Ferner bezeichnen die Rotkreuz-Abkommen von 1949 gewisse Rechte der geschützten Personen als nicht-dispositiv, unverzichtbar, notwendig mit Staaten-Verantwortlichkeit verknüpft usf. [30].

Solche Normen können zwar nicht ohne weiteres unmittelbar als völkerrechtliches ius cogens gelten, sondern nur insoweit, als sie dem «allgemeinen» Völkerrecht zuzurechnen sind. Noch mehr gilt dies für «Unabänderlich-Erklärungen» im nationalen Recht, wie etwa für Art. 79 Abs. 3 des Bonner Grundgesetzes. Hingegen ist solche Unaufhebbarkeit oder Unabänderlichkeit Indiz dafür, dass die entsprechenden Normen als besonders wichtig, als fundamental («basic»), als «existential»,

---

[29] Vgl. hiezu JÖRG PAUL MÜLLER, Materiale Schranken der Verfassungsrevision?, in: FS Hans Haug, St. Gallen 1986, 201. – Vgl. auch die verwandte Bestimmung von Art. 4 Abs. 2 des Internationalen Pakts über bürgerliche und politische Rechte (vom 19. Dezember 1966).

[30] Vgl. Genfer Abkommen zur Verbesserung des Loses der Verwundeten und Kranken im Felde (mit Anhängen), vom 12. August 1949, SR 0.518.12, Art. 6 Abs. 1 Satz 2; Genfer Abkommen zur Verbesserung des Loses der Verwundeten, Kranken und Schiffbrüchigen der bewaffneten Kräfte zur See (mit Anhang), vom 12. August 1949, SR 0.518.23, Art. 6 Abs. 1 Satz 2. Genfer Abkommen über die Behandlung der Kriegsgefangenen (mit Anhängen), vom 12. August 1949, SR 0.518.42, Art. 6 Abs. 1 Satz 2. Genfer Abkommen über den Schutz von Zivilpersonen in Kriegszeiten (mit Anhängen), vom 12. August 1949, SR 0.518.51, Art. 7 Abs. 1 Satz 2. Vgl. auch Zusatz zu den Genfer Abkommen vom 12. August 1949 über den Schutz der Opfer internationaler bewaffneter Konflikte (Prot. I) (mit Anhängen), vom 8. Juni 1977, SR 0.518.521, Art. 11; vgl. hiezu MÜNCH (Fn. 4), 622 ff.; GEORGES PERRIN, La nécessité et les dangers du jus cogens, in: Etudes et essais sur le droit international humanitaire et sur les principes de la Croix-Rouge, Genève 1984, 751 ff. – Vgl. ferner auch das Übereinkommen gegen Folter und andere grausame, unmenschliche oder erniedrigende Behandlung oder Strafe von 1984 (Art. 2 Abs. 2).

d.h. als elementare Sicherungen menschlicher Personalität gelten müssen [31].

- Denkbar wäre es sodann, Hinweise zur Klärung in Konkretisierungen derjenigen *Artikel der UNO-Charta* zu finden, welche Achtung und Förderung von «human rights and fundamental freedoms» gebieten. Allerdings scheinen die bisher vorliegenden Konkretisierungen für unsere Frage wenig herzugeben [32].
- Zu erwägen wäre ferner, ob zum «Kernbereich» nicht auch die jeweiligen *«Wesenskerne»* der einzelnen (international) anerkannten Menschenrechte zu rechnen seien [33]. Diese vom deutschen Grundgesetz «lancierte» [34] und auch vom schweizerischen Bundesgericht übernommene [35] Rechtsfigur ist zwar ihrerseits noch keineswegs zu Ende gedacht und auch nicht für jedes einzelne Grundrecht analysiert, aber als Kategorie (im deutschen Sprachbereich) doch unbestritten und für eine Bestimmung des völkerrechtlichen ius cogens darum geeignet, weil sie einen «innersten Kern» der Menschenrechte (nach richtiger Auffassung) unbedingt und absolut staatlichem (oder auch privatem) Zugriff entzieht. Freilich scheint der «Wesens-

---

[31] Vgl. KONRAD HESSE, Grundzüge des Verfassungsrechts der Bundesrepublik Deutschland, 15. Aufl. Karlsruhe 1985, 263: «konstituierende Elemente der demokratisch-rechtsstaatlichen Ordnung» (zu Art. 79 Abs. 3 GG).

[32] Vgl. vor allem Art. 1 Ziff. 3 und Art. 55 der UNO-Charta, hiezu besonders die Resolution Nr. 1503 des Wirtschafts- und Sozialrats (vom 27. Mai 1970, abgedruckt u.a. in: SIMMA/FASTENRATH (Hrsg.), Menschenrechte – ihr internationaler Schutz, 2. Aufl. München 1985, 15 ff., und zu dem darin vorgesehenen Verfahren etwa FELIX ERMACORA, Die Menschenrechte im Rahmen der Vereinten Nationen, Aus Politik und Zeitgeschichte, 10. Mai 1986, 16. Vgl. auch neuerdings TOM J. FARER, The United Nations and Human Rights: More than a whimper, less than a roar, Human Rights Quarterly *1987* 550 ff.

[33] Vgl. auch für Österreich, wo die Wesensgehaltssperre vom Verfassungsgerichtshof anerkannt ist, LUDWIG K. ADAMOVICH/BERND-CHRISTIAN FUNK, Österreichisches Verfassungsrecht, 3. Aufl. Wien/New York 1985, 372.

[34] Art. 19 Abs. 2 GG.

[35] Vgl. hiezu etwa JÖRG PAUL MÜLLER, Elemente einer schweizerischen Grundrechtstheorie, Bern 1982, 144 ff.

kern-Gedanke» jenseits des deutschen Sprachbereichs noch wenig anerkannt zu sein.
- Weiter wäre zu fragen, ob eine irgendwie geartete *«preferred freedoms»-Doktrin* für die Umschreibung des «humanitären Kerns» herangezogen werden könnte. Die Doktrin hat in der amerikanischen Grundrechtspraxis ihren spezifischen Platz; Versuche, sie etwa ins deutsche oder ins schweizerische Recht zu übernehmen, fielen bisher nicht besonders überzeugend aus[36]. Indessen wäre zu erörtern, ob die Menschenrechte oder Grundrechte nicht nach ihrer *«Persönlichkeitsnähe»* abzustufen, und ob entsprechend die «besonders persönlichkeitsnahen» Rechte nicht dem «humanitären Kernbereich» zuzuweisen wären[37]. Hiezu müssten gewiss die unmittelbar auf Sicherung der menschlichen Existenz gerichteten Rechte gehören (Recht auf Leben, Recht auf Nahrung, Recht auf physische und psychische Integrität, besonders Folterverbot, Verbot des refoulement (vgl. dazu hinten Ziff. 3.c), ebenso aber Rechte, die mit besonderer Direktheit die Subjekthaftigkeit des Menschen gewährleisten (so ein Recht auf fair trial und auf habeas corpus, ein Recht auf Schutz vor Sklaverei und vor Diskriminierung). Ferner möchte ich das für das «Menschliche des Menschen» konstitutive Menschenrecht der Religions- und der Gewissensfreiheit (oder jedenfalls seinen Wesenskern[38]) und im selben Mass wohl auch die Meinungsfreiheit hinzurechnen. Merkwürdig zurückhaltend ist hier der bereits erwähnte

---

[36] Vgl. hiezu besonders CHRISTOPH STALDER, «preferred freedoms» – das Verhältnis der Meinungsäusserungsfreiheit zu den andern Grundrechten, Bern 1977.
[37] Vgl. zu dieser Idee ausführlicher PETER SALADIN, Verantwortung als Staatsprinzip, Bern 1984, 210 ff.
[38] Vgl. BGE *101* Ia 397: «Die Art. 49 Abs. 1 und 2 BV entziehen einen innersten Bereich geistiger Freiheit jeder staatlichen Disposition. Der in diesem Bereich gewährleistete grundrechtliche Schutz gilt absolut und schliesst die Verpflichtung zu einem Verhalten, das Ausdruck einer religiösen Überzeugung ist, selbst dann aus, wenn durch eine Ausnahmebewilligung von dieser Verpflichtung entbunden werden kann.»

Art. 19 des Verantwortlichkeits-Konventions-Entwurfs. Von den soeben genannten Rechten erscheinen hier als Rechte, deren Verletzung ein «international crime» darstellt, bloss die Rechte auf Schutz vor Sklaverei, Genozid und Apartheid.
- Ein weiterer möglicher Ansatz wäre die *Universalität* eines Rechts, d. h. seine universelle Anerkennung und Geltung. Freilich wird es sehr schwierig sein, solche universelle Anerkennung und Geltung zu eruieren. Es genügt kaum, auf die Allgemeine Erklärung der Menschenrechte von 1948 zu verweisen und kurzerhand alle darin (und in den beiden UNO-Menschenrechtskonventionen von 1966) eingeschlossenen Rechte zu völkerrechtlichem ius cogens zu erheben – so wünschbar das wäre. Der Internationale Gerichtshof hat jedenfalls diesen Schritt nicht gewagt, sonst hätte er nicht von «basic human rights» sprechen können (im Barcelona Traction Fall); mit diesem Topos hat er eher die im vorangehenden Abschnitt erwogene Differenzierung vorgenommen. Allerdings befürchtet F. A. MANN, dass nicht einmal ein Recht auf fair trial darin eingeschlossen gedacht wurde – eine wohl zu pessimistische Interpretation[39].

2. ZUM VERHÄLTNIS VON VÖLKERRECHT UND SCHWEIZERISCHEM LANDESRECHT

Bevor die Auswirkungen des völkerrechtlichen ius cogens auf schweizerisches Recht untersucht werden können, ist das allgemeine Verhältnis zwischen Völkerrecht und schweizerischem Landesrecht darzustellen – wiederum unter Beschränkung auf das Grund-Legendste[40].

---
[39] MANN (Fn. 11), 408 ff.
[40] Vgl. hiezu auch den Beitrag von WALTER KÄLIN zu dieser Festschrift.

a) *Völkerrecht gilt ohne weiteres als schweizerisches Landesrecht,* ohne «Transformation». Dieser Grundsatz «erstreckt sich sowohl auf Staatsvertragsrecht als auch auf Völkergewohnheitsrecht und die allgemeinen Grundsätze des Völkerrechts»[41]. Er gilt unabhängig davon, ob das fragliche Völkerrecht self-executing ist oder nicht.

b) *Völkerrecht geht grundsätzlich widersprechendem Landesrecht vor*[42]. Dieses Prinzip ist unbestritten mit Bezug auf kantonales Recht, auf Bundesverordnungen und auf frühere Bundesgesetze. Staatsverträge, die von der Bundesversammlung genehmigt sind, gehen sogar, im praktischen Ergebnis, widersprechendem Bundesverfassungsrecht vor – dies folgt aus Art. 113 Abs. 3 BV. Hingegen ist – wie JÖRG PAUL MÜLLER mit Recht feststellt: erstaunlicherweise – die Frage bis heute nicht eindeutig beantwortet, ob Staatsverträge auch widersprechende spätere Bundesgesetze zurückdrängen: Im berühmt-berüchtigten Entscheid Schubert[43] hat das Bundesgericht – entgegen seiner eigenen früheren (freilich nicht einheitlichen) Rechtsprechung und einem grossen Teil der schweizerischen Lehre, auch entgegen bundesrätlichen Äusserungen – ein späteres Bundesgesetz dann vorgehen lassen, wenn die Bundesversammlung bewusst gegen Völkervertragsrecht verstossen wollte. Es ist kaum anzunehmen, dass das Bundesgericht diese seine Rechtsprechung weiterführen wird, zu stark war die

---

[41] JÖRG PAUL MÜLLER, Völkerrecht und schweizerische Rechtsordnung, in: Handbuch der schweizerischen Aussenpolitik, Bern 1975, 223/224; CHRISTIAN DOMINICE, Le droit international coutumier dans l'ordre juridique suisse, in: Recueil de travaux publié à l'occasion de l'assemblée de la société suisse des juristes, Genève 1969, 11 ff. Vgl. aus der Praxis zuletzt BGE *112* Ib 184.

[42] Vgl. etwa OLIVIER JACOT-GUILLARMOD, Fondements Juridiques Internationaux de la Primauté du Droit International dans l'Ordre Juridique Suisse, ZBJV *1984* 228 f., m. w. H.; MATHIAS-CHARLES KRAFFT, Observations sur les rapports entre le droit international et le droit suisse..., in: Mélanges Georges Perrin, Lausanne 1984, 192 ff.; MÜLLER (Fn. 41), 224; DOMINICE (Fn. 41), 29 ff.; Bericht der Expertenkommission für die Vorbereitung einer Totalrevision, Bern 1977, 26/27, 187/188.

[43] BGE *99* Ib 39.

Kritik, und zu unsinnig ist die Konsequenz, dass sich ein Staatsvertrag wohl gegen die Bundesverfassung, nicht aber gegen ein Bundesgesetz durchzusetzen vermag. In neueren Entscheidungen hat im übrigen das Bundesgericht den Vorrang des Völker(vertrags)rechts vor internem Recht in allgemeiner Weise bestätigt[44]. Die Frage braucht hier nicht weiter verfolgt zu werden (vgl. hiezu wiederum den Beitrag von WALTER KÄLIN). – Dass nicht nur die Bundesgesetze, sondern auch die Bundesverfassung selbst an Völkerrecht gebunden sind, wird hinten (Ziff. 3.a) dargetan.

Das Gesagte gilt grundsätzlich auch für das Verhältnis zwischen Völkergewohnheitsrecht oder völkerrechtlichen allgemeinen Rechtsgrundsätzen und schweizerischem Landesrecht[45]. A fortiori muss völkerrechtliches ius cogens, müssen die «overriding principles» des Völkerrechts widersprechendem Landesrecht vorgehen (ja sogar einem von der Schweiz abgeschlossenen Staatsvertrag, wie das Bundesgericht vor kurzem zu Recht festgestellt hat)[46].

3. AUSWIRKUNGEN DES VÖLKERRECHTLICHEN IUS COGENS AUF SCHWEIZERISCHES LANDESRECHT

Im folgenden sollen nun einige Auswirkungen des völkerrechtlichen ius cogens auf schweizerisches Landesrecht skizziert werden. Mehr als eine Skizze ist im Rahmen dieses Beitrags nicht möglich. Denn die verschiedenen Bezüge sind durchwegs komplex; wir betreten Problemfelder, die in der schweizerischen Literatur (wenn auch fast durchwegs unter andern Gesichtspunkten) zum Teil sehr einlässlich bearbeitet worden sind.

---

[44] Vgl. BGE *102* Ia 319, *106* Ib 402, *109* Ib 173.

[45] Vgl. OLIVIER JACOT-GUILLARMOD, La primauté du droit international face à quelques principes directeurs de l'Etat fédéral suisse, ZSR nF *104* (1985) I, 427. MÜLLER (Fn. 41), 223.

[46] BGE *108* Ib 408 ff., BGE *109* Ib 64 ff.

a) Völkerrechtliches ius cogens und schweizerische Verfassunggebung

Es stellt sich zunächst die Frage, ob und inwieweit völkerrechtliches ius cogens die schweizerische Verfassunggebung bindet.

In der schweizerischen Literatur wird dieses Problem regelmässig unter dem Titel «materielle Schranken der Verfassungsrevision» abgehandelt, wenn auch meist nicht spezifisch mit Bezug auf völkerrechtliches ius cogens, sondern auf Völkerrecht allgemein – bis jetzt ist jene spezifische Frage, wenn ich recht sehe, nur ein einziges Mal erörtert worden, nämlich von JÖRG PAUL MÜLLER in seinem Beitrag zur Festschrift für Hans Haug[47]. Indessen ist jener Titel letztlich nicht adäquat. Denn so wie die Verfassung vom Gesetzgeber nicht nur als «Schranke» wahrgenommen, sondern vielmehr von ihm ausgeführt, konkretisiert, «erfüllt» werden muss, so muss auch Völkerrecht, besonders seine «overriding principles», vom staatlichen Recht insgesamt, und damit eben primär von der Verfassung aufgenommen, konkretisiert, der Verwirklichung nahe gebracht werden. Ich ziehe darum den Ausdruck «Bindung» schweizerischer Verfassunggebung vor.

Die Entwicklung der schweizerischen Lehre zum Problem materieller Bindung des Verfassunggebers ist von JÖRG PAUL MÜLLER in seinem erwähnten Beitrag prägnant nachgezeichnet worden. Bis heute sind die Meinungen geteilt; aber «als nach wie vor herrschend wird man ... die Lehrmeinungen bezeichnen können, «welche die Erhaltung der Fundamente und das vernünftige Masshalten lieber der politischen Einstellung und der Besonnenheit der Bürger und Bürgerinnen anvertraut wissen möchten» (HANS HUBER) als einer Art «Überverfassungsrecht», das unwandelbar sein soll»[48]. Die Praxis der Bundesbehörden

---

[47] MÜLLER (Fn. 29), 195 ff.
[48] MÜLLER (Fn. 47), 198; vgl. hiezu auch besonders JEAN-FRANÇOIS AUBERT, Traité de Droit Constitutionnel Suisse, Bd. I, Neuchâtel 1967, 131 ff.; Supplément 1982, 35 ff.; ANDRÉ GRISEL, A propos de la hiérarchie des normes juridi-

war bekanntlich stets eindeutig: sie hat materielle «Schranken» durchwegs abgelehnt.

Indessen ist es letztlich nicht sehr sinnvoll, das Problem der materiellen Bindung als einheitliches, allgemeines zu stellen und zu beantworten. Es zerfällt vielmehr in verschiedene *Teil-Probleme,* die wenig gemein haben. Es stellt sich zunächst die Frage, ob der Bundesverfassunggeber *sich selber Schranken auferlegt hat* – etwa nach dem Muster des Bonner Grundgesetzes und anderer neuer Verfassungen[49] (die Lehre spricht hier von «autonomen Schranken»). Aber auch diese Frage ist komplex: Es ist offensichtlich etwas anderes, ob man nach einer *«oberen»* oder nach einer *«unteren»* Schranke fragt, also danach, ob «höherrangige Verfassungsprinzipien» auszumachen sind, die durch Verfassungsrevisionen nicht verletzt werden dürfen, oder ob gewisse «niedrige» Normen mangels «Verfassungswürdigkeit» nicht in die Verfassung aufgenommen werden sollen. Sodann kann (und muss) gefragt werden nach der Bindung durch *übergeordnetes Recht:* durch Völkerrecht mit Bezug auf die Bundesverfassung und die Kantonsverfassungen, durch Bundesrecht mit Bezug auf die Kantonsverfassungen; die Lehre spricht hier von «heteronomen Schranken». Im folgenden beschränke ich mich auf diese. Allerdings liegt auf der Hand, dass die beiden Haupt-Teilprobleme einander berühren: Wer elementare Menschenrechte als unantastbar ansieht, kann diese These ebensogut auf «interne» wie auf «externe» Rechtsprinzipien zu stützen geneigt sein, oder genauer: Wer solche Bindung als eine autonome akzeptiert, kann (und muss) sie gleichzeitig als eine heteronome darstellen. Die schwierige (und dogmatisch letztlich nicht befriedigend zu lösende) Frage nach der «Konstruktion» autonomer Schranken erübrigt sich somit wenigstens in diesem Bereich.

ques, ZBl. 1987, S. 377 ff., 386 f.; ferner PAUL SIEGENTHALER, Der Staatsvertrag als Streitgegenstand, ZBJV *1984* 221 ff.

[49] Vgl. hiezu neuerdings PETER HÄBERLE, Verfassungsrechtliche Ewigkeitsklauseln als verfassungsstaatliche Identitätsgarantien, in: FS Hans Haug, Völkerrecht im Dienst des Menschen, St. Gallen 1986, 81 ff.

Wir haben vorne gesehen, dass das völkerrechtliche ius cogens die Völkerrechtssubjekte, allen voran die Staaten, nicht nur in ihrem vertraglichen Handeln, sondern allgemein, absolut, in all ihrem Tun und Unterlassen (völkerrechtlich) bindet, nach aussen und nach innen. Auch die staatliche Verfassunggebung ist damit gebunden. Solche Bindung (sogar an Völkerrecht allgemein, nicht nur an völkerrechtliches ius cogens) ist heute in der Lehre kaum bestritten[50]. Freilich scheint diese Feststellung dem vorher Gesagten zu widersprechen. Der Widerspruch ist aber nur scheinbar. So argumentiert JEAN-FRANÇOIS AUBERT[51]:

«La Suisse est ... liée par ses obligations internationales, et notamment par celles qu'elle assume dans des traités. Toutefois, cela ne nous apprend encore rien sur la *sanction* qui accompagne l'oubli d'une de ces obligations. Pour notre part, nous avons le sentiment qu'en l'état actuel du droit, cette sanction ne peut être que la mise en jeu de la responsabilité de la Suisse, non point la nullité de la revision illicite.»

AUBERT bejaht also die Bindung, lehnt aber eine bestimmte innerstaatliche Sanktion der Völkerrechtswidrigkeit ab, nämlich die Ungültigkeit einer entsprechenden Verfassungsvorlage. Verneinung «heteronomer Schranken» bedeutet für ihn also, exakter ausgedrückt, Verneinung bestimmter innerstaatlicher Sanktionen. Andere Autoren betrachten völkerrechtswidrige (oder jedenfalls EMRK-widrige) Verfassungsinitiativen dagegen als ungültig[52].

Bundesrat und Bundesversammlung haben es im Jahre 1954 übereinstimmend abgelehnt, die *Rheinau-Initiative* wegen (behaupteter) Völkerrechtswidrigkeit für ungültig zu erklären[53]. Es lohnt sich, die Argumentation des bundesrätlichen Berichtes von nahem zu betrachten:

«Es ist möglich, dass der Revision einer bestimmten Verfassung inhaltliche Beschränkungen durch einen dieser Verfassung übergeordneten Willen gesetzt

---

[50] Vgl. etwa Ivo HANGARTNER, Grundzüge des Schweizerischen Staatsrechts, Bd. I, Zürich 1980, 216; MÜLLER (Fn. 41), 234 ff.

[51] AUBERT (Fn. 48), Bd. I, 131.

[52] Vgl. etwa LUZIUS WILDHABER, Erfahrungen mit der Europäischen Menschenrechtskonvention, ZSR nF *98* II 333, m. w. H.

[53] Vgl. BBl *1954* I 732 ff.; dazu ausführlicher AUBERT (Fn. 48), Bd. I, 131.

sind. Schranken dieser Art sind zweifellos für den Verfassungsgeber verbindlich. Wenn sie als Gültigkeitsvoraussetzungen aufgestellt sind, kann die Verfassung nur im Rahmen dieser Vorschriften gültig revidiert werden.
Solche Schranken sind für die Verfassungen der *Gliedstaaten* regelmässig durch die Bundesverfassung aufgestellt. Das trifft in der Schweiz für die Kantonsverfassungen zu. ...
Für die *Bundes*verfassung fehlt es hingegen an solchen Schranken, da es keinen dem Verfassungsgeber (d. h. Volk und Ständen) positivrechtlich übergeordneten Willen gibt, an dessen Vorschriften er gebunden wäre. Eine solche Schranke wäre nur dann gegeben, wenn die Schweiz einem ihr übergeordneten Staate angehören würde, welcher Schranken aufgestellt hätte, von deren Einhaltung die Gültigkeit der Revision der BV abhängen würde. Einem solchen Überstaat gehört die Schweiz jedoch nicht an. Das allgemeine Völkerrecht hat aber nicht in dem Sinne den Vorrang vor dem Verfassungsrecht der Einzelstaaten, dass diese nicht die Befugnis hätten, in ihrer Verfassung etwas anzuordnen, was nicht dem Völkerrecht gemäss ist. ...
Demnach kann wohl nicht die Rede davon sein, dass das Völkerrecht der Aufnahme der Übergangsbestimmung in die Verfassung entgegenstehen würde. Eine andere Frage ist es hingegen, ob die Schweiz durch die Aufhebung der erteilten Konzession sich nicht völkerrechtlich verantwortlich machen würde. Das ist aber nur von Bedeutung dafür, ob die Übergangsbestimmung angenommen oder abgelehnt werden soll. ...»

Keine Einigkeit bestand dagegen (zunächst) zwischen Bundesrat[54] und Nationalrat einerseits, Ständerat andrerseits, als eine Volksinitiative zu beurteilen war, welche alle geltenden völkerrechtlichen Verträge der Schweiz einem (nachträglichen) Referendum unterstellen wollte[55]. Der Bundesrat sah wiederum keinen Grund zur Ungültigerklärung[56]: Zwar würde – so führte er in seiner Botschaft aus – «eine einseitige Beendigung kündbarer und – erst recht – unkündbarer, völkerrechtlicher Verträge ohne Zustimmung der andern Vertragspartei ... einen selten klaren Bruch des Satzes «pacta sunt servanda» dar(stellen), wäre ein völkerrechtlich nichtiger Akt und würde die völkerrechtliche Verantwortlichkeit der Schweiz nach sich ziehen». Indessen habe der Grundsatz «Völkerrecht bricht Landesrecht» bis heute keine Anerkennung als bindender Rechtssatz gefunden. Gleichwohl sollte

[54] BBl *1954* I 738f.
[55] Vgl. hiezu AUBERT (Fn. 48), Supplément, Nr. 326.
[56] BBl *1974* II, 1152f.

es die Schweiz auf jene Völkerrechtswidrigkeit nicht ankommen lassen, die Initiative sei darum abzulehnen. – Der Nationalrat folgte dem Bundesrat. Im Ständerat dagegen[57] drang die Kommission mit ihrem Antrag, die Initiative für ungültig zu erklären, mit grossem Mehr durch. Der Nationalrat hielt aber seinen gegenteiligen Beschluss aufrecht[58].

Halten wir fest: Der Verfassunggeber ist, nach herrschender Auffassung, gebunden an Völkerrecht, und zwar gleichgültig, ob es sich um Völkergewohnheitsrecht, Völkervertragsrecht oder um völkerrechtliche allgemeine Rechtsgrundsätze handle. Das kann auch gar nicht anders sein, wenn man den grundsätzlichen Vorrang des Völkerrechts vor schweizerischem Landesrecht bejaht (vgl. vorne Ziff. 2.b). Die Meinungen gehen hingegen auseinander zur Frage, mit welcher Sanktion die Völkerrechtswidrigkeit einer (projektierten) Bundesverfassungsnorm belegt werden soll.

Zu diesem Problem ist vom vorher Gesagten aus folgendes zu bemerken: Verstösst der Verfassunggeber (oder eine andere staatliche «Gewalt») gegen völkerrechtliches ius cogens, so begeht er qualifiziertes Unrecht; er verstösst dann eben gegen «overriding principles», sein Handeln ist schlechthin unhaltbar und damit schlechthin unannehmbar[59]. Solch qualifiziertes Unrecht kann durch die Grundsätze und Mechanismen der völkerrechtlichen Verantwortlichkeit keineswegs adäquat «aufgefangen» werden[60]. JÖRG PAUL MÜLLER hat dies bereits für Verstösse gegen Völkergewohnheitsrecht allgemein festgestellt[61]; jedenfalls muss es für Verstösse gegen zwingendes Völkerrecht gelten. Folterungen z. B. lassen sich mit Geld nicht wieder gutmachen – und eine andere Frucht völkerrechtlicher Verantwortlichkeit eines Staates ist vom Opfer kaum zu erhoffen.

---

[57] Amtl. Bull. StR *1975* 778 ff.
[58] Amtl. Bull. NR *1975* 1101 ff.; *1976* 315 ff.
[59] Vgl. JACOT-GUILLARMOD (Fn. 45), 427.
[60] Anders der Bericht zur Totalrevision (Fn. 42), 187 f.
[61] Op. cit. (Fn. 41), 235.

Es wäre unerträglich, dass qualifiziert «unrechtes» Recht auch nur für einen Tag in Kraft träte. Wird eine Volksinitiative auf Partialrevision der Bundesverfassung ergriffen, welche gegen zwingendes Völkerrecht verstösst, so muss sie infolgedessen für ungültig erklärt, und sie darf der Volksabstimmung nicht unterbreitet werden; jedes Risiko, dass solches Recht in Kraft treten könnte, ist zum vornherein auszuschliessen.

Es ist hier eine gewisse Parallele zu ziehen zu bundesrechtswidrigen kantonalen Volksinitiativen. Das Bundesgericht sieht in seiner bisherigen Praxis das kantonale Parlament zwar nicht als verpflichtet an, solche Initiativen für ungültig zu erklären [62]; diese Rechtsprechung ist indessen problematisch, sie lässt sich nur deswegen halbwegs verteidigen, weil jeder betroffene Bürger das Recht hat, vom Bundesgericht mit Bezug auf eine gleichwohl zur Abstimmung freigegebene und vom Volk angenommene Initiative anschliessend die Aufhebung wegen Bundesrechtswidrigkeit zu verlangen. Gegenüber völkerrechtswidrigen Volksinitiativen auf Bundesebene fehlt aber praktisch eine entsprechende «Hilfsmöglichkeit» [63]. Die Verantwortung für die Völkerrechtskonformität liegt praktisch allein bei Bundesrat und Bundesversammlung. Diese muss darum eine Volksinitiative, die gegen völkerrechtliches ius cogens verstösst, als ungültig erklären [64].

---

[62] Zuletzt BGE *111* Ia 118f., *110* Ia 182; vgl. dazu PETER SALADIN, Kommentar zur Bundesverfassung, Basel/Bern/Zürich 1987, N. 55 zu Art. 2 UeB.

[63] Ausser einer allfälligen Beschwerde an die EMRK-Organe, soweit eine generell-abstrakte Norm als Beschwerdeobjekt überhaupt in Frage kommt.

[64] Für diejenigen Menschenrechte der EMRK, welche zum völkerrechtlichen ius cogens zu rechnen sind (vgl. hiezu vorne Ziff. 1 e), löst sich damit auch die Streitfrage, wie Volksinitiativen zu behandeln seien, welche gegen die EMRK verstossen. Wegen Verstosses gegen andere EMRK-Normen scheint Ungültigkeit dagegen nicht folgen zu müssen – es könnte darin die blosse Aufforderung an den Bundesrat gesehen werden, die EMRK gemäss Art. 65 zu kündigen (vgl. MÜLLER [Fn. 41], 235). Indessen wäre eine solche Rechtsfolge durchaus inadäquat. Denn es müsste wegen eines Verstosses gegen eine EMRK-Norm eine «umfassende» Kündigung ausgesprochen werden, eine Teil-Kündigung ist nicht vorgesehen, und das nachträgliche Anbringen von Vorbehalten ist nach Art. 64 der Konvention ausgeschlossen. Infolgedessen sollte also eine Volksinitiative, welche gegen einzelne Bestimmungen der EMRK verstösst, ungültig erklärt werden; zulässig müsste es dagegen sein, mit Verfassungsinitiative ein «Verbot der EMRK-Mitgliedschaft» zu intendieren (mit der Folge, dass die Schweiz ihre Mitgliedschaft kündigen müsste); freilich wäre diese Kündigung im Ergebnis teilweise ohne Wirkung, weil die Schweiz an die dem ius cogens zuzurechnenden Teile der EMRK nach wie vor gebunden wäre.

Das Gesagte kann und muss, dies sei hier beigefügt, verallgemeinert werden: Irgendein innerstaatlicher Rechtsakt, welcher gegen völkerrechtliches ius cogens verstösst, muss als ungültig, ja als *nichtig* gelten (im Sinne der bundesgerichtlichen Rechtsprechung zur Nichtigkeit von Verfügungen), denn der ihm anhaftende Fehler ist «besonders schwer..., offensichtlich oder zumindest leicht erkennbar und ... zudem (kann) die Rechtssicherheit durch die Annahme der Nichtigkeit nicht ernsthaft gefährdet (werden)»[65]. Und eine weitere Konsequenz: Ein dem völkerrechtlichen ius cogens zugehöriges Grundrecht muss – wiederum im Sinne der bundesgerichtlichen Rechtsprechung – als «unverjährbar und unverzichtbar» gelten[66]. Schliesslich sei darauf hingewiesen, dass das Bundesgericht in neuen Entscheiden das Verbot der Folter und unmenschlicher oder erniedrigender Bestrafung, wie es in Art. 3 EMRK ausdrücklich statuiert ist, als «un principe général du droit des gens»[67] bezeichnet, als Bestandteil des «ordre public international»[68], ja als «zwingende Regeln des Völkerrechts, die beim Entscheid über ein Auslieferungsbegehren zu beachten sind, unabhängig davon, ob die Schweiz mit dem ersuchenden Staat durch das Europäische Auslieferungsübereinkommen oder die EMRK, durch einen zweiseitigen Staatsvertrag oder überhaupt durch kein Abkommen verbunden ist»[69].

Damit ist freilich nichts Abschliessendes zur Frage gesagt, wie eidgenössische Volksinitiativen zu behandeln seien, welche gegen «gewöhnliches» Völkergewohnheitsrecht oder -vertragsrecht verstossen. Eine grundsätzliche Erörterung dieses Problems würde den Rahmen des Aufsatzes sprengen.

---

[65] BGE *104* Ia 176 f.; vgl. auch BGE *111* Ib 221, *110* V 151 usw.; hiezu PETER SALADIN, Die sogenannte Nichtigkeit von Verfügungen (erscheint 1989). Ebenso wie im Text (allgemein) IGNAZ SEIDL-HOHENVELDERN, Völkerrecht, Köln usw. 1984, 137.
[66] Vgl. hiezu KÄLIN (Fn. 20), 112, m. w. H.
[67] BGE *108* Ib 412.
[68] BGE *111* Ib 145.
[69] BGE *109* Ib 72; vgl. hiezu auch JACOT-GUILLARMOD (Fn. 36), 242 f.

b) Völkerrechtliches ius cogens und Art. 113 Abs. 3 BV

Art. 113 Abs. 3 BV entzieht bekanntlich Bundesgesetze, allgemeinverbindliche Bundesbeschlüsse und die vom Parlament genehmigten Staatsverträge bundesgerichtlichem «Zugriff»; ja diese drei Kategorien von Rechtsakten sind für sämtliche Gerichte und für sämtliche Verwaltungsbehörden der Schweiz «massgebend»[70]. Das Bundesgericht hat diese Bestimmung extensiv ausgelegt und die genannten Erlasse und Verträge sogar gerichtlicher Prüfung entzogen. ANDREAS AUER[71] und WALTER KÄLIN[72] haben indessen überzeugend gezeigt, dass diese Auslegung sich nicht rechtfertigt, dass Art. 113 Abs. 3 kein Prüfungsverbot, sondern ein Anwendungsgebot statuiert[73]. Der Unterschied ist nicht zu unterschätzen: Eine bundesgerichtliche Feststellung, dieses Bundesgesetz oder jener Staatsvertrag sei verfassungswidrig, hätte zwar im konkreten Streit keine rechtliche Wirkung, könnte aber durchaus dem Parlament «Beine machen», würde also zur Korrektur der Verfassungswidrigkeit ermuntern.

In der neueren Lehre ist nun aber auch gezeigt worden, dass die Sperrwirkung des Art. 113 Abs. 3 unter Umständen dann nicht greifen kann, wenn nicht Verfassungs-, sondern Völkerrechtswidrigkeit zur Debatte steht[74].

In der Tat: Anerkennt man den Vorrang des Völkerrechts gegenüber Landesrecht generell, so muss man ihn konsequenterweise auch gegenüber Art. 113 Abs. 3 BV bejahen[75]. Freilich gilt der Vorrang des Völkerrechts «bloss» kraft ungeschriebenen Bundesverfassungsrechts. Es stellt sich daher die Frage, ob ein solcher ungeschriebener Grundsatz die spezifische, ausdrückliche

---

[70] Vgl. statt vieler HALLER, Kommentar zur Bundesverfassung, Basel/Bern/Zürich 1987, Rz. 142 ff. zu Art. 113.

[71] «... le Tribunal fédéral appliquera les lois votées par l'Assemblée fédérale...»: réflexions sur l'art. 113 al. 3 Cst., ZSR *1980* 107 ff., 121.

[72] Op. cit. (Fn. 20), 36 ff.

[73] Ebenso HALLER (Fn. 70), Rz. 205 f.

[74] So KÄLIN (Fn. 20), 43 ff.: «Völkerrecht mit Menschenrechtsgehalt».

[75] Vgl. JACOT-GUILLARMOD (Fn. 45), 427.

Norm des Art. 113 Abs. 3 zurückzudrängen vermag. Die Frage braucht hier wiederum nicht umfassend erörtert zu werden. Sie lässt sich für jene (hoffentlich nie auftretenden!) Situationen, in denen es um einen Konflikt zwischen Bundesgesetz und völkerrechtlichem ius cogens geht, «abgehoben» beantworten. Würde sich das Bundesgesetz in solchen Situationen durchsetzen, so verfiele die Schweiz, wie bemerkt, in qualifizierte (Völkerrechts-) Widrigkeit. Sie würde gegen «absolut bindendes» Recht verstossen. Solch qualifiziertes Unrecht könnte, wie ebenfalls bereits bemerkt, durch die Grundsätze und Mechanismen der völkerrechtlichen Verantwortlichkeit keineswegs adäquat «aufgefangen» werden; es darf darum nicht gelten. Wenigstens das völkerrechtliche ius cogens geht somit unbedingt allem Landesrecht vor, damit auch dem Art. 113 Abs. 3 BV; gerade eine Verfassungsnorm wie diese, welche zur «Zementierung» eines Verstosses gegen völkerrechtliches ius cogens führen könnte, muss dem unbedingten Geltungsanspruch dieses Rechtskomplexes weichen.

Das Bundesgericht hat im bereits mehrfach erwähnten Entscheid Bufano[76] einen bilateralen völkerrechtlichen Vertrag (mit Argentinien) im Lichte allgemeiner Prinzipien des Völkerrechts interpretiert und in der Folge eine Auslieferung abgelehnt. In gleicher Weise ist das Gericht mit dem Europäischen Auslieferungsabkommen (im Zusammenhang mit einem Auslieferungsbegehren der Türkei) umgegangen[77]. In diesen Fällen hat es also völkerrechtliche, von der Bundesversammlung genehmigte Verträge «geprüft» und entsprechend solcher Prüfung gehandhabt. Und nach der zitierten prägnanten Formulierung im Entscheid Sener[78] würde es wohl auch nicht zögern, einer staatsvertraglichen Bestimmung die Anwendung rundweg zu versagen, wenn diese – aus welchen Gründen auch immer – gegen zwingendes Völkerrecht verstiesse. Damit ist aber die entscheidende Bresche

---

[76] BGE *108* Ib 408 ff.
[77] BGE *109* Ib 64 ff., Sener.
[78] BGE *109* Ib 72.

geschlagen. Man könnte sich allenfalls fragen, ob einer Übertragung dieser neuen Praxis auf Bundesgesetze nicht der Umstand entgegenträte, dass Auslieferungsabkommen nach wie vor keinem Referendum unterliegen (falls sie nicht unbefristet und unkündbar sind). Indessen macht Art. 113 Abs. 3, wie bemerkt, zwischen Bundesgesetzen und allgemeinverbindlichen Bundesbeschlüssen einerseits, Staatsverträgen andrerseits keinen Unterschied – und dies obwohl zur Zeit, da Art. 113 Abs. 3 neu statuiert wurde (1874), Staatsverträge in keinem Fall dem Referendum unterlagen.

Mit diesen Überlegungen ist, wie bemerkt, die allgemeinere Frage, ob Art. 113 Abs. 3 BV dem Bundesgericht (und andern Rechtsanwendungsinstanzen) die Anwendung völkerrechtswidriger Bundesgesetze usf. gebiete, nicht beantwortet[79]. Sie ist hoch komplex und muss im Rahmen dieses Aufsatzes offenbleiben. Allerdings sei festgehalten, dass die hier entwickelte Auffassung Folgen für das Verhältnis zwischen Bundesgesetzen usf. und EMRK hat: Werden fundamentale Menschen- oder Grundrechte zum völkerrechtlichen ius cogens gerechnet (vgl. vorne Ziff. 1.e), so darf jedenfalls ein Bundesgesetz, welches gegen die entsprechenden Rechte der EMRK verstösst, keinesfalls angewendet werden.

c) Völkerrechtliches ius cogens und die Handhabung des non-refoulement-Prinzips

Zum Schluss sollen – beispielhaft – die Auswirkungen einer einzelnen (materiellen) Norm des völkerrechtlichen ius cogens auf schweizerisches Recht erörtert werden.

Internationales und nationales Recht verbieten das sog. «refoulement», d. h. die Rückschiebung eines Ausländers «in ein Land.... in dem sein Leib, sein Leben oder seine Freiheit aus einem Grund nach Art. 3 Abs. 1 gefährdet sind oder in dem die Gefahr besteht, dass er zur Ausreise in ein solches Land gezwun-

---

[79] Vgl. dazu KÄLIN (Fn. 20), 43 ff.; AUER, La jurisdiction constitutionnelle en Suisse, Bâle 1983, 96 ff.; mit je weiteren Hinweisen.

gen wird»[80]. Dieses Prinzip ist m. E. Bestandteil des allgemeinen Völkerrechts, also des Völkergewohnheitsrechts, auch wenn diese Zuordnung noch nicht unumstritten ist[81]; aber gerade die im vorangehenden Abschnitt wiedergegebenen Bundesgerichtsentscheide bestätigen sie, wenn sie sogar die – immerhin völkervertraglich vereinbarte – Auslieferung von Ausländern verweigern «si l'on peut craindre objectivement dans un contexte précis, que les extradés soient directement et personnellement exposés au risque que les principes généraux du droit des gens mentionnés ... soient violés», und wenn das Bundesgericht im selben Entscheid Art. 3 EMRK als Ausdruck eines «principe général du droit des gens» qualifiziert[82]. Und weil das non-refoulement-Prinzip mindestens teilweise (nämlich soweit es vor Folter und unmenschlicher oder erniedrigender Strafe oder Behandlung im Herkunftsstaat schützt) im «notstandsfesten» Art. 3 EMRK mit-

---

[80] Art. 45 Abs. 1 des Schweizerischen Asylgesetzes vom 5. Oktober 1979, SR 142.31, entsprechend (aber begrenzt auf «Flüchtlinge») Art. 33 Abs. 1 des internationalen Abkommens über die Rechtsstellung der Flüchtlinge vom 28. Juli 1951, SR 0.142.30; vgl. auch Art. 3 der Folter-Konvention (vorn Fn. 30).

[81] Für die Zugehörigkeit zum allgemeinen Völkerrecht sprechen sich etwa aus: der schweizerische Bundesrat in seiner Botschaft zur (zweiten) Änderung des Asylgesetzes, BBl *1986* I 19; JOCHEN ABRAHAM FROWEIN/ROLF KÜHNER, Drohende Folterung als Asylgrund und Grenze für die Auslieferung und Ausweisung, ZAöR VR *1983* 551; GUY S. GOODWIN-GILL, The Refugee in International Law, Oxford 1983, 97, 122; GERASSIMOS FOURLANOS, Sovereignty and the Ingress of Aliens, Stockholm 1986, 149; PAUL WEIS, The present state of international law on territorial asylum, SJIR *1975* 91 f. Kritisch äussern sich dazu etwa KAY HAILBRONNER, Das Refoulement-Verbot und die humanitären Flüchtlinge im Völkerrecht, ZAR *1987* 5 ff.; ATLE GRAHL-MADSEN, The Status of Refugees in International Law, II, Leyden 1972, 94 ff.; GOTTFRIED KÖFNER/PETER NICOLAUS, Grundlagen des Asylrechts in der Bundesrepublik Deutschland, I, Mainz/München 1986, 128 ff.; WALTER KÄLIN (Das Prinzip des non-refoulement, Bern 1982, 58 ff., 72, 339) spricht von einem «in Entstehung begriffenen universellen Gewohnheitsrecht» (aber von einem regionalen Völkergewohnheitsrecht in Westeuropa, auf dem amerikanischen Kontinent und in Afrika), ebenso GILBERT GORNIG (Das «non-refoulement»-Prinzip, ein Menschenrecht «in statu nascendi», EuGRZ *1986* 525).

[82] BGE *108* I b 412.

verankert ist, gehört es nach dem vorne Gesagten wenigstens insoweit zu den «*zwingenden Regeln des Völkerrechts*»[83], also zum völkerrechtlichen ius cogens[84], und wenigstens insoweit geht es auch dem Vorbehalt von Art. 33 Abs. 2 der Flüchtlingskonvention vor. Das schweizerische materielle Recht nimmt, wie bemerkt, dieses zwingende Völkerrecht auf, und zwar mit Bezug auf «jedermann», nicht also nur auf anerkannte Flüchtlinge (mit einer spezifischen Einschränkung in Art. 45 Abs. 2 des Asylgesetzes, die aber wiederum unbeachtlich ist, wenn die Rückschiebung gegen Art. 3 EMRK und das darin ausgedrückte ius cogens verstossen würde). Auch der neue Art. 9 unseres Asylgesetzes, welcher die «Asylgewährung in Ausnahmesituationen» betrifft, kann vom Bundesrat nicht so konkretisiert werden, dass er derartige Verstösse ermöglichen würde[85].

Das schweizerische Asylrecht genügt hingegen dem skizzierten ius cogens in *prozeduraler Hinsicht* nur teilweise. Der von einer Wegweisungsverfügung Betroffene kann, falls die «Wegweisung» nicht vom Bundesrat selbst verfügt wird (Art. 70 BV), Verwaltungsbeschwerde ans Eidgenössische Justiz- und Polizeidepartement erheben; dieses entscheidet endgültig[86]. Eine solche Regelung ist verfassungswidrig[87] – sie verletzt Art. 103 Abs. 2 BV, welcher das «Beschwerderecht» gegenüber Departements-Entscheidungen vorbehält; Beschwerde muss geführt werden

---

[83] BGE *109* Ib 72.

[84] Vgl. hiezu die Hinweise bei FOURLANOS (Fn. 81), 149 Anm. 13. Zum Rückschiebungsverbot gemäss Art. 3 EMRK vgl. auch besonders WALTER KÄLIN, Drohende Menschenrechtsverletzungen im Heimatstaat als Schranke der Rückschiebung gemäss Art. 3 EMRK, ZAR *1986* 172 ff.; HENN-JÜRI UIBOPUU, Der Schutz des Flüchtlings im Rahmen des Europarates, Archiv des Völkerrechts *1983* 82 ff.

[85] Ebenso der Bundesrat in seiner Botschaft zur (zweiten) Revision des Asylgesetzes, BBl *1986* I 10, 19.

[86] Art. 21 Abs. 2 Asylgesetz, vgl. Art. 100 lit. b Ziff. 4 OG.

[87] Ebenso ALFRED KÖLZ, Kommentar zur Bundesverfassung (Fn. 70), Rz. 12 zu Art. 103; vgl. auch ausführlicher PETER SALADIN, Das Verwaltungsverfahrensrecht des Bundes, Basel 1979, 16 f., 172.

können an den Bundesrat, an ein «eidgenössisches Verwaltungsgericht» (Art. 103 Abs. 3, 114bis BV) oder – was jedenfalls im Verhältnis zum Bundesrat als gleichwertig anzusehen ist – an eine unabhängige Spezial-Rekursinstanz. Departementsentscheide werden zwar auch in andern Bundesgesetzen für endgültig erklärt (z. B. im ANAG) – aber das macht die Sache nicht besser. Es fragt sich sodann, ob diese Regelung Art. 13 EMRK entspricht für den Fall, dass der Betroffene eine Verletzung von Rechten der EMRK geltend macht; zu diesen Rechten zählt nun eben, nach der Praxis der EMRK-Organe, auch der Anspruch auf Schutz vor Rückschiebung in ein Land, in dem eine Verletzung der in Art. 3 EMRK verankerten Rechte droht. Eine verwaltungsinterne Beschwerde ist zwar nach der Praxis nicht ohne weiteres unzureichend i. S. von Art. 13 EMRK[88]. Dies ist aber keineswegs unproblematisch[89]. Und jedenfalls ist zu fragen, ob von «wirksamem» Rechtsmittel im Ernst noch gesprochen werden kann, wenn die erste Instanz nicht nur an die Weisungen der Rechtsmittelinstanz gebunden ist, sondern diese tatsächlich von ihrer Weisungsbefugnis wirksamen Gebrauch macht – was für das Flüchtlingswesen offenbar zutrifft[90]. Der Anspruch auf ein wirksames Rechtsmittel muss indessen sogar unabhängig von Art. 13 EMRK und für alle Fälle der Ausweisung, Wegweisung, Rück-

---

[88] Vgl. hiezu T. A. WETZEL, Das Recht auf eine wirksame Beschwerde bei einer nationalen Instanz (Art. 13 EMRK) und seine Ausgestaltung in der Schweiz, Basel 1983, 96 ff.; BGE *111* Ib 73; FROWEIN/PEUKERT, N. 3/4 zu Art. 13.

[89] Vgl. die Kritik bei FROWEIN/PEUKERT (Fn. 88), N. 4 zu Art. 13: «Aufsichtsbeschwerden können nicht als «effective remedy» unter Art. 13 oder 26 angesehen werden, weil dem zuständigen Minister (als Beschwerdeinstanz) durchweg die Unbefangenheit gegenüber Entscheidungen seiner nachgeordneten Behörden fehlt.»

[90] Der Bundesrat hat die Einrichtung einer unabhängigen Beschwerdeinstanz abgelehnt mit der Begründung, einer solchen Instanz gegenüber könnte dem Bundesrat «kaum ein Weisungsrecht eingeräumt werden, so dass die oberste politische Behörde ohne Einflussmöglichkeit auf die Rekurspraxis wäre»! (Botschaft zur Änderung des Asylgesetzes, vom 6. Juli 1983, BBl *1983* III 779 ff., 791; ebenso die schriftliche Beantwortung einer Motion U. Bäumlin und einer Motion der Grünen Fraktion, vom 18. Mai 1988).

schaffung, Auslieferung gelten. Gehört das Prinzip des non-refoulement zum «humanitären Kernbereich» des Völkerrechts, so müssen die Staaten auch für effektive Beachtung des Grundsatzes sorgen und hiefür auch mindestens ein Rechtsmittel gegen erstinstanzliche Entscheidungen an eine unabhängige Instanz anbieten; sie dürfen nicht das Risiko eingehen, dass Eingriffe in jenen Kernbereich mangels adäquater prozeduraler Abwehr-Möglichkeiten «stehen bleiben». Der schweizerische Gesetzgeber muss also gegen Wegweisungsentscheidungen (eingeschlossen diejenigen des Bundesrates) entweder die Verwaltungsgerichtsbeschwerde ans Bundesgericht oder die Beschwerde an eine noch zu schaffende unabhängige Spezial-Rekursinstanz einrichten.

II.

RECHTSVERGLEICHUNG UND -REZEPTION

BRUNO HUWILER

ZUM BEREICHERUNGSANSPRUCH GEGEN DEN FAHRNISEIGENTÜMER KRAFT ERSITZUNG: EINE RECHTSVERGLEICHENDE FALLSTUDIE *

I. DER AUSGANGSFALL

Der Verkäufer V. veräussert dem Käufer K. ein unsigniertes Bild des ausgehenden 18. Jahrhunderts zu einem angemessenen Preis von Fr. 11 000.–. Acht Jahre nach Abwicklung dieses Geschäftes stellt sich – ausgelöst durch einen Zufall – heraus, dass es sich beim seinerzeitigen Kaufgegenstand um ein Originalgemälde eines sehr gesuchten Meisters jener Epoche handelt. Der Wert des Bildes wird von Experten nunmehr auf rund Fr. 800 000.– geschätzt. Damit stellt sich die Frage – der Fall hat sich in etwa so ereignet –, ob V. allenfalls rechtliche Möglichkeiten besitze, entweder das Bild wieder herauszuverlangen oder doch wenigstens an dessen jetzigem objektivem Wert zu partizipieren.

II. DIE PROBLEMSTELLUNG

Unstreitig ist, dass V. den Kaufvertrag, auch acht Jahre nach dessen Abschluss, wegen eines Willensmangels – in casu handelt es sich um einen Grundlagenirrtum[1] – gemäss Art. 31 OR erfolg-

* Meinen Assistentinnen, Frau Fürsprecherin R. Masanti-Müller und Frau Fürsprecherin E. Wolfisberg-Minnetian, danke ich herzlich für wertvolle Anregungen und Mitarbeit.

[1] Es handelt sich hier um jenen klassischen Tatbestand des sog. Grundlagenirrtums (Art. 24 Abs. 1 Ziff. 4 OR), indem eine Partei sich objektiv falsche Vorstellungen über die Authentizität eines Kunstgegenstandes macht. In casu ist der Sachverhalt im Verhältnis zu den mehrmals entschiedenen Fällen allerdings gleichsam spiegelbildlich: Hier irrt sich der Verkäufer über den Wert des Kauf-

reich anfechten kann, falls er dies binnen Jahresfrist nach der Entdeckung des Irrtums tut [2]. Der Irrende ficht also den mit einem Willensmangel behafteten und somit einseitig anfechtbaren Vertrag an, so dass dieser mit Wirkung ex tunc dahinfällt [3]. Folglich ist der bei der Tradition des Bildes vorausgesetzte Rechtsgrund der Leistung – die iusta causa – ausgefallen. Dies führt infolge der im schweizerischen Recht heute unbestritten geltenden Lehre von der Kausalität der Eigentumstradition [4] dazu, dass das Verfügungsgeschäft wirkungslos bleiben musste. Der Veräusserer bleibt Eigentümer des Bildes, weil das Verpflichtungsgeschäft fehlschlug, der Käufer erwarb lediglich Eigenbesitz am Gegenstand. Somit steht dem Verkäufer zur Rückabwicklung des angefochtenen Vertrages die rei vindicatio (Art. 641 Abs. 2 ZGB) zur Verfügung, um den Besitz an seiner Sache zurückzuerlangen [5].

---

objektes, während in den Präjudizien stets der Käufer unter Willensmangel kontrahiert hatte, weil die vorausgesetzte Qualität der Kaufsache nicht gegeben war. Zu diesem letzteren, mehrmals entschiedenen Fall: BGE *52* II 143; *56* II 424 ff.; *82* II 424; vgl. auch BlZüR *68* (1969) Nr. 1; v. TUHR/PETER, Allgemeiner Teil des Schweizerischen Obligationenrechts Bd. I (3. Aufl. 1979), 308 ff.; BUCHER. Schweizerisches Obligationenrecht: Allgemeiner Teil (1979), bes. 179 ff.

[2] Gemäss Art. 31 Abs. 1 und 2 OR unterliegt die Anfechtung wegen eines Willensmangels keiner absoluten Verjährung, wohl aber einer einjährigen relativen.

[3] Dabei handelt es sich um die in der schweizerischen Doktrin und Praxis herrschende sog. Anfechtungstheorie; dazu statt aller: BUCHER (Fn. 1), 184 f. Diese herrschende Lehre ist freilich bestritten: GAUCH/SCHLUEP, Schweizerisches Obligationenrecht Allgemeiner Teil, Bd. I (4. Aufl. 1987), Rn. 672 ff., vertreten gestützt auf die Entstehungsgeschichte die sog. Ungültigkeitstheorie, d. h. ein Willensmangel lässt demnach den gesamten Vertrag ungültig sein, jedoch nur mit Recht des Irrenden, diese Ungültigkeit geltend machen zu können; vermittelnd v. TUHR/PETER (Fn. 1), welche Ungültigkeit nur hinsichtlich der Verbindlichkeit des Irrenden, Gültigkeit aber auf der Seite des Vertragspartners annehmen («Geteilte Ungültigkeit»). – Vgl. die Darstellung dieses Theorienstreites bei GAUCH/SCHLUEP, a. a. O.

[4] Dazu einstweilen statt aller: MEIER-HAYOZ, Berner Kommentar, Bd. IV: Sachenrecht (5. Aufl. 1981), System. Teil N. 88 ff. – Vgl. auch hinten Fn. 25.

[5] Statt aller: v. TUHR/PETER (Fn. 1), 335; 475 und pass.

Im vorliegenden Fall ist dem Veräusserer die Vindikation freilich abgeschnitten, weil der Erwerber – als gutgläubiger Eigenbesitzer – inzwischen durch Ersitzung nach fünf Jahren (Art. 728 Abs. 1 ZGB) Eigentum erworben hat[6]. Somit ist zu klären, ob dem Veräusserer, der sein Eigentum einbüsste, gegenüber dem Erwerber und nunmehrigen Ersitzungseigentümer ein obligatorischer Anspruch entstanden ist, als Sanktion für den Ausfall des Kausalgeschäftes. Konkret ist zu entscheiden, ob der Veräusserer das verlorene Eigentum mittels einer *Leistungskondiktion* wegen des nachträglichen Wegfalls des bei der Übergabe vorausgesetzten Rechtsgrundes (iusta causa) im Sinne des Art. 62 Abs. 2 OR[7], d. h. also mittels einer condictio ob causam finitam, herausverlangen kann.

Die herrschende schweizerische Lehre[8] lehnt die Kondiktion des ehemaligen Eigentümers gegen den jetzigen Ersitzungsei-

---

[6] Art. 728 Abs. 1 ZGB: «Hat jemand eine fremde bewegliche Sache ununterbrochen und unangefochten während fünf Jahren in gutem Glauben als Eigentum in seinem Besitze, so wird er durch Ersitzung Eigentümer.» – Vgl. LEEMANN, Berner Kommentar: Sachenrecht (2. Aufl. 1920), N. 4 ff. zu Art. 728 ZGB; HAAB/SIMONIUS/SCHERRER/ZOBL, Zürcher Kommentar: Bd. IV: Sachenrecht (2. Aufl. 1977), N. 30 ff., bes. N. 62 f. zu Art. 728 ZGB.

[7] So auch BUCHER (Fn. 1), 612; geht man – wie hier ebenfalls angenommen – hinsichtlich der Rechtswirkung der Willensmängel von der Anfechtungstheorie aus (vgl. vorne Fn. 3), ist die condictio ob causam finitam der zuständige Typus des Anspruchs aus ungerechtfertigter Bereicherung. Die Ungültigkeitstheorie – gleichgültig ob Unwirksamkeit des gesamten Vertrages oder nur der Verbindlichkeit des Irrenden – fordert demgegenüber die condictio sine causa (so GAUCH/SCHLUEP [Fn. 3], Rn. 1106) oder, wohl zutreffender, die condicitio indebiti (Art. 63 Abs. 1 OR) (so v. TUHR/PETER [Fn. 1], bes. 330 Anm. 6 a und 338 Anm. 37 a). – Freilich sind diese Differenzierungen nicht überzubewerten, insbesondere die sich auf Art. 62 Abs. 2 OR stützenden Typen der condictio sine causa bzw. ob causam finitam sind «sachlogisch weitgehend» identisch (BUCHER, a. a. O.). GAUCH/SCHLUEP (Fn. 3), Rn. 1103, sprechen von «klassifikatorischer» Bedeutung.

[8] LEEMANN (Fn. 7), N. 17 zu Art. 728 ZGB; BECKER, Berner Kommentar, Bd. VI: Obligationenrecht (2. Aufl. 1941), N. 21 zu Art. 62 OR; OSER/SCHÖNENBERGER, Zürcher Kommentar, Bd. V: Obligationenrecht (2. Aufl. 1929), N. 11 zu Art. 62 OR; v. TUHR/PETER (Fn. 1), 497 f.; BUCHER (Fn. 1), 597; SPIRO, Die Begrenzung privater Rechte durch Verjährungs-, Verwirkungs- und Fatal-

gentümer in jedem Falle ab, im wesentlichen mit der Begründung[9], dass der originäre Ersitzungserwerb eine endgültige Vermögensverschiebung herbeiführe und somit nicht mehr durch Bereicherungsansprüche zu korrigieren sei.

Differenzierter dagegen entscheiden Praxis und Lehre zum deutschen BGB. Denn seit der einschlägigen Einsicht MARTIN WOLFFS[10] wird angenommen, dass eine Leistungskondiktion dann durchgreife, wenn der Eigenbesitz, der schliesslich zur Ersitzung geführt hatte, sine causa beim nachmaligen Usukapienten begründet worden sei[11].

Im hier vorliegenden Fall gelangte also die herrschende deutsche Lehre und Praxis zu einem anderen Ergebnis als die schweizerische Doktrin. Dies ist um so überraschender, als die normati-

---

fristen, Bd. II (1975), 1365 f.; HAAB/SIMONIUS/SCHERRER/ZOBL (Fn. 6), N. 66 zu Art. 728 ZGB; LIVER, Schweizerisches Privatrecht, Bd. V/1: Sachenrecht (1977), 396; a. A. nur PFISTER, Die Ersitzung nach schweizerischem Recht (Diss. iur. Zürich 1931), 150 ff., bes. 163 ff.; LARESE, SJZ 67 (1971) 233 ff.

[9] Vgl. zu den weiteren Argumenten hinten IV.2.

[10] Ausweislich einer Bemerkung PAUL OERTMANNS (Das Recht, 14. Jg. [1910] Sp. 588) hat MARTIN WOLFF als erster die Meinung vertreten, Ersitzung schliesse einen Bereicherungsanspruch nicht schlechterdings aus. – Vgl. die folgende Fn. 11.

[11] MARTIN WOLFF, Sachenrecht (1. Aufl. 1910), § 71, IV, und dann durch alle Auflagen: zuletzt WOLFF/RAISER, Sachenrecht (10. Aufl. 1957), § 71, IV, 264 ff.; OERTMANN (Fn. 10), Sp. 585 ff.; BIERMANN, Sachenrecht (3. Aufl. 1914), Anm. 2 zu § 937 BGB; EICHLER, Institutionen des Sachenrechts, Bd. II/1 (1957), 64; WESTERMANN, Sachenrecht (5. Aufl. 1966), § 51, III, 247 f.; BAUR, Lehrbuch des Sachenrechts (14. Aufl. 1987), § 53 h, III/2, 531 f.; WIEGAND, bei STAUDINGER, Kommentar zum Bürgerlichen Gesetzbuch, III. Buch: Sachenrecht (12. Aufl. 1983), Rn. 18 ff. zu § 937 BGB; LARENZ, Lehrbuch des Schuldrechts, 2. Bd.: Besonderer Teil (12. Aufl. 1981), § 68, II, 533 Anm. 3; FIKENTSCHER, Schuldrecht (7. Aufl. 1985) § 99, IV, 2, a), cc), 687 f.; KRAWIELICKI, Grundlagen des Bereicherungsanspruchs (1936, Neudruck 1964), 59; v. CAEMMERER, FS Gustav Boehmer (1954), 152 Anm. 28 (= *ders.,* Gesammelte Schriften Bd. I [1968], 305 Anm. 28). Im selben Sinn wohl auch QUACK, in: Münchener Kommentar zum Bürgerlichen Gesetzbuch, Bd. IV: Sachenrecht (1981), Rn. 24 ff. zu § 937 BGB. – Dieser Meinung trat auch das Reichsgericht bei: RGZ *130* (1931), Nr. 14, S. 69 ff. (der sog. «Menzel-Fall»). Die Gegenmeinungen bei WIEGAND, a. a. O., Rn. 19 zu § 937 BGB.

ven und dogmatischen Grundlagen der beiden Rechtsordnungen, soweit sie hier in Betracht kommen, grundsätzlich dieselben sind, mindestens was die Entstehungszeit der beiden Kodifikationen betrifft. Die seither entstandene Divergenz, weil die Eigentumstradition inzwischen im schweizerischen Recht als kausale Verfügung verstanden wird, bleibt für die Lösung des in Rede stehenden Problems bei richtiger Betrachtung ohne jeden Einfluss.

III. DIE DOGMATISCHEN VORAUSSETZUNGEN IM ZGB UND IM BGB

1. *Die Abstraktheit des derivativen Eigentumserwerbs an Fahrnis*

Für die Entwicklung der Lehre vom derivativen Eigentumserwerb an Fahrnissachen war das Wirken FRIEDRICH CARL VON SAVIGNYS von nachhaltiger Bedeutung. SAVIGNY hatte – wie WILHELM FELGENTRAEGER eindrucksvoll nachwies [12] – im Laufe seiner wissenschaftlichen Arbeit sich zunehmend von der Lehre der kausal wirkenden Eigentumstradition gelöst [13] und schliesslich die während des gesamten 19. Jahrhunderts in der deutschen

---

[12] FELGENTRAEGER, Friedrich Carl v. Savignys Einfluss auf die Übereignungslehre (1927), bes. 24 ff.

[13] Vgl. etwa die klaren Zeugnisse des antiken römischen Rechts: Paul (31 ed), D 41, 1, 31 pr.: «Numquam nuda traditio transfert dominium, sed ita, si venditio aut aliqua iusta causa praecesserit, propter quam traditio sequeretur». Im selben Sinne auch UE 19, 7. Zur Kausalität der Eigentumstradition im klassischen römischen Recht statt vieler (m. den Nachweisen) KASER, Das Römische Privatrecht Bd. I (2. Aufl. 1971), 416 ff.; KUNKEL/MAYER-MALY, Römisches Recht (4. Aufl. 1987), § 62, S. 156 ff. – Freilich hatte hinsichtlich des abstrakten dinglichen Vertrages das Vernunftrecht des 18. Jahrhunderts – besonders CHRISTIAN WOLFF – in gewissem Sinne vorgedacht. Vgl. BRANDT, Eigentumserwerb und Austauschgeschäft (1940), 53 ff. Auf dieser Grundlage löste sich Savigny schliesslich von den römischen Quellen (so auch WIEACKER, Deutsche Rechtswissenschaft, Bd. 6 [1941], 161).

Wissenschaft herrschende Theorie von der abstrakt wirkenden Übereignung entwickelt[14]. Diese bestimmte denn auch die Vorarbeiten zum deutschen BGB, wurde in das Gesetz übernommen und ist heute unbestrittene Lehre[15].

Es kann nicht überraschen, dass aufgrund dieser Dominanz des Abstraktheitsdogmas in der Pandektistik[16] auch die schweizerische Rechtsprechung und Lehre des 19. Jahrhunderts auf diesem Boden stand. Sie deutete den entsprechenden Art. 199 aOR[17] als abstrakte Verfügung und liess somit die Besitzesübergabe auch dann Eigentum übertragen, wenn die zugrunde liegende causa unwirksam war[18]. Diese zum alten Obligationen-

---

[14] Zur Nachwirkung: FELGENTRAEGER (Fn. 12), bes. 41 ff.

[15] Zur Abstraktheit der Eigentumstradition im deutschen BGB: *Motive,* bei MUGDAN, Die gesammten Materialien zum Bürgerlichen Gesetzbuch, Bd. III: Sachenrecht (1899), 188; *Protokolle,* bei MUGDAN, a.a.O., 623. Zur Auseinandersetzung über das Verhältnis von dinglicher Einigung und Sachübergabe während der Gesetzgebungsarbeiten vgl. WIEGAND (Fn. 11), Rn. 7 ff. zu § 929 BGB. – Zur Abstraktheitslehre aus der Literatur statt vieler: WESTERMANN (Fn. 11), § 4, S. 21 ff. Zuletzt – mit den Belegen – WIEGAND (Fn. 11), Vorbem. zu §§ 929 ff. BGB, Rn. 13 ff.; Rn. 2 zu § 929 BGB; BAUR (Fn. 11), § 5. – Rechtsvergleichend zum schweizerischen ZGB: GMÜR, Das schweizerische Zivilgesetzbuch verglichen mit dem deutschen Bürgerlichen Gesetzbuch (ASR *366* 1965), 144 ff.

[16] Vgl. nur etwa WINDSCHEID, Lehrbuch des Pandektenrechts, Bd. I (7. Aufl. 1891); Auflage letzter Hand W.s) § 171, bes. Anm. 5 und 16a; VANGEROW, Lehrbuch der Pandekten, Bd. I (7. Aufl. 1863), § 311 Anm. 3, S. 570 ff.; PUCHTA, Pandekten (12. Aufl. hg. von Schirmer, 1877), § 148, S. 221 ff.; DERNBURG, Pandekten, Bd. I (7. Aufl. 1902), § 2, 3, S. 494 f.

[17] Art. 199 aOR: «Soll infolge eines Vertrages Eigentum an beweglichen Sachen übertragen werden, so ist Besitzübergabe erforderlich.» – Diese Norm war die Entscheidung des Gesetzgebers gegen das Vertragsprinzip des Code civil und der westschweizerischen kantonalen Gesetzbücher und für das Traditionsprinzip; dazu eingehend WIEGAND, in: Das Obligationenrecht 1883–1983 (1984, hg. von Caroni), 115 ff.

[18] HAFNER, Das Schweizerische Obligationenrecht mit Anmerkungen (2. Aufl. 1905), N. 4 zu Art. 199 aOR; V. WALDKIRCH, Erwerb und Schutz des Eigentums an Mobilien (Diss. iur. Zürich 1885), 24 f.; HUBER, System und Geschichte des Schweizerischen Privatrechts, Bd. 3 (1889), 204 f., bes. Anm. 3. – Vgl. vor allem auch die ständige *bundesgerichtliche Praxis,* welche von der Abstraktheit der Eigentumstradition ausgeht: BGE *23* 1079; *25* II 447; *26* II 67;

recht von 1883 herrschende Lehre und gefestigte bundesgerichtliche Praxis wollte der Gesetzgeber durch die entsprechenden Regeln des Zivilgesetzbuches nicht antasten. Denn im Gesetzgebungsverfahren ging man davon aus, dass das «Prinzip» – will sagen die abstrakte Fahrnisübereignung – des Obligationenrechts von 1883 durch das Zivilgesetzbuch nicht verändert werden soll, vielmehr sei dieser Grundsatz in den Art. 714 ZGB «hinübergenommen» worden [19]. Die Deutung der Fahrnistradition als abstrakter dinglicher Vertrag findet sich später auch in den ersten Arbeiten EUGEN HUBERS zum Zivilgesetzbuch [20], wobei wir allerdings wissen, dass er die Lehre für zu ungefestigt hielt, als dass er sie im von ihm betreuten Gesetzgebungswerk hätte normativ verankern wollen [21]. Die Frage wurde somit im ZGB bewusst ausgespart und der späteren Praxis überlassen. Nachdem die frühe Theorie zum Zivilgesetzbuch noch durchaus die Abstraktheit der Eigentumstradition an Fahrnis vertreten hatte [22], ent-

---

34 II 812. – Zum Ganzen auch: EGER, ZSR 33 (1914) 344; OFTINGER, Von der Eigentumsübertragung an Fahrnis (Diss. iur. Bern 1933; zugleich ASR 82), 82; NEUMAYER, in: Recueil des travaux suisses présentés au Xe congrès international de droit comparé (par E. W. STARK et al., 1979), 27.

[19] So ausdrücklich EUGEN HUBER in: Protokolle der Grossen Expertenkommission, Bd. III: Sachenrecht (1902/03), Sitzung vom 10. November 1902, ad Art. 721 Vorentwurf ZGB (= Art. 728 Abs. 1 ZGB), 88: «... das Prinzip des O. R., wie es nun in Art. 707 ff. (= Art. 714 ff. ZGB) hinübergenommen» worden ist, wolle man «nicht abändern». Das bedeutet offenkundig, dass Art. 714 ZGB als abstrakter Tatbestand verstanden sein soll. So auch v. TUHR, ZSR 40 (1921) 66 ff.; NEUMAYER (Fn. 18), 27. – Die frühen Lehrmeinungen zum Art. 714 ZGB siehe unten in Fn. 22.

[20] HUBER, Zum schweizerischen Sachenrecht (1914), 120 Anm. 1: «... letzterer (sc. der dingliche Vertrag) ist notwendig *abstrakt,* notwendig, weil das obligatorische Geschäft nur das Motiv bildet, aus dem heraus die *abstrakte Übertragung* durchgeführt wird.» (Hervorhebungen vom Verf.)

[21] Vgl. den Bericht von MAX RÜMELIN, Eugen Huber (1923), 51 f. – Vgl. auch JANNER, Wandlungen der Bereicherungslehre im Schweizerischen Recht (1943), 24.

[22] ROSSEL/MENTHA, Manuel du droit civil suisse, tome II (2e éd., o. J., aber 1922), Nr. 1332, S. 400; CURTI-FORRER, Schweizerisches Zivilgesetzbuch mit Erläuterungen (1911), N. 6 zu Art. 714 ZGB; LEEMANN (Fn. 6), N. 23 zu

schied sich das Bundesgericht dann bekanntlich im Jahre 1929 für deren Kausalität[23]. Durch diese neue Praxis wurde eine echte Lücke[24] gefüllt und damit zugleich eine ständige und bis heute im wesentlichen unbestrittene Rechtsprechung eingeleitet[25].

Trotz dieser bewussten Zurückhaltung EUGEN HUBERS und seiner Scheu, als Gesetzgeber die Voraussetzungen der Fahrnistradition für die Zukunft gleichsam zu zementieren, gingen er und wohl auch die übrigen Gesetzgebungsorgane[26] von der Abstraktheit der Fahrnistradition aus. Deshalb sind andere, mit dieser funktionell zusammenhängende Institute des Mobiliarsachenrechtes für die Entstehungszeit stets im Kontext mit der Abstraktheitslehre zu sehen. Dies gilt in unserem Zusammenhang vorab für den Tatbestand der Ersitzung (Art. 728 ZGB)[27].

Art. 714 ZGB; v. TUHR, Allgemeiner Teil des Schweizerischen Obligationenrechts, 1. Halbbd. (1924), § 26, III, 180. – A. A. WIELAND, Zürcher Kommentar: Sachenrecht (1909), N. 3 b zu Art. 714 ZGB. – Dass der schweizerische Gesetzgeber von 1883 und 1911 noch vom abstrakten Charakter der Zuwendungen ausging, vertreten auch v. TUHR/PETER (Fn. 1), § 53, I, S. 500.

[23] BGE 55 II 302 ff. (ex 1928). – Dazu und zu einem später noch gegenläufigen Urteil des Zürcher Obergerichts: BlZüR 37 (1938) Nr. 35; vgl. JANNER (Fn. 21), 27 f.

[24] W. OTT, in: Aspekte der Rechtsentwicklung, zum 50. Geburtstag von A. Meier-Hayoz (o. J., aber 1972), 28; MEIER-HAYOZ, Berner Kommentar: Einleitungsband (1962), N. 283 zu Art. 1 ZGB.

[25] Zur heute unbestrittenen Lehre und Praxis von der Kausalität der Tradition vgl. JANNER (Fn. 21), 19 ff.; MEIER-HAYOZ (Fn. 4); v. TUHR/PETER (Fn. 1), 335, 475 pass. mit weiteren Belegen; OFTINGER (Fn. 18), 12 ff.; NEUMAYER (Fn. 18), bes. 23 ff.

[26] Neben EUGEN HUBER vertrat insbesondere auch VIRGILE ROSSEL, der Referent französischer Sprache bei der Behandlung des ZGB im Nationalrat, noch Jahre später in seinem Handbuch die Lehre von der abstrakten Fahrnistradition (vgl. vorne Fn. 22). Derselben Meinung war wohl auch der seinerzeitige Präsident der nationalrätlichen Kommission für die Redaktion des ZGB, F. BÜHLMANN, Das schweizerische Zivilgesetzbuch im Kanton Bern (1912), 358 f.

[27] Vgl. unten nach Fn. 40.

2. Der Tatbestand der Ersitzung von Fahrnissachen

So wie bei der Fahrnistradition BGB und ZGB von denselben pandektistischen Grundlagen ausgingen, sind auch hinsichtlich der Regelung der Ersitzung von Mobilien keine nennenswerten Unterschiede zwischen den beiden Kodifikationen festzustellen. Denn beide Gesetzgeber sahen sich einer völlig uneinheitlichen Rechtslage gegenüber, sowohl was die vorfindliche Territorialgesetzgebung angeht [28], wie auch in der Doktrin [29].

Diese Disparität des Ersitzungsrechtes im 19. Jahrhundert ist Folge der verwickelten Dogmengeschichte, welche im Grunde nie mit letzter Klarheit zwischen Verjährung (praescriptio) und Ersitzung (usucapio) unterschieden hatte. Ihren Anfang nahm diese Entwicklung bereits bei Justinian. Er hatte zwar die klassisch-römische usucapio wieder hergestellt, sie aber als dreijährige Ersitzung auf Mobilien beschränkt. Daneben führte er auch eine Immobiliarersitzung ein – die longi temporis praescriptio –, welche inter praesentes innert 10, inter absentes innert 20 Jahren Eigentum verschaffte. Aber auch die vulgarrechtliche Anspruchsverjährung wird von Justinian als Ersitzung umgedeutet, so dass nun die «longissimi temporis praescriptio» innert 30, allenfalls 40 Jahren ebenfalls Eigentum verschaffte. Während die usucapio und die longi temporis praescriptio in der Nachfolge des klassischen Rechts neben dem gutgläubigen Eigenbesitz auch noch einen iustus titulus verlangten, erfüllte sich der Tatbestand der «longissimi temporis praescriptio» auch ohne einen rechtfertigenden Titel, d.h. unter Verzicht auf eine iusta causa [30]. Dieser justinianische Zustand bestimmte nunmehr während Jahrhunderten – teilweise auch unter Einfluss des kanonischen Rechts [31] – die Diskussion um das Recht der Ersitzung [32]. Schliesslich ent-

---

[28] Zur Lage in den Territorialgesetzgebungen des Deutschen Reichs vgl. die Darstellung in den Motiven bei MUGDAN, Bd. III (Fn. 15), 195 ff.; zu den Gesetzbüchern in der Schweiz: HUBER, (Fn. 18), § 78, S. 191 ff.

[29] Zur Doktrin in der Pandektistik statt vieler WINDSCHEID (Fn. 16), §§ 175 ff.; DERNBURG (Fn. 16), §§ 219 ff., zu den verwickelten Regelungen der ordentlichen und ausserordentlichen Ersitzung.

[30] Dazu statt aller KASER, Das Römische Privatrecht, Bd. 2: Die nachklassischen Entwicklungen (2. Aufl. 1975), § 243, S. 286 ff., mit den Belegen.

[31] Zur mittelalterlichen Entwicklung BUSSI, La formazione dei dogmi di diritto privato nel diritti commune: Diritti reali e diritti di obbligazione (1937), 66 ff.

[32] Für die Dogmen- und Gesetzgebungsgeschichte seit dem 17. Jahrhundert: COING, Europäisches Privatrecht, Bd. I: Älteres gemeines Recht (1985), § 32, S. 183 ff.

wickelte sich bis zur Spätpandektistik des 19. Jahrhunderts eine ordentliche Ersitzung, welche innert 3 Jahren Mobilien und innert 10 oder 20 Jahren – inter praesentes oder absentes – Eigentum entstehen liess. Sie erfordert eine nachweisbare iusta causa. Daneben bestand die ausserordentliche Ersitzung, welche keinen Titel verlangte, dafür aber einen 30jährigen Eigenbesitz voraussetzte[33].

Angesichts dieses aus historischen Gründen völlig uneinheitlichen Rechtszustandes entschlossen sich sowohl der schweizerische wie der reichsdeutsche Gesetzgeber zu einer Vereinheitlichung des Ersitzungsrechtes und erhoben dabei einen Kompromiss zur gesetzlichen Regelung. Zwar statuierten beide Kodifikationen einen Ersitzungstatbestand sine titulo, folgten also insoweit der ausserordentlichen Ersitzung. Sie knüpften aber die Rechtswirkung an die kurzen Fristen der ordentlichen Ersitzung. Das BGB entschied sich für zehn Jahre (§ 937 Abs. 1 BGB), das ZGB für fünf Jahre (Art. 728 Abs. 1 ZGB).

Die Entscheidung für einen Ersitzungstatbestand «sine titulo» fiel in den Vorarbeiten zum BGB – ausweislich der Materialien – um der grösseren Verkehrsgängigkeit des Institutes willen[34]. Im schweizerischen Recht dürften – die Materialien geben in dieser Hinsicht keinen klaren Aufschluss[35] – entsprechende Überlegungen wegleitend gewesen sein. In beiden Kodifikationen sollte jedoch durch den Verzicht auf eine iusta causa usucapionis in kei-

---

[33] Dazu: DERNBURG (Fn. 16), §§ 219 ff.; WINDSCHEID (Fn. 16), §§ 175 ff.; vgl. auch – besonders für die Dogmengeschichte – VANGEROW (Fn. 16), §§ 325, Anm., 614 f.

[34] *Motive* bei MUDGAN, Bd. III (Fn. 15), 195: «Das für den Verkehr wesentliche Moment der ausserordentlichen Ersitzung besteht in der Entbindung von der Angabe eines Titels». – Ein Antrag, die Verkehrsfreundlichkeit der Ersitzung dadurch zu erhöhen, indem die Ersitzungsfrist auf fünf Jahre verkürzt würde, fand keine Zustimmung. Zwar wurde eingeräumt, die Ersitzung «beruhe wesentlich auf *Zweckmässigkeitsgründen*». Denn Eigenbesitz bilde «eine gewisse Praesumption für das Eigentum». Weil das Eigentum aber unter Umständen durch die Ersitzung untergehe, sei eine Frist von zehn Jahren gerechtfertigt. (*Protokolle,* bei MUGDAN, Bd. III [Fn. 15], 638; Hervorhebungen vom Verf.).

[35] Vgl. die *Erläuterungen* zum Vorentwurf des Eidgenössischen Justiz- und Polizeidepartements (2. Aufl. 1914), 127.

ner Weise vorentschieden werden, dass die durch vollendete Ersitzung vermittelte Eigentümerstellung für alle Zukunft gerechtfertigt, d.h. einer allfälligen Ausgleichung durch einen Bereicherungsanspruch entzogen sein sollte. Für das deutsche Recht wie für das ZGB lässt sich dies anhand der Gesetzgebungsarbeiten nachweisen.

Im ersten Entwurf zum BGB war in § 748 vorgesehen:

«(¹) Derjenige, aus dessen Vermögen nicht kraft seines Willens oder nicht kraft seines rechtsgültigen Willens ein anderer bereichert worden ist, kann, wenn hierzu ein rechtlicher Grund gefehlt hat, von dem anderen die Herausgabe der Bereicherung fordern.»

«(²) Als rechtlicher Grund ist es im Zweifel anzusehen, wenn ein Rechtsverlust auf einer diesen bestimmenden Vorschrift beruht.»

Damit war – zumindest in zweifelhaften Fällen – ein Bereicherungsausgleich dann ausgeschlossen, wenn Eigentum aufgrund eines gesetzlichen Erwerbstatbestandes, wie etwa durch Ersitzung begründet worden war, wobei allerdings offenbleibt, welche Sachverhalte der Entwurfsgesetzgeber als «zweifelhaft» einstuft. Mit dieser Regelung sollte – wie die Motive belegen [36] – einem Grundsatz vorgebeugt werden, dass jede Vermögensverschiebung ohne Willen des Entreicherten stets zur Kondiktion führen müsse. Diese Norm wurde im zweiten Entwurf ersatzlos gestrichen und auch Bedenken, nunmehr komme nicht mehr zureichend zum Ausdruck, dass der sine causa Erwerbende grundsätzlich immer «herausgeben (müsse), was er erlangt habe», fruchteten nichts [37]. Die Mehrheit der zweiten Kommission vertrat die Ansicht, derart «seltene Fälle» – womit der Rechtserwerb sine titulo aber ex lege aus dem Vermögen eines andern gemeint war – «brauchten nicht in Betracht gezogen zu werden», sie könnten ohne weiteres «der Entscheidung durch die Rechtsprechung überlassen werden» [38].

Offenkundig wollte also der Gesetzgeber keine starre Regel bilden für oder gegen den Bereicherungsausgleich bei der Ersitzung, der späteren Praxis sollte nicht vorgegriffen werden. Dies war vertretbar, angesichts der Seltenheit der Fälle, in welchen die Kondiktion dem Ersitzungseigentum gegenüber überhaupt in Betracht kam. Denn die Abstraktheit der Eigentumstradition belässt der Ersitzung nurmehr ein ganz schmales Anwendungs-

---

[36] *Motive*, bei MUGDAN, Die gesammten Materialien zum Bürgerlichen Gesetzbuch für das Deutsche Reich, Bd. II: Schuldverhältnisse (1899), 475 ff.
[37] *Protokolle,* bei MUGDAN, Bd. II (Fn. 36), 1170 f.
[38] *Protokolle* (Fn. 37).

feld[39], welches sich noch einmal verengt, wenn zugleich auch der gutgläubige Eigentumserwerb vom Nichtberechtigten zugelassen wird (Art. 933 ZGB / § 932 BGB). Im wesentlichen verbleiben noch jene Sachverhalte, in welchen jemand trotz Rechtsinhaberschaft mangels Geschäftsfähigkeit kein Eigentum zu übertragen vermochte. Dem gutgläubigen Erwerber steht dann die Ersitzung offen.

Dies ist auch das Umfeld der Ersitzungsregelung im schweizerischen ZGB. Auch hier wollte der Gesetzgeber durch den Verzicht auf einen iustus titulus usucapionis nicht einen Ausschluss der condictio gegenüber dem Ersitzungseigentümer statuieren.

Dies ergibt sich deutlich aus einer Klarstellung EUGEN HUBERS in der grossen Expertenkommission[40], anlässlich der Beratung des Art. 721 Abs. 1 VE (= Art. 728 Abs. 1 ZGB[41]). HUBER schickte voraus, dass man zunächst «das Prinzip des O. R. (sc. des aOR von 1883) wie es nun in Art. 707 ff. hinübergenommen» wurde, «nicht abändern» wollte. Dies bedeutet, dass der derivative Eigentumserwerb, der gemäss Art. 707 VE ZGB (= Art. 714 ZGB) durch Besitzesübertragung geschieht, wie bereits im aOR abstrakt wirken soll[42]. Damit ist genau gleich wie im reichsdeutschen BGB der Anwendungsbereich der Fahrnisersitzung sehr eng geworden, was EUGEN HUBER offenkundig auch anspricht, wenn er weiter ausführt, dass das ZGB nicht einen umfassenden Ersitzungstatbestand «zugunsten des Erwerbers im Mobiliarverkehr statuieren wolle». Der Normzweck des Art. 721 VE (= Art. 728 ZGB) bestehe lediglich darin, dass derjenige, «der sich nicht auf derivativen Erwerb stützen könne», dafür imstande sein soll, sich auf die Ersitzung zu berufen. Folgerichtig ist die Ersitzung für

---

[39] Vgl. zum BGB bereits: KUHLENBECK, Von den Pandekten zum Bürgerlichen Gesetzbuch, 2. Theil (1899), 527; HECK, Grundriss des Sachenrechts (1930), 257; WOLFF/RAISER (Fn. 11), § 71, S. 260; WESTERMANN (Fn. 11), § 51, S. 243; für das schweizerische Recht – noch für die Zeit der Lehre einer abstrakten Eigentumstradition – LEEMANN (Fn. 6), N. 1 ff. zu Art. 728 ZGB. Vgl. jetzt auch KELLER/SCHAUFELBERGER, Das Schweizerische Schuldrecht, Bd. III: Ungerechtfertigte Bereicherung (1982), 7 f.
[40] *Protokolle,* der Grossen Expertenkommission, Bd. III (Fn. 19).
[41] Der Art. 721 Abs. 1 VE (= Vorentwurf von 1900) lautete: «Hat Jemand eine fremde bewegliche Sache ununterbrochen und unangefochten während fünf Jahren in gutem Glauben als Eigentum in seinem Besitze, so wird er durch Ersitzung Eigentümer». – Damit ist die endgültige Fassung des heutigen Art. 728 Abs. 1 ZGB bereits ausformuliert.
[42] Vgl. bereits oben bei Fn. 19.

EUGEN HUBER «eine Bestimmung als Ausfüllung einer sonst entstehenden Lücke»[43]. Sie ist also gleichsam als Auffangtatbestand gedacht, der bei unwirksamem derivativem Erwerb das sonst unausweichliche ständige Auseinanderfallen von Eigentum und Besitzeslage verhindern soll. Nach fünf Jahren werden somit Rechtsschein und Eigentum zusammengeführt. Insofern ist die Fahrnisersitzung im ZGB, wenngleich ein Tatbestand mit enger Anwendbarkeit, doch – wie HUBER zu Recht meint – «unentbehrlich»[44].

Der schweizerische Gesetzgeber wertet – wie der reichsdeutsche – die Fahrnisersitzung als originären Eigentumserwerb[45], der seinen Anwendungsbereich dort hat, wo der von den Parteien anvisierte derivative Erwerb aus irgendeinem Grunde nicht wirksam wird. Diesfalls hat die Ersitzung nach den Worten EUGEN HUBERS eine «Lücke» zu füllen, will sagen eine Rechtswirkung herbeizuführen, welche der Tradition zugedacht, von dieser aber verfehlt worden war. Die Ersitzung wirkt mithin im System des Eigentumserwerbs als modus adquirendi[46] in ergänzendem Zusammenwirken mit der Tradition. Folgerichtig wurde sie – wie jene – als *abstrakter Erwerbstatbestand* ausgestaltet, womit aber für die Ersitzung entsprechend dasselbe gelten muss wie für die abstrakten Verfügungen: Wie diese vollendet sie zwar die wirksame dingliche Zuordnung, rechtfertigt sie aber dadurch noch nicht als beständige. Denn dauerhafte Rechtsinhaberschaft stützt sich auf die den sachenrechtlichen Erwerb motivierende schuld-

---

[43] *Protokolle* (Fn. 19).
[44] So wörtlich EUGEN HUBER, *Protokolle* (Fn. 19).
[45] So ausdrücklich die *Motive,* bei MUGDAN, Bd. III (Fn. 15), 198.
[46] Zu diesem die Tatbestände des Eigentumserwerbs zusammenfassenden Oberbegriff vgl. dogmengeschichtlich HOFMANN, Die Lehre vom titulus und modus adquirendi (1873), bes. 4 ff.; FUCHS, Iusta causa traditionis in der Romanistischen Wissenschaft (1952), pass., für den hier vorliegenden Zusammenhang bes. 70 ff. – «Modus» meint in der gemeinrechtlichen Wissenschaft letztlich die Ergreifung des Besitzes; vgl. HOFMANN, a.a.O. 11 f. Zum modus adquirendi derivativus und originarius (= usucapio) in der Spätpandektistik: WÄCHTER, Pandekten, Bd. I: Allgemeiner Theil (1880), § 68, II, 311 f., bes. auch Anm. 12 mit den Begriffsbestimmungen; ferner für die moderne Dogmatik: KRAWIELICKI (Fn. 11), 5 f.; KLINKE, Causa und genetisches Synallagma (1983), 67 f.

rechtliche causa. Die Ersitzung stellt also eine bloss formale Rechtszuständigkeit her, ohne Regelung der vermögensmässigen Wertzuordnung [47]. Wenn die abstrakte Tradition sine causa den wichtigsten Tatbestand der Leistungskondiktion bildet [48], muss folglich auch die sine causa wirksame Ersitzung zu einem Bereicherungsanspruch führen [49]. Denn die Berichtigungsfunktion der Bereicherungsansprüche ist einzig die Folge eines übergreifenden Wirkungszusammenhanges von Schuldrecht und Sachenrecht.

[47] So ausdrücklich QUACK (Fn. 11), N. 3 zu § 937 BGB; für das schweizerische Recht LARESE (Fn. 8), 235 f. – Obligation und Tradition wirken als letztlich einheitliche Wertbewegung zusammen: GIERKE, Der Entwurf eines bürgerlichen Gesetzbuches und das deutsche Recht (veränderte Ausgabe, 1889), 188 f.; STROHAL, in (Jherings) Jahrbücher für die Dogmatik des heutigen römischen und deutschen Privatrechts, Bd. 27 (1889), 333 ff.: In den «Rechtsübertragungsthatbestand» müssen «direkt oder doch wenigstens indirekt alle Momente aufgenommen werden» damit schliesslich «die Rechtsübertragung eine allseitig gerechtfertigte ist»; HANS REICHEL, in: FS Adolf Wach, Bd. III (1913), 10 f. Grundlegend – wenngleich in manchem singulär geblieben – STAMPE, Das Causa-Problem des Civilrechts (1904), bes. 22 ff.; dazu und weiterführend: OERTMANN, Die Geschäftsgrundlage (1921), 4 ff.; später KRAWIELICKI (Fn. 11), 2 ff.; HECK, Das abstrakte dingliche Rechtsgeschäft (1937), 10 f.; jetzt auch KLINKE (Fn. 46), 32 ff., 62 ff. mit der neueren Lit. – Für das schweizerische Recht: OFTINGER (Fn. 18), 12 ff., 89 ff.; LARESE (Fn. 8), 234 ff.

[48] Für das Pandektenrecht: WINDSCHEID, Lehrbuch des Pandektenrechts, Bd. II (7. Aufl. 1891, Auflage letzter Hand W.s), § 422, 2, b, S. 535 mit weiteren Nachweisen. – Für das moderne Recht: ESSER, Schuldrecht (2. Aufl. 1960, zitiert wird mit Vorbedacht die 2. Aufl.), § 189, 3, S. 777 ff.; LARENZ (Fn. 11), § 68, S. 521 ff.; FIKENTSCHER (Fn. 11), § 99, I, S. 665 f.; OFTINGER (Fn. 18), 119 ff.; v. TUHR/PETER (Fn. 1), 474 f.; BUCHER (Fn. 1), § 5, VII, 58 f.; KELLER/SCHAUFELBERGER (Fn. 39), 7 f.

[49] So ausdrücklich OERTMANN, Kommentar zum Bürgerlichen Gesetzbuch: Recht der Schuldverhältnisse (5. Aufl. 1929), Vorbem. zu §§ 812 ff. BGB, 2, c, β, μμ, S. 1330: «Soweit der Traditionserwerb einer Bereicherungshaftung Raum lässt, muss es sinngemäss auch der Ersitzungserwerb». Vgl. auch *ders.*, Geschäftsgrundlage (Fn. 47), 12. – Ähnlich: WILBURG, Die Lehre von der ungerechtfertigten Bereicherung (1934), 12; WOLFF/RAISER (Fn. 11), § 71, IV, 264. – Bemerkenswert zum schweizerischen Recht HANS REICHEL (Fn. 47), 14 Anm. 3, der in Art. 728 ZGB hinsichtlich des allfälligen Bereicherungsausgleichs eine echte Lücke annimmt, was freilich nach dem bisher Dargelegten wohl nicht zutrifft.

Somit kann nach richtiger Ansicht die Entstehung einer condictio niemals ausgeschlossen werden durch die Rechtswirksamkeit des dinglichen Erwerbstatbestandes an sich.

3. *Begriff und Funktion der Leistungskondiktion*

Verallgemeinernd lässt sich sagen, dass die Leistungskondiktion infolge der funktionellen Verschränkung von Schuld- und Sachenrecht notwendig entsteht[50]. Die begriffliche Unterscheidung dinglicher und obligatorischer subjektiver Rechte sowie deren wirkungsmässige Verschränkung ist bereits gesicherter Bestand der *römischen Rechtswissenschaft* der klassischen Epoche[51]. Obligation und Tradition wirken als letztlich einheitliche Wertbewegung zusammen[52]. Folgerichtig muss bei fehlgeschlagenem obligatorischem Titel die trotzdem erworbene dingliche Rechtsposition zumindest wertmässig wieder ausgeglichen werden. Zwar hatte das römische Recht der Klassik die generelle Kategorie der condictio sine causa noch nicht entwickelt[53]; es steht jedoch ausser Zweifel, dass bereits die Klassiker im Bewusstsein argumentierten, es könne stets kondiziert werden, falls der vom Leistenden vorgestellte Zweck sich nicht verwirklicht hatte[54], der Empfänger aber trotzdem Eigentümer geworden war. In einem solchen Falle handelte es sich auf der Seite des Erwerbers um ein «retinere sine causa»[55]. Diese Annahme setzt aber notwendig

---

[50] ESSER (Fn. 48), § 15, 3, S. 51.

[51] Vgl. Paul D 44, 7, 3 pr.; dazu DULCKEIT, Die Verdinglichung obligatorischer Rechte (1951), 30; jetzt KUNKEL/HONSELL, Römisches Recht (4. Aufl. 1987), § 88, S. 213.

[52] Paul D 41, 1, 31 pr.; UE 19, 7; die Abstraktheit der Manzipation und der in iure cessio vermögen daran nichts zu verändern, denn beide in der Klassik als abstrakte Verfügungen wirkende Geschäfte beruhen ihrer Herkunft nach auf ganz verschiedenen Wurzeln. – Vgl. auch DULCKEIT (Fn. 51), 31.

[53] WUNNER, in: Romanitas 9 (1970) 459 ff.; ihm folgend HONSELL, Die Rückabwicklung sittenwidriger oder verbotener Geschäfte (1974), 66.

[54] KASER, Römisches Privatrecht, Bd. I (Fn. 13), 595 f. mit Belegen.

[55] Dazu mit den Stellen: F. SCHWARZ, Die Grundlage der condictio im klassischen römischen Recht (1952), 212 ff.

voraus, dass zwischen der causa dandi[56] – sei sie causa traditionis oder usucapionis – und der causa retinendi unterschieden werden muss. Die erstere legt also den Rechtsgrund für den wirksamen Erwerb der Leistung, die letztere rechtfertigt demgegenüber das dauernde Behalten der Leistung[57]. Somit stellt sich bereits für das römische Recht der Klassik das Ergebnis ein, dass die condictio «gerade dann zuständig ist», wenn die causa dandi gegeben ist, eine causa retinendi jedoch fehlt[58].

Diese Funktion – Korrektiv nicht gerechtfertigter Vermögensverschiebungen zu sein – behält die Leistungskondiktion über die Jahrhunderte bei[59]. Besonders nachhaltig wurde schliesslich die Entfaltung deren Theorie in der ersten Hälfte des 19. Jahrhunderts im Werk von FRIEDRICH CARL VON SAVIGNY. Er entwickelte – in manchem bahnbrechend – eine *Lehre von der condictio,* welche im wesentlichen bis in die Kodifikationen der Jahrhundertwende und in unsere heutige Doktrin hinein nachwirkt[60]. Besondere Durchschlagskraft erhielt seine Bereicherungslehre, weil die der condictio angestammte Funktion des Wertausgleichs infolge der stärkeren begrifflichen Scheidung von Schuld- und Sachenrecht in Savignys Vermögensrechtssystem noch deutlicher hervortritt. Zudem erweitert die Abstraktheit der Fahrnisübereignung ihren Anwendungsbereich beträchtlich gegenüber ihrer re-

---

[56] Die also den dinglichen Erwerb als solchen bewirkt: SCHWARZ (Fn. 55), bes. 224 ff.; ihm folgend KASER (Fn. 13), 596.

[57] SCHWARZ (Fn. 55), 229 f., spricht von der «Existenzberechtigung» des Behaltens.

[58] So KASER (Fn. 13), 596.

[59] Zum Mittelalter: WEIMAR, in Lexikon des Mittelalters, Bd. II (1983), s. v. «causa», II, 2, Sp. 1585; zu den späteren Entwicklungen: COING (Fn. 32), §§ 96 ff., S. 493 ff.; REUTER/MARTINEK, Ungerechtfertigte Bereicherung (1983), 10 f.; HAMMEN, Die Bedeutung Friedrich Carl von Savignys für die allgemeinen dogmatischen Grundlagen des Deutschen Bürgerlichen Gesetzbuches (1983), 174 f.; v. CAEMMERER, in FS Ernst Rabel, Bd. I (1954), 340 ff.; (= *ders.,* Gesammelte Schriften, Bd. I [1968], 217 ff.).

[60] Vgl. einstweilen HAMMEN (Fn. 59), 187 ff.; REUTER/MARTINEK (Fn. 59), 11 ff.

lativ schmalen Basis im Umfeld einer kausalen Mobiliartradition[61].

SAVIGNY – in manchem noch durchaus bestimmt durch die systematisierende Denkweise der vernunftrechtlichen Theoretiker[62] – machte es sich bekanntlich zur Aufgabe, eine autonome Rechtswissenschaft mit einer erkenntnistheoretisch und hermeneutisch gesicherten Systematik zu entfalten[63]. Zentral für sein System wirkt die begriffliche Struktur des subjektiven Rechts. Nachdem er dieses als Willensmacht der Person definiert hatte, differenzierte er es nach seinem Objekt. Je nachdem, ob ein Stück «unfreye Natur» oder aber die (Leistungs-) Handlung einer Person Gegenstand dieses Willens ist, spricht Savigny von einem obligatorischen oder einem dinglichen Recht[64]. Insoweit über das antike römische Recht hinausgreifend, wird diese Dichotomie zum determinierenden Angelpunkt des Systems und führt schliesslich zu einer bisher nicht gekannten Verselbständigung des Schuldrechtes vom Sachenrecht[65]. Greifbare Folgen sind die ausschliessliche Beschränkung des Sachbegriffes auf körperliche Gegenstände – dies in Reaktion auf die diesbezüglich anders konzipierten Gesetzgebungswerke des ausgehenden Vernunftrechtszeitalters[66] – sowie der dingliche Vertrag im Rahmen der Übereignungslehre[67].

Dessen Theorie entfaltete SAVIGNY im Laufe seines wissenschaftlichen Entwicklungsganges[68]. Dies geschah allerdings durch eine Verengung des Wesens

---

[61] Denn «eine kausale Übereignung vermehrt die Vindikationen und schränkt die Kondiktion ein», so WIEACKER (Fn. 13), 164. – HONSELL (Fn. 53), 68, spricht von einer «neuen genuinen Funktion» (sic), welche dem modernen Bereicherungsanspruch durch das Abstraktionsprinzip zugewachsen sei.

[62] Vgl. nur etwa WIEACKER, Privatrechtsgeschichte der Neuzeit (2. Aufl. 1967), 373 gerade mit Bezug auf die System- und Begriffsbildung.

[63] SAVIGNY, Juristische Methodenlehre (hg. von Wesenberg, 1951), 16 f.; WIEACKER (Fn. 62), 369.

[64] SAVIGNY, System des Heutigen Römischen Rechts, Bd. I (1840), bes. 338 ff.; dazu auch WIEACKER, Zum System des deutschen Vermögensrechts (1941), 28; WIEGAND, in: Wege europäischer Rechtsgeschichte; K. Kroeschell zum 60. Geburtstag (hg. von G. Köbler, 1987), 631 f.

[65] Savigny rechtfertigt diese Entflechtung durch das von ihm beobachtete «scharfe Hervortreten des Eigenthums im römischen Recht»: SAVIGNY, System, Bd. I (Fn. 64), 372.

[66] Dazu HUWILER, Der Begriff der Zession in der Gesetzgebung seit dem Vernunftrecht (Diss. iur. Zürich 1975), 108 f. (Codex Maximilianeus Bavaricus Civilis), 120 ff. (ALR), 134 ff. (ABGB).

[67] Vgl. bereits vorne nach Fn. 12; bes. auch FELGENTRAEGER (Fn. 12), 39 f.

[68] FELGENTRAEGER (Fn. 12), 24 ff.; HAMMEN (Fn. 59), 152 ff. – Zu den Vorläufern: BRANDT (Fn. 13), 53 ff.; nun auch HAMMEN (Fn. 59), 150 ff.

der klassisch-römischen «causa» auf einen blossen animus dominii transferendi[69]. Damit ist der dingliche Vertrag grundsätzlich selbständig geworden, als ein spezifisch sachenrechtliches Geschäft. Sein Ziel ist einzig die Begründung, Belastung oder Veränderung eines Sachenrechtes, im Falle der Tradition die Eigentumsbegründung beim Erwerber[70]. Zum obligatorischen Grundgeschäft steht der dingliche Vertrag nurmehr im Verhältnis von Motiv und Handlung, so dass ein Mangel oder das Fehlen dieses Motivs keinen Einfluss auf die unmittelbare Wirkung der Rechtshandlung nimmt. Das Eigentum wird allein durch das dingliche Geschäft übertragen[71].

Damit ist hinsichtlich der unmittelbaren Rechtswirkungen das sachenrechtliche vom wirtschaftlich allein bedeutsamen Verpflichtungsgeschäft abgekoppelt. Das von SAVIGNY selbstverständlich erkannte funktionelle Zusammenwirken von Schuld- und Sachenrecht wird somit letztlich auf das Gebiet des Bereicherungsrechtes verlagert[72], und zwar in die zum Grundtypus allen Bereicherungsrechtes erhobene condictio sine causa[73]. SAVIGNY hat das zeitgenössische, im wesentlichen noch kasuistische Bereicherungsrecht ebenfalls systematisiert und auf einen einheitlichen Begriff gebracht, um auch hier «zu einem einfachen gemeinschaftlichen Prinzip» zu gelangen[74]. Dieses findet er im übergreifenden Zweck aller Bereicherungsansprüche, dass nämlich jede «grundlose Bereicherung des Anderen aus unserem Vermögen» stets zurückgefordert werden könne[75], worunter alle Vermögensverschiebungen fallen, die «entweder stets ohne Grund» vollzogen worden waren, oder aber «ihren ursprünglichen Grund verloren» haben[76].

---

[69] FELGENTRAEGER (Fn. 12), 26 ff.; 34 ff.; ebenso WIEACKER (Fn. 13), 161, der von einem Missverständnis der römischen Quellen spricht. – So jetzt auch HONSELL (Fn. 53), 69.

[70] FELGENTRAEGER (Fn. 12), 40 f.

[71] FELGENTRAEGER (Fn. 12), 41.

[72] DULCKEIT (Fn. 51), 31 f.

[73] FELGENTRAEGER (Fn. 12), 41; HONSELL (Fn. 53), 68 f., dem beizupflichten ist, dass die condictio sine causa ihren «wichtigsten Anwendungsfall» durch die Einführung des Abstraktionsprinzips erhalten habe.

[74] SAVIGNY, System des Heutigen Römischen Rechts, Bd. V (1841), 507, 511.

[75] SAVIGNY (Fn. 74), 526; vgl. auch 564 ff., bes. 567 u. passim. – Dazu jetzt REUTER/MARTINEK (Fn. 59), 12 f.

[76] SAVIGNY (Fn. 74), 525. – Die verschiedenen Kondiktionsarten – selbst die condictio furtiva (letztlich ein Anwendungsfall, modern formuliert, der Eingriffskondiktion) – sind für SAVIGNY Unterfälle der condictio sine causa. So: WILBURG (Fn. 49), 33; HAMMEN (Fn. 59), 189; REUTER/MARTINEK (Fn. 59), 12. Alle diese Unterfälle wären niemals «mit einem eigenen Namen belegt worden», wenn man die gemeinsame Grundlage früher bereits erkannt hätte: SAVIGNY (Fn. 74), 552 f.

Damit war zu Beginn der historischen Schule die begriffliche Trennung von Schuld- und Sachenrecht bis an die äusserste Grenze vorangetrieben. Sachenrechtliche Herrschaft wird ohne Berücksichtigung der schuldrechtlichen Verpflichtungslage hergestellt, d. h. der dingliche Vertrag wirkt per se. Obwohl also die fehlende obligatorische causa die Begründung der absoluten sachenrechtlichen Rechtszuständigkeit nicht hindert, wird die einheitliche Klammer des beide Rechtsgebiete umfassenden Vermögensrechtes nicht gesprengt. Denn die dauerhafte Wertbewegung ist nicht allein dem dinglich wirksamen Begründungsakt überantwortet, sondern erfährt gegebenenfalls ihr Korrektiv, falls inter partes ein Rechtsverhältnis fehlt, welches die dingliche Güterverschiebung zu rechtfertigen vermag. Trotz der Abkoppelung des wirtschaftlich allein bedeutsamen und inhaltgebenden Grundgeschäftes von der erga omnes wirksamen dinglichen Herrschaftsposition, verliert die Güterbewegung ihre gleichzeitige schuld- und sachenrechtliche Fundierung nicht. Denn der Ausfall eines iustus titulus führt zwingend zur obligatorischen Korrektur der dinglichen Wertbewegung mittels der *Kondiktion*.

Dieses Modell wird herrschende Lehre in der historischen Schule und in der Pandektistik des 19. Jahrhunderts. Der abstrakte dingliche Vertrag[77] und im Zusammenhang damit die Funktion der condictio sine causa[78] werden in dieser Bedeutung, die ihnen SAVIGNY gegeben hatte, von den Autoren, von der Rechtsprechung und von der Gesetzgebung des 19. und frühen

---

[77] Zur Nachwirkung der Lehre vom abstrakten dinglichen Vertrag bei den Autoren sowie in der Praxis und Gesetzgebung des 19. Jahrhunderts: FELGENTRAEGER (Fn. 12), 41 f.; HAMMEN (Fn. 59), 156 ff. – Vgl. auch SCHEUERMANN, Einflüsse der historischen Rechtsschule auf die oberstrichterliche gemeinrechtliche Zivilrechtspraxis bis zum Jahre 1861 (1972), 100 ff.

[78] Vgl. etwa zur condictio sine causa bereits als übergreifender Typus der (Leistungs-)Kondiktion bei PUCHTA (Fn. 16), § 312; WINDSCHEID, Lehrbuch des Pandektenrechts, Bd. II (7. Aufl. 1891), § 422, bes. Anm. 1; besonders deutlich bei DERNBURG, Pandekten, Bd. II (7. Aufl. 1903), § 143. – Im allgemeinen zur Nachwirkung der Kondiktionenlehre nach Savigny in Doktrin, Praxis und Gesetzgebung: HAMMEN (Fn. 59), 198 ff.; REUTER/MARTINEK (Fn. 59), 14.

20. Jahrhunderts übernommen. Die abstrakte Fahrnistradition aufgrund des dinglichen Vertrages ist unstreitig herrschende Lehre im Rechtskreis des BGB[79] und auch die Doktrin der ungerechtfertigten Bereicherung ist im wesentlichen grundlegend geblieben für die Lehre von der Leistungskondiktion[80] des deutschen bürgerlichen Gesetzbuches[81]. Sie bleibt nach wie vor «*Ergänzung und Störungskorrektiv*» im «*Recht der Güterbewegung*» (VON CAEMMERER[82]). Dies ist freilich nicht nur historisch begründet, sondern ergibt sich zwingend aus der Anlage des Vermögensrechtes in der römisch-gemeinrechtlichen Tradition[83]. Denn die Rechtfertigung der endgültigen und dauernden Güterbewegung zwischen zwei Rechtssubjekten ergibt sich nicht aus der sachenrechtlich eingetretenen Rechtslage, sondern kann sich einzig auf die schuldrechtlichen Beziehungen zwischen den betroffenen Rechtssubjekten stützen; bündig formuliert dies ERNST VON CAEMMERER: «Ob dem Gläubiger die Leistung gebührt, sagt der Schuldvertrag.»[84]

WALTER WILBURG hat in seiner bahnbrechenden Monographie über die ungerechtfertigte Bereicherung gerade aus der beschriebenen funktionellen Verschränkung von Schuld- und Sachenrecht gefolgert, dass der Grund für den Bereicherungsanspruch – WILBURG spricht von einem «Ersatzrecht» – *im verlorenen Eigentum selbst* liege[85]. Denn Eigentum stellt seinem Zwecke nach

---

[79] Vgl. die Belege und Zitate vorne in Fn. 15.

[80] Zur «Entdeckung» der sog. «Eingriffskondiktion» durch FRITZ SCHULZ im Jahre 1909 (AcP *105* 1 ff.) sowie zur Weiterentwicklung der Theorie zur ungerechtfertigten Bereicherung durch Wilburg, v. Caemmerer u. a. vgl. REUTER/ MARTINEK (Fn. 59), 24 ff.

[81] Zur Kodifikation des Bereicherungsrechts im BGB: HAMMEN (Fn. 59), 204 ff.; eingehend: REUTER/MARTINEK (Fn. 59), 15 ff.

[82] v. CAEMMERER (Fn. 59), 342 (= Ges. Schr. I, 219).

[83] v. CAEMMERER (Fn. 59), 342 (= Ges. Schr. I, 218); vgl. auch WILBURG (Fn. 49), 7 ff.

[84] v. CAEMMERER (Fn. 59), 343 (= Ges. Schr. I, 219); in diesem Sinne auch WILBURG (Fn. 49), 29.; KRAWIELICKI (Fn. 11), 2 ff.

[85] WILBURG (Fn. 49), 28 f.

nicht nur Herausgabe- und negatorische Ansprüche zur Verfügung, sondern ordnet seinem Rechtsträger auch wirtschaftliche Vorteile zu. Somit entsteht der Bereicherungsanspruch gegen denjenigen, der die Sache ohne zureichenden obligatorischen Rechtsgrund besitzt und nutzt, mittelbar aus dem verlorenen Eigentum. Der wertzuordnende Zweck des Eigentums gibt sich also ein neues rechtliches Dasein im schuldrechtlichen Bereicherungsanspruch und wird darin erneut durchsetzbar[86].

Der Bereicherungsanspruch ist unstreitig kein Recht auf Billigkeitsausgleich. Auch hierin hat SAVIGNY gegenüber gewissen Ansätzen der Vernunftrechtsdoktrin klärend gewirkt[87]. Vielmehr ist die Leistungskondiktion ein Anspruch des ius strictum infolge der gestörten Vermögenszuordnung, da schuldrechtliches Leistensollen und dingliche Zuordnung nicht kongruent sind. Bereicherung zielt auf den objektiven Wertausgleich nach Massgabe der inter partes nachweisbaren obligatorischen Beziehung[88]. Damit ist freilich vereinbar, das Bereicherungsrecht als Funktion der ausgleichenden Gerechtigkeit (Esser) zu qualifizieren. Denn so wird deutlich, dass das Objekt der Korrektur das zwar rechtmässig begründete, aber ungerechtfertigt weiter beanspruchte Eigentum ist. Der Unrechtstatbestand liegt im Innehaben dieses Eigentums, obgleich der Erwerber anlässlich dessen Begründung nicht unrechtmässig gehandelt hat[89].

Aus diesen Überlegungen heraus hat die herrschende Lehre – und auch die Praxis des früheren Reichsgerichtes – zum BGB die

---

[86] WILBURG (Fn. 49), 29; in diesem Sinne – unter ausdrücklicher Berufung auf Walter Wilburg – jetzt auch für das schweizerische Bereicherungsrecht: KELLER/SCHAUFELBERGER (Fn. 39), 6 f.

[87] HAMMEN (Fn. 59), 199.

[88] WILBURG (Fn. 49), 18 ff.; ESSER (Fn. 48), § 187, bes. 2 und 3; LARENZ (Fn. 11), § 68, I, b, 529.

[89] ESSER (Fn. 48), § 187, bes. 2 und 3, S. 764 ff.; FIKENTSCHER (Fn. 11), § 99, III, 1, S. 673, der von «Korrekturen in Richtung auf *gerechte* Verbindlichkeiten» spricht (Hervorhebung vom Verf.). – Für die schweizerische Literatur jetzt im selben Sinne: KELLER/SCHAUFELBERGER (Fn. 39), 2 (Korrektur einer «objektiven Unrechtslage»). – Tiefdringend dazu: REICHEL (Fn. 47), 10 ff.

Ansicht entwickelt, durch Ersitzung erworbenes Eigentum sei mittels einer Leistungskondiktion zurückzufordern, wenn der Eigenbesitz, der zur Ersitzung geführt hatte, sine causa verschafft worden war. Denn kondizierbar ist gemäss § 818 Abs. 1 BGB alles, «was der Empfänger aufgrund eines erlangten Rechtes» erworben hat. Wenn folglich das Ersitzungseigentum, gestützt auf eine Besitzesverschaffung ohne Titel erworben worden ist, so muss es Gegenstand einer Leistungskondiktion sein[90].

IV. DIE LEISTUNGSKONDIKTION GEGEN DEN ERSITZUNGSEIGENTÜMER IN DER SCHWEIZERISCHEN ZIVILRECHTSLEHRE

1. *Zulässigkeit des Bereicherungsanspruchs*

Nach dem Gesagten erscheint es als sehr zweifelhaft, ob die generelle Ablehnung jedes Bereicherungsanspruchs gegenüber dem Ersitzungseigentümer – wie dies die herrschende schweizerische Lehre vertritt – zutreffend sein kann. Denn nicht nur die hier zuständigen dogmatischen Grundlagen des Sachenrechtes[91], sondern auch diejenigen der Lehre von der ungerechtfertigten Bereicherung sind begriffsgeschichtlich und gesetzgebungshistorisch mit den deutschen Entwicklungen weithin identisch. Das *schweizerische Obligationenrecht von 1883* (aOR) folgte in der Normierung der ungerechtfertigten Bereicherung der damals herrschenden Pandektendoktrin[92] und stellte in deren Rezeption die

---

[90] Vgl. vorne Fn. 11.
[91] Vgl. vorne III.1 und III.2.
[92] Zu dieser Einflusslage: SCHNEIDER/FICK, Das Schweizerische Obligationenrecht, Bd. I (2. Aufl. 1896), N. 1 zu Art. 70 aOR; vgl. auch v. WYSS, Motive zu der aufgrund der Commissionalbeschlüsse vom September 1877 bearbeiteten neuen Redaktion des allgemeinen Theiles des Entwurfes zu einem schweizerischen Obligationenrechte (1877), 8 ff.

condictio sine causa als Grundtatbestand an die Spitze des Bereicherungsrechtes (Art. 70 f. aOR[93]). Zudem wurde die Normierung der Eigentumstradition bei Fahrnis (Art. 199 aOR[94]) – die klare Statuierung des Traditionsprinzips gegenüber dem Vertragsprinzip des Code Civil[95] – von der herrschenden Lehre, und namentlich von der ständigen Praxis des Bundesgerichtes, als abstrakte Übereignung ausgelegt und angewendet[96]. Somit war unter der Herrschaft des alten Obligationenrechts die Rolle der Leistungskondiktion, schuldrechtliches Korrektiv zu sein gegenüber rechtsgrundlosen dinglichen Rechtserwerbungen ebenso fraglos herrschende Lehre und Praxis wie im deutschen Rechtskreis. Das Bundesgericht hat dies noch im Jahre 1908 – also bereits in Kenntnis des Textes des künftigen Zivilgesetzbuches – noch einmal eindrucksvoll und klar entschieden:

«Ist also der der Eigentumsübertragung zugrundeliegende obligatorische Veräusserungsvertrag ungültig, sind aber im übrigen die Voraussetzungen der Eigentumsübertragung erfüllt, so geht das Eigentum dennoch über, und es be-

---

[93] Art. 70 aOR: «Wer ohne rechtmässigen Grund aus dem Vermögen eines Andern bereichert wurde, ist zur Rückerstattung verpflichtet»;
Art. 71 aOR: «Insbesondere tritt diese Verbindlichkeit dann ein, wenn jemand ohne Grund oder aus einem nicht verwirklichten Grunde oder aus einem nachträglich weggefallenen Grunde eine Zuwendung erhalten hat».
Die beiden Normen fanden erst anlässlich der Überarbeitung des 2. Entwurfes (Redaktor: H. Fick) Eingang in den Text des aOR und treten erstmals als Art. 82 der Fassung von 1878 auf (= Schweizerisches Obligationenrecht, Allgemeiner Theil. Entwurf bearbeitet nach den Beschlüssen der Kommission im September 1877 und September/Oktober 1878). Damit ist die condictio sine causa für das aOR und im Grunde auch für das heute geltende schweizerische Obligationenrecht (Art. 62 OR) bereits als Grundtatbestand formuliert.
Bemerkenswert ist die Meinung der Redaktoren, die zeitgenössische Wissenschaft (WINDSCHEID und WITTE) habe den Nachweis geleistet, dass bereits das römische Recht der Antike die condictio sine causa als «gemeinsamen Verpflichtungsgrund» des Bereicherungsrechtes aufgefasst habe. – So v. WYSS (Fn. 92), 9 f. SAVIGNYS Lehre hatte sich offenkundig bereits in der Redaktion des aOR von 1883 durchgesetzt. Dies zu BUCHER, (Fn. 1), 608 f.
[94] Text vorne in Fn. 17.
[95] Vgl. WIEGAND (Fn. 17), 115 ff.
[96] Belege und Zitate vorne in Fn. 18.

steht lediglich (nach den Grundsätzen über ungerechtfertigte Bereicherung) ein obligatorischer Rückerstattungsanspruch.»[97]

An diesen Theoremen veränderte die Einführung des Zivilgesetzbuches und die revidierte Fassung des Obligationenrechtes von 1911 nichts. Es wurde bereits gezeigt, dass es die frühe Doktrin aufgrund des offenen Tatbestandes von Art. 714 Abs. 1 ZGB zunächst bei der abstrakten Übereignungslehre für Fahrnissachen beliess. Zudem wurde das Bereicherungsrecht ohne nennenswerte Umgestaltungen aus dem aOR übernommen, so dass auch dem revidierten Obligationenrecht (Art. 62 ff.) letztlich die gemeinrechtliche Bereicherungslehre zugrundeliegt[98]. Neue Zweckerwägungen wurden von den Redaktoren keine angestellt. Auch die spätere Hinwendung des Bundesgerichtes zur Deutung des Art. 714 Abs. 1 ZGB als kausale Eigentumstradition[99] vermag an Begriff und Funktion des Bereicherungsrechtes als Instrument der Wertkorrektur nichts zu verändern. Denn die Kausalität des Übereignungsaktes dispensiert die dingliche Verfügung nicht von der sie rechtfertigenden causa, sondern setzt die obligatorische mit der dinglichen Rechtswirkung in ein Verhältnis unmittelbarer Abhängigkeit[100]. Denn nunmehr ist das Erwerbsgeschäft bereits in seiner Wirksamkeit an den iustus titulus gebunden. Die kausale Übereignungslehre betrifft also nicht die Bereicherung als Rechtsinstitut, sondern engt lediglich deren Anwendungsbereich ein: «Eine kausale Übereignung vermehrt die Vindikation und schränkt die Kondiktion ein» (WIEACKER)[101]. In diesem quantitativ verengten Anwendungsbereich bleibt denn

---

[97] BGE *34* II 812; für die Lehre statt aller: HAFNER (Fn. 18), N. 4 zu Art. 199 aOR.
[98] JANNER (Fn. 21), 25; auch BECKER, (Fn. 8), N. 1 zu Art. 62 OR, der feststellt, dass Art. 62 OR mit den Art. 70/71 aOR übereinstimmt.
[99] BGE *55* II 302 ff.
[100] Sehr klar: TITZE, Art. «Rechtsgeschäft» in: Rechtsvergleichendes Handwörterbuch für das Zivil- und Handelsrecht (hg. von Schlegelberger), Bd. 5 (1936), 662; HECK (Fn. 47), 10 f.
[101] Vgl. vorne Fn. 61. – Vgl. auch v. TUHR (Fn. 19), 68 ff.

auch die Rolle der Kondiktion unbestritten, dingliche Erwerbungen ohne zureichende causa auszugleichen [102].

Zu Recht zieht denn auch die neuere Lehre zum schweizerischen Bereicherungsrecht als heuristisches Argument Wilburgs Einsicht heran, dass die condictio sine causa letztlich den untergegangenen dinglichen reipersekutorischen Anspruch in obligatorischer Form fortsetzt. Somit liegt die Funktion des Bereicherungsanspruchs auch nach schweizerischer Lehre in der Berichtigung einer «objektiven Unrechtslage» [103]. Eine solche kann durchaus entstehen, indem Erwerbungen sich vollzogen haben, welche das objektive Recht lediglich zur Ordnung und Beruhigung des Rechtsverkehrs ohne zureichenden obligatorischen Grund statuieren musste. Der Bereicherungsanspruch reflektiert diesfalls den Gegensatz zwischen materiellem und formellem Recht [104]. Wenn nun im Auseinanderfallen von Ersitzungszeit und Verjährungsfrist der condictio [105] kein redaktionelles Versehen liegt, kann der Sinn dieser Inkongruenz vernünftigerweise

---

[102] Zur Anpassung des Bereicherungsrechts an die kausale Eigentumstradition: JANNER (Fn. 21), 57 ff.; Allgemein zur Ausgleichsfunktion: OFTINGER (Fn. 18), 119 ff.; v. TUHR/PETER (Fn. 1), 474 f.; BUCHER (Fn. 1), § 5, VII, 58 f.; KELLER/SCHAUFELBERGER (Fn. 39), 1 ff.

[103] KELLER/SCHAUFELBERGER (Fn. 39), 2.

[104] So: WILBURG (Fn. 49), 20 f. – Der Gegensatz zwischen formell korrekten Rechtspositionen gegenüber der materiell richtigen Rechtslage wurde vom schweizerischen Gesetzgeber vor allem im Vorfeld der Statuierung des generellen Rechtsmissbrauchsverbotes (Art. 2 Abs. 2 ZGB) reflektiert. (Vgl. die diesbezüglichen wichtigen Darlegungen EUGEN HUBERS als Berichterstatter deutscher Sprache vor dem Nationalrat: StenBull NR 1906 1037). – Trotz der völligen dogmatischen Verschiedenheit von Rechtsmissbrauch und ungerechtfertigter Bereicherung, wird doch deutlich – und damit hier wie dort bedeutsam –, dass der schweizerische Gesetzgeber grundsätzlich davon absieht, formell zwar bestehende Rechtspositionen gegen ihr materielles Telos durchsetzbar zu gestalten oder aber auch nur bestehen zu lassen.

[105] Art. 728 Abs. 1 ZGB (Text vorne Fn. 6). – Art. 67 Abs. 1 OR: «Der Bereicherungsanspruch verjährt mit Ablauf eines Jahres, nachdem der Verletzte von seinem Anspruch Kenntnis erhalten hat, in jedem Fall aber mit Ablauf von zehn Jahren seit der Entstehung des Anspruchs.»

nur im gesetzgeberischen Willen gefunden werden, dass innert
der gesamten Spanne von zehn Jahren demjenigen, der sine
causa übertragen hat, der obligatorische Anspruch auf Wiederherstellung des verlorenen Eigentums offenstehen soll. Das Ersitzungseigentum steht der Berichtigungsfunktion des Bereicherungsrechtes [106], die auch dem schweizerischen Recht – historisch und strukturell – zugrunde liegt, nicht entgegen. Somit scheint es unzutreffend, am Grundsatz der schweizerischen Zivilrechtslehre festzuhalten, wonach ersessenes Eigentum einem allfälligen Bereicherungsanspruch schlechthin entzogen sei [107]. Vielmehr muss die Leistungskondiktion des Tradenten durchdringen, wenn der Besitz – welcher schliesslich zusammen mit anderen Tatbestandselementen zum (Ersitzungs-) Eigentum geführt hatte – sine causa übertragen worden war. Diese Angleichung an die herrschende Lehre zum BGB rechtfertigt sich um so mehr, als in beiden Kodifikationen die massgebenden gesetzgeberischen Vorstellungen und die dogmatischen Grundlagen – mindestens zur Entstehungszeit – offenkundig dieselben waren [108].

2. Ablehnung der herrschenden schweizerischen Lehre

a) Eine ganze Reihe von Autoren geht davon aus, die Nichterwähnung des Bereicherungsausgleichs im Tatbestand des Art. 728 ZGB bedeute ein *qualifiziertes Schweigen* des Gesetzgebers und involviere damit die Ablehnung einer Kondiktion dem Ersitzungseigentümer gegenüber [109]. Diese Meinung stützt sich im wesentlichen darauf, dass in den vorangehenden Art. 726/727 ZGB – ebenfalls Tatbestände des originären Eigentumserwerbs – jeweils in Abs. 3 der Bereicherungsausgleich ausdrücklich vorgesehen

---

[106] Vgl. vorne bei Fn. 102.
[107] Vgl. vorne Fn. 8.
[108] Vgl. vorne III.1 ff.
[109] v. Tuhr/Peter (Fn. 1), 497 f.; Spiro (Fn. 8), 1386; vgl. auch Leemann (Fn. 7), N. 14 zu Art. 722 ZGB.

sei. Die Argumentation geht freilich angesichts der Gesetzgebungsgeschichte fehl. Denn wie vorne dargelegt[110], hatte der (originäre) Ersitzungstatbestand im Umfeld der vom Gesetzgeber abstrakt gedachten Tradition eine andere, wesentlich eingeschränktere Funktion, als ihm jetzt, angesichts der Kausalitätslehre zukommt. Ersitzung sollte – nach der Meinung EUGEN HUBERS in der Expertenkommission – lediglich ergänzender modus adquirendi dominii sein, welcher im Falle fehlgeschlagenen derivativen Erwerbs das peremtorische Auseinanderfallen von Besitz- und Eigentumslage verhindert. Die Gesetzesredaktoren hatten der Ersitzung ein völlig unselbständiges und auf die allfällige Wirkungslosigkeit der Tradition hin entwickeltes Anwendungsfeld zugedacht. Dies schliesst aus, dass dieser gleichsam subsidiäre Erwerbstatbestand sine titulo mit widerstandsfähigeren Rechtswirkungen versehen werden sollte, als die zur Entstehungszeit des Gesetzes ebenfalls abstrakt gedachte Tradition. Funktionelle Parallelität sowie übereinstimmende Abstraktion vom zugrundeliegenden obligatorischen Titel bedingen, dass auch das von diesen beiden Erwerbstatbeständen je vermittelte Eigentum sich einem allfälligen Bereicherungsanspruch gegenüber gleich verhält. Und wenn nun gerade die abstrakte traditio sine causa einer der Hauptanwendungsfälle der Leistungskondiktion ist, hält es schwer, denselben obligatorischen Anspruch dem Ersitzungseigentum gegenüber zu versagen.

b) Ein weiteres Argument gegen die Kondiktion ersessenen Eigentums hebt darauf ab, dass der Tatbestand der condictio sine causa sich gar nicht erfüllen könne, weil der Ersitzungserwerb kraft gesetzlicher Normierung sich ohne Titel vollziehe. Dies bedeute, dass *Ersitzungseigentum* durch den Tatbestand des Art. 728 ZGB, also ex lege *gerechtfertigt sei*[111]. Diese Lehre übersieht freilich, dass der Ersitzungstatbestand als modus adquirendi lediglich

---

[110] Vorne III.2.
[111] v. TUHR/PETER (Fn. 1), 497 f.; HAAB/SIMONIUS/SCHERRER/ZOBL (Fn. 8), N. 66 zu Art. 728 ZGB; BUCHER (Fn. 1), § 34, I, e, 597; LIVER (Fn. 8), 396; BEKKER (Fn. 8), N. 21 zu Art. 62 OR.

den Erwerb des Eigentums sine titulo vorsieht, dagegen aber – sowenig wie die abstrakte Tradition – etwas über die Rechtfertigung weiteren und dauernden Behaltens der ins Eigentum übergegangenen Sache aussagt[112]. Würde Art. 728 ZGB durch seinen Verzicht auf einen gültigen obligatorischen Erwerbstitel die spätere condictio ausschliessen, hätte analog dasselbe zu gelten für die abstrakte Tradition, was aber offenkundig falsch ist[113].

c) PETER LIVER macht als weiteres, den Bereicherungsanspruch des ehemaligen Eigentümers hinderndes Moment den Gedanken der *Verschweigung* geltend, den er als ein der Ersitzung innewohnendes Tatbestandselement erkennt[114]. Dem ist freilich entgegenzuhalten, dass die Ersitzung begrifflich mit dem Institut der Verschweigung nichts zu tun hat, denn die Verschweigung stützt die ihr eigenen Verwirkungsfolgen auf eine Unterlassung (Duldung) des bisher Berechtigten, während die Ersitzung den Rechtserwerb grundsätzlich aus einem Tatbestand folgen lässt, welcher sich beim Erwerber vollendet[115]. Ersitzung beruht zunächst auf zeitlich ausreichendem gutgläubigem Eigenbesitz. Die negative Voraussetzung des nicht angefochtenen Besitzes (Art. 728 Abs. 1 ZGB), lässt noch keinen Verschweigungstatbestand entstehen, denn die Ersitzung vollendet sich auch dann, wenn der bisherige Eigentümer gar keine Kenntnis vom Vorgang hatte. Verschweigung setzt ein bewusstes Nicht-Tun des Beeinträchtigten voraus entsprechend ihrer Herkunft als prozessrechtliches Abstandsgeschäft[116]. Sie kennt im modernen Recht nurmehr spärliche Anwendungsfälle.

---

[112] Vgl. vorne, bes. nach Fn. 46.
[113] Vgl. vorne, bes. nach Fn. 77.
[114] LIVER (Fn. 8), 396.
[115] IMMERWAHR, Die Verschweigung im deutschen Recht (1895), 2. – Verschweigung als Duldung macht den Beeinträchtigten mitverantwortlich am Rechtsverlust: sie lässt erkennen, dass sein Interesse an der nunmehr verlorenen Rechtsposition nicht mehr vorhanden war. Vgl. WESTERMANN (Fn. 11), § 64, II, 4.
[116] IMMERWAHR (Fn. 120), 47 ff.

3. Der Inhalt des Bereicherungsanspruches

Im hier vorliegenden Falle des originären Eigentumserwerbs durch Ersitzung war Inhalt der seinerzeitigen Zuwendung sine causa freilich nur der Besitz an der Sache [117]. Gegenstand des Bereicherungsanspruchs ist allerdings nicht nur – gleichsam spiegelbildlich eingegrenzt – die seinerzeitige Leistung als solche, sondern darüber hinaus werden alle Vorteile abgeschöpft, für deren Erwerb die sine causa vollzogene Zuwendung kausal gewesen ist [118]. Wenn also – wie in casu – Eigentum letztlich aufgrund eines sine titulo verschafften Besitzes ersessen worden ist, wird dieses Eigentum das Objekt des Bereicherungsanspruchs. Inhalt der condictio ist also die Rückübertragung des Eigentums selbst, wobei sich hier der Grundsatz zur Geltung bringt, dass der rechtsgrundlos erworbene Gegenstand «soweit möglich in natura» zu erstatten ist [119].

---

[117] Besitzverschaffung kann durchaus einen Vermögensvorteil bedeuten und damit Zuwendung im Sinne der Zivilrechtslehre sein. Dies trifft stets dann zu, wenn die Besitzlage schliesslich zur Ersitzung führt. Vgl. v. TUHR, Der Allgemeine Teil des Deutschen Bürgerlichen Rechts, Bd. II/2 (1918), 50, und *ders.*, a.a.O. Bd. I (1910), 316 Anm. 15; WILBURG (Fn. 49), 39 f.; WESTERMANN (Fn. 11), § 8, 4 und 6, S. 55 f.; FIKENTSCHER (Fn. 11), § 99, II, 1, c, 672. – Damit ist der Besitz auch durchaus ein mittels condictio abschöpfbarer, vorher sine causa erbrachter Leistungsinhalt (v. TUHR/PETER [Fn. 1], 476).

[118] So jetzt für das schweizerische Recht: KELLER/SCHAUFELBERGER (Fn. 39), 48 ff. – Vgl. bereits auch WITTMANN, Grundbedingungen der ungerechtfertigten Bereicherung im schweizerischen und französischen Recht (Diss. iur. Zürich 1943), 58 ff.; OSER/SCHÖNENBERGER (Fn. 8), N. 8 zu Art. 62 OR. – Für das BGB ergibt sich dieser Umfang der zu erstattenden Bereicherung bereits aus dem Wortlaut des Gesetzes, denn herauszugeben ist alles, «was auf Grund eines erlangten Rechts» erworben worden ist (§ 818 Abs. 1 BGB). Vgl. dazu RGZ *130* (1931) (Fn. 11), 72.

[119] Zu diesem Grundsatz des Bereicherungsrechtes für das schweizerische Recht statt vieler: BECKER (Fn. 8), N. 25 zu Art. 62 und insbes. N. 1 zu Art. 64 OR; v. TUHR/PETER (Fn. 1), 500 f. mit den weiteren Nachweisen. – Für das deutsche Recht: ENNECCERUS/LEHMANN, Recht der Schuldverhältnisse (15. Aufl. 1958), § 227, I, 1, S. 909 f.; ESSER (Fn. 48), § 198, 1 f., S. 815 f.; FIKENTSCHER (Fn. 11), § 99, II, 1, d, aa, 673 f.

An diesem Anspruch auf Naturalrestitution vermag, bei Lichte besehen, auch BGE *110* II 233 f. E. 7 d nichts zu ändern, weil die vom Bundesgericht entwickelte Ablehnung dieses Grundsatzes auf einem sinnstörenden Versehen beruht. Das Bundesgericht führt in diesem Entscheid aus, früher sei die Ansicht vertreten worden, die Kondiktion richte sich in erster Linie auf die Naturalrestitution des ungerechtfertigt Zugewendeten. Demgegenüber seien heute namhafte Autoren der Ansicht, «dass wenn die Sache beim Bereicherten noch vorhanden ist, die Vindikation und nicht die Bereicherungsklage Platz greife». Für diese «neuere Lehre» werden unter anderem v. TUHR/PETER völlig zu Unrecht in Anspruch genommen. Denn nach wie vor vertreten diese Autoren die Meinung, dass die Bereicherung, d. h. der Gegenstand, der ohne Rechtsgrund dem Vermögen des Bereicherten zugekommen ist, «soweit möglich in natura zurückzugeben» sei[120]. Ungerechtfertigt verschafftes Eigentum ist somit durch Rückübertragung der Sache zu restituieren, ungerechtfertigt abgetretene Forderungen unterliegen der Rückzession und eine sine causa erlassene Forderung ist neu zu begründen. An der vom Bundesgericht für seine Ansicht reklamierten Stelle[121] führen v. TUHR/PETER lediglich ergänzend aus, dass infolge des vom Bundesgericht eingeführten Kausalitätsdogmas für die Fahrnistradition eine Übertragung sine causa ohnehin kein Eigentum vermittle, so dass nur der Besitz zurückgefordert werden könne, was unstreitig mittels Vindikation geschieht. Das Bundesgericht wird gut daran tun, seine Erwägungen im zitierten Entscheid einer erneuten Prüfung zu unterwerfen.

---

[120] v. TUHR/PETER (Fn. 1), 500/501 (vgl. vorne Fn. 110).
[121] v. TUHR/PETER (Fn. 1), 502.

V. ERGEBNIS

Der Satz «Ersitzung schliesst Bereicherung aus» ist in dieser Allgemeinheit auch für das schweizerische Zivilrecht nicht zu halten[122]. In Fällen, wie in unserem Ausgangssachverhalt, in welchen der Eigenbesitz – welcher schliesslich nebst anderen Tatbestandselementen zur Ersitzung führte – sine causa begründet worden war, steht auch nach schweizerischem Recht einer Leistungskondiktion des Ersitzungseigentums nichts entgegen. Wurde dieses durch einen sine titulo verschafften Eigenbesitz vermittelt, ist es kondizierbar.

Es gibt allerdings Fälle, in welchen Ersitzung einen Bereicherungsanspruch tatsächlich ausschliesst. Dies trifft immer dann zu, wenn der Ersitzungseigentümer seinen Ersitzungsbesitz cum iusto titulo von einem Nichtberechtigten erworben hat. Wenn diesfalls nicht schon Eigentum gestützt auf Art. 933 ZGB, erworben worden ist, kann nach fünf Jahren die Ersitzung vollendet werden. Dann ist aber nicht nur der Erwerb an sich durch den Tatbestand des Art. 728 ZGB begründet, die iusta causa rechtfertigt diesfalls auch das weitere Behalten der Sache. Eine condictio des früheren Eigentümers ist diesfalls gegenstandslos.

Dies wäre beispielsweise dann der Fall, wenn A. die Fahrnissache des B. findet und diese – ohne die Finderpflichten der Art. 720 f. ZGB wahrzunehmen – dem gutgläubigen D. verkauft und tradiert. D. wird zwar durch diesen Vorgang nicht Eigentümer, sondern lediglich Eigenbesitzer und ist während fünf Jahren dinglichen Rückgabeansprüchen des B. ausgesetzt (Art. 934 Abs. 1/641 Abs. 2 ZGB). Bleibt sein Besitz aber während dieser Zeitspanne ungestört, vollendet er die Ersitzung und wird Eigentümer der Sache. Diesfalls ist nun dem B. eine Leistungskondiktion gegen den Ersitzungseigentümer abgeschnitten, weil D. aufgrund einer gültigen und unanfechtbaren iusta causa den Eigen-

---

[122] Vgl. auch bereits PFISTER (Fn. 8), 150 ff., bes. 163 ff.; im Ergebnis auch LARESE (Fn. 8), 233 ff.

besitz erworben hatte. Die condictio gegenüber dem Finder bleibt selbstverständlich offen.

Es lässt sich folglich weder verallgemeinernd sagen, dass Ersitzung Bereicherung ausschliesse, noch ist das Gegenteil schlechthin zutreffend, Ersitzungseigentum sei stets der Leistungskondiktion ausgesetzt. Der kondiktionsrechtliche Ausgleich hängt davon ab, ob der Eigenbesitz, welcher zur Ersitzung geführt hatte, sine causa oder aber aufgrund eines wirksamen obligatorischen Titels übertragen worden war. Die gültige iusta causa dieser Tradition schliesst dann eine spätere Kondiktion wegen rechtsgrundloser Erwerbung aus, sie rechtfertigt auch das dauernde Behalten des kraft Ersitzung erworbenen Eigentums.

Für den eingangs geschilderten Fall, der diese Überlegungen ausgelöst hat, ergibt sich als Fazit, dass der Verkäufer V., nachdem er den Kaufvertrag mit seinem Käufer K. wegen Grundlagenirrtums angefochten hat (Art. 31 OR), die condictio ob causam finitam (Art. 62 Abs. 2 OR) auf Rückgabe des Bildes anstrengen kann. Ihm selbst obliegt natürlich die Rückerstattung des Kaufpreises.

H. ALBERT KAUFMANN

RECHTSNACHTEILE IN DER ERRUNGENSCHAFTSBETEILIGUNG WEGEN ERFÜLLUNG SITTLICHER PFLICHTEN?

DIE HINTERGRÜNDE VON ART. 208 ABS. 1 ZIFF. 1 ZGB IN HISTORISCHER UND RECHTSVERGLEICHENDER PERSPEKTIVE

I. DAS PROBLEM

Art. 208 Abs. 1 Ziff. 1 ZGB[1], der im Rahmen des neuen Eherechts am 1. Januar 1988 in Kraft getreten ist, bestimmt für den ordentlichen gesetzlichen Güterstand der Errungenschaftsbeteiligung: «Zur Errungenschaft hinzugerechnet werden: 1. unentgeltliche Zuwendungen, die ein Ehegatte während der letzten fünf Jahre vor Auflösung des Güterstandes ohne Zustimmung des anderen Ehegatten gemacht hat, ausgenommen die üblichen Gelegenheitsgeschenke; 2. ...». Dieser Wortlaut war bereits in dem Artikel mit derselben Zahl des bundesrätlichen Entwurfs vom 11. Juli 1979 enthalten. Die Botschaft des Bundesrates führt dazu[2] aus: «Unter unentgeltlichen Zuwendungen *(liberalités)* sind alle Arten von Vermögensentäusserungen ohne Gegenleistung zu verstehen, also ... auch ... Leistungen auf Grund einer moralischen Verpflichtung.»

---

[1] Soweit nicht im Einzelzusammenhang etwas anderes angegeben wird, sind in diesem Beitrag alle Artikel diejenigen der ab 1. Januar 1988 geltenden Neufassung des ZGB.
[2] Botschaft über die Änderung des Schweizerischen Zivilgesetzbuches (Wirkungen der Ehe im allgemeinen, Ehegüterrecht und Erbrecht) vom 11. Juli 1979, BBl *1979* II 1191 ff. (Sonderdruck Nr. 79.043) Ziff. 222.532 Abs. 7.

Die Meinungen der Autoren, die sich bisher zu dieser Materie geäussert haben, sind geteilt. Die meisten folgen der Auslegung durch die Botschaft[3]. Andere[4] sind der Auffassung, dass die Leistungen aus sittlicher Pflicht von der Hinzurechnung zur Errungenschaft auszunehmen seien. Schon diese Meinungsverschiedenheit rechtfertigte eine vertiefte Untersuchung der Frage.

Hinzu kommen zwei ungewöhnlich schwerwiegende sachliche Gründe. Sollten nämlich die Auffassungen der Botschaft und der Mehrzahl der bisherigen Autoren sich in der Praxis durchsetzen, so würde das im konkreten Regelungsfall die nach der bisherigen Gesetzeslage allgemein bestehende Freiheit, ohne rechtliche Behinderung Leistungen aus sittlicher Pflicht unter Lebenden vorzunehmen, durch die Inaussichtstellung von Vermögensnachteilen einschränken, wenn der Leistende im Güterstand der Errungenschaftsbeteiligung lebt und sein Ehegatte nicht zustimmt. Von der Warte der Gesamtrechtsordnung her betrachtet, würde dies zudem eine grundlegende Veränderung des bisherigen Verhältnisses von rechtlicher und ethischer Sphäre in der schweizerischen Rechtsordnung bedeuten.

---

[3] So P. PIOTET, Les donations d'acquêts et le bénéfice dans l'union des biens et dans la participation aux acquêts, in ZSR nF *106* (1987) I 270 f.; W. OTT, Der Schutz der Anwartschaft auf den Vorschlagsanteil unter dem Güterstand der Errungenschaftsbeteiligung mit Hilfe der güterrechtlichen Herabsetzungs- und Rückforderungsklage, in FS Hegnauer, 1986, 298/299; T. GEISER, Die vertraglichen Güterstände, in: Vom alten zum neuen Eherecht, hrsg. von H. Hausheer, 1986, 105; P.-H. STEINAUER, bei H. DESCHENAUX/P.-H. STEINAUER, Le nouveau droit matrimonial, 1987, 379.

[4] M. FELLMANN, Die Verantwortlichkeit der Ehegatten für ihre Errungenschaft, Diss. Freiburg 1985, 105 f.; KAUFMANN im Referat vom 22. Oktober 1987 über «Das Erbrecht sowie die ehe- und erbrechtliche Übergangsordnung», demnächst veröffentlicht in: Berner Tage für die juristische Praxis 1987, «Das neue Ehe- und Erbrecht des ZGB», dort bei N. 53.

II. DIE RECHTSPRAKTISCHE BEDEUTUNG VON ART. 208 ABS. 1 ZIFF. 1 ZGB

1. Ordentlicher Güterstand der Errungenschaftsbeteiligung

Der neue ordentliche Güterstand der Errungenschaftsbeteiligung[5] gilt für 90 bis 95 Prozent der in der Schweiz lebenden eineinhalb Millionen Ehepaare[6]. Eines der Elemente, welche kraft Gesetzes ihr eigentliches Wesen ausmachen, ist die hälftige[7] Beteiligung jedes der beiden Ehegatten am Vorschlag des anderen, Art. 215. Für die Vorschlagsberechnung gemäss Art. 210 erklärt Art. 207 denjenigen Bestand der Errungenschaft für massgebend, den diese im Zeitpunkt der Auflösung des Güterstandes hat.

2. Der Zweck von Art. 208 ZGB insgesamt

Begnügte das Gesetz sich mit dieser Regelung, so hätte das zur Folge, dass der Vorschlagsanteil eines Ehegatten auch dadurch vermindert würde, dass der andere Ehegatte Werte aus seiner Errungenschaft ohne Zustimmung seines Partners verschenkt oder sonst in der Absicht veräussert, dessen Beteiligungsanspruch zu schmälern.

Den ähnlichen Interessenkonflikt zwischen Erblasser und Pflichtteilsberechtigten hat schon das ZGB von 1907 in Art. 527 Ziff. 3 und 4 durch das Gebot der Hinzurechnung solcher Entäusserungen zum realen Nachlass zugunsten der Pflichtteilsberechtigten gelöst. Über die gleichartige Problematik bei Verkürzung des Vorschlags in der Güterverbindung hingegen schwieg das ZGB. Ein Teil der Lehre tritt dennoch für Hinzurechnung ein. Ein anderer Teil der Doktrin und das Bundesgericht[8] sind entgegengesetzter Auffassung[9].

---

[5] Art. 181, 196ff.

[6] Statistisch belegte Zahlen über die Güterstände insgesamt fehlen; vgl. für Teilstatistiken und Schätzungen auch die Botschaft Ziff. 152.

[7] Ehevertragliche Abänderung ist zulässig, Art. 216f.

[8] BGE *107* II 126–128.

[9] Zum Stand der Meinungen vgl. OTT, 290–292; PIOTET, ZSR nF *106* (1987) I 272 ff.

Der Reformgesetzgeber hat in enger Anlehnung an die bisherige pflichtteilsrechtliche Problemlösung des Art. 527 Ziff. 3 und 4 ZGB in Art. 208 Abs. 1 vorgesehen, dass zur Errungenschaft hinzugerechnet werden 1. die schon vorstehend [10] durch Wiedergabe des Gesetzeswortlauts näher beschriebenen «unentgeltlichen Zuwendungen» sowie «2. Vermögensentäusserungen, die ein Ehegatte während der Dauer des Güterstandes vorgenommen hat, um den Beteiligungsanspruch des anderen zu schmälern».

Die Bestimmung in Ziff. 2 ist voll zu billigen, ebenso die Regelung in Ziff. 1, soweit sie Schenkungen im Sinne von Art. 239 OR betrifft und damit im Einklang mit Art. 527 Ziff. 3 ZGB steht.

3. Die unentgeltlichen Zuwendungen im Sinne von Art. 208 Abs. 1 Ziff. 1 und der zu entscheidende Interessengegensatz

Hingegen sind gegenüber der über Art. 527 Abs. 3 hinausgehenden Formulierung «unentgeltliche Zuwendungen» in Art. 208 Abs. 1 Ziff. 1 teilweise Bedenken anzubringen. Soweit «unentgeltliche Zuwendungen» der Errichtung einer Stiftung und Vorschüssen auf Erbschaften dienen [11], sind auch sie sachlich als Regel [12] problemlos.

Die Bedenken setzen hingegen bei dem in der Botschaft enthaltenen Beispiel der «Leistungen auf Grund einer moralischen Verpflichtung» [13] ein. Es geht offensichtlich davon aus, dass der Leistende nach objektiver Beurteilung die moralische Verpflichtung wirklich hat. Seine sachrichtige Entscheidung verlangt darum eine Abwägung zwischen der unbeeinträchtigten Freiheit zur Erfüllung wirklich bestehender sittlicher Pflichten des einen Ehegatten und den Vermögensinteressen des anderen Ehegatten, der dieser Leistung nicht zustimmt. Anders, aber immer noch in

---

[10] Nach Fn. 1.

[11] Diese Beispiele führt die Botschaft Ziff. 222.532 Abs. 7 an.

[12] Für Einschränkungen vgl. den Schluss des an anderer Stelle (vgl. hienach Fn. 127) zu veröffentlichenden 2. Teils dieser Untersuchung.

[13] Botschaft Ziff. 222.532 Abs. 7.

den Denkbahnen des Ehegüterrechts ausgedrückt, stellt sich die Frage, ob der nichtzustimmende Ehegatte ein Recht darauf haben soll, an der Errungenschaft seines moralisch zu einer vermögenswerten Leistung verpflichteten Partners so beteiligt zu sein, als wenn dessen ethische Verpflichtung nicht bestände. Dringt man in die Sphäre des Rechts der persönlichen Wirkungen der Ehe im allgemeinen vor, so lautet das Problem, ob den nichtzustimmenden Ehegatten die moralischen Verpflichtungen des anderen Ehegatten nichts angehen, so dass er zu deren Erfüllung auch keinen Beistand im Sinne von Art. 159 Abs. 3 durch die Hinnahme der Verminderung seiner Beteiligungsforderung in der Güterstandsauseinandersetzung um die Hälfte des geleisteten Betrages zu erbringen braucht.

Die Verfasser der Botschaft stellen in allen diesen Fragen die vermögensrechtlichen Interessen des einen Ehegatten über das Interesse des anderen Ehegatten an der unbeeinträchtigten Freiheit zur Erfüllung seiner sittlichen Pflichten.

4. Leistungen aus dem Betrag zur freien Verfügung gemäss Art. 164

Auch der regelmässige, angemessene Betrag zur freien Verfügung, den gemäss Art. 164 der haushaltführende Ehegatte verlangen kann, stellt Errungenschaft dar[14].

Die Auswirkungen der Entscheidung für oder gegen die Hinzurechnung von Leistungen aus sittlicher Pflicht zur Errungenschaft treffen die Ehegatten darum in gleicher Weise und nicht etwa geschlechts- oder rollenspezifisch.

5. Betroffenheit der Empfänger von Leistungen, die ihnen aus sittlicher Pflicht gebühren

Sogar die Dritten, die dank einer ihnen gegenüber bestehenden sittlichen Pflicht eine entsprechende Leistung erhalten haben,

---

[14] Zutreffend die Botschaft Ziff. 214.1 letzter Absatz. Obgleich dieser Betrag kein reines Entgelt für Arbeitsleistungen, keinen Hausfrauenlohn, bildet, dürfte er dogmatisch doch als entgeltlicher Erwerb im Sinne der Generalklausel von Art. 197 Abs. 1 zu qualifizieren sein.

werden von Art. 208 Abs. 1 Ziff. 1 betroffen. Denn nach dem Vorbild der pflichtteilsrechtlichen Herabsetzungsklage in den Art. 527 und 528, sieht Art. 220 Abs. 1 vor, dass der berechtigte Ehegatte oder seine Erben Zuwendungen, die der Errungenschaft hinzuzurechnen sind, bis zur Höhe des Fehlbetrages bei den begünstigten Dritten einfordern können.

Die Auswirkungen dieser Drittwirkung werden durch Abs. 3 desselben Artikels in Verbindung mit Art. 528 Abs. 1 ZGB zugunsten gutgläubiger Dritter auf die verbleibende Bereicherung beschränkt.

Diese Entreicherungseinrede versagt im Licht von Art. 3 Abs. 2 ZGB jedoch schon dann, wenn der moralisch berechtigte Leistungsempfänger bei der Aufmerksamkeit, wie sie nach den Umständen von ihm verlangt werden darf, wissen konnte, dass der moralisch Verpflichtete verheiratet war, im Güterstand der Errungenschaftsbeteiligung lebte und die Leistung aus der Errungenschaft gemacht hat. Da ab 1. Januar 1988 von jedem, der verheiratet ist, vermutet wird, dass er in Errungenschaftsbeteiligung lebt[15], und bei Vorliegen einer moralischen Pflichtbeziehung in aller Regel auch mindestens eine gewisse Kenntnis von den Ehe- und Erwerbsverhältnissen des Verpflichteten beim Empfänger vorhanden sein dürfte, wird die Entreicherungseinrede nur selten durchgreifen.

6. *Übergangsrechtliche Rückwirkung bis zum 1. Januar 1983*

Aus den neuen Artikeln 9 b und 10 SchlT ZGB ergibt sich, dass für alle Ehegatten, die Ende 1987 unter dem Güterstand der Güterverbindung standen, ohne diesen Güterstand ehevertraglich irgendwie geändert zu haben, ab Beginn 1988 die Vorschriften über die Errungenschaftsbeteiligung gelten. Da Eheverträge[16]

---

[15] Vgl. nArt. 9 e Abs. 2 sowie 10 a SchlT ZGB und dazu KAUFMANN (Fn. 4) in und bei N. 185.

[16] Die Wahlmöglichkeiten gemäss nArt. 9 e und 10 b SchlT heben sich der Tendenz nach gegenseitig auf.

und gesetzliche sowie richterliche Gütertrennung zusammen nur etwa 5 bis 10 Prozent der dem schweizerischen Ehegüterrecht unterstehenden Ehepaare betreffen[17], gilt die Errungenschaftsbeteiligung ab 1988 für etwa 90 bis 95 Prozent der schweizerischen Ehepaare.

Art. 208 gilt auf jeden Fall für diejenigen unentgeltlichen Zuwendungen, die von solchen Personen ab 1. Januar 1988 vorgenommen werden. Gemäss nArt. 9 d Abs. 1 Halbs. 1 SchlT richtet sich für diese Ehegatten die ehegüterrechtliche Auseinandersetzung indessen «für die ganze Dauer des früheren und des neuen Güterstandes nach den Vorschriften über die Errungenschaftsbeteiligung». Dieser Wortlaut bedeutet klar, dass auch Art. 208 Abs. 1 Ziff. 1 ZGB einschliesslich seiner Fünfjahresfrist von dieser Rückwirkung mitumfasst wird[18]. Von der Rückwirkung bleiben allerdings die Empfänger unentgeltlicher Zuwendungen bewahrt[19].

III. DIE RÜCKSICHTNAHME DER RECHTLICHEN AUF DIE SITTLICHE ORDNUNG IN HISTORISCHER UND RECHTSVERGLEICHENDER PERSPEKTIVE

Nachdem mit den vorstehenden Ausführungen die reale Tragweite einer Auslegung der «unentgeltlichen Zuwendungen» in Art. 208 Abs. 1 Ziff. 1 im Sinne von Leistungen auch aufgrund einer moralischen Verpflichtung ausgeleuchtet und der Konflikt, um den es dabei geht, als derjenige zwischen dem Freiheitsinter-

---

[17] Vgl. hievor bei und in Fn. 6.
[18] Die Botschaft Ziff. 242.53 weist ausdrücklich hierauf hin. Dem Vorschlag von R. REUSSER, Das Übergangsrecht zu den vermögensrechtlichen Bestimmungen des neuen Eherechts, in Vom alten zum neuen Eherecht, hrsg. von H. Hausheer, 1986, 146 f., dem Gesetzeswortlaut selektiv nicht zu folgen, kann aus den Gründen, die bei KAUFMANN (Fn. 4) bei N. 145–147 angegeben sind, nicht beigepflichtet werden.
[19] Vgl. nArt. 9 d Abs. 1 Halbs. 1 SchlT sowie die Botschaft Ziff. 242.53; dazu KAUFMANN (Fn. 4) bei N. 138–140.

esse eines moralisch zu Vermögensleistungen an Dritte verpflichteten Ehegatten zu deren unbehinderten Erbringung und dem Vermögensinteresse seines Ehegatten identifiziert worden ist, erscheint es angezeigt, diesen Interessenkonflikt in den Rahmen unserer Rechtsordnung sowie derjenigen Rechtsordnungen, mit denen sie in Wechselbeziehungen gestanden hat und steht, zu stellen und zu prüfen, ob und wie vergleichbare Konfliktslagen dort bisher entschieden worden sind. Dabei wird sich zeigen, in welchem Verhältnis der Auslegungsvorschlag der bundesrätlichen Botschaft, welcher hier die vermögensrechtliche über die sittliche Ordnung stellen will, sich zu diesem historischen und rechtsvergleichenden Umfeld befindet.

1. *Das antike römische Recht*

Im antiken römischen Recht sind ähnliche Konflikte zwischen Rechtsordnung und Sittenordnung schon von früher Zeit her angelegt. Denn schon das altrömische Recht, sobald es uns erkennbar wird, geht von der grundsätzlichen Trennung zwischen Zivilrechtsordnung und der sich zunächst im Sakralrecht manifestierenden Sittenordnung aus [20]. Noch in früher Republik sind die Sittenaufsicht des Zensors [21], dann in mittlerer Republik die *fides* [22], welche über den Aktionsformel-Bestandteil *ex fide bona* [23] und gegen Ende der Republik zusätzlich über die *exceptio doli* [24] in die Rechtsordnung inkorporiert wird, die Mittel, um die Anforderungen der Sittenordnung mit dem *ius civile* in Ausgleich zu bringen.

Darüber hinaus begegnen im klassischen Rechte vereinzelte Belege dafür, dass das *ius civile* auch bloss moralische Verpflich-

---

[20] Vgl. M. KASER, Das römische Privatrecht, 1. Bd., 2. Aufl. München 1971, 26–29.
[21] KASER I², 27.
[22] Vgl. KASER I², 27, 171, 200.
[23] Vgl. KASER I², 485f.; KAUFMANN, Die altrömische Miete, Köln/Graz 1964, 343f.
[24] KASER I², 251, 488f.

tungen in besonderer Weise respektiert. So werden die Erbringung der *operae* genannten Dienste des freigelassenen Sklaven zugunsten des Freilassers[25], die Erwiderung von Schenkungen, die man von jemandem empfangen hat[26], die Leistung einer *dos* durch die Frau an den Mann in der irrigen Annahme, dazu rechtlich verpflichtet zu sein[27], sowie die Leistung von Unterhalt an Verwandte[28] als sittliche Verpflichtungen qualifiziert. Obgleich sie in jener Zeit keine Pflichten auf Grund des römischen Rechts selbst sind, nimmt die Zivilrechtsordnung auf sie in der Weise Rücksicht, dass sie von der Rückforderung nach den Grundsätzen der ungerechtfertigten Bereicherung, also mittels der *condictio indebiti soluti*[29], von der Rückforderungsklage auf Aufwendungsersatz aus Geschäftsführung ohne Auftrag[30] sowie von der Haftung des gutgläubigen Erbschaftsbesitzers auf Grund der *hereditatis petitio*[31] ausgeklammert sind.

Im nachklassischen Recht und bei JUSTINIAN werden solche Fälle dann unter den schon im klassischen Recht vorhandenen[32] und wahrscheinlich von formfreien Versprechenstatbeständen ausgehenden[33] Begriff der *naturalis obligatio* gebracht[34].

Sehr in die Nähe des Problemkreises von Art. 208 Abs. 1 Ziff. 1 ZGB geraten solche Leistungen aus nur sittlicher Verpflichtung, seitdem im materiellen Pflichtteilsrecht Verminderungen des Nachlasses durch Geschäfte unter Lebenden mittels Klagen gegen die Empfänger rückgängig gemacht werden können.

---

[25] D. 12,6,26,12; dazu M. KASER, Das römische Privatrecht, Bd. 2, 2. Aufl. München 1975, 335; P. CORNIOLEY, Naturalis obligatio, thèse Genève 1964, 256 f.

[26] D. 5,3,25,11; dazu KASER II², 335; CORNIOLEY, 256 f., 272.

[27] D. 12,6,32,2.

[28] D. 3,5,26(27),1; C. 2,18(19),11 (227 n. Chr.); dazu CORNIOLEY, 273.

[29] D. 12,6,26,12; D. 12,6,32,2.

[30] D. 3,5,26(27),1; C. 2,18(19),11 (227 n. Chr.).

[31] D. 5,3,25,11.

[32] Zum Beispiel D. 12,6,26,12; 5,3,25,11; C. 10,36(35),1 pr.

[33] Vgl. KASER I², 480 f., II², 335; CORNIOLEY, 257, 303, 307, 309.

[34] Vgl. zu dieser Entwicklung KASER I², 480 f., II² 335; CORNIOLEY, 256 ff., 310 ff.

Klar ist die Situation, wenn durch Veräusserungen das Pflichtteilsrecht, welches derjenige, der einen Sklaven freigelassen hat, als Patron an dessen Nachlass hat, verletzt worden ist. Hier sehen schon zur Zeit von Julianus[35] die *actiones Faviana* und *Calvisiana*[36] die Rückerstattung nur dann vor, wenn der Freigelassene *dolo malo in fraudem patroni*[37] gehandelt hatte[38]. Die Erfüllung von sittlichen Pflichten machte sicher nicht rückleistungspflichtig[39].

Einen gleichartigen Schutz für das Pflichtteil der Familienangehörigen schafft erst Kaiser Alexander Severus[40], und zwar mit einem Rescript zur Entscheidung eines Einzelfalles[41]. Im Codex von Justinian sind neun weitere Kaiserkonstitutionen, die zwischen 245 und 361 n. Chr. ergangen waren, wiedergegeben[42]. Auch in den ersten acht von ihnen handelt es sich um Einzelfälle. Sie sprechen daher keine allgemeine Norm aus. Der Zentralbegriff in ihnen wie im Rescript von Alexander Severus ist die Veräusserung durch *donatio*, Schenkung. Diese wird unmittelbar oder durch die Art der Sachverhaltsbeschreibung als *immensa*[43], *immoderata*[44], *enormis*[45], *perperam gesta*[46], als das Vermö-

---

[35] Vgl. D. 37,14,16 pr.; dieser hochklassische Jurist starb nach 148 n. Chr., möglicherweise erst nach 175 n. Chr., vgl. W. Kunkel, Herkunft und soziale Stellung der römischen Juristen, 2. Aufl. Graz/Köln 1967, 156 ff., insbes. 157 f. und 160.

[36] Zu ihrer Formulierung vgl. O. Lenel, Edictum perpetuum, 3. Aufl. Leipzig 1967, 352 f.

[37] Vorsätzlich zum Nachteil des Freilassers.

[38] Vgl. D. 38,5.

[39] Vgl. insbes. Ulpian D. 38,5,1,2 (Schenkung von Todes wegen an den Sohn des Freigelassenen) und 10 (Dotierung der Tochter, *quia pietas patris non est reprehendenda* [weil das sittliche Pflichtbewusstsein des Vaters nicht zu tadeln ist]).

[40] Regierungszeit 222–235 n. Chr.

[41] Paulus D. 31,87,3.

[42] C. 3,29,1–9.

[43] C. 3,29,3.

[44] C. 3,29,4; 7; 9 *(immodica)*.

[45] C. 3,29,4; 6.

[46] Unrecht, falsch vorgenommen; C. 3,29,4.

gen ganz oder fast erschöpfend [47] bezeichnet. In vier von ihnen wird die Beeinträchtigung des Pflichtteilsrechts anderer Verwandter als Zweck der Schenkungen angegeben [48]. In einem Falle wird berichtet, der Vater habe sein ganzes Vermögen aus irgendeinem Grunde als unmässige Freigebigkeit an einen seiner Söhne ausgeschüttet [49].

Die letzte Kaiserkonstitution von 361 n. Chr. erschöpft sich in einem bestätigenden Verweis auf die früher ergangenen, verwendet den Begriff der *immodicae donationes* und schliesst – als einzige – mit der Erwähnung, *et sit in hoc actionis utriusque vel una causa vel similis aestimanda vel idem et temporibus et moribus* [50].

Bei dieser Quellenlage verwundert es nicht, dass in der Pandektenwissenschaft umstritten war, ob im geltenden römischen Recht des 19. Jahrhunderts mit der *querela inofficiosae donationis* nur diejenigen Schenkungen herabsetzbar seien, welche – wie in den *actiones Faviana* und *Calvisiana* sowie bei der Einführung dieses Rechtsmittels durch ALEXANDER SEVERUS – in frauduloser Absicht der Verminderung des Pflichtteils geschehen sind, oder ob jede objektive Verkürzung des Pflichtteils genügt [51]. Für unser Thema wichtig ist, dass keine Quellenstelle direkt oder selbst nur andeutungsweise auch die Erfassung von Zuwendungen, die dem Grunde und dem Masse nach einer sittlichen Pflicht genügen, anordnet. Im Gegenteil kann aus der deutlichen Hervorhebung einerseits des subjektiven Verkürzungszweckes und andererseits der objektiven Unmässigkeit der jeweiligen Zuwendungen zweifelsfrei geschlossen werden, dass Zuwendungen, welche dem Grunde und dem Masse nach einer sittlichen Pflicht entsprechen, offensichtlich nicht gemeint waren. Indem JUSTINIANS

---

[47] D. 31,87,3; C. 3,29,1–8.
[48] D. 31,87,3; C. 3,29,1; 3; 8.
[49] ... *impetu quodam immensae liberalitatis in filium effudit*, C. 3,29,2.
[50] Es seien ... auch die (Verjährungs-) Zeiten und die (Anwendungs-) Voraussetzungen dieselben; C. 3,29,9.
[51] Nachweise des Meinungsstandes bei H. DERNBURG, Pandekten, 3. Bd., 7. Aufl. Berlin 1903, 303 f., welcher selbst dezidiert *dolus* verlangt.

Codex von 534 n. Chr. diese Materie mit der Wiedergabe der Konstitution von 361 n. Chr. abschliesst, ist sie auch für ihn das letzte Wort zum Thema der *querela inofficiosae donationis*.

Im sofort folgenden Codex-Titel[52] wird unter der Überschrift *de inofficiosis dotibus* eine einzige Kaiserkonstitution, und zwar aus dem Jahre 358 n. Chr., wiedergegeben. In ihr werden die für Schenkungen vorgetragenen Grundsätze auf einen Fall übertragen, in welchem die Mutter des Fragestellers ihr ganzes Vermögen durch die Zuwendung als *dos* (Mitgift) erschöpft hatte. Dogmatische Einzelheiten werden nicht näher ausgeführt. Auch in diesem Fall ist indessen deutlich, dass das sittliche Gebot zur Dotierung der Tochter durch Übermass überschritten worden ist und das Problem, ob die dem konkreten sittlichen Gebot entsprechende Dotierung herabsetzbar sei, sich nicht stellte.

2. Die Natur- und Vernunftsrechtslehre des 17. und 18. Jahrhunderts

Die riesige Fülle von dogmatischen Einzelproblemlagen und ihrer Lösungen, welche in der JUSTINIANISCHEN Kompilation überliefert ist, wurde auch von den Vertretern der Natur- und Vernunftsrechtslehre des 17. und 18. Jahrhunderts beständig beachtet und ihren theoretischen Überlegungen zugrunde gelegt. Die im antiken römischen Recht deutlich vorhandene Idee der natürlichen Rechte und Pflichten, die dort aber nur eine Randrolle gespielt hatte, wird von ihnen in einer bis dahin nicht gekannten Weise betont sowie zur Grundlage und zum Zentrum eines neuen systematischen Rechtsdenkens gemacht. Diese allgemeine Tendenz findet indessen bei den verschiedenen Denkern unterschiedliche Ausformungen. Der Begründer des neuzeitlichen Naturrechts, HUGO GROTIUS, sowie je ein deutscher und französischer Vertreter dieser Richtung, die für die Praxis der darauf aufbauenden Naturrechtsgesetzgebungen von besonderem Einfluss geworden sind, seien als Beispiele angeführt.

---

[52] C. 3,30.

a) HUGO GROTIUS

HUGO GROTIUS[53] widmet der Unterscheidung der *obligationes naturales* und *civiles* einen besonderen, wenn auch nur kleinen Abschnitt[54]. Bezeichnenderweise stellt er die Naturalobligationen voran. Er beginnt mit der Bemerkung, die Juristen seien sich einig, der Begriff der *obligationes naturales* sei dunkel. So nenne man gewisse Leistungen, die nicht eigentlich geschuldet werden, deren Erbringung aber ehrenhaft sei und hinsichtlich deren die Rückforderung aus ungerechtfertigter Bereicherung nicht stattfinde. Danach erläutert er sie anhand der Fälle des römischen Rechts. Neue Gedanken, die für unser Thema von Bedeutung wären, finden sich in der kurzen Darstellung nicht.

b) CHRISTIAN WOLFF

Zwar ebenfalls in grossem Masse der Inhalt der römischen Rechtsquellen, aber in völlig verfremdeter terminologischer, gedanklicher und systematischer Überformung, tritt uns bei CHRISTIAN WOLFF[55] entgegen[56]. Denn er verschmilzt die seit der Antike getrennten ethischen und rechtlichen Ordnungen zu einer Einheit. Dabei ist es die «natürliche» ethische Ordnung, welche beständig den Ausgangspunkt und Richtigkeitsmassstab für die Systematik und Dogmatik der als natürliche Sollensordnung dargestellten Naturrechtsordnung bildet. Infolgedessen kann es Kollisionen zwischen diesen beiden Normenordnungen überhaupt nicht geben. Im folgenden kann nur der für unser Thema bedeutsame Ausschnitt aus seinem Gedankengebäude angedeutet werden.

---

[53] Verwendet wurden seine berühmten De iure belli ac pacis libri tres, in der Ausgabe Amsterdam 1667.

[54] Liber II caput XIV § VI.

[55] 1679–1754; Skizzierung seines Lebens und seiner Methode z.B. durch F. WIEACKER, Privatrechtsgeschichte der Neuzeit, 2. Aufl. Göttingen 1967, 318–320.

[56] Seine beiden naturrechtlichen Hauptwerke sind das Ius naturae methodo scientifica pertractatum, Halle/Magdeburg 1740–1749, sowie die Institutiones iuris naturae et gentium, Halle/Magdeburg 1750.

Einer seiner wichtigsten Zentralbegriffe ist der der *obligatio*[57]. Jeder Mensch hat durch seine Natur die *obligatio* zur Vornahme derjenigen Handlungen und Unterlassungen, welche auf die sittliche Vollendung von ihm selbst und seines Zustandes *(officia erga se ipsum)*[58] sowie aller anderen Menschen und von deren Zustand *(officia humanitatis)*[59] gerichtet sind[60]. WOLFF erkennt zutreffend, dass die so begründete riesige Fülle von Obligationen zwangsläufig zu Kollisionen führen muss. Zu ihrer Lösung verwendet er zwei Mittel.

Das eine ist die Unterscheidung der *obligationes* zu *officia humanitatis* in *perfectae* und *imperfectae*[61]. Die Erfüllung der ersteren ist durch Rechtszwang durchsetzbar, die der *imperfectae* dagegen nicht. Um Missverständnissen vorzubeugen, betont WOLFF ausdrücklich[62], dass die *obligationes imperfectae* nicht etwa als *obligationes naturales imperfectae* seien; vielmehr seien sie als *obligationes* vollwertig und voll gültig; das Imperfekte an ihnen sei lediglich die Abwesenheit der Erzwingbarkeit.

Als solche *obligationes imperfectae* werden von WOLFF dann in einzelnen Zusammenhängen insbesondere die grosse Fülle der *obligationes* im Rahmen der *officia humanitatis* zu Zuwendungen nach Massgabe der eigenen Mittel und der Bedürftigkeit sowie Würdigkeit aller anderen Menschen genannt[63]. Speziell erwähnt wird die Verpflichtung zur Dankbarkeit als Beschenkter[64]. Unter diesen Qualifikationen entdeckt man in der Sache unschwer die Konturen einiger der antiken römischrechtlichen *obligationes naturales* zur Erfüllung moralischer Verpflichtungen wieder.

Eine praktische Auswirkung hat dieser Teil der WOLFFschen Pflichtenlehre in der Begrenzung der Rückforderung wegen un-

---

[57] Institutiones §§ 35–38.
[58] Institutiones § 57.
[59] Institutiones § 61.
[60] Institutiones insbes. §§ 35 sowie 43 f.
[61] Institutiones § 80.
[62] Institutiones § 80.
[63] Institutiones §§ 472, 473, 490.
[64] Institutiones § 476.

gerechtfertigter Bereicherung. Denn diese setzt[65] voraus, dass auf das Geleistete keine *obligatio* bestand. Die *obligationes imperfectae* zur Erfüllung moralischer Verpflichtungen aber sind alles wirkliche *obligationes naturales* und daher kein *indebitum*. Auch hier stand das römischrechtliche Vorbild Pate.

Das zweite Mittel, die Fülle und das Ausmass der verschiedenen *obligationes* zu kanalisieren und zu begrenzen, sind systemimmanente Kollisionsnormen. WOLFF stellt zunächst allgemeine Grundsätze dafür auf[66] und verweist für die Einzelheiten auf die besonderen Materien. Eine dafür relevante ist auch das Erbrecht.

Bemerkenswert ist, dass das Pflichtteilsrecht der Verwandten bei WOLFF nicht in festen Bruchteilen des Nachlasses und von zu Lebzeiten veräusserten Werten bestimmt wird; es kommt vielmehr auf die besonderen Umstände der Familie an[67]. Sie bestimmen, was den Kindern bei natürlich-ethischer Betrachtung als Pflichtteil zukommt. Die Kinder haben nämlich ein natürliches Recht nicht nur gegen ihre Eltern, sondern als Menschen auch gegenüber allen anderen Menschen auf das, was für ihr Leben notwendig, zweckmässig und angenehm ist; haben sie die dafür erforderlichen und ausreichenden Mittel von anderer Seite und auf anderem Wege bereits erhalten, so schulden die Eltern ihnen überhaupt keinen Pflichtteil[68]. Haben die Kinder ein solches Vermögen teilweise oder überhaupt nicht, so haben die Eltern ihnen von Todes wegen so viel zu hinterlassen, wie für das Leben der Kinder notwendig, zweckmässig und angenehm ist. Reicht das elterliche Vermögen weiter, so können und müssen sie den ganzen Rest in Erfüllung ihrer *obligationes* zu *officia humanitatis* durch Zuwendungen unter Lebenden[69] oder durch Legate[70] an empfangswürdige Dritte vergeben. Spiegelbildliches

---

[65] Institutiones § 693.
[66] Institutiones §§ 63–65.
[67] Besonders klar in Ius naturae, Pars septima, 1747, § 1024.
[68] Ius naturae § 1005.
[69] §§ 1001, 1002.
[70] § 1005.

gilt für das Pflichtteilsrecht der Eltern nach ihren vorverstorbenen Kindern[71].

Als Ergebnis der Naturrechtslehre von WOLFF zeigt sich für das Pflichtteilsrecht ein differenziertes Bild: Da die *obligationes* zu *officia humanitatis,* wie dargelegt, auch die moralischen Verpflichtungen gegenüber Dritten umfassen, haben die pflichtteilsberechtigten Verwandten, soweit sie ohnehin schon ein genügendes Vermögen haben, Zuwendungen des Erblassers durch Legate oder unter Lebenden in Erfüllung solcher moralischer Verpflichtungen hinzunehmen. Nur soweit ihnen ein genügendes eigenes Vermögen fehlt, gehen sie den Dritten vor. In der sozialen Wirklichkeit der heutigen Schweiz bliebe für ein solches Pflichtteilsrecht nur ein sehr schmaler Randbereich übrig.

c) ROBERT JOSEF POTHIER

POTHIER wirkte im 18. Jahrhundert vor allem in Orléans. Sein Schaffen verbindet das theoretische Vernunftrecht besonders stark und überzeugend mit der Praxis der französischen lokalen Rechte seiner Zeit. Sein zivilrechtliches Werk hat wie kein anderes in der entscheidenden Phase der Schaffung des französischen Code civil von 1804 dessen systematische Gesamtanlage sowie die dogmatischen Grundlagen von dessen Obligationenrecht bestimmt[72].

POTHIER widmet der Naturalobligation besondere Aufmerksamkeit[73]. Sie bilde nicht ein *vinculum iuris,* sondern nur ein *pudoris et aequitatis vinculum*[74]. Weiter betont er[75], die Naturalobligationen verpflichteten nur *dans le for de l'honneur et de la conscience.* Damit führt er die Naturalobligation klar auf ein *devoir*

---

[71] §§ 1006–1008.
[72] Vgl. WIEACKER, 341.
[73] Traité des obligations, in Traités sur différentes matières du droit civil, tome 1er, 2e éd., Paris/Orléans 1781, n° 173–175, 191–197.
[74] N° 175.
[75] N° 173, 175.

moral zurück[76]. Das Recht verweigere eine *actio* zu ihrer Erzwingung[77]. Im damals geltenden französischen Recht allerdings bestehe die einzige Wirkung der Naturalobligation in der Nichtrückforderbarkeit durch *condictio;* denn der Leistende habe ein *juste sujet* für seine Leistung, nämlich *celui de décharger sa conscience*[78].

3. Die drei wichtigsten Nachbar-Rechtsordnungen der Schweiz

a) Das französische Recht

Die Rückführung der Naturalobligation durch POTHIER auf die bloss moralische Verpflichtung war für die Verfasser des Code civil nach der Meinung von PLANIOL/RIPERT/BOULANGER[79] sicher der Grund, sie grundsätzlich mit Stillschweigen zu übergehen. Ausdrücklich wurde sie nur einmal, nämlich in art. 1235 als Ausschlussgrund für die Rückforderung einer ungerechtfertigten Bereicherung, erwähnt[80]. Die Rechtsprechung und die Doktrin aber brachen der Berücksichtigung der Naturalobligationen durch die staatliche Rechtsordnung im Grundverständnis von POTHIER als nur moralischer Verpflichtungen in breitestem Masse Bahn[81].

Dabei wurde die Idee von POTHIER, der eine Naturalobligation Erfüllende habe als *juste sujet celui de décharger sa conscience*[82], zu einem Hebel von grosser und weitreichender Kraft in der französischen Rechtsordnung. Aus diesem Grunde nämlich ist die Erfüllung einer Naturalobligation für die französische Doktrin und Rechtsprechung *«communément»*[83] nicht nur keine *dona-*

---

[76] So zutreffend M. PLANIOL/G. RIPERT/J. BOULANGER, Traité de droit civil, tome II, Obligations, Droits réels, Paris 1957, n° 1317.

[77] POTHIER, n° 173, 175.

[78] N° 195.

[79] N° 1317.

[80] Das Vorbild von POTHIER, n° 195, sowie die Tradition seit dem römischen Recht in D. 12,6,26,12; 12,6,32,2 sind offensichtlich.

[81] Vgl. allgemein PLANIOL/RIPERT/BOULANGER, n° 1320.

[82] N° 195.

[83] So PLANIOL/RIPERT/BOULANGER, tome IV, Régimes matrimoniaux, Successions, Libéralités, 1959, n° 3242, die selbst teilweise entgegengesetzter Meinung sind.

tion (Schenkung), sondern nicht einmal eine *libéralité*[84] – wie die französische Fassung von Art. 208 Abs. 1 Ziff. 1 ZGB die Wendung «unentgeltliche Zuwendung» wiedergibt. Denn wer eine *libéralité* erbringt, erwartet nicht nur keinen Geldwert, sondern nicht einmal einen moralischen Vorteil; eine moralische Verpflichtung aber wiegt schwer; wer sie erfüllt, wird als Vorteil von dieser Last befreit[85]. In unserem Zusammenhang wichtig ist hiernach die Feststellung, dass der Begriff der *donation* im französischen Code civil in aller Regel die Erfüllung einer nur moralischen Verpflichtung nicht mitumfasst[86]. Darum können die Pflichtteilsberechtigten Leistungen aus moralischer Verpflichtung, welche der Erblasser erbracht hat und die ihr Pflichtteil verringern, nicht herabsetzen lassen[87]. Aus demselben Grunde dürften mit dem Worte *donation* in art. 1573[88] des Code civil in der Fassung von 1965 im Güterstand der *participation aux acquêts,* deren Struktur unserer neuen Errungenschaftsbeteiligung entspricht, die aber in Frankreich nur ehevertraglich begründet werden kann, Leistungen aus nur moralischer Verpflichtung zur Errungenschaft sogut wie sicher nicht hinzuzurechnen sein[89].

---

[84] Besonders klar bei H. et L. MAZEAUD/M. JUGLART, Leçons de droit civil, tome 4, 2ᵉ vol., Successions, Libéralités, 2ᵉ éd. Paris 1971, n° 1325 in Verbindung mit n° 1323/1324.

[85] POTHIER, n° 195; MAZEAUD/JUGLART, n° 1325.

[86] Vgl. die zahlreichen Entscheide seit dem vergangenen Jahrhundert in DALLOZ, Répertoire de droit civil, tome 4, Paris 1976 (Mise à jour 1987), s.v. Donation chap. 2 sect. 1ʳᵉ art. 1–3; dazu Mise à jour s.h.v. chap. 2.

[87] Vgl. H. et L. et J. MAZEAUD, tome 1ᵉʳ, Introduction, Famille, Paris 1955, n° 365; für die Rechtsprechung vgl. DALLOZ, tome VII, 1976 (Mise à jour 1987), s.v. Quotité disponible, n° 239.

[88] Er hat laut Botschaft Ziff. 222.532 Abs. 3 die Lösung in Art. 208 ZGB mit beeinflusst.

[89] Belege liessen sich nicht finden. Die Terminologie, mit welcher z. B. H. et L. et J. MAZEAUD, Leçons de droit civil tome 4, 1ᵉʳ vol., Régimes matrimoniaux, 3ᵉ éd., Paris 1969, n° 565 *(aliénations frauduleuses; but de soustraire; conjoint frustré)* und G. MARTY/P. RAYNAUD, Les régimes matrimoniaux, Paris 1978 n° 458 *(protéger contre les fraudes)* die Bedeutung von art. 1573 insgesamt kennzeichnen, deutet darauf hin, dass ihnen auch hier die Einbeziehung von Leistungen auf Grund eines *devoir moral,* die ganz exzeptionell wäre, völlig fern liegt.

Der Satz in der Botschaft[90], der das Gegenteil für die Auslegung von Art. 208 Abs. 1 Ziff. 1 ZGB vorschlägt, setzt sich also in Widerspruch mit einem der grossen ethischen Grundprinzipien des französischen Rechts, das über das Naturrecht tiefe Wurzeln in der europäischen Rechtsgeschichte hat.

b) Das österreichische Recht

Das Allgemeine Bürgerliche Gesetzbuch erwähnt Zuwendungen aus nur sittlicher Pflicht in seiner ursprünglichen Fassung von 1811 nicht.

Herrschende Lehre und Rechtsprechung verneinen indessen ihren Schenkungscharakter im Sinne der Normierung des Schenkungsvertrages durch die §§ 938 ff.[91]. Ebenfalls ohne ihre Erwähnung unter den Bestimmungen für das Recht der ungerechtfertigten Bereicherung in den §§ 1431 ff. wird die Leistung in Erfüllung einer moralischen Verpflichtung doch von der Rückforderbarkeit ausgenommen[92].

Das Pflichtteilsrecht in den §§ 762–796 hatte ursprünglich die Verminderung des Nachlasses durch Zuwendungen unter Lebenden an Dritte weitgehend unberücksichtigt gelassen[93]. 1916 wurden durch die Neufassung von § 785 zugunsten der pflichtteilsberechtigten Kinder Schenkungen des Erblassers unter Lebenden in Anschlag gebracht, wovon aber Schenkungen, durch die einer sittlichen Pflicht oder Rücksichten des Anstandes ent-

---

[90] Ziff. 222.532 Abs. 7.

[91] Vgl. H. KOZIOL/R. WELSER, Grundriss des bürgerlichen Rechts, Bd. I, Allgemeiner Teil und Schuldrecht, 7. Aufl. Wien 1985, 307; G. SCHUBERT in Kommentar zum ABGB, hrsg. von P. Rummel, 1. Bd., Wien 1983, N. 4 zu § 938; G. STANZL in Kommentar zum ABGB, 2. Aufl., hrsg. von H. Klang/F. Gschnitzer, 4. Bd., 1. Halbbd., Wien 1968, N. II zu §§ 940, 941.

[92] KOZIOL/WELSER 374; W. WILBURG in Kommentar zum ABGB, 2. Aufl., hrsg. von H. Klang, 6. Bd., Wien 1951, N. VI.C.2. zu §§ 1431–1437, der in Fussnote 225 dafür schon auf den Verfasser des ABGB, FRANZ VON ZEILLER, Commentar über das ABGB, 4 Bände, Wien/Triest 1811–1813, IV 159, verweist.

[93] Vgl. A. EHRENZWEIG, System des österreichischen allgemeinen Privatrechts, 2. Aufl., 2. Bd., 2. Hälfte: Familien- und Erbrecht, Wien 1937, § 531 I.

sprochen wurde, ausgenommen worden sind. Die Neufassung dieser Bestimmung durch das Eherechtsänderungsgesetz vom 15. Juni 1978 lässt diese Rechtsfolgen auch dem überlebenden Ehegatten zugute kommen, nimmt davon aber ebenfalls die Leistungen aus moralischen Verpflichtungen aus.

1978 wurde für die Minderheit von Ehen, welche durch Scheidung, Aufhebung oder Nichtigerklärung enden[94], der neue gesetzliche Güterstand der Gütertrennung (§ 1237 ABGB) durch die «Aufteilung» des «ehelichen Gebrauchsvermögens» und der «ehelichen Ersparnisse» ergänzt. § 91 Abs. 1 EheRÄndG von 1978 bestimmt in diesem Rahmen: «Hat ein Ehegatte ohne ausdrückliche oder stillschweigende Zustimmung des anderen frühestens zwei Jahre vor Einbringung der Klage auf Scheidung ... eheliches Gebrauchsvermögen oder eheliche Ersparnisse in einer Weise verringert, die der Gestaltung der Lebensverhältnisse der Ehegatten während der ehelichen Lebensgemeinschaft widerspricht, so ist der Wert des Fehlenden in die Aufteilung einzubeziehen». Es ist nicht sicher[95], ob Leistungen der Ehegatten in Erfüllung einer moralischen Verpflichtung überhaupt unter diese Bestimmung gehören. Sollte dies der Fall sein, so dürfte in der Praxis nur selten eine Verminderung, «die der Gestaltung der Lebensverhältnisse der Ehegatten während der ehelichen Lebensgemeinschaft widerspricht», herbeigeführt werden. Eine zusätzliche Begrenzung bewirkte die Zweijahresfrist.

Von der zuletzt erwähnten, möglichen engen Ausnahme abgesehen, bietet das heutige österreichische Recht somit ein gleiches Bild wie das französische. Der Satz in der bundesrätlichen Botschaft[96], Leistungen aus moralischer Verpflichtung fielen unter Art. 208 Abs. 1 Ziff. 1 ZGB, kontrastiert deutlich auch mit ihm.

---

[94] Für die Mehrheit der durch Tod endenden Ehen gilt ausschliesslich die erbrechtliche Regelung, vgl. KOZIOL/WELSER (Fn. 91), Bd. II, Sachenrecht, Familienrecht, Erbrecht, 7. Aufl. Wien 1985, 209.
[95] Eine Stellungnahme wurde vergeblich gesucht.
[96] Ziff. 222.532 Abs. 7.

c) Das deutsche Recht

Auf die Schenkungen, durch die einer sittlichen Pflicht oder einer auf den Anstand zu nehmenden Rücksicht entsprochen wird, nimmt das BGB von 1896 in einer ganzen Reihe von Einzelbestimmungen besondere Rücksicht. Im Rahmen der Normierung der Schenkung unterliegen sie gemäss § 534 nicht den schenkungsrechtlichen Regeln über die Rückforderung und den Widerruf. § 814 nimmt sie von der Rückforderung wegen ungerechtfertigter Bereicherung aus. Der Vormund wird durch § 1804 ermächtigt, in Vertretung des Mündels solche Schenkungen auszurichten. Der Vorerbe darf gemäss § 2113 solche Schenkungen aus dem Nachlass zulasten des Nacherben vornehmen. Ähnliches bestimmt § 2205 für den Testamentsvollstrecker. Gemäss § 2330 findet auf sie die in § 2325 vorgesehene Ergänzung des Pflichtteils wegen Schenkungen keine Anwendung.

1957 führte das Gleichberechtigungsgesetz in der Bundesrepublik Deutschland als gesetzlichen Güterstand die Zugewinngemeinschaft ein. Sie hat grosse Ähnlichkeit mit unserer neuen Errungenschaftsbeteiligung. § 1375 BGB, der von der bundesrätlichen Botschaft[97] als eines der Vorbilder für Art. 208 bezeichnet wird, bestimmt in Abs. 2 Ziff. 1, dass dem Endvermögen solche unentgeltliche Zuwendungen nicht hinzugerechnet werden, durch die der leistende Ehegatte einer sittlichen Pflicht oder einer auf den Anstand zu nehmenden Rücksicht entsprochen hat. Das ist das gerade Gegenteil dessen, was die bundesrätliche Botschaft vorschlägt.

4. Rückblick auf das Ausland und Ausblick auf die Schweiz

Der von der bundesrätlichen Botschaft[98] gemachte Auslegungsvorschlag dahin, auch alle Leistungen aus einer moralischen Verpflichtung seien im Sinne von Art. 208 Abs. 1 Ziff. 1 ZGB der

---

[97] Ziff. 222.532 Abs. 3.
[98] Ziff. 222.532 Abs. 7.

Errungenschaft hinzuzurechnen, findet sich in keinem der modernen ehelichen Güterrechte der drei traditionell wichtigsten, die Schweiz umgebenden Rechtsordnungen. Vielmehr steht er mit der ausdrücklichen deutschen Regelung sowie mit der französischen Doktrin und Praxis für die Auslegung der Begriffe der *donation* und der *libéralité* in klarem und umfassendem Widerspruch. Möglicherweise findet er eine schwache Parallele im neuen österreichischen Güterrecht; diese hätte dort aber eine viel geringere sachliche und zahlenmässige Bedeutung, als die bundesrätliche Botschaft sie für die Schweiz wünscht.

Weiter hat sich gezeigt, dass die Freistellung der Leistungen aus nur sittlicher Pflicht von zahlreichen rechtlichen Bindungen, welche im antiken römischen Recht begonnen und sich über die Natur- und Vernunftrechtsbewegung sowie das 19. Jahrhundert bis in die Gegenwart laufend verstärkt hat, tiefe historische und ethische Wurzeln hat.

Damit wird deutlich, dass der Auslegungsvorschlag der bundesrätlichen Botschaft, sollte er in die Praxis umgesetzt werden, das schweizerische Recht in dem sozialpolitisch sehr bedeutsamen Eherecht in einem für die Freiheit der sittlichen Entscheidung jedes Ehegatten wichtigen Punkte von den Rechtsordnungen Frankreichs, Österreichs und Deutschlands absondern würde.

Diese Erkenntnis schärft nunmehr das Interesse für die Gründe, welche zu diesem Alleingang der bundesrätlichen Botschaft geführt haben mögen. Die erste Frage, die sich stellt, lautet, ob die schweizerische Rechtsordnung in diesem Bereich nicht vielleicht schon traditionell eine Sonderhaltung eingenommen hat.

IV. DIE LEISTUNGEN AUS NUR MORALISCHER VERPFLICHTUNG IN DER SCHWEIZERISCHEN RECHTSTRADITION

1. Die Epoche vor dem ZGB

a) Das zürcherische PGB

Eine besondere Berücksichtigung der Leistungen aus nur sittlicher Pflicht findet sich zuerst in JOHANN CASPAR BLUNTSCHLIS privatrechtlichem Gesetzbuch für den Kanton Zürich von 1853/55. Sein § 1217 nimmt von der Rückforderung einer ungerechtfertigten Bereicherung Leistungen aus, wenn «eine natürliche Verbindlichkeit oder eine Pietätspflicht» zu ihnen bestanden hat. Der Pflichtteil wird durch § 1078 grundsätzlich nur gegen letztwillige Verfügungen geschützt. Schenkungen unter Lebenden sind gemäss § 1079 nur zu berücksichtigen, wenn sie in pflichtteilsverletzender Absicht vorgenommen worden sind. Das scheidet bei der Erfüllung einer objektiv bestehenden sittlichen Pflicht stets aus.

b) Das Schweizerische Obligationenrecht von 1881

Das Schweizerische OR von 1881, das am 1. Januar 1883 in Kraft trat, bestimmte im Rahmen der ausführlich normierten ungerechtfertigten Bereicherung in Art. 72 Abs. 2: «Ausgeschlossen ist die Rückforderung, wenn die Zahlung in Erfüllung einer sittlichen Pflicht geleistet wurde.» Die Schenkung wurde nur in Einzelaspekten geregelt. Die Rolle der sittlichen Pflicht wurde dabei nicht behandelt[99].

c) EUGEN HUBERS Stellungnahmen ab 1883

EUGEN HUBER hat sich bereits 1883 zu unserem Thema klar geäussert. Nachdem Anfang 1883 das OR in Kraft getreten war, hielt er zum ersten Male im Sommersemester 1883 in Basel und danach bis 1922 noch sehr oft in Basel und Bern Vorlesungen

---

[99] Zu Einzelheiten vgl. H. A. KAUFMANN, Das schweizerische Obligationenrecht und Eugen Huber, in: Das Obligationenrecht 1883–1983, Berner Ringvorlesung, 1984, 86 N. 94.

über diese Materie[100]. Dafür hat er in der ersten Jahreshälfte 1883 ein ausführliches Manuskript ausgearbeitet, das sich im Eugen-Huber-Archiv des Bundesarchivs zu Bern[101] befindet[102].

In diesem Manuskript[103] trägt er im Rahmen der ungerechtfertigten Bereicherung den Inhalt von Art. 72 Abs. 2 OR 1881 vor. An zentraler Stelle[104] entwickelt er ein System der Naturalobligationen und stellt an den Anfang die nur sittliche Pflicht: Wer sie bewusst erfüllt, schenke nicht; sie könne weder von den Gläubigern, noch im Erbrecht – was nur die pflichtteilsrechtliche Herabsetzung bedeuten kann[105] – angefochten werden.

In einem Obligationenrechts-Vorlesungsmanuskript aus HUBERS Berner Zeit[106], das er mit Sicherheit vor dem 10. Dezember 1907 verfasst hat, behandelt er das Thema der Leistungen aus sittlicher Verpflichtung erneut, und zwar in demselben Sinne[107].

d) Schlussfolgerung

Einige der bedeutendsten Zeugnisse zur rechtlichen Behandlung der Leistung aus sittlicher Pflicht aus der Epoche vor dem ZGB, nämlich BLUNTSCHLIS Zürcher PGB, das OR von 1881 und EUGEN HUBER in seinen Basler und Berner Vorlesungsmanuskripten, zeigen sich zu diesem Problemkreis völlig in die grosse Rechtsfamilie der drei wichtigsten umliegenden Rechtsordnungen und in die davor liegende europäische Rechtstradition integriert: Leistungen in Erfüllung von nur moralischen Verpflich-

---

[100] Vgl. KAUFMANN (Fn. 99), 71–73.
[101] Signatur J. 1,109,149.
[102] Einzelheiten bei KAUFMANN (Fn. 99), 74–76.
[103] S. 133 f.
[104] S. 16 ff., am Beginn des 1. Kapitels; vgl. dazu KAUFMANN (Fn. 99), 84–86; ders., Die Vorschlagszuweisung an den überlebenden Ehegatten und die pflichtteilsrechtliche Herabsetzung bei Eugen Huber, im schweizerischen Zivilgesetzbuch und beim heutigen Reformgesetzgeber, 1981, 105–107.
[105] Dies bestreitet P. PIOTET, La réduction successorale de la répartition conventionelle du bénéfice de l'union conjugale, in ZSR nF *101* (1982) I. Halbbd., 258 ff.; zur Unbegründetheit seiner Argumente vgl. KAUFMANN (Fn. 99), 85 N. 88.
[106] Aufbewahrt im Eugen-Huber-Archiv unter Signatur J. 1,109,160.
[107] Dazu KAUFMANN (Fn. 99), 88 f.

tungen, welche die bundesrätliche Botschaft mit vermögensrechtlichen Nachteilen im Güterstand der Errungenschaftsbeteiligung beschweren will, bleiben von den damals aktuellen Benachteiligungen durch bereicherungsrechtliche Rückforderung und pflichtteilsrechtliche Herabsetzung ausgespart.

2. *Das ZGB und seine ursprüngliche Auslegung*

Bei der Ausarbeitung der Schenkungsbestimmungen für das revidierte OR von 1911[108] hat EUGEN HUBER im Anschluss an einen Vorschlag von VIRGILE ROSSEL von 1900, § 534 BGB[109] zu übernehmen, unter Einbeziehung von § 2330 BGB[110] in dem von ihm verfassten Entwurf von 1903/04 in Art. 1266 als vorletzte Bestimmung für die Schenkung vorgesehen: «(1) Schenkungen, mit denen der Schenker eine sittliche Pflicht erfüllt, können niemals widerrufen werden und unterliegen keiner Herabsetzung.» In der Sitzung der Expertenkommission für die Anpassung und Revision des OR vom 29. September 1904, an der HUBER anwesend war, wurde auf Antrag des Lausanner Professor GRENIER diese Bestimmung gestrichen und stattdessen dem Abs. 3 des ersten Schenkungsartikels, nämlich 1252, die heute als Art. 239 Abs. 3 OR geltende Fassung gegeben: «Die Erfüllung einer sittlichen Pflicht wird nicht als Schenkung behandelt.» HUBER trug diesem Beschluss in der von seiner Hand stammenden Schlussredaktion der bundesrätlichen Botschaft betr. die Ergänzung des Entwurfs eines schweizerischen Zivilgesetzbuchs durch die Einfügung des Obligationenrechts...[111] mit folgenden Worten sachgerecht Rechnung: «Ebenso ist von der Erfüllung einer sittlichen Pflicht zu sagen, dass sie zwar eine Zuwendung ohne entsprechende Gegenleistung darstellt, allein in anderer Beziehung doch

---

[108] Hierzu und zum folgenden eingehend mit Belegen KAUFMANN (Fn. 99), 86–91 sowie *ders.*, Vorschlagszuweisung, 103–105.

[109] Vgl. hievor III.3.c.

[110] Vgl. hievor III.3.c.

[111] Original im Huber-Archiv des Bundesarchivs unter J. 1,109,309 S. 57.

nicht als Schenkung behandelt werden darf, nämlich nicht mit Bezug auf die Anfechtung, den Widerruf, die Herabsetzung und die formalen Kautelen der Schenkung. Es erscheint demgemäss als empfehlenswert, die Anwendung der Schenkungsregeln für diesen Fall ausdrücklich auszuschliessen.» Auch als Berichterstatter haben er und GOTTOFREY ausgeführt, die Erfüllung einer sittlichen Pflicht stelle keine Schenkung dar.

Im Gesetzgebungsverfahren sind am 10. Dezember 1907 sowohl die schenkungsrechtlichen Bestimmungen wie auch das Erbrecht einschliesslich Pflichtteilsrecht in demselben gesetzgeberischen Akte verabschiedet worden[112].

Aus all diesem muss geschlossen werden, dass der Schenkungsbegriff sowohl im Rahmen der Schenkung mit Vollziehbarkeit auf den Tod des Schenkers im Sinne von Art. 245 Abs. 2 OR wie auch in Art. 527 Ziff. 3 ZGB gemäss Art. 239 Abs. 3 OR unter Ausschluss der Erfüllung sittlicher Pflichten zu verstehen ist. So haben auch SCHNEIDER/FICK[113], ESCHER[114], TUOR[115], PIERRE ENGEL[116] und ALEXANDER BECK[117] ihn aufgefasst.

Auf dieselbe Weise erklärt sich ferner, dass der ZGB-Gesetzgeber seinen Willen, das Heiratsgut und die Ausstattung stets für herabsetzbar zu erklären, durch die besondere Norm des Art. 527 Ziff. 1 ausgedrückt hat. Denn es handelt sich dabei einerseits immer um Zuwendungen gemäss Art. 239 Abs. 1 OR, also um Schenkungen, andererseits aber geschehen sie oft in Erfüllung einer sittlichen Pflicht im Sinne von Abs. 3 dieser Bestimmung, so dass sie dann vom Schenkungsbegriff des Art. 527 Ziff. 3 ZGB in Verbindung mit Art. 239 Abs. 3 OR ausgenommen sind.

Der mit der Vorschlagsbeteiligung der Ehefrau 1907 sehr fortschrittliche ordentliche Güterstand der Güterverbindung traf

---

[112] Vgl. die Nachweise bei KAUFMANN (Fn. 99), 91.
[113] Das schweizerische Obligationenrecht, 1. Bd., 1911, N. 16 zu Art. 239 OR.
[114] Zürcher Kommentar, 3. Aufl. 1959, N. 19 und 33 zu Art. 527 ZGB.
[115] Berner Kommentar, 2. Aufl. 1952, N. 21 zu Art. 527 ZGB.
[116] Traité des obligations en droit suisse, 1973, 53.
[117] Grundriss des schweizerischen Erbrechts, 2. Aufl. 1976, 118.

bedauerlicherweise keinerlei zu Art. 2 ZGB hinzutretende Vorkehren gegen eine zu missbilligende Verkürzung des Vorschlags durch den Mann[118]. Für unser Thema ist von Bedeutung allein, dass diese Gesetzeslage die Grenzziehung eines solchen Schutzes gegenüber der Freiheit zur Erfüllung sittlicher Pflichten aus der Errungenschaft nicht erforderlich machte und die sittliche Entscheidungsfreiheit nicht beeinträchtigte.

Insgesamt fügt sich das ZGB mit seiner grundsätzlich unbeschränkten Respektierung der Freiheit zur Erfüllung moralischer Verpflichtungen in den Kreis der es umgebenden Rechtsordnungen von Frankreich, Österreich und Deutschland bruchlos ein. Von einer traditionellen schweizerischen Sonderhaltung fehlt jede Spur.

V. DIE NEUERE ENTWICKLUNG DES GRUNDRECHTLICHEN SCHUTZES DER PERSÖNLICHEN FREIHEIT AUF SITTLICHEM GEBIET

Vielmehr ist seit 1964 auf der Ebene der verfassungsrechtlichen Gewährleistung der Freiheitsrechte in der Rechtsprechung des Bundesgerichts eine bedeutsame Verstärkung der Freiheit zur Erfüllung sittlicher Verpflichtungen eingetreten. Bis dahin hatte das Bundesgericht als persönliche Freiheit grundrechtlich nur die «körperliche Freiheit im Gegensatz zur geistigen», zur liberté morale, geschützt[119]. Nun weitete es den Schutz auch auf die idealen Interessen aus[120] und gelangte dazu, die Persönlichkeit und Menschenwürde der Bürger auch in den Fällen zu gewährleisten, in denen kein dem geschriebenen oder ungeschriebenen Verfassungsrecht angehörendes Freiheitsrecht in Frage steht[121].

---

[118] Vgl. BGE *107* II 126–128; dazu mit ausführlicher Wiedergabe des kontroversen Meinungsstandes OTT, FS Hegnauer 290–292; PIOTET, ZSR nF *106* (1987) I. Halbbd., 272 ff. (vgl. für beide hievor Fn. 3).
[119] BGE *82* I 238 und *90* I 34 f.
[120] Grundlegend BGE *90* I 29, 36.
[121] BGE *97* I 45 (1971), *104* Ia 39 f. (1978), *107* Ia 55 f. (1981).

Nach neueren Formulierungen sind alle Freiheiten geschützt, die
«elementare Erscheinungen der Persönlichkeitsentfaltung darstellen»[122]. Die Freiheit, wirklich bestehende moralische Verpflichtungen unbehindert erfüllen zu können, stellt schon seit der Natur- und Vernunftsrechtsbewegung des 17. und 18. Jahrhunderts
eine elementare Erscheinung der sittlichen Persönlichkeitsentfaltung dar.

Die Entscheidung zwischen der freien sittlichen Persönlichkeitsentfaltung und anderen Interessen muss von Fall zu Fall gesucht werden; einen wichtigen Gesichtspunkt bildet dabei «die
Intensität, mit der die konkret in Frage stehende Massnahme in
die freie Entfaltung der Persönlichkeit eingreift»[123].

Bei aller Umstrittenheit von einzelnen Fragen des Postulats
der «grundrechtskonformen Auslegung privatrechtlicher Normen»[124] wird dieser Auslegungsgrundsatz an sich allgemein anerkannt[125]. Es ist offensichtlich, dass der Auslegungsvorschlag
der Botschaft von 1979, ohne Zustimmung des andern Ehegatten
geschehene Leistungen zur Erfüllung moralischer Verpflichtungen des Leistenden seien zum Nachteil des letzteren zur Errungenschaft hinzuzurechnen, nicht auf der Linie der aufgezeigten
freiheitsrechtlichen Rechtsprechung des Bundesgerichts liegt.

VI. AUSBLICK

Der Satz in der bundesrätlichen Botschaft von 1979, unter unentgeltlichen Zuwendungen im Sinne von Art. 208 Abs. 1 Ziff. 1
ZGB seien auch Leistungen aufgrund einer moralischen Verpflichtung zu verstehen, passt nach allem überhaupt nicht in den
Entscheidungsrahmen, welchen die Rechtsentwicklung seit der

---

[122] Zuletzt BGE *112* Ia 162 (1986).
[123] BGE *107* Ia 56.
[124] So BGE *111* II 255f.
[125] Auch E. BUCHER, Drittwirkungen der Grundrechte?, in SJZ *83* (1987)
39f., tut dies.

römischen Antike, die Grundhaltung der wichtigsten Rechtsordnungen, von denen die Schweiz umgeben ist, die ursprüngliche Auslegung des ZGB und die neuere freiheitsrechtliche Rechtsprechung des Bundesgerichts für den Konflikt zwischen der Freiheit zur unbehinderten Erfüllung sittlicher Pflichten und reinen Vermögensinteressen abgeben.

Die Fragen, die sich deshalb geradezu aufdrängen, lauten, auf welchem Wege es zu diesem Satz gekommen ist, welches die Argumente sind, auf die er gestützt wird, welche Überzeugungskraft sie haben, in welchem Verhältnis dieser Auslegungsvorschlag zum Gesamtinhalt des Reformgesetzes und des ZGB/OR steht und ob er zutreffender Ausdruck des seit 1. Januar 1988 geltenden Rechts sei oder nicht[126]. Diesen Problemen wird in Kürze eine weitere Veröffentlichung gewidmet sein[127].

[126] Zum gegenwärtigen Meinungsstande vgl. hievor bei und in Fn. 3 und 4.
[127] Sie wird voraussichtlich in der ZSR erscheinen.

KARL-LUDWIG KUNZ

DER UMFANG DER NOTWEHRBEFUGNIS IN VERGLEICHENDER BETRACHTUNG *

I.

Das Notwehrrecht als solches mag als Archetypus eines «natürlichen» Rechts dem elementaren menschlichen Gerechtigkeitsempfinden entsprechen; der Umfang und die Grenzen des Notwehrrechts hingegen werden in einzelnen Nationen und Kulturkreisen verschieden bestimmt. Nicht das Ob, vielmehr *das Wieweit* erlaubter Unrechtsabwehr ist von Interesse für die strafrechtsdogmatische, aber auch für die gesellschafts- und kulturwissenschaftliche Betrachtung. Denn wie das Strafrecht insgesamt als Mikrokosmos einer je bestimmt verfassten Gesellschaft verstanden werden kann, so lässt sich die Ausgestaltung der Notwehrbefugnis verstehen als Indikator für die jeweilige Art des sozialen Umgangs mit Rechtsbrechern und Normabweichungen.

Genau besehen gibt das Ausmass der Notwehrbefugnis einem *sozialpsychologischen* und einem *institutionellen* Befund Ausdruck. Einerseits spiegelt sich darin die Toleranzbereitschaft oder Gleichgültigkeit des Publikums gegenüber Rechtsbrüchen, damit letztlich die Volksmentalität und das vorherrschende soziale Klima. Anderseits lassen sich daraus Rückschlüsse ziehen auf das Vertrauen in die Funktionstüchtigkeit *staatlicher* Vorkehrungen zur Rechtsdurchsetzung. Bei grundsätzlicher staatlicher Gewalthegemonie ist für die privatinitiative Notwehr nur Raum, wo staatlicher Schutz nicht rechtzeitig zur Stelle ist[1]. Ein Staatswe-

* Für wertvolle bibliographische Hinweise danke ich Fürsprecher Ernst Gnägi und cand. iur. Hansjörg Salm.

[1] Objektiv folgerichtig (ob subjektiv gewollt, bleibt ungewiss) verpflichteten einige der durch das geltende schweizerische StGB abgelösten kantonalen Notwehrregelungen den Angegriffenen, soweit möglich obrigkeitliche Hilfe anzurufen, vgl. STOOSS, Die Grundzüge des Schweizerischen Strafrechts, 1. Bd.,

sen, das private Rechtsgüter auch faktisch zulänglich schützt, oder das wenigstens seinen Bürgern hiervon glaubhaft den Eindruck vermittelt, kann die Notwehrbefugnis deshalb getrost eng fassen. Umgekehrt entsteht ein Bedürfnis nach einem umfänglichen privaten Notwehrrecht dort, wo der Staat in der Unrechtsabwehr versagt oder jedenfalls diesen Eindruck hinterlässt. Soziales Klima und Vertrauen in die Wirksamkeit staatlichen Schutzes sind damit die Faktoren, von denen die konkrete Ausgestaltung des Notwehrrechts abhängt.

II.

Das schweizerische Recht statuiert in Art. 33 Abs. 1 StGB bei einem rechtswidrigen Angriff oder einer unmittelbaren Bedrohung mit einem solchen für den Angegriffenen und jeden anderen das Recht, den Angriff in einer *den Umständen angemessenen Weise* abzuwehren.

Diese Formulierung geht zurück auf den Vorentwurf zum geltenden StGB von CARL STOOSS aus dem Jahre 1893 [2]. Sie wurde von STOOSS bewusst gewählt, um einerseits im Hinblick auf die Vielgestalt der Fälle ein weites Feld des richterlichen Ermessens zu eröffnen und um andererseits in Abkehr von der Notwehrregelung des Strafgesetzbuches des Deutschen Reichs von 1871 die Notwehrbefugnis auf *proportionale* Abwehrmassnahmen zu begrenzen [3]. Unter Proportionalität der Abwehr verstand STOOSS

1892, 255. Zur Vorrangigkeit des staatlichen Verfahrens bei der Notwehr ARZT, FS Schaffstein, 1975, 77 ff. (79, 82).

[2] STOOSS, Vorentwurf zu einem Schweizerischen Strafgesetzbuch, Allg. Teil, 1893, 12, Art. 17.

[3] Vgl. STOOS, Motive zu dem Vorentwurf eines Schweizerischen Strafgesetzbuches, Allg. Teil, 1893, 31 f.; *ders.*, Schweizerisches Strafrecht, Verhandlungen der von dem Eidgenössischen Justiz- und Polizeidepartement einberufenen Expertenkommission über den Vorentwurf zu einem Schweizerischen Strafgesetzbuch, II. Bd, 2. Lesung Juli und August 1895, 1886, 404; *ders.*, Bericht über den Vorentwurf zu einem Schweizerischen Strafgesetzbuch nach den Beschlüssen der Expertenkommission (erstattet von Carl Stooss), 1899, 42 f.

nicht bloss die Verhältnismässigkeit von eingesetzten *Mitteln* des Angriffs bzw. der Verteidigung, sondern auch diejenige von bedrohten und durch die Abwehr verletzten *Gütern*[4].

Während die Unbestimmtheit der Formulierung heute eher als Belastung denn als Hilfe empfunden wird[5], ist der Gesichtspunkt der Proportionalität der Abwehr in seiner zweifachen Bedeutung nach wie vor als Grundregel allgemein anerkannt[6].

Damit steht das schweizerische Verständnis der Notwehrbefugnis in auffälligem Kontrast zu demjenigen des deutschen, des österreichischen und des französischen Rechts.

Das *deutsche* Recht gestattet in § 32 dStGB im Rahmen der Notwehr unverändert seit 1871 die «erforderliche» Abwehr. Die Erforderlichkeit verlangt lediglich, dass unter mehreren verfügbaren Abwehrmitteln das am wenigsten schädliche oder gefährliche gewählt wird, sofern noch genügend Zeit zur Auswahl bleibt und dieses gleich wirksam ist[7]. Massgebend ist damit, ob die gewählte Verteidigungshandlung (nicht: der Abwehrerfolg) in der konkreten Situation ex ante dem Grundsatz des relativ mildesten Gegenmittels entspricht. Eine Verhältnismässigkeit der Güter ist damit in der Notwehrregelung des deutschen Rechts nicht verbürgt[8]. Anerkannt ist lediglich eine negative Korrelation der Güter des Inhalts, dass das verteidigte zu dem angegriffenen Gut nicht ausser Verhältnis stehen dürfe. Anstelle eines Gebots der Verhältnismässigkeit wird lediglich ein Verbot des krassen Übermasses angenommen[9]. Damit ist namentlich eine Unfug-Ab-

---

[4] STOOSS, Bericht über den Vorentwurf (Fn. 3), 42 f.

[5] STRATENWERTH, Schweizerisches Strafrecht, Allg. Teil 1, 1982, 215.

[6] STRATENWERTH (Fn. 5), 217. Zur Proportionalität in Abgrenzung zur (umfassenderen) Verhältnismässigkeit grundlegend HIRSCHBERG, Der Grundsatz der Verhältnismässigkeit, 1981, 75 ff.

[7] SCHÖNKE-SCHRÖDER-LENCKNER, Strafgesetzbuch, Kommentar, 22. Aufl. 1985, § 32 Rn. 36 m. w. N.

[8] Anders eine unterschiedlich begründete Mindermeinung, vgl. insbes. SCHROEDER, in: FS Maurach, 1972, 127 ff.; ESER, Strafrecht 1, 2. Aufl. 1975, 98 f.; LENCKNER, Der rechtfertigende Notstand, 1965, 133 ff.

[9] Vgl. etwa SAMSON, in: Systematischer Kommentar zum StGB, § 32 Rn. 22; SCHÖNKE-SCHRÖDER-LENCKNER (Fn. 7), § 32 Rn. 50.

wehr weitgehend ausgeschlossen, wie sie gewöhnlich am Lehrbuch-Fall des gelähmten Geizhalses verdeutlicht wird, dem zur Verteidigung seiner Kirschen kein anderes Mittel als die Tötung der diebischen Kinder zur Verfügung steht.

Das *österreichische* Recht verlangt in § 3 öStGB in entsprechender Weise eine «notwendige» Verteidigung, die sich freilich gegen einen Angriff auf die dort allein notwehrfähigen Güter Leben, Gesundheit, körperliche Unversehrtheit, Freiheit oder Vermögen richten muss. Eine weitere Beschränkung des Notwehrrechts sieht § 3 Abs. 1 Satz 2 öStGB vor, sofern es offensichtlich ist, dass dem Angegriffenen bloss ein geringer Nachteil droht und die Verteidigung insbesondere wegen der Schwere der zur Abwehr nötigen Beeinträchtigung des Angreifers unangemessen ist[10]. Analog zum deutschen Notwehrverständnis wird dabei eine bloss negative Güterkorrelation gefordert, wobei zur Begründung wiederum der Fall des Kirschendiebstahls herhält[11].

Die *französische* Rechtslehre konkretisiert das Merkmal der «neccessité actuelle de défense» in Art. 329 c. p. ähnlich im Sinne einer bloss «relativen» Proportionalität, die nur dann entfällt, wenn die Verteidigung in keinem Verhältnis mehr zu dem Angriff stand[12].

Dem schweizerischen Rechtszustand ähnlich ist hingegen die *italienische* Notwehrregelung, die in Art. 52 c. p. neben der Notwendigkeit der Verteidigung ausdrücklich deren Proportionalität zum Angriff verlangt.

---

[10] TRIFFTERER, Österreichisches Strafrecht, Allg. Teil, 1985, 218, hält dazu fest, dass nur in den in § 3 Abs. 1 Satz 2 umschriebenen Extremfällen eine Güter- und Interessenabwägung geboten sei und in den darüber liegenden Fällen auch eine unangemessene Verteidigung noch rechtfertigen könne.

[11] NOWAKOWSKI, in: Wiener Kommentar zum StGB, Wien 1984, § 3 Rn. 24.

[12] Nachweise bei FRANKE, Die Grenzen der Notwehr im französischen, schweizerischen und deutschen Strafrecht im Vergleich mit der neueren deutschen Entwicklung, 1976, 258 f.

III.

Die Frage, *weshalb* das schweizerische Recht die Notwehrbefugnis an eine Proportionalitätsbeurteilung bindet und damit *enger* fasst als die meisten benachbarten Rechtskreise, verlangt eine neuerliche Bezugnahme auf die Gesetzgebungsgeschichte.

Die Angemessenheitsklausel der Abwehr im Vorentwurf STOOSS findet sich bereits in damaligen kantonalen Notwehrbestimmungen insbesondere der Westschweiz. Freilich kann insoweit von einem traditionell schweizerischen Modell nicht die Rede sein, sahen doch etwa die Bestimmungen in Basel, Solothurn und Zug Erforderlichkeitsklauseln nach deutschem Vorbild vor [13].

Der Schlüssel zum engen schweizerischen Notwehrverständnis findet sich in der zeitgenössischen Auseinandersetzung mit der Regelung des deutschen Rechts. STOOSS und die Mitglieder der beratenden Expertenkommission empfanden die von ihnen ansonsten «mustergültig» beurteilte deutsche Regelung als im Umfang der Notwehrbefugnis zu weitgehend [14]. Ihre Vorbehalte richteten sich vor allem gegen eine der deutschen Regelung unterstellte Statthaftigkeit der Unfugabwehr, die zu einer «Totschlägermoral» führe [15]. STOOSS motivierte seine Notwehrauffas-

---

[13] Im übrigen kannte auch das gemeine deutsche Recht das Prinzip der Verhältnismässigkeit der Güter als Notwehrvoraussetzung; erst im 19. Jahrhundert wurde dieses Prinzip aufgegeben, vgl. SCHAFFSTEIN, Die allgemeinen Lehren vom Verbrechen in ihrer Entwicklung durch die Wissenschaft des gemeinen Strafrechts, Neudruck 1973, 68 ff., 79. Verschiedene deutsche Reformentwürfe der zwanziger Jahre, die nicht Gesetz wurden, sehen ausdrücklich Angemessenheitsklauseln vor.

[14] Vgl. vor allem GRETENER in mehrfacher Berufung auf STOOSS, in: Schweizerisches Strafrecht, Verhandlungen der vom Eidg. Justizdepartement einberufenen Expertenkommission, 1. Teil, 1. Lesung, September und Oktober 1893, 1894, 144 ff. Nachdem Gretener in der 2. Lesung seine Meinung geändert hatte, verteidigten Stooss und David die Regelung des Vorentwurfs mit dem Argument, sie gewährleiste ein grösseres richterliches Ermessen und sei deshalb einzelfallgerechter, vgl. ebenda, II. Band, 2. Lesung 1895, 1896, 403 ff.

[15] Vgl. STOOSS, Schweizerisches Strafrecht, Verhandlungen (Fn. 3), 144: «Der Begriff der Notwehr im Entwurfe entspricht wesentlich der gemeinen

sung ausdrücklich mit dem Beispiel des beim Obstdiebstahl überraschten flüchtenden Knaben, den man nicht niederschiessen dürfe, um diesen geringfügigen Angriff auf das Eigentum abzuwehren [16].

Eine weitergehende inhaltliche Begründung des Proportionalitätserfordernisses bei der Abwehr findet sich in der schweizerischen Gesetzgebungsgeschichte nicht. Im Gegenteil ist bei den parlamentarischen Beratungen eine zirkuläre Argumentation festzustellen: in das zuerst behandelte Militärstrafgesetzbuch wurde diskussionslos die von STOOSS vorgeschlagene Regelung übernommen, da «ein Abweichen von den Grundsätzen des bürgerlichen Strafrechtes aus militärischen Gründen nicht erforderlich» sei [17]; bei dem später behandelten StGB liessen sich die Räte ebenso diskussionslos von der Annahme leiten, «eine eingehende Betrachtung» der Notwehrbestimmung «erübrige sich», da diese wörtlich mit Art. 25 des MilStG übereinstimme [18].

Damit wollten die «Väter» des schweizerischen StGB das Proportionalitätsprinzip bei der Notwehrbefugnis im wesentlichen verankert wissen wegen einer Fallkonstellation, bei der (im deutschen und im österreichischen Recht) auch ohne dieses Prinzip nach inzwischen ganz herrschender Meinung [19] die Notwehrbefugnis ausgeschlossen ist. Dort bedient man sich zur Einschränkung des Notwehrrechts – über die Unfugabwehr hinaus – nicht

---

Meinung. Nur ist die sog. Totschlägermoral verworfen und das Erfordernis aufgestellt, dass die Abwehr des Angriffs den Umständen angemessen sei.»

[16] STOOSS, Motive zu dem Vorentwurf (Fn. 3), Art. 17, 31 f.

[17] So der Berichterstatter GEEL, Amtliches stenographisches Bulletin der Bundesversammlung, Ständerat, April 1921, 238.

[18] So der Berichterstatter SEILER, Amtliches stenographisches Bulletin der Bundesversammlung, Nationalrat, März 1928, 99. Das stenographische Bulletin enthält offenbar einen Druckfehler, wenn statt Art. 25 MilStG Art. 32 zitiert wird.

[19] Nachweise für das deutsche Recht bei SCHÖNKE-SCHRÖDER-LENCKNER, (Fn. 7), § 32 Rn. 49; SPENDEL, in: StGB, Leipziger Kommentar, 10. Aufl. 1985, § 32 Rn. 314, mit Beleg früherer Rechtsansichten. Für das österreichische Recht NOWAKOWSKI (Fn. 11).

des Gedankens der Güterproportionalität, sondern der Prinzipien des Rechtsmissbrauchs[20] und der Sozialethik[21].

IV.

Die Annahme liegt nahe, dass die erwähnten Rechtsordnungen praktische Fälle der Notwehrbefugnis mit unterschiedlichen theoretischen Begründungen gleich lösen, dass also eine Differenz nur im theoretischen Ausgangspunkt, nicht aber im praktischen Ergebnis besteht[22]. Diese Annahme ist unzutreffend. Das dem schweizerischen Notwehrrecht zugrunde liegende Prinzip proportionaler Abwehr ist rigoroser und konturenschärfer[23] als allgemeine Gesichtspunkte wie Rechtsmissbrauch und Sozialethik, die obendrein nur als Ausnahme von der Regel der im Prinzip unbeschränkt zulässigen erforderlichen Abwehr gelten. Damit ist die Notwehrbefugnis in der Schweiz *enger* gefasst als in den erwähnten anderen Rechtsordnungen.

Gewiss verlangt die Proportionalität nach schweizerischem Recht nicht die Wahl einer Abwehr, die *in concreto exakt* dem Angriff entspricht. Wenn ich mit dem Holzstock angegriffen werde, darf ich mich mit dem Eisenstab erwehren, sofern nur dieser griffbereit ist und eine unbewaffnete Verteidigung keine hinlängliche Erfolgsaussicht bietet[24].

Auch bedeutet Proportionalität nicht unbedingt die Beschränkung auf eine Verteidigung, die *der Art nach* die gleichen Rechts-

---

[20] So z. B. BGH St 24, 356.

[21] So namentlich ROXIN, ZStW 93 (1981) 68 ff.; vgl. auch BITZILEKIS, Die neue Tendenz zur Einschränkung des Notwehrrechts unter besonderer Berücksichtigung der Notwehrprovokation, 1984, 81 ff. Kritisch zu diesen Prinzipien SCHMIDHÄUSER, FS Honig, 1970, 185 ff.

[22] So aber FRANKE (Fn. 12), 298 f., freilich nur unter Berücksichtigung älterer schweizerischer Quellen.

[23] Jedenfalls dann, wenn man es auf das Gebot mitmenschlicher Rücksichtnahme hin spezifiziert; dazu später im Text.

[24] Vgl. BGE *101* IV 119 ff., wo das Bundesgericht einen leichten Schlag mit einem Meissel zur Abwehr eines heftig mit Fäusten geführten Angriffs als zulässig erachtete.

güter wie der Angriff bedroht. Da die Verteidigung von Sachgütern in der Regel nur durch eine Beeinträchtigung von Willen, Freiheit oder Körper des Angreifers möglich ist, stellte eine derartige Beschränkung das Eigentum bei Unerreichbarkeit hoheitlicher Hilfe schutzlos. Darum darf dem ertappten Dieb gewaltsam und notfalls mit Waffen entgegengetreten werden, solange in concreto die Abwehr nach menschlichem Ermessen nicht zum Tode oder zur dauernden Verstümmelung des Angreifers führt[25]. Zur Abwehr eines Raubes oder einer Notzucht darf der Angreifer sogar, falls erforderlich, getötet werden[26]. Bei der Notwehr schützt der Verteidiger (anders als beim Notstand) ein rechtlich begründetes Interesse gegen einen unrechtmässigen Angriff und vertritt durch die Bekämpfung des Unrechts nicht bloss private Belange, sondern stellvertretend die überindividuellen Belange der Rechtsordnung. Eben dies ist der Grund, weshalb ein Dulden oder Ausweichen des Angriffs in der Regel nicht zumutbar[27] und eine strenge Proportionalität der Abwehr zum Angriff nicht zu verlangen ist[28]. Darüber hinaus sind die Anforderungen an die Proportionalität auch deshalb nicht zu hoch anzusetzen, weil es dem Verteidiger in der hitzigen Abwehrsituation schwerfällt, kühlen Kopfes wohldosiert zu reagieren[29].

Andererseits bleibt immerhin eine gewisse Proportionalität gefordert, insofern die zur Rettung geschützter Güter notwen-

---

[25] BGE *107* IV 12 ff. sieht einen gezielten Streifschuss in den Unterschenkel des mit wertvoller unversicherter Beute fliehenden Diebes durch einen treffsicheren Schützen als gerechtfertigt an. BGE *102* IV 1 ff. qualifiziert hingegen den Warnschuss wie bereits die blosse Bedrohung mit geladener und entsicherter Waffe als unverhältnismässig zur Abwehr eines Angriffs auf das Hausrecht.
[26] Nach NOLL, ZStrR *80* (1964) 160 ff., 165, steht dies «ausser Zweifel».
[27] Ganz h. M., vgl. etwa BGE *79* IV 152 f.; *101* IV 121. Anders nur THORMANN/v. OVERBECK, Das Schweizerische Strafgesetzbuch, Bd. 1, 1940, 13 zu Art. 33.
[28] NOLL (Fn. 26), 165. Vgl. auch DUBS, ZStrR *89* (1973) 344 ff. (348); LOGOZ, Commentaire du Code Pénal suisse, Partie générale (Art. 1 à 110), 1939, 134 f.; SPILLMANN, Die Strafausschliessungsgründe im schweizerischen Strafgesetzbuch, 1963, 20.
[29] Ähnlich DUBS (Fn. 28), 347 f.

dige, doch den Angreifer übermässig schädigende Intervention nicht mehr dem Interesse des Gesamtwohls entspricht, sondern dieses geradezu konterkariert. Der Einwand, dass auch hier das Recht dem Unrecht nicht zu weichen brauche, entspricht der abstrakten Betrachtungsweise einer binären Trennungslogik, die die Ausgangspositionen von Angreifer und Verteidiger als Beurteilungsmassstab der Handlungen verabsolutiert. Der Zweck der Rechtsverteidigung heiligt nicht jedwedes Verteidigungsmittel, sondern nur ein solches, durch dessen konkreten Einsatz sich die Rechtsordnung als Ganze bewährt. Auch die tätliche Unrechtsabwehr bleibt der tendenziell befriedenden Aufgabe des Rechts verpflichtet. Wo die Abwehr ob ihrer Heftigkeit bei bislang Unbeteiligten neuerlich Aggressionen schürt, dreht sich die unheilvolle Spirale eskalierender Gewalt und Gegengewalt weiter. Die Abwehr ist dann rein partikulare Interessendurchsetzung, die dem übergeordneten Friedensanliegen der Rechtsgemeinschaft zuwiderläuft.

Genau besehen verlangt das Proportionalitätserfordernis der Notwehrhandlung einen *umfassenden Interessenausgleich* in der Fallsituation, der sich durch das gebräuchliche Bild des «Abwägens» der betroffenen Güter nicht angemessen darstellen lässt. Denn zum einen geht es bei der Interessenabwägung nie um das Rangverhältnis der Güter in abstracto, sondern immer um deren Schutzwürdigkeit im Einzelfall[30]. Zum anderen kommt bei der Notwehr neben den kollidierenden individuellen Interessen das generelle Prinzip der Rechtsbewährung als unabhängige dritte Variable ins Spiel. Dies kann (muss aber nicht zwingend) dazu führen, dass das abstrakt besehen höherwertige Interesse im Einzelfall verletzt werden darf. Die Mitberücksichtigung des Rechtsbewährungsinteresses erschwert die Proportionalitätsbeurteilung,

---

[30] Zutreffend STRATENWERTH (Fn. 5), 201. Mustergültig der Schleyer-Entscheid des deutschen Bundesverfassungsgerichts, BVerfGE 46, 160 ff.; dort ist ausgeführt, dass sogar der Schutz des Lebens als des höchsten Rechtsguts durch die Staatsgewalt unter bestimmten enggefassten Voraussetzungen unterlassen werden darf. Zur Relativierung des Rechts auf Leben DOEHRING in: FS Mosler, 1983, 145 ff.

macht sie aber nicht unmöglich. Ähnliches finden wir etwa in Fällen des Ausschlusses rechtfertigenden Notstandes bei besonderen Gefahrtragungspflichten (Feuerwehrleute, Polizisten) oder bei Verletzungen der Autonomie Unbeteiligter (gewaltsame Blutentnahme zur Lebensrettung anderer).

Der Einwand, ein nicht mehr streng verstandenes Proportionalitätserfordernis sei zu inhaltsleer, um für die Einzelfallentscheidung hinlänglich präzise Massstäbe zu setzen, verfängt nur bedingt. Denn immerhin sind die Interessen, die zueinander in Proportion zu bringen sind, klar definiert: das rechtlich geschützte Privatinteresse am Erhalt des durch den Angriff bedrohten Gutes sowie das öffentliche Interesse an Rechtsbewährung sind abzuwägen mit dem Interesse an mitmenschlicher Rücksichtnahme gegenüber dem Rechtsbrecher. Als Faustregel mag gelten: dem Interesse an Schonung des Rechtsbrechers aus mitmenschlicher Rücksichtnahme gebührt um so stärkeres Gewicht, je weniger der Angriff höchstpersönliche (statt bloss disponible) Belange berührt und je mehr die Verteidigung existentielle Belange gefährdet [31].

V.

Jene Gedanken sind nicht ohne Rücksicht auf sozialpsychologische Befindlichkeiten anwendbar. Dies lässt sich am besten am Beispiel der *lebensgefährdenden Sachgüternotwehr* explizieren. Nach einhelliger Meinung in der Schweiz [32] ist der erwartbar tödliche Schuss auf den mit wertvoller Beute fliehenden Einbrecher unstatthaft [33]. Zur Begründung lässt sich der Proportionalitätsge-

---

[31] Ähnlich: MONTENBRUCK, Thesen zur Notwehr, 1983, 71 ff.

[32] Anders in Deutschland, dazu: KREY, JZ *1979* 702 ff.

[33] Vgl. DUBS (Fn. 28), 347; NOLL (Fn. 26), 175; SCHULTZ, Einführung in den Allg. Teil des Strafrechts, 1. Bd., 4. Aufl. 1982, 160. BGE *107* IV 12 ff. hält zwar im konkreten Fall eine schwere Körperverletzung oder Tötung des Angreifers für unangemessen (16), führt hingegen bei der allgemeinen Umschreibung aus, eine Abwehr, die zu dauernder Verstümmelung oder zum Tode führen könne, sei *in der Regel* unangemessen, wenn sich der rechtswidrige Angriff allein gegen Eigentum und Vermögen richte (15). Gleiche Formulierung bei NOLL/TRECHSEL, Schweizerisches Strafrecht, AT 1, 2. Aufl. 1986, 112, auf

danke heranziehen, aus dem sich ergibt, dass die lebensgefährdende Abwehr nur erlaubt ist gegen einen Angriff, der seinerseits Leben oder wenigstens zentrale Aspekte von Unversehrtheit oder Freiheit bedroht[34]. Diese Regel mag *prima facie* unmittelbar einleuchten. Ihre strikte Anwendung setzt indes ein gesellschaftliches Umfeld voraus, das die Konsequenzen auch dort akzeptiert, wo die Bereitschaft zur Aufopferung jedwedes sonstigen Gutes verlangt wird. Die Beachtung des Verbots lebensbedrohender Sachgüternotwehr ist gewiss *auch* Ausdruck einer Gelassenheit in der Volksmentalität, die angesichts verbreiteten Wohlstands den Verlust ersetzbarer Güter verschmerzt, und die auf den staatlichen Fahndungserfolg vertraut; eine fortschreitende Sensibilisierung für die Unerträglichkeit körperlicher Gewalt mag ein übriges tun.

Wo jene Gelassenheit fehlt oder für sie in der konkreten Fallsituation kein Raum ist, gerät das Proportionalitätserfordernis ins Wanken. So möchte ein Teil der schweizerischen Doktrin darauf weitgehend oder völlig verzichten bei Angriffen auf *unersetzliche* Güter[35]. Demzufolge dürfte etwa das Säureattentat auf ein Gemälde von *Rubens* notfalls durch Erschiessen des Täters vereitelt werden. Lehnt man dies mit der (von mir geteilten) Gegenmeinung[36] ab, genügt zur Begründung die Einhaltung des Proportionalitätserfordernisses nicht. Die Begründung wird *vollständig* erst durch Verweis auf eine entwickelte politische Kultur, die den Täter lieber triumphieren lässt, als sein Leben wegen eines Sachgutes aufs Spiel zu setzen, einerlei wie wertvoll oder unersetzlich dieses sein mag.

S. 113 hingegen mit Blick auf die EMRK kategorisch formuliert. Ob das BGer damit eine weitere Lockerung des Proportionalitätserfordernisses vorsehen möchte, bleibt abzuwarten.

[34] So DUBS (Fn. 28), 347, unter Berufung auf das allgemeine «Rechtsgefühl»; STRATENWERTH (Fn. 5), 217, hält dies in solcher Allgemeinheit für problematisch.

[35] GERMANN, Das Verbrechen im neuen Strafrecht, 1942, 217; HAFTER, Lehrbuch des schweizerischen Strafrechts, Allg. Teil, 2. Aufl. 1946, 148; THORMANN/V. OVERBECK (Fn. 27), 14 zu Art. 33.

[36] Wie oben Fn. 33.

Fälle von *Umweltkriminalität* bilden wohl den eindrücklichsten Beleg dafür. Wenn wir selbst unersetzliche Sachgüter zu opfern bereit sind, um das Leben des Angreifers zu schonen, muss dies auch gelten bei deliktischen Eingriffen in die Natur, die irreparable Schäden oder ein unwiederbringliches Aussterben von Tier- oder Pflanzengattungen bewirken[37]. Das Gewährenlassen des nur noch durch einen womöglich tödlichen Schuss aufzuhaltenden Frevlers, der im Begriffe steht, den letzten Blauwal zu erlegen, einen einzigartigen Bergwald abzubrennen oder die Niagarafälle zu sprengen, verlangt ein fast schon übermenschliches Mass an Feindesachtung. Eben dieses aber ist nötig, um den in juristisch-dogmatischer Verkürzung aus dem Proportionalitätsgedanken abgeleiteten Entscheid für die widerstandslose Hinnahme nur lebensgefährdend abwehrbarer Sachgutsangriffe wirklich *konsequent* einzuhalten.

Vielfach findet sich in diesem Zusammenhang der Hinweis, dies alles folge bereits aus Art. 2 Abs. 2 EMRK, wonach die Tötung eines Menschen nur noch zur Verteidigung gegenüber rechtswidriger Gewaltanwendung zulässig sei[38]. Indes ist die Anwendbarkeit dieser Bestimmung auf die private Notwehr bezweifelbar und wird von der h. M. etwa in Deutschland abgelehnt[39]. So lässt sich vorbringen, Art. 2 EMRK schränke allein das Tötungsrecht des Staates gegenüber seinen Rechtsunterworfenen ein und habe für Private keine Drittwirkung; im übrigen sei nach den massgeblichen englischen und französischen Texten unter «Gewaltanwendung» auch die Gewalt gegen Sachen und unter «Tötung» nur die absichtliche, nicht hingegen die bei Notwehrfällen typischerweise anzunehmende eventualvorsätzliche Tötung zu verstehen; schliesslich sei es ein geradezu unsinniges

---

[37] Anders nur, wenn durch den Eingriff in die Natur die Lebensbedingungen des Menschen unmittelbar angegriffen werden. Dies ist zum Beispiel nicht der Fall bei der Ausrottung der letzten Exemplare seltener Tiere oder Pflanzen.

[38] NOLL/TRECHSEL (Fn. 33), 113; STRATENWERTH (Fn. 5), 217.

[39] Eingehend dazu SPENDEL, in: Strafgesetzbuch, Leipziger Kommentar, 10. Aufl. 1985, § 32 Rn. 257 ff.; kritisch FRISTER, Goltdammer's Archiv für Strafrecht 1985, 553 ff.

Ergebnis, wenn nach Art. 2 Abs. 2 b EMRK zwar zur Festnahme eines flüchtigen Diebes notfalls gezielt geschossen werden dürfe, nicht aber nach Art. 2 Abs. 2 a EMRK zur Abwehr eines solchen Täters, wenn diese nicht anders möglich sei[40].

Es zeigt sich demnach auch hier: zur Begründung des richtigen Ergebnisses der generellen Unzulässigkeit lebensgefährdender Sachgüternotwehr genügt nicht der Rekurs auf juristische Prinzipien (Proportionalität) oder Rechtsregeln (Art. 2 Abs. 2 EMRK). Wenn wir diese Prinzipien oder Regeln auslegen, tun wir dies immer (und meist unbewusst!) vor dem Hintergrund einer spezifischen politischen Kultur, die unser Vorverständnis formt, welches wir in den Rechtsfindungsakt einbringen: ein Vorverständnis, dessen Vergewisserung erst die Richtigkeitsgewähr des Ergebnisses verbürgt[41].

VI.

Rechtssystematisch ist die vom schweizerischen Recht geforderte Proportionalität der Notwehrhandlung allemal anderen Lösungen vorzuziehen.

Das Proportionalitätserfordernis preiszugeben heisst, auf einen *einheitlichen* Beurteilungsstandard der Notwehrbefugnis überhaupt zu verzichten. Rechtsordnungen wie die deutsche, die bereits die erforderliche Abwehr grundsätzlich gestatten und lediglich Fälle des krassen Übermasses aus generellen Gesichtspunkten wie Sozialethik oder Rechtsmissbrauch für unerlaubt erklären, zergliedern die Beurteilung des Erlaubtseins eines an sich tatbestandsgemässen Verhaltens in zwei heterogene Teile. Auf der ersten Entscheidungsebene wird aus dem Vorhandensein eines individuellen Rechts kategorisch auf die Befugnis zu dessen Verteidigung mit den dazu notwendigen Mitteln geschlossen. Auf der zweiten Entscheidungsebene werden – davon unabhängig – soziale Erwartungen mitmenschlicher Rücksichtnahme einge-

---

[40] Alle Argumente zusammengefasst bei SPENDEL (Fn. 39).
[41] Grundlegend ESSER, Vorverständnis und Methodenwahl in der Rechtsfindung. Rationalitätsgarantien der richterlichen Entscheidungspraxis, 1970.

führt[42]. Damit wechselt die Beurteilung unversehens von Rechtspositionen zu humanitär-moralischen Gesichtspunkten, denen bei krasser Missachtung eine Rechtsrelevanz zugesprochen wird, insofern dann das «an sich» bestehende Notwehrrecht entfällt.

Die Ungereimtheiten dieses Vorgehens liegen auf der Hand[43]. So werden humanitär-moralische Massstäbe nur bei Extremfällen angelegt, ohne dass einsichtig wäre, wann ein solcher Fall vorliegt und warum just hier das moralische Gebot mitmenschlicher Rücksichtnahme die rechtliche Entscheidung beeinflusst.

In Wahrheit ist die zweite, humanitär-moralische Entscheidungsebene nicht nur «Ventil für Grenzfälle»[44], sondern integraler Beurteilungsstandard für Notwehrfälle überhaupt. Was mit elementaren Geboten mitmenschlicher Rücksichtnahme unvereinbar ist, ist prinzipiell keine zulässige Rechtsverteidigung; das Notwehrrecht wird in solchen Fällen nicht «missbraucht» oder «sozialethisch verwerflich ausgeübt», es ist gar nicht gegeben. Insofern in einer zivilisierten Rechtsordnung auch der schwerwiegende Rechtsbruch keinen Anlass bietet, die Humanität gegenüber dem Rechtsbrecher aufzukündigen, verlangt der Gesichtspunkt mitmenschlicher Rücksichtnahme bei der Notwehrhandlung *prinzipiell* und (nicht nur ausnahmsweise) Berücksichtigung. Das Prinzip des Interessenausgleichs ist damit zu verstehen als übergreifender Rechtfertigungsgesichtspunkt, der auch bei der Notwehr gilt[45]. Allemal geht es hier – wie bei den anderen

---

[42] Symptomatisch dafür KRATZSCH, Juristische Schulung (Zeitschrift für Studium und Ausbildung) *1975* 435 ff.

[43] Vgl. dazu die ähnlichen Überlegungen bei FLETCHER, in: ESER/FLETCHER (Hrsg.), Rechtfertigung und Entschuldigung. Rechtsvergleichende Perspektiven, 1987, 62 ff. (97 ff.).

[44] So aber die überwiegende deutsche Auffassung.

[45] Zur Zurückführung sämtlicher Rechtfertigungsgründe auf dieses Prinzip neuestens LENCKNER, in: ESER/FLETCHER (Hrsg.), Rechtfertigung und Entschuldigung. Rechtsvergleichende Perspektiven, 1987, 493 ff. (502, 521 f.); ähnlich bereits MONTENBRUCK (Fn. 31), 46 ff.; SEELMANN, Das Verhältnis von § 34 StGB zu anderen Rechtfertigungsgründen, 1978, 31 ff.

Rechtfertigungsgründen – um die Frage, inwieweit individuelle Interessen unter deliktstatbestandlicher Verletzung der Solidarität mit dem Rechtsbrecher, der Mitbürger *bleibt,* verfolgt werden dürfen.

Die Begrenzung der Notwehr auf proportionale Abwehrmassnahmen legt im übrigen bei der privaten Unrechtsabwehr denselben Massstab zugrunde, der bei hoheitlichem Einschreiten anzulegen ist. Es wäre schwer verständlich, dem Polizeibeamten – nach dem das öffentliche Recht beherrschenden Grundsatz der Verhältnismässigkeit – die Vereitelung des nur lebensgefährdend abwehrbaren Sachangriffs zu untersagen, wenn dasselbe Verhalten dem Privatmann erlaubt wäre[46]. Das kriminalpolitisch sinnvolle Ergebnis, die privatinitiative Unrechtsabwehr nicht weiter gehen zu lassen als die hoheitliche Eingriffskompetenz, lässt sich am ehesten erreichen, indem beides denselben normativen Voraussetzungen unterworfen wird.

Schliesslich ist das Proportionalitätserfordernis ein angemessenes Instrument, um das für Ausuferungen anfällige Notwehrrecht auf einen humanen Umgang mit dem Rechtsbrecher zu verpflichten[47]. Einer solchen Begrenzung des Notwehrrechts nach Massgabe mitmenschlicher Rücksichtnahme gehört die Zukunft[48] – auch wenn die damit verbundene Beschränkung der Rechtsdurchsetzung mitunter schmerzen mag. Ein Prinzip muss sich gerade dort bewähren, wo es den härtesten Proben ausgesetzt ist!

[46] So in der Tat nach deutschem Recht. Die Ungereimtheit tritt am deutlichsten zutage beim Vergleich der Kompetenzen des Polizisten mit denen des organisierten Nothelfers in gewerblichen Sicherheitsunternehmungen und «Bürgerwehren», dazu KUNZ, ZStW 95 (1983) 973 ff.

[47] Was nicht heisst, dass ergänzend keine anderen Prinzipien – wie das der Vorrangigkeit staatlichen Verfahrens vor privater Selbsthilfe – heranzuziehen wären. Zur essentiellen Bedeutung des Proportionalitätsprinzips für die völkerrechtliche Notwehr vgl. GENONI, Die Notwehr im Völkerrecht, 1987, 131 f.

[48] Die empirisch feststellbare zunehmende Abschwächung des Notwehrrechts – für die Schweiz: STRATENWERTH (Fn. 5), 217 – ist normativ wünschenswert, so auch ARZT (Fn. 1), 84; dies zumindest so lange, wie die Schmerzgrenze nicht überschritten wird, wo der erzwungene Verzicht auf Notwehrausübung in blindwütige Selbstjustiz umschlägt.

DIEMUT MAJER

DIE AUSWAHL DER VERFASSUNGSRICHTER IN WESTEUROPA UND IN DEN USA *

EINFÜHRUNG

Die Zahl der Monographien und Aufsätze zur Verfassungsgerichtsbarkeit in den europäischen Ländern und in den USA ist fast unübersehbar[1], die Zahl der Werke zur Auswahl der Verfassungsrichter hingegen gering. Dies erscheint verwunderlich[2], sind doch gerade die Auswahlmechanismen und damit die *Personen* für die Entscheidungen eines Gremiums ausschlaggebend, zumal bei solch bedeutsamen Institutionen wie den Verfassungsgerichten. Liegen hierin Indizien für das positivistische Verhaftetsein der Rechtswissenschaft am Wortlaut der Normen, die den «farbigen Abglanz des Lebens» nicht zur Kenntnis nimmt und dem Typus des abstrakten, funktionalen, weltabgewandten, von jeder persönlichen Eigenschaft freien (Verfassungs-) Richters huldigt?

Die vorliegende Abhandlung will einen Überblick über die verschiedenen Auswahlverfahren in Westeuropa und in den USA geben, die für Interpretation der Gerichtspraxis hilfreich sein mögen und zugleich zeigen, welche Bedeutung die einzelnen Verfassungen den Verfassungsorganen bei der Auswahl zu-

---

* Die Idee zu der Abhandlung entstand im Zusammenhang mit meiner Vorlesung «Verfassungsgerichtsbarkeit und Politik» im SS 1986 an der Rechts- und Wirtschaftswissenschaftlichen Fakultät der Universität Bern. Hinsichtlich zahlreicher Materialien konnte ich auf eine im Anschluss an diese Vorlesung entstandene Seminararbeit von Herrn stud. iur. Matthias Leuthold, Bern, zurückgreifen, dem ich zu grossem Dank verpflichtet bin.
[1] Rechtsvergleichend vgl. vor allem H. MOSLER (Hrsg.); CHR. STARCK/A. WEBER, m. w. N.
[2] Ebenso verwunderlich ist, dass es in Westeuropa an grossen Biographien von Verfassungsrichtern, wie sie in den USA häufig sind, weitgehend fehlt.

messen. Angesichts der Knappheit des Raumes ist eine übergreifende *verfassungstheoretische* Darlegung der in Betracht kommenden *Auswahlorgane* und *Auswahlkriterien* nicht möglich. Vielmehr erfolgt, nach Ländern [3,4] getrennt, nach einer stichwortartigen Aufzählung der *Kompetenzen* des jeweiligen Verfassungsgerichts [5], eine Auflistung der positivrechtlichen Bestimmungen und, soweit möglich, des *De-facto-Zustandes* (z. B. Parteienproporz, berufliche Zusammensetzung der Verfassungsgerichte usw.) sowie eine kurze Würdigung des jeweiligen Auswahlverfahrens. Am Schluss folgt eine kurze rechtsvergleichende Zusammenfassung.

[3] Behandelt werden die Auswahlverfahren für die Schweiz, Österreich, Bundesrepublik, Italien, Frankreich, Spanien, Portugal und USA.

[4] Nicht miteinbezogen wurde *Belgien,* da dort erst seit 1983 *Ansätze* einer Verfassungsgerichtsbarkeit (Gesetz vom 28. Juni 1983) bestehen und der 12köpfige Gerichtshof (Schiedsgerichtshof) erst im September 1984 gebildet wurde, der nur sehr beschränkte, zudem unklar formulierte Kompetenzen hat (Einzelheiten bei FRANCIS DELPÉRÉE, Die Verfassungsgerichtsbarkeit in Belgien, in: STARCK/WEBER [Hrsg.], 343 ff.). Erfahrungswerte bestehen daher noch nicht, der Geschäftsanfall ist äusserst gering (bis November 1985 nur 26 Verfahren, a. a. O., 361). Die Verfassungsgerichtsbarkeit muss sich in Belgien, das seit mehr als 150 Jahren jede Form der Normenkontrolle abgelehnt hat, erst noch durchsetzen. Der Schiedsgerichtshof «trägt den Verfassungsgerichtshof von morgen (erst) in sich». (a. a. O., 362). Nicht miteinbezogen wird ferner *Griechenland,* da es ebenfalls keine eigenständige Verfassungsgerichtsbarkeit kennt und dem Obersten Sondergerichtshof nur sehr beschränkte verfassungsgerichtliche Kompetenzen (konkrete Normenkontrolle) übertragen sind. Er ist gegenüber den anderen Gerichten keine höhere Instanz; das Wahlverfahren – Losverfahren – weicht zudem völlig von dem der anderen Länder ab, so dass eine Vergleichbarkeit ebenfalls nicht gegeben ist (Einzelheiten bei P. DAGTOGLOU, Die Verfassungsgerichtsbarkeit in Griechenland, in: STARCK/WEBER (Hrsg.), 363 ff.

[5] Das Auswahlverfahren für die Verfassungsrichter kann streng genommen nur im Zusammenhang mit der *Entstehung* und den jeweiligen *Kompetenzen* des Verfassungsgerichts eines Landes gesehen werden, sowie dem Bild, das sich der Verfassungsgeber vom (Ideal-) Typus des Verfassungsrichters macht. Ein Rechtsvergleich in Verschränkung all dieser Faktoren ist eine Aufgabe der Zukunft. Immerhin scheinen manche solcher Vorstellungen von dem «idealen» Verfassungsrichter schon in den *Normen* auf, etwa in den Bestimmungen, aus welchen Berufsfeldern die Verfassungsrichter auszuwählen sind.

I. SCHWEIZ

Vorbemerkung: Die Schweiz kennt, wie die USA, kein eigenständiges Verfassungsgericht. Die Verfassungsgerichtsbarkeit wird vom Bundesgericht wahrgenommen, das zugleich letzte Instanz für die ordentliche Gerichtsbarkeit ist. Ihre Kompetenzen sind auf die staatsrechtliche Beschwerde gegen kantonale Erlasse und Verfügungen sowie auf Kompetenzkonflikte zwischen Bund und Kantonen sowie staatsrechtliche Streitigkeiten zwischen Kantonen beschränkt [6].

1. Die Auswahl der Verfassungsrichter

a) Das Auswahlverfahren

Die Verfassungsgerichtsbarkeit wird heute vor allem [7] von der ersten und zweiten öffentlichrechtlichen Abteilung des Bundesgerichts in Lausanne gepflegt [8]. Die beiden Abteilungen bestehen aus sieben bzw. sechs Mitgliedern [9]. Wie alle anderen Bundesrichter und Ersatzmänner werden auch sie von der Bundesversammlung (National- und Ständerat zusammen mit absoluter Mehrheit der abgegebenen Stimmen [10]) gewählt [11].

Die Bundesversammlung als Wahlorgan hat eigentlich nur formelle Bedeutung. Wie in den anderen Ländern wählen faktisch die Parteien als intermediäre Kräfte die Bundesrichter aus [12].

---

[6] Art. 113 Abs. 1 BV. Die konkrete und abstrakte Normenkontrolle sind ausgeschlossen. Jedoch nehmen auch zahlreiche andere Organe (Bundesrat, Gerichte usw.) verfassungsgerichtliche Aufgaben wahr. Näher W. HALLER, Bundesgericht, 179 ff., 188 ff.

[7] Auch andere Abteilungen des BGr. üben teilweise Verfassungsgerichtsbarkeitsfunktionen aus. Vgl. die Aufstellung bei KÄLIN, 317.

[8] Für GIACOMETTI ist das BGr. als Ganzes Träger der Vgb., nicht also bloss eine Abteilung desselben. Das BGr. ist als solches Verfassungsgerichtshof, a. a. O., 21. Die Vgb. wird aber im Namen des BGr. von einer (heute von den zwei) Abteilung(en) ausgeübt, a. a. O., 25 f.

[9] Art. 1 Abs. 1 + 2 BGr. Regl. Das ganze BGr. besteht heute aus 30 Mitgliedern und 12–15 Ersatzmännern, Art. 1 Abs. 2 OG.

[10] Art. 92 BV.

[11] Art. 85 Ziff. 4, Art. 107 Abs. 1 BV. Art. 1 Abs. 2 OG.

[12] Denn sowohl das Volk als auch das Parlament hat sich unter den gegebe-

Hierbei herrscht der sogenannte *freiwillige Proporz*[13]. Er war ursprünglich als Mittel für die Beteiligung der Parteien an der Regierung entsprechend der Sitzverteilung im Nationalrat gedacht, wurde jedoch mit der Zeit auf das Bundesgericht wie auf das ganze politische Leben erstreckt. Er bedeutet, dass die Bundesrichterstellen nach der Sitzverteilung der Parteien im Nationalrat aufgestellt werden[14].

Während früher noch öfters Kampfwahlen mit zwei oder drei Kandidaten stattgefunden haben, sind die Wahlen heute kaum noch bewegt. Dies ist ein Reflex des oben genannten, den Status quo erhaltenden freiwilligen Proporzes.

b) Die Amtsdauer

Die Bundesrichter werden auf eine Amtsdauer von sechs Jahren gewählt[15]. Wiederwahlen, auch wiederholter Art, sind zuläs-

---

nen politischen Verhältnissen als Kreationsorgan für die Verfassungsrichterwahl als ungeeignet erwiesen, MATTER, 120.

[13] An ihm nehmen sechs Parteien teil, wobei die vier Bundesratsparteien (SP, CVP, FDP, SVP) bis auf eine alle Bundesrichterstellen besetzen. MATTER, 163. Dieser Sitz wird dann einer kleineren Partei zugestanden, HALLER, 192.

[14] Wird nun also ein Platz am Bundesgericht vakant, so ist die Partei, der der scheidende Richter angehört, berechtigt, einen neuen Richter zu stellen. Es ist jedoch nicht die Partei als solche, sondern die Fraktion in der Bundesversammlung, die die Nomination vornimmt. Hat die Fraktion ihre Wahl getroffen, so macht sie den Entscheid den anderen Fraktionen bekannt und bittet um Unterstützung des Kandidaten. Zu diesem Zweck muss er sich einer Anhörung vor einem Ausschuss des Nationalrats stellen, in der er zum persönlichen und fachlichen Werdegang befragt wird. Eine Erörterung von grundlegenden Verfassungsproblemen oder Grundfragen von Recht, Ethik und Moral, wie dies z. B. in den USA geschieht, findet jedoch nicht statt. Wenn die anderen Fraktionen aufgrund der Anhörung mit dem vorgeschlagenen Bewerber einverstanden sind, und das sind sie, wenn er einigermassen dem traditionellen Bild des Bundesrichters entspricht, melden sie es dem Sekretariat der Bundesversammlung. Dieses erstellt eine Liste, auf der die eingereichten Wahlvorschläge (meistens ist es nur einer) stehen und die Parteien aufgezählt sind, die sie unterstützen. Durch das Unterbreiten des Wahlvorschlages gegenüber den anderen Fraktionen wird keine interfraktionelle Kontrolltätigkeit ausgeübt. Es dient allein der Information, MATTER, 164ff.

[15] Art. 5 Abs. 1 OG.

sig. Die Wiederwahl von Bundesrichtern ist denn auch die Regel [16]. Eine objektive Altersgrenze oder eine Amtszeitbeschränkung für die Bundesrichter gibt es nicht [17]. Trotzdem wird von den Parlamentariern bei der Wiederwahl eine Altersgrenze von ungefähr 70 Jahren als Limite angenommen. Wer sich nicht daran hielte, würde unweigerlich scheitern [18].

c) Die subjektiven Voraussetzungen
Die normativen Anforderungen sind recht niedrig. Nach der Bundesverfassung [19] sind die gleichen Voraussetzungen wie bei der Wahl in den Nationalrat zu erfüllen: der Kandidat muss im Besitz der politischen Rechtsfähigkeit sein [20]. Sie setzt sich zusammen aus dem schweizerischen Bürgerrecht, der Volljährigkeit (in den meisten Kantonen mit 20 Jahren) [21] und dem uneingeschränkten Aufrechterhalten der Aktivbürgerrechte. Über die fachlichen Anforderungen gibt es im Bundesrecht keine Norm. Damit wäre die Möglichkeit offen, Laienrichter ins Bundesge-

---

[16] Sechs Jahre ohne Wiederwahlmöglichkeit wäre eine viel zu kurze Amtszeit. «Hier hat also die Gewohnheit einen Fehler des geschriebenen Rechts korrigiert», SZABO, 407. Wie unangefochten diese Institution der Wiederwahl ist, obwohl kein rechtlicher Anspruch auf Erneuerungswahl besteht (MATTER, 86 Anm. 12), zeigt der stets ungefähr gleiche Erfolg, den die Bundesrichter ganz verschiedener Parteicouleurs bei den Wiederwahlen erreichen (GRISEL, 390). Die stete Wiederwahl beruht auf der konservativ-treuen Einstellung der Kreationsorgane, vor allem des Volkes und der Parteien. Bei der Wiederwahl eines Bundesrichters werden die Parteien das sachliche Verhalten während seiner Amtsdauer «nicht minutiös und selten ressentimentbeladen bewerten und ihn deshalb regelmässig bestätigen», EICHENBERGER, 228.

[17] MATTER, 86 f.; GIACOMETTI, 24 Anm. 24.

[18] GRISEL, 390: «Le seul juge qui ait voulu forcer cette limite, c'est exposé à un échèc prévisible.»

[19] Art. 108 Abs. 1 BV i. V. m. Art. 74 Abs. 2 BV.

[20] MATTER, 88 (Art. 74 Abs. 2 BV).

[21] In der Praxis werden natürlich immer Persönlichkeiten mit einer längeren Laufbahn gewählt. Das Durchschnittsalter liegt heute zwischen 50 und 55 Jahren. Den Rekord hält aber ein Tessiner, der mit 28 Jahren ans BGr. gewählt wurde (GRISEL, 391).

richt zu wählen. Dennoch setzt sich dieses immer ausschliesslich aus Juristen zusammen [22].

Weiteres – jedoch ungeschriebenes – Kriterium von erstrangiger Bedeutung ist aufgrund des freiwilligen Proporzes die *Parteimitgliedschaft*. Somit hat «ein Parteiloser keinerlei reale Möglichkeit, Bundesrichter zu werden» [23]. Hinzu treten, wie überhaupt bei der Bestellung der staatlichen Organe im schweizerischen Bundesstaat, *föderalistische* Überlegungen. Danach sollten bei der Bundesrichterwahl die drei verschiedenen Amtssprachen [24] (der Bevölkerungsstärke nach) sowie die einzelnen Regionen vertreten sein [25], von diesen keine zu stark oder zu schwach [26]. In praxi sind die sprachlichen Minderheiten aber eher übervertreten [27].

Das bedeutet in der Praxis ein schwieriges Puzzle-Spiel: Wenn ein deutschschweizerischer freisinniger Bundesrichter, der aus der Ostschweiz stammt, aus dem Gericht austritt, so wird sich die freisinnige Fraktion bemühen, wieder einen deutschsprachigen Kandidaten zu finden, der dann zusätzlich aus der Ostschweiz stammen sollte. Hierbei wird es noch Kontroversen darüber geben können, ob der Kandidat aus dem bisherigen Kanton kommen muss oder dann andere Kantone «an der Reihe» sind. Der Partei mit Vorschlagerecht muss es also gelingen, den sowohl nach Sprache, Konfession, Region/Kanton geeigneten Kandidaten zu präsentieren – ein angesichts der Stärke der Parteien, die in der Regel unter 25% liegt, kein leichtes Unterfangen.

d) Die Inkompatibilitäten
Unvereinbarkeiten bestehen dahingehend, dass die Bundesrichter keine andere Beamtung in der Schweiz haben und keinen

---

[22] Meist Richter, Beamte, Rechtslehrer, zum Teil auch Anwälte.
[23] MATTER, 166; HALLER, 192. So setzte sich 1971 die damals noch einzige «Vgb.-Abteilung» aus 4 Christdemokraten, 3 Sozialisten, 3 Freisinnigen und 1 Liberalen zusammen (GRISEL, 392).
[24] Art. 107 Abs. 1 S. 2 BV.
[25] Art. 1 Abs. 2 OG.
[26] MATTER, 163; HALLER (Fn. 23).
[27] HALLER (Fn. 23).

anderen Beruf oder Gewerbe ausüben dürfen[28]. Verwaltungs- und Aufsichtsratsmandate und ähnliche Funktionen sind ausdrücklich verboten[29]. Verboten sind ferner die gleichzeitige Wahrnehmung des Bundesrichteramtes durch Ehegatten oder Verwandte[30].

2. Würdigung

In der heutigen Ausgestaltung des Bundesrichterwahlverfahrens sind die Fraktionen, d.h. die politischen Parteien, die eigentlich entscheidenden Gremien. Das Parlament steht eher in der Rolle der wenig interessierten Absegnungsinstanz. Es steht auch oft unter Zeitdruck, so dass der Beurteilung des Kandidaten nicht genügend Aufmerksamkeit geschenkt werden kann[31]. Nicht selten ist es zu einer überstürzten Kandidatur gekommen, die auch für den Kandidaten nachteilige Folgen haben kann[32]. Oft werden auch amtierende Bundesrichter selbst angefragt, ob irgendein Kandidat den Anforderungen eines Bundesrichters genügt[33], womit Kooptationselemente ins Spiel kommen. Trotz dieser Kritikpunkte sind die Bundesrichterwahlen zu einem allseits akzeptierten Politikum geworden. Innovation findet wenig statt, da der freiwillige Proporz die Auswahlstrukturen unverrückbar fixiert hat. Dass dies auch die Qualität der ausgewählten Kandidaten beeinträchtigt, wird ernstlich nicht behauptet – im Gegensatz etwa zur Bundesrepublik, wo der Parteienproporz in weiten Kreisen als potentiell oder prinzipiell qualitätsmindernd betrachtet wird. Es ist jedoch zu bedenken, dass gerade dann, wenn die Parteien

---

[28] Art. 3 Abs. 1 OG.
[29] Art. 3 Abs. 2 OG.
[30] Art. 4 Abs. 1 und 3 OG.
[31] In einzelnen Parteien wurde Abhilfe geschaffen mit der Einrichtung spezieller Juristengruppen, die ihren Fraktionen dann Vorschläge unterbreiten (MATTER, 165). Die demokratische Legitimation wird dadurch aber noch mehr geschwächt.
[32] MATTER, 165. Die Folgen richten sich v.a. auf sein Privat- und Berufsleben. So ist zu bedenken, dass ein Bundesrichter seinen Wohnsitz in der Region Lausanne, beim Sitz des BGr., haben muss, Art. 19 Abs. 2 OG.
[33] MATTER, 165.

im Wettbewerb gegeneinanderstehen, sie bestrebt sind, den besten Kandidaten zu finden. Die Suche wird erleichtert dadurch, dass in der Schweiz der persönliche Bekanntheitsgrad untereinander viel grösser ist als in den grossen Staaten, und dass die besten Köpfe vielfach in den politischen Parteien in irgendeiner Weise engagiert sind. Das Risiko, dass die Parteien jemanden nur aufgrund seiner parteipolitischen Verdienste *anstelle* fachlicher Qualitäten zum Bundesrichter portieren, ist daher in der Realität nicht sehr gross [34].

Das schweizerische System enthält somit bei der Wahl eine starke Abhängigkeit zwischen der Partei und dem Bundesrichter, der ja ihr Mitglied ist [35]. Die Praxis zeigt jedoch, dass es keinen «Konnex» zwischen der Verfassungsrechtspflege durch das Bundesgericht und der Einflussnahme der Parteipolitik auf Richterwahlen (gibt)...» [36, 37].

---

[34] Grisel, 391.

[35] Seine fachliche Arbeit berührt dies jedoch nicht, ausser höchstens bei der Abgabe von Voten vor vollen Zuschauertribünen; in keiner Weise aber wird die Urteilsfindung tangiert. Er ist auch nicht gezwungen, seiner Partei über seine richterliche Aktivität Rechenschaft abzulegen, so dass A. Grisel zutreffend feststellen kann, dass «réélus pour ainsi dire automatiquement, les membres du Tribunal fédéral peuvent perdre la faveur d'un député sans craindre d'être privés de leur charge».

[36] Haller, Ausbau der Vgb., 522.

[37] Ein Nachteil, der aber mehr in der Organisation des Bundesgerichts wurzelt, besteht darin, dass die Fraktionen und der neu gewählte Bundesrichter nicht wissen, in welcher Abteilung er nun tätig werden wird. Denn der Nachfolger übernimmt nicht zwingend den Sitz des ausgeschiedenen (Grisel, 392). – Obwohl die Spezialisten so gut wie möglich in ihrer Fachdomäne eingesetzt werden, können die angestrebten parteipolitischen, sprachlichen und regionalen Gleichgewichtserfordernisse innerhalb der verschiedenen Abteilungen zu solchen Besetzungen führen. So kann es im Ausnahmefall dazu kommen, dass ein Spezialist im öffentlichen Recht in die zivilrechtliche Abteilung kommt, wo er über Konkursfälle zu entscheiden hat. Steht aber fest, dass der Gewählte in den öffentlichrechtlichen Abteilungen tätig sein wird, ist seine fachliche Spezialisierung weniger bedeutsam, da die Verfassungsgerichtsbarkeit ja sämtliche Rechtsbereiche betrifft.

II. ÖSTERREICH

Vorbemerkung: Die österreichische Verfassungsgerichtsbarkeit hat einen recht weiten Umfang [38]. Sie erstreckt sich hauptsächlich [39] auf Kompetenzstreitigkeiten [40], auf die präventive Kontrolle von Gesetzgebungs- und Vollziehungsakten [41], auf die Normenkontrolle von Legislativakten und Staatsverträgen [42], auf Wahlprüfungssachen [43] und schliesslich auf Verfassungsbeschwerden gegen Verwaltungsakte [44], wobei die letzteren den weit überwiegenden Geschäftsanfall ausmachen [45].

1. Die Auswahl der Verfassungsrichter

a) Das Auswahlverfahren

Der Verfassungsgerichtshof besteht aus vierzehn Mitgliedern, nämlich dem Präsidenten, dem Vizepräsidenten und zwölf weiteren Mitgliedern. Dazu kommen noch sechs Ersatzmitglieder [46].

Der Bundespräsident ernennt alle Mitglieder. Er ist jedoch an Vorschläge gebunden, hat also keine eigenen Vorschlagskompetenzen. Den Präsidenten, den Vizepräsidenten, sechs weitere Mitglieder und drei Ersatzmitglieder ernennt er aufgrund eines

---

[38] Vgl. ausführlich K. KORINEK, Verfassungsgerichtsbarkeit, 148 ff., 159 ff.

[39] Daneben gibt es noch Sondergebiete, z.B. Art. 137 B-VG (vermögensrechtliche Ansprüche gegen Bund, Länder und Gemeinden, soweit sonst keine gerichtliche oder sonstige Zuständigkeit besteht) und 142, 143 B-VG (Staatsgerichtsbarkeit).

[40] Zwischen Bund und Ländern und zwischen einzelnen Ländern sowie zwischen Gerichten und Verwaltungsbehörden oder zwischen Verwaltungsgerichtshof und anderen Gerichten, Art. 138 Abs. 1 B-VG.

[41] Art. 138 Abs. 2 B-VG.

[42] Art. 139–140a B-VG.

[43] Art. 141 B-VG.

[44] Art. 144 B-VG.

[45] Von den am 1.1.1984 noch offenen 1440 Sachen waren 1198, d.h. über 80%, Verfassungsbeschwerden; von dem Geschäftsanfall zum 1.1.1985 waren von 1214 Sachen 962, d.h. ebenfalls ca. 80% Verfassungsbeschwerden (näher KORINEK, (Fn. 38), 174 f.).

[46] Art. 147 Abs. 1 B-VG.

Vorschlages der Bundesregierung. Die restlichen sechs Mitglieder und drei Ersatzmänner werden vom Bundespräsidenten aufgrund von Dreiervorschlägen ernannt. Er kann innerhalb des Dreiervorschlages eine Auswahl treffen, wird jedoch in der Regel den an erster Stelle stehenden Bewerber ernennen. Diese werden ihm für drei Mitglieder und zwei Ersatzmitglieder vom Nationalrat, für die anderen drei Mitglieder und einen Ersatzmann vom Bundesrat (Vertretung der Länder) unterbreitet[47]. Innerhalb des Bundesrates und des Nationalrates erfolgt die Annahme der Vorschläge mit einfachem Mehr[48].

Auch in der österreichischen Verfassungswirklichkeit sind es die Parteien, die im Gewande der an der Auswahl beteiligten Verfassungsorgane den Gang des Verfahrens bestimmen. «ÖVP und SPÖ sind de facto die Kreationsorgane des Verfassungsgerichtshofs.»[49]

In der Zeit der Regierung durch die Grosse Koalition (1947–1966) bildeten die beiden beteiligten Grossparteien einen Koalitionsproporz aus, der meist unter Ausschluss der Öffentlichkeit in Koalitionsvereinbarungen festgelegt[50] und von beiden respektiert wurde. Dieser Proporz besagt, dass die jeweilige Mehrheit in der Regierung, im Nationalrat und/oder im Bundesrat die frei werdenden Stellen im Verfassungsgerichtshof nicht einseitig mit Personen aus ihrem Lager besetzen darf[51]. Positiv gewendet, besagt dieser Proporz, dass je sieben Mitglieder und drei Ersatzmitglieder von jeder der beiden grossen Parteien namhaft gemacht werden[52]. Dieser Proporz hat sich, bis auf wenige Ausnahmen[53], über die Periode der Grossen Koalition bis in die spätere Zeit der Einparteien-Regierungen und der kleinen Koali-

---

[47] Art. 147 Abs. 2 B-VG.
[48] E contrario geschlossen aus dem Reformvorschlag KLECATSKY, 940.
[49] WELAN, 244.
[50] KLECATSKY, 930.
[51] WELAN, 244.
[52] K. KORINEK (Fn. 45), 156.
[53] Vgl. die Verfassungsrichter-Kampfwahl von 1973, die erste in der zweiten Republik, bei KLECATSKY, 933 ff.

tionen erhalten⁵⁴. Er dürfte um so mehr auch in der jetzigen Zeit der erneuten Grossen Koalition (seit 1986) beibehalten werden.

b) Die Amtsdauer
Die Verfassungsrichter sind auf keine begrenzte Amtsperiode ernannt. Das Amt endet jedoch mit dem 31. Dezember des Jahres, in dem die Verfassungsrichter das 70. Altersjahr vollendet haben⁵⁵.

c) Die subjektiven Voraussetzungen
Alle Mitglieder und Ersatzmitglieder müssen die rechts- und staatswissenschaftlichen Studien abgeschlossen haben. Zudem müssen sie durch eine mindestens zehnjährige Berufspraxis qualifiziert sein. Damit ist gewährleistet, dass nur berufserfahrene Kräfte berufen werden⁵⁶.
Spezifische Voraussetzungen haben die Kandidaten zu erfüllen, die auf Vorschlag der Bundesregierung vom Bundespräsidenten ernannt werden. Diese insgesamt acht Mitglieder und drei Ersatzmitglieder sind dem Kreis der Richter⁵⁷, Verwaltungsbeamten und Professoren eines rechtswissenschaftlichen Faches an einer Universität zu entnehmen⁵⁸. Dieser Kreis ist somit recht elitär abgegrenzt – spiegelt sich darin die Rangordnung der alten juristischen Führungsschichten wider?

d) Die Inkompatibilitäten
Die Unvereinbarkeitsbestimmungen für Verfassungsrichter sind streng⁵⁹. Sie besagen u. a., dass Angestellte und Funktionäre

---

[54] 1982 standen 7 SPÖ- 6 ÖVP-Verfassungsrichtern gegenüber. Der Präsident des VerfGH bleibt, wegen der besonderen Regelung seiner Stimmabgabe bei Beschlüssen des VerfGH, unberücksichtigt (§ 31 VfGG). ADAMOVICH/FUNK, 286.
[55] Art. 147 Abs. 6 B-VG.
[56] WELAN, 249. So liegt das Durchschnittsalter bei ihrer Bestellung bei ca. 50 Jahren (a. a. O.).
[57] Die Bestimmung ist weiter als in der Bundesrepublik, wo nur *Bundes*richter Verfassungsrichter werden können (§ 2 Abs. 3 BVerfGG).
[58] Art. 147 Abs. 2 B-VG.
[59] WELAN, 248.

einer politischen Partei dem Verfassungsgerichtshof nicht angehören dürfen[60], eine angesichts des hohen Organisationsgrads der politischen Parteien in der Bevölkerung sehr wichtige Bestimmung.

Da die Verfassungsrichter nur nebenamtlich tätig sind, besteht logischerweise keine Unvereinbarkeit zwischen dem Amt und der Ausübung eines anderen Berufes. Sie bleiben demnach meistens in ihrem bisherigen Beruf tätig[61]. Aktive Verwaltungsbeamte sind jedoch für die Dauer der Amtszeit zu beurlauben (Art. 147 Abs. 2 B-VG).

2. Würdigung

Das Ziel, mit dem 1929 das heute noch gültige Auswahlverfahren in der Verfassung verankert wurde[62], nämlich die Entpolitisierung der Verfassungsrichterwahl, wurde nicht erreicht und konnte auch gar nicht vollständig erreicht werden. Stattdessen ergab sich durch die Verfassungsnovelle von 1929 eine «Umpolitisierung»: Die Exekutive wurde auf Kosten der Legislative gestärkt[63], der Bund auf Kosten der Länder und die Majorität auf Kosten der Minorität[64]. Dieses Wahlverfahren, das auch demokratisch schwächer legitimierte Richter hervorbringt, birgt verfassungstheoretisch gewisse Gefahren in sich. Denn die Regierung

---

[60] Art. 147 Abs. 4 B-VG.

[61] WELAN, 249.

[62] Der Verfassungsgerichtshof bestand bisher (bis 1929) aus einem Präsidenten, einem Vizepräsidenten, der erforderlichen Anzahl von Mitgliedern und Ersatzmännern. Der Präsident, der Vizepräsident und die *Hälfte* der Mitglieder und Ersatzmitglieder wurden vom Nationalrat, der Rest vom Bundesrat, jeweils auf Lebensdauer, gewählt. 1929 wurde das Auswahlverfahren grundlegend geändert, mit der Motivation, den Verfassungsgerichtshof zu entpolitisieren (SPANNER, Richterliche Prüfung, 90). Die damals eingeführte Regelung hat noch heute ihre Gültigkeit (näher MELICHAR, Verfassungsgerichtsbarkeit, 442 ff.).

[63] Von den 14 Verfassungsrichtern werden *8* durch die Exekutive bestellt. Es herrscht also keine zahlenmässige Ausgeglichenheit bei der Auswahl durch die drei Organe.

[64] WELAN, 243.

könnte, wenn keine Koalition eingegangen werden muss, zusammen mit der Mehrheit ihrer Partei im Nationalrat oder im Bundesrat mindestens über elf Verfassungsrichterstellen verfügen und sich somit fast den gesamten Verfassungsgerichtshof willfährig machen. Diese Gefahr ist jedoch bislang immer gebannt worden, einerseits mittels Beachtung des Proporzes, andererseits durch die meist lange Amtsdauer der Verfassungsrichter, die eine kurzfristige Anpassung des Verfassungsrichtergremiums an die geänderten politischen Verhältnisse nicht erlaubt.

Ferner besteht durch die Festlegung der von der Exekutive vorzuschlagenden Richter (8 von 14) auf bestimmte Berufe die Gefahr einer gewissen Verbeamtung oder Verstaatlichung des Verfassungsgerichtshofs[65]. Den Anwälten und sonstigen nichtstaatsgebundenen Juristen bleibt nur das kleine Tor über den National- und Bundesrat offen. Die Parteien bemühen sich jedoch, Richter aus den verschiedensten Rechtsberufen und aus verschiedenen Bundesländern[66] zu benennen[67]. Tatsächlich dominieren jedoch heute Verwaltungsbeamte, Professoren und Richter[68].

Es mag zwar sein, dass die Verteilung der verschiedenen Berufsgruppen innerhalb des Verfassungsgerichts ohne diese Vorschrift nicht anders ausgefallen wäre, als sie sich heute präsentiert, und auch in Ländern ohne solche Anforderungen besteht

---

[65] WELAN, 252.

[66] Dem dient Art. 147 Abs. 2 B-VG, wonach drei Mitglieder und ein Ersatzmitglied den ständigen Wohnsitz ausserhalb der Bundeshauptstadt Wien haben müssen.

[67] In der zweiten Republik waren bis 1970 von 38 Verfassungsrichtern 16 hauptberufliche Richter, 10 Rechtsanwälte und je 6 Verwaltungsbeamte und Universitätsdozenten, WELAN, 249.

[68] So waren (1986) von den ordentlichen Mitgliedern des VerfGH 4 Verwaltungsbeamte, 2 pensionierte Verwaltungsbeamte, 3 Universitätsprofessoren, 2 Rechtsanwälte, ein ehemaliger Rechtsanwalt, ein Richter der ordentlichen Gerichtsbarkeit, 1 Verwaltungsrichter (KORINEK, Verfassungsgerichtsbarkeit, 156 Anm. 27).

eine ähnliche Berufskonstellation[69]. Gleichwohl wird damit der Kreis qualifizierter Bewerber von vornherein stark eingegrenzt – möglicherweise zum Schaden des Gerichts, das ja völlig staatsunabhängig amtieren soll. Auch die Art des Auswahlmodus begegnet Kritik. Die Reformvorschläge zielen darauf ab, den «systemfremden» und «verfassungswidrigen» Einfluss von Bundespräsident und vor allem der Exekutive zu eliminieren. So soll die Auswahl nur noch bei der Bundesversammlung (Nationalrat und Bundesrat) mit einer notwendigen Zweidrittelmehrheit liegen, wie es ursprünglich das B-VG vor 1929 auch vorgesehen hatte[70], ferner eine Begrenzung der Amtszeit auf fünf Jahre (ohne Wiederwahl), um eine Erstarrung oder «Versteinerung» der Spruchpraxis zu verhindern[71], ferner öffentliche Beratungen und Abstimmungen nach Schweizer Vorbild[71a]. Ein weiterer Mangel ist die Nichtöffentlichkeit des Verfahrens bei den Vorentscheidungen und Absprachen zwischen den Parteien. Gefordert wird daher seit langem[72] – neben einer Reform des verfassungsgerichtlichen Verfahrens[73] – die Berücksichtigung nur solcher Personen, die sich nach öffentlicher und befristeter Ausschreibung beworben haben, sowie die öffentliche Begründungspflicht der Wahlvorschläge. Hingegen scheinen die Punkte (öffentliches) Hearing, Öffnung der juristischen Berufskreise für die Auswahl und Hauptamtlichkeit des Verfassungsrichteramtes in der Kritik keine Rolle zu spielen.

---

[69] Vgl. für die Schweiz S. 182 und Fn. 22, für die Bundesrepublik S. 194 f. und Fn. 94/95.

[70] Vgl. WENGER, 18 f.; KLECATSKY, 940.

[71] KLECATSKY, 940 f. Bei der jetzigen Regelung seien Verfassungsrichter bis zu 25 Jahren, ja noch länger, im Amt.

[71a] KLECATSKY, 940 f.

[72] KLECATSKY, 940 f.

[73] Einführung des Rechts auf eine dissenting opinion, Verbot von Rechtsgutachten.

III. BUNDESREPUBLIK DEUTSCHLAND

Vorbemerkung: Die Verfassungsgerichtsbarkeit der Bundesrepublik umfasst von allen Vergleichsländern die weitesten Kompetenzen[74]. Sie erstreckt sich auf Bund/Länder-Konflikte, auf sog. Organstreitigkeiten, auf die abstrakte und konkrete Normenkontrolle, auf Verfassungsbeschwerden[75] sowie auf weitere Kompetenzen in speziellen Fällen[76]; die Verfassungsbeschwerde umfasst den grössten Teil des Geschäftsumfangs[77].

1. Die Auswahl der Verfassungsrichter

a) Das Auswahlverfahren

Das Bundesverfassungsgericht besteht aus zwei Senaten zu je acht Richtern[78]. In jeden Senat sind drei Richter zu wählen, die aus dem Kreise der Richter an den obersten Gerichtshöfen des Bundes stammen müssen[79].

Kreationsorgane für die Verfassungsrichter sind der Bundestag und der Bundesrat. Jedes der beiden Organe wählt die Hälfte der Richter eines jeden Senats[80]. Die Aufteilung in Richter aus den obersten Bundesgerichten und übrige Mitglieder führt bei einer Anzahl von acht zu Schwierigkeiten bei der zahlenmässigen Verteilung auf die beiden Wahlorgane. Gestützt auf § 5 Abs. 1

---

[74] Die Literatur ist fast unübersehbar. Vgl. zusammenfassend ERNST BENDA, 121 ff., 129 ff.; ferner BENDA/MAIHOFER/VOGEL (Hrsg.), Art. 93; GERD ROELLECKE, § 53; LÖWER, Zuständigkeiten und Verfahren des Bundesverfassungsgerichts, in: ISENSEE/KIRCHHOF (Hrsg.), § 56.

[75] Art. 93 GG.

[76] Zum Beispiel Parteienverbot (Art. 21 Abs. 2 GG), Verwirkung von Grundrechten (Art. 18 GG), Anklage des Bundespräsidenten (Art. 61 GG), Richteranklagen (Art. 98 Abs. 2 und 5 GG), Wahlprüfung (Art. 41 Abs. 2 GG).

[77] 1970–1985 wurden 51 569 Verfahren erledigt, davon ca. 50 000 Verfassungsbeschwerden, also ca. 96 %. Von den 1985 noch 3141 anhängigen Verfahren waren 3066 Verfassungsbeschwerden, d. h. 97 % (BENDA, 145 ff.).

[78] § 2 Abs. 2 BVerfGG.

[79] Art. 94 Abs. 1 GG; § 2 Abs. 3 BVerfGG.

[80] § 5 Abs. 1 BVerfG.

BVerfGG hat sich heute folgender Modus eingespielt: Von den je acht Richtern des ersten und zweiten Senats wählt der Bundesrat mit Zweidrittelmehrheit (§ 7 BVerfGG) je *einen* Berufsrichter und je drei andere Mitglieder, während der Bundestag ebenfalls mit Zweidrittelmehrheit je zwei Berufsrichter und zwei weitere Mitglieder wählt[81]. Vorschlagsberechtigt sind die Fraktionen des Bundestags, die Bundesregierung und die Landesregierungen. Die Wahlgremien sind jedoch an diese Vorschläge nicht gebunden[82]. Tatsächlich spielten sie in den Wahlen auch keine grosse Rolle[83]. Weit wichtiger waren die Vorschläge der Parteien[84].

Die Wahl durch den Bundestag erfolgt in indirekter Wahl durch einen von diesem zu wählendes Wahlmännergremium, das an Vorschläge der Fraktionen nicht gebunden ist[85]. In der Praxis wird die Entscheidung aus den zuständigen Wahlorganen noch weiter in vorgeschaltete Gremien verlegt[86]. Diese vorgeschalteten Gremien wiederum sind völlig von den Absprachen zwischen den politischen Parteien abhängig[87]. Die «Eindäm-

---

[81] Vgl. näher K. KRÖGER, 90, 93.

[82] § 8 BVerfGG; der Bundesminister der Justiz führt eine Liste der auf diese Weise vorgeschlagenen Kandidaten: eine zweite Liste enthält die Namen aller wählbaren Bundesrichter.

[83] GECK, 22.

[84] WENGST, 226.

[85] § 6 BVerfGG.

[86] Eine Verlagerung findet dadurch statt, dass der Wahlmännerausschuss von einer Arbeitsgruppe aus Fraktionsmitgliedern der im Bundestag vertretenen Parteien beraten wird, denen wiederum fraktionsinterne Unterarbeitsgruppen zuarbeiten, in denen die Fraktionsführungen entscheidenden Einfluss haben. Sie treffen die Vorentscheidung über die Kandidaten und leiten sie sodann dem Wahlmännergremium zu (KRÖGER, 92 f.). Im Bundesrat trifft eine Kommission die Vorbereitungen und Vorentscheidungen. Bei ihr handelt es sich jedoch im Gegensatz zur Arbeitsgruppe des Bundestages um ein vom Bundesrat selbst eingesetztes, ordnungsgemässes Hilfsorgan. Ihr gehören die Justizminister aller elf Bundesländer an. Sie hat die verschiedenen Kandidatenvorschläge der Bundesländer auszugleichen (a.a.O., 93). Die Arbeitsgruppe des Bundestages steht zweifellos unter dem Einfluss der Fraktionsführungen; durch das Überweisen der Vorschläge an das Wahlmännergremium wird dessen Weisungsfreiheit faktisch unterlaufen.

[87] Der Parteieneinfluss ist neben Wahlmännergremium und Arbeitsgruppe/

mung» des Parteieneinflusses, mit der die indirekte Wahl gerechtfertigt wurde[88], hat also gerade dazu geführt, dass die Wahlen hoch politisiert sind.

Nach § 10 BVerfGG ernennt der Bundespräsident die gewählten Bundesverfassungsrichter. Mit diesem Formalakt ist er jedoch nicht berechtigt, den Wahlakt sachlich zu überprüfen. Seiner Überprüfung obliegt lediglich die ordnungsgemässe Durchführung der Wahl[89].

b) Die Amtsdauer

Die Bundesverfassungsrichter werden auf eine Amtsdauer von zwölf Jahren gewählt. Sie bleiben jedoch längstens im Amt bis sie die objektive Altersgrenze von 68 Jahren erreicht haben. Bei Ablauf der Amtszeit ohne die objektive Altersgrenze erreicht zu haben, ist eine anschliessende oder spätere Wiederwahl ausgeschlossen[90].

Kommission die dritte *Mediatisierung* der nach der Verfassung vorgesehenen Wahl durch demokratisch legitimierte Gremien. Bedingt durch das ⅔-Quorum finden die entscheidenden Absprachen zwischen Regierungspartei(en) und Opposition ganz ausserhalb dieser Gremien in einem kleinen Kreis der Parteiführungen statt, der das «Kleeblatt» genannt wird, weil er nur 4 Personen umfasst, nämlich derzeit den Kanzleramtsminister (Schäuble, CDU), den Ministerpräsidenten von Rheinland-Pfalz (F. Vogel, CDU), den Geschäftsführer der SPD-Fraktion (G. Jahn) und den Ministerpräsidenten von Nordrhein-Westfalen (J. Rau). Die Absprachen beruhen auf einer Übereinkunft, wonach den grossen Parteien CDU/CSU und SPD in jedem Senat drei Sitze «zustehen», die diese mit Kandidaten ihres Vertrauens besetzen können. Die beiden übrigen Sitze pro Senat werden von nicht parteigebundenen Kandidaten, sog. Neutralen, besetzt, wobei jeweils diese Parteien das Vorschlagsrecht für je einen der Sitze haben. Bestehen Koalitionsregierungen, steht es im Ermessen der grösseren Koalitionspartei, ob sie dem Kleineren Koalitionspartner einen ihr «zustehenden» Sitz abtreten will. So erhielt die FDP sowohl zur Zeit der sozialliberalen Koalition seit 1969 wie auch seit Bestehen der CDU/CSU-FDP-Koalition ab 1983 das Vorschlagsrecht für einen Sitz im Bundesverfassungsgericht.

[88] KRÖGER, 93.
[89] A.a.O., 102.
[90] § 4 Abs. 1–3 BVerfGG.

c) Die subjektiven Voraussetzungen

Sie sind in § 3 BVerfGG umschrieben: Ein Kandidat für das Amt des Bundesverfassungsrichters muss das 40. Lebensjahr vollendet haben, in den Bundestag wählbar sein[91] sowie sich schriftlich zur Übernahme des Amtes bereit erklärt haben. Er muss ferner die Befähigung zum Richteramt haben, d. h. Jurist mit den entsprechenden berufsbefähigenden Examen sein[92]. Die Kandidaten aus den Bundesgerichten sollen zudem mindestens drei Jahre an einem Bundesgericht tätig gewesen sein (§ 92 Abs. 3 BVerfGG). Weitere Qualifikationen sieht das Gesetz nicht vor.

Ursprünglich war verlangt worden, dass sich «die Richter durch besondere Kenntnisse im öffentlichen Recht auszeichnen und im öffentlichen Leben erfahren sein müssen». Dies hatte Gelegenheit gegeben, im Bereich der Wissenschaft und Politik oder der gemeinnützigen Tätigkeiten *aktive* Persönlichkeiten zu berufen, um dem *Gericht ein möglichst breites Spektrum an lebenserfahrenen Richtern* zu geben. Die Vorschrift wurde jedoch durch die Novelle vom 8. September 1961 (BGBl. I 1665) gestrichen.

Diese Auswahlspektren werden durch die ungeschriebenen, aber wichtigen Kriterien[93] der fachlichen «Ausgewogenheit», der föderativen Gesichtspunkte und des Parteienproporzes ergänzt. Es geht hier nicht um hervorragende juristische Kenntnisse, die selbstverständlich sind, sondern es wird, so die Kommentatoren, Wert darauf gelegt, Verfassungsrichter aus allen juristischen Berufen zu wählen[94]. Die tatsächliche Zusammensetzung des Gerichts (Berufsrichter, Professoren, Beamte) zeigt jedoch, dass weite Berufsbereiche derzeit nicht oder kaum vertreten sind, z. B. Anwälte, Abgeordnete, Richter unterer Instanzen. Der Parteienproporz überwiegt bei weitem und drängt alle anderen Gesichts-

---

[91] Art. 38 Abs. 1 und 2 GG.

[92] § 5–7 DRiG; nur die Universitätsprofessoren sind auch ohne diese Voraussetzung zum Richteramt zugelassen.

[93] Ausführlich W. BILLING.

[94] H. SIMON, 1273.

punkte in den Hintergrund[95]. Daraus ergibt sich, dass ein Kandidat entweder einer politischen Partei angehören, ihr aber zumindest «nahestehen» muss, um Wahlchancen zu haben, da ja auch die «neutralen» Stellen auf Vorschlag der Parteien besetzt werden.

d) Die Inkompatibilitäten

Als Inkompatibilität gilt, dass die Bundesverfassungsrichter weder dem Bundestag, dem Bundesrat, der Bundesregierung, noch entsprechenden Organen der Länder angehören dürfen[96]. Mit der Wahl zum Bundesverfassungsrichter verliert er sein unvereinbar gewordenes Amt. Die einzige berufliche Tätigkeit, die mit dem Amt als Bundesverfassungsrichter einhergehen kann, ist die eines Lehrers des Rechts an einer deutschen Hochschule[97].

2. Würdigung

Trotz der «Politisierung» der Wahlen durch die Parteien sind parteipolitische Einflüsse in der Praxis des Gerichts nicht nachweisbar, was sich schon in den ständig wechselnden Abstimmungsmehrheiten zeigt[98]. Die Praxis des Auswahlverfahrens begegnet jedoch zunehmender Kritik[99], einerseits wegen des übermächtigen Einflusses der *Parteien*[100], andererseits wegen der Nicht-Durchschaubarkeit des *Verfahrens*. Man spricht vom

---

[95] Vgl. KRÖGER, a.a.O., 86, der eine entsprechende Umfrage unter den BVerf.Richtern von 1972 wiedergibt.

[96] Art. 94 Abs. 1 GG.

[97] § 3 Abs. 4 BVerfGG.

[98] Vgl. SIMON, (Fn. 94), 1273.

[99] Näher GECK, der von «einhelliger Kritik» spricht (31 ff.). Der Parteienproporz funktioniert ja nur in einer Atmosphäre des Vertrauens und ist abhängig von Qualität und Geschicklichkeit der jeweiligen Fraktions- oder Parteiführungen. Besteht es nicht mehr, könnte eine Partei die Wahl eines Kandidaten der anderen Partei auf unabsehbare Zeit blockieren. Damit könnte es zur Blockierung des gesamten Wahlverfahrens kommen, vor allem dann, wenn, wie 1987 geschehen, «Paket»-Wahlen stattfinden, also eine ganze Reihe von Richtern auf ein Mal zu wählen ist.

[100] Vgl. Fn. 87.

«grundsätzlichen Arrangement von CDU/CSU und SPD»[101], von einer «Quotierung» zugunsten der Bundesrichter[102], von «Ämterschacher»[103] oder gar von einer «Fortsetzung der Politik mit anderen Mitteln»[104].

In der Kritik an den Parteien wird einmal die Konzentration der eigentlichen Entscheidung auf zwei Unterhändler pro Seite, die die demokratische Legitimation der Kandidaten weiter schwäche[105], aber auch der Parteieneinfluss vom Grundsätzlichen her bemängelt. Die Reformvorschläge appellieren an die «Selbstbindung der Parteien». Diese müsse zu einer «Verbreiterung der Personenauswahl» führen, die viel mehr aus «neutralen», allein durch ihre Qualifikation ausgewiesenen Bewerbern bestehen solle[106].

Dahinter stehen Idealvorstellungen eines neutralen Richters mit gleicher Distanz zu allen Parteien und Gruppen und die Gleichsetzung von Neutralität und Unabhängigkeit, wohl auch – implizit – die Vorstellung, dass Parteiaffiliation potentiell Abhängigkeit bedeute, zudem qualitätsmindernd sei, Assoziationen, die in Ländern wie Österreich und der Schweiz, wo ein Grossteil der Eliten sich in den Parteien engagiert, nicht bestehen.

Mehr noch als der Parteieneinfluss wird die *Nichtöffentlichkeit* des Wahlverfahrens beklagt, die zu einem völligen Desinteresse der Öffentlichkeit, ja der Wahlorgane selbst führe. Gefordert wird daher eine grössere Transparenz des Verfahrens, um sowohl den Wahlgremien wie auch der Öffentlichkeit den notwendigen «Durchblick» zu verschaffen.

Die Vorschläge, die zum Teil schon in früheren Jahren[107], insbesondere aber anlässlich der Wahlen 1986/87, als die Hälfte des Gerichts neu zu wählen war, in Teilen der Parteien[108], Ge-

---

[101] KRÖGER, 31.
[102] BILLING, 220.
[103] BETTERMANN, 746.
[104] GECK, 40 f.
[105] GECK, 35.
[106] GECK, 44 f.
[107] KRÖGER, 98 ff.
[108] H. Däubler-Gmelin vom Fraktionsvorstand der SPD, in: Frankfurter

werkschaften und Berufsverbänden[109], aber auch in den Medien[110] immer dringlicher erhoben wurden, lassen die Grundlagen der Wahl (Wahl durch die beiden legislativen Körperschaften, Zweidrittelmehrheit, Parteienproporz bei der Sitzverteilung) unangetastet[111] und zielen vor allem auf eine *Objektivierung* des Verfahrens. Gefordert wird die *öffentliche Ausschreibung* der Stellen, um die Abhängigkeit der Parteigremien von zufälligen Kenntnissen, Erfahrungen, Empfehlungen hinsichtlich geeigneter Kandidaten zu beseitigen und um den Kreis der Bewerber zu öffnen, so wie dies auch bei sonstigen öffentlichen Ämtern vorgesehen sei[112].

Ferner sollen sich die Kandidaten einem *Hearing* oder einem Vorstellungsgespräch vor dem jeweiligen Wahlgremium stellen, damit sich dieses einen eigenen Eindruck verschaffen kann. Dies an sich ein selbstverständliches Postulat jeder Personalentscheidung, gewinnt aber noch zusätzliches Gewicht durch die hohe Bedeutung des Verfassungsgerichts[113]. Um eine echte *Wahl* zu gewährleisten, wird vorgeschlagen, dass für jede Richterstelle *mehrere Kandidaten* benannt werden müssen, am besten in Form eines sog. Dreiervorschlags nach dem Vorbild der Universitäten[114].

Rundschau vom 20.7.1987 (die Richterwahl sei keine «Papstkür»): Bundesverfassungsrichter a.D. Martin Hirsch (SPD), in: Welt der Arbeit vom 12.6.1986; Arbeitsgemeinschaft sozialdemokratischer Juristen (ASJ), in: Soz.dem. Pressedienst vom 24.7.1987, 1 ff. (H. Menne), sowie in Recht und Politik 4/87, 239, und in: Tagesspiegel vom 26.7.1987; auch «Die GRÜNEN» erheben Kritik (Frankfurter Allgem. Zeitung vom 17.12.1986).

[109] So z.B. von der ÖTV (Gewerkschaft Öffentliche Dienste, Transport und Verkehr), dem Deutschen Richterbund (vgl. Weserkurier vom 8.7.1987).

[110] Vgl. z.B. WERNER HILL, Zum Hüten bestellt. Wie unsere Bundesverfassungsrichter ausgewählt werden, Norddeutscher Rundfunk, 3. Programm, 28.10.1987; Der Spiegel 11/1986, 55 ff.; Vorwärts 47/1987, 16 ff.

[111] Frühere Vorschläge nach einer Reform der Kreationsorgane selbst (KRÖGER, 98 ff.) sind verstummt.

[112] Das Recht zu Wahlvorschlägen der Fraktionen, der Bundes- oder einer Landesregierung (§ 8 Abs. 2 BVerfGG), sowie des BVerfG (§ 7a Abs. 2 BVerfGG) soll jedoch weiterbestehen.

[113] MENNE, a.a.O.

[114] So schon KRÖGER, 98 ff.

Offen ist, ob ein solches Hearing öffentlich oder nichtöffentlich[115] sein, ferner, ob es hinsichtlich des Bundestags vor dem Plenum oder vor einer speziellen Arbeitsgruppe/Ausschuss stattfinden[116] und schliesslich, welchen *Umfang* es haben soll: Einmal könnten die Bewerber nach amerikanischem Vorbild ausführlich zu ihrer Person, zu ihrer Qualifikation[117], zu ihren Veröffentlichungen, zu den Grundfragen der Verfassung, der Ethik und Moral befragt oder aber nur einer abgekürzten Befragung zu Person und beruflichem Werdegang nach Schweizer Muster[118] unterzogen werden.

An *materiellen* Änderungen wird aktuell vorgeschlagen, die vom *Bundestag* zu wählenden Richter nicht durch das Wahlmännergremium, das faktisch seine Aufgabe nicht wahrnehme oder nicht wahrnehmen könne, sondern durch das Plenum wählen zu lassen. Die indirekte Wahl sei verfassungsrechtlich bedenklich[119], weil Art. 94 nur vom «Bundestag» spreche, unter dem das

---

[115] Für die öffentliche Befragung wird argumentiert, dass sich auch die Öffentlichkeit ein Bild von den zukünftigen Verfassungsrichtern machen müsste und ihr die Bedeutung der Wahl vor Augen geführt würde. Auch die Position der Wahlgremien selbst würde gestärkt. Dies zeigten die Hearings der Kandidaten für den Supreme Court vor dem Senat bzw. dem Senatskomitee. Die Stimmen, die gegen ein öffentliches Hearing ins Feld geführt werden, beziehen sich nicht auf die Regel, sondern auf die Ausnahme des Jahres 1987 (als Justice Robert Bork mit der grössten Stimmenanzahl von 58:42 im Senat abgelehnt wurde) (NZZ vom 27.10.1987).

[116] Die Anhörung vor einem Ausschuss (wie dies auch in den USA geschieht) dürfte ausreichend sein, der dann dem Wahlgremium Empfehlungen unterbreitet.

[117] Kenntnisse im öffentlichen Recht und Erfahrung im öffentlichen Recht und Erfahrung im öffentlichen Leben seien von den Kandidaten wieder zu fordern (KRÖGER, 98 ff.), um dem Gericht Vielfalt und Flexibilität zu verleihen, die bei der Berufung «reiner» Fachleute gefährdet sein könnten.

[118] Danach werden die Bundesrichterkandidaten von einem Ausschuss des Nationalrates (der von den Fraktionen besetzt wird und meist aus Juristen besteht) befragt, jedoch nur über den persönlichen und fachlichen Werdegang, nicht zu den Grundsatzfragen von Staat und Gesellschaft. Das ist nicht gesetzlich fixiert; es beruht auf der Übereinkunft der Fraktionen im Parlament, vgl. Fn. 14.

[119] KRÖGER, 91; TEUBNER 23 f., THOMA, 188.

gesamte Gremium zu verstehen sei. Auch an eine Reform der *Bundesrichterklausel* wird gedacht, um im BVerfG möglichst vielseitige richterliche Erfahrung zu vereinen und um die Kandidatenauslese auch aus den Gerichten der Länder zu eröffnen. Bei der Suche nach Kandidatinnen zeigt sich die Enge der Auswahl nach bisherigem Recht in besonders deutlicher Weise, weil Frauen in den Bundesgerichten ohnehin kaum vertreten sind. Auch die Gefahr einer Reduzierung des Auswahlpotentials an Verfassungsrichterkandidaten für die jeweilige Opposition durch eine wegen des Auswahlmodus der Bundesrichter[120] einseitige Besetzung der Bundesgerichte ist zu sehen.

IV. FRANKREICH

Vorbemerkung: Die in der Französischen Verfassung von 1958 errichtete Verfassungsgerichtsbarkeit wurde als Gegengewicht gegen Missbräuche des Parlaments konzipiert. Ihre wichtigste Kompetenz ist daher die – präventive – Normenkontrolle. Hinzu kommen die Kontrolle der Wahlen, der Mandate, der Präsidentschaftswahlen und der Referenden, sowie die Abgrenzung der Gesetzes- von den VO-Materien, ferner Anhörungsrechte bei Notstandsmassnahmen des Präsidenten[121]. Organklagen, Individualklagen und konkrete Normenkontrolle sind ausgeschlossen[122].

1. Die Auswahl der Verfassungsrichter

a) Das Auswahlverfahren

Der französische Verfassungsrat (Conseil Constitutionnel) (CC) besteht aus neun ernannten sowie aus Mitgliedern von Amts

---

[120] Art. 95 Abs. 2 GG (Wahl durch einen Richterwahlausschuss). Er besteht zur Hälfte aus den Justizministern der Länder und aus vom Bundestag gewählten Mitgliedern. Die Wahl erfolgt mit einfacher Mehrheit.
[121] Art. 61, 41, 37 Abs. 2, 16 F-Verf. i. V. mit dem loi organique vom 7.11.1958.
[122] Näher MICHEL FROMONT, 309 ff., 318 ff. m. w. N.

wegen. Von den ersteren werden je drei Richter vom Präsidenten der Republik, vom Präsidenten der Nationalversammlung und vom Präsidenten des Senats ernannt[123]. Diese üben ihre Rechte unabhängig von jedem parlamentarischen Einfluss aus[124]. Eine Wahl der Richter findet also nicht statt. Die Mitglieder von Amts wegen sind die ehemaligen Präsidenten der Republik[125]. Auch in Frankreich sind die tatsächlichen massgeblichen Kräfte die Parteien, ein freiwilliger Parteien-Proporz besteht jedoch nicht[126].

[123] Art. 56 Abs. 1 F-Verf.

[124] GOOSE, 52.

[125] Art. 56 Abs. 2 F-Verf. Ihre Zahl wird wohl kaum je über drei hinausgehen. Diese Bestimmung diente ursprünglich dazu, dem Spruchgremium in einer zunächst verfassungsgerichtlichen Kompetenz gegenüber feindlicher Umgebung mehr Gewicht zu geben (ZWEIGERT/DIETRICH, 26), oder anders gesagt: den ehemaligen Präsidenten auch weiterhin politischen Einfluss zu sichern; sie trägt eindeutig die Handschrift de Gaulles. Die Beteiligung der ehemaligen Staatspräsidenten, die bis heute scharfer Kritik begegnet (FROMONT, 316: Ihre Anwesenheit sei «mit der politischen Rolle, die sie gespielt haben oder die sie meinen[!], noch zu spielen, generell unvereinbar»), hat heute an Bedeutung verloren. Von den bisher fünf berechtigten Präsidenten der Republik hatten vier die Möglichkeit, Einsitz zu nehmen (Pompidou verstarb im Amt des Staatspräsidenten), wobei jedoch nur einer regelmässig an den Sitzungen teilnahm (DUVERGER, 441).

[126] Bis 1981 wurden die Sitze im Conseil Constitutionnel zwischen der Gaullistischen Partei und dem oppositionellen Zentrum aufgeteilt, meist zu Ungunsten der Opposition. Denn der Präsident der Republik und der Präsident der Nationalversammlung, die zusammen zwei Drittel des Ernennungspotentials besitzen, nominierten exponierte Gaullisten (Parteimitglieder) oder dem Gaullismus nahestehende Persönlichkeiten (DUVERGER, 440; GOOSE, 54 f.). Mit dem Sieg der Sozialisten 1981 hätte sich die Situation unter Umständen in ein parteimässiges Gleichgewicht wandeln können. Anlässlich der letzten Erneuerung eines Drittels der Conseil Constitutionnel-Mitglieder 1983 konnten jedoch vom Staatspräsidenten und vom Präsidenten der Nationalversammlung nur gerade zwei Verfassungsräte bestimmt werden, die der gaullistischen Mehrheit entgegenwirken können (DUVERGER, 440). DUVERGERS Voraussage, dass mit den Ernennungsjahren 1983 und 1986 insgesamt vier sozialistische CC-Mitglieder bestellt werden können, hat sich durch die 1986 geänderten Verhältnisse im Parlament nicht bewahrheitet. Der CC besteht heute aus 5 Konservativen/Gaullisten, 2 Mitgliedern aus dem linken Zentrum und 2 Sozialisten (Neue Zürcher Zeitung [NZZ] vom 14. 8. 1986, 4). Ob sich mit dem Wahlsieg der Sozialisten 1988 etwas ändern wird, bleibt abzuwarten.

b) Die Amtsdauer

Die Amtsdauer beträgt neun Jahre, ohne an eine objektive Altersgrenze gebunden zu sein. Daher ist das Alter der Richter relativ hoch: Das jüngste Mitglied ist derzeit (1988) 68 Jahre, und das älteste 86 Jahre alt[127]. Die Mehrheit der Beobachter sieht darin eine Garantie der Unabhängigkeit des Verfassungsgerichts, da seine Mitglieder nach ihrem Ausscheiden keine politische Karriere mehr anstreben könnten. Alle drei Jahre wird ein Drittel der Mitglieder neu bestellt[128]. Dabei hat jedes der drei Kreationsorgane das Recht, ein neues Mitglied zu ernennen[129]. Wiederwahl ist unzulässig[130]. Die ehemaligen Staatspräsidenten sind auf Lebenszeit Mitglieder[131]. Ob sie zurücktreten können, ist eine offene Frage.

c) Die subjektiven Voraussetzungen

Für die Mitglieder des Conseil Constitutionnel bestehen keine fachlich-juristischen Qualifikationsvoraussetzungen[132]. Demnach ist der Weg offen, auch Laien als Verfassungsräte ernennen zu können. Davon wurde in der Praxis auch Gebrauch gemacht[133]. Einer anfänglich drohenden Inkompetenz des Rates mangels juristischer Spezialisten wurde durch Heraufschrauben der fachlichen Anforderungen vorgebeugt[134]. So ist denn im

---

[127] FROMONT, 316.

[128] Art. 56 Abs. 1 V-Verf.

[129] Diese Regelung ergibt sich daraus, wie der erste CC bestellt wurde (Art. 2 loi org. CC vom 7.11.1958).

[130] Art. 56 Abs. 1 F-Verf.

[131] Art. 56 Abs. 2 F-Verf.

[132] FRANCK, 62.

[133] Bei der ersten Bestellung 1959 bestand der Conseil aus einem Diplomaten, einem Kassationsgerichtsrat, einem Bankier, einem Conseiller d'État, drei Advokaten, einem ehemaligen Direktor eines privaten Unternehmens und einem Arzt (FRANCK, 62).

[134] GOOSE, 55 f.; vgl. FRANCK, 62 ff. 1973 waren nur noch drei Mitglieder nicht im Besitz einer juristischen Ausbildung. Sie besassen aber durchaus Verwaltungs- und/oder Parlamentserfahrung (GOOSE, 56).

Conseil Constitutionnel stets eine relativ bunt gemischte Berufszusammensetzung zu finden[135].

d) Die Inkompatibilitäten
Die Stellung eines Mitglieds des Conseil Constitutionnel ist unvereinbar mit der eines Ministers oder Parlamentsmitglieds[136]. Zusätzlich dazu dürfen sie auch nicht dem Conseil Économique et Social angehören[137]. Während der Dauer ihres Amtes können sie weder in ein öffentliches Amt ernannt werden, noch, wenn es sich um Beamte handelt, eine andere als eine Regelbeförderung erhalten[138]. Da die Kompetenzen des Conseil Constitutionnel früher sehr beschränkt waren[139], hat der Gesetzgeber das Richteramt als nebenamtlich konzipiert.

2. Würdigung

Das Verfassungsrichterwahlverfahren in Frankreich ist ein sehr autoritäres Verfahren[140], da die Kreationsorgane Staatspräsident, Präsident der Nationalversammlung und Präsident des Senats völlig selbständige, weisungs- und vorschlagsfreie Rechte ausüben und insbesondere *jede* parlamentarische Mitwirkung ausgeschlossen ist. Sie wurde mit dem Argument beseitigt, eine «Politisierung» der Richterwahlen zu verhindern, was andererseits eine angemessene Repräsentation der politischen Kräfte im Conseil Constitutionnel erschwert[141]. Man muss sich fragen, ob die

---

[135] Mit dem Vormarsch der juristischen Qualifikation waren 1973 u. a. zwei Professoren der Rechtswissenschaft, ein Politologieprofessor, ein hoher Richter, ein Conseiller d'État sowie ehemalige Minister mit zusätzlicher Verwaltungs- oder Parlamentserfahrung im Gremium vertreten (GOOSE, 56).

[136] Art. 57 F-Verf.

[137] Art. 4 Abs. 1 loi org. CC.

[138] Art. 5 loi org. CC; GOOSE, 59.

[139] Durch die Erweiterung der Legitimationsberechtigten auf ein Quorum von 60 Abgeordneten oder 60 Senatoren bei der präventiven Normenkontrolle mit der Verfassungsrevision von 1974 (vgl. Art. 61 Abs. 2 F-Verf.) ist die Anzahl des Geschäftsanfalls jedoch erheblich gestiegen (FROMONT, 321).

[140] GOOSE, 57; FRANCK, 64 f.

[141] GOOSE, a. a. O.; FRANCK, a. a. O.

Ernennungen nach dem jetzigen Modus tatsächlich eine Entpolitisierung des Verfahrens im Sinne einer qualitativ besseren Auslese bewirkt haben. Die drei Personen oder Kreationsorgane haben zwar eine hohe demokratische Legitimation[142], verkörpern zugleich aber auch bestimmte politische Richtungen, die sie bei der Kandidatenauswahl durchzusetzen suchen. Der Vorwurf geht denn auch dahin, dass sie die Chance, sich über die Parteien hinwegzusetzen, vertan hätten und dass die «cameraderie politique», also das persönliche Beziehungsgeflecht, zum ausschlaggebenden Kriterium werde[143].

Zudem besteht die Gefahr, dass, wenn alle drei Kreationspersonen *über längere Zeit,* d. h. über zwei Legislaturperioden hinaus, derselben Partei angehören, die politische Opposition gänzlich ausgeschaltet und der Weg für einen parteipolitisch homogenen Conseil Constitutionnel frei gemacht werden kann. Aufgefangen werden kann diese Gefahr aber durch die Amtsdauer der Richter von neun Jahren, durch die sie die politischen Veränderungen «überdauern» können.

V. ITALIEN

Vorbemerkung: Die italienische Verfassungsgerichtsbarkeit erstreckt sich auf die konkrete Normenkontrolle von Legislativakten des Staates und der Regionen, auf Kompetenzkonflikte zwischen Staatsorganen, zwischen Staat und Regionen sowie zwischen den Regionen, auf Minister- und Staatspräsidentenanklage sowie auf Beanstandungen von Regionalgesetzen und auf die Prüfung von Volksabstimmungen (Art. 134, 127, 75 I-Verf.).

[142] Der Präsident der Republik wird direkt vom Volk gewählt (Art. 6 Abs. 1 F-Verf.). Der Präsident der Nationalversammlung wird von den Abgeordneten gewählt, die ihrerseits ihre Legitimation direkt vom Volk ableiten (Art. 24 Abs. 2 F-Verf.), während der Senatspräsident von den indirekt vom Volk gewählten Senatoren bestellt wird (Art. 24 Abs. 3 F-Verf.). Die Verfassungsräte besitzen demnach je nach ihrem Kreationsorgan eine unterschiedliche demokratische Legitimation.
[143] FRANCK, 57.

Verfassungsbeschwerde, abstrakte Normenkontrolle und Organstreitigkeiten sind ausgeschlossen [144].

1. Die Auswahl der Verfassungsrichter

a) Das Auswahlverfahren

Der italienische Corte Costituzionale besteht aus fünfzehn Mitgliedern [145]. Das Wahlverfahren ist relativ kompliziert, weil auch die Gerichtsbarkeit beteiligt ist. Ein Drittel wird vom Präsidenten der Republik ernannt, der an keine Vorschläge gebunden ist. Ein weiteres Drittel wird von der *obersten ordentlichen und Verwaltungsgerichtsbarkeit gewählt* [146]. Von *diesen* werden drei durch ein Kollegium des Corte di Cassazione und je einer durch ein Kollegium des Corte di Stato und durch ein solches des Corte dei Conti bestellt [147]. Das dritte Drittel wird von den beiden Kammern des Parlaments, der Abgeordnetenkammer und dem Senat in Gemeinschaftssitzung mit Zweidrittelmehrheit gewählt [148]. Die Richterwahlen finden rotationsmässig, ähnlich dem französischen System, statt. Damit wird ein stetiger, langsamer und Kontinuität erhaltender Wechsel der Verfassungsrichter gewährleistet [149].

b) Die Amtsdauer

Die Verfassungsrichter werden wie in Frankreich auf neun Jahre ernannt bzw. gewählt [150]. Wiederwahl ist nicht möglich [151].

---

[144] Näher TH. RITTERSPACH, Die Verfassungsgerichtsbarkeit in Italien, in: STARCK/WEBER (Hrsg.), Verfassungsgerichtsbarkeit in Westeuropa, Teilbd. I (Berichte) Baden-Baden 1986, 219 ff., 227 ff.

[145] Art. 135 Abs. 1 I-Verf.

[146] Art. 135 Abs. 1 I-Verf.

[147] Art. 2 Abs. 1 L. ord. Nr. 87/1953; Art. 4 L. Cost. 2/1967.

[148] Art. 135 Abs. 1 I-Verf.; Art. 3 L. cost. Nr. 2/1967.

[149] Dies ergibt sich aus Art. 135 Abs. 3 I-Verf.

[150] Ursprünglich betrug die Amtszeit 12 Jahre. Durch die Verfassungsrevision von 1967 wurde sie auf 9 Jahre herabgesetzt, vgl. MELICHAR, Der italienische Staat, 186 Anm. 1.

[151] Art. 135 Abs. 3 I-Verf.

Eine Altersgrenze besteht nicht. Das Amt wird nebenamtlich ausgeübt[152].

c) Die subjektiven Voraussetzungen
Der Kreis der Personen, aus dem die Verfassungsrichter ausgewählt werden können, wird durch die Verfassung stark begrenzt. Sie dürfen nur aus dem Kreis der amtierenden und im Ruhestand befindlichen Richter der höheren ordentlichen und Verwaltungsgerichtsbarkeit[153] sowie der ordentlichen Professoren der Rechtswissenschaft sowie der Rechtsanwälte mit mindestens zwanzigjähriger Berufspraxis[154] kommen. Die alten juristischen Funktionseliten haben hier absolute Priorität. Verwaltungsbeamte, Abgeordnete und andere juristische Berufe sind ausgeschlossen.

d) Die Inkompatibilitäten
Unvereinbarkeiten bestehen mit dem Amt eines Parlamentsmitglieds, eines Regionalratmitglieds sowie auch mit der Ausübung des Rechtsanwaltberufs und mit jedem sonstigen vom Gesetz bezeichneten Amt oder Auftrag[155]. Die Verfassungsrichter dürfen ferner keine gewerbsmässigen, beruflichen oder industriellen Aktivitäten entfalten oder in der Verwaltung einer Gesellschaft tätig sein. Es ist ihnen auch verboten, öffentliche oder private Ämter innezuhaben oder eine Tätigkeit für eine politische Partei oder Vereinigung auszuüben[156]. Gewohnheitsrechtlich ist auch die Mitgliedschaft in der Staatsregierung und im obersten Rat des Richterstandes inkompatibel[157].

---

[152] SPANNER, Zwei Probleme, 691.
[153] Diese Bestimmung geht weiter als in Deutschland, wo nur *Bundes*richter in das Bundesverfassungsgericht berufen werden können.
[154] Art. 135 I-Verf.
[155] Art. 135 Abs. 6 I-Verf.
[156] Art. 7, 8 L. ord. Nr. 87/1953. Die Zugehörigkeit zu einer politischen Partei wird davon aber nicht berührt (RACKE, 64).
[157] SZABO, 412.

2. *Würdigung*

Die Aufteilung der Bestellungskompetenzen auf drei verschiedene Zweige der Staatsgewalt wird als gelungener Ausgleich zwischen den verschiedenen politischen Kräften bezeichnet[158]. Andererseits kommen wegen des grossen Gewichts der Justiz Kooptationselemente ins Spiel, die die demokratische Legitimierung der Verfassungsrichter schwächen. Die Reduzierung der Mitwirkung des Parlaments auf ein Drittel der Sitze kommt hinzu. Das häufige Argument, dass die Vertreter der hohen Gerichtsbarkeit am besten geeignet seien, die fachlichen Qualifikationen des Kandidaten zu beurteilen, unterstellt eine von allen äusseren Einflüssen gereinigte, strikt fachbezogene Beurteilungspraxis. Auch in der Justiz gibt es politische Momente, Affiliationen durch Herkunft, gemeinsame Ausbildung, gesellschaftliche oder verbandspolitische Aktivitäten, persönliche Sympathien und Antipathien, die in die Beurteilungspraxis hineinwirken, nur dass diese fachfremden Gesichtspunkte in der Justiz eher «rationalisiert», d.h. mit fachlichen Argumenten, verkleidet werden können. Hingegen scheint der hohe Mitwirkungsgrad des Präsidenten der Republik – ebenfalls zu einem Drittel – eine praktikable Lösung einer *vermittelnden* neutralen Tätigkeit dienlich zu sein, da er an Vorschläge nicht (auch nicht, wie in Österreich, an Vorschläge der Regierung) gebunden ist. Auch er könnte jedoch der «cameraderie politique» anheimfallen, weil auch die Besetzung des Staatspräsidentenamtes nicht immer auf einem breiten Konsens innerhalb des Wahlorgans, dem versammelten Parlament, beruht, wie die Geschichte zeigt[159]. Ein erheblicher Nachteil dürfte jedoch in der starken Begrenzung des Kreises der potentiellen Verfassungsrichter liegen. Durch diese Einschränkung

---

[158] Vgl. RACKE, 62.

[159] Vgl. die Wahl von Giovanni Leone 1971, der erst im 23. Wahlgang mit dem nötigen absoluten Mehr der Stimmen gewählt wurde, MELICHAR, Der italienische Staat, 26. Wenn der Staatspräsident sich von der politischen Mehrheit, aber auch von seiner politischen Heimat im Amt nicht lösen kann, wird das Verfassungsgericht in seiner geplanten Ausgewogenheit gestört.

stellen die Mitglieder des Verfassungsgerichtshofs ein zwar hochgebildetes und kompetentes, dafür aber auch ein höchst einseitig ausgewähltes Gremium dar. Dies ist zwar der Verbreitung des Bildes des weltabgewandten, überhöhten Angehörigen der Richterkaste dienlich, kann aber das Vertrauen, auch der Exekutive und des Parlaments, in die Verfassungsgerichtsbarkeit bedeutend schwächen, auf das diese entscheidend angewiesen ist[160].

VI. SPANIEN

Vorbemerkung: Die spanische Verfassungsgerichtsbarkeit ist kaum 10 Jahre alt[161]. Das spanische Verfassungsgericht (Tribunal Constitucional) (TC) amtiert erst seit 1980. Zu seinen Kompetenzen gehören im wesentlichen die abstrakte Normenkontrolle, die konkrete Normenkontrolle, Verfassungsbeschwerde, Kompetenzkonflikte zwischen Staat und den «autonomen Gemeinschaften», die präventive Normenkontrolle von Organgesetzen (verfassungsergänzende Gesetze) und von internationalen Verträgen[162].

1. Die Auswahl der Verfassungsrichter

a) Das Auswahlverfahren

Das spanische Verfassungsgericht besteht aus zwölf Mitgliedern, die aus dem Kreis der Richter und Staatsanwälte, Universitätsprofessoren, Beamten und Anwälte kommen müssen. Sie werden vom König ernannt, davon je vier auf Vorschlag der beiden Kammern (Kongress und Senat, aus denen sich das Parla-

---

[160] Vgl. SCHLAICH, 143.
[161] Zum früheren Rechtszustand vgl. F. R. LLORENTE, Die Verfassungsgerichtsbarkeit in Spanien, in: STARCK/WEBER (Hrsg.), Verfassungsgerichtsbarkeit in Westeuropa, Teilbd. I (Berichte), Baden-Baden 1986, 243 ff., 246 ff.
[162] Art. 161 der Sp.Verfassung vom 29.12.1978; Titel II, Kap. 1–4, Titel IV, VI des Organgesetzes 2/1979 vom 3.10.1979 über das Verfassungsgericht (LOTC). Näher LLORENTE (Fn. 161), 255 ff.

ment zusammensetzt) mit Dreifünftelmehrheit, zwei auf Vorschlag der Regierung und zwei auf Vorschlag des allgemeinen Rechtsprechungsrates (wobei einfache Mehrheit genügt)[163].

b) Amtsdauer

Die Amtsdauer beträgt neun Jahre; die Richter werden zu einem Drittel alle drei Jahre neu gewählt. Die erste Erneuerungswahl fand 1983 statt. Eine unmittelbare Wiederwahl ist nicht zulässig, ausser in dem Fall, dass der Richter bei seinem Ausscheiden das Amt weniger als drei Jahre ausgeübt hat[164].

c) Subjektive Voraussetzungen

Zu dem obgenannten Merkmal juristischer Berufe tritt hinzu, dass alle Kandidaten eine «anerkannte fachliche Kompetenz mit einer mehr als 15jährigen Berufserfahrung» haben müssen (Art. 159 Abs. 2 Sp.Verf.). Damit sollen berufserfahrene Kräfte zum Zuge kommen; das Mindestalter dürfte also etwa bei 40–45 Jahren liegen. Auch hier kommen die alten staatlichen Funktionseliten zum Zuge, zuzüglich die Rechtsanwälte. Andere Juristen sind ausgeschlossen, so z.B. auch Abgeordnete, Senatoren, Wirtschaftsjuristen. Mindest- und Höchstaltersgrenze bestehen nicht, die Mindestaltersgrenze ist aufgrund des Erfordernisses langjähriger Berufstätigkeit auch entbehrlich.

d) Inkompatibilitäten

Die einschlägigen Regelungen entsprechen denen in anderen Verfassungen; die Verfassungsrichter dürfen kein weiteres Amt bekleiden noch irgendeine öffentliche Funktion ausüben noch einer hauptberuflichen oder gewerblichen Tätigkeit nachgehen. Das Amt des Verfassungsrichters ist ferner unvereinbar mit der Wahrnehmung leitender oder sonstiger Beschäftigung für eine politische Partei oder Gewerkschaft[165].

---

[163] Art. 159 Abs. 1 Sp.Verf.
[164] Art. 159 Abs. 3 Sp.Verf.; Art. 16 LOTC.
[165] Art. 159 Abs. 4 Sp.Verf. und Art. 19 und 20 LOTC.

2. Würdigung

Auffallend ist die breite Steuerung der vorschlagsberechtigten Organe sowie der juristischen Berufe bei der Kandidatenauswahl, bei der auch Richter der unteren und mittleren Gerichtsbarkeit (theoretisch) eine Chance haben. Dass die Richter *Berufsrichter* sein müssen, ist nicht ausdrücklich festgelegt, so dass auch Laienrichter berufen werden könnten. Dieses Versäumnis im Rechtssystem begegnete häufiger Kritik [166]. Jedoch dürfte es dem Sinn und Zweck der Auswahlbestimmungen entsprechen, dass der Verfassungsgeber bei dem Begriff «Richter» ähnlich wie bei den anderen Berufen nur hauptamtliche Kräfte gemeint hat. Ob und inwieweit sich die Auswahlregelungen bewährt haben, muss angesichts der nur kurzen Amtsdauer des spanischen Verfassungsgerichts einer späteren Würdigung vorbehalten bleiben.

VII. PORTUGAL

Vorbemerkung: Eine selbständige Verfassungsgerichtsbarkeit wurde in Portugal erst mit der jetzt geltenden Verfassung der Republik von 1976 und mit ihrer Reform von 1982 eingerichtet [167]. Sie übt vor allem [168] die Kontrolle von Rechtsnormen aus, und zwar in Form der abstrakten und konkreten Normenkontrolle, ferner in bestimmten Fällen in Form der vorbeugenden Kontrolle (Art. 213, 278 P-Verfassung) [169].

---

[166] LLORENTE (Fn. 161), 249 Anm. 8.

[167] Zum früheren Rechtszustand vgl. J. M. M. CARDOSO DA COSTA, Die Verfassungsgerichtsbarkeit in Portugal, in: STARCK/WEBER (Hrsg.), 279 ff., 283 f.; zur Entstehung der Verfassungsgerichtsbarkeit *ders.*, O Tribunal Constitucional Português i a su origem histórica, in: FS W. Zeidler, Berlin/New York 1987, Bd. 1, 351 ff.

[168] Weitere Zuständigkeiten: Wahlprüfungsverfahren, Legalisierung und Registrierung sowie Auflösung von Parteien, Ordnungsmässigkeit des Mandats des Präsidenten der Republik, a.a.O., 293 ff.

[169] Im einzelnen J. J. GOMES CANOTILHO, Direito Constitucional, 4. ed., Coimbra 1986.

1. Die Auswahl der Verfassungsrichter

a) Das Auswahlverfahren

Das Verfassungsgericht setzt sich aus dreizehn Richtern zusammen, von denen mindestens sechs unter den Richtern der übrigen Gerichte, die anderen unter Juristen, die im Besitz eines in Portugal erworbenen oder anerkannten Doktorgrades oder Lizenziats in Rechtswissenschaften sind, ausgewählt werden müssen[170]. Meist sind diese Universitätslehrer, Rechtslehrer oder Staatsanwälte[171].

Die Auswahl selbst erfolgt nach einem eigenartigen System: Zehn Verfassungsrichter (von denen mindestens drei Richter sein müssen) werden unmittelbar vom Parlament mit Zweidrittelmehrheit gewählt; die übrigen drei, die ebenfalls aus der Richterlaufbahn hervorgehen müssen, werden von den ersteren kooptiert, ebenfalls mit qualifizierter Mehrheit[172].

b) Amtsdauer

Die Richter des Verfassungsgerichts werden auf sechs Jahre gewählt[173]. Eine Wiederwahl ist nirgends ausgeschlossen, also zulässig. Sie üben ihr Amt hauptberuflich aus und geniessen alle Garantien der richterlichen Unabhängigkeit[174]. Bemerkenswert ist, dass ein Richter auch einseitig auf das Amt verzichten kann[175].

---

[170] Art. 284 Abs. 1 u. 2 P-Verfassung und Art. 13 des Gesetzes Nr. 28/82 vom 15.11.1982 (Verfassungsgerichtsgesetz) (zit.: VGG).

[171] Mitglieder des Verfassungsgerichts sind gegenwärtig je ein Richter des Obersten Gerichtshofs, des Obersten Verwaltungsgerichtshofs und des Rechnungshofs; je zwei Richter der Berufungsgerichte und erstinstanzlichen Gerichte, fünf Universitätslehrer (davon zwei ordentliche Professoren) und ein Rechtsanwalt, zit. nach DA COSTA, 285 Anm. 5.

[172] Art. 166 Buchst. h P-Verfassung i. V. mit Art. 19 Abs. 4 VGG.

[173] Art. 284 Abs. 3 Verf.

[174] Art. 22, 24, 27, 28 VGG.

[175] Art. 23 Abs. 1 Buchst. b und Abs. 2 VGG.

c) Subjektive Voraussetzungen

Andere als die bereits obgenannte Voraussetzung, dass die Kandidaten aus der Richterlaufbahn stammen bzw. ein juristisches Doktorat/Lizenziat haben müssen, bestehen nicht (z. B. Höchst- und Mindestalter, Berufstätigkeit). Das Wahlorgan hat daher ein weites Auswahlermessen. Faktisch sind es aber auch hier wieder die alten juristischen Funktionseliten, die zum Zuge kommen.

d) Inkompatibilitäten

Sie entsprechen denen in den übrigen westeuropäischen Verfassungen. Das Gesetz erlaubt den Verfassungsrichtern nur die unbesoldete Ausübung rechtswissenschaftlicher Lehr- oder Forschungstätigkeit, und untersagt ihnen u.a. jede parteipolitische Tätigkeit mit Öffentlichkeitswirkung, ja, auferlegt ihnen sogar das Ruhen einer eventuellen Parteimitgliedschaft während der Amtsdauer[176].

2. Würdigung

Bemerkenswert ist der hohe Einfluss des Parlaments bei der Auswahl der Verfassungsrichter, der höchste nach dem schweizerischen Modell, und der Ausschluss des Einflusses der Exekutive. Die Wahlen sind somit in hohem Masse auch von den im Parlament vertretenen politischen Parteien bestimmt. Bemerkenswert ist ferner die Kooptationsregelung, die Anklänge nur noch im italienischen Recht findet, die den Einfluss des Parlaments wieder schwächen soll[177]. Ferner fällt das hohe Vertrauen auf, das der Verfassungsgeber in die Richter setzte, da fast die Hälfte (6 von 13) der Verfassungsrichter aus der Richterlaufbahn kommen müssen. Offen ist, ob dieses Vertrauen Ausdruck der «camaraderie politique» der alten juristischen Funktionseliten oder des Vertrauens in die Unabhängigkeit des richterlichen Judizes ist.

---

[176] Art. 27, 28 VGG.
[177] DA COSTA, 286.

VIII. VEREINIGTE STAATEN VON AMERIKA

Vorbemerkung: In den USA wird die Verfassungsgerichtsbarkeit vom Supreme Court (SC) ausgeübt, der wie in der Schweiz zugleich Oberstes Bundesgericht ist. Seine verfassungsgerichtlichen Befugnisse[178] erstrecken sich auf die Entscheidung von Streitigkeiten zwischen Bund und Einzelstaaten oder zwischen einzelnen Staaten und von Verfassungsbeschwerden[179], seit 1803 durch Richterspruch des Supreme Court auch auf die konkrete Normenkontrolle[180].

1. Die Auswahl der Verfassungsrichter

a) Das Auswahlverfahren

Die Zahl der Supreme-Court-Richter ist in der Verfassung nirgends festgehalten. Sie steht zur Disposition der Gesetzgebung durch den Kongress (Repräsentantenhaus und Senat)[181]. Zu Beginn schwankte die Zahl relativ häufig[182], ist aber seit 1869 auf neun Mitglieder (ein Chief Justice und acht Associate Justices) fixiert[183].

Die Supreme-Court-Richter werden durch den Präsidenten der Vereinigten Staaten ernannt. In seiner Auswahl ist er völlig frei[184]. Andererseits kann der von ihm nominierte Kandidat nur nach vorherigem «advice and consent» des Senats ernannt wer-

---

[178] Vgl. näher TRIBE, 20 ff., 326 ff., 564 ff.
[179] Art. III Sect. 2 US-Verf.
[180] 5 US (1 Cranch) 137 (1803).
[181] Art. III Sect. 1 US-Verf.
[182] Ursprünglich waren es nur sechs gewesen. Dann reduzierte der Kongress auf Betreiben von Präsident John Adams ihre Zahl auf fünf. Thomas Jefferson erhöhte sie auf sieben. 1837 wurde erstmals der Bestand von neun erreicht, und dieser wurde 1863 sogar auf zehn erhöht. Der Kongress verhinderte die Neuernennung von Richtern durch Präsident Andrew Johnson, indem er nur noch acht Richter zuliess (NZZ vom 8./9. 11. 1987).
[183] KAUPER, 583.
[184] Meistens stützt er sich aber auf die Vorschläge, die ihm vom Attorney General (Justizminister) oder vom Chief of Staff unterbreitet werden.

den[185]. Der Senat ist jedoch auf ein reines Vetorecht beschränkt[186]. Vorschlagsrechte stehen ihm nicht zu.

In der Praxis werden die Supreme-Court-Richter nur mit Persönlichkeiten besetzt, die die Ideologie und Auffassungen des Ernennenden teilen, also meistens der Partei des Präsidenten angehören oder ihr nahestehen[187]. Die Beachtung eines parteipolitischen Proporzes zwischen den beiden Grossparteien hat sich nicht herausgebildet. Diese historische Tradition hat ihren Ursprung schon in der Zeit Washingtons[188].

b) Die Amtsdauer

Die Richter des Supreme Court werden auf Lebenszeit ernannt. Sie bleiben in ihrem Amt «during good behaviour»[189]. Ihr Durchschnittsalter ist relativ hoch, zurzeit 71 Jahre[190].

[185] Art. II Sect. 2 US-Verf.; in diesem Bestätigungsverfahren bildet der Senat, bevor er im Plenum über die Nomination abstimmt, einen Justizausschuss oder ein -komitee, welcher den Nominierten in (öffentlichen) Hearings befragt, so dass die ganze Nation teilnehmen kann (näher HALLER, Supreme Court, 12). Die Befragung ist umfänglich und erstreckt sich sowohl auf das persönliche Leben, den beruflichen Werdegang, Veröffentlichungen, wie auf Grundfragen der Verfassung und Fragen des Verhältnisses von Recht, Ethik und Moral. Der Ausschuss kann auch Zeugen und Sachverständige hören. Die Hearings können mehrere Wochen/Monate dauern, so wie dies 1987 bei der jüngsten Besetzung der infolge des Ausscheidens von Justice Lewis Powell freigewordenen Richterstelle der Fall war. Die Hearings begannen im September 1987 und wurden erst im Januar 1988 endgültig abgeschlossen, weil der Präsident mit seinen ersten beiden Kandidaten, den Richtern Robert Bork und Douglas Ginsburg, scheiterte und einen dritten Kandidaten, Richter Anthony Kennedy, präsentierte, der die Hearings passierte.

[186] TRIBE, 50.

[187] Vgl. HALLER, Supreme Court, 80; SPANNER, Richterliche Prüfung, 95.

[188] «Although political parties were already emerging he (sc. Washington) made no attempt to balance the membership of the Court between them ... With rare exceptions, his example has been followed by every president since his time.» (Zit. bei SPANNER, Richterliche Prüfung, 95). Nur gerade 2 von den 9 SC-Richtern sind in der gegenwärtigen Zusammensetzung von demokratischen Präsidenten ernannt worden, THOMAS/LACAYO, 25.

[189] Art. III Sect. 1 US-Verf.

[190] 5 Richter sind über 75; das jüngste Mitglied, Richterin O'Connor ist 56 Jahre alt, THOMAS/LACAYO, 25.

c) Die subjektiven Voraussetzungen

Die Verfassung trifft, hier mit der Schweiz vergleichbar, keine Regelung über die fachlichen Anforderungen an die Supreme-Court-Richter. Trotzdem ist das Gericht ausschliesslich aus Juristen zusammengesetzt. Die juristische Ausbildung ist somit de facto eine Wählbarkeitsvoraussetzung geworden [191]. Die Berufsfelder sind sehr weit gestreut [192]; im Gegensatz zu Europa werden viele Anwälte, aber selten Universitätsprofessoren berufen. Da eine langjährige Anwaltstätigkeit Voraussetzung für Richterstellen ist und viele Richter in den Supreme Court berufen werden, ist das Gewicht der Anwälte insgesamt recht gross. Neben dem sehr wichtigen Kriterium der politischen Zugehörigkeit und Tätigkeit [193] spielen auch noch föderalistische Rücksichtnahmen eine allerdings nicht sehr konsequent gehandhabte Rolle [194].

d) Die Inkompatibilitäten

Die Unvereinbarkeiten sind nicht positivrechtlich fixiert. Da das Amt eines Supreme-Court-Richters jedoch hauptberuflich [195] auszuüben ist, sind die üblichen Inkompatibilitäten (keine Innehabung eines Amtes in Exekutive, Legislative, Verbänden, Unternehmen usw.) zu vermuten.

---

[191] HALLER, Supreme Court, 95.

[192] Man findet unter den Richtern des Supreme Court Gouverneure, Senatoren, Attorney Generals, sonstige Mitglieder der Administration, Federal Judges und Rechtsanwälte. Unter ihnen befindet sich eine Frau (S. D. O'Connor, seit 1981) und ein Farbiger (Th. Marshall); Protestanten sind in der Mehrheit. Vgl. THOMAS/LACAYO, 20; SPANNER, Richterliche Prüfung, 88; HALLER, Supreme Court, 84 f.

[193] Von allen bis 1960 amtiert habenden 92 SC-Richtern war nur gerade einer vor seinem Amt politisch nicht aktiv. Der Begriff der politischen Aktivität wird hier sehr weit verstanden. Gemeint sind nicht nur hohe politische Ämter, sondern auch Mitarbeit in Parteien und im Kampagnenmanagement sowie auch weitere politische Beziehungen (vor allem aufgrund Wahlunterstützung) zu den sie später ernennenden Präsidenten («political buddies») (HALLER, Supreme Court, 84).

[194] A.a.O., 80.

[195] SPANNER, Richterliche Prüfung, 89.

2. Würdigung

Das äusserst rudimentär geregelte Auswahlverfahren für Supreme-Court-Richter gibt einem einzigen Mann, dem Präsidenten der Union, ein sehr grosses Machtmittel in die Hand mit dem Risiko einer einseitigen Besetzungspraxis. Denn wenn der Präsident während seiner Amtszeit gleich mehrere Stellen im Supreme Court zu besetzen hat und im Senat die Mehrheit die Regierungspartei stellt, kann er grundsätzlich jede ihm genehme Person ins Richteramt setzen. Darüber hinaus sind die personellen Bestellungsentscheidungen von grosser Tragweite, insofern als die Richter, dank der Lebenslänglichkeit ihres Amtes, lange über die Regierungszeit des sie ernennenden Präsidenten hinaus im Amt bleiben. So amtieren im Gericht zwei Richter, die noch von Präsident Eisenhower ernannt worden sind, William J. Brennan und Thurgood Marshall: «Judicial appointments can be a Presidents most enduring legacy»[196]. In der Realität ist es jedoch bis heute zu einer offensichtlich erkennbaren, einseitigen Beeinflussung und Tendenzierung der Verfassungsrechtsprechung, trotz aller Versuche, nicht gekommen[197]. Denn bis jetzt haben die Richter, einmal im Amt, eine eigene Position entwickeln können. Sie sind grundsätzlich der Verfassung verpflichtet und nicht mehr dem politischen Programm ihres Förderers (des Präsidenten) und oftmals auch nicht mehr ihrer Partei[198].

Ein anderes Problem ist die Amtsdauer auf Lebenszeit, die das Bestellungsverfahren unter Umständen weit hinauszögert. Damit kann ein amtierender Präsident, der eine diesen Richtern entgegengesetzte politische Haltung hat, wegen ihres Verbleibens im Amt seine Anhänger im Supreme Court nicht etablieren und damit unter Umständen sein Gesetzesprogramm nicht durchbringen[199].

---

[196] THOMAS/LACAYO, 19.
[197] Gegenwärtig besteht eine starke Tendenz zum Überhang der Konservativen, a.a.O., 25.
[198] So bilden die obgenannten, von Präsident Eisenhower ernannten Richter, heute den «linken Flügel» im Supreme Court.
[199] Vgl. die Ereignisse im Zusammenhang mit der New-Deal Gesetzgebung

Weitere Probleme werden auch bei den Bestätigungsverfahren im Senat gesehen. Dies betrifft nicht den Grundsatz, dass der Präsident im Senat ein Gegengewicht haben muss und die SC-Richter besonders sorgfältig ausgewählt werden müssen [200]. Bemängelt wird aber oft die Praxis der Hearings, die, so die Kritik, bei politischen Antipathien sehr schnell in ein richtiggehendes Verhör ausarten könnten [201], wo oftmals mit «sehr viel Dreck» um sich geworfen werde [202]. Diese Kritik betrifft jedoch nur seltene Einzelfälle, die entweder von einem Machtkampf zwischen Senat und Präsidenten geprägt waren und/oder in denen der Präsident wegen seines Auftretens oder seiner Auswahl der Kandidaten zahlreiche Kritik hervorgerufen hatte [203]. In den

durch Roosevelt in den dreissiger Jahren (dazu SPANNER, Richterliche Prüfung, 91 f.; ders., Zwei Probleme, 691). Vgl. auch die aktuellen Zusammenhänge um die Nomination von Rhenquist zum SC-Präsidenten und Scalia zu seinem Nachfolger als Associate Justice. So wollen die beiden liberalen Richter Brennan und Marshall, obwohl schon 80 und 77 Jahre alt, noch nicht aus dem Court ausscheiden, um Präsident Reagan nicht die weitere Möglichkeit zu geben, noch zwei konservative SC-Richter ernennen zu können. Vgl. THOMAS/ LACAYO, 24; BUHL, a.a.O.

[200] Wer die *einzigartige* Bedeutung des Supreme Court – er geniesst ein höheres Ansehen als Legislative und Exekutive – in Betrachtung zieht, wird es als grundsätzlich legitim finden, dass sich die Kandidaten einer gründlichen Anhörung stellen müssen; die Nation verlangt fachlich und persönlich/moralisch einwandfreie Persönlichkeiten. Zudem sind die Kandidaten nicht durch den «Filter» der Parteien, der Gerichte, des Parlaments, der Regierung «vorgeprüft», sondern allein vom Präsidenten vorgeschlagen. Das Hearing im Senat ersetzt gewissermassen diese zahlreichen, in den westeuropäischen Verfassungen etablierten Filtermechanismen.

[201] HALLER, Supreme Court, 92.

[202] Vgl. a.a.O., 80f.

[203] Ein Beispiel sind die Vorgänge anlässlich der Besetzung einer 1987 freigewordenen Richterstelle im Supreme Court, bei denen der Präsident drei Kandidaten präsentieren musste, nachdem seine ersten beiden Kandidaten, die Richter Bork und Ginsburg, nach monatelangen Debatten gescheitert waren. Hier stand eine Mehrheit der Demokraten im Senat dem republikanischen Präsidenten Reagan gegenüber. Solche Konstellationen sind den Kandidaten an sich, wie erwähnt, nicht schädlich, erhielten aber Bedeutung durch ungeschicktes Timing des Präsidenten (vgl. New York Times vom 24.10.1987, 10) und durch sein Auftreten, das als arrogant empfunden wurde und nicht nur die De-

letzten 50 Jahren beschränkte sich der Senat im allgemeinen darauf, politische Einwände nur noch dann vorzubringen, wenn sie mit einer nicht ganz unzweifelhaften Kompetenz und Fähigkeit des Kandidaten verbunden werden konnten [204]. Juristisch einwandfreie Richter hatten, ungeachtet ihrer politischen Zugehörigkeit, stets Erfolg. Von den bisher 104 Supreme-Court-Richtern scheiterten 27, davon aber nur sechs im 20. Jahrhundert [205].

mokraten und gemässigten Republikaner, sondern auch eingefleischte Anhänger Reagans aufbrachte (z. B. sprach Reagan noch *vor* der Schlussabstimmung von einem «Lynchmob» gegen Bork, New York Times vom 24. 10. 1987, 10). Hinzu kam die Frage der fachlichen, politischen und moralischen Einstellungen Borks, die zu zahlreichen Protesten von Rechtslehrern, Bürgerrechtsgruppen und Frauenverbänden führten. *Ausserdem* nahm man ihm übel, dass er als Richter auf Anweisung des damaligen Präsidenten Nixon in der Watergate-Affäre die Ablösung des damaligen mit den Untersuchungen betrauten Sonderstaatsanwalts Archibald Cox, eines angesehenen Rechtslehrers, betrieben hatte, nachdem sein Vorgänger im Amt sich dieser Weisung widersetzt hatte. Bork scheiterte schliesslich im Senat mit 58 Nein- zu 42 Ja-Stimmen, der höchsten je ausgesprochenen Ablehnungsquote. Reagans zweiter Kandidat, der 41jährige Richter Douglas Ginsburg, scheiterte daran, dass er als Student und später als Assistenzprofessor in Harvard Rauschgift genommen hatte. Im Repräsentantenhaus wurden zudem Fragen nach der Rolle Ginsburgs bei der Zerstörung von Dokumenten in der Anti-Trust-Abteilung im Justizministerium im Jahre 1985 laut (NZZ vom 8./9. 11. 1987). Reagans dritter Kandidat, Richter Anthony Kennedy, galt als «Pragmatiker» ohne theoretische Ambitionen (NZZ vom 13. 11. und vom 18. 12. 1987), d. h. als eher blasser Kandidat. Ihm wurden gute Chancen eingeräumt, nachdem Bork als «Blitzableiter» gedient habe (NZZ vom 18. 12. 1987) (Bork ist inzwischen auch als US-Berufungsrichter zurückgetreten, NZZ vom 16. 1. 1988). Kennedy ist inzwischen vom Justizausschuss des Senats einstimmig empfohlen und vom Senat ohne Gegenstimme bestätigt worden (NZZ vom 30. 1. und vom 3. 2. 1988).

[204] THOMAS/LACAYO, 20 f. Vgl. die Affären Haysworth und Carswell, wo beide das Bestätigungsverfahren nicht schafften, bei HALLER, Supreme Court, 81 ff.

[205] Borks Scheitern war das erste seit 1970. 1930 scheiterte der von Präsident Hoover vorgeschlagene Richter J. J. Parker wegen Einwänden gegen seine anti-labor Einstellung; 1968 scheiterten die durch Präsident Johnson vorgeschlagenen Nominationen der Richter A. Fortas und H. Thornberry; Fortas zog seine Kandidatur zurück, nachdem Widerstände im Senat erkennbar waren und trat kurz darauf wegen finanzieller Unregelmässigkeiten im Richteramt zurück. Thornberry, der Fortas' Stelle einnehmen sollte, wurde nach dessen Rücktritt fallengelassen. 1969 scheiterte C. F. Haysworth Jr. im Senat, weil man ihm eine

Insgesamt dürfte das Ernennungsverfahren der Richter des Supreme Court, so wie es praktiziert wird, ein Gegengewicht der Legislative zu der Macht des Präsidenten darstellen. Festzuhalten bleibt jedoch, dass im Regelfall die Macht des Präsidenten überwiegt, solange er keine «kontroversen» Kandidaten präsentiert. Originäre Auswahl- und Wahlrechte der demokratischen Körperschaften sind ausgeschlossen.

ZUSAMMENFASSUNG

Betrachtet man die genannten Auswahlverfahren, lassen sich grosse Unterschiede, aber auch erhebliche Übereinstimmungen feststellen.

1. Die Unterschiede bestehen einmal in der *Zahl* der Verfassungsrichter, die sich zwischen neun und sechzehn (Frankreich und USA 9; Spanien 12; Portugal 13, Österreich 14, Italien 15, Bundesrepublik 16) bewegt, ferner in der *Amtsdauer,* die von sehr kurzen Zeiträumen (Schweiz und Portugal sechs Jahre) über mittlere Werte (Italien, Spanien, Frankreich neun Jahre, Bundesrepublik zwölf Jahre) bis hin zur Wahl auf Lebenszeit (USA, Österreich) reicht. Erhebliche Unterschiede gibt es auch in den Möglichkeiten einer *Wiederwahl,* die in den meisten Ländern ausgeschlossen (Bundesrepublik, Italien, Spanien, Frankreich) und nur in der Schweiz und in Portugal möglich ist. Ein ausdrückliches *Mindestalter* sehen nur die Bundesrepublik (40 Jahre) und die Schweiz (über das Erfordernis der Voraussetzung: Wählbarkeit zum Nationalrat, d.h. das 20. Lebensjahr) vor, jedoch ergibt sich in den anderen Staaten durch das ausdrückliche oder stillschweigende Erfordernis mehrjähriger beruflicher Praxis ein faktisches Mindestalter von in der Regel ca. 35–40 Jah-

---

anti-labor Einstellung und «ethical insensitivity» vorwarf. Der statt seiner benannte G. H. Carswell scheiterte 1969 ebenfalls im Senat. Drei Kandidaten hatten es somit nicht geschafft, die Fortas-Stelle einzunehmen (New York Times vom 24.10.1987, 10).

ren. Meist liegt dieses jedoch höher, in der Bundesrepublik bei ca. 50 Jahren, in Frankreich und in den USA noch höher (ca. 60 Jahre und darüber). Eine *Höchstaltersgrenze* kennen nur die Bundesrepublik (68 Jahre) und Österreich (70 Jahre), jedoch gibt es gewohnheitsrechtliche Altersgrenzen, so in der Schweiz mit 70 Jahren. Eine automatische *Rotation*, d.h. eine periodische Teilerneuerung nach drei Jahren, die eine Erstarrung des Gerichts verhindern soll, gibt es nur in Italien, Spanien und Frankreich.

Sehr unterschiedlich ist auch die *Beteiligung der Parlamente* an der Richterauswahl ausgestaltet. Sie ist zwar in allen Verfassungen vorgesehen, reicht jedoch von der *ausschliesslichen* Parlamentsbeteiligung (Bundesrepublik, Schweiz, Portugal) bis zu dem gewaltenteiligen Modell, bei dem den anderen Staatsorganen/-gewalten, insbesondere der Exekutive, aber auch dem Staatsoberhaupt ein erheblicher Anteil zukommt (Österreich, Italien, Spanien, Frankreich), wobei Italien und Spanien neben der Exekutive auch die Judikative beteiligen. In den *Bundesstaaten* sind beide Kammern (das unitarische und das föderative Organ) an der Verfassungsrichterwahl beteiligt (Bundesrepublik, Österreich, Schweiz) (in Österreich und in der Bundesrepublik zu gleichen Teilen; in der Schweiz besitzt der Nationalrat in der Bundesversammlung ein zahlenmässiges Übergewicht). In den *zentralistischen* Staaten wählen beide Häuser des Parlaments (Italien, Spanien), in Portugal die unitarische Nationalversammlung. In Frankreich kann von einer Parlamentsbeteiligung eigentlich nicht die Rede sein, da die ernennungsberechtigten Präsidenten der Nationalversammlung und des Senats völlig unabhängig sind. Eine Sonderstellung nehmen die USA mit dem alleinigen Recht der Ernennung der Verfassungsrichter durch den Präsidenten ein, die jedoch an die *Zustimmung* des Senats gebunden ist. Die Unterschiede betreffen schliesslich die *Haupt- und Nebenamtlichkeit* der Amtswahrnehmung, die in der Regel hauptamtlich, in Österreich und Italien aber nur nebenamtlich ist.

2. *Die Gemeinsamkeiten* betreffen in erster Linie die Vorschriften über Unabhängigkeit, Status, Indemnität und Immunität so-

wie die Inkompatibilitäten. Die Vorschriften stimmen dem Sinn nach weitgehend überein[206].

Das Verbot der gleichzeitigen Wahrnehmung öffentlicher Ämter und Funktionen in Parteien, Verbänden, Unternehmen usw. soll die Arbeitskraft des Richters dem Verfassungsgericht vorbehalten und ihn aus früheren Einflüssen herauslösen. Kleinere Abweichungen ergeben sich nur darin, was den Verfassungsrichtern an nebenamtlicher Tätigkeit erlaubt ist (allgemein werden wissenschaftliche Forschungs- und Lehrtätigkeiten anerkannt).

Eine weitere Gemeinsamkeit betrifft die *subjektiven Voraussetzungen,* vor allem die *berufliche* Qualifikation. Unabhängig davon, ob eine juristische Qualifikation in Verfassung oder Gesetz normiert ist (Bundesrepublik, Österreich, Spanien, Portugal, Italien) oder nicht (USA, Schweiz, Frankreich), hat sich allgemein die Praxis herausgebildet, dass als Verfassungsrichter nur *Juristen* mit anerkannten Fachkenntnissen und Reputation berufen werden können. Einige Länder (Italien, Spanien, Österreich) beschränken sich hierbei ausdrücklich auf die herkömmlichen juristischen Berufe wie Richter, Verwaltungsbeamte, Professoren, Anwälte, was dem Verfassungsgericht eine gewisse elitäre Zusammensetzung verleiht; in anderen Ländern besteht jedoch eine ähnliche Zusammensetzung, obwohl sie vom Gesetz nicht vorgesehen ist, z. B. in der Schweiz und der Bundesrepublik, während in Frankreich häufig ehemalige Politiker zum Verfassungsrichter ernannt werden und diese Funktionseliten nur in der Minderheit vertreten sind[207]. Allgemein sind jedoch Anwälte und sonstige nicht staatsgebundene Berufe, z. B. Abgeordnete, Journalisten, Wirtschaftsjuristen, nur wenig oder gar nicht vertreten[208]. Die oft gehörte Behauptung[209], die Kreationsorgane bemühten sich

---

[206] Zusammenfassend näher A. WEBER, Generalbericht: Verfassungsgerichtsbarkeit in Westeuropa, in: STARCK/WEBER (Hrsg.), 41 ff., 54 ff.

[207] FROMONT, 315 Anm. 2.

[208] Zudem engen «Richterklauseln» die breite Streuung von vornherein ein (Bundesrepublik, Spanien, Italien, Portugal).

[209] Zusammenfassung bei A. WEBER (Fn. 206), m. N.

bei «offenen» Ernennungsvoraussetzungen auch um eine breite Streuung der juristischen Berufe, wird somit durch die Praxis widerlegt, da Anknüpfungspunkt in der Regel die *Person*, nicht der Beruf des Kandidaten ist.

Eine wichtige Gemeinsamkeit liegt ferner darin, dass die *Parteien* entscheidenden Einfluss auf die Wahl der Verfassungsrichter haben. In einer Parteiendemokratie gilt dies als selbstverständlich. Allerdings ist das *Ausmass* der Einflussnahme unterschiedlich: Fast ausschliesslich von den Parteien abhängig ist die Berufung der Verfassungsrichter in der Schweiz, in Österreich und in der Bundesrepublik, die Nichtöffentlichkeit des Verfahrens kommt dieser Praxis entgegen. Zum Teil durch das qualifizierte Mehr bei der Wahl bedingt (Bundesrepublik, Portugal, Italien), zum Teil aufgrund der allgemeinen politischen Praxis (Österreich, Schweiz), hat sich hierbei ein gewisser Parteienproporz zwischen Regierungs- und Oppositionsparteien herausgebildet. Bei diesem Proporz wird häufig nicht nur auf Parteizugehörigkeit oder -sympathie, sondern auch auf Ausgewogenheit hinsichtlich Region (Schweiz, Österreich) und Amtssprachen (Schweiz) Bedacht genommen, neuerdings manchmal auch darauf, Frauen zum Verfassungsrichter zu ernennen (USA, Bundesrepublik). Hierbei begnügt man sich freilich bisher mit *einer* Frau im Gericht (USA) oder in einem Senat (Bundesrepublik).

Dass die parteipolitische Einflussnahme zu einer Beeinträchtigung der Verfassungsgerichtsrechtsprechung geführt habe, konnte in keinem Land nachgewiesen werden. Vielmehr scheint sich das bürokratische «Gesetz» zu bewahrheiten, dass die Institution ihre Mitglieder stärker prägt als etwaige berufliche oder parteipolitische Affiliationen, die Verfassungsrichter also tatsächlich objektiv und unabhängig urteilen[210]. Ganz deutlich zeigt sich dies am französischen Conseil Constitutionnel, der, mehrheitlich aus früheren Politikern bestehend, eine bemerkenswerte Unabhängigkeit zeigt und hohes Ansehen geniesst und dem in bestimmten Bereichen sogar die Rolle «ideologischer Führung» an-

---

[210] Vgl. E. BENDA, 121 ff., 128; vgl. auch BVerfGE 35, 171 ff., 173 f.

vertraut wird[211], aber auch am deutschen Bundesverfassungsgericht. Die Richter der Verfassungsgerichte werden sich, und dies zeigen die Abstimmungsverhältnisse deutlich (z.B. USA, Bundesrepublik), eher danach unterscheiden, ob sie sich bei der Interpretation der Verfassung von eher liberalen und/oder sozialen Geisteshaltungen leiten lassen oder eher staatsorientierten ordnungspolitischen Vorstellungen gegenüber den Interessen des Individuums den Vorzug geben. Mit Ausnahme der USA erfolgt die Kandidatensuche und Vorauswahl in *nicht-öffentlichen* Verfahren, an denen meist nur die jeweiligen Parteispitzen beteiligt sind.

Damit bleibt die Suche dem «Zufall», d.h. persönlichen und/oder politischen Beziehungen des potentiellen Kandidaten zu den Mitgliedern der Kreationsorgane, den Empfehlungen von Parteien und Verbänden, der Findigkeit der jeweiligen Beraterstäbe des Kreationsorgans oder dem Grad der jeweiligen öffentlichen Profilierung des Kandidaten überlassen. Im Sinne einer grösseren Auswahlmöglichkeit sind die Reformvorschläge daher in erster Linie an einer grösseren *Transparenz* des Verfahrens orientiert, wie sie z.B. in Österreich und in der Bundesrepublik vorgeschlagen wird (öffentliche Ausschreibung, Hearing usw.). Hierbei wird darauf hingewiesen, dass kein Unternehmen und keine Behörde Personen nur «nach Aktenlage» oder auf Empfehlungen in leitende Funktionen berufe, ohne sie vorher gründlich zu prüfen. Genau dies geschehe aber in vielen Kreationsorganen hinsichtlich der Verfassungsrichter, die für das Schicksal der Rechts- und Verfassungsentwicklung des Landes von entscheidender Bedeutung über viele Jahre sind.

Die Reformvorschläge werden zusammenfassend damit begründet, dass die Chancengerechtigkeit für die potentiellen Kandidaten, das Gebot demokratischer Legitimierung und die hohe Bedeutung der Verfassungsrechtsprechung effektive Schritte im Sinne einer allseits akzeptierten Öffnung des Verfahrens fordern.

---

[211] FROMONT, 338.

Ferner wird darauf hingewiesen, dass eine solche Öffnung ein Verfahren fordert, das den einzelnen Richter der Öffentlichkeit und dem Bürger näherbringt und ein wichtiger Beitrag ist, dass sie das Verfassungsgericht als Institution der demokratischen Verfassungsordnung besser kennenlernen. Eine solche Öffnung wird schliesslich auch als Erhöhung der Akzeptanz verfassungsgerichtlicher Entscheidungen verstanden, von der die Verfassungsgerichtsbarkeit in hohem Masse abhängig ist.

LITERATURVERZEICHNIS

ADAMOVICH, LUDWIG K./FUNK, BERND-CHRISTIAN: Österreichisches Verfassungsrecht, 1. und 3. Aufl. Wien/New York 1982 und 1985.

BENDA, ERNST: Die Verfassungsgerichtsbarkeit in der Bundesrepublik Deutschland. In: STARCK C./WEBER A. (Hrsg.), Verfassungsgerichtsbarkeit in Westeuropa, Teilband I (Berichte), Baden-Baden 1986.

BENDA, ERNST/MAIHOFER, WERNER/VOGEL, HANS-JOCHEN (Hrsg.): Handbuch des Verfassungsrechts, Berlin/New York 1983 (Studienausgabe 1984).

BETTERMANN, KARL AUGUST: Opposition und Verfassungsrichterwahl. In: FS Konrad Zweigert, Tübingen 1981, 723 ff.

BILLING, WERNER: Das Problem der Richterwahl zum Bundesverfassungsgericht, Berlin 1969.

BUHL, DIETER: Wende nach rechts? In: «Die Zeit» vom 27. Juni 1986, 7.

BURCKHARDT, WALTHER: Kommentar der schweizerischen Bundesverfassung vom 29. Mai 1874. 3. Aufl. Bern 1931.

CARONI, PIO: Die Einleitungsartikel des ZGB, Bern 1982.

DÄUBLER, WOLFGANG/KÜSEL, GUDRUN (Hrsg.): Verfassungsgericht und Politik, Reinbek 1979.

DICHGANS, HANS: Wahl der Bundesverfassungsrichter. In: Zeitschrift für Rechtspolitik (ZRÖ), *1972* 85 f.

DUVERGER, MAURICE: Le système politique français. 18. Aufl. Presses Universitaires de France 1985.

EICHENBERGER, KURT: Die richterliche Unabhängigkeit als staatsrechtliches Problem, Bern 1960.

FRANCK, CLAUDE: Les fonctions juridictionelles du Conseil Constitutionnel et du Conseil d'Etat dans l'ordre constitutionel, Paris 1974.

FROMONT, MICHEL: Der französische Verfassungsrat. In: STARCK/WEBER (Hrsg.), Verfassungsgerichtsbarkeit in Westeuropa, Teilband I (Berichte), Baden-Baden 1986.

GECK, KARL: Wahl und Amtsrecht der Bundesverfassungsrichter, Baden-Baden 1986.

GIACOMETTI, ZACCARIA: Die Verfassungsgerichtsbarkeit des schweizerischen Bundesgerichts, Zürich 1933.

GOOSE, PETER ERNST: Die Normenkontrolle durch den französischen Conseil Constitutionnel, Berlin 1973.

GRISEL, ANDRÉ: Le tribunal fédéral suisse. In: Zeitschrift für Schweizerisches Recht (ZSR) 90, 1. Halbbd., 385 ff.

HALLER, WALTER: Ausbau der Verfassungsgerichtsbarkeit? In: Zeitschrift für Schweizerisches Recht (ZSR) 97, 1. Halbbd., 501 ff. (zitiert: Ausbau der Vgb.).

– Supreme Court und Politik in den USA. Bern 1972 (zitiert: Supreme Court).

– Das schweizerische Bundesgericht als Verfassungsgericht. In: STARCK/WEBER (Hrsg.), Verfassungsgerichtsbarkeit in Westeuropa, Teilband I (Berichte), Baden-Baden 1986 (zitiert: Bundesgericht).

HIRSCH, MARTIN: Verfassungsgerichtsbarkeit und Verfassungsgerichte in der Bundesrepublik Deutschland sowie in anderen Staaten. In: DÄUBLER/KÜSEL, a.a.O., 179 ff.

HOLTFORT, WERNER: Praktische Vorschläge, das Bundesverfassungsgericht in eine demokratieangemessene Rolle zurückzuführen. In: DÄUBLER/KÜSEL, a.a.O., 191 ff.

ISENSEE, JOSEF/KIRCHHOF, PAUL (Hrsg.): Handbuch des Staatsrechts, Bd. II, Heidelberg 1987.

KÄLIN, WALTER: Das Verfahren der staatsrechtlichen Beschwerde, Bern 1984.

KAUPER, PAUL G.: Judicial Review of Constitutional Issues in the United States. In: MOSLER (Hrsg.), Verfassungsgerichtsbarkeit in der Gegenwart (Internationales Kolloquium des Max-Planck-Instituts für ausländisches öffentliches Recht und Völkerrecht, Heidelberg 1961), Köln/Berlin 1962, 568 ff.

KLECATSKY, HANS R.: Über die Notwendigkeit einer grundlegenden Reform der österreichischen Verfassungsgerichtsbarkeit. In: FS Willi Geiger, Tübingen 1974, 925 ff.

KORINEK, KARL: Die Verfassungsgerichtsbarkeit im Gefüge der Staatsfunktionen. In: Veröffentlichungen der Vereinigung deutscher Staatsrechtslehrer (VVDStRL), Bd. 39/1981, 7 ff. (zitiert: Staatsfunktionen).

– Die Verfassungsgerichtsbarkeit in Österreich. In: STARCK/WEBER (Hrsg.), Verfassungsgerichtsbarkeit in Westeuropa, Teilband I (Berichte), Baden-Baden 1986 (zitiert: Verfassungsgerichtsbarkeit).

KRÖGER, KLAUS: Richterwahl. In: Bundesverfassungsgericht und Grundgesetz, Festgabe aus Anlass des 25jährigen Bestehens des Bundesverfassungsgerichts, Bd. 1. Tübingen 1976, 76 ff.

LAUFER, HEINZ: Politische Kontrolle durch Richtermacht. In: TOHIDIPUR (Hrsg.), Verfassung, Verfassungsgerichtsbarkeit, Politik, Frankfurt am Main 1976, 92 ff.

LEIBHOLZ, GERHARD/RUPPRECHT, REINHARD: BVerfGG, Rechtssprechungskommentar, Köln/Marienburg 1968 (zitiert: Rechtssprechungskommentar).

- Nachtrag zum BVerfGG – Rechtssprechungskommentar, Köln/Marienburg 1971 (zitiert: Nachtrag).

MATTER, FELIX: Der Richter und seine Auswahl, Zürich 1978.

MELICHAR, ERWIN: Die Verfassungsgerichtsbarkeit in Österreich. In: MOSLER (Hrsg.), Verfassungsgerichtsbarkeit in der Gegenwart (mit Länderberichten aus *allen* Staaten) (Internationales Colloquium des Max-Planck-Instituts für ausländisches öffentliches Recht und Völkerrecht, Heidelberg 1961), Köln/Berlin 1962, 439 ff. (zitiert: Verfassungsgerichtsbarkeit).

MINISTERPRÄSIDIUM der Republik Italien (Hrsg.), Der italienische Staat und seine Verfassungsordnung, Rom 1976 (zitiert: Der italienische Staat).

MOSLER, HELMUT (Hrsg.), Verfassungsgerichtsbarkeit in der Gegenwart (mit Länderberichten aus *allen* Staaten) (Internationales Colloquium des Max-Planck-Instituts für ausländisches öffentliches Recht und Völkerrecht, Heidelberg 1961), Köln/Berlin 1962.

MÜLLER, JÖRG PAUL: Die Verfassungsgerichtsbarkeit im Gefüge der Staatsfunktionen. In: Veröffentlichungen der Vereinigung deutscher Staatsrechtslehrer (VVDStRL), Bd. 39/1981, 53 ff.

PELINKA, ANTON/WELAN, MANFRED (Hrsg.): Demokratie und Verfassung in Österreich, Wien/Frankfurt a. M./Zürich 1971.

RACKE, GERHARD: Die rechtliche Stellung des italienischen Verfassungsgerichts, Diss. iur. Mainz 1970.

RASEHORN, THEO: Aus einer kleinen Residenz. In: DÄUBLER/KÜSEL (Hrsg.), Verfassungsgericht und Politik, Reinbek 1979, 149 ff. (zitiert: Kleine Residenz).

- Das Bundesverfassungsgericht und die Gesellschaft von heute. In: TOHIDIPUR (Hrsg.), Verfassung, Verfassungsgerichtsbarkeit, Politik, Frankfurt a. M. 1976, 136 ff. (zitiert: BVerfG und Gesellschaft).

ROELLECKE, GERD: Aufgaben und Stellung des Bundesverfassungsgerichts im Verfassungsgefüge. In: ISENSEE/KIRCHHOF (Hrsg.), Handbuch des Staatsrechts, Bd. II, Heidelberg 1987, § 53 (S. 665 ff., insbes. S. 674 ff.).

SCHLAICH, KLAUS: Die Verfassungsgerichtsbarkeit im Gefüge der Staatsfunktionen. In: Veröffentlichungen der Vereinigung deutscher Staatsrechtslehrer (VVDStRL), Bd. 39/1981, 99 ff.

SIMON. HELMUT: Verfassungsgerichtsbarkeit. In: BENDA/MAIHOFER/VOGEL (Hrsg.), Handbuch des Verfassungsrechts, Berlin/New York 1983, 1273 ff.

SPANNER, HANS: Die richterliche Prüfung von Gesetzen und Verordnungen, Wien 1951 (zitiert: Richterliche Prüfung).

– Zwei Probleme der Verfassungsgerichtsbarkeit: Besetzung des Gerichts und dissenting opinion. In: Gedächtnisschrift für René Marcic, Berlin 1974, 689 ff. (zitiert: zwei Probleme).

STARCK, CHRISTIAN/WEBER, ALBRECHT (Hrsg.): Verfassungsgerichtsbarkeit in Westeuropa, Teilbd. I (Berichte), Teilbd. II (Dokumentation), Baden-Baden 1986.

SZABO, JOSEF: Verfassungsgerichtshöfe in der vergleichenden Rechtslehre. In: FS Adolf J. Merkl, München/Salzburg 1970, 393 ff.

TEUBNER, ERNST: Die Bestellung zum Berufsrichter in Bund und Ländern. Entwicklung, Modelle, Analysen. Köln usw. 1984.

THOMA, RICHARD: Rechtsgutachten betreffend die Stellung des Bundesverfassungsgerichts. In: Jahrbuch des öffentlichen Rechts (Neue Folge), Bd. 6 (1957), 161 ff.

THOMAS, EVAN/LACAYO, RICHARD: Reagan's Mr. Right. In: «Time» vom 30. Juni 1986, 18 ff.

TOHIDIPUR, MEHDI (Hrsg.): Verfassung, Verfassungsgerichtsbarkeit, Politik, Frankfurt am Main 1976.

– Zu Status und Funktion des Bundesverfassungsgerichts. In: TOHIDIPUR (Hrsg.), Verfassung, Verfassungsgerichtsbarkeit, Politik, Frankfurt a. M. 1976, 10 ff.

TRIBE, LAURENCE: American Constitutional Law, Mineola, New York 1978.

WELAN, MANFRED: Der Verfassungsgerichtshof. In: PELINKA/WELAN (Hrsg.), Demokratie und Verfassung in Österreich, Wien/Frankfurt a. M./Zürich 1971, 211 ff.

WENGER, KARL: Gedanken zur Reform der Verfassungsgerichtsbarkeit. In: Schriftenreihe Niederösterreichische Juristische Gesellschaft (St. Pölten), Heft 13/1978.

WENGST, UDO: Staatsaufbau und Regierungspraxis 1948–1953, Düsseldorf 1984.

ZWEIGERT, KONRAD/DIETRICH, HARTMUT: Bundesverfassungsgericht – Institution mit Zukunft? In: DÄUBLER/KÜSEL (Hrsg.), Verfassungsgericht und Politik, Reinbek 1979, 11 ff.

ABKÜRZUNGSVERZEICHNIS

a. A.	anderer Ansicht
Anm.	Anmerkung
BGr.	(Schweizerisches) Bundesgericht
BGr. Regl.	Reglement für das Schweizerische Bundesgericht vom 14.12.1978
BV	Bundesverfassung der Schweizerischen Eidgenossenschaft vom 29.5.1874
BV 1848	Bundesverfassung der Schweizerischen Eidgenossenschaft vom 12.9.1848
BV-Ent.	Verfassungsentwurf der Expertenkommission für die Vorbereitung einer Totalrevision der Bundesverfassung 1977
BVerfG	(Deutsches) Bundesverfassungsgericht
BVerfGE	Entscheidungen des Bundesverfassungsgerichts
BVerfGG	Gesetz über das Bundesverfassungsgericht vom 12.3.1951
B-VG	Verfassung der Bundesrepublik Österreich vom 10.11.1920
CC	(Französischer) Conseil Constitutionnel
DRiG	Deutsches Richtergesetz vom 19.4.1972
Fn.	Fussnote
F-Verf.	Verfassung der Französischen Republik vom 28.9.1958
GG	Grundgesetz der Bundesrepublik Deutschland vom 23.5.1949
I-Verf.	Verfassung der Italienischen Republik vom 27.12.1947
L. cost. Nr. 1/1953	Legge costituzionale 11.3.1953, n.1: Norme integrative della Costituzione concernenti la Corte costituzionale
loi org. CC	Ordonnance n° 58-1067 du 7.11.1958 portant loi organique sur le Conseil Constitutionnel
L. ord. Nr. 87/1953	Legge 11.3.1953, n. 87: Norme sulla costituzione e sul funzionamento della Corte costituzionale
m. E.	meines Erachtens
NZZ	Neue Zürcher Zeitung
OG	Bundesgesetz vom 16.12.1943 über die Organisation der Bundesrechtspflege
P-Verf.	Verfassung der Portugiesischen Republik vom 2.4.1976
SC	(Amerikanischer) Supreme Court
Sp.Verf.	Spanische Verfassung vom 29.12.1978
US-Verf.	Verfassung der Vereinigten Staaten von Amerika vom 17.9.1987
VerfGH	(Österreichischer) Verfassungsgerichtshof
VfGG	Verfassungsgerichtshofgesetz 1953
Vgb.	Verfassungsgerichtsbarkeit

WOLFGANG WIEGAND

DIE REZEPTION AMERIKANISCHEN RECHTS *

I. AUSGANGSPUNKT UND ZIELSETZUNG

1. Der Titel dieser Festschrift, die die «Schweizerische Rechtsordnung in ihren internationalen Bezügen» darstellen soll, weckt Assoziationen verschiedener Art, die naturgemäss durch aktuelle Ereignisse und Probleme mitbestimmt werden. So wird etwa die Berührung schweizerischer Rechtsverhältnisse mit ausländischen Rechtsordnungen durch das neue IPR-Gesetz manifestiert. Während es sich dabei aber um ein seit langem geläufiges Phänomen handelt, das nur wegen der grösseren Mobilität der Bevölkerungen und des stetig wachsenden Wirtschaftsvolumens quantitativ an Bedeutung gewonnen hat, gibt es eine Reihe von Vorgängen, die sowohl in ihrer Erscheinungsart wie in ihrer Auswirkung neue Dimensionen der «Internationalität» aufweisen. Dies gilt auf der einen Seite für die Vereinheitlichung des Rechts der Europäischen Gemeinschaften, die etwa im Bereich des Gesellschaftsrechts oder der Produktehaftpflicht gravierende Konsequenzen für die schweizerische Rechtsordnung haben wird. Während diese sich aus der engen wirtschaftlichen und politischen Beziehung zwischen der Schweiz und den umliegenden Mitgliedsländern der Europäischen Gemeinschaft gewissermassen von selbst ergeben, stellt sich ein weiterer Komplex als Folge der Internationalisierung und Globalisierung der Kapitalmärkte, aber auch der Wirtschaftskriminalität dar: Die verschiedenen Abkommen über die Rechtshilfe zwischen den Vereinigten Staaten und der Schweiz sowie insbesondere die weitreichenden Ein-

* Dank schulde ich meinen Mitarbeiterinnen lic. iur. M. KOLLER-TUMLER und lic. iur. C. MAINARDI-SPEZIALI für die Dokumentation; besonders verbunden bin ich denjenigen Advokaturbüros, die sich die Mühe gemacht haben, auf meine Umfrage zu antworten.

griffe in das Gefüge des schweizerischen Rechts im Zusammenhang mit der Verfolgung von Insiderfällen[1] verdeutlichen das auf exemplarische Weise. Im folgenden soll jedoch nicht so sehr von solchen, auch in der nicht-juristischen Öffentlichkeit stark beachteten Erscheinungen die Rede sein, sondern von einer Entwicklung, die weniger spektakulär, nach meiner Einschätzung aber von noch grösserer Tragweite ist. Ich bezeichne sie als die *Rezeption amerikanischen Rechts*. Sie ist nicht auf die Schweiz beschränkt, lässt sich aber gerade in einer seit eh und je für die Berücksichtigung ausländischen Rechts offenen Rechtsordnung wie derjenigen der Schweiz auf besonders exemplarische Weise beobachten und beschreiben. Ehe das im folgenden geschieht, sind einige Vorbemerkungen zur Terminologie und zur Zielsetzung der Untersuchung erforderlich.

2. Wenn hier nicht von anglo-amerikanischem, sondern nur von *amerikanischem* Recht gesprochen wird, so soll damit von allem Anfang an klargestellt werden, dass es sich nicht um ein neues Kapitel der traditionellen Gegenüberstellung des kontinentaleuropäischen und des angloamerikanischen Rechtskreises handelt[2]. Vielmehr geht es um die *Rolle, die das Recht der Vereinigten Staaten von Amerika seit dem Zweiten Weltkrieg* spielt. Eine Reihe der im folgenden mitgeteilten Beobachtungen beziehen sich auf den gesamten europäischen Kontinent einschliesslich Grossbritannien. Mutatis mutandis lassen sich vergleichbare Entwicklungen im asiatischen Raum, insbesondere in Japan beobachten[3]. Die folgenden Ausführungen beschränken sich aus den

---

[1] Zum gesamten Komplex: Beiträge zum Schweizerischen Bankenrecht, hrsg. von RUDOLF VON GRAFFENRIED, darin insbes. die Abhandlungen im Kapitel «Rechtshilfe»; Einzelheiten unten IV.4.b.

[2] Vgl. dazu neuerdings das breitangelegte Forschungsprojekt: Englische und kontinentale Rechtsgeschichte, Bd. 1 der Comparative Studies in Continental and Anglo-American Legal History, hrsg. von HELMUT COING/KNUT NÖRR, Berlin 1985.

[3] Die Darstellung dieser Zusammenhänge bleibt einer späteren Untersuchung vorbehalten.

erwähnten Gründen vorwiegend auf die Situation in der Schweiz.

3. Die Kennzeichnung des Vorganges durch den *Begriff der Rezeption* beruht auf einer ganzen Reihe von Erwägungen, die ihrerseits wieder mit der Zielsetzung der Untersuchung verknüpft sind. Generell wird mit dem Wort «Rezeption» die Übernahme fremder Ideen und fremden Gedankenguts bezeichnet, wie sie in allen Lebensbereichen vorkommt. Dabei ist von vornherein klar, dass der Begriff erst aus dem jeweiligen Verwendungszusammenhang Konturen gewinnt, weil er so unterschiedliche Gegenstände wie fremde Religionen, Philosophien oder wissenschaftliche Theorien, aber auch gesellschaftliche Verhaltensmuster betreffen kann. Infolgedessen ist der Begriff der Rezeption in vielen Teilbereichen der Wissenschaft immer wieder problematisiert worden; andererseits besteht insofern ein gewisser Konsens, als sich die Überzeugung durchgesetzt hat, dass alle Rezeptionsvorgänge als kulturelle oder soziale Prozesse betrachtet und verstanden werden müssen. Dies gilt auch und in besonderem Masse für den Begriff der Rezeption, wie ihn die Rechtswissenschaft traditionellerweise verwendet [4].

4. Übernahmen fremden Rechts hat es zu allen Zeiten und in den unterschiedlichsten Formen gegeben. Wenn in der europäischen Rechtswissenschaft von Rezeption gesprochen wird, so ruft dies ungeachtet zahlreicher anderer Übernahmevorgänge bis hin in die neueste Zeit [5] eine ganz bestimmte Vorstellung hervor: Der kontinentaleuropäische Jurist denkt an diejenige Rezeption,

---

[4] Zum Vorstehenden und Folgenden vgl. die verschiedenen Art. «Rezeption» im Handwörterbuch Deutscher Rechtsgeschichte Bd. 4 (1987) mit umfangreichen Nachweisen; ausserdem rechtsvergleichend ERNST E. HIRSCH, Rezeption als sozialer Prozess, Berlin 1981, sowie die Arbeiten von RHEINSTEIN (Fn. 15).

[5] Zum Beispiel die Übernahme des schweizerischen Rechts in der Türkei, dazu HIRSCH (Fn. 4) sowie zuletzt JOHANNES JONAS, Ein zeitgenössischer Rezeptionsprozess am Beispiel des türkischen Zivilrechts, Juristische Schulung 1987, 266, mit zahlreichen Nachweisen.

die in der europäischen Rechtsgeschichte als *die* Rezeption schlechthin gilt, nämlich die Ausbreitung des römisch-kanonischen Rechts als ius commune in Europa. Gerade diese Assoziation wird durch die Formel «Rezeption amerikanischen Rechts» angestrebt; denn in dieser Untersuchung soll zunächst aufgezeigt werden, dass zwischen dem *Aufstieg* des an den oberitalienischen Universitäten entstandenen *«gelehrten Rechts» zum europäischen ius commune* und dem hier zu beschreibenden Vorgang der *Ausbreitung amerikanischen Rechts frappierende Parallelen* bestehen. Dieser Parallelität kommt eine Schlüsselfunktion zu, sowohl für die Analyse des Vorgangs selbst als auch für die daraus abzuleitenden Folgerungen sind nämlich wesentliche Erkenntnisse aus dem Vergleich beider Entwicklungen zu gewinnen. Damit sind zugleich die weiteren Schlagworte für die Zielsetzung der vorliegenden Arbeit formuliert: Es geht darum, die Ausbreitung amerikanischen Rechts zu beschreiben, sowie Ursachen und Wirkungen in einer ersten groben Skizze aufzuzeichnen.

II. SYMPTOME EINER NEUEN REZEPTION

1. Die Ausbreitung des ius commune in Europa

Um für die zu schildernden Erscheinungen ein Vergleichsmuster zu gewinnen, ist zunächst eine kurze Skizze des heutigen Verständnisses der Rezeption des römisch-kanonischen Rechts erforderlich. An die Stelle früherer Auffassungen, die zwischen Früh- und Vollrezeption oder zwischen theoretischer und praktischer Rezeption unterschieden und auch bezüglich der einzelnen Territorien stark differenzierten, ist heute eine Betrachtungsweise getreten, die den Vorgang in seiner Gesamtheit zu erfassen und zu beschreiben versucht. So spricht SCHLOSSER[6] von einem «rechtskulturgeschichtlichen Phänomen», bei dem eine ganze Reihe von

---

[6] HANS SCHLOSSER, Grundzüge der neueren Privatrechtsgeschichte, Heidelberg, 5. Aufl. 1985, 38 ff., 42.

Faktoren ineinandergreifen. Dieser Vorgang, der das Recht selbst und das Rechtsverständnis grundlegend gewandelt hat, weist in weiten Teilen Europas, trotz mancher Unterschiede in Intensität und Ablauf, die gleichen Strukturen auf, woraus COING[7] zu Recht die Folgerung gezogen hat, dass die Ausbreitung des ius commune als ein gesamteuropäischer Vorgang betrachtet werden müsse.

a) Ausgangspunkt dieses Vorgangs bildet die Verwissenschaftlichung des Rechts und die damit einhergehende Entstehung eines wissenschaftlichen Studiums des Rechts an den oberitalienischen und französischen Rechtsschulen.

Diese neuen Wissenschaftszentren zogen Studenten aus ganz Europa an, die als *gelehrte Juristen* in ihre Heimatländer zurückkehrten. Dort besetzten sie alsbald die *Schlüsselfunktionen in Verwaltung, Justiz und Rechtspflege.* Aus diesen Positionen heraus verhalfen sie dem «neuen» Recht zum Durchbruch. Auch hierbei wirkten neben den wirtschaftlichen und politischen Gegebenheiten mehrere Faktoren zusammen: Einerseits waren die gelehrten Juristen von den Vorzügen des ius commune überzeugt, andererseits wirkte die Rationalität und Effizienz des Rechts überzeugend, nicht zuletzt aber hatten die gelehrten Juristen ein starkes Eigeninteresse. Dieses beruhte darauf, dass sie mit der Ausbreitung des ius commune nicht nur die getätigten Investitionen für das teure Studium amortisieren, sondern zugleich ihre eigene Position festigen und Machtzugewinne erzielen konnten, weil sie als einzige die neue Methode beherrschten. Der letzte Punkt ist von besonderer Bedeutung: Wichtiger als die Ausbreitung einzelner Rechtsinstitute und Lehren des ius commune ist dessen *Methode,* kurz die Rationalisierung und Verwissenschaftlichung des Rechts und Rechtsdenkens. Infolgedessen ist gerade im Hinblick auf die zu vergleichenden modernen Vorgänge zu betonen, dass ein wesentlicher Effekt der Ausbreitung des ius commune in der Durchdringung der lokalen Rechte mit derselben wissen-

---

[7] HELMUT COING, Die europäische Privatrechtsgeschichte der neueren Zeit als einheitliches Forschungsgebiet, in Jus commune Bd. I. (Frankfurt/1967) 1 ff.

schaftlichen Methode bestand. Auch dies unterstreicht die Notwendigkeit, den Prozess, den wir schlagwortartig als Rezeption des römisch-kanonischen Rechts bezeichnen, in der oben dargelegten Ganzheit zu betrachten. SCHLOSSER [8] hat dies auf folgende knappe Formel gebracht: «Die neue Forschung sieht die Rezeption im gesamteuropäischen Rahmen und versteht sie als Verwissenschaftlichung des Rechtswesens, begleitet von einer grundlegenden Veränderung der Rechtsvorstellungen, die sich durch den Übergang der Rechtslehre, Rechtsprechung und Rechtssetzung auf einen Gelehrtenstand vollzog.»

b) Für die hier zu schildernde Entwicklung ist von wesentlicher Bedeutung, dass dieser Vorgang selbst nur als Teil einer universeller angelegten Veränderung des Bildungswesens und der Gesamtkultur zu verstehen ist. COING spricht deshalb davon, dass man diesen kulturellen Rahmen am besten mit dem von E. R. CURTIUS für die Literaturgeschichte geprägten Begriff des *«lateinischen Mittelalters»* erklären könne [9].

Dies führt zu einer letzten Bemerkung, die für das Vorverständnis unerlässlich ist: Die lateinische Sprache war das Vehikel, welches das ius commune über die Alpen getragen hat. Es waren lateinische Worte, die zuerst in deutschsprachige Urkunden eindrangen, und es war die *lateinische Sprache* als *die* Wissenschafts- und Kultursprache schlechthin, die die Verwissenschaftlichung des Rechts zu einem gesamteuropäischen Vorgang gemacht hat.

2. *Das amerikanische Zeitalter*

Knüpft man an das Bild vom *lateinischen Mittelalter* an, so kann man ihm mit gutem Grund den Begriff «amerikanisches Zeitalter» [10] gegenüberstellen. Ich verstehe darunter die seit dem Zweiten Weltkrieg einsetzende, immer weiter und tiefer greifende

---

[8] A.a.O. (Fn. 6), 42 in Anschluss an die grundlegenden Forschungen von FRANZ WIEACKER, Privatrechtsgeschichte der Neuzeit, 2. Aufl. 1967.

[9] A.a.O. (Fn. 7), 2.

[10] Vgl. dazu die Hinweise in Fn. 58.

Amerikanisierung, die zunächst Westeuropa, in zunehmendem Masse aber auch alle anderen Regionen der Welt und schliesslich auch die kommunistischen Länder erfasst hat. Der Tatbestand als solcher ist bekannt und bedarf keiner Erläuterung.

Als Ausdruck dieser Entwicklung kann die *Dominanz der amerikanischen Sprache* gelten, die in allen Lebensbereichen Niederschlag findet. Dabei geht es aber nicht nur um die Durchdringung unserer Alltagssprache mit Amerikanismen oder darum, dass in weiten Teilen der Welt das Amerikanische fast die Funktion einer zweiten Gemeinsprache erlangt hat. Im Bereich der Wissenschaften hat sich vielmehr die englische Sprache zur nahezu einzigen akzeptierten Kommunikationsform entwickelt. Dies gilt uneingeschränkt für die Naturwissenschaften, lässt sich aber in vielen anderen Gebieten (mit einer stets stärker werdenden Tendenz) beobachten. Diese besondere Rolle der englischen Sprache in der internationalen Wissenschaftsdiskussion beruht nicht auf Zufall: Sie ist vielmehr Ausdruck einer *Verlagerung der Wissenschaftszentren an die amerikanischen Spitzenuniversitäten,* die sich schon zwischen den Weltkriegen abzeichnete, seit dem Zweiten Weltkrieg aber in eklatanter Weise sichtbar geworden ist. Im nicht-naturwissenschaftlichen Bereich, in dem die Globalisierung der Wissenschaften aufgrund der stärkeren Verankerung im nationalen Milieu weniger rasch voranschreitet und an vielfältige Barrieren stösst, lassen sich derartige Verschiebungen schwerer feststellen oder gar «beweisen», nicht zuletzt deshalb, weil auch die Leistungen weniger messbar oder vergleichbar sind. Für den hier zu beurteilenden *Sektor der Jurisprudenz* gibt es jedoch eindeutige Indikatoren: Alle wirklich tiefgreifenden und weitreichenden Veränderungen unseres Rechts und unseres Rechtsverständnisses sind in der Nachkriegsepoche von Amerika ausgegangen (dazu unten IV).

3. Symptomatische Fakten und Beobachtungen

Das Studium an einer amerikanischen Universität hat heute in der Schweiz einen ähnlichen Stellenwert und eine vergleichbare Funktion wie im Mittelalter das Studium des ius commune. Dafür gibt es eine Reihe von eindrucksvollen Belegen:

a) Die Situation an den Universitäten

Der Schweizerische Nationalfonds[11] vergibt jährlich sogenannte «*Nachwuchsstipendien*». Sie sollen «angehenden Forschern..., die eine Lehrtätigkeit anstreben oder sich der Forschung widmen wollen, die Möglichkeit verschaffen, ihre wissenschaftliche Ausbildung vornehmlich im Ausland zu vervollständigen». Die Statistik über die von den juristischen Kandidaten gewählten Weiterbildungsländer ergibt für die Jahre 1971–1986 folgendes Bild:

Von insgesamt 171 Geförderten studierten 88 oder 51,5 % in den USA; noch deutlicher wird der *Trend,* wenn man die achtziger Jahre gesondert betrachtet: Von 103 Stipendiaten gingen 64 (das sind 62,1 %) an eine amerikanische Universität, um dort ein Postgraduierten-Programm zu absolvieren. Da die Auswahlkriterien für die Vergabe der Stipendien bewusst elitär gehalten sind, ergibt sich aus den Zahlen als erstes *Ergebnis:*

Nahezu zwei Drittel der (staatlich geförderten) Hochbegabten im Bereich der Jurisprudenz «vervollständigen ihre wissenschaftliche Ausbildung» durch ein Weiterbildungsstudium in Amerika. Zieht man in Betracht, dass primärer Zweck dieser Stipendien die gezielte Heranziehung des Nachwuchses für Lehre und Forschung ist und dass diese Zielsetzung in erheblichem Umfang auch erreicht wird, so drängt sich ein weiterer Schluss auf: Von den zukünftigen Hochschullehrern im Bereich der Rechtswissen-

---

[11] Ich danke dem Nationalfonds für die Überlassung des Materials; die im folgenden mitgeteilten Beobachtungen werden durch persönliche Erfahrungen bestätigt, die ich als Mitglied der für die Vergabe der Stipendien zuständigen Forschungskommission an der Universität Bern gemacht habe.

schaft wird die Hälfte oder gar mehr über eine Ausbildung in den USA und einen amerikanischen Studienabschluss verfügen.

Damit wird sich eine Entwicklung verstärken, die schon heute punktuell zu beobachten ist; in bestimmten Fachbereichen (Wirtschaftsrecht, Verfassungsrecht) gehören Aus- und Weiterbildung in den USA gewissermassen zum beruflichen Standard für Hochschullehrer: So ist es zwar Zufall, aber doch ein typisches Symptom, dass der St. Galler Professor für Wirtschaftsrecht, Arnold Koller, sich zur Weiterbildung an der Universität Berkeley (Californien) aufhielt, als ihm die Kandidatur für den Bundesrat angetragen wurde. Auch in quantitativer Hinsicht lässt sich die Ausrichtung auf die USA belegen: Von den 16 juristischen Ordinarien der Berner Universität haben sechs in den Vereinigten Staaten einen Teil ihrer Aus- oder Weiterbildung absolviert und zum Teil sogar an amerikanischen Universitäten gelehrt; die meisten von ihnen – und darüber hinaus auch weitere Fakultätsmitglieder – begeben sich regelmässig zur «Fortbildung» in die USA.

b) Die Situation in Industrie und Advokatur

Am Ende der Prüfungsperioden kommen jeweils zahlreiche, meist überdurchschnittlich gute Studenten und bitten um Empfehlungsschreiben. Sehr häufig handelt es sich dabei um Bewerbungen für ein Weiterbildungsstudium an einer amerikanischen Universität, das sie aus eigenen Mitteln finanzieren wollen. Die Antworten auf die Frage nach den Beweggründen ergaben ein – für mich überraschend – einhelliges Bild. Neben einem durchaus glaubwürdigen, aber sehr allgemeinen Weiterbildungsinteresse wurden zwei Punkte genannt:

– Das amerikanische Recht sei ausserordentlich wichtig, wenn man eine Stelle in der Industrie oder bei einer Bank suche.

– Eine Ausbildung in Amerika sei unerlässlich, wenn man in der Advokatur «etwas werden will» (manche sprechen von einer Art «Einstellungsbedingung»).

Inwieweit diese Einschätzungen zutreffen, lässt sich ohne breit abgestützte Abklärungen auf dem Arbeitsmarkt nicht feststellen. Immerhin gibt es einige Anhaltspunkte, so etwa die folgende Anzeige: «Im Auftrage eines gut eingeführten Notariates suchen wir auf den 1. April 1988 oder nach Vereinbarung Jurist(in) mit bernischem Notariatspatent zur Unterstützung des Notars und zur Vorbereitung auf höchst interessante Aufgaben. *In der ersten Zeit werden Sie sich während einem Drittel der Arbeitszeit in der amerikanischen Rechtssprache und Gesetzgebung weiterbilden. Die Kosten werden vollumfänglich übernommen. ...*»[12]

Wenn es sich dabei auch vielleicht nur um einen, allerdings symptomatischen, Einzelfall handelt, so weiss ich doch aus zahlreichen Gesprächen mit ehemaligen Absolventen, die in der *Industrie* und in *Grossbanken* tätig sind, dass sie ohne Kenntnisse des amerikanischen Rechts den Anforderungen der Stelle nicht gewachsen wären. Während dies nur sehr punktuelle und persönliche Eindrücke sind, lässt sich die Situation in der *Advokatur* leichter verifizieren.

Ich habe mich mit einer Umfrage an die grösseren Sozietäten in Zürich gewandt, um einen ersten Anhaltspunkt zu gewinnen: Von den befragten Büros haben nahezu alle geantwortet. Die Auswertung der Fragebogen ergibt folgendes Bild:
Tätige Juristen insgesamt: 261,
- davon haben eine amerikanische Zusatzausbildung:
  128 = 49%; davon
  - LL.M: 52 = 19,9%,
  - MCL/J: 35 = 13,4%,
- andere amerikanische Juristenausbildung: 41 = 15,7%.

Dieser Befund bedarf in verschiedener Hinsicht der Erläuterung. Ähnlich wie im akademischen Bereich ist eine Verstärkung des Trends bei den jüngeren Juristen festzustellen. Während unter den älteren Partnern amerikanische Studienabschlüsse noch eher eine Ausnahme darstellen, bilden sie unter den jüngeren fast die Regel. Darüber hinaus haben verschiedene Büros darauf hingewiesen, dass sie von ihren jungen Mitarbeitern erwarten, dass

---

[12] Inserat im «Bund» vom 20. Februar 1988, Hervorhebung nicht im Original.

diese vor der endgültigen Aufnahme in die Sozietät zur Ausbildung nach Amerika gehen. Bezieht man das mit ein, so dürfte der Durchschnitt bei den jüngeren Anwälten schon heute bei 60% liegen und in Zukunft noch steigen. Andererseits bedarf das Ergebnis insofern eine Relativierung, als Zürich nicht für «die Schweiz» repräsentativ ist. Indessen kommt es darauf auch gar nicht an: Entscheidend ist die Situation in den Ballungs- und Dienstleistungszentren; denn hier werden einerseits zahlenmässig die weitaus meisten Rechtsstreitigkeiten ausgetragen, zum andern massieren sich dort die «grossen» Fälle.

Insofern sind die für Zürich ermittelten und in ähnlicher Weise vermutlich für Genf, tendenziell auch für Basel und Bern zutreffenden Zahlen ausserordentlich aufschlussreich; denn sie zeigen, dass in den grossen Advokaturbüros, die auf die Rechtsentwicklung des Landes massgebenden Einfluss ausüben, ein ähnlicher Trend zu beobachten ist wie in den Universitäten: Ein erheblicher Teil der praktizierenden Juristen verfügt über eine amerikanische Ausbildung, unter den jüngeren wächst der Anteil stetig und erreicht wie beim akademischen Nachwuchs bald die Zwei-Drittel-Grenze.

III. EIN ERSTER BEFUND

1. Wenn aus den ermittelten Fakten und den gemachten Beobachtungen im folgenden Schlüsse gezogen werden, so müssen diese mit verschiedenen bereits angedeuteten Vorbehalten und Einschränkungen versehen werden. Die Befunde sind partiell und punktuell. So beziehen sich die Zahlen aus der Praxis auf die grossen Advokaturbüros, die über internationale Kontakte verfügen und in Arbeitsstil und Struktur immer mehr den amerikanischen law-firms ähneln. Es fehlen Angaben über die kleineren Büros ebenso wie über die Verwaltung und die Justiz. Die Hinweise auf die Situation in Industrie und Banken beruhen auf persönlichen Eindrücken; dagegen basieren die Aussagen über den

Hochschulbereich zwar auch auf persönlichen Wahrnehmungen, die aber weitgehend durch Zahlen belegt werden können. Insgesamt gesehen glaube ich dennoch, dass ungeachtet dieser notwendigen Relativierung *erste Folgerungen* möglich sind.

2. Die skizzierte Entwicklung weist deutliche, teilweise verblüffende *Parallelen zur Ausbreitung des ius commune* auf:

a) Die Aus- oder Weiterbildung an amerikanischen Universitäten ist heute schon weit verbreitet; sie erleichtert oder ermöglicht gar erst den Zugang zu den juristischen Spitzenpositionen, zumindest in den geschilderten Bereichen. Infolgedessen streben immer mehr junge Juristen eine derartige Zusatzausbildung an [13]. Dabei werden sie, wie die begabten jungen Leute im Mittelalter, von staatlichen Institutionen unterstützt; sie sind aber – auch insofern besteht die Parallelität – durchaus bereit, die hohen Kosten selbst zu tragen, weil sich die Reise über den Atlantik genauso wie im Mittelalter diejenige über die Alpen als gute Investition erweist: Sie ebnet den Weg zu den juristischen Schlüsselfunktionen, in denen sich die Kosten (für den Staat wie für den Einzelnen) bald amortisieren. Infolgedessen darf man die *Prognose* wagen, dass am Ende dieses Jahrhunderts die Elite der schweizerischen Jurisprudenz zu einem grossen Teil, der sich zwischen 50 und 75 % bewegen dürfte, aus Juristen besteht, die eine amerikanische Aus- oder Weiterbildung absolviert haben. Es liegt auf der Hand, dass allein dieser Umstand nicht ohne Auswirkungen auf das nationale Recht und dessen Verständnis bleiben kann. Ob sich daraus ähnliche Konsequenzen ergeben wie aus dem Vordringen der gelehrten Juristen im Mittelalter, kann erst im Zusammenhang mit einer Reihe weiterer paralleler Erscheinungen und Faktoren beurteilt werden.

---

[13] Aufschlussreich und zugleich die Tendenz bestätigend sind die zahlreichen Erfahrungsberichte junger Juristen, die in den Ausbildungszeitschriften erscheinen: Für die Schweiz siehe etwa CHRISTOPH DE WECK, «Master of Comparative Jurisprudence Degree Program» an der New York University School of Law, sowie ROLF KUHN, «Orientation in the U.S.Legal System» an der Georgetown University, Washington DC, beide in recht *1985* 40ff. und 142ff.

b) Eine dieser wesentlichen Parallelen zur mittelalterlichen Rezeption bildet die Einbettung der hier geschilderten Entwicklung in den als Amerikanisierung bezeichneten globalen Prozess. Die Attraktivität des amerikanischen Rechts beruht nicht zuletzt auf seiner *Universalität,* die derjenigen des mittelalterlichen ius commune vergleichbar ist. Sowie jenes im Zweifel regionalen Rechten vorgezogen wurde[14], dominiert in der internationalen Vertrags- und Schiedsgerichtspraxis ganz eindeutig das amerikanische Recht als dasjenige mit der breitesten Akzeptanz. Dass hierbei wiederum die Universalität der englischen Sprache die gleiche Rolle spielt wie im Mittelalter das Latein, verdeutlicht nur das Zusammenwirken aller Faktoren, die die Amerikanisierung immer weiter vorantreiben. Zu diesen Faktoren gehört natürlich auch die politische und ökonomische Dominanz der USA, welche sich vor allem im Bereich der materiellen Rezeptionsprozesse niederschlägt, die im folgenden zu schildern sind.

IV. EINZELNE ÜBERNAHMEVORGÄNGE

1. Vorbemerkungen zur Terminologie

Auch wenn man, wie oben dargelegt, die Rezeption von Recht nur gesamthaft als ein sozio-kulturelles Phänomen begreifen und erklären kann, so weisen doch die Erscheinungsformen der Übernahme eine grosse Bandbreite auf. In der rechtshistorischen und in der rechtsvergleichenden Literatur hat man deshalb versucht, bestimmte Kategorien zu bilden, indem man etwa zwischen «transfer», «transplantation», «importation» und «reception» unterscheidet[15]. Eine nähere Betrachtung zeigt jedoch

---

[14] Dazu WIEGAND, Die privatrechtlichen Rechtsquellen des usus modernus, in Akten des 26. Deutschen Rechtshistorikertages, hrsg. von DIETER SIMON, Frankfurt 1987, 237 ff. sowie unten bei Fn. 55.
[15] Vgl. z. B. MAX RHEINSTEIN, Types of Reception, Annales des la Faculté de droit d'Istanbul 1956, 31 ff.; ALAN WATSON, Legal Transplants, Edinburgh

rasch, dass derartige Begriffsbildungen zur Erklärung und Beschreibung konkreter Rezeptionsvorgänge wenig beitragen. Im folgenden wird deshalb bewusst auf eine Klassifizierung verzichtet und auf die Struktur, die Intensität und den Ablauf der zum Teil stark voneinander abweichenden Vorgänge abgestellt.

2. Neue Geschäftstypen

a) Relativ einfach zu erklären ist die Ausbreitung einer Reihe von Geschäftsarten, die vor dem Zweiten Weltkrieg in Europa praktisch unbekannt und auch vor einigen Jahren noch nicht jedermann geläufig waren. Symptomatisch dafür ist eine Publikation der Universität St. Gallen, die den Titel trägt: «Neue Vertragsformen der Wirtschaft: Leasing, Factoring, Franchising»[16]. Die Liste der im Titel angeführten Geschäfte spricht für sich. Bei all diesen Vertragstypen handelt es sich um Geschäftsformen, die im amerikanischen Wirtschafts- und Rechtssystem überwiegend schon zwischen den beiden Weltkriegen entstanden sind. Im Rahmen und als Teil der «Amerikanisierung» haben sie sich nach dem Zweiten Weltkrieg schrittweise ausserhalb der USA etabliert und werden heute nahezu weltweit verwendet.

b) Betrachtet man die Ausbreitung unter dem Aspekt der Rezeption, stellt man fest, dass zunächst weniger die Übernahme der amerikanischen Rechtsfiguren als diejenige der Wirtschaftsformen im Vordergrund stehen. Es waren primär die mit den *Geschäftstypen Leasing, Factoring und Franchising* verbundenen neuen wirtschaftlichen Möglichkeiten, die zu ihrer Übernahme angeregt haben. Dabei haben die Vormachtstellung der amerikanischen Wirtschaft nach dem Zweiten Weltkrieg und insbeson-

---

1974, sowie auf breiter Basis und mit umfassender Literaturzusammenstellung MICHEL ALLIOT, Über die Arten des «Rechts-Transfers», in: Entstehung und Wandel rechtlicher Traditionen, Historische Anthropologie Bd. 2, hrsg. von WOLFGANG FIKENTSCHER (Freiburg 1980), 221 ff.

[16] Hrsg. von ERNST KRAMER, Bern 1985.

dere die multinational tätigen Konzerne entscheidend zu ihrer Verbreitung beigetragen[17].

3. Neue Rechtsfiguren

a) Dass im Rahmen dieser Entwicklung mehr die Übernahme neuer Geschäftstypen im Hinblick auf ihre wirtschaftlichen Vorteile als die Übernahme von formellen Rechtsfiguren den Ausschlag gab, lässt sich anschaulich am Beispiel des Leasing aufzeigen. Während man beim Factoring und beim Franchising in bezug auf die rechtliche Einordnung noch ohne weiteres an tradierte Modelle anknüpfen konnte, stiess nämlich die Integration des *Leasing*[18] in die kontinental-europäischen Rechtsordnungen auf grosse Schwierigkeiten.

Dies liegt darin, dass die Grundkonzeption des Leasing auf einer uns heute fremden Sachenrechtsordnung beruht, die das Nebeneinander verschiedener Eigentumsformen und eine funktionelle Aufteilung des Eigentums kennt. Ein derartig geteiltes Eigentum war auch dem mittelalterlichen Recht bekannt; es ist jedoch in den kontinental-europäischen Rechtsordnungen im Laufe des 19. Jahrhunderts durch den römisch-rechtlichen Eigentumsbegriff verdrängt worden[19]. Auf der *Basis dieses Eigentumsbegriffes* lassen sich aber Rechtsfiguren wie *Leasing nicht nachbilden.*

---

[17] Insoweit zutreffend ROLF STÜRNER, Der Justizkonflikt zwischen U.S.A. und Europa, in dem Sammelband Der Justizkonflikt mit den Vereinigten Staaten von Amerika, hrsg. von WALTHER HABSCHEID (Bielefeld 1986), 38 ff.

[18] Vgl. dazu und zum folgenden die breit angelegte Untersuchung von MARIO GIOVANOLI, Le crédit-bail (leasing) en Europe (Paris 1980), sowie für die Schweiz zuletzt WALTER LÜEM/BERND STAUDER, in: Neue Vertragsformen (oben Fn. 16), 43 ff., 61 ff.

[19] Zu den historischen Hintergründen und zum folgenden WIEGAND, Der abstrakte Eigentumsbegriff, in: Wissenschaft und Kodifikation des Privatrechts im 19. Jahrhundert, hrsg. von HELMUT COING/WALTER WILHELM, Bd. III (Frankfurt 1976), 118 ff., sowie WIEGAND, Numerus clausus der dinglichen Rechte, in: Wege europäischer Rechtsgeschichte, hrsg. von GERHARD KÖBLER (Bern 1987), 623 ff.

Während man in Belgien und Frankreich immerhin versucht hat, dem Problem durch gesetzliche Sonderregelungen Rechnung zu tragen, war in der Schweiz und in Deutschland die Rechtsprechung gezwungen, zu Umwegkonstruktionen zu greifen. Sie hat nach der traditionellen Methode versucht, die neue Geschäftsart «Leasing» einem der im Gesetz vorhandenen Vertragstypen zuzuordnen. Vom Muster der Gebrauchsüberlassung ausgehend, hat man die miet- oder pachtrechtlichen Regeln auf das Leasinggeschäft entsprechend angewendet. Das ist die Ursache dafür, dass die Judikatur bis heute der Erscheinung Leasing nicht gerecht wird. In Deutschland hat sich das dahin ausgewirkt, dass man mit Hilfe des Gesetzes über die Allgemeinen Geschäftsbedingungen[20] das Leasing in ein mietrechtliches Prokrustesbett gezwängt hat. Auch in der Schweiz sind Tendenzen in dieser Richtung erkennbar; sie laufen sämtlich darauf hinaus, die Risikoverteilung und die Gewährleistungsprobleme nach den überkommenen Mustern der Gebrauchsüberlassungsverträge zu ordnen.

Dieses Vorgehen muss aber notwendigerweise zu inadäquaten Lösungen führen[21].

b) In ganz ähnlicher Weise stellt sich die Situation im *Treuhandrecht*[22] dar. Auch hier hat sich im Laufe des 19. Jahrhunderts unter dem Einfluss des pandektistischen Rechtsdenkens der römisch-rechtliche Eigentumsbegriff durchgesetzt und die dem germanischen Recht bekannten Treuhandfiguren verdrängt. Das schweizerische Recht hat seither konsequent an der Einheitlich-

---

[20] Dazu unten 5.c.bb.

[21] Immerhin ist in der Schweiz erkannt worden, dass die Übertragung des Leasinggutes auf den Leasingnehmer diesem funktionell eine Eigentümerstellung einräumt; infolgedessen ziehen viele Autoren mit guten Gründen in Erwägung, das Leasinggut bei Konkurs des Leasingnehmers im Hinblick auf diese Funktion in analoger Anwendung von Art. 717 ZGB in die Masse fallen zu lassen; Nachweise bei STAUDER (Fn. 18).

[22] Grundlegende Darstellung auf rechtsvergleichender und rechtshistorischer Basis, HELMUT COING, Die Treuhand kraft privaten Rechtsgeschäfts (München 1973).

keit des Eigentumsbegriffes festgehalten und alle Schritte in Richtung auf eine funktionelle Eigentumsteilung abgewehrt[23]. Infolgedessen sind auch die Überlegungen des Schweizerischen Juristentages sowie die Vorschläge verschiedener Autoren im gesamten deutschsprachigen Raum, die auf eine Rezeption der Rechtsfigur des Trusts abzielen, im Ergebnis ohne Erfolg geblieben[24]. Ähnlich wie im Bereich des Leasing versucht man auch bei der Treuhand mit Hilfe schuldrechtlicher Umwegkonstruktionen den wirtschaftlichen Gegebenheiten Rechnung zu tragen.

c) Zusammenfassend zeigen die Betrachtungen zu Leasing und Treuhand folgendes: Während das Leasing sich aufgrund der damit verbundenen wirtschaftlichen Vorzüge trotz der dogmatischen Schwierigkeiten durchgesetzt hat, lässt sich eine ähnliche Entwicklung bei der Treuhand nicht feststellen. Dies beruht wohl darauf, dass hier zwar auch ein Interesse an der Einführung des Trust vorhanden wäre, dieses jedoch nicht die gleiche Durchschlagskraft wie beim Leasing hat. Ungeachtet des unterschiedlichen Ausgangs wird in beiden Fällen ein für die Betrachtung des Rezeptionsvorgangs wichtiger Aspekt sichtbar: Im Bereich des materiellen Rechts stehen der Übernahme häufig Unterschiede in der dogmatischen Struktur entgegen, so dass sie nur mit Hilfe von Umwegkonstruktionen möglich ist. Andererseits aber zeigen die Entwicklungen von *Leasing und Treuhand,* dass *Rezeptionsvorgänge* – im Gegensatz zu den erwähnten schlichten

---

[23] Dazu und zum folgenden WIEGAND, Bemerkungen zur Entwicklung des Treuhandrechts in der Schweiz und in Deutschland, in: Europäisches Rechtsdenken in Geschichte und Gegenwart, hrsg. von NORBERT HORN (München 1982) Bd. 2, 565 ff.

[24] Vgl. insbesondere das Referat von FRIEDRICH GUBLER, Besteht in der Schweiz ein Bedürfnis nach Einführung des Instituts der angelsächsischen Treuhand (trust)?, ZSR *1954* 119 a ff., sowie allgemein die Studie von HEIN KÖTZ, Trust und Treuhand (Göttingen 1963). Das Fürstentum Liechtenstein hat dagegen eine bewusste Rezeption des trusts im Wege der Gesetzgebung durchgeführt, dazu KLAUS BIEDERMANN, Die Treuhänderschaft des liechtensteinischen Rechts, dargestellt an ihrem Vorbild, dem Trust des Common Law (Bern 1981).

Übernahmen von Factoring und Franchising – die *Grundstrukturen unserer Rechtsordnung tangieren können*. Derart tiefgreifende Rezeptionsprozesse sind durch die Übernahme des amerikanischen Rechts und des amerikanischen Rechtsdenkens auf breiter Basis zu beobachten. Die besonders ins Auge springenden Veränderungen liegen dabei im Wirtschafts- und Haftungsrecht sowie in der Grundrechtskonzeption.

4. Wirtschaftsrecht

Schon bei den oben erwähnten neuen Vertragstypen (Factoring, Franchising, Leasing) ist hervorgehoben worden, dass die wirtschaftliche Dominanz der USA entscheidend zur Ausbreitung amerikanischer Rechtsvorstellungen beigetragen hat. Zu diesem *sachlichen Element* kommt wiederum ein *personelles:* Unter den Dozenten sind es neben den Verfassungsrechtlern vor allem die Professoren des Wirtschafts- und Handelsrechts, die sich in besonderem Masse mit dem Recht der Vereinigten Staaten befassen. Aus dem Zusammenwirken dieser Faktoren ergibt sich im Bereich des Wirtschaftsrechts eine stets fortschreitende und immer tiefergreifende Veränderung unseres Rechtssystems, die im folgenden nur durch einige exemplarische Hinweise belegt werden soll.

a) Unternehmensrecht

Im Recht der Unternehmungen lassen sich sowohl punktuelle wie generelle amerikanische Einflüsse beobachten. Exemplarisch ist etwa die Stellungnahme der deutschen Doktrin zur Frage der Loyalitätspflicht von Organen bei der Wahrnehmung von Geschäftschancen, die der Gesellschaft erwachsen. Die deutsche Lehre hat sich hier zunehmend am amerikanischen Recht orientiert, so dass KÜBLER[25] zu der Feststellung gelangt: «Gegenstand

---

[25] FRIEDRICH KÜBLER, Erwerbschancen und Organpflicht. Überlegungen zur Entwicklung der Lehre von den «corporate opportunities», in: FS Winfried Werner, hrsg. von WALTHER HADDING u. a. (Berlin 1984), 437 ff., Zitat 438, Hervorhebung nicht im Original.

dieser *Rezeption* ist das im Gesellschaftsrecht der Vereinigten Staaten der Geschäftsleitung einer corporation auferlegte Verbot, ‹corporate opportunities› an sich zu ziehen und zum eigenen Vorteil zu verwerten.» Wesentlicher als der konkrete Übernahmeakt erscheint die Öffnung gegenüber den *amerikanischen Auffassungen von der corporation,* die mit diesem Rezeptionsvorgang verbunden ist. Auf wesentlich breiterer Basis haben derartige Überlegungen Eingang gefunden in verschiedene Reformen des deutschen Unternehmensrechts sowie in die Projekte der Vereinheitlichung des Gesellschaftsrechts in der Europäischen Gemeinschaft.

Besonders evident sind die Einflüsse amerikanischen Rechts im *Kartellrecht*[26]. Ich sehe davon ab, diese Tendenzen näher zu schildern, weil gerade in diesem Bereich die Rechtsentwicklung der Schweiz aus bekannten Gründen hinter derjenigen der umliegenden Länder zurückgeblieben ist. Anders liegt das in denjenigen Rechtsmaterien, die mit der *Stellung der Schweiz als Finanzplatz* zu tun haben.

b) Kapitalmarkt- und Bankrecht

Am 1. Juli 1988 hat die Schweiz mit Artikel 161 StGB eine Strafnorm erhalten, die bestimmte Insidergeschäfte verbietet[27]. Der Erlass dieser gesetzlichen Regelung ist das Ergebnis eines langwierigen Prozesses, der mit allerlei Komplikationen verbunden war. Diese haben im Zusammenhang mit einer Reihe von anderen Vorfällen im Rahmen der internationalen Rechtshilfe[28] gelegentlich den Eindruck entstehen lassen, es gehe um eine Oktroyierung amerikanischen Rechts. Es war gar von «Justizimperialismus» die Rede. Derartige Schlagworte verzeichnen und verzerren indessen die wahre Lage.

[26] Vgl. die Hinweise bei STÜRNER (Fn. 17), 39; BERNHARD GROSSFELD, Macht und Ohnmacht der Rechtsvergleichung (Tübingen 1984), 41.
[27] Zum folgenden «Colloque international, L'avant-projet de loi fédérale sur les opérations d'initiés» (Genf 1984) mit umfangreicher Dokumentation und rechtsvergleichenden Beiträgen.
[28] Etwa die sog. «Affäre Marc Rich».

Sicher ist es richtig, dass akute Probleme das Verfahren beschleunigt und in Form der Konvention XVI zu einer vom juristischen Standpunkt her unbefriedigenden Übergangslösung[29] geführt haben. Das darf jedoch nicht darüber hinwegtäuschen, dass die Sanktionierung von Insidergeschäften unabhängig vom konkreten Anlass ebenfalls auf einer Rezeption amerikanischen Rechtsdenkens beruht. Auch hier hat sich nämlich die im amerikanischen Kapitalmarktrecht selbstverständliche Überzeugung von der Gefährlichkeit und Schädlichkeit des «Insider-Tradings» nahezu weltweit durchgesetzt. Dies ist weniger auf die Macht der Vereinigten Staaten als darauf zurückzuführen, dass das amerikanische Verständnis von der Bedeutung und der Funktion des Kapitalmarkts und die dementsprechenden Regulierungen auch in anderen Rechts- und Wirtschaftsordnungen als sach- und zeitgerecht empfunden worden ist. Das «Insider-Trading» bildet nur ein Beispiel für zahlreiche Rezeptionsvorgänge dieser Art, die jedoch weniger spektakulär und deshalb in der Öffentlichkeit nicht so beachtet worden sind. Verallgemeinernd kann man die Entwicklung dahingehend beschreiben, dass mit der Globalisierung der Finanzmärkte das amerikanische «securities regulation»-System[30] und die dahinterstehenden Rechtsvorstellungen von der angemessenen Ordnung des Kapitalmarktes zunehmend Einfluss gewonnen haben.

Von daher erklärt sich die auch in der Schweiz zu beobachtende Tendenz zu einer Verschärfung der Haftung bei Anlageberatung[31]. Diese geht Hand in Hand mit einer generellen Ver-

---

[29] Dazu etwa GEORG FRIEDLI, Insider-Geschäfte: Praktische Erfahrungen in der Rechtshilfe, und WIEGAND, Zur Konvention XVI der Schweizerischen Bankiervereinigung, in: Beiträge zum Schweizerischen Bankenrecht (Fn. 1), 245 ff., 277 ff.

[30] Zum Hintergrund und zur Ausbreitung FRIEDRICH KÜBLER, Verrechtlichung von Unternehmensstrukturen, in: Verrechtlichung und Verantwortung (Fn. 51), 170, 181 ff., sowie KLAUS HOPT, Schweizerisches Kapitalmarktrecht, Begriff, Aufgaben und aktuelle Probleme, in: WuR *1986* 101 ff.

[31] KLAUS HOPT, Rechtsprobleme der Anlageberatung und der Vermögensverwaltung der Schweizer Banken, in: Beiträge zum Schweizerischen Bankenrecht (Fn. 1), 135 ff.

schärfung der Haftung für Dienstleistungen, die wiederum mit amerikanischen Einflüssen zusammenhängt[32].

c) Zusammenfassung

Die Beobachtungen im Felde des Wirtschaftsrechtes zeigen, dass einzelne Rezeptionsvorgänge, aber auch die Übernahme grundsätzlicher Rechtsvorstellungen hier besonders ausgeprägt sind. Hervorzuheben ist dabei vor allem die enge Verflechtung und das *Ineinandergreifen von Regeln,* die nach unseren Vorstellungen *teils dem öffentlichen teils dem privaten Recht* angehören. Gerade diese fliessenden Übergänge oder genauer gesagt, das Fehlen der scharfen Trennung zwischen öffentlichem und privatem Recht, gehört zu den Eigenheiten amerikanischer Rechtsauffassung, die generell zu einer *politischeren Betrachtung des Rechtes* neigt. Eng damit hängt ein zweiter Aspekt zusammen: In vielen Bereichen ist das Vordringen von *Schutznormen aller Art* zu registrieren. Das gilt etwa für den Minderheitsschutz der Aktionäre, für Insiderregelungen oder für den Schutz des Kapitalanlegers. Die dominierende Rolle überhaupt spielt der Schutzgedanke in den nun zu behandelnden Gebieten.

5. *Haftungsrecht*

Zu den signifikantesten Erscheinungen des amerikanischen Rechts gehört die Zusprechung von horrenden Schadenersatzsummen, die auch in der breiteren Öffentlichkeit Aufsehen erregen. In diesem Zusammenhang werden immer wieder – selbst von Juristen – Warnungen vor «amerikanischen Verhältnissen» ausgesprochen. Derartige Befürchtungen sind nicht nur unbegründet, sie verhindern auch eine dringend gebotene differenzierte Betrachtung: Es ist in zahlreichen Untersuchungen dargestellt und hinreichend belegt worden, dass die *Höhe der Schadenersatzsummen* auf spezifischen Eigenheiten des amerikanischen Rechts beruht, vor allem auf dem andersartigen Zivilgerichtsver-

---

[32] Dazu unten 5.c.aa.

fahren und seiner Kostenverteilungsregelung, sowie der damit eng verbundenen unterschiedlichen Stellung der Anwaltschaft. Nicht minder wesentlich sind die Gesichtspunkte, auf die GROSSFELD[33] aufmerksam gemacht hat; sie betreffen das unterschiedliche soziale Umfeld, die damit verbundene andere Funktion von Schadenersatzleistungen, die vor allem bei der Entschädigung für Unfälle eine erhebliche Rolle spielt. All diese Gesichtspunkte, die hier nicht erneut ausgebreitet werden sollen, stehen von vornherein der Übertragung amerikanischer Schadenersatzpraktiken entgegen, mindestens soweit es um die Höhe der Schadenersatzsummen geht. Diese bilden indessen nur die Spitze des Eisbergs; für die *langfristige Rechtsentwicklung* wesentlich bedeutsamer sind die *rechtspolitischen Motive* und die *dogmatischen Konzeptionen,* die diesem Haftungssystem zugrunde liegen.

a) Produktehaftung[34]

Ausgehend vom Coca-Cola-Entscheid[35] im Jahre 1944 hat die amerikanische Rechtsprechung eine Haftung für fehlerhafte Produkte entwickelt. Schrittweise wurde dabei die auch für das Recht der Vereinigten Staaten typische Haftungsvoraussetzung des Verschuldens (negligence) aufgegeben und in Anknüpfung an tradierte «strict liability»-Tatbestände eine reine Kausalhaftung entwickelt. Leitender Gesichtspunkt und treibende Kraft dieser Entwicklung war das Bedürfnis der Gerichte, dem Benutzer industrieller Massenprodukte diejenigen Schäden zu ersetzen, die aus dem Erwerb oder dem Umgang mit fehlerhaften Produkten entstanden waren. Dieser später zum Schlagwort gewordene *Konsumentenschutzgedanke* hat in allen Teilen der Welt starkes Echo gefunden. Eine internationale Diskussion über die Mög-

---

[33] A.a.O. (Fn. 26), 110f., 120f. mit Nachweisen.
[34] Zum folgenden PETER BORER u.a., Produktehaftung. Schweiz – Europa – USA (Bern 1986); der Sammelband enthält alle wesentlichen Nachweise, so dass auf eine weitere Dokumentation verzichtet werden kann.
[35] Urteil des obersten Californischen Gerichts – Escola v. Coca Cola Bottling Co of Fresno (1944).

lichkeiten eines Verbraucherschutzes durch Haftungstatbestände war die Folge im wissenschaftlichen Bereich. Die Rechtsprechung hat unter dem Eindruck dieser umfassenden, zum *rechtspolitischen Postulat gewordenen Tendenz* in zahlreichen Ländern eine ähnliche Entwicklung vollzogen, wie sie zuvor in Amerika stattgefunden hatte. So haben sowohl die französische Judikatur als auch der Deutsche Bundesgerichtshof in Anknüpfung an überkommene Haftungstatbestände und unter Ausschöpfung beweisrechtlicher Möglichkeiten eine praktisch verschuldensunabhängige Haftung für fehlerhafte Produkte im Wege der Rechtsfortbildung entwickelt[36]. Auch das Schweizerische Bundesgericht hat, freilich ohne dies direkt zuzugestehen, entsprechende Konzessionen an den Zeitgeist gemacht und in neueren Entscheiden den Weg zu einer faktisch ebenfalls verschuldensunabhängigen Produktehaftpflicht geebnet[37]. Den vorläufigen Endpunkt dieses Rezeptionsvorganges bildet die Richtlinie des Rates der Europäischen Gemeinschaft aus dem Jahre 1985, die für die Mitgliedstaaten der EG verbindlich die Einführung einer verschuldensunabhängigen Produktehaftpflicht vorschreibt[38].

b) Arzthaftung[39]

Eine ähnliche Entwicklung ist auf dem Gebiet zu verzeichnen, das man heute schlagwortartig Arzt- oder Medizinrecht nennt.

[36] Für Frankreich z.B. Cour de Cassation (civ. 17.2.1965, Bull.Cass. 1965 III rev. 133) in Anknüpfung an Art 1645 CC; für Deutschland vgl. die Zusammenfassung bei STAUDINGER-SCHÄFER, Kommentar zum BGB (12. Aufl. Berlin 1986) § 831 Rz. 170 ff.

[37] Vgl. dazu PIERRE WIDMER, recht *1986* 50 ff.

[38] Zum Werdegang und Inhalt der EG-Richtlinien vgl. PETER BORER, Produktehaftung: Der Fehlerbegriff nach deutschem, amerikanischem und europäischem Recht, Bern 1986, 249 ff. Umfassende Darstellung bei JOACHIM SCHMIDT-SALZER/HERMANN HOLLMANN, Kommentar EG-Richtlinie Produktehaftung, Band 1: Deutschland (Frankfurt 1986).

[39] Zum folgenden: Arzt und Recht, hrsg. von WIEGAND (Bern 1985), insbes. 13 ff.; rechtsvergleichend: Medical Responsibility in Western Europe, hrsg. von ERWIN DEUTSCH/HANS-LUDWIG SCHREIBER (Heidelberg 1985), darin für die Schweiz der Beitrag von HEINZ HAUSHEER, 735 ff. Vgl. auch ROLF STÜRNER, Die schweizerische Arzthaftung im internationalen Vergleich, SJZ *1984* 121.

Zwar haben zu allen Zeiten und in allen Rechtsordnungen die Ärzte für die Folgen einer Fehlbehandlung einstehen müssen. Wenn man jedoch heute von Arzthaftung spricht, so denkt man an jene Bewegung, die durch die amerikanische *malpractice*-Rechtsprechung ausgelöst wurde und sich wie die Produktehaftung alsbald um die ganze Welt ausgebreitet hat. Dieser Vorgang ist mit allen seinen Konsequenzen für die Jurisprudenz und die Medizin Gegenstand zahlreicher Untersuchungen gewesen. Für die hier interessierenden Zusammenhänge genügt es festzuhalten, dass die Tendenzen, die zentralen Leitgedanken und die damit einhergehenden Schlagworte heute auch die Rechtswirklichkeit in Europa prägen. Der ärztliche «*Kunstfehler*» ist zu einem Begriff der Alltagssprache geworden und der *informed consent*[40] zu einem rechtstechnischen Begriff, der praktisch in allen europäischen Rechtsordnungen verwendet wird. Zwar hat man sich stärker als bei der Produktehaftung traditioneller dogmatischer Kategorien bedienen können, dabei sind jedoch die Haftungsmassstäbe entschieden verschärft und die Haftungskonsequenzen erheblich ausgeweitet worden. Das gilt, wenngleich nicht in demselben Ausmass wie für die umliegenden Länder, auch für die Schweiz, wo das Bundesgericht in zunehmendem Masse klarere und sichtlich strengere Haftungsmassstäbe anwendet[41].

c) Der Schutzgedanke

Wesentlicher als die beschriebenen Übernahmevorgänge selbst erweisen sich bei einer langfristigen Betrachtung die damit übernommenen Grundgedanken und die dadurch ausgelösten Entwicklungen. Diese haben bereits jetzt zu tiefen Eingriffen in unser Rechtssystem geführt und werden dieses in verschiedenen Bereichen grundlegend verändern. Für den hier verfolgten

---

[40] Vgl. etwa OLIVIER GUILLOD, Le consentement éclairé du patient (Neuchâtel 1986)

[41] Vgl. den Entscheid des Bg vom 3.11.1987 = Pra 77 (1988) Nr. 16, dazu BUCHLI, recht *1988* 91 ff.

Zweck genügt es, diese These mit knappen Hinweisen[42] zu verdeutlichen:

aa) Als die eigentliche Triebkraft der Produktehaftung hat der *Gedanke des Konsumentenschutzes* gewirkt. Auch die Entwicklung der Arzthaftung beruht auf demselben Ansatz, man kann vereinfachend den Begriff «Konsument» durch «Patient» ersetzen. Beiden Entwicklungen liegt eine Überlegung zugrunde, die in der Floskel vom *«Schutz des Schwächeren» im Recht* ihren Niederschlag gefunden hat. Selbstverständlich ist dieser Gedanke als solcher nicht neu, er kommt vielmehr in zahlreichen Bestimmungen historischer und geltender Rechtsordnungen zum Ausdruck. Neu ist vielmehr seine *Totalität und Dominanz*. Während der Schutzgedanke in seiner überkommenen Form die Funktion hatte, Missbräuchen vorzubeugen, ist er heute zum Leitmotiv der Rechtsanwendung und Rechtsetzung geworden. Das beruht nicht auf Zufall, sondern geht Hand in Hand mit Änderungen des gesellschaftlichen Bewusstseins und der sozialen Verhaltensmuster. Auch diese Veränderungen sind vielfach untersucht und beschrieben worden; man kann sie auf die knappe Formel bringen, dass heutzutage jedes Unglück und jeder Unfall als Un*recht* empfunden werden. Aus dieser von der Rechtsprechung und der Rechtswissenschaft ausgelösten oder auch nur nachvollzogenen Mentalitätsveränderung erklärt sich das Bedürfnis, für jeden erlittenen Schaden einen Verantwortlichen zu suchen, oder – juristisch ausgedrückt – das Verlangen nach einer immer strengeren Haftung.

Diese *Haftungsausweitung und -verschärfung* entwickelt sich zu einer *generellen Tendenz,* die immer neue Bereiche ergreift, wobei auch hier wieder verschiedene Faktoren zusammenwirken. Beispielhaft sei auf das Recht der *Dienstleistungen* hingewiesen: In der sogenannten Dienstleistungsgesellschaft werden Tätigkeiten

---

[42] Vgl. zum folgenden WIEGAND in: Arzt und Recht (Fn. 38) 14 f., sowie speziell zum Konsumentenschutz ERNST KRAMER, Zur Konzeption des Konsumentenschutzrechtes, in: Kritische Vierteljahresschrift (München) 1986, 270 ff. mit weiteren Nachweisen.

aller Art wie Produkte angepriesen, zum Beispiel Rechts- und Steuerberatung als Beratungspaket, Kapitalanlage und Vermögensverwaltung als eine umfassende «Kundendienstleistung». So nimmt es nicht wunder, dass die Massstäbe für die Haftung zunehmend denjenigen für fehlerhafte Sachleistungen angeglichen werden oder – anders ausgedrückt – die Folgen menschlicher Unzulänglichkeit dadurch eliminiert werden, dass jedwede Fehlleistung bei der Erbringung von Diensten in diesem weiten Sinne als Verschulden betrachtet wird. Faktisch ist man auch hier auf dem Weg zu einer Haftung, in der das Verschulden keine Rolle mehr spielt – eine Entwicklung, die im Bereich des Arztrechtes schon weitgehend vorgezeichnet ist.

bb) Der Einfluss des Konsumentenschutzgedankens beschränkt sich aber nicht auf die vom Konsumenten/Patienten schwer erkennbaren oder überschaubaren Risiken der modernen Gesellschaft, er greift auch in die *Grundlagen des Vertragsrechts* ein. Amerikanischen Vorbildern folgend hat dieser Konsumentenschutzgedanke in nahezu allen europäischen Ländern dazu geführt, dass zunächst die Rechtsprechung und später der Gesetzgeber Regeln über die Verwendung von Allgemeinen Geschäftsbedingungen aufgestellt hat. So ist zum Beispiel in der Bundesrepublik Deutschland die gesamte Debatte, die dem Erlass des Gesetzes über Allgemeine Geschäftsbedingungen vorausging, nahezu ausschliesslich unter dem Aspekt des Verbraucherschutzes geführt worden[43]. Auch die in der Schweiz von der Literatur einhellig befürwortete Inhaltskontrolle Allgemeiner Geschäftsbedingungen wird von dem Gedanken des Konsumentenschutzes geprägt[44]; dies gilt auch für eng damit zusammenhängende Bereiche wie Konsumkredit- oder Haustürgeschäfte[45]. Alle diese be-

---

[43] Dazu Münchner Kommentar-KÖTZ, Einl. AGBG Rz. 6 ff.

[44] Vgl. die Übersicht bei ERNST KRAMER, Allgemeine Geschäftsbedingungen: Status quo, Zukunftsperspektiven, SJZ *1985* 17 ff., 33 ff. mit umfassenden Nachweisen, sowie zuletzt CARL BAUDENBACHER, Braucht die Schweiz ein AGB-Gesetz, ZBJV *1987* 505 ff.

[45] Dazu RAINER GONZENBACH, «Pacta sunt servanda» oder neues Licht auf ei-

reits bestehenden oder angestrebten Regelungen sollen beim Abschluss von Rechtsgeschäften die unterlegene Partei schützen und deren konstitutionellen Nachteile kompensieren. Es geht hier nicht darum, die «Richtigkeit» einer derartigen Konzeption zu diskutieren[46], sondern nur ihre Herkunft und Ausbreitung zu beschreiben. Die Konsequenzen dieser Entwicklung sind erst in Ansätzen sichtbar und in ihrer Tragweite noch nicht abzuschätzen. Sicher ist soviel: Mit der Berücksichtigung der faktischen Ungleichheit von Vertragspartnern wird die unserem Privatrecht zugrunde liegende Konzeption von der formalen Gleichheit der am Rechtsverkehr teilnehmenden Personen aufgegeben. Dies macht es jedenfalls erforderlich, die Grundmodelle zu überdenken und gegebenenfalls neu zu formulieren.

cc) Eng mit den beschriebenen Entwicklungen verbunden ist ein zweiter Leitgedanke, der gewissermassen nur die andere Seite des Konsumentenschutzes darstellt: Besonders im Arztrecht und in der Lehre vom informed consent wird die *vermehrte Betonung des Schutzes der Persönlichkeit* sichtbar. Auch diese Tendenz hängt mit einer Mentalitätsveränderung zusammen, die ebenfalls von Rechtsprechung und Rechtslehre teils ausgelöst, teils gefördert wurde. Sie findet heute nicht nur im Arztrecht, sondern im Datenschutz und vielen anderen Bereichen unserer Rechtsordnung ihren Niederschlag[47]. Zugleich führt sie zu zwei letzten Punkten.

6. *Verfassungsrecht*

Der zuletzt hervorgehobene Schutzgedanke hat besonders intensive Ausbildung und Ausprägung im amerikanischen Verfas-

---

nen alten Grundsatz – Notizen zu einem Konsumentenschutzproblem, ZSR *1987* 435 ff.

[46] Vgl. dazu etwa GONZENBACH (Fn. 45) sowie die massive Kritik von BARBARA DAUNER-LIEB, Verbraucherschutz durch Ausbildung eines Sonderprivatrechts für Verbraucher (Berlin 1983); dazu wiederum ERNST KRAMER (Fn. 42).

[47] So etwa in der 1985 erfolgten Erweiterung des Persönlichkeitsschutzes durch Neuformulierung des Art. 28 ZGB und dessen Ergänzung durch eine medienrechtliche Komponente.

sungsrecht gefunden. Die Grundrechte[48] wurden zu einem *Instrument sozialer Gestaltung* entwickelt, mit dem in *alle Lebens- und Rechtsbereiche interventionistisch* eingegriffen werden kann. In Europa hat vor allem die Bundesrepublik Deutschland mit der Einrichtung eines dem amerikanischen Supreme Court institutionell verwandten Bundesverfassungsgerichts die Grundlagen für die Verwirklichung eines solchen Konzepts gelegt. Zudem hat die deutsche Staatsrechtslehre nach amerikanischem Vorbild in zunehmendem Masse die Grundrechte instrumentalisiert. Auch in der Schweiz sind nicht nur Bestrebungen im Gange, eine eigentliche Verfassungsgerichtsbarkeit zu schaffen[49], vielmehr tendiert auch die schweizerische Grundrechtstheorie zu einem Konzept, das die Grundrechte als soziale Gestaltungsrechte begreift[50]. Diese Tendenz hat im Zusammenhang mit den zuvor geschilderten Entwicklungen einen synergetischen Effekt, der zu einer immer stärkeren *Verrechtlichung aller Lebensbereiche* führt. Die Konsequenzen einer derartigen Entwicklung sind in Amerika schon lange Gegenstand der Forschung sowohl in der Soziologie und in der Ökonomie als auch in der Rechtswissenschaft. Die dabei entwickelten theoretischen Konzeptionen sind ebenfalls Gegenstand der Rezeption.

7. *Theorie- und Methodenrezeption*

Die Übernahme amerikanischen Rechts und Rechtsdenkens beschränkt sich seit einiger Zeit nicht mehr auf die geschilderten

---

[48] Vgl. dazu die historische und rechtsvergleichend dokumentierte Darstellung von DIETER GRIMM, Zurück zur liberalen Grundrechtskonzeption?, recht *1988* 41 ff.

[49] Vgl. etwa die Vorschläge im Entwurf für eine Totalrevision der Bundesverfassung, Bericht der Expertenkommission (Bern 1977), 177 ff.; JÖRG PAUL MÜLLER, Die Verfassungsgerichtsbarkeit im Gefüge der Staatsfunktion, Veröffentlichungen der Vereinigung der Staatsrechtslehrer 39 (Berlin/New York 1981), 53 ff.

[50] Zum Beispiel PETER SALADIN, Grundrechte im Wandel (3. Aufl. Bern 1982), 294 ff. und öfter; JÖRG PAUL MÜLLER, Elemente einer schweizerischen Grundrechtstheorie, Bern 1982.

Phänomene. Vielmehr werden in zunehmendem Masse auch *theoretische Konzeptionen in Europa* aufgenommen. Zum einen handelt es sich um die bereits erwähnte Debatte über die Verrechtlichung[51]. Aus ihr ist das zuerst von der Reagan-Administration aufgegriffene Postulat nach *Deregulierung* entstanden. Diese vor allem auf ökonomischer Basis entwickelte Theorie ist in Europa sowohl von Politikern[52] als auch von Juristen übernommen worden. Ziel dieser auch in der Schweiz ausführlich diskutierten Strömung ist es, die zunehmende Regelungsdichte durch Abbau staatlicher Regulierungen einzudämmen oder gar rückgängig zu machen. Sie erweist sich – wie man unschwer erkennen kann – als Gegenbewegung zu der aus Konsumentenschutz, Persönlichkeitsschutz und den anderen oben dargelegten Bestrebungen entstandenen Tendenz nach immer mehr Recht.

Ebenfalls von ökonomischer Seite ging ein weiterer Ansatz aus, der versucht, rechtliche Regelungen und Entscheidungen unter wirtschaftlichen Gesichtspunkten zu betrachten und daraus Konsequenzen zu ziehen. Diese «*economic analysis of law*» genannte Methode hat mit der üblichen Zeitverzögerung auch bei uns Aufnahme gefunden[53]. Sie beginnt in ständig steigendem Masse die rechtstheoretische und methodologische Diskussion zu beeinflussen[54].

---

[51] Zum Folgenden allgemein: Verrechtlichung und Verantwortung, hrsg. von Helmut Holzhey/Georg Kohler (Bern 1987), sowie Zacher u.a., Verrechtlichung von Wirtschaft, Arbeit und sozialer Solidarität (Baden-Baden 1984).

[52] Dokumentation bei Georg Kohler, in: Verrechtlichung und Verantwortung (Fn. 51), 1 ff., dort auch zum Slogan «Mehr Freiheit, weniger Staat».

[53] Beat Hotz, Ökonomische Analyse des Rechts – eine skeptische Betrachtung, WuR *1982* 293 ff.; zuletzt Klaus Ott/Hans-Bernd Schäfer, Die ökonomische Analyse des Rechts – Irrweg oder Chance wissenschaftlicher Rechtserkenntnis?, (Deutsche) Juristenzeitung *1988* 213 ff.

[54] Exemplarisch die Berner Habilitationsschrift von Michael Adams, Ökonomische Analyse der Gefährdungs- und Verschuldenshaftung (Heidelberg 1985); illustrativ auch Michael Adams, Der Irrtum über «künftige Sachverhalte» – Anwendungsbeispiel und Einführung in die ökonomische Analyse des Rechts, recht *1986* 14 ff.

Die hier nur beispielhaft aufgeführten theoretischen Entwicklungen unterstreichen zweierlei: zum einen die mehrfach hervorgehobene *enge Verknüpfung von Recht, Politik und Ökonomie* in den Vereinigten Staaten, die man positiv ausgedrückt auch als eine der amerikanischen Rechtswissenschaft immanente Interdisziplinarität bezeichnen könnte. Zum anderen zeigt sich, dass wie in den übrigen Wissenschaftsbereichen nun auch in der Jurisprudenz die *amerikanische Rechtswissenschaft eine führende Rolle in der Welt übernommen* hat. Dies führt mit der immer wieder erwähnten Spitzenstellung der amerikanischen Forschung und Wissenschaft dazu, dass die amerikanische Rechtswissenschaft sich zunehmend zum «Vordenker» zu entwickeln beginnt: Gemeint ist damit, dass nahezu alle neuen Problemstellungen infolge des Vorsprungs in Wissenschaft und Technik dort zuerst erkannt und in einer die zukünftige Entwicklung prägenden Diskussion erfasst werden. Beispielhaft seien nur die frühzeitige Erörterung des gesamten *Umweltschutzproblems* oder die Debatte um die Möglichkeiten, Grenzen und Risiken der *Gentechnik* genannt, die in den USA zu Zeiten geführt wurden, als diese Begriffe in Europa noch fast Fremdwörter waren.

V. ANALYSE UND PROGNOSE

Wenn ich aus dem hier skizzierten Bild erste Schlüsse und Folgerungen zu ziehen versuche, so bin ich mir der Vorläufigkeit und Relativität der Aussagen ebenso bewusst wie des Umstandes, dass fast zu jedem Punkt Vorbehalte verschiedenster Art angebracht werden können und müssen. Wenn ich im folgenden dennoch unter weitgehendem Verzicht auf die Darlegung möglicher Einwände eine erste Analyse unterbreite, so geschieht dies in der *Absicht,* den *hier beschriebenen Vorgang bewusst zu machen,* damit er überhaupt als solcher wahrgenommen und diskutiert wird. Als Grundlage für eine derartige Diskussion sind die folgenden *Thesen* zu verstehen:

1. Der beschriebene Rezeptionsvorgang setzt sich wie alle anderen Rezeptionsvorgänge auch aus einer Fülle interdependenter Faktoren zusammen. Entscheidendes Gewicht kommt der oben aufgezeigten *Parallelität der Rezeption amerikanischen Rechts mit derjenigen des ius commune im Mittelalter* zu. Dies gilt sowohl für die Einbettung in einen gesamtkulturellen und sozialen Zusammenhang, den man als Amerikanisierung bezeichnen kann, wie auch insbesondere für das personale Element.

Der Verlauf der Rezeptionsgeschichte zeigt, welche zentrale Bedeutung die *Ausbildung der Juristen* für den Vorgang der Rezeption spielt. Dies lässt sich auf anschauliche Weise bei der Bevorzugung des ius commune gegenüber dem lokalen Recht und bei dessen Durchdringung mit den Methoden des gelehrten Rechts nachweisen[55]. Zieht man dann weiter in Betracht, dass als eigentlicher Durchbruch des ius commune das Vordringen der an ihm und in ihm geschulten Juristen in die zentralen Positionen der Justiz und der Verwaltung angesehen werden muss, sind daraus zweierlei Folgerungen zu ziehen: So wie im Mittelalter die Rezeption in der Schweiz – nach ähnlichen Anfängen wie in den umliegenden Ländern – weitgehend zum Stillstand gekommen ist, weil eine Durchdringung der Rechtspflege mit gelehrten Juristen nicht stattfand, so sehr ist es wahrscheinlich, dass sich heute ein umgekehrter Prozess abzeichnet: Wenn in den Hochschulen, der Advokatur, den Grossbanken und der Industrie die Juristen in führenden Positionen Amerika-orientiert sind, wird sich dies nachhaltig und tiefgreifend auf die Rechtskultur auswirken. Man kann es auch in der Sprache MAX WEBERS sagen: Da die «Rechtshonoratioren»[56] der Schweiz in stets zunehmendem Masse amerikanisch ausgebildet und damit auch amerikanisch

---

[55] Dazu WIEGAND, Studien zur Rechtsanwendungslehre der Rezeptionszeit (Ebelsbach 1977).
[56] Zu MAX WEBERS Theorie über die Rolle der «Rechtshonoratioren» vgl. vor allem RHEINSTEINS Arbeiten, zusammengefasst und einzeln nachgewiesen in: MAX RHEINSTEIN, Einführung in die Rechtsvergleichung (München 1974), § 22.

beeinflusst sind, wird sich der *Trend zur Amerikanisierung des schweizerischen Rechts* fortsetzen. Eine wesentliche weitere Parallele zur mittelalterlichen Entwicklung besteht in der *Universalität:* Wie im Mittelalter haben das amerikanische Recht sowie die Sprache den Vorzug der Universalität, beides geht Hand in Hand mit der Spitzenstellung der amerikanischen Forschung und Wissenschaft. All diese Faktoren führen dazu, dass wie bei der mittelalterlichen Rezeption die Übernahme amerikanischen Rechts eingebettet ist in einen umfassenderen sozio-kulturellen Prozess.

Andererseits hat die *Parallelität* zur mittelalterlichen Entwicklung natürlich ihre *Grenzen*. So fehlt ein ganz wesentliches Element, das das rasche Vordringen des ius commune in Europa gefördert hat. Das amerikanische Recht ist anders als das ius commune im Mittelalter den europäischen Rechtsordnungen keineswegs überlegen, im Gegenteil: Alle europäischen Staaten verfügen über eine hoch differenzierte, in langer wissenschaftlicher und richterlicher Tradition gefestigte Rechtsordnung. Das Fehlen jener Überlegenheit des ius commune wird aber durch andere Faktoren mehr als kompensiert:

An erster Stelle ist die *politische* und *ökonomische Dominanz* der Vereinigten Staaten zu nennen, die als wesentlicher Faktor bereits hervorgehoben wurde. Sie hat sowohl die Ausbreitung der oben erwähnten neuen Geschäftstypen bewirkt als auch im Bereich des gesamten Kapitalmarktes zu einer weltweiten Rezeption amerikanischer Rechtsbegriffe und Rechtsdenkens geführt.

Wiederum andere Faktoren waren massgebend für die rasche Rezeption der *haftungsrechtlichen* aber auch der *verfassungsrechtlichen Vorstellungen*. Die Überzeugung, dass Konsumenten, Patienten oder auch Bürger schlechthin in zunehmendem Masse schutzbedürftig seien, hat sich deshalb in Amerika entwickelt und am raschesten ausgebreitet, weil dort der Übergang in die vollindustriealisierte und dann in die postindustrielle Gesellschaft am ehesten vollzogen wurde. Hatten noch um die Jahrhundertwende amerikanische Gerichte die Haftung des Arbeitgebers für Unfallschäden des Arbeitnehmers als verfassungswidrig bezeichnet[57], so sind es heute dieselben Gerichte, die nun das Individuum vor den Gefahren der massenhaft erzeugten Produkte oder vor Eingriffen in die Persönlichkeit in Schutz nehmen. Infolgedessen beruht die Ausbreitung hier vor allem darauf, dass in *Amerika der Zeitgeist früher umgeschlagen* ist und aufgrund der oben mehrfach betonten Spitzenstellung der amerikanischen Wissenschaft diese neuen Tendenzen dort zuerst aufgegriffen und verarbeitet worden sind.

2. Hält man sich all dies vor Augen, so ergibt sich daraus: *Die Rezeption amerikanischen Rechts ist ein irreversibler und weitgehend unaufhaltsamer Prozess*. Er beruht auf einer Reihe von Faktoren, die zusammenwirken und damit die Eigendynamik des Vorgangs erhöhen. Besonders wesentlich erscheint mir dabei, dass in weiten Teilen die *amerikanische Rechtsentwicklung den Bedürfnissen und Gegebenheiten des postindustriellen Zeitalters oder der Dienstleistungsgesellschaft Rechnung trägt*. Infolgedessen kann auch die Prognose gewagt werden, dass das jetzt vielfach angekündigte «Ende des amerikanischen Zeitalters»[58] den eingeleiteten Prozess nicht beenden wird. Aus den zuvor dargelegten Gründen wird die Amerikanisierung auch dann weitergehen, wenn die Vormachtstellung der USA in ökonomischer und politischer Hinsicht längst der Vergangenheit angehören wird. Selbst die Verlagerung der technologischen und wissenschaftlichen Spitzenpositionen in den pazifischen Raum wird daran in absehbarer Zeit nichts ändern. Der Vorgang der Amerikanisierung, in den die Rezeption amerikanischen Rechts eingebettet ist, wird (ähnlich wie der Hellenismus in der Antike) die sozio-kulturelle Entwicklung prägen, auch wenn die USA selbst ihre hegemoniale Rolle längst verloren haben sollten.

---

[57] Urteil des obersten Gerichts von New York aus dem Jahre 1911 (Jves v. South Buffalo Railway Co. 94 NE 431).
[58] Vgl. dazu den Bericht «Am Ende des amerikanischen Zeitalters?», NZZ vom 6./7. Februar 1988 (Nr. 30), 5 mit Nachweisen zur Diskussion in Amerika.

3. Infolgedessen ist es auch vom Ansatz her wenig überzeugend, wenn man versucht, den hier beschriebenen Prozess als «Justizhegemonie»[59] der USA zu kennzeichnen. Damit werden die eigentlichen Ursachen und die Tragweite des Vorgangs eher verdunkelt als verdeutlicht. Andererseits sind die im Zusammenhang mit den Vorstellungen von Justizhegemonie oder Justizimperialismus angestellten *Überlegungen über Abwehrreaktionen* keineswegs überflüssig. Man sollte sie jedoch nicht unter diesen eher verzerrenden Aspekten betrachten. Richtiger erscheint mir folgendes Vorgehen: Wenn man sich vergegenwärtigt, dass ein Grossteil der hier geschilderten Entwicklungen tatsächlich den Bedürfnissen der heutigen Gesellschaft entspricht, sich weiter vor Augen hält, dass damit aber zahlreiche Grundstrukturen unserer Rechtsordnung in Frage gestellt oder doch wenigstens tangiert werden, so ist es zunächst und in aller erster Linie die *Aufgabe der Jurisprudenz,* diese *Prozesse zu analysieren* und die *wesentlichen Elemente zu verdeutlichen*. Ein nächster Schritt muss dahingehen, die tradierten europäischen Vorstellungen vor diesem Hintergrund einer Bestandesaufnahme und Standortbestimmung zu unterziehen, um auf dieser Basis diejenigen Elemente zu ermitteln, welche auf keinen Fall preisgegeben werden sollten. Schon durch die Formulierung ist angedeutet worden, dass dies eine Aufgabe ist, die die Schweiz nicht für sich allein, sondern nur Hand in Hand mit den auf gleicher Rechtskultur aufbauenden europäischen Nachbarländern in Angriff nehmen kann.

[59] So ROLF STÜRNER (Fn. 17).

III.

DIE RECHTLICHE BEWÄLTIGUNG INTERNATIONALER WIRTSCHAFTSVERFLECHTUNGEN

EUGEN BUCHER

DIE REGELN BETREFFEND SCHIEDSGERICHTSBARKEIT IM NEUEN IPRG UND DEREN VERFASSUNGSRECHTLICHER HINTERGRUND

I.

Die Verfassung eines staatlichen Gemeinwesens ist, bezogen auf dessen Rechtsordnung, vorab und in erster Linie die *Zuweisung der Zuständigkeit zur Rechtsetzung* und die Regelung des dabei zu beobachtenden *Verfahrens.* So gesehen sind Verfassungsprinzipien *Formalgrundsätze,* nicht materielle Rechtsprinzipien. Auch die verfassungsmässigen Rechte des Bürgers, als Freiheitsrechte verstanden, lassen sich als Formalprinzipien deuten: Das Freiheitsrecht des Bürgers als Abwesenheit einer staatlichen Zuständigkeit zur freiheitsbeschränkenden Rechtsetzung im fraglichen Bereich. Eine über diese formale Bestimmung hinausgehende, nämlich inhaltliche, materiale Vorausbestimmung des Gesetzesrechts durch die Verfassung besteht unstreitig ebenfalls, so wenn der Gesetzgebung die Verwirklichung des Gleichbehandlungsgrundsatzes aufgegeben ist. Auf das Ganze gesehen wird allerdings der Aussenstehende nicht leicht geneigt sein, dieser inhaltlichen Vorprogrammierung des zu erlassenden Gesetzesrechts durch normlogisch übergeordnete Verfassungsgrundsätze die weittragende Bedeutung zuzuerkennen, welche ihr von den Vertretern der Verfassungsrechtslehre heute gerne zugemessen wird. Im Bereich des positiven Privatrechts im besonderen kann ich kaum gesetzliche Regelungen erkennen, deren Erlass sich *inhaltlich* als Vollzug eines verfassungsmässigen Gesetzgebungsauftrages verstehen liesse. Nicht einmal auf der Ebene der Auslegung privatrechtlicher Gesetzesvorschriften kann Verfassungsrecht herangezogen werden; sowenig gegen die von einigen Verfassungsrechtlern postulierte *«Drittwirkung der Grundrechte»* im Grundsätzlichen etwas einzuwenden wäre, sowenig sind bis heute Beispiele erkennbar geworden, bei denen eine derartige («mittelbare») Drittwirkung nicht bloss behauptet, sondern anhand eines konkreten Beispiels deren Durchführbarkeit mit den Regeln wissenschaftlicher Methode dargelegt worden wäre [1].

Muss die Frage offenbleiben, welches der Einfluss der Verfassung auf die inhaltliche Gestaltung einer durch sie veranlassten Gesetzgebung sein kann, ist es das Ziel der hier vorgelegten Zeilen, in spiegelbildlicher Umkehrung zu zeigen, welchen *Einfluss,* in einem föderalistischen Staatswesen, die *formale Kompetenzzuweisung auf Verfassungsstufe* nicht auf den Erlass von Gesetzen an sich, sondern auf deren *Inhalt* ausüben kann. Am Beispiel der gesamtschweizerischen Regelung der Handels-Schiedsgerichtsbarkeit soll zu zeigen versucht werden, in welchem Sinn die (im Lauf der Jahre Wandlungen unterworfenen) Auffassungen hinsichtlich des Bestehens einer Verfassungskompetenz auf die schliesslich erlassene gesetzliche Regelung inhaltlichen Einfluss genommen haben: Beeinflussung inhaltlicher Ausgestaltung der Gesetzgebung nicht durch materiale Grundsätze der Verfassung, sondern vielmehr durch deren formale Zuordnung von Gesetzgebungskompetenz [2].

[1] Vom Unterzeichneten näher ausgeführt in SJZ *1987* 37–47.

[2] Der Obligationenrechtler hat ein altehrwürdiges Beispiel vor Augen, in dem sich der gleiche Mechanismus vor über hundert Jahren, im ersten grossen Gesetzgebungsvorhaben des Bundes überhaupt, bereits in ähnlicher Form verwirklicht hat: Die Schaffung des Obligationenrechts von 1883 unter *Verzicht auf die Trennung von Zivil- und Handelsrecht,* die angesichts des französischen Vorbildes und der bereits bestehenden Handelsgesetzgebung in Deutschland an sich damals als beinahe naturnotwendig hätte aufgefasst werden können.

Die Vereinigung des Obligationenrechts i. e. S., des Vertrags-, Delikts- und Bereicherungsrechts, mit den handelsrechtlichen Materien und insbesondere mit dem Gesellschaftsrecht beruht nicht auf der Einsicht in die (heute in der Schweiz wie auch zunehmend im Ausland gerne anerkannten) Vorzüge des unitarischen Systems, sondern ist gesetzgebungsgeschichtlich Ausfluss der damaligen verfassungsrechtlichen (und verfassungspolitischen) Situation: einerseits war die Kompetenz zu einer umfassenden Kodifizierung des Privatrechts

Das im folgenden untersuchte, sich dieser Tage verwirklichende Beispiel ist das 12. Kapitel des *Bundesgesetzes über das Internationale Privatrecht* (IPRG, von der Bundesversammlung beschlossen am 18. Dezember 1987).

II.

Im *internen Bereich* der Schweiz besteht wohl eine ungebrochene Tradition, private Streitigkeiten vor einen privaten Richter zu tragen; nicht umsonst sagt die (heute noch gültige, nicht unter der Drohung einer Revision stehende) Zürcher Kantonsverfassung des Jahres 1869 in Art. 58/II kurz und bündig: «Vertragsgemässe Schiedsgerichte sind zulässig», um bereits auf Verfassungsstufe festzuhalten, dass privatrechtliche Rechtsprechung nicht als Monopol des Staates verstanden wird[3].

Auf *internationaler Ebene* hat die Schweiz als Sitz privater Handelsschiedsgerichtsbarkeit weltweit gesehen eminente Bedeutung und unbestreitbare Spitzenstellung. Zwar ist *London* ein Schiedsplatz von alter Tradition, der aber seine Bedeutung vorab für Verfahren besitzt, die hinsichtlich des anwendbaren materiellen Rechts und der zu befolgenden prozessrechtlichen Regeln der Rechtstradition der englischsprachigen Welt verhaftet sind und/ oder einen Sachbezug zu Spezialitäten des Handelsplatzes Lon-

---

nicht erreichbar (wie die Verwerfung der Verfassungsvorlage von 1872 bewiesen hatte), anderseits hätte die von föderalistischer Seite postulierte Beschränkung der Bundesgesetzgebung auf strikt handelsrechtliche Bereiche nicht nur inhaltlich nicht befriedigen können, sondern wäre angesichts der Kraft der zentralistischen Tendenzen damals nicht zu halten gewesen. Formale Zuständigkeitsentscheidungen auf der Ebene des Verfassungsrechts bzw. der Verfassungspolitik wirkten sich somit auf die Gestaltung des materiellen Privatrechts aus.

Vgl. weiterhin dazu auch BUCHER in ZSR *1983* II 263 ff.

[3] Diese Tendenz der Anerkennung der (andernorts nicht überall mit gleicher Sympathie betrachteten) Schiedsgerichtsbarkeit reicht weiter zurück; jedenfalls hat der zitierte Art. 58/II bereits einen (fast wörtlich übereinstimmenden) Vorläufer in der Zürcher Kantonsverfassung vom 10. 3. 1831 (Art. 10 in fine).

don aufweisen (Schiffahrt, Versicherung, Handel mit Rohstoffen oder Landwirtschaftsprodukten). Eine eigentliche Konkurrenzsituation zur Schweiz besteht daher nicht. Auf dem Kontinent dürfte die Schweiz eine herausragende Stellung einnehmen. Zwingende Beweise für diese Annahme gibt es nicht. Während für «Ad-hoc-Verfahren» statistische Anhaltspunkte zum vornherein fehlen, können *Indizien* aus institutioneller Schiedsgerichtsbarkeit gewonnen werden: Die Häufigkeit der Wahl eines schweizerischen Schiedsplatzes durch die Parteien in Verfahren, welche nach den Regeln der *Internationalen Handelskammer (IHK)* geführt werden, indiziert einen Vorrang des «Sitzplatzes Schweiz» vor allen anderen. Dabei ist zu berücksichtigen, dass Parteien, wenn sie sich schon für ein Verfahren unter der Obhut der IHK entscheiden, die ihren Sitz in Paris hat, in überproportionalem Umfang Paris (bzw. Frankreich) als Sitz des Schiedsverfahrens wählen; sodann sind französische Parteien in IHK-Verfahren überproportional vertreten. Trotzdem wird die Schweiz auch innerhalb der IHK-Verfahren von Frankreich bzw. Paris nur gerade erreicht, nicht jedoch übertroffen; alle übrigen Länder fallen weit ab [4].

III.

Historische Untersuchungen über den *«Schiedsplatz Schweiz»* sind nicht vorhanden, jedoch wird die Vermutung erlaubt sein, dass sich die hiesige Schiedsgerichtsbarkeit im Gleichschritt mit der internationalen Schiedsgerichtsbarkeit herausgebildet hat. Diese

---

[4] Nach dem massgeblichen Werk über die Schiedsgerichtsbarkeit der IHK: CRAIG/PARK/PAULSSON, International Chamber of Commerce Arbitration (1984), Appendix I, table 7, sind in den Jahren 1980–1982 in insgesamt 318 Fällen sowohl Frankreich wie die Schweiz je 116mal gewählt worden, gefolgt von England (43 Fälle), Deutschland (10 Fälle), Niederlande (9 Fälle), Belgien (8 Fälle). – Hinsichtlich des überproportionalen Anteils französischer Parteien siehe das gleiche Werk App. I, table 7 (europäische Parteien: Frankreich 255, Deutschland 157, England 79, Italien 65, Jugoslawien 51).

ihrerseits dürfte weit zurückreichende Wurzeln aufweisen, sich indessen insgesamt proportional zum internationalen Waren- und Leistungsaustausch entwickelt haben. Dass bereits in der Zeit vor dem Ersten Weltkrieg die internationale Schiedsgerichtsbarkeit ihren festen Platz besass, wird durch die Tatsache belegt, dass bereits in jener Epoche ständige Schiedsgerichtsinstitutionen, verbunden mit lokalen Handelskammern, geschaffen wurden [5], wie auch nach dem Krieg (1922/23) die damals neugegründete IHK rasch eine eigene Schiedsgerichtsbarkeit institutionalisierte.

Die *letzten zwanzig Jahre* scheinen indes eine *Akzeleration* der Entwicklung gebracht zu haben. Diese ist nicht bloss die Folge des kontinuierlichen Aufschwungs des internationalen Waren- und Leistungsaustauschs, sondern hat eine entscheidende zusätzliche Ursache in der Verabschiedung der «*New Yorker Konvention*» über die Vollstreckung von Schiedssprüchen des Jahres 1958, die inzwischen von fast allen wichtigen Handelsnationen ratifiziert worden ist [6]. Im Rahmen dieser Konvention wird die Vollstreckung, soweit als wünschbar und von der Sache her überhaupt möglich, gefördert und erleichtert; die Vollstreckung von Schiedssprüchen dürfte daher insgesamt wohl eher einfacher und aussichtsreicher sein als diejenige von Urteilen staatlicher Gerichte, die in vergleichbarer Streitlage ergangen sind, womit ein entscheidendes zusätzliches praktisches Argument zugunsten dieser Form der Streiterledigung geschaffen wurde. Das führt im Ergebnis dazu, dass in fast allen Bereichen des internationalen Güter- und Leistungsaustausches die Schiedsgerichtsbarkeit die ordentliche Gerichtsbarkeit verdrängt hat. Litigante Rechtsdurchsetzung bedeutet heute im internationalen Bereich Schiedsgerichtsbarkeit.

---

[5] In der *Schweiz* ist vor allem zu nennen die *Zürcher Handelskammer* mit ihrer Schiedsordnung des Jahres 1911, in *Hamburg* die Institutionalisierung der «*Freundschaftlichen Arbitrage*». Vgl. dazu die Darstellungen von BACHMANN und STRAATMANN in «Handbook of Institutional Arbitration in International Trade», hrg. von COHN/DOMKE/EISENMANN, 1977, 203 ff. bzw. 45 ff.

[6] Für die Schweiz vgl. SR 0.277.12 (in Kraft getreten am 30.8.1965).

Dem äusserlichen Aufschwung der Schiedsgerichtsbarkeit entspricht eine veränderte Stellung im Bewusstsein der Allgemeinheit. Während früher nur in engem Kreise Interesse bestand, steht diese Institution heute im Blickfeld eines breiteren Publikums, wofür gleichermassen das Erscheinen von Publikationen (sc. die Veröffentlichung von Einzelwerken wie auch Neugründungen von Zeitschriften oder von Reihen), die Veranstaltung von Tagungen oder das Entstehen von Vereinigungen (für die Schweiz zu nennen die im Jahre 1974 gegründete *«Schweizerische Vereinigung für Schiedsgerichtsbarkeit»*) symptomatisch sind.

Auf internationaler Ebene ist an erster Stelle hinzuweisen auf eine lange Reihe *internationaler Übereinkommen* mit dem Bestreben, die Schiedsgerichtsbarkeit zu fördern und die Vollstreckbarkeit der Schiedssprüche zu erleichtern; das bereits genannte New Yorker Übereinkommen ist nur das wichtigste in der Reihe, die mit dem Genfer Protokoll über die Schiedsklauseln des Jahres 1923 beginnt[7].

Im Rahmen der *Vereinten Nationen* wurde der Entwurf eines Modellgesetzes im Jahr 1985 verabschiedet[8], nachdem bereits im Jahre 1976 dieselben Gremien eine Verfahrensordnung statuiert hatten, die im Falle entsprechender Parteivereinbarung oder Beschlusses des Schiedsgerichts für ein Schiedsverfahren Geltung erlangt[9].

Selbst in Gegenden, die traditionell der Schiedsgerichtsbarkeit eher ablehnend gegenüberstanden, wie Lateinamerika oder der Vordere Orient, scheint sich eine Wandlung anzubahnen und eine schiedsfreundliche Stimmung durchzusetzen[10].

---

[7] SR 0.277.11. – Vgl. im übrigen die Aufzählung in der Botschaft zum IPRG (Drucksache Nr. 82.072, 194, bzw. BBl *1983* I 456).

[8] Entwurf von UNCITRAL, United Nations Commission on International Trade Law, vom 21.6.1985, angenommen von der Generalversammlung am 11.12.1985 (Resolution Nr. 40/72).

[9] Entwurf von UNCITRAL, angenommen von der Generalversammlung am 15.12.1976 (Resolution 31/98).

[10] Für den spanischen und portugiesischen Sprachbereich, der lange Zeit im Verruf der Schiedsgerichtsfeindlichkeit stand, sei als symptomatische Erschei-

Schiedsgerichtsbarkeit im neuen IPRG: verfassungsrechtlicher Hintergrund

Auch die *nationalen Gesetzgeber* sind nicht untätig geblieben. Im europäischen Ausland hat die Mehrzahl der Staaten ihre nationale Gesetzgebung erneuert[11].

Dabei geht die Zielrichtung nationaler Gesetzgebung nicht bloss dahin, einer schiedsrichterlichen Privatrechtsverwirklichung den angemessenen verfahrensrechtlichen Rahmen zu geben; oft genug wird die Gesetzgebung unter *wettbewerbsmässigen Gesichtspunkten* betrachtet und mit ihr eingestandenermassen das Ziel verfolgt, einen möglichst grossen Anteil der internationalen Schiedsgerichtsbarkeit anzuziehen. Selbst der schweizerische Ge-

---

nung der Wandlung ins Gegenteil erwähnt ein Modell-Gesetz für Schiedsgerichtsbarkeit, ausgearbeitet und im Jahr 1981 verabschiedet von der Konferenz der Justiz-Minister der spanisch- und portugiesischsprachigen Länder («Leytipo de arbitraje para los paises Hispano-Luso-Americanos», Resolución no. 5 der «Conferencia de Ministros de Justicia de los países Hispano-Luso-Americanos i Filipinas»); damit wurde dem entsprechenden Modell-Gesetz der Vereinten Nationen von 1985 vorgegriffen, das allerdings heute auch im lateinamerikanischen Bereich am meisten Aussicht hat, die künftige Entwicklung zu beeinflussen.

[11] In *Deutschland* wurde bisher die Zivilprozessordnung in verschiedenen Revisionen *punktuell* modifiziert (so Revision 25.6.1969, BGBl. I S. 645, betr. § 1032 Abs. 3; die sog. «Vereinfachungsnovelle» vom 3.12.1976, BGBl. I S. 3281, betr. § 1027a, sowie insbes. Gesetz vom 25.7.1986, BGBl. I S. 1142, betr. §§ 1039, 1041, 1044 Abs. 2 und 1045 Abs. 1); indessen ist eine Gesamt-Novellierung beabsichtigt, die sich möglicherweise an das UNCITRAL-Model-Law anlehnen wird. – In *Frankreich* wurde im Jahr 1980 die Schiedsgerichtsbarkeit im allgemeinen neu geregelt und bereits ein Jahr später für «l'arbitrage international» ein Reformdekret nachgeschoben, das den Bedürfnissen der *internationalen* Schiedsgerichtsbarkeit Rechnung tragen soll (décret n° 80–345 vom 14.5.1980 und décret n° 81–500 vom 12.5.1981). – In den *Niederlanden* bringt ein Gesetz vom 2.7.1986 (in Kraft seit 1.12.1986) eine Neuordnung der Schiedsgerichtsbarkeit (und zwar einheitlich-gemeinschaftlich für die interne wie die internationale). – In *Belgien* wurde zwar nicht das Prozessrecht abgeändert, wohl aber durch Änderung des Art. 1717 der Zivilprozessordnung für reine Drittstaats-Schiedsgerichtsbarkeit (d. h. in Fällen, in denen keine der Parteien in Belgien Sitz hat) jegliche Überprüfbarkeit der Schiedssprüche durch staatliche Gerichte ausgeschlossen. – Besonders deutlich war der Aspekt internationaler Konkurrenzfähigkeit bei der Einführung der Arbitration Act 1979 in *England;* die grundlegende Änderung gegenüber der Arbitration Act 1950 besteht darin, dass die Überprüfung der Beurteilung von Rechtsfragen seitens der staatlichen Gerichte («special case») abgeschafft wurde.

setzgeber ist beim Erlass des unten zu erwähnenden Kapitel 12 des neuen Bundesgesetzes über das Internationale Privatrecht nicht ganz blind gegenüber diesem Gesichtspunkt[12].

IV.

Die Schaffung des *«Konkordats über die Schiedsgerichtsbarkeit»* im Jahre 1969 stellt das erste Unternehmen dar, mit dem auf eidgenössischer Ebene für die Schiedsgerichtsbarkeit eine vereinheitlichte rechtliche Grundlage geschaffen werden sollte[13].

Der Erfolg des Konkordats stellte sich nicht spontan ein; insbesondere blieb der wichtige Schiedsplatz Zürich vorerst fern, woraus sich eine Spaltung in «Konkordatskantone» und (von Zürich angeführte) «Nichtkonkordatskantone» ergab. Seit dem Beitritt Zürichs mit Wirkung auf den 1. Juli 1985 hat sich die Situation gewandelt; am 1. Januar 1988 gehören lediglich die Kantone Luzern und Thurgau dem Konkordat nicht an.

Das Konkordat ist in seiner Geltung keineswegs auf internationale Fälle beschränkt, sondern betrifft jegliche Schiedsgerichtsbarkeit. Auch in seiner inhaltlichen Gestaltung kann man kaum eine Ausrichtung auf internationale Schiedsfälle erkennen. Trotzdem ist der Anlass seiner Entstehung eindeutig in der internationalen Schiedsgerichtsbarkeit zu suchen; seine Schöpfer haben wohl vorab diese anvisiert[14].

---

[12] Vgl. z.B. Botschaft zum IPRG (Drucksache Nr. 82.072) S. 194/5 Nr. 2101.11 letzter Absatz; Stellungnahmen von Ständerat SCHMID am 13.3.1985, von Nationalrat FISCHER-Hägglingen am 1.10.1986 (Amtl. Bull. der Bundesversammlung *1985* 176 bzw. *1986* 1288).

[13] Konkordat vom 27. März 1969, vom Bundesrat genehmigt am 27.8.1969; vgl. SR 279.

[14] Als Initiant und geistiger Vater darf Bundesrichter PANCHAUD gelten; äusserer Anlass der Initiative scheinen im Zusammenhang des von ihm präsidierten Schiedsverfahrens der Société européenne d'études et d'entreprises c. Etat Yougoslave aufgetretene Probleme zu sein. Zur Geschichte der Entstehung des Konkordats vgl. F.E. KLEIN. Die internationale Schiedsgerichtsbarkeit und die

Das Bedürfnis nach einer (so weit als möglich) für die gesamte Schweiz geltenden einheitlichen Schiedsordnung war wohl ausschlaggebend für die bei damaligen Gegebenheiten als verfassungsrechtlich allein für möglich gehaltene Vorgehensweise der Schaffung eines interkantonalen Konkordates.

In vorliegendem Rahmen kann nicht einmal ein summarischer Hinweis auf die inhaltlichen Besonderheiten des Konkordats versucht werden. Immerhin darf in einer Gesamtwürdigung festgehalten werden, dass es eine gleichermassen sachgerechte wie liberale Konzeption verwirklicht, die seinerzeit in mancher Hinsicht auch im internationalen Vergleich als vorbildlich gelten durfte. Insbesondere mit seiner Betonung der Freiheit der Verfahrensgestaltung und der den Parteien verliehenen Autonomie sowie der subsidiär dem Schiedsgericht eingeräumten Regelungskompetenz dürfte es wohl die seitherige, in gleicher Richtung fortschreitende Entwicklung im Ausland mitbeeinflusst haben.

Trotzdem hat das Konkordat auch Kritik ausgelöst, die mit den ersten praktischen Erfahrungen begann und in den letzten zehn Jahren an Lautstärke zunahm. Diese Kritik bezog sich weniger auf Einzelheiten technischer Ausgestaltung [15] als auf den *Umfang* der gebotenen *Möglichkeiten der Kontrolle des Verfahrens durch die staatliche Gerichtsbarkeit*. An erster Stelle zu nennen sind die

---

schweizerische Rechtsordnung, in: Die internationale Schiedsgerichtsbarkeit in der Schweiz, Bd. 1 der Schriftenreihe des Deutschen Institutes für Schiedsgerichtswesen, Köln usw. 1979, 33–51.

[15] Auch in dieser Hinsicht sind allerdings einzelne Schwachstellen auszumachen. Zu nennen sind etwa die Zulassung der ein qualifiziertes Mehr oder gar Einstimmigkeit verlangenden Parteivereinbarungen (Art. 31/II), womit die Möglichkeit unlösbarer Patt-Situationen vorprogrammiert ist, oder die in Art. 29/I vorgeschriebene Aussetzung des Verfahrens bei Verrechnung einer nicht der Schiedsklausel unterliegenden Gegenforderung, welche Regel u. U. die Gefahr der Verschleppung (wenn nicht gar der Vereitelung) des Verfahrens schafft. Auch das Festhalten am traditionellen Schriftlichkeitserfordernis hinsichtlich der Schiedsklausel (Art. 6/I) war bereits im Jahre 1969 nicht mehr zeitgemäss, anerkennt doch bereits das New Yorker Abkommen (1958) per Telex geschlossene Schiedsklauseln.

Nichtigkeitsbeschwerde gemäss Art. 36 mit einem vergleichsweise weit gefassten Katalog von Nichtigkeitsgründen und vorab der Zulassung der Rüge, der Schiedsspruch sei «willkürlich, weil er auf offensichtlich aktenwidrigen tatsächlichen Annahmen beruht oder weil er eine offenbare Verletzung des Rechtes oder der Billigkeit enthält».

Diese Bestimmung führt in einzelnen Kantonen erfahrungsgemäss zu einer weitgehenden, berufungsähnlichen Überprüfung des Schiedsspruchs. Die kantonale Nichtigkeitsbeschwerde gemäss Konkordat wird ergänzt durch die Möglichkeit des *Weiterzugs ans Bundesgericht,* das im Rahmen der staatsrechtlichen Beschwerde die richtige Anwendung des Konkordates überprüft und, seit BGE *112* Ia 350, volle Kognition hinsichtlich der richtigen Handhabung des Willkürbegriffs beansprucht (d. h. die nach früherer Praxis beachtete Beschränkung auf Prüfung der Willkürlichkeit der Willkürprüfung – «Willkür im Quadrat» – fallenlässt) und damit selber in die Nähe berufungsmässiger Überprüfung des Schiedsspruchs gerät [16].

Die insgesamt zur Verfügung stehenden Möglichkeiten der Einschaltung der ordentlichen Gerichtsbarkeit in das Schiedsverfahren sind unter normalen Umständen nicht nachteilig, sie bieten aber, wie die inzwischen gemachten Erfahrungen zeigen, böswilligen Parteien weitreichende Möglichkeiten der Verfahrensverschleppung und Verfahrensstörung (wozu insbesondere auch die Erzwingung der Verfahrens-Wiederholung durch Erreichung einer Abberufung eines Schiedsrichters oder durch Veranlassung des Rücktrittes eines Schiedsrichters zu zählen sind) [17].

---

[16] Das Gewicht dieses Rechtszuges wird akzentuiert durch Art. 40/IV, der wörtlich genommen im Ergebnis den Parteien im Falle der Gutheissung der Nichtigkeitsbeschwerde den Anspruch auf eine Neubesetzung des Schiedsgerichts, damit aber auf eine sehr weitgehende Wiederholung des Verfahrens verleiht. In BGE *112* Ia 345 ist nun wenigstens festgehalten, dass diese Regel nur auf End-, nicht Zwischen- (Teil-) Entscheide anzuwenden sei.

[17] Dass diese Möglichkeiten etwas weit gehen, stellt selbst das Bundesgericht fest, wenn es im genannten Entscheid *112* Ia 349/50 z. B. sagt: «Comme l'illustre la présente affaire, l'exploitation systématique des moyens offerts par

So gesehen muss sich das Konkordat den Vorwurf gefallen lassen, dass es zu sehr auf anständige Parteien ausgerichtet ist, zu wenig die Missbrauchsmöglichkeit vermeidet. Nicht unterdrückt werden kann allerdings die Bemerkung, dass die staatliche Gerichtsbarkeit, zumal einzelner kantonaler Gerichte, nicht die notwendige Zurückhaltung in der Handhabung der Eingriffsmöglichkeiten erkennen liess, oft auch einen Mangel an Verständnis für die Besonderheiten der Schiedsgerichtsbarkeit zeigte, der seinerseits wiederum in fehlender Spezialisierung sowie der Spärlichkeit der möglichen Erfahrung seine Entschuldigung findet.

An dieser Stelle ist wohl auch die Einschränkung erlaubt, dass die hier angedeuteten Schwächen vor allem die Anwendung des Konkordats auf *internationale Schiedsgerichte* betreffen; insbesondere wird der Ausländer leichter als der Schweizer geneigt sein, die Konfrontation mit staatlicher Gerichtsbarkeit als unzumutbar zu empfinden. Die gelegentlich vernommene Lautstärke der ausländischen Kritik und deren Zunahme vorab in den achtziger Jahren muss zudem gewürdigt werden vor dem Hintergrund der Wettbewerbssituation, der zufolge die Kritik an den schweizerischen Verhältnissen nicht ganz unbeeinflusst schien vom Bestreben ausländischer Plätze, selber eine gewichtigere Position im Schiedswesen zu erlangen. Wie auch immer: die am internationalen Schiedswesen teilhabende schweizerische Juristenschaft hatte die im Ausland laut werdende Kritik als Herausforderung zu akzeptieren; der «Schiedsplatz Schweiz» schien auf der internationalen Bühne in Frage gestellt.

le concordat permet déjà suffisamment aux parties de retarder ... le déroulement normal de la procédure arbitrale ...»

V.

1. Voraussichtlich am 1. Januar 1989 wird das *Bundesgesetz über das internationale Privatrecht (IPRG)* in Kraft treten[18], dessen *Kapitel 12* (Art. 176–194) künftig für die «Internationale Schiedsgerichtsbarkeit» gelten wird und in seinem Anwendungsbereich das Konkordat ausschalten soll, dessen Geltung demnach auf die «interne Schiedsgerichtsbarkeit» eingeschränkt wird. Das wirft die *Frage auf nach der Verfassungsgrundlage einer bundesgesetzlichen Regelung, welche Verfahrensrecht betrifft,* das traditionell als Domäne der Kantone betrachtet wurde.

Während die *Expertenkommission,* auf deren Entwurf der IPRG-Text weitgehend beruht, sich zur Verfassungsfrage nicht äussert[19], und dies aus Gründen, welche von deren Zielsetzung her verständlich sind (vgl. folgende Ziffer VI), nimmt die bundesrätliche Botschaft vom 10. November 1982[20] diesbezüglich Stellung. Im Ausgangspunkt wird als entscheidend bezeichnet die Frage, «ob das Schiedsgerichtswesen dem Privat- oder dem Zivilprozessrecht zugeordnet wird» (S. 31), um nach einer Darstellung der verschiedenen gegensätzlichen oder auch vermittelnden Auffassungen schliesslich festzustellen, der Bundesrat sei der Ansicht, «dass der Theorienstreit für die Frage der Verfassungsmässigkeit ... ohne grosse Bedeutung» sei. Der Bundesrat sei «frei, zwischen verschiedenen Auffassungen zu wählen»; als privatrechtliche Materie verstanden könne das Schiedswesen ohne weiteres gestützt auf BV Art. 64 bundesrechtlich normiert wer-

---

[18] Das Gesetz ist von der Bundesversammlung angenommen worden am 18. 12. 1987; Publikation erfolgte am 12. 1. 1988, und entsprechend lief die Referendumsfrist am 11. 4. 1988 ab. Das Inkrafttreten ist gemäss IPRG Art. 200/II vom Bundesrat zu bestimmen. Derzeit (Juli 1988) liegt ein Beschluss noch nicht vor; der Antrag lautet auf 1. 1. 1989.

[19] Diesbezüglich stehen zur Verfügung der «Gesetzesentwurf der Expertenkommission und Begleitbericht» sowie der «Schlussbericht der Expertenkommission», publiziert als Bd. 12 («Begleitbericht») und Bd. 13 («Schlussbericht») der Schweiz. Studien zum Internat. Recht, Schulthess Polygraphischer Verlag, Zürich, 1978 bzw. 1979, 174 ff. bzw. 288 ff.

[20] Drucksache Nr. 82.072; BBl *1983* I 263 ff.

Schiedsgerichtsbarkeit im neuen IPRG: verfassungsrechtlicher Hintergrund

den, jedoch auch gestützt auf BV Art. 8, «soweit sich eine solche Regelung zur Wahrnehmung der auswärtigen Angelegenheiten der Schweiz aufdrängt» (S. 33 Mitte). Entsprechend wird auch im Ingress des Beschlusses der Bundesversammlung dieser «auf die Zuständigkeit des Bundes in auswärtigen Angelegenheiten und auf Artikel 64 der Bundesverfassung» gestützt.

Die angeführten Gründe vermögen nicht auf Anhieb zu überzeugen. Zusatzüberlegungen sind schon deshalb gefordert, weil offenkundig die bisher herrschende und in der Literatur nie grundsätzlich in Frage gestellte Auffassung, die Gesetzgebungskompetenz hinsichtlich des Schiedswesens liege bei den Kantonen[21], mit Erlass von Kapitel 12 des IPRG kurzerhand über Bord geworfen wird: Die Gesichtspunkte, welche in den sechziger Jahren die Beteiligten zur Schaffung eines kantonalrechtlichen Konkordats veranlassten, haben nun plötzlich keine Geltung mehr.

Auf *BV Art. 64* (d. h. Bundeskompetenz zur Gesetzgebung im Bereich des Privatrechts) könnte die Regelung des Schiedswesens dann gestützt werden, wenn man nicht nur den Schiedsvertrag als materiellrechtlichen Vertrag (was er zweifellos, neben anderem, *auch* ist) auffassen, sondern dessen Wirkungen als rein materiellrechtliche verstehen wollte[22].

---

[21] So konnte damals F.E. KLEIN («Die internationale Schiedsgerichtsbarkeit und die schweizerische Rechtsordnung», in: Die Internationale Schiedsgerichtsbarkeit in der Schweiz, Schriftenreihe des Deutschen Instituts für Schiedsgerichtswesen, Bd. 1, 1979, 12) zweifellos zutreffend sagen: «Nach allgemeiner schweizerischer Auffassung ist ... die Schiedsgerichtsbarkeit Teil des Verfahrensrechts», wofür BV Art. 64 letzter Absatz die kantonale Kompetenz explizit festschreibt.

[22] Nach dieser Konzeption, konsequent durchgehalten, wäre nicht bloss die Schiedsabrede, sondern insbesondere auch der *Schiedsspruch* selber rein materiellrechtlicher (vertraglicher) Natur; gemäss Vertragsabsprache wären die ursprünglichen vertraglichen Ansprüche zu ersetzen durch die von Dritten – den Schiedsrichtern – ersatzweise festgeschriebenen Ansprüche, ähnlich etwa dem Vorgang, dass die Bestimmung eines Vertragspreises einem Dritten überlassen wird, in welchem Fall dieser Preis nicht weniger vertraglich begründet ist.

Diese rein materiellrechtliche Konzeption, die nirgendwo rein verwirklicht ist, aber zahlreiche ausländische Gesetzgebungen in ihrem Ansatz bestimmt hat (so insbesondere auch die deutsche ZPO), hatte seit je in der Schweiz wenig Gefolgschaft. Hierzulande wurde traditionell das Schiedsverfahren als eine Erscheinung prozessualer Streiterledigung und nicht als eine Abart der materiellrechtlichen Bestimmung von Vertrags- oder Obligationsinhalten verstanden. Dies ist wiederum Ausfluss der hierzulande traditionellen Schiedsgerichtsfreundlichkeit, während die «privatrechtliche Konzeption» gesetzgebungsgeschichtlich wohl eine *argumentative Notbrücke* darstellte, um innerhalb einer das Schiedswesen grundsätzlich ablehnenden Prozessrechtstradition diesem eine Überlebensmöglichkeit zu schaffen.

Auch die Berufung auf *BV Art. 8* und die «*Wahrnehmung der auswärtigen Angelegenheiten*» lässt sich streng genommen nicht halten und ist mit dem Verfassungswortlaut nur schwer zu vereinbaren[23].

Auch bei weitestem Verständnis dieses Prinzips bleibt es dabei, dass im Rahmen von BV Art. 8 die Beziehungen der Schweiz (und vorab des Bundes) zu ausländischen Staaten («die Beziehungen zur Staatenwelt», wie man so schön sagt) in Frage stehen, die im Rahmen der internationalen Handelsschiedsgerichtsbarkeit gerade nicht in Betracht fallen, ist diese doch wesensmässig auf *Streiterledigung zwischen Privaten* ausgerichtet, und dies selbst dann noch, wenn (häufig, aber atypischerweise) ein ausländischer Staat oder ein von einem solchen beherrschtes Unternehmen wie ein Privater auftritt und in einem Verfahren als Partei beteiligt ist.

Insgesamt ist festzuhalten, dass die zur Begründung der Verfassungsmässigkeit in der Botschaft vorgetragenen Argumente nicht zu überzeugen vermögen, die Argumentationsweise Ratlo-

---

[23] *Art. 8 BV:* «Dem Bunde allein steht das Recht zu, Krieg zu erklären und Frieden zu schliessen, Bündnisse und Staatsverträge, namentlich Zoll- und Handelsverträge mit dem Auslande, einzugehen.»

Schiedsgerichtsbarkeit im neuen IPRG: verfassungsrechtlicher Hintergrund

sigkeit und Verlegenheit nicht zu verbergen vermag. Die parlamentarische Beratung brachte keinerlei neue Gesichtspunkte [24].

2. Es steht dem Privatrechtler nicht an, in der Frage der Verfassungsmässigkeit abschliessend Stellung zu nehmen. Immerhin darf er festhalten, dass die zugunsten einer Bundeskompetenz sprechenden Überlegungen erweitert werden könnten. Insbesondere dürfte bedacht werden, dass die internationale privatrechtliche Schiedsgerichtsbarkeit zu den einzelnen Kantonen keine unmittelbare, primäre Beziehung hat, denn die Wahl eines Schiedsgerichts-Sitzes in der Schweiz impliziert zwar zwangsläufig die Wahl eines bestimmten Kantons, setzt aber nicht notwendig einen Sachbezug zu dem betreffenden Kanton voraus (in dem ja, nach der Sitzbestimmung des Konkordats, Art. 2, wie derjenigen des IPRG, Art. 176 III, keinerlei Gerichtshandlungen stattfinden müssen, um die örtliche Verknüpfung effektiv werden zu lassen). Die Kantone werden durch formale Lozierung eines Verfahrens in ihrem Gebiete unmittelbar nicht betroffen, so dass ein kantonales Regelungsbedürfnis und ein legitimes Regelungsinteresse nicht ohne weiteres erkennbar sind [25].

Dieser «mangelnde Kantonalbezug» des Regelungsgegenstandes wird dann bedeutsam, wenn man bedenkt, dass das Erfordernis einer expliziten Verfassungskompetenz für Bundesgesetze als Bestandteil der *Kompetenzabgrenzung* zwischen dem Bund einer-

---

[24] Vgl. Stellungnahme Bundesrätin KOPP, im Ständerat am 12.3.1985, im Nationalrat am 2.10.1986 (Amtl. Bull. *1985* 116 und *1986* 1293f.).

[25] Unter Einbezug der *Wettbewerbsverhältnisse* könnte man sagen, dass kantonalrechtliche Regelungen keinen Einfluss haben auf die Verteilung der Schiedsverfahren innerhalb der Kantone. Dass beispielsweise der Kanton Genf besonders häufig gewählt wird, mag traditionelle, sprachliche, verkehrstechnische, touristische oder sonstige Gründe haben, kann aber durch das Verfahrensrecht, das (im Konkordat) identisch mit demjenigen anderer Kantone ist, nicht beeinflusst sein. Wollte man umgekehrt die Wettbewerbssituation des «Schiedsplatzes Schweiz» im Ausland betrachten, müsste man feststellen, dass der Ruf nicht «kantonsspezifisch» sein dürfte, d. h. gute oder schlechte Erfahrungen des Publikums in einem Kanton verallgemeinernd auf alle Kantone, die Schweiz im allgemeinen, übertragen werden.

seits, den Kantonen anderseits verstanden wird. So gesehen hört die Notwendigkeit einer strikten Verfassungsgrundlage auf, wo ein Bereich als Regelungsgegenstand kantonaler Gesetzgebung aus sachlogischen Gründen nicht in Betracht fällt oder wenigstens ein «kantonales Gesetzgebungsinteresse» nicht erkannt werden kann. Beides lässt sich bis zu einem gewissen Grade von der Schiedsgerichtsbarkeit, wenigstens soweit sie «international» ist, feststellen[26]. Es ist denn auch nicht zufällig, dass der Vorbehalt der BV zugunsten der Kantone auf die «Organisation der Gerichte, das gerichtliche Verfahren und die Rechtsprechung» Bezug nimmt (Art. 64/III), damit aber nicht zwangsläufig (vielleicht ausserhalb des Kantons tätig werdende) internationale private Schiedsgerichte und deren Verfahren erfasst.

Die Kompetenzfrage kann sodann m. E. nicht ohne *Rücksicht auf die den Kantonen verbleibenden Regelungsbereiche* erwogen werden. Es ist nicht bloss die Beschränkung des Geltungsanspruchs des IPRG auf die internationale Schiedsgerichtsbarkeit zu berücksichtigen, welche die «interne» Schiedsgerichtsbarkeit weiterhin den Kantonen überlässt. Besonderes Gewicht hat m. E. die Frage, ob der Regelungsanspruch des zu erlassenden Bundesrechts auf *exklusive oder bloss auf korrektive Geltung* geht, ob m. a. W. durch das zu erlassende Gesetz kantonales Verfahrensrecht bezüglich

---

[26] Unter diesem Aspekt darf auf die Frage der Kompetenz hinsichtlich der Bundesgesetzgebung im *Internationalen Privatrecht* im engeren Sinne hingewiesen werden, denn streng genommen lässt sich Bundesgesetzgebung in diesem Bereich teilweise auch nicht anders rechtfertigen. So zwingend die Überlegung ist, dass die Kompetenz zur Privatrechtsgesetzgebung (BV Art. 64) die Befugnis zur Bestimmung des Geltungsbereichs des zu erlassenden (schweizerischen) materiellen Privatrechts einschliesst, so wenig ist, streng genommen, darin die Befugnis der Normierung eingeschlossen, *welches* ausländische Recht, im Falle der Nichtanwendbarkeit des schweizerischen Rechts, Geltung haben solle. Diese mit Selbstverständlichkeit (und m. W. ohne jede Diskussion) als gegeben vorausgesetzte Bundeskompetenz lässt sich letztlich nur mit ähnlichem wie den oben angestellten Überlegungen rechtfertigen, dass nämlich kantonale Betroffenheit und ein kantonales Regelungsinteresse nicht erkannt werden können, ja dass eine kantonalrechtliche Normierung derartiger kollisionsrechtlicher Fragen sachlogisch ausgeschlossen ist.

der internationalen Schiedsgerichtsbarkeit schlechthin ausgeschaltet oder durch das Bundesgesetz bloss ergänzt oder korrigiert wird, im übrigen aber weiterhin in Geltung bleibt; die Anforderungen an die Evidenz einer verfassungsmässigen Bundeskompetenz sind offenbar im ersteren Fall höher anzusetzen als bei bloss additiv-korrektiver Bundesgesetzgebung. Im folgenden bleibt zu zeigen, dass gerade dieser Gesichtspunkt den Habitus des IPRG während der verschiedenen Stufen der Entwicklung entscheidend beeinflusst hat und noch heute den Charakter des schliesslich Gesetz gewordenen Textes mitbestimmt.

VI.

1. Wenn Gesetze die an sie gerichteten Erwartungen nicht mehr erfüllen, können sie geändert werden. Wenn Konkordate nicht mehr befriedigen, könnten an sich auch sie geändert werden. Indessen springen die praktischen Schwierigkeiten eines derartigen Vorgehens in die Augen, die wohl unvergleichlich gewichtiger sind als die von einer Gesetzesrevision zu überwindenden Hürden [27].

Es kann jedenfalls nicht überraschen, dass im Verlauf der siebziger Jahre, als das Konkordat noch kaum richtig Fuss gefasst hatte und sich noch mit der ablehnenden Haltung des Kantons Zürich konfrontiert sah, niemand im Ernst eine Konkordats-Revision vorzuschlagen wagte, obwohl damals in den Kreisen der

---

[27] Die Durchsetzung einer Konkordats-Änderung ist wohl an dieselben Voraussetzungen geknüpft wie der Beitritt zu einem Konkordat. Sie sollte (zumal bei einem Regelungsgehalt, der auf der Stufe ordentlicher Gesetzgebung steht) den Anforderungen kantonalen Gesetzgebungsverfahrens unterworfen sein, welcher Grundsatz nicht in allen Kantonen verwirklicht zu sein scheint (vgl. zu Einzelheiten HAEFELIN/HALLER, Schweiz. Bundesstaatsrecht, 2. Aufl., Zürich 1988, N. 512). Jedenfalls ist der Aufwand insgesamt beträchtlich; mindestens in einer Übergangsphase wäre zudem gesamtschweizerisch mit einer Nebeneinander-Geltung des alten und des neuen Konkordats zu rechnen.

internationalen Schiedsgerichtsbarkeit die Schwachstellen des Konkordats durchaus gesehen wurden.

Es war eine Fügung eigener Art, dass in jenen Jahren im Rahmen einer bundesrätlichen Expertenkommission eine gesetzliche Regelung des internationalen Privatrechts sich in Ausarbeitung befand. Obwohl zu Beginn der Arbeiten in den Jahren 1971/73 anscheinend niemand auch nur entfernt an einen Einbezug des Schiedswesens gedacht hatte, findet sich im Kommissionsentwurf des Jahres 1978 (damals als «Kapitel 11») thematisch der Sachbereich des heutigen Kapitels 12 des IPRG. Vom Aussenstehenden kann anhand der publizierten und damit allgemein verfügbaren Materialien nicht ausgemacht werden, von wem der Anstoss zum Einbezug des Schiedsgerichtsbarkeits-Rechts stammt und in welchem Zeitpunkt dieser Gegenstand in die Arbeiten der Kommission einfloss. Dem Vernehmen nach war es nicht die 6. Subkommission für «Prozessrecht», welche eine entsprechende Initiative ergriff; diese scheint, etwa im Jahr 1975, erst in der *«Kommission der Subkommissionspräsidenten»* aufgekommen zu sein.

Angesichts der bisherigen selbstverständlichen Zuordnung des Schiedswesens zum (kantonalrechtlich zu regelnden) Verfahrensrecht ist der Entscheid zugunsten der Ausweitung des Umfanges des Gesetzesvorhabens über den bisher dem «IPR» traditionell zugerechneten Sachbereich hinaus [28] erklärungsbedürftig und aus heutiger Sicht überraschend. Einsichtnahme in die verfügbaren Materialien, d.h. in den «Begleitbericht» und den «Schlussbericht» der Expertenkommission [29] ergibt einen zweifachen Befund: Zur Verfassungsfrage, die uns hier beschäftigt, werden kei-

---

[28] Als kollisionsrechtliches Problem i.e.S. und damit potentiellen Gegenstand einer IPR-Regelung im eigentlichen Sinn kann ich nur die Frage erkennen, welches materielle Recht das Schiedsgericht seinem Entscheid zugrunde legen soll (bzw. i.S. einer Verweisung, nach welchen IPR-Regeln das Schiedsgericht diese Frage anzugehen habe); allenfalls käme noch in Betracht die Frage (wenn man diese nicht ihrerseits dem Verfahrensrecht zuweisen will), nach welchem materiellen Vertragsrecht sich die Gültigkeit einer Schiedsabrede beurteile. Es sind dies allein die Regeln von Art. 187/I und 178/II des IPRG.

[29] Vgl. oben Fn. 19.

nerlei Ausführungen gemacht; in der Sache selbst, d. h. den für die Aufnahme in das zu schaffende IPRG vorgeschlagenen schiedsgerichtsrechtlichen Normen, wird *Zurückhaltung* geübt. Diese Zurückhaltung (deren Relevanz hinsichtlich der Verfassungsfrage formell nicht ohne weiteres ersichtlich ist, aber im vorangehenden bereits angedeutet wurde) äussert sich in doppelter Hinsicht: Die vorgeschlagenen Normen sind «thematisch minimiert», d. h. sie sind umfangmässig knapp gehalten, und die inhaltliche Aussage ist auf das Notwendigste beschränkt; sodann scheinen sie nicht nur nicht eine *ab*schliessende, sondern auch nicht eine *aus*schliessende Regelung geben zu wollen: Sie beanspruchen nicht, ausschliesslich zu gelten, sondern lassen anderes Recht (d. h. bisheriges Recht) fortbestehen. Die vorgeschlagenen Normen lassen das kantonale Recht demzufolge nicht bloss im Bereich der «gewöhnlichen», «internen» Schiedsgerichtsbarkeit, sondern auch hinsichtlich der internationalen Schiedsgerichtsbarkeit weitergelten.

2. Die im Ergebnis der Arbeiten der *Expertenkommission* sich manifestierende *Absicht der Beschränkung des Geltungsanspruches* des damaligen Kapitels 11 *auf eine «additiv-korrigierende», nicht exklusive Geltung* gelangt an folgenden Stellen wenigstens indirekt zum Ausdruck: Im *«Begleitbericht»* (S. 175) wird unter dem Titel «Notwendigkeit der Regelung» einleitend gesagt: «Wenn schon eine Gesamtkodifikation des IPR in Angriff genommen wird, erscheint es wünschbar, dass gleichzeitig *einige grundlegende Fragen* des internationalen Schiedsgerichtswesens geklärt werden» (Auszeichnung vom Verf.). Im *«Schlussbericht»* wird diese Formel noch einmal aufgenommen (S. 289, Ziff. 2 Ingress). In einer Argumentationslinie, welche die Wünschbarkeit einer Regelung auf Bundesebene dartun soll, wird auf die «bekanntlich enge Beziehung (sc. der Schiedsgerichtsbarkeit) zum Prozessrecht» (S. 290 lit. *c*) einerseits, auf die ohnehin vorgeschlagene Aufnahme «mehrerer Regeln über das internationale Prozessrecht» (S. 291 oben) andererseits hingewiesen, um zu folgern, dass es eigenartig wäre,

wenn der Entwurf sich «über die in der Praxis viel wichtigere Schiedsgerichtsbarkeit ausschwiege». Nach Darlegung, dass das gegebene kantonale Recht vorab auf «interne» Schiedsgerichtsbarkeit ausgerichtet und der internationalen Schiedsgerichtsbarkeit nicht voll gewachsen sei, insbesondere «den Parteien durch mehrere Rekursmöglichkeiten Gelegenheit zur Obstruktion» verschaffe (S. 291 Mitte), heisst es, dass «eine Intervention des Bundesgesetzgebers sich gebieterisch aufdrängt». Dann abschliessend: «Dabei geht es nicht um einen umfassenden Kodex der internationalen Schiedsgerichtsbarkeit. Es genügt die Regelung einiger Grundsatzfragen, die als *Eckpfeiler* dieser schwierigen Materie angesprochen werden können.» (Auszeichnung im Original.)

Im von der Expertenkommission vorgeschlagenen *Gesetzestext* wird der in genanntem Sinne beschränkte Geltungsanspruch und der Vorbehalt der Weitergeltung des kantonalen Rechts nicht ausdrücklich formuliert, kommt aber indirekt zum Ausdruck, wenn der das damalige Kapitel 11 eröffnende Artikel 171/I sagt: «Die Bestimmungen dieses Titels gelten für Schiedsgerichte mit Sitz in der Schweiz, sofern...» Mit dieser Formel, welche die «Bestimmungen» an den Satzanfang stellt und damit zum Gegenstand der Aussage macht, wird nur über diese etwas geäussert, nämlich, dass sie im Sachbereich «Schiedsgerichtsbarkeit» ihre Anwendung finden werden. Über den Sachbereich (Schiedsgerichtsbarkeit) wird keine Aussage gemacht und damit die Frage offengelassen, welche Normen dort insgesamt gelten. Die entgegengesetzte Konzeption der «Exklusivgeltung» der IPRG-Regeln hätte verlangt, dass die Satzstellung vertauscht worden wäre; diesfalls müsste es heissen: «Für Schiedsgerichte mit Sitz in der Schweiz gelten, sofern..., die Bestimmungen dieses Titels» (und nichts anderes).

3. Die *«thematische Minimierung»* der im damaligen Kapitel 11 vorgeschlagenen Regelung kann hier nur angedeutet werden[30]:

[30] Eine etwas einlässlichere Erörterung, verbunden mit Vorschlägen zur Handhabung der Verhältnisse im Bereich der vorhandenen Regelungslücken,

Es fehlen Regeln über typische prozessrechtliche Fragen wie die Zulässigkeit der Veränderung des Streitgegenstandes (z. B. Klageerhöhung o. dgl.), über Vereinigung von Verfahren und die Zulässigkeit von Widerklagen, über Nebenintervention, Streitverkündung oder Parteiwechsel, Beweisabnahme, Protokollierung, Folgen der Säumnis einer Partei oder des Ausscheidens eines Schiedsrichters. Sodann finden Interpretation oder Korrektur des Schiedsspruchs bzw. Revisionsverfahren keinerlei Erwähnung. Das Offenlassen derartiger Fragen zeigt, dass es nicht das Ziel des Entwurfs sein konnte, den Sachbereich «internationale Schiedsgerichtsbarkeit» eigenständig zu regeln; insbesondere die fehlende Bezugnahme auf Institute wie Interpretation, Korrektur oder Revision, die nicht nur im ordentlichen Prozess mehr oder weniger verankert sind und in bisherigen kantonalen Rechten angetroffen werden, sondern insbesondere auch in modernen ausländischen Regelungs-Erlassen ihren Platz haben[31], illustriert, dass nicht der Entwurf einer inhaltlich umfassenden Ordnung beabsichtigt war.

VII.

Die bundesrätliche *Botschaft* vom 10. November 1982 unterbreitet den Räten einen Gesetzesentwurf, der auf weiten Strecken mit dem Entwurf der Expertenkommission identisch ist; die Ab-

---

hat der Schreibende versucht in seinem Beitrag «Die Schiedsgerichtsbarkeit in der Schweiz im allgemeinen» im Sammelband «Das neue Recht der internationalen Schiedsgerichtsbarkeit in der Schweiz» (Schriftenreihe des Deutschen Instituts für Schiedsgerichtswesen, Bd. 1/II, hrg. von BOECKSTIEGEL, Köln usw. 1988, in Vorbereitung).

[31] An dieser Stelle seien nur genannt (für das kantonale Recht) die Regeln betr. *Revision* im Konkordat (Art. 41, 42; die Rückweisung im Falle einer Nichtigkeitsbeschwerde – Art. 39 – vermag sodann teilweise funktionell die Aufgaben der Auslegung, Berichtigung und Ergänzung eines Schiedsspruchs zu übernehmen). Für die ausländische Entwicklung vgl. die UNCITRAL Arbitration Rules (1974/76), Art. 35-37 (Interpretation bzw. Correction of the Award, Additional Award); weiter sodann ähnlich UNCITRAL Model Law on International Commercial Arbitration (1985), Art. 33.

weichungen betreffen Nebenpunkte, wenn nicht bloss den Stil der Stoffpräsentation[32].

Am auffälligsten ist das gänzliche Fehlen einer im Expertenentwurf vorgesehenen Bestimmung: «Ernennung, Ausschluss, Ablehnung und Ersetzung eines Schiedsrichters sowie die Verlängerung seiner Amtsdauer richten sich nach dem Recht des Kantons, in dem das Schiedsgericht seinen Sitz hat.» (Art. 177). Mit dem ersatzlosen Wegbleiben dieses Artikels wird der bruchstückhafte Charakter der vorgeschlagenen Regelung offenkundiger. Die *Bestellung des Schiedsgerichts* bei Widerstreben der beklagten Partei darf als Primäraufgabe jeder Regelung der Schiedsgerichtsbarkeit bezeichnet werden; die in Art. 174/II enthaltene Norm («Ist die Mitwirkung des staatlichen Richters erforderlich, so trifft der Richter des Kantons, in dem das Schiedsgericht seinen Sitz hat, die geeigneten Massnahmen») kann kaum als hinreichende Normierung dieses Grundproblems bezeichnet werden. Höchstens wird hier, wenn überhaupt, eine Zuständigkeitsnorm für die Schiedsrichter-Ernennung statuiert; Hinweise zum Verfahren fehlen. Erst recht fehlt jegliche Normierung zur Frage der Abberufung oder Ersetzung eines Schiedsrichters, die bekanntlich ebenfalls erhebliche praktische Bedeutung hat.

Sind im *materialen Gehalt* der vom Bundesrat vorgeschlagenen Regelung gegenüber dem Experten-Entwurf ausser einer weiteren «Minimierung» des Regelungsgehaltes keine Veränderungen zu erkennen, lässt sich Gleiches *nicht* hinsichtlich des *normativen Geltungsanspruchs* sagen. Während im «Begleitbericht» wie im «Schlussbericht» der Expertenkommission die Grundhaltung deutlich formuliert ist, dass das zu erlassende Bundesrecht bloss zum kantonalen Prozessrecht hinzutreten, nicht aber dieses erset-

---

[32] An Abweichungen seien genannt: Neu zugefügt sind im bundesrätlichen Entwurf Art. 171 Abs. III (jetzt IPRG Art. 178/III) und Art. 174 (jetzt IPRG Art. 179/III). Modifikationen ohne grundlegende Bedeutung finden sich in Art. 170/II (IPRG Art. 177/II) und Art. 178/I (jetzt, mit grundlegend verändertem Gehalt, IPRG 192); Art. 177/I war vorher Abs. III des vorangehenden Artikels.

zen und in seiner Geltung ausschliessen solle (dazu oben Ziff. VI), fehlen entsprechende Hinweise in der Botschaft gänzlich. Allerdings wird auch nicht explizit die Gegenposition vertreten, d. h. offen erklärt, dass der Gesetzgeber eine exklusive, das kantonale Recht ausschliessende Regelung beabsichtige; am Wortlaut des vorgeschlagenen Gesetzes wird nichts geändert. – Indirekt allerdings spricht alles für einen umfassenden, das kantonale Recht ausschliessenden Geltungsanspruch: So wird etwa von einer «*nationalen Kodifizierung* des internationalen Schiedsgerichtswesens» gesprochen (S. 195, Beginn letzter Absatz) oder bei der Eröffnung der Diskussion der Verfassungsmässigkeit der Regelung deren Gegenstand kurz und bündig wie folgt umschrieben: «Schliesslich regelt der Entwurf auch die internationale Schiedsgerichtsbarkeit» (S. 31, Beginn Ziff. 146). «Regeln» kann hier, ohne weiteren Vorbehalt, nur dahin verstanden werden, dass eine abschliessende und ausschliessliche Regelung beabsichtigt sei, wie ja ohnehin jegliche Gesetzgebung vermutungsweise diesen Geltungsanspruch erhebt.

Als Fazit ist festzuhalten, dass der grundlegende Schritt von einer bloss additiven zu einer exklusiv geltenden Normierung der Schiedsgerichtsbarkeit zwischen dem Abschluss der Arbeiten der Expertenkommission im Jahre 1978 einerseits, dem Erscheinen der Botschaft im Jahre 1982 anderseits erfolgte, wobei dieser grundlegende Wechsel der Konzeption der Regelung nicht offen deklariert und schon gar nicht begründet wird[32a]. Welches die Ursachen dieses Konzeptwechsels waren, vermag der Aussenstehende nicht zu ergründen.

[32a] Nicht geändert wurde Art. 176/I, d. h. die Umschreibung des Geltungsbereiches des Gesetzes, die immer noch mit dem ursprünglichen Wortlaut erfolgt, der eigentlich auf eine additiv-korrigierende, nicht aber exklusive Geltung, so wie vom Gesetzgeber heute beabsichtigt, hinweist (vgl. oben Ziff. VI/2 in fine).

VIII.

Der heute vorliegende, Gesetz gewordene Text bleibt zwar auf der von der bundesrätlichen Vorlage gewiesenen Linie, enthält indessen neben einigen untergeordneten Änderungen auch grundlegende Erweiterungen, die im folgenden allerdings nur kurz angedeutet werden können (die folgende Ziff. 1). Wesentlich sind in vorliegendem Zusammenhang die Bezüge dieser inhaltlichen Veränderung zur Verfassung, die ich in zweierlei Hinsicht erkennen kann: Bedingtheit eingetretener Veränderungen durch die gegebene Verfassungssituation (unten Ziff. 2), und sodann Akzentverlagerungen in der Beurteilung der Verfassungsmässigkeit des Kapitels 12 gerade infolge dieser inhaltlichen Veränderungen (Ziff. 3).

1. Die 12 Artikel des bundesrätlichen Entwurfs (Art. 169–180) sind um sieben Artikel auf insgesamt 19 des IPRG erweitert worden (IPRG Art. 176–194). Vom Entwurf wurde *weggelassen* dessen Verweisung auf kantonales Recht als subsidiäres Verfahrensrecht (Art. 173/II, Satz 2).

a) *Nationalrat*

Als *Zusätze* gegenüber der Vorlage sind die folgenden von der grossen Kammer beschlossenen Änderungen zu nennen[33]:

– Die Bestimmungen von *Art. 179/I und II IPRG* betreffend die Bestellung des Schiedsgerichts bringen zwar eine wünschbare Verdeutlichung, nicht aber gegenüber der Vorlage eine grundsätzliche Neuerung.

– Neuland betritt *IPRG Art. 180,* der die «Ablehnung eines Schiedsrichters» normiert[34] und damit wenigstens eine der oben signalisierten Regelungslücken schliesst.

---

[33] Vgl. dazu Amtl. Bull. *1986* 1365–1369, Differenzbereinigung a.a.O. 1987, 1064–1073.

[34] Bedauerlich ist, dass unter den Begriff der Ablehnung nicht bloss Einwendungen im Bestellungsverfahren subsumiert werden, sondern (in Verken-

Schiedsgerichtsbarkeit im neuen IPRG: verfassungsrechtlicher Hintergrund

– *Art. 182/III IPRG* statuiert eine zwingende Regel, die unabhängig von allfälligen Parteivereinbarungen «die Gleichbehandlung der Parteien sowie ihren Anspruch auf rechtliches Gehör in einem kontradiktorischen Verfahren» vorschreibt, eine Regel, die insgesamt angesichts der gebotenen Anfechtungsmöglichkeiten (Art. 190/II lit. *d*) bloss deklaratorisch, im übrigen in der Formulierung teilweise fragwürdig ist[35].

– *Art. 183* und *Art. 184/II IPRG* enthalten eine explizite Regelung der «Vorsorglichen und sichernden Massnahmen» und der «Beweisabnahme» (sc. durch den staatlichen Richter), damit sinnvollerweise das wohl auch mit Art. 174/II des Entwurfs Gemeinte ausdeutend.

– *Art. 187/I IPRG* statuiert die für die Bestimmung des vom Schiedsgericht anzuwendenden materiellen Rechts massgebliche Regel der Parteivereinbarung (sonst «Recht, mit dem die Streitsache am engsten zusammenhängt»); wir haben hier die einzige Norm des Kapitels 12 vor uns, die ganz unzweifelhaft zum Sachbereich des «IPR» im traditionellen Verständnis gehört.

– *Art. 188 IPRG* ermächtigt das Gericht zum Erlass von *«Teilentscheiden»*[36].

---

nung der Besonderheiten des Schiedsverfahrens gegenüber der staatlichen Gerichtsbarkeit) auch die Begehren um *Abberufung* eines einmal ernannten Schiedsrichters.

[35] Wörtlich genommen würde Art. 182/III ausschliessen, dass einseitig bloss eine Partei auf einen Parteivortrag verzichtet oder dass, wie nicht allzuselten vereinbart, ein bestimmter Parteivortrag nicht kontradiktorisch, sondern *simultan* erfolgt.

[36] *«Teilentscheid»* würde wörtlich bloss ein materielles Endurteil, wenn auch sachlich beschränkt auf einen Teil des Streitgegenstandes, bedeuten. Ähnlich wie bereits bei Konkordat Art. 32 ist dieser Begriff indessen ausweitend zu verstehen, sodass er auch *prozessuale Vorentscheide* (insbes. betr. Zuständigkeit des Schiedsgerichts, Zulassung der Klage usw.) sowie *materielle Zwischenentscheide* (Entscheidung einer Vorfrage, wie z. B. über eine Verjährungseinrede) erfasst. Ein derartiges Verständnis ist nicht bloss sachlich geboten, sondern auch durch die Bezugnahme auf *«Vorentscheide»* in Art. 190/III indiziert. Mit diesem Terminus sind offenkundig prozessuale Vorentscheide wie auch materielle

– *Art. 189 IPRG* regelt das Verfahren der Urteilsfindung (Zulassung des Entscheids mit der blossen Stimme des Vorsitzenden im Falle des Nicht-Zustandekommens einer Stimmenmehrheit) sowie die Gültigkeitserfordernisse des Schiedsspruchs.

– *Art. 190 IPRG* regelt ausführlicher die Möglichkeit der Anfechtung des Schiedsspruchs, ohne allerdings im grundsätzlichen Gehalt über Art. 177 des Entwurfs hinauszugehen.

– *Art. 191/I IPRG* enthält die grundlegendste und die wohl am wenigsten vorausgesehene Neuerung, nämlich die *Einsetzung des Bundesgerichts als «einzige Beschwerdeinstanz»*.

– *Art. 192 IPRG* ermöglicht es den Parteien, sofern keine von ihnen in der Schweiz domiziliert ist, die *Anfechtung* gemäss Art. 190 entweder gänzlich oder hinsichtlich einzelner Beschwerdegründe auszuschliessen.

b) Ständerat

Während die vom Nationalrat stammenden Beifügungen im weiteren Sinne Verfahrens- und Gerichtsverfassungsrecht enthalten, betreffen die beiden vom Ständerat eingebrachten Neuerungen Grundsätzlicheres, den Geltungsanspruch des 12. Kapitels des IPRG und die Funktionsabgrenzung zwischen eidgenössischen und kantonalen Instanzen:

– *Art. 176 IPRG,* welcher als einleitende Bestimmung den Anwendungsbereich des Kapitels 12 umschreibt, erhält neu eingefügt *Absatz II: «Die Bestimmungen dieses Kapitels gelten nicht, wenn die Parteien schriftlich die Anwendung dieses Kapitels ausgeschlossen und die ausschliessliche Anwendung der kantonalen Bestimmungen über die Schiedsgerichtsbarkeit vereinbart haben.»*

– *Art. 191 IPRG,* welcher nach der Einfügung durch den Nationalrat das Bundesgericht als einzige Beschwerdeinstanz ein-

---

Zwischenentscheide insgesamt gemeint, wobei der Sinn der Beschränkung auf die Anfechtungsgründe gemäss lit. a und b offenkundig dahin geht, materielle *Zwischenentscheide von der Anfechtung auszunehmen.*

setzt, erhält einen einschränkenden Absatz II: «*Die Parteien können vereinbaren, dass anstelle des Bundesgerichtes der Richter am Sitz des Schiedsgerichtes entscheidet; dessen Entscheid ist endgültig*[37]. *Die Kantone bezeichnen hierfür eine einzige Instanz.*»

2. Auch wenn es hier nicht möglich ist, die Entstehung des heutigen, sehr erweiterten und um grundsätzliche Elemente ergänzten Gesetzestextes im einzelnen zu verfolgen, lässt sich doch aufgrund der verfügbaren Indizien unschwer erkennen, dass diese Veränderungen zur Hauptsache durch den anfänglichen *Beschluss des Ständerates* ausgelöst wurden, das Kapitel 12 (damals 11) *gesamthaft zu streichen*. Der entsprechende Beschluss wurde seinerseits hauptsächlich mit dem Argument der Verfassungswidrigkeit begründet[38], das sich allerdings nicht ganz vom Vorwurf übertrieben zentralistischer (antiföderalistischer) Tendenz trennen lässt. Es steht zu vermuten, dass ohne diesen Nichteintretensentscheid der Nationalrat sich auf Detail-Korrekturen beschränkt hätte. Der Entscheid, den Problemkreis von Grund auf noch einmal zu überdenken und eine *Sonderkommission* einzusetzen, zu der auch nicht dem Nationalrat angehörige Sachverstän-

---

[37] Der Satz nach dem Strichpunkt: «dessen Entscheid ist endgültig» wurde vom *Nationalrat* beigefügt; Amtl. Bull. *1987* 1072. Damit soll offenbar die staatsrechtliche Beschwerde an das Bundesgericht (BV Art. 4) ausgeschlossen werden; eine andere Interpretation ist wohl nur schwer vertretbar. (Im Gegensatz dazu lässt IPRG Art. 180/III, wonach in Ablehnungsverfahren «der Richter am Sitz des Schiedsgerichts endgültig» entscheidet, die Deutung zu, dass von Bundesrechts wegen eine *einzige kantonale* Instanz vorgeschrieben werde, die Willkürbeschwerde ans Bundesgericht jedoch offen sei. Diese Möglichkeit ist auch von der Sache her dringend gefordert, da die Gefahr besteht, dass auf dem Umweg über «Ablehnungsverfahren» [recte = Abberufungen] der bisherige Fehler unangemessener Interferenz staatlicher Gerichte in die Schiedsgerichtsbarkeit sich fortsetzt, die Zielsetzung des Kapitels 12 damit vereitelt wird.)

[38] Vgl. Votum von Ständerat SCHMID als Sprecher der Kommissionsminderheit, 13. 3. 1985, Amtl. Bull. *1985* 175 und 176; ähnlich bereits in der Eintretensdebatte die Ständeräte AFFOLTER und SCHOCH, a. a. O. 119, 121 f. – Zur Abstimmung (Stimmenverhältnis 17 zu 18!) vgl. 179.

dige zugezogen wurden[39], wäre ohne vorangehenden negativen Grundsatzentscheid der anderen Kammer nur schwer vorstellbar gewesen[40].

Die vom *Ständerat* eingefügten grundlegenden Bestimmungen haben m. E. einen Bezug zu der Beurteilung der Verfassungsmässigkeit des gesamten Kapitels 12 (dazu unten Ziff. 3); dass verfassungsmässige Rücksichten bei deren Schaffung ausschlaggebend waren, lässt sich allerdings nicht nachweisen. Insgesamt ist festzuhalten, dass die gegebene verfassungsrechtliche Lage nicht nur den bundesrätlichen Entwurf (wie bereits den Entwurf der Expertenkommission) in Inhalt und Präsentation beeinflusst hat, sondern auch auslösender Faktor der weittragenden Änderungen und Erweiterungen, welche das Kapitel 12 in den Räten erfuhr, darstellt.

3. Wenn man den oben (Ziff. VI.2) als Argument zugunsten der verfassungsrechtlichen Zulässigkeit der bundesrechtlichen Normierung gemäss Kapitel 12 vorgeschlagenen *«fehlenden kantonalen Bezug»* anzuerkennen bereit ist, wird die verfassungsrechtliche Annehmbarkeit dieses Kapitels 12 m. E. entscheidend erhöht durch die Möglichkeit der Parteien, die bundesrechtliche Regelung auszuschalten.

Durch die Reduzierung auf eine *dispositivrechtliche,* da von den Parteien abdingbare *Normierung* verliert Kapitel 12 von seinem (verfassungsrechtlichen) Schreck: der Eingriff in die kantonale Normierungshoheit wird noch einmal relativiert. Nicht nur verbleibt im kantonalen Regelungsbereich weiterhin die «interne» Schiedsgerichtsbarkeit, sondern auch die internationale Schiedsgerichtsbarkeit, soweit die Parteien der Streitsache das Verfahren dem kantonalen Recht unterstellen wollen. Entscheidend scheint

---

[39] Beschluss der Kommission des Nationalrates; vgl. Amtl. Bull. *1986* 1284.
[40] So auch die Beurteilung des ständerätlichen Berichterstatters GADIENT, Amtl. Bull. *1987* 193: «Angesichts des Widerstandes in unserem Rat hat sich die nationalrätliche Kommission mit diesem Kapitel besonders intensiv befasst...»

in diesem Zusammenhang, dass die fraglichen Streitsachen, so steht zu vermuten, zu dem Kanton des Sitzes des eingesetzten Schiedsgerichts an sich *keinerlei sachliche Beziehung* aufweisen; *erst die Parteien stellen durch die Vereinbarung des Sitzortes den Bezug zu einem bestimmten Kanton her.* Durch IPRG Art. 176/II wird ihnen nun die Möglichkeit eröffnet, die Bedeutung dieser ihrer Sitzbestimmung genauer festzulegen: Sie können (durch eine Klausel gemäss Art. 176/II IPRG) ihrer Sitzwahl die Tragweite einer Wahl des kantonalen Schiedsverfahrensrechts beilegen; verzichten sie auf diese Möglichkeit, so relativieren sie die Bedeutung ihrer Sitzwahl und lassen das von ihnen gewählte Verfahren dem Bundesrecht (IPRG) unterstellt. Diese dispositivrechtlich angeordnete Variante, bei deren Wahl allein den Kantonen die Hoheit über Schiedsverfahren entzogen wird, muss nicht zwingend als direkter Eingriff in deren Herrschaftsbereich verstanden werden: Nicht nur haben die fraglichen Streitgegenstände vermutungsweise keinen Bezug zum gewählten Kanton und wahrscheinlich keine der Parteien dort ihr Domizil, sondern das Verfahren selber (Verhandlungen vor dem Gericht, dessen Beratungen und Urteilsfällung, Beweisabnahmen usw.) findet seinerseits keineswegs zwangsläufig im fraglichen Kanton statt, dessen Wahl als Sitzort ebensogut rein zufällig sein kann bzw. durch die Tatsache begründet sein mag, dass ein Schiedsverfahren im *«Schiedsplatz Schweiz»* stets die Auswahl eines bestimmten Kantons bedingt, da es kein «kantonsneutrales» Schweizer Hoheitsgebiet gibt. So gesehen lässt doch das Fehlen eines zwangsläufigen «Kantonsbezugs» bei internationalen Schiedsverfahren die dispositivrechtliche Attraktion der Unterstellung derartiger Verfahren unter Bundesrecht, wie im Kapitel 12 IPRG statuiert, in einem sehr viel milderen Licht erscheinen.

Die Wegbedingung der Geltung des Kapitels 12 des IPRG und damit die Unterstellung des Schiedsverfahrens unter kantonales Recht i.S. von Art. 176/II IPRG stellt automatisch die Zuständigkeit der kantonalen Gerichtsinstanzen vollumfänglich her; das Bundesgericht ist diesfalls nur im bisherigen Umfang der

Staatsrechtlichen Beschwerde i. S. von BV Art. 113/I Ziff. 3 eingeschaltet. Die in *Art. 191/II IPRG gewährte Möglichkeit der Einsetzung einer kantonalen Beschwerdeinstanz* an Stelle des Bundesgerichts ist daher im Rahmen einer Parteivereinbarung gemäss Art. 176/II gegenstandslos; die fragliche Gestaltungsmöglichkeit der Einsetzung einer kantonalen Beschwerdeinstanz an Stelle des Bundesgerichts stellt eine über Art. 176/II hinausgehende *zusätzliche* Möglichkeit dar, die jenen Parteien offensteht, welche die Wegbedingung des Kapitels 12 unterlassen oder versäumt haben, was auf der Ebene der Zuständigkeitsverteilung den dispositivrechtlichen Geltungsanspruch des Kapitels 12 und damit den Eingriff in kantonale Regelungshoheit in einem wichtigen Punkt weiter relativiert.

Gegenüber den genannten, vom Ständerat eingebrachten Grundprinzipien treten die vom *Nationalrat* eingefügten Zusätze an Bedeutung zurück und können als unter verfassungsrechtlichen Gesichtspunkten «neutral» betrachtet werden: Einerseits wird in entscheidenden Fragen auf kantonale Hoheit rückverwiesen: So insbesondere mit der Verweisung auf *kantonales Recht* in Art. 179/II (Regeln der Ernennung, Abberufung oder Ersetzung von Schiedsrichtern) wie auch mit der *Einsetzung der kantonalen Gerichtsbarkeit* in Art. 180/III (Zuständigkeit im «Ablehnungsverfahren» beim «Richter am Sitz des Schiedsgerichts»), in Art. 183/II (zuständig zu vorsorglichen Massnahmen ist der «staatliche Richter») sowie in Art. 184/II (Mitwirkung bei Beweisabnahme, Zuständigkeit des «staatlichen Richters am Sitz des Schiedsgerichts», der im übrigen «sein eigenes Recht» anwendet). Anderseits dürfen die wenigen beigefügten verfahrensrechtlichen Grundsätze als ohnehin geltende, auch im kantonalen Recht (sc. dem Konkordat) ebenfalls verankerte Prinzipien bezeichnet werden: In diesem Sinne insbesondere Art. 182/III (Gleichbehandlung der Parteien, Anspruch auf rechtliches Gehör, kontradiktorisches Verfahren; vgl. Konkordat Art. 25); sowie Art. 188 (Zulässigkeit von «Teilentscheiden»; vgl. Konkordat Art. 32). Gegenüber diesen wesensmässig eher deklaratorischen Bestimmungen kann als eigentliche Neuerung bloss Art. 189/II (Zulässigkeit der Urteilsfällung mit der blossen Stimme des Obmannes) gelten; insgesamt wird am «gesetzgeberischen Minimalismus», der die Schiedsordnung des Kapitels 12 insgesamt kennzeichnet (vgl. oben Ziff. VI/3), kaum gerührt.

IX.

Zusammenfassend lässt sich das Verhältnis des schweizerischen Verfassungsrechts zum bundesrechtlich erlassenen Schiedsrecht des Kapitels 12 des IPRG folgendermassen beschreiben:

1. Das mit dem IPRG geschaffene bundesrechtliche Schiedsrecht weist einen Habitus auf, der nur erklärt werden kann durch die konkurrierenden Einflüsse eines schlechten Gewissens hinsichtlich der verfassungsrechtlichen Zulässigkeit des gesetzgeberischen Vorhabens und der politischen Rücksichtnahme auf befürchtete oder tatsächlich sich manifestierende föderalistische Gestaltungskräfte. Diese Einflüsse haben einen «legislatorischen Minimalismus» bedingt und den Regelungsbereich auf das unbedingt notwendig Scheinende eingeschränkt, während die unbefangene Frage, was von der Sache her regelungsbedürftig wäre, in keiner Phase der gesetzgeberischen Arbeiten gestellt werden konnte[40a].

Während die genannten Einflüsse gewissermassen von Beginn des gesetzgeberischen Unternehmens an wirksam waren, hat der verfassungsrechtliche (bzw. föderalistische) Gesichtspunkt den ursprünglichen Nichteintretensbeschluss des Ständerates ausgelöst, der seinerseits wiederum zu einer weittragenden Umgestaltung des heutigen Kapitels 12 geführt hat. Die dadurch veranlassten Änderungen sind, soweit vom Nationalrat ausgehend, durch

---

[40a] Nebenbei darf auch noch angemerkt werden, dass eine Überführung des UNCITRAL-Modell-Gesetzes (oben Ziff. III und Fn. 8) in die nationale Gesetzgebung nicht erwogen werden konnte, da sich dies als unmittelbarer Eingriff in die kantonale Gesetzgebungskompetenz dargestellt hätte.

weitgehende föderalistische Rücksichtnahme (Verweisung auf kantonales Recht, Vorbehalt kantonalen Verfahrens) gekennzeichnet; die Einfügungen des Ständerates haben, wie sie auch politisch motiviert gewesen sein mögen, Einfluss auf die Frage der Verfassungsmässigkeit. Sogar die Singularität der Einsetzung des Bundesgerichts als einzige Instanz (IPRG Art. 191/I) samt deren Relativierung durch die Abwahlmöglichkeit durch Parteivereinbarung (IPRG Art. 191/II) lässt sich, obwohl im heute vorliegenden Ergebnis wahrscheinlich verfassungsrechtlich neutral, entstehungsgeschichtlich nicht ohne die genannte verfassungsrechtliche Kontroverse und das dadurch ausgelöste Hin und Her zwischen den Kammern erklären.

Insgesamt ist Kapitel 12 IPRG durch die verfassungsrechtliche Lage gekennzeichnet und lässt sich nicht ohne Kenntnis dieses Hintergrundes verstehen.

2. In der Grundsatzfrage der verfassungsmässigen Zulässigkeit kann der Schreibende, von Haus aus Privatrechtstheoretiker und Schiedsgerichtspraktiker, aber nicht Verfassungsrechtler, keine abschliessende Stellung beziehen; im Ergebnis ist seine Haltung dieselbe, wie sie Professor AUBERT (Neuenburg) als Ständerat geäussert hat: Dieser neigt zur Annahme der Verfassungsmässigkeit, ohne damit die Gegenauffassung ausschliessen zu wollen[41].

Ein zusätzliches Argument zugunsten der Annahme der Verfassungsmässigkeit kann, wie oben Ziff. V/2 gesehen, im fehlenden Bezug der internationalen Schiedsgerichtsbarkeit zu den einzelnen Kantonen erkannt werden. Jedenfalls hat die Einfügung von Absatz II zu IPRG Art. 176 durch den Ständerat (Möglich-

---

[41] Amtl. Bull. *1985* 178: «... j'admets la constitutionnalité du chapitre, mais je dois bien convenir que la thèse contraire ... n'est pas sans valeur. ...je penche pour la constitutionnalité.» – Zu bedauern ist, dass im übrigen die politisch nicht involvierten Verfassungsrechtler – denen der Schreibende gelegentlich vorwirft, mühsam Probleme zu suchen, wo keine zu finden sind (SJZ *1987* 44) – sich dieser grundlegenden bundesstaatsrechtlichen Frage nicht angenommen haben, um dem Gesetzgeber eine etwas festere Entscheidungsgrundlage zu vermitteln.

keit, durch Parteiabsprache Kapitel 12 auszuschalten) die Gewichte zugunsten der Annahme der Verfassungsmässigkeit verschoben. Im übrigen wird es aber dabei bleiben, dass die Frage letztlich unentschieden bleiben muss: Die zwangsläufige Begrenztheit des Aussagegehaltes von Rechtssätzen, insbesondere der unvermeidliche Unbestimmtheitsbereich jeglicher Verfassungsnorm und damit auch der Regel von BV Art. 64 scheint mir die abschliessende Behauptung der Verfassungsmässigkeit oder -widrigkeit des Kapitels 12 überhaupt auszuschliessen; das Resultat ist jedenfalls vorbehaltlos zu akzeptieren als politische Entscheidung der entscheidbefugten politischen Instanzen [42].

3. Aller Voraussicht nach wird das Kapitel 12 des IPRG der internationalen Schiedsgerichtsbarkeit, soweit sie von den Parteien einem Platz in der Schweiz zugeordnet wird, gute Dienste leisten; die geschaffene erstmalige bundesrechtliche Regelung stellt einen bedeutenden Fortschritt dar. Allerdings mag der Schreibende seine Besorgnis nicht verhehlen, dass die Bruchstückhaftigkeit der Normierung – Folge der fehlenden Möglichkeit, unbefangen für alle regelungsbedürftig erscheinenden Punkte eine Regelung zu statuieren (oben Ziff. VI/1-3, IX/1) – den bei jeder Gesetzgebung zu erwartenden Anwendungsproblemen eine zusätzliche Dimension beigefügt habe. Wie dem auch sei, der Wissenschaft ist in jedem Fall die Aufgabe gestellt, die offenen Fragen anzugehen und drohende Risiken zeitig zu signalisieren; dabei mag im einen oder anderen Fall Kenntnisnahme von den hier angedeuteten verfassungsrechtlichen Zusammenhängen hilfreich sein.

[42] Damit könnte die vorliegende Verfassungsfrage zur Veranschaulichung der *Undenkbarkeit* einer *Verfassungsgerichtsbarkeit* unter schweizerischen Verhältnissen dienen: Unvorstellbar wäre es, dass nach abgewickeltem Kräftespiel in den eidgenössischen Räten, nach einem Verzicht des Volkes auf ein Referendum (oder gar nach Annahme des Gesetzes in einer Volksabstimmung, vielleicht mit Ständemehr, mit dem sogar die BV revidiert werden könnte) die Mitglieder einer Kammer des Bundesgerichts das Ergebnis demokratischer Ausmarchung in Frage stellen könnten.

GERHARD GERHARDS

DIE GRENZGÄNGER IN DER SCHWEIZERISCHEN ARBEITSLOSENVERSICHERUNG

I. EINFÜHRUNG

Neben einer ständigen ausländischen Erwerbsbevölkerung von über 430 000 Personen und neben rund 110 000 ausländischen Saisonniers sind in unserem Lande auch etwa 120 000 ausländische Grenzgänger beschäftigt[1]. Und einige Hundert Einwohner der Schweiz gehen einer Arbeitnehmertätigkeit im benachbarten Ausland nach.

Der Austausch von Arbeitskräften zwischen unserem Land und den Nachbarstaaten ist nicht neu. Grenzregionen, in denen der Wohnort eines Arbeitnehmers im einen Land und der Arbeitsort im Nachbarstaat liegt, sind vielfach historisch gewachsene Gebilde mit spezifischer Arbeitsmarktstruktur und -politik. Die Regio Basiliensis mit ihren Sonderkontakten ins Elsass und nach Südbaden ist hierfür ein Beispiel[2]. Jedenfalls wird in den Grenzregionen der ausländische Arbeitnehmer von jenseits der Grenze nicht eigentlich als «Fremder» betrachtet. Die sprachlich-kulturelle Nähe hebt, zumindest im zwischenmenschlichen Umgang, vielfach die Wirkung politisch-nationaler Grenzen auf. Und die Arbeitgeber in den Grenzregionen rechnen gewissermassen ebenfalls mit arbeitswilligen Menschen aus dem Grenzbereich des Nachbarlandes.

Die nationale Sozialgesetzgebung ist, soweit sie sich auf die soziale Sicherung der Arbeitnehmer bezieht, vielfach nur auf die

---
[1] Vgl. StatJb *1987/1988* S. 91 (Ende August 1986: ausländische Saisonniers: 109 840; ausländische Grenzgänger: 119 755). Nach Angaben des Bundesamtes für Ausländerfragen: Ende Oktober 1987: ausländische Grenzgänger: 132 066.
[2] Vgl. BUERGIN ALFRED, die Grenzgänger in der Region Nordwestschweiz, in: Schriften der Regio 7.8, T. IV, S. 99 ff.

einheimischen Arbeitskräfte ausgerichtet. Der Schutzeffekt wirkt grundsätzlich nicht über die Grenzen des Landes hinweg. Dies gilt besonders, wenn der Schutz vom Wohnort oder qualifizierten Aufenthalt des Arbeitnehmers im Inland abhängig ist. Dies ist im Bereich der Arbeitslosenversicherung besonders für deren Hauptleistung, nämlich die «Arbeitslosenentschädigung» (ALE), der Fall.

Ohne entsprechende Abkommen mit grenzüberschreitender Wirkung wären die Grenzgänger, und zwar sowohl die schweizerischen als auch die ausländischen, im Falle von ganzer oder teilweiser Arbeitslosigkeit im Sinne von AVIG (Arbeitslosenversicherungsgesetz) 10 I, II ohne jeden Schutz bzw. Erwerbsersatz. Daraus würde sich eine Barriere ergeben, welche jedem erwünschten Austausch von Arbeitskräften, vor allem innerhalb der Grenzregionen, nicht nur hemmen, sondern geradezu sperrend entgegenstehen würde.

Darüber hinaus würde die Verweigerung oder Ausserachtlassung des sozialen Schutzes im Falle von Arbeitslosigkeit der Grenzgänger im eigenen Lande zwei verschiedene Gruppen von Arbeitnehmern schaffen: die eine wäre bei Arbeitslosigkeit sozial gesichert, die andere hingegen nicht – eine Situation, die bei dem heutigen Stellenwert von Fragen der sozialen Sicherheit auf nationaler und internationaler Ebene als unverständlich empfunden würde.

II. DIE GRENZGÄNGERABKOMMEN

Auf dem Wege, die soziale Gerechtigkeit und Sicherheit weiter auszubauen und arbeitsmarktpolitisch unerwünschte Situationen (Arbeitskräftemangel u. ä.) in den Grenzregionen zu verhindern, hat unser Land mit allen unseren fünf Nachbarstaaten, nämlich:
– der Bundesrepublik Deutschland,
– Frankreich,

– Italien,
– Liechtenstein und
– Österreich,

Abkommen abgeschlossen, durch welche die soziale Sicherheit der Grenzgänger bei Arbeitslosigkeit gewährleistet sein soll[3]. Allerdings bezieht sich in formeller Hinsicht nur eines dieser Übereinkommen allein auf die Grenzgänger; es ist dieses mit Italien[4]. Dagegen enthalten die vier anderen Abkommen, besonders jenes mit der Bundesrepublik Deutschland (vgl. hier besonders auch das Problem der Enklave Büsingen)[5], auch Regelungen, die sich nicht allein auf die Grenzgänger beziehen. Immerhin ist auch im Titel der bundesrätlichen Botschaft vom 28. Februar 1979 zu den Übereinkommen mit Frankreich, Italien, Liechtenstein und Österreich über die Stellung der Grenzgänger in der Arbeitslosenversicherung[6] nicht nur bezüglich Italien förmlich nur von «Grenzgängern» die Rede, sondern auch bezüglich der drei anderen Nachbarländer. Dass es in diesen Abkommen auch materiell vor allem um die Grenzgänger geht,

---

[3] Abkommen:
– Deutschland: Abkommen vom 20. Oktober 1982 zwischen der Schweizerischen Eidgenossenschaft und der Bundesrepublik Deutschland über Arbeitslosenversicherung (AS *1983* 1851);
– Frankreich: Abkommen vom 14. Dezember 1978 zwischen der Schweizerischen Eidgenossenschaft und der Republik Frankreich (AS *1979* 2126); vgl. auch fortgeltendes Abkommen vom 9. Juni 1933 (AS Bd. *14*, 108);
– Italien: Abkommen vom 12. Dezember 1978 zwischen der Schweiz und Italien über den finanziellen Ausgleich auf dem Gebiete der Arbeitslosenversicherung der Grenzgänger (AS *1980* 502);
– Liechtenstein: Abkommen vom 15. Januar 1979 zwischen der Schweizerischen Eidgenossenschaft und dem Fürstentum Liechtenstein über die Arbeitslosenversicherung (AS *1979* 231);
– Österreich: Abkommen vom 14. Dezember 1978 zwischen der Schweizerischen Eidgenossenschaft und der Republik Österreich über Arbeitslosenversicherung (AS *1979* 2118).

[4] Vgl. den Titel oben unter Fn. 3.

[5] Vgl. dazu i.e. LEDER, Arbeitslosenversicherung: Abkommen mit der Schweiz, in: BABl *1983* Nr. 3 S. 21 ff.

[6] BBl *1979* I 817.

wird dabei ganz besonders im Abschnitt 12 der bundesrätlichen Botschaft mit dem Titel «Die Zielsetzungen der Abkommen»[7] deutlich. – Es ist deshalb nicht verfehlt, nicht nur das Übereinkommen mit Italien als «Grenzgängerabkommen» zu bezeichnen, sondern diese Bezeichnung auch auf die zitierten Abkommen mit den vier anderen Nachbarstaaten anzuwenden.

Alle fünf Grenzgängerabkommen sind noch unter der Herrschaft der sog. *«Übergangsordnung»* der Arbeitslosenversicherung, d.h. noch während der Geltungsdauer des Bundesbeschlusses vom 8. Oktober 1976 über die Einführung der obligatorischen Arbeitslosenversicherung/AlVB[8] (in Kraft vom 1. April 1977 bis 31. Dezember 1983), abgeschlossen worden[9].

III. SYSTEMÄNDERUNG ALS ABSCHLUSSGRUND

1. Allgemeines

Unter der *«alten Ordnung»* der Arbeitslosenversicherung, d.h. nach dem Bundesgesetz vom 22. Juni 1951 über die Arbeitslosenversicherung/AlVG[10] (in Kraft vom 1. Januar 1952 bis zum 31. März 1977 bzw. 31. Dezember 1983), war die Arbeitslosenversicherung aus bundesrechtlicher Sicht freiwillig. Die «Arbeitslosenversicherungskassen» waren rechtlich selbständige Gebilde, d.h. juristische Personen des privaten (private Kassen) oder des öffentlichen (öffentliche Kassen) Rechts. Die privaten Kassen hatten meist die Rechtsform eines Vereins (ZGB 60 ff.) oder, weniger häufig, die einer Genossenschaft (OR 828 ff.), während es sich bei den öffentlichen Kassen fast ausnahmslos um selbständige Anstalten handelte. Jede Kasse führte ihren eigenen Finanzhaushalt und hatte ihr eigenes Vermögen. Die Kassen wurden im übrigen von der öffentlichen Hand subventioniert. Die Prämien

---

[7] A.a.O. 820.
[8] AS *1977* 208.
[9] Vgl. oben Fn. 3.
[10] AS *1951* 1163.

der nach diesem System Versicherten waren je nach Bedarf der jeweiligen Kasse unterschiedlich hoch.

Dieses System hielt den Anforderungen, die an es – im Zuge der steigenden Arbeitslosigkeit ab 1974 im Gefolge des ersten Ölschocks – gestellt wurden, nicht mehr stand. Der Versicherungsgrad war ungenügend und die Finanzierung durch die Versicherten gefährdet, sollten die Prämien nicht ins Unzumutbare erhöht werden. – Die Arbeitslosenversicherung musste auf eine andere, zweckmässigere Grundlage gestellt werden.

2. Neue verfassungsrechtliche Systemvorgabe

Am 13. Juni 1976 nahmen unter dem Eindruck des rapiden Anstiegs der Zahl der Arbeitslosen innert nur weniger Monate (Sommer 1975: rund 7000; Februar 1976: rund 32 000) Volk und Stände die verfassungsrechtliche Grundlage (BV 34^{novies}) für eine Neukonzeption der Arbeitslosenversicherung an. Hiernach sollte die neue Arbeitslosenversicherung neben einem erweiterten Leistungskatalog, in dem besonders auch das Moment der Prävention, d.h. das der Verhütung und Bekämpfung von Arbeitslosigkeit, enthalten sein sollte, vor allem durch folgende beiden Elemente gekennzeichnet sein, nämlich durch:
- ein Versicherungsobligatorium für grundsätzlich alle Arbeitnehmer (BV 34^{novies} II 1–2);
- ein Finanzierungssystem, das auf für alle Versicherten (= Arbeitnehmer) gleichhohen Beiträgen und der hälftigen Beteiligung der Arbeitgeber beruhte (BV 34^{novies} IV 1).

Beide Momente wurden in der Übergangsordnung von 1976/77 [11] realisiert. Der Beitragseinzug erfolgte dabei über den AHV-Beitragseinzugsapparat und setzte beim Arbeitgeber ein. Arbeitnehmer, die nicht bei einem der AHV-Beitragspflicht unterstellten Arbeitgeber beschäftigt waren (z. B. die Arbeitnehmer bei ausländischen Botschaften, Missionen usw., aber auch Arbeitnehmer eines Arbeitgebers im Ausland), waren in der Über-

[11] AS *1977* 208.

gangsordnung grundsätzlich *nicht* versichert. Nur über eine Ausnahmeregelung (AlVV 20), mit dem Ziel der Besitzstandswahrung, waren letztlich Schweizer mit Wohnsitz im Inland sowie niedergelassene Ausländer (C-Ausweis), die im In- oder Ausland im Dienste eines der AHV-Beitragspflicht nicht unterstellten Arbeitgebers standen, während der Geltungsdauer der Übergangsordnung im Falle von Arbeitslosigkeit insofern geschützt bzw. versichert, als sie vom Nachweis einer vorgängigen beitragspflichtigen Beschäftigung befreit waren, wenn sie während der ganzen Periode vom 1. Januar bis 31. März 1977, d. h. im letzten Vierteljahr vor Inkrafttreten der Übergangsordnung, «Mitglied einer anerkannten schweizerischen Arbeitslosenkasse waren».

3. Die Folgen für die Grenzgänger

Bei den Grenzgängern sind grundsätzlich zwei verschiedene Kategorien zu unterscheiden:
- schweizerische Grenzgänger: Arbeitnehmer mit zivilrechtlichem Wohnsitz in der Schweiz und Arbeitsort im Ausland (Nachbarstaat) bei in der Regel täglicher Heimkehr;
- ausländische Grenzgänger (G-Ausweis): Arbeitnehmer mit zivilrechtlichem Wohnsitz im Ausland (Nachbarstaat) und Arbeitsort in der Schweiz bei ebenfalls in der Regel täglicher Heimkehr.

Voraussetzung der Versicherungsfähigkeit unter der *alten Ordnung* von 1951 war, dass der Arbeitnehmer in der Schweiz seinen Wohnsitz nach ZGB 23–26 hatte (AlVG 13 Ia). Die Folge dieser Regelung war, dass ausländische Grenzgänger (Grenzgänger aus dem Ausland) in der Schweiz keiner Arbeitslosenversicherungskasse beitreten konnten und dementsprechend nach dem schweizerischen System nicht im Falle von Arbeitslosigkeit versichert waren. Umgekehrt konnten sich aber die schweizerischen Grenzgänger (Grenzgänger aus der Schweiz), da sie in der Schweiz wohnten, versichern. Auch Arbeitnehmer der zur Bundesrepublik Deutschland gehörenden Enklave Büsingen (Kanton

Schaffhausen) und der unter italienisches Territorium fallenden Enklave Campione d'Italia (Kanton Tessin), die in der Schweiz arbeiteten, galten, mangels Wohnsitzes in der Schweiz, nicht als versicherungsfähig, «gleichgültig, ob sie das Schweizerbürgerrecht (besassen) oder nicht»[12].

Mit der Realisierung der neuen verfassungsrechtlichen Systemvorgabe durch die *Übergangsordnung* von 1976/77, d. h. vor allem durch die Einführung des Obligatoriums in die Versicherung und durch das Beitragsinkasso über die AHV-beitragspflichtigen *Arbeitgeber*[13], wurde die Rechtsstellung der Grenzgänger in der Arbeitslosenversicherung grundsätzlich geändert. Die schweizerischen Grenzgänger (Grenzgänger aus der Schweiz) konnten sich *nicht* mehr gegen Arbeitslosigkeit versichern; denn ihre Arbeitgeber unterstanden *nicht* der Beitragspflicht des schweizerischen Rechts. Auf der anderen Seite waren die ausländischen Grenzgänger (Grenzgänger aus dem Ausland) in unserem Lande zwar voll beitragspflichtig, bei Ganzarbeitslosigkeit und teilweiser Arbeitslosigkeit (nicht zu verwechseln mit Kurzarbeit) hatten sie jedoch keinerlei Anspruch, da sie in der Schweiz keinen Wohnsitz hatten. Sie waren lediglich bei Kurzarbeit und witterungsbedingtem Arbeitsausfall (= Arbeitsausfälle bei Fortbestand des Arbeitsverhältnisses) anspruchsberechtigt, weil hier immerhin die Rechtsbeziehung zu ihrem schweizerischen Arbeitgeber (Arbeitsverhältnis) weiterbestand[14]. Für die schweizerischen Grenzgänger gab es für die Dauer der Übergangsordnung nur dann ein Schutz bei Arbeitslosigkeit (= Verlust des Arbeitsverhältnisses), wenn sie sich auf AlVV 20 berufen konnten[15].

Ein Leistungsexport an die ausländischen Grenzgänger bei Arbeitslosigkeit kam weniger wegen des Wohnortsprinzips nicht in Frage, denn dieses war infolge der Nichtanwendung von AlVG 13 (Versicherungsfähigkeit) eigentlich aus der Übergangs-

---

[12] HOLZER, AlVG-Kommentar, S. 62.
[13] Vgl. dazu schon oben unter Ziff. III.2.
[14] Auch Botsch.-Abkommen F, I, FL, A., BBl *1979* I 818.
[15] Vgl. dazu im einzelnen oben Ziff. III.2.

ordnung (wohl «versehentlich») entfernt worden [16], als vielmehr aus Überlegungen bezüglich einer wirksamen und zuverlässigen Kontrolle der Tatsache der Arbeitslosigkeit der Grenzgänger und besonders ihrer Vermittlungsfähigkeit in bezug auf den schweizerischen Arbeitsmarkt.

In dieser Situation mussten unsere Nachbarstaaten an einem System der sozialen Sicherung (Ganzarbeitslosigkeit) der in ihrem Territorialbereich wohnenden, aber in unserem Lande beschäftigten Arbeitnehmer interessiert sein. Anderseits kassierte nämlich unser Land von den betreffenden Arbeitnehmern (ausländischen Grenzgängern) die vollen AlV-Beiträge ein. Die Schweiz dagegen musste um den Arbeitslosenversicherungsschutz (Ganzarbeitslosigkeit) für die eigenen Einwohner, die aber im nachbarstaatlichen Bereich als Arbeitnehmer tätig waren, besorgt sein, obwohl anderseits der betreffende Nachbarstaat die vollen Beiträge einkassierte.

Im übrigen wäre ohne Abschluss von Abkommen zur Regelung dieser Fragen auch das – schon während der Übergangsordnung von 1976/77 wegleitende – «Kongruenzprinzip» (nicht zu verwechseln mit dem «Äquivalenzprinzip») verletzt worden. Das Kongruenzprinzip der Übergangsordnung wie auch der «definitiven» [17] Neuordnung der Arbeitslosenversicherung besagt nämlich, dass niemand mit AlV-Beiträgen belastet werden darf, der nicht auch wenigstens potentiell einen Leistungsanspruch geltend machen kann, sei es, dass er von vornherein rechtlich oder aufgrund der besonderen Umstände grundsätzlich von jeder Anspruchsmöglichkeit ausgeschlossen ist; das «Kongruenzprinzip» war seinerzeit aus dem Beitragsbegriff entwickelt worden.

Eine Lösung dieser Problematik konnte nur durch entsprechende Abkommen mit unseren Nachbarländern erreicht werden.

[16] AlVB *38* Ia.
[17] Bei der Ausarbeitung der Neuordnung der Arbeitslosenversicherung (AVIG) durch die Verwaltung sprach man seinerzeit von einer «definitiven» Neuordnung. Inzwischen (Januar 1988) ist bereits eine Partialrevision in Vorbereitung, die voraussichtlich im Februar 1988 in die Vernehmlassung geschickt wird.

IV. INHALT DER GRENZGÄNGERABKOMMEN

1. Allgemeines

Nach Abschluss der notwendigen Verhandlungen wurden während der Übergangsordnung, d. h. während der Geltungsdauer des Bundesbeschlusses vom 8. Oktober 1976 über die Einführung der obligatorischen Arbeitslosenversicherung (AlVB), Grenzgängerabkommen mit unseren Nachbarstaaten auf folgende Termine abgeschlossen[18]:

- 12. Dezember 1978: Italien;
- 14. Dezember 1978: Frankreich und Österreich;
- 15. Januar 1979: Liechtenstein;
- 20. Oktober 1982: Bundesrepublik Deutschland[19].

Die Abkommen mit Frankreich, Liechtenstein und Österreich traten auf den 1. Januar 1980 in Kraft, das Abkommen mit Italien am 3. April 1980, das Abkommen mit Deutschland am 1. Januar 1984, d. h. mit dem Inkrafttretensdatum der Neuordnung der Arbeitslosenversicherung (Arbeitslosenversicherungsgesetz/AVIG vom 25. Juni 1982). Es ist denn auch das Abkommen mit Deutschland, das inhaltlich schon auf die «definitive» Neuordnung der Arbeitslosenversicherung, also nicht mehr auf die am 31. Dezember 1983 ausser Kraft tretende Übergangsordnung, zugeschnitten ist bzw. bereits gewisse Änderungen der Arbeitslosenversicherung durch die Neuordnung von 1982 mitberücksichtigt.

2. Gemeinsamer Inhalt

Allen Grenzgängerabkommen (vgl. aber Abkommen mit Italien)[20] sind, unabhängig von gewissen redaktionellen Unterschieden, folgende Prinzipien gemeinsam[21]:

---

[18] Botsch.-Abkommen F, I, FL, A, BBl *1979* I 817. Vgl. auch oben Fn. 3.
[19] Botsch.-Abkommen D, BBl *1983* I 1.
[20] Vgl. dazu im einzelnen weiter unten unter Ziff. 4.b.
[21] Botsch.-Abkommen F, I, FL, A, BBl *1979* 820.

- Die Grenzgänger unterliegen bezüglich der Beitragspflicht den Rechtsvorschriften des Beschäftigungslandes.
- Bei Ganzarbeitslosigkeit erhalten sie Leistungen nach den Vorschriften des Wohnsitzlandes, bei Teilarbeitslosigkeit (= durch Kurzarbeit oder Schlechtwetter bedingten Arbeitsausfall) nach den Bestimmungen des Beschäftigungslandes [22].
- Der Beschäftigungsstaat erstattet dem Wohnsitzstaat einen angemessenen Teil der von den Grenzgängern erhobenen Beiträgen zur Deckung des Risikos bei Ganzarbeitslosigkeit [22].

Diese Grundregeln finden im einzelnen ihren Niederschlag vor allem in folgenden Abkommensbestimmungen:
- Deutschland: Art. 5 (Beitragspflicht), Art. 6 und 8 Ziff. 1, 2, 4 (Leistungen), Art. 11 (Beitragserstattung);
- Frankreich: Art. 4 (Beitragspflicht), Art. 8 (Leistungen), Art. 8 (Beitragserstattung);
- Italien: Art. 1 Abs. 1 (Beitragserstattung), Art. 1 Abs. 2 und Art. 4 Abs. 2 (Leistungen/Teilarbeitslosigkeit);
- Liechtenstein: Art. 4 Abs. 1 und 2 (Beitragspflicht), Art. 5 und 7 (Leistungen), 9 (Beitragserstattung; vorläufiger Verzicht);
- Österreich: Art. 4 (Beitragspflicht), Art. 5 und Art. 7 Abs. 1 und 3 (Leistungen), Art. 7 Abs. 2 (Beitragserstattung).

a) Anrechnung ausländischer Beitragszeiten

Während der Geltungsdauer der Übergangsordnung (1. April 1977 bis 31. Dezember 1983) wurde für den Leistungsbezug sowohl bei Ganzarbeitslosigkeit als auch bei «Teilarbeitslosigkeit» (Kurzarbeit, Arbeitsausfall wegen Schlechtwetter) der Nachweis der Erfüllung einer bestimmten vorgängigen Beitragszeit verlangt. Als «Beitragszeit» kam «eine genügend überprüfbare Beschäftigung als *Arbeitnehmer*» in Betracht, «für die (der *Arbeitnehmer*) nach (dem Bundesbeschluss vom 8. Oktober 1976 über die Einführung der obligatorischen Arbeitslosenversicherung) bei-

---

[22] Auch zur Deckung von «teilweiser Arbeitslosigkeit» (= nicht «Teilarbeitslosigkeit» im Sinne der früheren Ordnung = Kurzarbeit) nach AVIG *10* II.

tragspflichtig war» (AlVB 9 II). Für die ausländischen Grenzgänger (Grenzgänger aus dem Ausland) gab es da in unserem Lande keine Probleme. Die in unserem Lande zurückgelegten Beschäftigungszeiten konnten ihnen in der Regel (Ausnahme: wenn sie nicht bei einem der AlV-Beitragspflicht unterstellten Arbeitgeber, z. B. ausländische Botschaft, internationale Organisation, tätig gewesen waren) als Beitragszeit angerechnet werden, zumal der Beitragsanteil, den unser Land zur Deckung des Risikos von Teilarbeitslosigkeit der ausländischen Grenzgänger benötigte, bei uns verblieb; im Rahmen des in den Abkommen vorgesehenen finanziellen Ausgleichs wurde nur der Beitragsanteil (Pauschale) der ausländischen Grenzgänger für die Deckung des Risikos von Ganzarbeitslosigkeit an ihre Herkunftsländer überwiesen. Aus rechtlichen Gründen problematisch waren für unser Land die schweizerischen Grenzgänger (Grenzgänger aus der Schweiz bzw. mit Wohnsitz in der Schweiz). Eine Anerkennung einer ausländischen Beschäftigungszeit als im Inland anzurechnende Beitragszeit konnte – ohne Systembruch – nur dann in Betracht kommen, wenn uns zur Deckung des Risikos der Leistungen bei Ganzarbeitslosigkeit der in unserem Lande wohnenden und im benachbarten Ausland beschäftigten Grenzgänger ebenfalls Ausgleichszahlungen aus dem Ausland (Nachbarstaaten) zuflossen. Nur in diesem Falle konnte ohne Missachtung des Momentes der Beitragspflicht[23] im Begriff der beitragspflichtigen Beschäftigung die innerstaatlich vorgeschriebene Anspruchsvoraussetzung als erfüllbar betrachtet werden. Auf der anderen Seite durfte mit der Bereitschaft der Anrainerstaaten, Beitragsanteile in unser Land zur Deckung des Risikos von Ganzarbeitslosigkeit der schweizerischen Grenzgänger (Grenzgänger mit Wohnsitz in der Schweiz) zu überweisen, nur dann gerechnet werden, wenn unser Land Gegenrecht hielt. Nachdem hierüber zwischen uns und unseren Partnern grundsätzlich Einvernehmen erzielt war, stand einer ausdrücklichen Anerkennung der im anderen Vertragsstaat zurückgelegten Beitragszeiten nichts mehr im Wege. Eine solche

[23] Vgl. auch BV 34[novies] IV 1.

gegenseitige Anerkennung der Zeiten beitragspflichtiger Beschäftigung als Beitragszeiten erfolgte ausdrücklich in den Abkommen mit Frankreich (Art. 8 Abs. 1), Liechtenstein (Art. 4 Abs. 2) und Österreich (Art. 7 Abs. 1), ebenso grundsätzlich im Abkommen mit Deutschland (Art. 7). – Eine gewisse Sonderrolle spielt in diesem Zusammenhang letztlich nur Italien [24].

b) Finanzieller Ausgleich (Beitragserstattung)

Allen Abkommen, mit Ausnahme jenem mit Liechtenstein, ist darüber hinaus gemeinsam, dass das Beschäftigungsland dem Wohnland der Grenzgänger einen finanziellen Ausgleich zur Deckung des Risikos der Ganzarbeitslosigkeit der Grenzgänger gewährt. Dieser finanzielle Ausgleich erfolgt durch Überweisung eines Teiles der von den Grenzgängern erhobenen AlV-Beiträgen, und zwar in Form eines Pauschalbetrages.

Dieser Pauschalbetrag berechnet sich – von gewissen Besonderheiten abgesehen – «nach der Jahresdurchschnittszahl der im Beschäftigungsland arbeitenden Grenzgänger aus dem anderen Staat, nach dem Prozentsatz der Arbeitslosenversicherungsbeiträge einschliesslich Arbeitgeberanteil sowie nach der aufgrund statistischer Daten berechneten Lohnsumme der Grenzgänger im Beschäftigungsland und nach dem Verhältnis des Aufwandes für Voll- und Teilarbeitslosigkeit (= Kurzarbeitsausfall, witterungsbedingter Arbeitsausfall)» [25].

Vor dem Inkrafttreten der Neuordnung (Arbeitslosenversicherungsgesetz/AVIG) am 1. Januar 1984 kam allerdings ein finanzieller Ausgleich mit Deutschland nicht in Betracht, weil dieses Abkommen während der Übergangsordnung noch keine Gültigkeit hatte. Zwischen unserem Land und der Bundesrepublik wurde vielmehr nach dem Abkommen vom 4. Februar 1928 zwischen dem Deutschen Reich und der Schweizerischen Eidgenossenschaft über die Arbeitslosenversicherung der Grenzgänger verfahren. Danach durften Grenzgänger der Beitragspflicht des

---

[24] Vgl. dazu im einzelnen weiter unten unter Ziff. 4.b.
[25] Botsch.-Abkommen F, I, FL, A, BBl *1979* I 823.

Beschäftigungslandes nicht unterstellt werden. Um die in der Schweiz arbeitenden Grenzgänger aus Deutschland dennoch gegen das Risiko der Teilarbeitslosigkeit (Arbeitsausfälle wegen Kurzarbeit oder Schlechtwetter) in der Schweiz zu schützen, wurde am 2./27. Februar 1976 zwischen Deutschland und der Schweiz eine Vereinbarung (auf ministerieller/departementaler Ebene) getroffen, wonach unser Land deutschen Grenzgängern trotz Befreiung von der Beitragspflicht Leistungen bei Teilarbeitslosigkeit ausrichtete. Dafür überwies die Bundesrepublik unserem Land entsprechende Ausgleichszahlungen. Die von unserer Arbeitslosenversicherung ausgerichteten Leistungen an deutsche Grenzgänger wurden letztlich von der Bundesrepublik vergütet. Mit Inkrafttreten der Neuordnung und des Abkommens mit Deutschland vom 20. Oktober 1982 fiel diese Vereinbarung dahin (Art. 25).

c) Leistungen bei Teilarbeitslosigkeit[26]

Allen fünf Abkommen ist, unabhängig von gewissen Unterschieden in der Formulierung, gemeinsam, dass bei Teilarbeitslosigkeit das *Beschäftigungsland* für die entsprechende soziale Sicherung der Grenzgänger aus dem Nachbarland aufzukommen hat. Dabei haben die Grenzgänger allerdings nur Anspruch auf Leistungen nach den Rechtsvorschriften des betreffenden Beschäftigungslandes. Deshalb können sich hier von Land zu Land erhebliche Unterschiede bezüglich Höhe und Dauer der betreffenden Leistung bzw. Entschädigung ergeben. Andererseits wird durch diese Regelung gewährleistet, dass die Grenzgänger weder besser noch schlechter behandelt werden als die eigenen Einwohner des jeweiligen Beschäftigungslandes.

In den Abkommen mit Frankreich, Italien, Liechtenstein und Österreich wird noch von «Teilarbeitslosigkeit» gesprochen[27]. Dies war in der Tat auch der Begriff, mit dem noch die Über-

---

[26] Vgl. dazu auch Botsch.-Abkommen mit F, I, FL und A, BBl *1979* I 821 f.
[27] Vgl. F-Abkommen (Art. 8 Abs. 2; dort in Klammern), I-Abkommen (Art. 1), FL-Abkommen (Art. 7 Abs. 2), A-Abkommen (Art. 7 Abs. 2, 3).

gangsordnung von 1976/77 «arbeitete» [28]. Im neuen Arbeitslosenversicherungsgesetz von 1982 findet sich dieser Ausdruck nicht mehr. Hier gibt es nur noch die «teilweise Arbeitslosigkeit» (AVIG 10 II), die unter den Begriff der Arbeitslosigkeit (AVIG 10 I, II) fällt. Die «Teilarbeitslosigkeit» des früheren Rechts ist in der Neuordnung begrifflich mit Arbeitsausfällen bei Kurzarbeit oder Schlechtwetter identisch. Deshalb findet sich im Abkommen mit Deutschland der Begriff der Teilarbeitslosigkeit nicht mehr. Statt dessen werden hier die neurechtlichen Bezeichnungen «Kurzarbeitsentschädigung» (= nach dem deutschen Arbeitsförderungsgesetz [AFG] «Kurzarbeitergeld») und «Schlechtwetterentschädigung» (= nach dem deutschen AFG «Schlechtwettergeld») verwendet (Art. 2 Abs. 1 Ziff. 1 Bst. *b* und *c* bzw. Ziff. 2 Bst. 2b 1und *c*; Art. 8 Ziff. 4), da das Abkommen mit Deutschland erst nach der Verabschiedung des neuen Bundesgesetzes (AVIG) abgeschlossen worden ist.

d) Leistungen bei Ganzarbeitslosigkeit

In sämtlichen Abkommen ist vorgesehen, dass die Grenzgänger bei Ganzarbeitslosigkeit (= Verlust des Arbeitsverhältnisses) Anspruch auf Leistungen im *Wohnland* und nach dessen Rechtsvorschriften haben [28]. – An einer solchen Regelung musste vor allem unser Land im Hinblick auf die Kontrolle der Tatsache der Arbeitslosigkeit und der Vermittlungsfähigkeit (AlVV 5; AVIV 21 I) interessiert sein.

Wesentlich für die Anspruchsberechtigung von schweizerischen Grenzgängern (Grenzgänger mit Wohnsitz in der Schweiz) war jedoch, dass deren Beschäftigungszeiten im ausländischen Nachbarstaat als Zeiten «beitragspflichtiger Beschäftigung» (AlVG 24 I b; AlVB 9 II) oder – neurechtlich – als «Beitragszeit» (AVIG 8 I e; 13) angerechnet werden konnte. Eine solche gegenseitige Anrechnung wurde deshalb in den Abkommen mit Deutschland, Frankreich, Liechtenstein und Österreich vorgese-

[28] Botsch.-Abkommen F, I, FL, A, BBl *1979* I 822; Botsch.-Abkommen D, BBl *1983* I 6.

hen[29]. Eine solche Anrechnung von Zeiten beitragspflichtiger Beschäftigung bzw. Beitragszeiten sieht einzig das Abkommen mit Italien nicht vor, weil «die in jenem Lande tätigen Arbeitnehmer der Beitragspflicht nicht unterstehen»[30].

3. Zusatzinhalt

Vier der fünf Abkommen (Ausnahme: Italien) beschränken sich bezüglich der Anrechnung von Zeiten beitragspflichtiger Beschäftigung bzw. von Beitragszeiten nicht allein auf die Grenzgänger, sondern dehnen diese Regelung auch auf Staatsangehörige aus, die nicht bloss im Grenzbereich des anderen Staates beschäftigt sind[31]. Ein Schweizer Bürger, der beispielsweise in Wien als beitragspflichtiger Arbeitnehmer tätig war, kann bei seiner Rückkehr in die Schweiz die in Österreich zurückgelegten Beschäftigungszeiten als Beitragszeit im Sinne von AVIV 13 I geltend machen. War unser Landsmann hingegen in Rom als Arbeitnehmer beschäftigt, so kann er sich auf eine solche Begünstigung nicht berufen, weil das Abkommen mit Italien eine solche Regelung nicht enthält. Ihm bliebe nur, die Regel nach AVIG 14 III anzurufen, d.h. die Norm über die Befreiung von der Erfüllung der Beitragszeit für Auslandschweizer. Die Entschädigung, die er über diese Gesetzesbestimmung erhalten kann, ist jedoch bezüglich Höhe (Entschädigung nur nach Pauschalansatz, AVIV 41, gegenwärtig max. Fr. 131.− für versicherten Tagesverdienst, selbst wenn im Ausland Spitzenlöhne erzielt wurden) und Dauer (nur 85 Taggelder innert einer zweijährigen Rahmenfrist, statt sonst 250 Taggelder) beschränkt.

---

[29] A.a.O.
[30] Botsch.-Abkommen F, I, FL, A, BBl *1979* I 823, und bedarf wohl vorläufig keiner Anpassung mehr.
[31] Botsch.-Abkommen F, I, FL, A, BBl *1979* I 822; Botsch.-Abkommen D, BBl *1983* I 7.

4. *Sonderprobleme*

a) Abkommen mit der Bundesrepublik Deutschland

Unser Abkommen mit der Bundesrepublik Deutschland ist das jüngste der fünf Grenzgängerabkommen und zugleich auch das modernste. Es ist bereits, wie bereits schon weiter oben angedeutet, terminologisch und materiell auf die Neuordnung unserer Arbeitslosenversicherung (AVIG) zugeschnitten und bedarf wohl vorläufig keiner Anpassung mehr [32]. Immerhin sind auch in diesem Abkommen, vor allem aus administrativen Überlegungen, die Präventivmassnahmen und die vergleichbaren Arbeitsförderungsmassnahmen des deutschen AFG nicht mit in die Regelung einbezogen worden.

Sonderregelungen enthält das Abkommen mit Deutschland wegen der deutschen Enklave Büsingen und bezüglich einer Sonderart von Grenzgängern, die in ihrem Heimatland beschäftigt sind, aber im anderen Staat wohnen. Es handelt sich hierbei um Grenzgänger, die hauptsächlich im öffentlichen Transportbereich (Deutsche Bundesbahn und SBB) beschäftigt sind (Angestellte der Deutschen Bundesbahn im Badischen Bahnhof Basel, Streckenwärter der SBB auf dem deutschen Streckenabschnitt Lottstetten-Jestetten bei Schaffhausen) [33].

Neben anderen Sonderregelungen, z.B. Anrechnung des Leistungsbezugs im anderen Vertragsstaat auf den innerstaatlichen Höchstanspruch (Art. 9), enthält das Abkommen mit der Bundesrepublik eine starke Einschränkung des Grenzgängerbegriffs [34]. Im Gegensatz zu den Abkommen mit Frankreich, Österreich und Liechtenstein, bei denen es auf die Staatsangehörigkeit der Grenzgänger nicht ankommt, bezieht sich die Grenzgängerregelung nach dem Abkommen mit Deutschland allein auf die Staatsangehörigen der beiden Vertragsstaaten sowie auf Flüchtlinge und Staatenlose, die im Gebiet eines der beiden Vertrags-

---

[32] Botsch.-Abkommen D, BBl *1983* I 6.
[33] Botsch.-Abkommen D, BBl *1983* I 7.
[34] Vgl. dazu oben S. 304 ff. (Ziff. III.3).

staaten wohnen (Art. 3). Hierdurch will die Bundesrepublik verhindern, dass Drittstaatsangehörige, «die – gestützt auf die innerhalb der EWG (richtig: EG) geltende Freizügigkeit – sich in der BRD niedergelassen haben und von dort aus einer Beschäftigung in der Schweiz nachgegangen sind, bei Ganzarbeitslosigkeit die deutsche Arbeitslosenversicherung in Anspruch nehmen können»[35].

b) Abkommen mit Italien

Die soziale Sicherung der Grenzgänger aus Italien[36] bei Teilarbeitslosigkeit (durch Kurzarbeit oder Schlechtwetter bedingten Arbeitsausfällen) ist unproblematisch. Und auch bei Ganzarbeitslosigkeit sieht die Situation etwas günstiger aus. Italien hat ab 1. Januar 1987 die Leistungen um einiges verbessert. Besonders die Arbeitslosen aus Industrie und Baugewerbe können mit 80 Prozent und die aus der Landwirtschaft zwischen 40 und 66 Prozent des letzten Bruttoentgeltes als Entschädigung rechnen[37]. Immerhin ist die Bezugsdauer auf 6 Monate bzw. 26 Wochen beschränkt[38]. Eine Arbeitslosenhilfe gibt es nicht[39].

Rechtlich fragwürdig erscheint hingegen nach diesem Abkommen die soziale Sicherung der schweizerischen Grenzgänger (Grenzgänger mit Wohnort in der Schweiz und Arbeitsort in Italien) bei Ganzarbeitslosigkeit[40]. Die Problematik ergibt sich dabei daraus, dass in Italien nicht die Arbeitnehmer, sondern nur die *Arbeitgeber* zur Arbeitslosenversicherung beitragspflichtig sind[41]. Deshalb ergeben sich aus dem Abkommen mit Italien für

---

[35] Botsch.-Abkommen D, BBl *1983* I 5.
[36] Stand im Oktober 1987: 39 409 (BA für Ausländerfragen).
[37] Vgl. dazu i. e. SALOWSKY/SEFFEN, Soziale Absicherung bei Arbeitslosigkeit, Ein Acht-Länder-Vergleich, DIV Köln 1987, 19.
[38] A.a.O., 27, 28.
[39] A.a.O., 19, 28 (Tabelle).
[40] Vgl. bereits die Kritik bei GERHARDS, AVIG-Kommentar, Bern/Stuttgart 1987 (1988), Bd. 1, Einleitung, N. 67.
[41] SALOWSKY/SEFFEN, (Fn. 37), 13. Auch Botsch.-Abkommen F, I, FL, A, BBl *1979* I 823.

die schweizerischen Grenzgänger keine wirklichen Beitragszeiten im Sinne von AVIG 13 I. Denn für die Erfüllung der «Beitragszeit» kommt es allein darauf an, dass der *Arbeitnehmer* der AlV-Beitragspflicht unterstellt ist. Abgesehen davon, dass in BV 34^{novies} IV 1 klar festgehalten ist, dass die Versicherung durch die Beiträge der «Versicherten» finanziert wird und als obligatorisch «Versicherte» nur *Arbeitnehmer* in Betracht kommen (BV 34^{novies} II 1, 2; für die Selbständigerwerbenden besteht noch keine Versicherung), zeigt gerade die Regelung nach AVIG 4 I 2 und 5 II, dass es *nicht* auf die AlV-Beitragspflicht der *Arbeitgeber* ankommt. Auch Arbeitnehmer nicht beitragspflichtiger Arbeitgeber sind obligatorisch versichert. Sie müssen die vollen Beiträge (Arbeitnehmer- und Arbeitgeberanteil) selbst zahlen (AVIG 4 I 2). Andererseits ist unter dem Titel «Ermittlung der Beitragszeit» in AVIV 11 I ausdrücklich festgehalten, dass als Beitragsmonat jeder volle Kalendermonat zählt, in dem der Versicherte (= ausschliesslich der *Arbeitnehmer*) beitragspflichtig ist.

Italien leistet gemäss dem Abkommen seit dem 1. April 1977 die darin vorgesehenen Ausgleichszahlungen für die – zugegebenermassen sehr wenigen (1986: 14 Personen) in Italien beschäftigten Grenzgänger mit Wohnsitz in der Schweiz – an unsere Arbeitslosenversicherung zur Deckung des Risikos der Ganzarbeitslosigkeit. Da es sich hierbei um Anteile aus Arbeitgeber-Beiträgen handelt, darf m. E. die Zeit der Beschäftigung als Arbeitnehmer in Italien für unsere Arbeitslosenversicherung nicht als Beitragszeit im Sinne von AVIG 8 I e und 13 I betrachtet werden. Darüber kann die Tatsache der Überweisung der Ausgleichszahlungen aus Italien nicht hinwegtäuschen. Um im Falle von Ganzarbeitslosigkeit geschützt zu sein, könnte es erforderlich sein, dass sich die schweizerischen Grenzgänger als «Selbstzahler» (AVIG 4 I 2; 5 II) versichern. In diesem Falle müsste allerdings auf die Ausgleichszahlung aus Italien verzichtet werden. Oder die «Selbstzahlung» des schweizerischen Grenzgängers hätte sich – ausnahmsweise – auf den Arbeitnehmeranteil zu beschränken.

V. AUSBLICK

An sich kann unser Land mit den seit 1978 mit den Nachbarländern abgeschlossenen Grenzgängerabkommen gut leben. Sie sind inzwischen eingespielt. Dennoch werden die vier älteren Abkommen bei Gelegenheit noch mehr an die Neuordnung unserer Arbeitslosenversicherung angepasst werden müssen, möglicherweise nach Abschluss der laufenden Partialrevision des Bundesgesetzes von 1982. Dabei wird vor allem das Abkommen mit Italien besonders genau zu betrachten sein.

EUGEN MARBACH

DER STELLENWERT AUSLÄNDISCHER SACHVERHALTSELEMENTE BEI DER BEURTEILUNG NATIONALER MARKENRECHTE

Im internationalen Verhältnis beruht das Immaterialgüterrecht, und damit auch das Markenrecht, nach Lehre und Rechtsprechung auf dem sogenannten *Territorialitätsprinzip*. Dies bedeutet entsprechend der bundesgerichtlichen Umschreibung, dass die Anwendung des Markenschutzgesetzes von einer räumlichen Beziehung des Rechtsgutes zum *Schutzland* abhängig und gleichzeitig auf dessen Gebiet beschränkt ist[1]. Eine in diesem Sinne streng territoriale Ausgestaltung der Rechtsordnung steht naturgemäss in einem erheblichen Spannungsfeld zur heutigen internationalen Verflechtung der Wirtschaft und der damit verbundenen, stets zunehmenden grenzüberschreitenden Nutzung von Kennzeichen. Es erstaunt deshalb nicht, dass sich die Markenpraxis in mannigfacher Hinsicht mit dem Problem konfrontiert sieht, ob und in welchem Umfang zumindest *ausländische Sachverhaltselemente* bei der rechtlichen Beurteilung einer international genutzten Marke mitberücksichtigt werden dürfen. Dieser Frage nachzugehen, bildet das Ziel des Beitrages.

1. DIE BEDEUTUNG DES TERRITORIALITÄTSPRINZIPES

Die Bedeutung des *Territorialitätsprinzips* als Maxime des internationalen Privatrechts ist äusserst schillernd und wird verschieden ausgelegt[2]. Gerade auch im Bereich des gewerblichen Rechts-

[1] BGE *105* II 49. Vgl. weiter BGE *78* II 171 (Übergang vom Universalitäts- zum Territorialitätsprinzip).
[2] Vgl. hierzu allgemein NEUHAUS, Die Grundbegriffe des internationalen Privatrechts, 2. Aufl. 1976, 179 ff.

schutzes ist seine Verwendung keineswegs immer zweifelsfrei, und die Praxis erliegt manchmal der Versuchung, «Territorialität» als bequeme Zauberformel anzurufen, ohne sich über deren Tragweite Rechenschaft abzulegen. Überprüft man den rechtlichen Gehalt dieses Begriffs jedoch genauer, so lässt sich seine Aussage im Kern auf zwei Grundsätze reduzieren [3]:

– Ob und in welchem Umfang ein Markenrecht entsteht, bestimmt sich nach den Regeln desjenigen Staates, in welchem der Zeicheninhaber für seine Marke Schutz ersucht. Nach dem Recht des Schutzlandes bestimmen sich dabei nicht nur die Anforderungen an ein schutzfähiges Zeichen, sondern auch Inhalt und Schutzumfang des Markenrechts.
– Der Markenschutz ist auf das Gebiet des Schutzlandes beschränkt: Das ausländische Markenrecht kann dementsprechend nicht durch Inlandhandlungen, das inländische Recht nicht durch Auslandshandlungen verletzt werden.

Das Bundesgericht fasst diese beiden Wirkungen des Territorialitätsprinzipes durchaus zutreffend in der Formel zusammen, dass die Gesetze jedes Schutzlandes selbständig bestimmen, «wie Rechte an Immaterialgütern entstehen und erworben werden, welchen Inhalt und Umfang sie haben» [4]. Oder salopper formuliert besagt das Territorialitätsprinzip, dass ein Kennzeichen im jeweiligen Schutzland immer genau das wert ist, was die dort geltende Rechtsordnung aus ihm macht. Das ausländische Recht, und insbesondere auch die Entscheidungen ausländischer Gerichte, bleiben dabei unbeachtlich [5].

Darüber hinaus wird das Territorialitätsprinzip aber vielfach auch so verstanden, dass dieser Grundsatz selbst die Mitberücksichtigung ausländischer *Sachverhaltselemente* ausschliesse und deshalb bei der rechtlichen Beurteilung ausschliesslich auf die tatbe-

---

[3] So auch BEIER, Territorialität des Markenrechts und internationaler Wirtschaftsverkehr, in: GRUR Int. *1968* 8 ff.
[4] BGE *105* II 49.
[5] So z. B. BGE vom 22. November 1984 in: SMI *1985* 62.

ständliche Situation im jeweiligen Schutzland abgestellt werden müsse. So vertritt z. B. Troller den Standpunkt, dass «die allgemein anerkannte territoriale Unabhängigkeit der in den einzelnen Schutzländern bestehenden Markenrechte es verbietet, ausländischen Sachverhalten einen Einfluss auf das inländische Markenrecht zuzugestehen»[6]. Dieser Auffassung entsprechend wäre eine Marke beispielsweise nur dann eintragungsfähig, wenn sämtliche Registrierungsvoraussetzungen im Schutzland selbst erfüllt sind.

Letzteres Verständnis, welches noch heute weit verbreitet ist, muss indessen als überholt bezeichnet werden. So hat namentlich STEINDORFF[7] überzeugend nachgewiesen, dass eine Mitberücksichtigung ausländischer Sachverhalte nicht nur zulässig, sondern ganz eigentlich geboten sein kann: Tatsächlich gibt es im schweizerischen Recht keine Norm, welche es ausschliessen würde, bei der Anwendung des nationalen Rechts ausländische Sachverhaltselemente mitzuberücksichtigen. Aus dem Territorialitätsprinzip, welches als Regel des Kollisionsrechtes ja einzig und allein die Anwendungsbereiche der nationalen Rechtsordnungen abgrenzt, ergibt sich dies jedenfalls nicht[8]. Sobald aufgrund der Struktur der massgeblichen Wirtschaftsräume und damit verbunden aufgrund der Internationalität des Wirtschaftsverkehrs eine wechselseitige Beeinflussung von ausländischer und inländischer Sachlage besteht, ist eine dergestalt territorial bedingte Selbstbeschränkung der markenrechtlichen Sichtweise auch nicht sachgerecht, wie dies nachfolgend zu zeigen sein wird. In einzelnen Fragen ist die Mitberücksichtigung ausländischer Tatumstände zudem bereits durch die Rechtsordnung selbst vor-

---

[6] TROLLER, Die territoriale Unabhängigkeit der Markenrechte im Warenverkehr, in: GRUR Int. *1960* 246.
[7] STEINDORFF, Sachnormen im internationalen Privatrecht, 129 ff., insbes. 134 f.
[8] So auch KELLER/SCHLUEP/TROLLER/SCHÄTZLE/WILMS, Die Rechtsprechung des Bundesgerichts im internationalen Privatrecht, Bd. III, Immaterialgüterrecht, Ziff. 2.1.4 in der Einleitung.

geschrieben: So genügt zum Beispiel auch ein im Ausland domizilierter Geschäftsbetrieb zur Begründung der für die Registrierung erforderlichen Hinterlegungsbefugnis [9]. Oder auf internationaler Ebene verpflichtet die Pariser Verbandsübereinkunft ihre Mitgliedstaaten, bei der Würdigung der Schutzfähigkeit einer Marke *alle Tatumstände,* und somit auch ausländische Sachverhaltselemente, zu berücksichtigen, immer vorausgesetzt, dass der betreffende Drittstaat schweizerischen Anmeldern Gegenrecht gewährt [10].

Rechtlich gesehen ist es also keineswegs ausgeschlossen, bei der Anwendung des nationalen Rechts ausländische Tatumstände mitzuwürdigen; in Einzelfragen ist dies sogar zwingend geboten. Damit ist als nächstes die Frage zu klären, welchen *Stellenwert* diesen ausländischen Sachverhaltselementen zukommt, und in welchem Ausmass sie bei der Gesamtwürdigung mitberücksichtigt werden dürfen. Zu diesem Zweck gilt es vorerst einmal, die bestehende Praxis von Eintragungsbehörde und Gerichten zu analysieren. Aus Platzgründen beschränke ich mich dabei auf drei für das Thema besonders relevante Problemkreise, ohne einen vollständigen Querschnitt durch das Markenrecht anzustreben [11].

---

[9] Art. 7 Abs. 2 MSchG.
[10] Art. 6^{quinquies} lit. C Abs. 1 PVÜ.
[11] Ähnlich ist die Problematik bei der Frage, inwieweit die ausländische Benutzungslage bzw. der im Ausland übliche Zeichenabstand die Verwechselbarkeit zweier Zeichen mitbestimmt. Ebenso bei derjenigen, inwieweit die langjährige Hinnahme eines verwechselbaren Zeichens im Ausland auch in der Schweiz zur Verwirkung des zeichenrechtlichen Abwehrspruches führt (vgl. hierzu BGE *93* II 48, wo sich zwei Zeichen gegenüberstanden, die mit Ausnahme von der Schweiz und der BRD seit Jahrzehnten praktisch auf dem gesamten Weltmarkt nebeneinander bestanden) usw.

2. DIE BEURTEILUNG DER SCHUTZFÄHIGKEIT IM EINTRAGUNGSVERFAHREN

Dem Bundesamt für geistiges Eigentum als Eintragungsbehörde stellt sich die Frage nach dem Stellenwert ausländischer Sachumstände in erster Linie bei der Überprüfung, ob ein neu angemeldetes Zeichen zum *Gemeingut* im Sinne von Art. 3 bzw. von Art. 14 Abs. 1 Ziff. 2 MSchG zu zählen ist. Der Begriff «Gemeingut» hat dabei als zeichenrechtlicher Schutzverweigerungsgrund eine doppelte Funktion zu erfüllen und erfasst sowohl Zeichen, denen die notwendige *Unterscheidungskraft* abgeht, als auch solche, die dem Verkehr unentbehrlich sind und deshalb wegen ihrer *Freihaltebedürftigkeit* von einer markenrechtlichen Monopolisierung ausgeschlossen werden sollen[12]. Beide Aspekte können unmittelbar durch die ausländische Sachlage mitbestimmt sein. Und zwar stellt sich die Frage nach dem Stellenwert ausländischer Sachverhaltselemente jeweils gleich in doppelter Hinsicht: Einmal gilt es zu entscheiden, ob die Interessen des ausländischen Verkehrs, namentlich auch dessen Freihaltebedürfnisse, bei der Eintragungsfähigkeit zu beachten sind; anderseits ist auch abzuklären, ob die Situation im Ausland und die dort allenfalls gegebene Verkehrsgeltung eines Zeichens sich zugunsten des ausländischen Markenanmelders auswirken kann.

Demgegenüber sind ausländische Tatumstände bei der zweiten zentralen Frage des Eintragungsverfahrens, nämlich derjenigen, ob eine Täuschungsgefahr (Sittenwidrigkeit) vorliegt, weitgehend bedeutungslos: Mit dieser Einschränkung sollen ja primär die Konsumenten vor Täuschungen geschützt werden, während der Wirtschaftsverkehr höchstens reflexartig profitiert, indem dieses Verbot natürlich auch unlautere, konkurrenzschädigende Kennzeichnungspraktiken erschwert. Da das Verständnis eines Zeichens und somit auch die damit verbundenen Erwartungen sich von Land zu Land wesentlich unterscheiden können,

---

[12] Vgl. hierzu ausführlich MARBACH, Die eintragungsfähige Marke, 47 f.

muss bei dieser Zielsetzung logischerweise auf das Verständnis der Abnehmer im Schutzland abgestellt werden. Insbesondere liegt es auf der Hand und ergibt sich aus dem Ziel eines Schutzes der öffentlichen Ordnung, dass die Eintragungsbehörde in keinem Fall aufgrund der Situation im Ausland eine im Inland weiterbestehende Täuschungsgefahr hinnehmen darf[13].

Soweit das Markenrecht den Schutz des Publikums anstrebt, stellt die Praxis deshalb zweifellos mit Recht ausschliesslich auf die Situation im Schutzland ab. Bereits bei der Prüfung der Sittenwidrigkeit im engeren Sinne können auslandsbezogene Sachverhalte hingegen bereits wieder beachtlich sein: So diente zum Beispiel die Rückweisung einer Marke «Mao Mint» zweifellos weniger dem Schutz des Ehrgefühles inländischer Verkehrskreise, als diplomatischer Rücksichtnahme auf die Volksrepublik China[14].

a) Ausländische Sachverhalte als Eintragungsgrund

aa) Bei Zeichen ohne Unterscheidungskraft

Kennzeichen, denen ursprünglich jegliche Unterscheidungskraft abging und welche dementsprechend durch die Eintragungsbehörde als Gemeingut zurückgewiesen worden sind, können sich – soweit sie anschliessend gleichwohl in Gebrauch genommen werden – im Verkehr durchsetzen und die verlangte Individualisierungskraft erlangen. Eine Marke, die aufgrund ihres intensiven Gebrauchs in diesem Sinne kennzeichnungskräftig wurde, ist nachträglich auch eintragungsfähig, soweit nicht ausnahmsweise ein absolutes Freihaltebedürfnis des Verkehrs der Monopolisierung entgegensteht. Damit stellt sich das Problem, ob und inwieweit auch eine im Ausland erlangte Verkehrsgeltung zu beachten sei. Gerade in diesem Zusammenhang wird da-

---

[13] Vgl. dazu BEIER, Die Bedeutung ausländischer Tatumstände für die Markenschutzfähigkeit, GRUR Int. *1968* 492 ff.

[14] Internationale Marke Nr. 416 664, zitiert bei MARBACH (Fn. 12), 90 Anm. 11.

bei regelmässig der schon erwähnte Art. 6quinquies, lit. c, Abs. 1 der Pariser Verbandsübereinkunft angerufen, demgemäss bei der Würdigung der Schutzfähigkeit eben alle Tatumstände, insbesondere auch die Dauer des Gebrauchs der Marke, zu berücksichtigen sind [15].

Gestützt auf diese Bestimmung vertrat das Bundesgericht lange Zeit tatsächlich die Meinung, dass im internationalen Verhältnis auf die Verkehrsgeltung im Ursprungsland abgestellt werden müsse: So erklärte es eine aus dem englischen Ortsnamen Tunbridge Wells gebildete Bisquit-Marke als eintragungsfähig, weil diese Bezeichnung beim englischen Publikum zufolge langen Gebrauchs die Bedeutung eines Hinweises auf die Markeninhaberin erlangt habe [16]. Ebenfalls einer englischen Firma wurde mit ähnlicher Begründung sogar die Registrierung des schweizerischen Ortsnamens «Bernex» für Uhren gestattet [17]. Im letzteren Entscheid stellte sich das Bundesgericht dabei ausdrücklich auf den Standpunkt, dass einzig diese Interpretation in Einklang mit der inhaltlich gewollt weiten Fassung des Art. 6^{quinquies} PVÜ stehe und dieselbe auch zweckentsprechend sei, weil sie den Bedürfnissen eines gesteigerten internationalen Handelsverkehrs angepasst sei.

Diese Sichtweise korrigierte das Bundesgericht später im Zusammenhang seines Entscheides zur Marke «Discotable», für welches Zeichen der Anmelder unbestrittenerweise Verkehrsgeltung in Deutschland beanspruchen konnte [18]. Tatsächlich hätte bei dieser Wortmarke ein blosses Abstellen auf die Situation im Ursprungsland zu einem unbilligen Resultat geführt: Denn der Entscheid, ob ein Zeichen beschreibend wirkt oder nicht, kann je nach Landessprache sehr unterschiedlich sein. «Discotable», so

---

[15] Zur Entstehungsgeschichte dieser Bestimmung vgl. dabei HINTERMEISTER, Der Schutz der ausländischen Marke in der Schweiz, 76 f. und die dort angeführten weiteren Hinweise.
[16] BGE *55* I 262 ff.
[17] BGE *81* I 298 ff.
[18] BGE *99* Ib 10 ff.

das Bundesgericht, wirke für den Deutschsprachigen im Zusammenhang von Möbeln phantasiehaft, für den Romand sei die Angabe jedoch klarerweise beschreibend und deshalb auch nicht kennzeichnungskräftig. Diese unterschiedliche Sprachsituation müsse mitberücksichtigt werden, namentlich auch bei der Auslegung des erwähnten Art. 6^{quinquies} PVÜ: richtig verstanden verlange diese Vertragsbestimmung einzig und allein, dass sämtliche *inländischen* Faktoren in die Beurteilung einbezogen würden.

Immerhin tönte das Bundesgericht im gleichen Entscheid an, dass die Situation im Ausland weiterhin zumindest mitberücksichtigt werden solle, und stellt fest, dass dieselbe ein *Indiz* dafür sein könne, dass das Zeichen auch im Einfuhrland aufgrund seines Gebrauchs Kennzeichnungskraft erlangt habe. Letztere, wie es in einem nachfolgenden Entscheid präzisiert, unter der Voraussetzung, «dass sich die im Ursprungsland erreichte Verkehrsgeltung feststellbar im Einfuhrland auswirkt»[19].

bb) Bei Herkunftsangaben

Gestützt auf diese neue Rechtsprechung zur Frage der Verkehrsgeltung im Ursprungsland verweigerte das Amt konsequenterweise einer belgischen Bierbrauerei den Eintrag der Marke «Haacht», weil es sich bei diesem Zeichen um eine geographische Angabe handle, die zum Gemeingut zähle, solange sie sich nicht im Verkehr als Kennzeichen durchgesetzt habe. Insoweit ist nun das Bundesgericht auf seine Praxis mit überzeugender Begründung zurückgekommen: Es stellte nämlich fest, dass die Bezeichnung «Haacht» seitens der schweizerischen Bierproduzenten ohnehin nicht markenmässig verwendet werden dürfte, weil eine solche Kennzeichnung schweizerischer Ware herkunftstäuschend wäre. In Belgien hingegen sei den einheimischen oder fremden Konkurrenzunternehmen die Mitbenutzung dieses Kennzeichens ebenfalls verwehrt, da die Marke «Haacht» der Anmelderin hier Verkehrsgeltung besitzt. Bei Herkunftsangaben stehe deshalb ei-

---

[19] BGE vom 28. Januar 1981, in: PMMBl *81* I 44.

ner Berufung auf die Verkehrsgeltung im Ausland nichts entgegen und das Zeichen sei in ausschliesslicher Berücksichtigung dieser ausländischen Sachlage einzutragen [20].

b) Ausländische Sachverhalte als Rückweisungsgrund

Vor dem Hintergrund der oben geschilderten Praxis mutet es deshalb eher überraschend an, dass die bundesgerichtliche Rechtsprechung gewillt ist, abstrakte Freihaltebedürfnisse des ausländischen Wirtschaftsverkehrs bereits im Rahmen des Eintragungsverfahrens zu respektieren. Besonders instruktiv ist dabei insoweit der Entscheid zur Marke «Cusco», welche seitens der Interfood SA für Schokolade, Kakao und Confiserieartikel angemeldet worden war [21]. «Cusco», so die bundesgerichtliche Begründung, sei der Name einer peruanischen Stadt mit ungefähr 80 000 Einwohnern. In der Umgebung dieser Stadt werde Kakao angepflanzt, und es bestehe sogar eine kleine Schokoladenfabrik. So unbedeutend diese Produktion weltwirtschaftlich gesehen heute auch sein möge, so könne gleichwohl nicht mit völliger Sicherheit ausgeschlossen werden, dass der peruanische Wirtschaftsverkehr diese Angabe in Zukunft einmal zur Kennzeichnung der eigenen Schokoladexporte verwenden möchte, weshalb dieser Name als freihaltebedürftig zu qualifizieren sei. Das Bundesgericht prüfte somit in diesem Entscheid recht detailliert die ausländische Wirtschaftslage und kam aufgrund dieser Überprüfung zum Ergebnis, dass der ansonsten doch eher unbedeutende geographische Name «Cusco» nicht monopolisiert und deshalb vom Amt auch nicht als Marke registriert werden dürfe; dies obschon der schweizerische Verkehr «Cusco» im Zusammenhang von Schokolade wohl ohne grosse Zweifel als phantasiehafte Angabe verstanden hätte.

Hinter dieser Praxis zur Freihaltebedürftigkeit ausländischer geographischer Angaben steckt das Bemühen des Bundesamtes für geistiges Eigentum, den Problemen der Entwicklungsländer

[20] BGE *100* Ib 351 ff.
[21] BGE 97 I 79.

Rechnung zu tragen und eine Fehlmonopolisierung ihrer Begriffe durch ausländische Unternehmen zu verhindern [22]. So gesehen ist diese Rechtsprechung zu begrüssen. Indessen führt sie insoweit zu einer sehr erheblichen Ungleichbehandlung, als nicht so recht einzusehen ist, wieso dann umgekehrt hinsichtlich der Kennzeichnungskraft die ausländische Situation und die im Ausland erlangte Verkehrsgeltung selbst als Indiz einzig dann relevant sein soll, wenn direkte Auswirkungen auf die schweizerische Situation nachgewiesen sind.

Noch nie explizit zu entscheiden hatte das Bundesgericht hingegen die von TROLLER aufgeworfene Frage [23], inwieweit abstrakte Interessen des ausländischen Verkehrs im Eintragungsverfahren zu berücksichtigen sind, soweit ein Zeichen zur Anmeldung gelangt, welches im Ausland bereits als Sachbezeichnung dient. TROLLER verweist dabei auf einen österreichischen Entscheid [24], in welchem die Eintragungsfähigkeit der im angelsächsischen Raum bereits allgemein geläufigen Bezeichnung «Instant» für Lebensmittel (Instant-Kaffee usw.) zur Diskussion stand. Auch bei dieser Konstellation würde ein Abstrahieren von der ausländischen Sachlage sich meines Erachtens störend auswirken und die freie Konkurrenz zu stark hindern. Unausgesprochenerweise berücksichtigt dies die schweizerische Markenpraxis denn auch bereits lange, allerdings indirekt, indem sie die Freihaltebedürftigkeit auch bei in der Schweiz kaum geläufigen Begriffen rasch bejaht [25].

[22] So BGE vom 19. Februar 1980, in PMMBl *1980* I 52 zur Zulässigkeit einer Marke Lima für Spielzeugeisenbahnen: «... gewiss ist die Täuschungsgefahr vorliegend nicht besonders gross. Es handelt sich eher um einen Grenzfall, wie bei dem in BGE 97 I 79 ff. veröffentlichten, wo es um die Marke «Cusco» und eine gleichnahmige peruanische Stadt ging. Zurückhaltung in der Zulassung von geographischen Bezeichnungen, die einen täuschenden Hinweis ergeben, ist indessen schon deshalb geboten, weil bei Ortsnamen regelmässig ein Freihaltebedürfnis zugunsten ansässiger Hersteller anzunehmen ist, die damit auf die Herkunft ihrer Ware hinweisen möchten. (...)»
[23] TROLLER, Immaterialgüterrecht, 2. Aufl. 1968, Bd. I, 354 Anm. 218.
[24] Österreichischer Patentgerichtshof, in: GRUR Int. *1958* 45.
[25] Vgl. dazu die Zusammenstellung der Gerichtspraxis bei SCHMIDT, Die

3. DER GEBRAUCH DER MARKE

Nach der Konzeption des schweizerischen Markenrechtes muss ein Zeichen binnen dreier Jahre in Gebrauch genommen werden, damit der mit Eintrag erreichte Schutz erhalten bleibt [26]. Mit diesem Benutzungszwang soll verhindert werden, dass der Wirtschaftsverkehr durch rein vorsorglich eingetragene Marken bei der Zeichenwahl zu stark behindert wird [27].

Für uns stellt sich damit die Frage, inwieweit auch ein Gebrauch im Ausland für die Aufrechterhaltung des Zeichens angerechnet werden darf: Sei dies bei der schweizerischen Markeninhaberin eine Verwendung im Export, oder umgekehrt die Verwendung im Ursprungsland durch die ausländische Hinterlegerin.

a) Exportmarke

Nach wiederholt bestätigter Rechtsprechung ist ein Zeichen in der Schweiz lediglich dann rechtsgenüglich gebraucht, wenn es auf *Ware oder Verpackung* auf dem schweizerischen Markt erscheint [28]. Die blosse Fabrikation und Markierung im Inland bei anschliessendem *Export* hingegen ist nach dieser bundesgerichtlichen Auffassung nicht ausreichend, um die schweizerische Basismarke schutzfähig zu erhalten. Mit dieser sehr engen Auslegung wird der Exportindustrie der Aufbau ihres Markenschutzes entscheidend erschwert, wobei an dieser Stelle lediglich darauf hingewiesen sei [29], dass damit die kostengünstige, internationale An-

---

neuere Markenpraxis des schweizerischen Bundesamtes für geistiges Eigentum, in: GRUR Int. *1980* 396 ff.

[26] Art. 9 Abs. 1 MSchG.

[27] Statt viele: TROLLER, Das internationale Privat- und Zivilprozessrecht in: Gewerblicher Rechtsschutz und Urheberrecht, 124.

[28] BGE vom 23. Januar 1973, in: SMI *1983,* Heft 2, 40 ff.; ebenso BGE *100* II 234.

[29] Zu den Konsequenzen dieser Rechtsprechung vgl. weiter DAVID, Anmerkung zu BGE vom 23. Januar 1973 in: SMI *1983,* Heft 2, 45 ff.; ebenso DAVID, Anmerkung zu BGE *109* IV 146, in SMI *1984,* Heft 2, 335.

meldung eines Zeichens gestützt auf das Madrider Abkommen über die internationale Registrierung von Marken praktisch verunmöglicht wird, weil die Gültigkeit der auf diesem Weg erlangten ausländischen Zeichen während fünf Jahren vom Bestand der schweizerischen Basismarke abhängt[30]. Abgesehen von dieser schikanösen Seite der bundesgerichtlichen Sicht ist auch nicht einzusehen, wieso die blosse Kennzeichnung im Inland keinen Gebrauch darstellen soll: Von einer störenden Monopolisierung kann jedenfalls solange keine Rede sein, als zwischen schweizerischem Eintrag und ausländischem Gebrauch ein sachlicher Zusammenhang besteht. Auch insoweit ist übrigens die Praxis keineswegs immer konsequent: So hat der Kassationshof die widerrechtliche Fabrikation von mit dem «Rolex»-Krönchen versehenen Uhren als Markenverletzung qualifiziert, obschon diese Imitationen ausschliesslich für den Export nach Paraguay bestimmt waren[31]. Trotz, oder ungeachtet der Praxis, dass das blosse Anbringen eines Zeichens keinen schutzerhaltenden Gebrauch darstelle, begründet dasselbe blosse Anbringen des Zeichens für den anschliessenden Export offenbar eine Markenverletzung; auch dieser logisch unlösbare Widerspruch ist ein Hinweis, dass die völlige Vernachlässigung der Auslandbenutzung im Zusammenhang von Exportmarken wahrscheinlich doch komplexer ist, als dies das Bundesgericht annimmt.

b) *Gebrauch im Ursprungsland*

aa) *Grundsatz*

Demgegenüber ist klar, dass der blosse Gebrauch im ausländischen Ursprungsland nicht ausreichend sein kann, um den Schutz in der Schweiz zu rechtfertigen[32]. Insoweit fehlt ja ein direkter wirtschaftlicher Bezug zur Schweiz, der eine sachlich nicht gerechtfertigte, leere Eintragung ausschliesst. Eine Ausnahme gilt

---

[30] Art. 6 Abs. 3 Madrider Abkommen.
[31] BGE *109* IV 146.
[32] BGE *93* II 48.

einzig im Verhältnis zur Bundesrepublik Deutschland, da insoweit ein Staatsvertrag besteht, demgemäss der Gebrauch im Ursprungsland wechselseitig angerechnet wird [33].

bb) Die notorisch bekannte Marke als Spezialfall

Namentlich von kleineren und mittelständischen Unternehmen wird ein Produkt nur in den seltensten Fällen von allem Anfang an weltweit lanciert. Dies geschieht vielmehr schrittweise und in Relation zum bisher erreichten Erfolg. Entsprechend wird auch der beanspruchte Markenschutz, schon aus Kostengründen, lediglich sukzessive ausgedehnt. Wegen der Territorialität des Markenschutzes hat dies zur Konsequenz, dass ein Zeichen, welches im Ausland bereits bestens eingeführt und bekannt ist, in einem Drittstaat noch frei verfügbar sein kann. Geschickte Profiteure suchen dies auszunutzen, indem sie erfolgsträchtige Zeichen ausländischer Unternehmungen auf eigenen Namen registrieren lassen, kurz bevor dasselbe Unternehmen im inländischen Markt Fuss fasst. Selbstverständlich wird die Marke anschliessend gegen teures Entgeld zur Verfügung gestellt, weshalb man auch von Wegelagerer- oder Piratenmarken spricht.

Solche Missbräuche sucht die Pariser Verbandsübereinkunft zu verhindern, indem sie die Mitgliedstaaten in Art. 6bis verpflichtet, den Eintrag notorisch bekannter Marken von Amtes wegen, oder – soweit dies die Rechtsvorschriften des Landes nicht zulassen – auf Klage des Beteiligten zurückzuweisen bzw. für ungültig zu erklären und zu löschen. Entsprechend kann einzig allein gestützt auf die ausländische Benützungslage beim schweizerischen Zivilrichter die Löschung einer Marke verlangt werden, immer vorausgesetzt, dass dieser Gebrauch derart intensiv ist, dass das Zeichen die verlangte notorische Bekanntheit geniesst [34].

---

[33] Art. 5 Abs. 1 des Übereinkommens zwischen der Schweiz und Deutschland betr. den gegenseitigen Patent-, Muster- und Markenschutz vom 13. April 1892; vgl. hierzu auch BGE *96* II 257 ff. und BGE *100* II 230 ff.

[34] TROLLER, Immaterialgüterrecht, 3. Aufl., Bd. I, 278 mit Hinweisen.

4. PARALLELIMPORTE

Von zentraler Bedeutung ist unsere Frage, inwieweit ausländische Sachverhalte bei der rechtlichen Beurteilung mitberücksichtigt werden dürfen, auch im Zusammenhang der sogenannten Parallelimporte. Es geht dabei um das Problem, inwieweit gestützt auf das Markenrecht der Import ausländischer, gleichgezeichneter Konzernware verhindert werden kann. Dieser Fragenkomplex kennt im einzelnen sehr verschiedene Schattierungen, doch lässt er sich letztlich immer auf ein und dieselbe Kernfrage zurückführen: Inwieweit darf der Markeninhaber aufgrund seines inländischen Zeichens verhindern, dass die unmittelbar von ihm selbst oder von einem vertraglich oder wirtschaftlich verbundenen Unternehmen (Lizenznehmer, Alleinvertriebsberechtigter, Konzerngesellschaft) im Ausland in Verkehr gebrachte, gleich gezeichnete Originalware importiert und im Inland vertrieben wird. Oder beispielhaft gefragt: Darf die Firma Sunlight – die zum Unilever-Konzern gehört – aufgrund der auf ihrem Namen registrierten Marke «OMO» verhindern, dass OMO-Packungen ausländischer Tochtergesellschaften des gleichen Unilever-Konzerns in die Schweiz importiert und hier vertrieben werden? Das Bundesgericht bejahte dies mit der Begründung, dass die schweizerische Firma ihr «OMO» seit Jahren auf die Bedürfnisse des schweizerischen Abnehmers abgestimmt habe und der Konsument demzufolge das Produkt der schweizerischen Herstellerin erwarte. Hausfrauen, so meint das Bundesgericht, «laufen beim Kauf von OMO-Packungen deutscher Herkunft vielmehr Gefahr, über die schonende Behandlung der Wäsche oder anderer Eigenschaften des schweizerischen Erzeugnisses getäuscht zu werden»[35]. Diese Gefahr lasse die Verwendung der gleichen Marke beim Import deutscher Parallelware deshalb als Zeichenverletzung erscheinen. Dass dem Markenrecht auf diese Weise die Funktion überbunden wird, die territoriale Aufteilung des konzerninternen Vertriebes zu garantieren, entging dem

[35] BGE *105* II 49.

Bundesgericht dabei keineswegs: Indessen steht seiner Auffassung nach das Schweizerische Markenrecht einer solchen Gebietsaufschlüsselung nicht entgegen. Art. 11 MSchG gestatte vielmehr, das Markenrecht nach Staatsgebieten derart aufzuteilen, dass das gleiche Zeichen in verschiedenen Ländern zugunsten verschiedener Inhaber geschützt werde.

Anders hingegen das jüngste Präjudiz zu dieser Frage, ein Massnahmeentscheid des Präsidenten des St. Galler Handelsgerichtes aus dem Jahre 1984 [36]: Gestützt auf den geschilderten OMO-Entscheid suchte die Weissenburger Mineralthermen AG – eine Tochtergesellschaft der Schweppes International London und gleichzeitig schweizerische Lizenznehmerin der Marke Schweppes – zu verbieten, dass aus Österreich nach Originalrezept hergestellte, rechtmässig gekennzeichnete Parallelware importiert wird. Gleich wie im OMO-Entscheid bestanden auch hier zwischen dem Produkt der ausländischen und demjenigen der schweizerischen Tochtergesellschaft qualitative Unterschiede, vorliegend namentlich solche geschmacklicher Natur. Gleichwohl wurde die verlangte vorsorgliche Massnahme hier verweigert; dies gestützt auf das Argument, dass der Konsument aufgrund der gesamten Aufmachung usw. beim Kauf von Schweppes-Getränken nicht unbedingt ein schweizerisches Produkt erwarte und deshalb auch nicht getäuscht sei, wenn er beim Kauf österreichischer Parallelware Schweppes mit leicht unterschiedlichem Geschmack erhalte.

Vordergründig sind diese beiden Entscheide durchaus kongruent: In beiden Fällen wird in erster Linie auf die Täuschungsfrage abgestellt und dabei untersucht, ob der schweizerische Abnehmer aufgrund der gesamten Umstände effektiv das Produkt des schweizerischen Markeninhabers erwarte, oder ob er im fraglichen Zeichen lediglich einen Hinweis auf den gesamten Konzern sehe und deshalb durch den Erwerb ausländischer Parallelware auch nicht getäuscht werden könne. Näher analysiert begin-

---

[36] Entscheid des Präsidenten des Handelsgerichts St. Gallen vom 12. Dezember 1984, in: SMI *1985,* Heft 2, 214.

nen sich die Urteilsbegründungen im Detail allerdings massiv zu widersprechen: Namentlich ist nicht einzusehen, wieso bei fehlender Täuschungsgefahr der Parallelimport dann plötzlich doch nicht verhindert werden kann, obschon das Bundesgericht im OMO-Entscheid mittels eines obiter dictums ja ausdrücklich feststellte, dass eine Benützung des Markenrechts zur Aufrechterhaltung von Vertriebsstrukturen nicht systemwidrig sei und Art. 11 MSchG die länderweise Aufteilung des Markenrechts gestatte. Wenn diese Auffassung des Bundesgerichts nämlich zutreffen sollte, spielt die Frage der Täuschungsgefahr letztlich überhaupt keine Rolle: gegebenenfalls ist jeder Vertrieb über die Landesgrenze ohnehin als selbständiges Inverkehrbringen zu würdigen, welches Abwehransprüche begründet.

Bereits diese erste Prüfung zeigt, dass das Kriterium einer Täuschungsgefahr kaum der geeignete Ansatzpunkt ist, um die Frage nach der markenrechtlichen Zulässigkeit von Parallelimporten grundsätzlich zu lösen. Im Fall des OMO-Importes wäre es ja zum Beispiel auch ein leichtes gewesen, die Waschmittelpackungen mit einem Kleber zu versehen, welcher die deutsche Herkunft unmissverständlich klargestellt und damit eine Täuschungsgefahr ausgeschlossen hätte. Gegebenenfalls wäre zu entscheiden gewesen, ob nun lediglich Täuschungen verhindert werden sollen, oder ob der Markeninhaber tatsächlich über die Möglichkeit verfügt, unerwünschte Importe gleichgekennzeichneter Konzernware zu verhindern.

Diese Grundsatzfrage wiederum würde eine eindeutige Stellungnahme zum Problem erfordern, ob ein Inverkehrbringen im Ausland als zeichenrechtlicher Erschöpfungstatbestand zu qualifizieren ist. «*Erschöpfung*» geht als zeichenrechtlicher Begriff auf einen Entscheid des Deutschen Reichsgerichtes aus dem Jahr 1902 zurück[37]. Damals war zu entscheiden, inwieweit mit Hilfe der Marke Preisbindungen durchgesetzt und generell auf den Weitervertrieb der Ware Einfluss genommen werden kann. Der involvierte Markenartikelfabrikant begründete dabei seine Versu-

---

[37] Reichsgerichtsentscheid vom 28. Februar 1902 (RGZ 50, 229).

che der Vertriebssteuerung mit dem Argument, dass nach dem Wortlaut des Gesetzes jedes Inverkehrbringen und somit auch jeglicher Weitervertrieb durch das Markenrecht erfasst und dementsprechend vom Zeicheninhaber auch verboten werden könne. Zur Widerlegung dieser sehr extensiven Interpretation des Zeichenrechtes entwickelte das Reichsgericht den Grundsatz der Erschöpfung: Ein Warenzeichen diene ausschliesslich zur Unterscheidung der Waren des Zeicheninhabers von den Produkten Dritter. Dementsprechend sei die Wirkung der Marke erschöpft, sobald die rechtmässig gekennzeichnete Ware in Verkehr gesetzt sei. Weitergehende Rechte gewähre die Marke nicht, namentlich beinhalte sie weder ein Verkaufsmonopol noch irgendeinen weiteren Einfluss auf die Vertriebsgestaltung.

Dieser vom Reichsgericht entwickelte Grundsatz der Erschöpfung des Zeichenrechts, der wenig später auf das gesamte Gebiet des Immaterialgüterrechts übertragen wurde[38], ist grundsätzlich auch für die schweizerische Praxis massgeblich. So besteht kein Zweifel, dass die Marke auch in der Schweiz landesintern nicht dazu verwendet werden kann, auf den Vertriebsweg des Produktes Einfluss zu nehmen und mit diesem Mittel zum Beispiel Mindestverkaufspreise durchzusetzen[39]. Offen ist hingegen die Frage, ob auch das Inverkehrbringen im Ausland, soweit es sich um Konzernware handelt, das Zeichenrecht erschöpft: Während der Präsident des St. Galler Handelsgerichtes dies im Schweppes-Entscheid, wenn auch unausgesprochenerweise, bejaht, wird dies von TROLLER[40] unter Berufung auf den OMO-Entscheid des Bundesgerichtes verneint.

Hinter dem ganzen Problem der Parallelimporte steht somit letztlich unsere Frage, inwieweit ein ausländischer Sachverhalt, hier nämlich das Inverkehrbringen von Konzernware, bei der Anwendung des nationalen Markenrechts mitberücksichtigt werden soll: Lehnt man dies ab, so kann das Inverkehrbringen im

---

[38] Reichsgerichtsentscheid vom 26. März 1902 (RGZ 51, 139).
[39] So ausdrücklich BGE 86 II 270.
[40] TROLLER, Immaterialgüterrecht, Bd. II, 660.

Ausland selbstverständlich auch keine Erschöpfung des nationalen Zeichens beinhalten und die Verhinderung von Parallelimporten wäre dementsprechend zulässig. Bejaht man hingegen die Relevanz ausländischer Tatumstände, so kommt man kaum darum herum, dass bei wirtschaftlicher Betrachtungsweise das ausländische Inverkehrbringen dem gleichen Konzern zugerechnet und dementsprechend von einer Erschöpfung des Zeichenrechtes ausgegangen werden muss. Diesem Entscheid weicht die Rechtsprechung aus, indem sie, wie dargelegt, einzig auf die Täuschungsfrage abstellt.

5. KRITIK UND SCHLUSSFOLGERUNGEN

Analysiert man die bisherigen Ergebnisse, so finden sich im Zusammenhang unserer Frage nach der Berücksichtigung ausländischer Tatumstände drei Lösungsmuster:
– Die ausländischen Tatumstände gelten als *unmassgeblich* und es wird ausschliesslich auf die Situation in der Schweiz als Schutzland abgestellt.
– Die ausländischen Tatumstände gelten als *allein massgeblich* und die Situation in der Schweiz als Schutzland bleibt unberücksichtigt.
– Die ausländischen Tatumstände gelten als *Indiz* für die Situation in der Schweiz.

Die an sich naheliegendste Sicht, nämlich eine *Gesamtwürdigung von in- und ausländischer Sachlage,* findet sich hingegen höchstens in Ansätzen vertreten. Dies obschon sich letztere Vorgehensweise aufgrund der Bestimmungen der PVÜ, dergemäss eben alle Tatumstände mitzuberücksichtigen sind, eigentlich aufdrängt. Der bundesgerichtliche Lösungskanon ist deshalb als unvollständig zu qualifizieren und in diesem Sinne zu ergänzen, bevor wir weitere Schlussfolgerungen ziehen.

Aufgrund der Rechtsprechung bleibt es auch undurchsichtig,

wann welcher Lösungsansatz zur Anwendung kommt bzw. wann den ausländischen Tatumständen welche Relevanz beigemessen werden darf. Unsere Analyse zeigt vielmehr, dass die Praxis, zurückhaltend formuliert, schwankend ist. Selbst praktisch identische Konstellationen – erinnert sei an die Markierung im Inland bei anschliessendem Export – werden nicht immer gleich beurteilt, und es entsteht der Verdacht, dass sich die Gerichte insoweit weniger durch allgemeine Überlegungen als durch die Gegebenheiten des konkret zu beurteilenden Einzelfalles leiten lassen. Damit bekommen Zufälligkeiten ausschlaggebende Bedeutung, wobei es auf der Hand liegt, dass damit eine erhebliche Rechtsunsicherheit entsteht; in Markenfragen mit Auslandbezug ist das Ergebnis eines Prozesses denn oft auch kaum abschätzbar.

Suchen wir Klarheit zu finden, müssen wir uns vorerst erneut vergegenwärtigen, dass das *Territorialitätsprinzip* zur Frage nach dem Stellenwert ausländischer Tatumstände *nichts* aussagt. Einer Mitberücksichtigung ausländischer Sachverhaltselemente bei der Beurteilung des schweizerischen Schutzrechtes steht es nicht entgegen. Aber auch sonst fehlt jegliche Grundlage, die eine solche *Beschneidung* der Urteilsgrundlage rechtfertigen könnte. Als allgemeine Regel ist deshalb der Grundsatz zu statuieren, dass ausländische Tatumstände bei der rechtlichen Beurteilung voll mitzuberücksichtigen sind. Und zwar nicht nur als Indiz für die Situation im Schutzland, sondern als selbständiger Faktor der massgeblichen Gesamtsituation; nur diese Sicht vermag der Tatsache Rechnung zu tragen, dass der markenrechtlich massgebliche Wirtschaftsraum heute vielfach nicht mehr den Landesgrenzen entspricht.

Allerdings ist klar, dass mit dieser These keine *pauschale Lösung* gemeint sein kann. Es ist vielmehr ohne weiteres anzuerkennen, dass unter bestimmten Voraussetzungen ausschliesslich auf die Verhältnisse im Schutzland abzustellen ist, während umgekehrt in andern Fällen die Situation im Schutzland vernachlässigt werden darf. Insoweit handelt es sich indessen um Ausnahmen, die sachlich begründet sein müssen.

Die Grundlage, um von der allgemeinen Regel abzuweichen, ergibt sich dabei zum Teil unmittelbar aus dem Gesetz: Soweit das Markenrecht zum Beispiel einen ausländischen Geschäftsbetrieb zur Begründung der Hinterlegungsbefugnis als ausreichend anerkennt, ist klar, dass das Fehlen eines solchen Geschäftsbetriebes in der Schweiz eben unbeachtlich ist. Umgekehrt verlangt das zum Schutz des Konsumenten aufgestellte Täuschungsverbot, dass auf das Verständnis der schweizerischen Abnehmer und damit auf die Situation im Schutzland abgestellt wird. In andern Fällen rechtfertigt sich ein solches Abweichen auch aufgrund der Interessenlage: So ist es sicher sachgerecht, voll auf die ausländische Situation abzustellen, wenn, wie im Fall «Haacht», die Registrierung in der Schweiz weder die zukünftigen Kennzeichnungsmöglichkeiten des in- und ausländischen Wirtschaftsverkehrs beeinträchtigt, noch eine Täuschungsgefahr schafft.

In der grossen Mehrzahl der markenrechtlichen Entscheide sind in- und ausländische Tatumstände jedoch einer *Gesamtwürdigung* zu unterziehen. Je intensiver die sachverhaltsbezogenen Verflechtungen zwischen Schutzland und Drittstaat dabei sind, desto mehr wird die Situation im Ausland zu gewichten sein: So kann zum Beispiel bei der Beurteilung international genutzter Marken kaum noch vernachlässigt werden, dass die Benutzungslage im Ausland die Situation in der Schweiz unter Umständen massgeblich mitbestimmt. Erinnert sei lediglich an die heutige Intensität grenzüberschreitender Werbung, aber auch an den Tourismus und die damit verbundene Kenntnis ausländischer Produkte bzw. ihrer Marken. Oder es ist im Zusammenhang der Gebrauchserfordernis nicht einzusehen, wieso die im Export verwendete Marke eines schweizerischen Produzenten wegen fehlendem Gebrauch nichtig sein soll, solange zwischen schweizerischer Produktion und Vertrieb im Ausland ein derart offensichtlicher Sachzusammenhang besteht. Einzig eine in diesem Sinne gesamthafte Würdigung des in- und ausländischen Sachverhaltes vermag der heutigen wirtschaftlichen Realität gerecht zu werden.

PAUL RICHLI

ZUR INTERNATIONALEN VERFLECHTUNG DER SCHWEIZERISCHEN WÄHRUNGSORDNUNG

I. DER TRÜGERISCHE SCHEIN DER NATIONALEN WÄHRUNGSAUTONOMIE

«Die schweizerische Währungseinheit ist der Franken. Er ist in 100 Rappen eingeteilt.»

«Die Goldparität des Frankens wird vom Bundesrat nach Rücksprache mit dem Direktorium der Nationalbank festgesetzt.»

«Der Franken entspricht 47/216 (0,21759...) Gramm Feingold. Ein Kilogramm Feingold entspricht daher 459535/47 Franken.»

«...In diesem Falle bleibt die Nationalbank verpflichtet, den Wert des Frankens auf der gesetzlich vorgeschriebenen Parität zu halten; beim An- und Verkauf von Gold hat sie die vom Bundesrat festzusetzenden Preisgrenzen einzuhalten.»

«Beim An- und Verkauf von Gold darf die Schweizerische Nationalbank nur Preise zur Anwendung bringen, die für Lieferungen mit Erfüllungsort Bern um höchstens 1½ Prozent nach unten und nach oben vom Preis abweichen, der dem gesetzlichen Münzfuss entspricht.»

Das sind die Schlüsselbestimmungen[1] der zurzeit geltenden schweizerischen Währungsordnung[2]. 110 Wörter und Zahlen,

[1] Vgl. auch LEO SCHÜRMANN, Nationalbankgesetz und Ausführungserlasse, Bern 1980, N. 2 zu Art. 22 NBG.

[2] Von der Währungsordnung zu unterscheiden sind die Geld- und Währungspolitik und deren Instrumente. Dabei steht das sog. Nationalbankinstrumentarium im Zentrum. Dieses wird hier nicht näher behandelt. Bemerkt sei lediglich, dass es die Auslandabhängigkeit der schweizerischen Politik zum Teil erkennen lässt. Das gilt vor allem für die Massnahmen gegen Gelder aus dem Ausland (siehe zum Nationalbankinstrumentarium und dessen Einsatz allge-

verstreut in vier Rechtserlassen³. Wer sie liest, gewinnt den Eindruck, die Schweiz sei in der Bestimmung ihrer Währungsordnung vollständig autonom, unabhängig. Kein Wort davon, dass eine internationale Verflechtung oder gar Abhängigkeit bestünde. Sein oder Schein? Schein! Bevor wir dies belegen, seien noch die Elemente erwähnt, welche die Währungsordnung erst eigentlich greifbar machen.

II MÜNZEN UND BANKNOTEN ALS MATERIELLER AUSDRUCK DES AUTONOMIESCHEINS

Für die Rechtssubjekte nimmt die Währungsordnung vor allem durch die Münzen und Banknoten Gestalt an.

Herstellung und Ausgabe der Münzen sind Sache des Bundes. Art. 38 der Bundesverfassung verleiht ihm dafür das Monopol. Das diese Bestimmung ausführende Bundesgesetz über das Münzwesen sieht in Art. 4 vor, dass der Bund eine eidgenössische Münzstätte unterhält, welche nach den Verkehrsbedürfnissen Münzen zu prägen hat. Das Setzen der erforderlichen Normen wird in Art. 5 und 7 an den Bundesrat delegiert, welcher diese Aufgabe mit dem Erlass der Münzverordnung vom 1. April 1971 erfüllt hat⁴.

Auch die Herstellung und Ausgabe von Banknoten sind Sache des Bundes. So zu lesen in Art. 39 Abs. 1 der Bundesverfassung.

mein *75 Jahre Schweizerische Nationalbank,* Jubiläumsschrift hrsg. von der Schweizerischen Nationalbank, Zürich 1981, 163 ff.; PAUL RICHLI, Zur Leitung der Wirtschaftspolitik durch Verfassungsgrundsätze, Bern 1983, 157 ff.; LEO SCHÜRMANN, Wirtschaftsverwaltungsrecht, 2. Aufl. Bern 1983, 310 ff.).

³ Es handelt sich in der Reihenfolge der Zitate um die folgenden Rechtsgrundlagen: Art. 1 und 2 Abs. 1 des BG vom 18. Dezember 1970 über das Münzwesen (SR 941.10), Art. 1 des BRB vom 9. Mai 1971 über die Festsetzung der Goldparität des Frankens (SR 941.102), Art. 22 Satz 2 des Nationalbankgesetzes vom 23. Dezember 1953 (NBG; SR 951.11) und um Art. 3 des BRB vom 29. Juni 1954 betreffend den gesetzlichen Kurs der Banknoten und die Aufhebung ihrer Einlösung in Gold.

⁴ SR 941.101.

Der Bund muss diese Befugnis nicht durch die Zentralverwaltung ausüben, sondern kann von Verfassungs wegen entweder eine unter gesonderter Verwaltung stehende Staatsbank oder eine unter seiner Mitwirkung und Aufsicht stehende Aktienbank mit der Erfüllung dieser Aufgabe betrauen (Art. 39 Abs. 2 BV). Die mit dem Notenmonopol ausgestattete Bank hat die Hauptaufgabe, den Geldumlauf des Landes zu regeln, den Zahlungsverkehr zu erleichtern und im Rahmen der Bundesgesetzgebung eine dem Gesamtinteresse des Landes dienende Kredit- und Währungspolitik zu führen (Art. 39 Abs. 3 BV). Bekanntlich hat der Bund die zweite verfassungsrechtliche Möglichkeit gewählt und mit dem Nationalbankgesetz eine Aktienbank gegründet, die Schweizerische Nationalbank, der nun laut Art. 1 des Nationalbankgesetzes das ausschliessliche Recht zur Ausgabe von Banknoten zusteht. Dieses Gesetz verpflichtet die Notenbank in Art. 22 grundsätzlich dazu, ihre Noten zum Nennwert nach ihrer Wahl in schweizerischen Goldmünzen oder in Goldbarren zum gesetzlichen Münzfuss einzulösen. Der Bundesrat kann diese Pflicht in Kriegszeiten und in Zeiten gestörter Währungsverhältnisse sistieren und den Banknoten gesetzlichen Kurs verleihen. Das hat er denn auch getan, nämlich mit dem Bundesratsbeschluss vom 29. Juni 1954 betreffend den gesetzlichen Kurs der Banknoten und die Aufhebung ihrer Einlösung in Gold[5].

III. DIE TATSÄCHLICHE WÄHRUNGSORDNUNG

1. Bruch zwischen Währungsrecht und Währungswirklichkeit

Es bleibt dabei: Die schweizerische Währungseinheit ist der Franken. Insofern verbreitet das Münzgesetz nicht nur Schein, sondern hat es normative Kraft. Das ist offenkundig. Jedermann in unserem Land geht täglich mit Münzen und Banknoten um,

[5] SR 951.171.

welche Frankenangaben enthalten. Doch ist der Wert des Frankens weit entfernt von der im Bundesratsbeschluss über die Festsetzung der Goldparität des Frankens verankerten Parität. Die Nationalbank kommt ihrer Pflicht nach Art. 22 des Nationalbankgesetzes nicht mehr nach, den Wert des Frankens auf der gesetzlich vorgeschriebenen Parität zu halten. Hat sie diese Bestimmung vergessen? Keineswegs. Sie vermag diese Pflicht ganz einfach nicht mehr zu erfüllen. Welches ist der Grund?

2. Wie es zum Bruch zwischen Währungsrecht und Währungswirklichkeit kam

Die schweizerische Währungsordnung ist nach den geltenden Rechtsgrundlagen an das Gold gebunden. Wir haben eine Goldkernwährung [6]. Das ging so lange gut, als die Schweiz mit dieser Anknüpfung nicht einen Sonderzug, sondern den allgemeinen Zug fuhr. Es ist hier nicht der Ort, die Währungsgeschichte ausführlich nachzuzeichnen [7]. Vielmehr soll es genügen, beim Währungssystem von Bretton Woods einzusetzen.

Unter der Führung der Vereinigten Staaten wurde im Jahre 1944 im amerikanischen Bretton Woods eine Weltwährungskonferenz durchgeführt, deren Ziel die Neuordnung der internationalen Finanz- und Währungsbeziehungen und die Errichtung eines funktionsfähigen Weltwährungssystems war [8]. Diese Konferenz führte zur Schaffung des Internationalen Währungs-

---

[6] Das bedeutet, dass das Gold nicht – wie bei einer Goldumlaufwährung – in Form von Münzen im Umlauf ist, sondern zentral als Deckung für den Münz- und Banknotenumlauf gehalten wird (vgl. dazu Botschaft des Bundesrates zum Entwurf eines BG über das Münzwesen, BBl *1970* II 110 ff.; *75 Jahre Schweizerische Nationalbank* [Fn. 2], 122 f.).

[7] Für einen geschichtlichen Überblick siehe etwa BEAT SCHMID, Die Unabhängigkeit der Schweizerischen Nationalbank und ihre rechtliche Sicherung, Bern 1979, 13 ff.

[8] Vgl. JÜRGEN RETTBERG, Weltwährungsfonds mit Weltbankgruppe und UNCTAD als Bezugspunkte der internationalen Handels- und Entwicklungspolitik, Köln/Berlin/Bonn/München 1983, 27 ff.

fonds⁹, dessen Aufgabe unter anderem darin bestehen sollte, die Wechselkurse zu stabilisieren, unter den Mitgliedstaaten feste Wechselkurse zu unterhalten und konkurrierende Abwertungen zu vermeiden[10]. Das Stabilitätsziel sollte durch die Bindung der nationalen Währungen an das Gold erreicht werden. Alle Mitgliedländer waren verpflichtet, mit dem Fonds einen direkt oder indirekt über den amerikanischen Dollar im Goldgewicht und in der Feinheit vom 1. Juli 1944 ausgedrückten Goldwert ihrer Währungen zu vereinbaren[11]. Flexible Wechselkurse waren ausgeschlossen[12]. Die Bedeutung der Schaffung des Internationalen Währungsfonds kann aus rechtlicher Sicht nicht genug hervorgehoben werden, handelte es sich doch um die erste Regelung einer Weltwährungsordnung[13]. Und auch heute noch sind die Fonds-Statuten die wichtigste Rechtsquelle für das internationale Währungsrecht[14].

Während mehr als 20 Jahren funktionierte dieses Währungssystem zufriedenstellend. Doch verhinderte die individuelle Bindung der Währungen an das Gold nicht, dass der amerikanische Dollar die Reservewährung par excellence wurde und das in den Fonds-Statuten als Hauptreserve-Mittel vorgesehene Gold mehr und mehr verdrängte[15]. Verschiedene Faktoren wie riesige Zahlungsbilanzdefizite der Vereinigten Staaten und Inflation in diesem Land brachten das System von Bretton Woods ins Wanken. Der Dollar büsste sein Vertrauen zusehends ein. Am

[9] Vgl. RETTBERG (Fn. 8), 41 ff.
[10] Vgl. GEORGES P. NICOLETOPOULOS, Le Fonds Monétaire International et le droit international économique, in: Les Nations Unies et le droit international économique, Paris 1986, 301; LEMOINE/MOULY, Quelques réflexions sur la réglementation internationale de l'ordre monétaire, in: Les Nations Unies et le droit international économique, Paris 1986, 241 f.
[11] Vgl. RETTBERG (Fn. 8), 91 f.
[12] Vgl. LEMOINE/MOULY (Fn. 10), 241.
[13] Vgl. LEMOINE/MOULY (Fn. 10), 238 f.; NICOLETOPOULOS (Fn. 10), 298.
[14] Vgl. JOSEPH GOLD, Developments in the International Monetary System, the International Monetary Fund and International Law since 1971, Recueil des Cours, Den Haag/Boston/London 1982, I 329.
[15] Vgl. LEMOINE/MOULY (Fn. 10), 242 f.

15. August 1971 hob Präsident Nixon die Konvertibilität der amerikanischen Währung gegen Gold auf[16]. Aufgrund dieser Entscheidung konnten die Vereinigten Staaten ihre Pflicht gegenüber dem Internationalen Währungsfonds, die Wechselkurse durch Interventionen zu stabilisieren, nicht mehr erfüllen. Damit entfiel auch für die übrigen Fonds-Mitglieder die Interventionspflicht; sie konnten frei wählen, ob sie den Dollarstandard akzeptieren oder aber ihre Währungen gegenüber dem amerikanischen Dollar floaten lassen wollten[17]. Das bedeutete nichts anderes als den Zusammenbruch des Weltwährungssystems von Bretton Woods[18].

In der Schweiz wirkte sich dieser Zusammenbruch nicht sofort auf das Währungssystem aus. Hier war im Jahre 1971 von offizieller Seite noch keine Rede vom dauerhaften Übergang zu flexiblen Wechselkursen. Immerhin sah sich die Nationalbank bereits 1971 zu zwei kurzen Freigaben genötigt[19]. Die dauernde Freigabe wäre damals noch mehr als aufsehenerregend gewesen, war doch am 1. April 1971 eben erst das neue Münzgesetz in Kraft getreten, dessen Hauptneuerungen darin bestanden, den Bundesrat zur Änderung der Währungsparität zu ermächtigen und die Fiktion der Goldumlaufwährung zu beseitigen[20]. Im Vorfeld dieser Neuregelung versprach die Landesregierung folgendes[21]:

«Der Bundesrat und die Nationalbank sind nach wie vor entschlossen, den Grundsatz der Stabilität der Goldparität des Frankens und damit auch weitgehend stabiler Wechselkurse hochzuhalten. Diese Entschlossenheit haben sie in der Vergangenheit hinreichend unter Beweis gestellt. Dennoch lässt sich die Möglichkeit einer Paritätsänderung nicht für alle Zukunft von der Hand weisen. Auf das internationale Währungsgeschehen können wir keinen nennens-

---

[16] Vgl. LEMOINE/MOULY (Fn. 10), 244 f.; RETTBERG (Fn. 8), 163 ff.
[17] Vgl. RETTBERG (Fn. 8), 169.
[18] Vgl. RETTBERG (Fn. 8), 164.
[19] Siehe SCHÜRMANN (Fn. 1), N. 12 zu Art. 22 NBG.
[20] Vgl. Botschaft des Bundesrates zum Entwurf eines BG über das Münzwesen, BBl *1970* II 107 f. und 111 f.
[21] Siehe Botschaft (Fn. 20), 107.

werten Einfluss ausüben. Auch die Schweiz muss sich deshalb gegen Überraschungen wappnen.»

Schon bevor der amerikanische Präsident die Konvertibilität des Dollars gegen Gold aufhob, war der Bundesrat zufolge der sich zuspitzenden währungspolitischen Lage gezwungen, den Franken aufzuwerten, um der Spekulation auf unsere Währung zu begegnen. Sein Beschluss datiert vom 10. Mai 1971 und lautete auf – im Rückblick zaghafte [22] – rund 7 Prozent [23]. Unter dem Titel «Alternative Massnahmen» kam der Bundesrat auch auf flexible Wechselkurse zu sprechen, wies diese Möglichkeit aber weit von sich [24]. Ablehnende Worte vernahm man aus dem bundesrätlichen Munde erneut am 4. Dezember 1972 [25]. Keine zwei Monate später war es dann aber auch in der Schweiz so weit: Die Nationalbank stellte am 23. Januar 1973 im Einvernehmen mit dem Bundesrat ihre Devisenmarkt-Interventionen zur Verteidigung der Parität ein und gab den Wechselkurs damit frei [26]. Auch damals hoffte man noch, die Massnahme sei vorübergehend. Doch erwies sich diese Hoffnung in der Folge als eitel [27]. Nach dem Übergang zu frei schwankenden Wechselkursen erlebte der Schweizer Franken gegenüber dem Dollar und anderen wichtigen Währungen eine Aufwertung von jährlich gegen 20 und mehr Prozent [28], bevor er sich wieder abschwächte; das waren Grössenordnungen, die früher für bundesrätlich verordnete Paritätsanpassungen unvorstellbar gewesen wären [29].

---

[22] Vgl. etwa OSCAR KNAPP, Die schweizerische Wechselkurspolitik in der Zeit von 1968–1975. Analysen und Ausblick, Diss. St. Gallen, Samedan 1977, 161.

[23] Vgl. Bericht des Bundesrates über die Änderung der Goldparität des Frankens, BBl *1971* I 1273.

[24] Bericht (Fn. 23), 1279.

[25] Siehe Botschaft über zusätzliche Massnahmen zur Dämpfung der Überkonjunktur, BBl *1972* II 1555.

[26] Siehe Geschäftsbericht der Nationalbank 1973, 38 f.

[27] Siehe *75 Jahre Schweizerische Nationalbank* (Fn. 2), 223 f.

[28] Siehe KNAPP (Fn. 22), 153.

[29] Vgl. LEO SCHÜRMANN, Notenbankpolitik als Disziplin, WuR *1981* 112.

Aufwertung im Mai 1971 und Freigabe der Wechselkurse im Januar 1973 waren freilich nicht die einzigen Massnahmen zur Verteidigung des Schweizer Frankens. Der Bund füllte seinen Köcher ab 1971 mit einer ganzen Reihe von währungspolitischen Pfeilen, die hier nur erwähnt werden können und die ihre Grundlage zunächst im (später mehrmals verlängerten) Bundesbeschluss vom 8. Oktober 1971 zum Schutze der Währung hatten [30, 31]:

- Verbot der Anlage ausländischer Gelder in inländischen Grundstücken.
- Verbot der Anlage ausländischer Gelder in inländischen Wertpapieren.
- Negativzins auf ausländischen Geldern.
- Bewilligungspflicht für die Aufnahme von Geldern im Ausland.
- Pflicht der Banken, Fremdwährungspositionen auszugleichen.
- Pflicht der Banken, bei der Nationalbank Mindestguthaben auf ausländischen Geldern zu halten.

Seit dem denkwürdigen 23. Januar 1973 lebt die Schweiz mit flexiblen Wechselkursen, was nicht heisst, die Nationalbank hätte seither nie mehr am Devisenmarkt interveniert. In der Tat führte sie immer wieder Käufe und Verkäufe von Devisen durch, um den Wechselkurs zu beeinflussen. Hierauf wird zurückzukommen sein.

3. Was der Bruch bewirkte

Unter der Herrschaft fixer Wechselkurse war eine autonome schweizerische Währungspolitik sogut wie ausgeschlossen. Das scheint ganz und gar unbestritten [32]. Eine kleine, offene Volks-

---

[30] Siehe Bericht des Bundesrates über Massnahmen zum Schutze der Währung, BBl 1973 I 1380 ff.

[31] Heute finden sich entsprechende Rechtsgrundlagen in Art. 16 i NBG und sind Teil des im Jahre 1978 erweiterten Notenbankinstrumentariums (siehe dazu vorn Fn. 1).

[32] Vgl. etwa Botschaft des Bundesrates über die Revision des Nationalbankgesetzes, BBl 1978 I 781 f.; PETER RICHARD BUOMBERGER, Theorie und Strategie

wirtschaft[33] wie die schweizerische hatte inflationäre oder deflationäre Entwicklungen im Ausland über den Transmissionsriemen der Währung mitzuerdulden. In den letzten Jahrzehnten stand zwar der Inflationsimport ganz im Vordergrund. Doch zeigte sich in der Weltwirtschaftskrise der dreissiger Jahre, dass der Mechanismus bei der Deflation ebenso spielt[34]. Der Transmissionsriemen wird mit dem Übergang vom Fixkurs- zum System floatender Währungen grundsätzlich durchschnitten. Die Einzelstaaten erhalten wirtschaftspolitischen Spielraum und können entscheiden, ob sie sich der Wechselkurs- oder der Preisstabilität verschreiben wollen[35].

Je nach internationaler Währungsordnung sind die Einzelstaaten mithin unabhängig oder abhängig, und zwar von der Wirtschaftspolitik der «économie dominante»[36]. In der Wirtschaftslehre werden als idealtypische Modelle zwei Independenzsysteme, nämlich die flexiblen Wechselkurse und die nationalen Devisenkontrollen, sowie zwei Dependenzsysteme, nämlich der klassische Goldstandard und die international verwaltete Währung, genannt[37]. Was die «économie dominante» betrifft, so

---

der Geldpolitik in einer kleinen, offenen Volkswirtschaft, Diss. Basel, Zürich 1979, 53 ff.; BEAT GERBER, Stabilitäts- und Wechselkurspolitik, Diss. Bern 1976, 235 ff.

[33] Zu diesem Begriff siehe namentlich BUOMBERGER (Fn. 32), 7 ff.

[34] Siehe etwa GERBER (Fn. 32), 270.

[35] Vgl. etwa JÜRG NIEHANS, Umrisse einer geldpolitischen Strategie – national und international, Aulavorträge Heft 24, St. Gallen 1984, 10 ff.; FRITZ LEUTWYLER, Fünf Jahrzehnte Währung und Wirtschaft. Kontroversen und Konstanten, in: Währung und Wirtschaft, Schriftenreihe Nr. 1 der Schweiz. Vereinigung für Währungsfragen, Bern/Zürich 1982, 7 ff.; HANS MEYER, Währungspolitik im Kleinstaat, Quartalsheft 1986/1 der Schweizerischen Nationalbank, 53 ff.; Botschaft des Bundesrates über die Revision des Nationalbankgesetzes, BBl *1978* I 782 f.

[36] Zu diesem Phänomen siehe GERBER (Fn. 32), 233 f.

[37] Siehe ANTONIN WAGNER, Die verwaltete Währung, Bern/Stuttgart 1977, 43 ff., der betont, es gebe in keinem realen System eine vollständige Dependenz oder Independenz.

führt sie seit Jahrzehnten den Namen Vereinigte Staaten von Amerika [38].

Independenz oder Autonomie darf nun freilich nicht dahin verstanden werden, ein Staat sei in der Wirklichkeit vom internationalen Wirtschafts- und Währungsgeschehen völlig abgeschottet [39]. Namentlich Rezessionen in der «économie dominante» schlagen regelmässig auf das Ausland durch [40]. Auch kann sich diese Wirtschaft eine fragwürdige Wirtschaftspolitik viel eher als kleine Staaten leisten; die Kosten haben nämlich teilweise die anderen zu tragen [41]. Die Unabhängigkeit ist demnach keine vollständige, sondern nur (aber immerhin) eine teilweise [42]. Selbst zur Abwehr des Inflationsimports sind flexible Wechselkurse nicht stets ausreichend [43]. Die Erfahrungen mit flexiblen Wechselkursen seit anfangs der siebziger Jahre sind hinsichtlich einer grösseren Unabhängigkeit der Schweiz vom Ausland grundsätzlich aber positiv [44].

Zwar ist heute die Sehnsucht nach festen Wechselkursen keine verbreitete Erscheinung, jedenfalls solange nicht, als die Wirtschaftspolitiken nicht harmonisiert sind [45]. Doch besteht nach wie vor weltweit das Bedürfnis, zu stabileren Verhältnissen zurückzukehren [46]. Das Stichwort heisst internationale Währungskooperation. Die Schweiz ist daran in hohem Masse interessiert [47], nicht zuletzt weil unsere Währung in einem System fle-

---

[38] Siehe etwa LEMOINE/MOULY (Fn. 10), 243 ff.
[39] Vgl. WAGNER (Fn. 37), 51 ff.
[40] Vgl. GERBER (Fn. 32), 261 ff.
[41] Siehe LEMOINE/MOULY (Fn. 10), 248 f.
[42] Vgl. BUOMBERGER (Fn. 32), 160 f.
[43] Vgl. GERBER (Fn. 32), 258 ff.
[44] Vgl. MEYER (Fn. 35), 14 ff.
[45] Vgl. MEYER (Fn. 35), 9 f.
[46] Vgl. GOLD (Fn. 14), 216 ff.; WAGNER (Fn. 37), 62.
[47] Vgl. PIERRE LANGUETIN, Referat an der Generalversammlung der Schweizerischen Nationalbank vom 24. April 1987, Quartalsheft 1987/2 der Schweizerischen Nationalbank, 140 f.; *ders.,* Recent International Monetary Developments and the Swiss Economy, in: Internationales Bankensymposium, Bern/Stuttgart 1986, 125.

xibler Wechselkurse zu besonders heftigen Ausschlägen neigt. Ursache dafür ist vor allem die Bedeutung des Schweizer Frankens für die internationalen Finanzmärkte, die in einem Missverhältnis zur wirtschaftlichen Stärke der Schweiz steht[48]. Im übrigen tendieren die Wechselkursschwankungen ganz allgemein zum Überschiessen, weil die Akteure auf den internationalen Finanzmärkten auf veränderte Erwartungen und Zinsen stark reagieren[49].

IV. AUF DEM WEG ZUR BESEITIGUNG DES FALSCHEN SCHEINS?

1. Kein Interesse an der Beseitigung des Bruchs zwischen gesetztem und gelebtem Währungsrecht?

Als die Nationalbank im Januar 1973 den Wechselkurs freigab, war das kein Entscheid, der grosses Aufsehen erregt hätte. Er war vielmehr unausweichlich. Es gab denn auch im ganzen Land kaum jemanden, der dagegen die Stimme erhoben hätte. Schon gar nicht ist ein Vertreter der Rechtswissenschaft auszumachen, der den Mahnfinger gegen den Sprung in die Illegalität erhoben hätte. Und doch: Die Einstellung der Devisenmarktoperationen zur Stützung der Parität verstiess und verstösst noch heute gegen Art. 22 des Nationalbankgesetzes, wonach die Nationalbank verpflichtet ist, den Kurs des Schweizer Frankens mangels Konvertibilität der Währung gegen Gold auf der gesetzlich festgesetzten Goldparität zu halten. Zwar ist aus jener Zeit ein Autor zu verzeichnen, der sich zur Frage äusserte, ob der Bundesrat aufgrund des Münzgesetzes zu frei schwankenden Wechselkursen überge-

---

[48] Vgl. MARKUS LUSSER, Notwendigkeit und Ablauf der internationalen währungspolitischen Kooperation, Schweizerische Nationalbank 1987, 5 ff.; MEYER (Fn. 35), 10 ff.
[49] Siehe dazu besonders ERWIN W. HERI, Geldpolitik bei flexiblen Wechselkursen – Chancen und Risiken, WuR *1984* 73 ff.

hen könnte; er meinte, flexible Wechselkurse liessen sich mit dem Münzgesetz vereinbaren, sofern und solange der Bundesrat die Goldparität nicht aufhebe[50]. Wenn der Bundesrat die Parität ändern könne, so schliesse das die Möglichkeit ein, das kontinuierlich zu tun, eben die Währung floaten zu lassen. Die Ableitung ist bestechend. Allein, zu Art. 22 des Nationalbankgesetzes steht sie im Widerspruch[51].

Wenn auch kein Aufschrei des juristischen Gewissens zu verzeichnen war, so hat die Diskrepanz zwischen gesetzter und gelebter Währungsordnung in der Folge doch Kopfzerbrechen verursacht. Anlass war Art. 19 Abs. 4 des Nationalbankgesetzes, der bestimmt, die Nationalbank müsse den Notenumlauf zu wenigstens 40 Prozent mit Gold decken. Dieser Goldbestand, nach geltendem Recht bewertet zum weit unter dem Marktwert liegenden Paritätskurs, drohte Ende der siebziger Jahre zur Notendeckung bald einmal nicht mehr auszureichen. Es stellte sich daher die Frage, wie eine solche Entwicklung abgewendet werden könnte[52]. Erörtert wurden die Festsetzung einer neuen Goldparität, die Befreiung der Nationalbank von der Goldparität bei der Bilanzierung des Goldbestandes und eine reine Bilanzmassnahme. Ein endgültiger Entscheid war indessen entbehrlich, weil sich die Lage wieder entspannte und die Gefahr des Deckungsdefizits abzog. Neulich ist die Frage aber immerhin gestellt worden, ob es nicht am Platz wäre, das Geldsystem an die faktische Lage und das Geldwertstabilitätsverständnis der praktischen Nationalbankpolitik anzugleichen[53]. Auch die Nationalbank äusserte sich in dieser Weise; sie betrachtet die Neuordnung als eine gesetzgeberische Aufgabe der achtziger Jahre[54].

---

[50] HUGO SIEBER, Die währungspolitischen Möglichkeiten aufgrund des neuen schweizerischen Münzgesetzes, WuR *1971* 226 ff.

[51] Vgl. auch SCHÜRMANN (Fn. 1), N. 8 ff. zu Art. 22 NBG.

[52] Siehe VPB 1979 Nr. 42.

[53] Siehe PETER NOBEL, Notenbank und Banknoten, FS Leo Schürmann, Fribourg 1987, 308; *ders.,* Praxis zum öffentlichen und privaten Bankenrecht, Ergänzungsband, Bern 1984, 11.

[54] *75 Jahre Schweizerische Nationalbank* (Fn. 2), 162.

In Kreisen der eidgenössischen Parlamentarier warf das Auseinanderklaffen von Währungsrecht und Währungswirklichkeit bisher keine hohen Wellen. Es ist einzig ein Postulat SCHMID-St. Gallen vom 22. Juni 1977 betr. Schweizerische Nationalbank zu verzeichnen, das eine Bereinigung des Währungsrechts zur Diskussion stellt. Der Bundesrat liess dazu unlängst verlauten, die Bereinigung der Währungsgesetzgebung sei zurückgestellt worden. Die vom Postulanten geforderte Demonetisierung des Goldes und die Bereinigung der Notenannahmepflicht erforderten eine Verfassungsrevision. Darüber hinaus wäre zufolge der veränderten Weltwährungsordnung die Möglichkeit gesetzlich zu verankern, flexible Wechselkurse zu handhaben[55].

Den uneingeweihten Juristen mag diese Gelassenheit gegenüber der augenfälligen Kluft zwischen gesetzter und gelebter Währungsordnung aufhorchen lassen. Ist sie Ausdruck der Ratlosigkeit angesichts der immer noch unklaren Konturen der zukünftigen Weltwährungsordnung? Herrscht die Meinung, es gehe auch so alles gut, es seien keine rechtlich schützenswerten Interessen gefährdet? Ist es Unkenntnis der Zusammenhänge? Oder hält man eine Regelung für überflüssig, weil es zum gehandhabten System ohnehin keine Alternative gebe?

Lassen wir uns von der Last dieser Fragen nicht erdrücken. Tatsächlich ist die Bereinigung der Rechtslage zeitlich mindestens nicht dringend. Das Recht ist nicht in einem Verzug, der fatale Auswirkungen hätte. Keine Missstände, keine Missbräuche, denen es zu wehren gälte oder denen man zu wehren vermöchte. Keine internationale Entwicklung, die uns ohne legislatorischen Einsatz davonliefe. Nicht einmal die programmatische Schicht von Grundrechten scheint angesprochen und eine Regelung nahezulegen[56].

[55] Geschäftsbericht des Bundesrates 1986, 294; 1987, 200; vgl. jetzt aber Bericht über die Legislaturplanung 1987–1991, BBl *1988* I 540, wo die Änderung der Währungsverfassung in Aussicht genommen wird.

[56] Siehe zu den Schichten der Grundrechte allgemein grundlegend JÖRG PAUL MÜLLER, Elemente einer schweizerischen Grundrechtstheorie, Bern 1982, 46 ff.

Trost findet im übrigen, wer über die Grenze blickt. Auch in anderen Ländern besteht zwischen gesetzter und gelebter Währungsordnung eine teilweise nicht geringere Kluft. Zu erwähnen sind namentlich Belgien, die Bundesrepublik Deutschland und Grossbritannien [57]. Auch das Europäische Währungssystem ist rechtlich immer noch dürftig verankert [58, 59].

Anderseits ist bemerkenswert, dass der Internationale Währungsfonds die rechtlichen Trümmer des Systems von Bretton Woods mittlerweile wegzuräumen vermochte. Im Jahre 1978 änderte er seine Statuten. Nach deren Art. IV sind die Mitgliedstaaten nun frei, den Wert ihrer Währung auf irgendeine Weise zu bestimmen, ausgenommen – dies in vollständiger Abkehr von der früheren Regelung [60] – durch die Bindung an das Gold [61].

2. Zukünftige schweizerische Währungsordnung à la carte?

Die Schweiz praktiziert heute flexible Wechselkurse. Die Flexibilität ist allerdings keine vollständige. Die Nationalbank tätigte verschiedentlich [62] Käufe und Verkäufe von Devisen zur Beeinflussung des Wechselkurses. Damit steht sie keineswegs allein. Kein Staat hat nach dem Übergang zum Floating vollständig auf Interventionen verzichtet [63]. Anlass für das Eingreifen der Nationalbank gaben erratische Wechselkursschwankungen, die man angesichts der realwirtschaftlichen Verhältnisse und im Hinblick

---

[57] Angaben der Schweizerischen Nationalbank; vgl. auch KARSTEN SCHMIDT, Geldrecht, Geld und Zins und Währung im deutschen Recht, Berlin 1983, 278.

[58] Siehe MARTIN SEIDEL, Das Europäische Währungssystem – Rechtliche Grundlagen und Ausgestaltung, Europarecht 1979, 13 ff.; HEINZ SCHWIND, Die Freiheit des internationalen Zahlungs- und Kapitalverkehrs im westeuropäischen Handelsgebiet, Diss. Fribourg, Saarbrücken 1987, 165 ff.

[59] Man ist aus rechtlicher Sicht über die Anlaufphase, deren Konsolidierung ursprünglich für 1981 vorgesehen war, noch nicht hinausgekommen (vgl. SCHWIND [Fn. 58], 176 ff.).

[60] Vgl. namentlich GOLD (Fn. 14), 309.

[61] Vgl. etwa NICOLETOPOULOS (Fn. 10), 302; LEMOINE/MOULY (Fn. 10), 246.

[62] Siehe *75 Jahre Schweizerische Nationalbank* (Fn. 2), 225 ff.

[63] Siehe MEYER (Fn. 35), 57.

auf die wirtschaftlichen Folgen nicht hinnehmen zu können glaubte. Höhepunkt waren die Interventionen im Herbst 1978, als der Schweizer Franken unter massivem Aufwertungsdruck gegenüber einer Reihe wichtiger Währungen stand. Damals intervenierte die Nationalbank mit dem Ziel, den Schweizer Franken gegenüber der Deutschen Mark deutlich über der Beziehung 80 zu stabilisieren[64]. Der Preis dafür war der Verzicht auf die Einhaltung des Geldmengenziels, das die Nationalbank zur möglichsten Geldwertstabilisierung seit Jahren festzusetzen pflegte. Darauf folgten eine Aufblähung der Notenbankgeldmenge um rund 30 Prozent innert dreier Monate und ein anschliessender Inflationsschub, der im Herbst 1981 die Marke von 7,5 Prozent erreichte[65]. Diese Erfahrung machte die Notenbank später noch vorsichtiger gegenüber massiven Interventionen zugunsten der Wechselkursstabilisierung. Bis heute wurde ihre Standfestigkeit allerdings keiner vergleichbaren Prüfung mehr ausgesetzt. Zwar stieg der Wert des Schweizer Frankens auch in den vergangenen Jahren wieder massiv an, aber nur im Verhältnis zum amerikanischen Dollar. Demgegenüber bewegte sich das Austauschverhältnis zur deutschen Mark, der für unser Land angesichts des Aussenhandelanteils wichtigsten Währung, in einer vertretbaren Bandbreite[66].

Muss es in Zukunft beim Floating bleiben?

Gewiss ist, dass die Schweiz allein nicht zu einer an das Gold gebundenen Währung zurückkehren kann[67]. Und dass in absehbarer Zeit wieder ein allgemeiner Goldzug anrollen könnte, darf füglich ausgeschlossen werden, nachdem der Internationale Währungsfonds, dem alle wichtigen Industriestaaten ausser der Schweiz angehören, mit seiner Statutenrevision im Jahre 1978 just die Bindung an das Gold ausgeschlossen hat.

---

[64] Siehe *75 Jahre Schweizerische Nationalbank* (Fn. 2), 228 f.
[65] Vgl. MEYER (Fn. 35), 54 f.
[66] Vgl. MEYER (Fn. 35), 55.
[67] Siehe Botschaft, BBl *1950* I 906; SCHÜRMANN (Fn. 2), 302.

Der Zusammenbruch des Systems von Bretton Woods führte nicht zu einem weltweiten Floaten. Tatsächlich gibt es eine stattliche Reihe von derzeit gehandhabten Währungssystemen. Von den 150 Mitgliedstaaten des IWF wählten über 90, darunter die meisten Entwicklungsländer, eine Wechselkursbindung, entweder an eine einzelne Währung, an die Sonderziehungsrechte oder an einen Währungskorb. Andere Staaten pflegen ein System mehr oder weniger weit gehender Kursflexibilität. Zu erwähnen ist hier vor allem das Europäische Währungssystem [68]. Nur vier grosse Industriestaaten, nämlich die Vereinigten Staaten, Grossbritannien, Japan und Kanada, lassen ihre Währung frei schwanken. Gleichwohl werden rund drei Viertel des Welthandels zu flexiblen Kursen abgewickelt. Grund ist die wirtschaftliche Bedeutung der vier erwähnten Staaten [69].

Käme allenfalls die Bindung des Schweizer Frankens an einen Währungskorb oder an eine bestimmte Währung in Frage? Zurzeit scheint sich kaum jemand dafür einzusetzen. Namentlich eine formelle Bindung an die deutsche Mark scheint nicht wünschenswert, obwohl diese Währung für die Schweiz die wichtigste ist. Solange die Wirtschaftspolitik der beiden Länder – wie das nun während mehr als 30 Jahren grundsätzlich der Fall war [70] – auf vergleichbaren Pfaden verläuft, ist ein einigermassen stabiles Austauschverhältnis erwünscht. Dieses stellt sich nach den bisherigen Erfahrungen aber auch ohne formelle Bindung ein [71]. Gleiches dürfte für das Europäische Währungssystem gelten. Die Ende der siebziger Jahre durchgeführte Evaluation für eine Assoziierung – ein Vollbeitritt käme mangels Mitgliedschaft der

---

[68] Siehe dazu etwa HUGO J. HAHN, Das Europäische Währungssystem – Systemvergleich und Funktionsweise, Europarecht 1979, 357 ff.; URS PLAVEC, Die Entwicklung des Europäischen Währungssystems: Möglichkeiten und Voraussetzungen einer Assoziierung der Schweiz, Diss. St. Gallen, Bern 1982, 74 ff.
[69] Siehe MEYER (Fn. 35), 7.
[70] Siehe BODO G. GEMPER, Grundsätze für die Ordnung von Währung und Wirtschaft in der Bundesrepublik Deutschland und der Schweiz, WuR *1983* 1 f.
[71] Siehe LUSSER (Fn. 48), 7 f.

Schweiz in den Europäischen Gemeinschaften zum voneherein nicht in Betracht[72] – verlief negativ. Doch wurde eine indirekte Abhängigkeit von diesem System festgestellt[73], das offenkundig zu einer grösseren Wechselkursstabilität unter den Mitgliedländern geführt hat[74].

Mindestens zur Zeit scheint ein breiter Konsens darüber zu bestehen, dass die Preisstabilisierung gegenüber der Wechselkursstabilisierung Vorrang hat und die Nationalbank ihre Währungspolitik entsprechend ausrichten soll[75]. Um die Rechtssubjekte entsprechend vorzuinformieren, legt die Nationalbank im Einvernehmen mit dem Bundesrat, wie bereits erwähnt, ein jährliches Geldmengenziel fest. Dieses ist von anfänglich 6 Prozent für 1986 und 1987 auf 2 Prozent zurückgenommen worden[76] und soll für 1988 3 Prozent betragen, Abweichungen vorbehalten[77]. Die Bindung des Schweizer Frankens an eine externe Grösse scheint demnach mindestens zurzeit nicht erstrebenswert.

Eine andere Frage ist, ob die Schweiz nicht dem Internationalen Währungsfonds beitreten sollte. Zwar unterhält die Schweiz schon heute enge Beziehungen zum Fonds und stellt auch namhafte Mittel für die Politik des Fonds zur Verfügung[78]. Zu erwähnen ist besonders der Beitritt zu den Allgemeinen Kreditvereinbarungen im Jahre 1984[79]. Im übrigen ist die Schweiz an der

---

[72] Vgl. SEIDEL (Fn. 58), 29.

[73] Siehe 13. Bericht des Bundesrates zur Aussenwirtschaftspolitik, BBl *1979* II 613 f. Zum Verhältnis der Schweiz zum Europäischen Währungssystem siehe im übrigen PLAVEC (Fn. 68); ROLF HASSE, Die Währungspolitik der Schweiz und das Europäische Währungssystem, in: Schweiz – Bundesrepublik Deutschland, Bern/Stuttgart 1986, 239 ff.; MEYER (Fn. 35), 59.

[74] Vgl. PLAVEC (Fn. 68), 211 f.; SCHWIND (Fn. 58), 181 f.

[75] Siehe LUSSER (Fn. 48), 8; LANGUETIN (Fn. 47), Developments, 125.

[76] Siehe Quartalsheft 1986/4 der Schweizerischen Nationalbank, 207; LANGUETIN (Fn. 47), Generalversammlung, 139.

[77] Siehe Quartalsheft 1987/4 der Schweizerischen Nationalbank, 231.

[78] Siehe dazu SCHÜRMANN (Fn. 2), 309; JACQUES DE LAROSIÈRE, The International Monetary Fund – a Unique Financial Institution, Beiheft Nr. 1/1984 Aussenwirtschaft, 27 ff.

[79] SR 0.941.31; Botschaft des Bundesrates über den Beitritt der Schweiz zu den Allgemeinen Kreditvereinbarungen, BBl *1983* II 1367 ff.; vgl. auch PETER

Bank für Internationalen Zahlungsausgleich beteiligt, welche eine komplementäre Aufgabe zum Internationalen Währungsfonds erfüllt[80].

Nach Meinung des Bundesrates sollten die Beziehungen zum Internationalen Währungsfonds formalisiert, d. h. ein Beitritt angestrebt werden. In diesem Sinne traf er 1982 einen Grundsatzentscheid für den Beitritt der Schweiz zum Internationalen Währungsfonds[81]. Seit der Ablehnung des Beitritts zu den Vereinten Nationen herrscht mit Bezug auf die Konkretisierung dieses Beschlusses allerdings Funkstille.

Wenn man die Vielzahl der von den Mitgliedern des Internationalen Währungsfonds gehandhabten Währungsordnungen überblickt, so wird alsbald ersichtlich, dass die Schweiz wegen des Beitritts ihr gegenwärtig gehandhabtes Währungssystem nicht ändern müsste. Sie hätte lediglich eine Reihe von Verpflichtungen ohne systembestimmende Tragweite zu erfüllen[82]. Das würde ihr grundsätzlich kaum schwerfallen, hört man doch von einem Kenner, die Schweiz dürfte die Standards des Internationalen Währungsfonds schon jetzt erfüllen[83]. Im übrigen wäre die Schweiz bei Weiterführung der Nicht-Bindung an eine externe Grösse nicht auf Abwegen, wenn man aus berufenem Munde vernimmt, dass selbst eine internationale Währungskooperation keines institutionellen Rahmens bedürfe. Viel wichtiger sei die Harmonisierung der Wirtschaftspolitiken auf die Beibehaltung der Preisstabilität, in welchem Fall sich die Wechselkurse von selber in der erwünschten Weise einpendelten[84]. Da-

---

KLAUSER, Schweizerische Rechtsgrundlagen der internationalen Währungshilfe, Quartalsheft 1987/2 der Schweizerischen Nationalbank, 143 ff.

[80] SR 951.19; vgl. auch DE LAROSIÈRE (Fn. 78), 29 f.

[81] Siehe Geschäftsbericht 1982, 192; Bericht über die Richtlinien der Regierungspolitik 1983–1987, BBl *1984* I 200 f.

[82] Siehe zu den Pflichten der IWF-Mitglieder näher NICOLETOPOULOS (Fn. 10), 301 ff.

[83] GOLD (Fn. 14), 329.

[84] Siehe LUSSER (Fn. 48), 6 f.; auch NIEHANS (Fn. 35), 10 ff.

bei käme es allerdings wesentlich auf die Haltung der Vereinigten Staaten an [85]:

«The "Club of Financial Stability" requires no complex series of international negotiations and conferences. It requires only domestic decision by the USA to commit itself credibly to this specific monetary order (sc. a constant [non-inflationary] monetary growth and a corresponding fiscal order) and to invite other nations to join. International conferences would offer no advantage and neither would a world central bank.»

Die Karte der für die Schweiz möglichen Währungsordnungen ist mithin keineswegs reich. Der Ruf nach Service à la carte verspricht nichts. Das gegenwärtig gehandhabte schweizerische Währungssystem ist demnach vielleicht auch bis in eine weitere Zukunft die unter allen relevanten Aspekten beste Option. Sollte man sie rechtlich verankern?

V. GRIFF DES RECHTS NACH DER WÄHRUNGSORDNUNG?

Der heutige Rechtszustand vermag gewiss nicht zu befriedigen. Er wird die tatsächlich gelebte Währungsordnung nicht mehr unter sein Joch zwingen können. Vielmehr hat er sich dem Joch der Wirklichkeit zu beugen. Eine Anpassung ist daher geboten, auch wenn sich die heutige Kluft zwischen Sollen und Sein für die Rechtssubjekte nicht nachteilig auswirkt. Die Bereinigung der Rechtslage ist trotz allem mehr als ein gesetzeskosmetisches Bedürfnis. Der Ordnungsanspruch des Rechts wird auf die Dauer zu sehr geschwächt, wenn das Recht nicht nach der gelebten Währungsordnung greift und sie wieder einzufangen trachtet. Wie soll das geschehen?

Es ist hier nicht der Ort, eine Regelung zu entwerfen und ausführlich darzustellen. Festgehalten sei lediglich, dass eine Ge-

---

[85] KARL BRUNNER, Monetary Policy und Monetary Order, Aussenwirtschaft 1984, 205; ganz ähnlich JÜRG NIEHANS, Politique monétaire nationale et marché international des capitaux, Revue économique et sociale 1984, 100.

samtbereinigung auf der Verfassungsstufe ansetzen muss. Die Bindung des Schweizer Frankens an das Gold, in der Bundesverfassung mehr indirekt als direkt ausgesprochen, muss fallen. Das setzt eine Revision von Art. 39 Abs. 6 der Bundesverfassung voraus[86]. Diese Bestimmung spricht das Gold mit der Einlösungspflicht[87] an. Weitere Änderungen sind im Hinblick auf die verfassungsrechtliche Abstützung der tatsächlich gehandhabten Währungsordnung nicht erforderlich. So kann insbesondere Art. 39 Abs. 7 bestehen bleiben. Danach sind die Banknoten durch Gold und kurzfristige Guthaben zu decken. Das Gold kann für die Notendeckung auch in einem nicht an dieses Edelmetall gebundenen System sinnvoll eingesetzt werden[88]. Im weiteren bedarf auch Art. 38 der Bundesverfassung, welcher dem Bund das Münzregal zuspricht, keiner Anpassung. Der in Abs. 2 erwähnte Münzfuss ist nicht ein für allemal an das Gold gebunden[89].

Was müsste auf Gesetzesstufe vorgekehrt werden? Zwei Optionen dürften sich anbieten: ein Gesetz, das die Währungsordnung selber abschliessend regelt, oder ein Gesetz, das nur die Grundsätze für die Wahl des Währungssystems niederlegt und den konkreten Systementscheid den eidgenössischen Räten oder

---

[86] Die Frage der Revision dieser Bestimmung würde sich auch im Hinblick auf den Beitritt zum Internationalen Währungsfonds stellen, wobei man sogar argumentieren könnte, das hätte vorgängig zu geschehen. Ich meine allerdings, dass auch eine nachträgliche Bereinigung genügen würde. Die Begründung dieser These muss hier aus Platzgründen unterbleiben.

[87] Vgl. NOBEL (Fn. 53), Notenbank, 308 ff.; Frage offengelassen bei SCHÜRMANN (Fn. 1), N. 5 zu Art. 22 NBG; vgl. auch Antwort des Bundesrates auf das Postulat Schmid-St. Gallen, Amtl. Bull. NR *1977* 868.

[88] So wird Gold insbesondere auch im Europäischen Währungssystem als Reservemedium verwendet (vgl. PLAVEC [Fn. 68], 108; HAHN [Fn. 68], 352); dasselbe gilt für den Internationalen Währungsfonds (vgl. GOLD [Fn. 14], 335 f.).

[89] Vgl. WALTHER BURCKHARDT, Kommentar der schweizerischen Bundesverfassung, 3. Aufl. Bern 1931, Kommentar zu Art. 38 BV, I. Geschichte; Botschaft des Bundesrates betr. die Revision des Münzgesetzes, BBl *1949* I 523, wo ausser dem Gold auch andere Bezugselemente erörtert und damit verfassungsrechtlich für zulässig erachtet werden.

dem Bundesrat, d. h. einer Parlaments- oder Regierungsverordnung, überantwortet. Dabei müsste die letztgenannte Regelung einerseits konkret genug sein, um den verfassungsrechtlichen Anforderungen an Delegationsnormen zu genügen, und anderseits offen genug, um Änderungen aufzufangen, deren Verankerung funktionell nicht Sache des Gesetzgebers, sondern des Verordnungsgebers sein sollte[90]. Damit ist auch gleich gesagt, dass das Währungsrecht in einem eigenen Gesetz verankert und nicht im Bundesgesetz über das Münzwesen ein Schattendasein fristen sollte[91]. Das Münzwesen ist heute der unwesentlichste Teil der Währungsordnung[92]. Wenn schon, sollte dieser in einem Gesetz über die Währungsordnung und nicht die Währung in einem Gesetz über die Münzen geregelt werden. Aus dieser Sicht würde es nicht ausreichen, nur die eingangs zitierten Bestimmungen des Münz- und des Nationalbankgesetzes zu streichen[93].

Wahr bleibt, dass die Revision aus rechtlicher Sicht zeitlich nicht drängt. Das erlaubt es, die nötige Verfassungsrevision im Zuge der Totalrevision der Bundesverfassung vorzunehmen und nicht noch eine vorgängige Teilrevision zu veranstalten. Eine solche Revision würde sich im übrigen in bester Weise in den Auftrag zum Entwerfen einer Totalrevision fügen, den die eidgenössischen Räte dem Bundesrat im Jahre 1987 erteilten[94]:

---

[90] Siehe dazu besonders GEORG MÜLLER, Inhalt und Formen der Rechtsetzung als Problem der demokratischen Kompetenzordnung, Basel/Stuttgart 1979, 144 ff.; ferner auch etwa BGE *103* Ia 374 ff. und 404 ff., *104* Ia 310.

[91] Diese Möglichkeit hat erfreulicherweise bereits der Bundesrat in seiner Antwort auf das Postulat Schmid-St. Gallen erwähnt (Amtl. Bull. NR *1977* 868).

[92] Siehe zur Bedeutung der Münzen im Vergleich zu den Banknoten und dem Giralgeld SCHÜRMANN (Fn. 2), 301; auch HUGO J. HAHN, Währungsrecht und Gestaltwandel des Geldes, FS Konrad Zweigert, Tübingen 1981, 627 ff.

[93] NOBEL (Fn. 53), 316 erwägt diese Möglichkeit an sich zu Recht. Das Bestreben nach Vermeidung dichter Regelungen sollte aber nicht so weit gehen, dass man sich mit einer der Bedeutung der Sache unangemessenen, in anderen Erlassen verstreuten Regelung der Währungsordnung begnügt.

[94] BB vom 3. Juni 1987, Art. 2, BBl *1987* II 963.

«Der Entwurf wird das geltende geschriebene und ungeschriebene Verfassungsrecht nachführen, es verständlich darstellen, systematisch ordnen sowie Dichte und Sprache vereinheitlichen.»

VI. EIN GEBOT DER ZEIT: SICHTBARMACHEN DER INTERNATIONALEN VERFLECHTUNG DER WÄHRUNGSORDNUNG

Geht man an die Beseitigung der Kluft zwischen Sollen und Sein heran, so ist es ein Gebot der Zeit, in der Regelung auch die Verflechtung der schweizerischen Währungsordnung mit dem internationalen Währungsgeschehen sichtbar zu machen. Der Schein der vollständigen nationalen Unabhängigkeit sollte beseitigt werden. Das könnte wohl am besten derweise verwirklicht werden, dass man die Währungsordnung in Beziehung zur Währungspolitik stellt und mit Zielnormen erfasst. Als eines der Ziele liesse sich dann zwanglos die internationale Verflechtung im Sinne einer Tatsache und allenfalls einer Mitverantwortung festhalten. Dieser Bezug gehört nicht auf Verfassungsstufe, wohl aber auf Gesetzesstufe. Als Vorbilder mögen Grundsatzartikel dienen, wie sie in neueren Bundesgesetzen und allgemeinverbindlichen Bundesbeschlüssen vermehrt anzutreffen sind[95].

---

[95] Erwähnt seien etwa Art. 2 des BG über die internationale Entwicklungszusammenarbeit und humanitäre Hilfe (SR 974.0), Art. 1 des (vom Volk verworfenen) BB über die Innovationsrisikogarantie (BBl *1984* III 88), Art. 1 des BB über das schweizerische Kurzwellenradio (BBl *1985* II 301) und Art. 1 des BG über die Bildung steuerbegünstigter Arbeitsbeschaffungsreserven (BBl *1986* I 61).

VII. ZUSAMMENFASSUNG

1. Die geltende Währungsordnung erweckt den falschen Schein der nationalen Autonomie in Währungsangelegenheiten.
2. Rechtliche und tatsächliche Währungsordnung klaffen seit 1973 jäh auseinander. Während wir aus rechtlicher Sicht immer noch fixe, an das Gold gebundene Wechselkurse haben, leben wir tatsächlich mit flexiblen Wechselkursen.
3. Zum Bruch zwischen Währungsrecht und Währungswirklichkeit kam es, als die Vereinigten Staaten im Jahre 1971 die Konvertilität ihrer Währung gegen Gold aufhoben, was zum Zusammenbruch der seinerzeitigen, im Rahmen des Internationalen Währungsfonds vereinbarten, an das Gold gebundenen Weltwährungsordnung führte. Auf die Dauer konnte sich auch die Schweiz dieser Tatsache nicht entziehen. Im Jahre 1973 musste die Nationalbank den Wechselkurs freigeben und zum Floating übergehen.
4. Mit dem Bruch erhielt die Schweiz einen grösseren wirtschaftspolitischen Handlungsspielraum. Sie war und ist jetzt nicht mehr schutzlos dem Inflationsimport ausgesetzt, sondern kann eine auf Preisstabilität gerichtete Währungs- und Wirtschaftspolitik führen. Das ist vorab Aufgabe der Nationalbank. Ihr Mittel ist die Geldmengensteuerung.
5. Der Bruch in unserem Lande hat nicht einmal die Juristen aufgeschreckt. Rufe nach einer Anpassung des Währungsrechts sind bemerkenswerterweise erst vereinzelt ertönt.
6. Prüft man Alternativen zur heute gehandhabten Währungsordnung, so erweist sich ein Wechsel als wenig attraktiv. Weder brächte eine Bindung an eine andere Währung oder die Assoziierung mit dem Europäischen Währungssystem überwiegende Vorteile.
7. Der Bundesrat hat sich für den Beitritt zum Internationalen Währungsfonds ausgesprochen. Nach der negativ verlaufenen Abstimmung über den Beitritt zu den Vereinten Nationen verzögert sich die Verwirklichung des Beschlusses jedoch. Der Bei-

tritt würde für die Schweiz keine Änderung der tatsächlich gehandhabten Währungsordnung erfordern.

8. Die Versöhnung von Sollen und Sein, von rechtlicher und tatsächlicher Währungsordnung setzt eine Änderung von Art. 39 Abs. 6 der Bundesverfassung, des Münzgesetzes und des Nationalbankgesetzes voraus. Der Erlass eines besonderen Währungsgesetzes, d. h. eine Verselbständigung der bislang im Münzgesetz stehenden Währungsbestimmungen wäre der Bedeutung der Sache angemessen. Im neuen Erlass wäre die internationale Verflechtung der schweizerischen Währungsordnung sichtbar zu machen, damit der falsche Schein der nationalen Autonomie der Währungsordnung verschwände.

IV.

INTERNATIONALES DOPPELBESTEUERUNGSRECHT

PETER LOCHER, BERN

ZUR «NEGATIVEN WIRKUNG» VON DOPPELBESTEUERUNGSABKOMMEN *

I. EINLEITUNG

Das Generalthema der vorliegenden Festgabe legt es dem Steuerrechtler nahe, einmal der Frage nachzugehen, wie sich die vom Bund abgeschlossenen Doppelbesteuerungsabkommen (DBA) auf das schweizerische Steuerrecht überhaupt auswirken. Diese DBA dienen bekanntlich vorab dem Zweck, die gleichzeitige Belastung eines Steuersubjektes für das nämliche Steuerobjekt durch die beiden Vertragsstaaten zu vermeiden[1]. Damit liegt es in der Natur dieser Staatsverträge, dass sie die Besteuerungskompetenz der beteiligten Steuerhoheiten in bestimmter Hinsicht einschränken. Man spricht hierzulande von einer ausschliesslich «negativen Wirkung» des Staatsvertragsrechts auf das Landes-

* Der Verfasser dankt den Herren Notar D. Lüthi und Dr. C. Stockar von der Eidgenössischen Steuerverwaltung sowie Dr. R. Waldburger für wertvolle Hinweise und konstruktive Kritik.

[1] Zum Begriff der Doppelbesteuerung im internationalen Verhältnis vgl. BÜHLER OTTMAR, Prinzipien des internationalen Steuerrechts, Amsterdam 1964, 32 f.; ESCHER FELIX, Die Methoden zur Ausschaltung der Doppelbesteuerung, Bern/Stuttgart 1974, 43 ff.; HÖHN ERNST, Handbuch des internationalen Steuerrechts der Schweiz, Bern/Stuttgart 1986, 57 f.; KLUGE VOLKER, Das Internationale Steuerrecht der Bundesrepublik, 2. Aufl. München 1983, 8; KNECHTLE ARNOLD, Grundfragen des internationalen Steuerrechts, Basel/Stuttgart 1976, 28 ff.; MÖSSNER JÖRG MANFRED, Die Methoden zur Vermeidung der Doppelbesteuerung in: Grundfragen des Internationalen Steuerrechts, Köln 1985, 135 ff., insbes. 139; Musterabkommen zur Vermeidung der Doppelbesteuerung des Einkommens und Vermögens, Bericht des Fiskalausschusses der OECD 1977, Bonn 1979, Ziff. 1 zu Art. 23; RIVIER JEAN-MARC, Droit fiscal Suisse, le droit international, Neuchâtel 1983, 35; TIPKE KLAUS, Steuerrecht, 11. Aufl. Köln 1987, 150 f.; VOGEL KLAUS, Doppelbesteuerungsabkommen und ihre Auslegung, StuW 59 (1982) 111 f.; WEBER-FAS RUDOLF, Grundzüge des allgemeinen Steuerrechts der Bundesrepublik Deutschland, Tübingen 1979, 66.

recht[2], und entsprechend werden die doppelbesteuerungsrechtlichen Zuteilungsregeln auch etwa als «Grenznormen» bezeichnet[3].

Während über diese grundsätzliche Stossrichtung Einigkeit besteht, gehen die Meinungen darüber auseinander, wie weit sich diese Negativkraft im einzelnen erstreckt. Zwar besteht zu-

---

[2] BEBIÉ MARCEL, Das Abkommen zwischen der Schweizerischen Eidgenossenschaft und der Republik Österreich zur Vermeidung der Doppelbesteuerung, Diss. Zürich 1987, 34 ff.; BLUMENSTEIN ERNST, System des Steuerrechts, 3. Aufl. Zürich 1971, 101; BLUMENSTEIN IRENE, Doppelbesteuerungsabkommen und Handelsverträge in ihrer Funktion als Rechtsquellen des schweizerischen Steuerrechts, in: Rechtsquellenprobleme im schweizerischen Recht, Berner Festgabe für den Schweizerischen Juristenverein 1955, ZBJV 91bis (1955) 174 ff., insbes. 189; KNECHTLE (Fn. 1), 72, 188; LOCHER KURT, Das schweizerische Steuersystem und das deutsch- schweizerische Doppelbesteuerungsabkommen, Steuer-Kongress-Report 1970, 125 ff., insbes. 161; REIMANN AUGUST/ZUPPINGER FERDINAND/SCHÄRRER ERWIN, Kommentar zum Zürcher Steuergesetz, Bd. I, Bern 1961, N. 72 zu den verfassungsrechtlichen Grundlagen, 43; RIVIER (Fn. 1), 106; RYSER WALTER, Introduction au droit fiscal international de la Suisse, Berne 1980, 128 f.; SALVI IRENE, Das Doppelbesteuerungsabkommen zwischen der Schweiz und der Bundesrepublik Deutschland auf dem Gebiet der Steuern vom Einkommen und vom Vermögen unter besonderer Berücksichtigung des deutschen Aussensteuergesetzes, Diss. Zürich 1986, 15 ff.; WIDMER MAX, Die neueren schweizerischen Doppelbesteuerungsabkommen und ihre Bedeutung für das interne Steuerrecht, ASA 38 (1969/70) 102.

[3] ESCHER (Fn. 1), 42; VOGEL KLAUS, Doppelbesteuerungsabkommen, Kommentar, München 1983, N. 16 Einleitung, 8; ders. (Fn. 1), 115. – Üblicherweise werden diese Regeln als «Zuteilungsnormen» bzw. als «Regeln über die Zuweisung des Besteuerungsrechts» bezeichnet (BEBIÉ [Fn. 2], 38; ESCHER [Fn. 1], 36; HÖHN [Fn. 1], 84 f.; MÖSSNER [Fn. 1], 147; OECD-Musterabkommen [Fn. 1]; SALVI [Fn. 2], 15), was freilich zur unrichtigen Vorstellung verleiten mag, das DBA räume den Vertragsstaaten konstitutiv Besteuerungsbefugnisse ein (vgl. dazu VOGEL [Fn. 1], 117; ders. [Fn. 3], N. 24 Einleitung, 13). – Der ebenfalls gebräuchliche Begriff «Kollisionsnorm» (EBLING KLAUS, Die internationalen Steuerverträge als Instrument der Ausschaltung internationaler Doppelbesteuerung, DStR 1976 333 ff., insbes. 338; KLUGE [Fn. 1], 5; KNECHTLE [Fn. 1], 67 ff.) ist deshalb abzulehnen, weil ein DBA nicht – wie die Kollisionsnormen des internationalen Privatrechts – das anwendbare Recht regelt (VOGEL [Fn.1], 114 f.; ders. a.a.O. N. 24 Einleitung, 13) und zudem, weil die «Kollision» vielfach nur durch das Zusammenwirken von Zuteilungsnorm und Methodenartikel vermieden wird.

mindest in der Schweiz noch Übereinstimmung, dass die Staatsvertragsnorm eine inexistente Landesnorm nicht zu ersetzen vermag. Der steuerliche Zugriff bedarf mithin einer gesetzlichen Grundlage im internen Recht. Dieser Problemaspekt wird im folgenden als «negative Wirkung im weitern Sinne» (Voraussetzung einer Landesnorm) bezeichnet. – In bezug auf das Ausmass der negativen Wirkung einer Doppelbesteuerungsnorm bei Vorliegen einer Bestimmung im Landesrecht divergieren hingegen die Auffassungen recht erheblich. Soweit Eingriffsnormen in Frage stehen, ist insbesondere kontrovers, ob nur die objektive Seite eines Steuerrechtsverhältnisses betroffen ist oder ob sie sich ebenso auf die subjektive Steuerpflicht erstreckt. Aber auch andere Fragen sind sehr umstritten. Dieser Problembereich wird hier mit «negativer Wirkung im engern Sinne» (Einschränkung der Landesnorm) umschrieben.

Im folgenden sind diese beiden Aspekte der negativen Wirkung je gesondert zu untersuchen.

II. NEGATIVE WIRKUNG IM WEITEREN SINNE (VORAUSSETZUNG EINER LANDESNORM)

1. Allgemeines

Überlässt das Doppelbesteuerungsabkommen einem Vertragsstaat ein bestimmtes Besteuerungsrecht, dann bedarf es durchwegs noch einer entsprechenden Norm im jeweiligen Landesrecht, welche diese Kompetenz auch wirklich ausschöpft. Der Steueranspruch als solcher kann jedenfalls in der Schweiz nicht aus dem Staatsvertrag abgeleitet werden[4]. Zum einen fehlt es der

---

[4] Vgl. KLUGE (Fn. 1), 157 f.; WIDMER MAX, Probleme des internationalen Steuerrechts, Steuerberater-Jahrbuch 1976/77, 395 ff., insbes. 408, zur Situation in anderen Staaten.

staatsvertraglichen Regel vielfach an der erforderlichen Tatbestandsbestimmtheit [5]. Sodann entbehrt ein DBA – obwohl es an sich über dem Gesetzesrecht steht [6] – der demokratischen Legitimierung, welche grundsätzlich Voraussetzung für einen steuerlichen Zugriff bildet [7]; als befristeter bzw. kündbarer Staatsvertrag des Bundes untersteht er nämlich gemäss Art. 89 Abs. 3 BV nicht dem Referendum. Ein DBA kann mithin nicht positiv eine «obligatio ex lege» begründen oder eine bestehende erweitern, sondern eine vorhandene höchstens – negativ – zurückdrängen [8]. Der Doppelbesteuerungsvertrag umschreibt m.a.W. bloss «gleichsam die theoretische Möglichkeit einer Besteuerung» [9].

Diese restriktive Wirkung gilt sicher einmal für belastende Normen des innerstaatlichen Rechts, d.h. für die eigentlichen Eingriffsnormen, welche die Voraussetzungen einer Steuerpflicht

---

[5] LOCHER PETER, Grenzen der Rechtsfindung im Steuerrecht, Bern 1983, 55 ff. – Dies gilt auch dann, wenn das interne Recht eine Globalverweisung auf das Staatsvertragsrecht in dem Sinne enthält, dass alles steuerbar sei, was aufgrund der Doppelbesteuerungsabkommen besteuert werden könnte (vgl. etwa Art. 5 Abs. 2 StG BE). Derartige Generalklauseln bilden keine hinreichende Grundlage für einen steuerlichen Zugriff (HÖHN [Fn. 1], 78 N. 70; KNECHTLE [Fn. 1], 192; RIVIER [Fn. 1], 107; RYSER [Fn. 2], 40; WIDMER [Fn. 2], 110f.).

[6] HÖHN (Fn. 1), 77; KNECHTLE (Fn. 1), 186f.; RIVIER (Fn. 1), 94; WIDMER (Fn. 2), 98; ders. (Fn. 4), 406f. – Neuerdings RYSER WALTER, L'érosion unilatérale de la portée des traités préventifs de la double imposition, in: Das schweizerische Recht in seinen internationalen Verflechtungen, Bern 1988, 399f. – Zur neusten Judikatur vgl. BGE 23.10.1985 i.S. Caisse de compensation du canton du Jura, *111* V 201, 202.

[7] LOCHER (Fn. 5), 41 ff.

[8] E. BLUMENSTEIN (Fn. 2), 101; I. BLUMENSTEIN (Fn. 2), 189; BÜHLER (Fn. 1), 61; HÖHN (Fn. 1), 78; KNECHTLE (Fn. 1), 188; LOCHER (Fn. 2), 161; EBLING (Fn. 3), 338; ESCHER (Fn. 1), 73; RIVIER (Fn. 1), 106; RYSER (Fn. 2), 128; STRÄULI PETER, Progressive Steuern im Doppelbesteuerungsrecht, Zürich 1973, 103; VOGEL (Fn. 1), 117; WIDMER (Fn. 2), 104; ders. (Fn. 4), 407f. BGE 2.11.1973 i.S. X. AG, ASA *43* 319, 323; BGE 25.7.1979 i.S. X., Erw. 2b) (nicht publ.). – Analog verhält es sich im interkantonalen Doppelbesteuerungsrecht: LOCHER KURT, Praxis der Bundessteuern, III. Teil, Doppelbesteuerung, § 1 II B, 5, Nr. 11; HÖHN ERNST, Interkantonales Steuerrecht, Bern/Stuttgart 1983, 58, 60; HUBER HANS, Das interkantonale Doppelbesteuerungsrecht als Richterrecht, in: FS Irene Blumenstein, Beilage zu ASA *34* (1965/66) 43 ff., insbes. 59.

[9] I. BLUMENSTEIN (Fn. 2), 189. Ähnlich VOGEL (Fn. 1), 117.

umschreiben. Wie verhält es sich jedoch mit begünstigenden Bestimmungen? Können diese allenfalls bloss auf ein DBA abgestützt werden? Ein kurzer Blick in die geltenden Abkommen der Schweiz zeigt, dass diese in der Tat vorteilhafte Auswirkungen zeitigen können; denn die Staatsverträge sehen regelmässig für Steuerpflichtige, welche nicht in der Schweiz ansässig sind und die damit gestützt auf das VStG keinen Anspruch auf Rückerstattung der Verrechnungssteuer geltend machen könnten, im Abkommen selbst einen entsprechenden Erstattungsanspruch vor. Gemäss PFUND/ZWAHLEN [10] werden denn auch die Bestimmungen von Art. 21 ff. VStG «ergänzt durch die einschlägigen Vorschriften der zwischenstaatlichen Abkommen zur Vermeidung der Doppelbesteuerung». Hier räumt mithin das Staatsvertragsrecht als solches bestimmten Personen – konstitutiv – einen Erstattungsanspruch ein, der ihnen nach internem Recht nicht zustünde.

Dagegen könnte eingewendet werden, diese «Rückerstattung» entspreche bloss der technischen Durchführung einer Quellensteuerreduktion; effektiv werde das Recht des Quellenstaates auf Erhebung von Quellensteuern beschnitten, so dass insoweit gar keine Ausnahme von der negativen Wirkung gegeben sei. Dem steht jedoch entgegen, dass die meisten Abkommen das Recht der Erhebung der vollen Quellensteuer ausdrücklich intakt lassen[11]. Damit kann sich ein von der Schweiz abgeschlossenes Doppelbesteuerungsabkommen gleichwohl so auswirken, dass es konstitutiv etwas zubilligt, womit die grundsätzlich negative Wirkung doch punktuell durchbrochen wird.

---

[10] PFUND W. ROBERT/ZWAHLEN BERNHARD, Die eidgenössische Verrechnungssteuer, II. Teil, Basel 1985, N. 3 Vorbem. Art. 21–33.

[11] Vgl. beispielsweise Art. 26 Ziff. 1 DBA-DK: «Werden in einem der beiden Vertragsstaaten die Steuern von Dividenden, Zinsen oder Lizenzgebühren im Abzugswege (an der Quelle) erhoben, so wird das Recht zur Vornahme des Steuerabzugs durch dieses Abkommen nicht berührt.» In diesem Sinne auch Art. 28 Abs. 1 DBA-D; Art. 10 Abs. 1 DBA-F; Art. 27 Ziff. 7 DBA-GB; Art. 29 Ziff. 1 DBA-I; Art. 9 Abs. 1 DBA-NL; Art. 9 Abs. 1 DBA-N; Art. 28 Abs. 1 DBA-A.

Scheinbar zu der nachfolgend zu behandelnden negativen Wirkung im engeren Sinne (Einschränkung der Landesnorm) gehört bereits der Fall, dass eine *begünstigende Bestimmung eingeschränkt* wird. Weil daraus per Saldo eine Belastung resultiert, bedürfe es hiezu wiederum im Sinne der Negativkraft im weiteren Sinne (Voraussetzung einer Landesnorm) einer entsprechenden gesetzlichen Grundlage; eine solche fehle freilich in aller Regel.

So erachtete es der deutsche Bundesfinanzhof in einem Urteil vom 13. Oktober 1965 [12] als nicht angängig, die persönlichen Abzüge, welche bei unbeschränkter Steuerpflicht zulässig wären, im Falle eines «Doppelwohnsitzes» und dominierender unbeschränkter Steuerpflicht im anderen Staat, durch den deutschen Fiskus zu unterdrücken. Dadurch würde der «Steueranspruch über die bei abkommenslosem Zustand bestehende Rechtslage hinaus erweitert» [13], was nicht Sinn der Doppelbesteuerungsabkommen sein könne. Dabei blieb freilich unberücksichtigt, dass dank der Anwendung des Abkommens die generelle Doppelbesteuerung zufolge doppelter Ansässigkeit beseitigt wurde. Dass dabei auch einzelne vorteilhafte Abzüge nicht noch zusätzlich beansprucht werden können, liegt an sich auf der Hand, resultierte doch übers ganze gesehen keine Verschlechterung, sondern vielmehr eine substantielle Verbesserung [14].

Aus diesen beiden Aspekten der negativen Wirkung im weiteren Sinne mit Bezug auf begünstigende Normen, die durch ein DBA wohl geschaffen, nicht aber eingeschränkt werden dürfen,

---

[12] Bundessteuerblatt (BStBl) *1965* III 738, wiedergegeben auch bei LOCHER KURT, Das schweizerisch-deutsche Doppelbesteuerungsabkommen 1931 und 1959, B § 4 I A Nr. 17. Bestätigt durch das Urteil des BFH vom 4.6.1975, BStBl *1975* II 708.

[13] BFH vom 13.10.1965, BStBl *1965* III 738 = LOCHER (Fn. 12), B § 4 I A Nr. 17.

[14] So auch VOGEL HORST, Die Auswirkungen der Abkommen zur Vermeidung der Doppelbesteuerung auf das innerstaatliche Steuerrecht, Der Betrieb *1959* 32 ff., insbes. 37: «Dieser Nachteil (sc. Wegfall der Sonderausgaben) muss aber in Kauf genommen werden, weil im ganzen gesehen durch das Abkommen die Steuerpflichtigen wesentliche Vorteile erlangen.»

wird vielfach abgeleitet, das Staatsvertragsrecht könne seiner Natur nach dem Steuerpflichtigen bloss Vorteile, niemals aber Nachteile bringen[15]. Ein derartiges «Verschlechterungsverbot» besitzt freilich allzu unscharfe Konturen[16] und kann sich jedenfalls nicht auf das OECD-Musterabkommen[17] abstützen. Eine eingehende Auseinandersetzung mit diesem Problem muss hier unterbleiben. Im folgenden ist einzig der Frage nachzugehen, wie begünstigende Bestimmungen im internationalen Verhältnis bei der direkten Bundessteuer und im Verrechnungssteuerrecht behandelt werden.

2. *Einschränkung begünstigender Normen der direkten Bundessteuer*

Unter begünstigenden Normen können bei der direkten Bundessteuer die organischen, die anorganischen bzw. sozialpolitischen Abzüge sowie die Sozialabzüge verstanden werden[18]. Sind aufgrund eines DBA im einen Vertragsstaat bestimmte Einkommensbestandteile von der Besteuerung ausgenommen, so werden davon automatisch die damit zusammenhängenden organischen Abzüge miterfasst. Für die direkte Bundessteuer ist dies in Art. 24 ausdrücklich geregelt, wobei in der Praxis mit Ausnahme der Schuldzinsen – entgegen dem Wortlaut – nicht eine proportionale, sondern richtigerweise eine funktionale Aufteilung vorgenommen wird[19]. Eine Ausnahme ist bloss bei Aufwandüberschüssen zu machen[20].

---

[15] KNECHTLE (Fn. 1), 188, 196.

[16] WIDMER (Fn. 2), 103; *ders.* (Fn. 4), 408 ff.

[17] Zitiert Fn. 1 hievor.

[18] Zu diesem Begriff vgl. ZUPPINGER FERDINAND/BÖCKLI PETER/LOCHER PETER/REICH MARKUS, Steuerharmonisierung, Bern 1984, 74 f.

[19] KÄNZIG ERNST, Wehrsteuer (Direkte Bundessteuer), 2. Aufl. Basel 1982, N. 2 ff. zu Art. 24 BdBSt; MASSHARDT HEINZ, Kommentar zur direkten Bundessteuer, 2. Aufl. Zürich 1985, 219.

[20] Die Frage wird hauptsächlich im Zusammenhang mit dem Begehren um Anrechnung ausländischer Geschäftsverluste lebhaft diskutiert, indem teilweise innerstaatliche Verlustanrechnungsmöglichkeiten gestützt auf das Staatsvertragsrecht verweigert werden: ESCHER (Fn. 1), 38; STRÄULI (Fn. 8), 151; BLÖCHLIGER

Eine anteilsmässige Aufteilung wäre gestützt auf Art. 24 BdBSt an sich bei den anorganischen bzw. sozialpolitischen Abzügen angebracht. Doch hier wendet die Praxis sachwidrigerweise den Art. 25 Abs. 2 BdBSt sinngemäss an, der freilich nur für echte Sozialabzüge gilt [21]. Damit werden diese anorganischen Abzüge den unbeschränkt Steuerpflichtigen in vollem Umfange und den beschränkt Steuerpflichtigen überhaupt nicht gewährt. Ersteres schiesst dann, wenn einzelne Einkommensbestandteile gestützt auf Art. 19 BdBSt von der unbeschränkten Steuerpflicht ausgenommen sind, über das Ziel hinaus und letzteres diskriminiert die beschränkt Steuerpflichtigen generell ohne zwingenden Grund. Einzig eine wortgetreue Interpretation von Art. 24 BdBSt führte in dieser Hinsicht zu einem staatsvertragskonformen Ergebnis. Dergestalt würde gleichzeitig Übereinstimmung mit der Praxis zum interkantonalen Doppelbesteuerungsrecht erzielt [22], was ebenso für das internationale Steuerrecht ein durchaus beachtlicher Gesichtspunkt ist [23]. Im Grunde ist es somit auch hier nicht das Staatsvertragsrecht, das begünstigende Normen einschränkt, sondern das – richtig ausgelegte – Recht der direkten Bundessteuer selbst.

Einzig bei den echten Sozialabzügen im Sinne von Art. 25 BdBSt besteht heute noch die bereits erwähnte, unsachgemässe Regel in Abs. 2, welche den unbeschränkt Steuerpflichtigen stets die vollen Abzüge, den beschränkt steuerpflichtigen Personen hingegen – abgesehen vom anteilsmässigen Verheiratetenabzug –

ROMAN, Steuerliche Probleme des Abzuges geschäftlicher Verluste insbesondere auch im interkantonalen und internationalen Verhältnis, StR 36 (1981) 233 ff., 287 ff., insbes. 291. – Dieser Auffassung treten mit Recht entgegen: WIDMER, in: HÖHN (Fn. 1), 242; ders., Der Abzug ausländischer Verluste nach schweizerischem Steuerrecht, StR 37 (1982) 47 ff., insbes. 59; RIVIER (Fn. 1), 64, 137; BAUMANN RUEDI, Abzugsfähigkeit ausländischer Betriebs- und Betriebsstätte-Verluste nach Wehrsteuerrecht, ST 82 16 ff., insbes. 22.

[21] KÄNZIG (Fn. 19), N. 5 zu Art. 24 BdBSt; MASSHARDT (Fn. 19), 219.
[22] LOCHER (Fn. 8), § 9 III Nrn. 1–4; HÖHN (Fn. 8), 253 f.
[23] LOCHER (Fn. 2), 138 und 163. Vgl. auch E. BLUMENSTEIN (Fn. 2), 104; RYSER (Fn. 2), 26 f.

überhaupt keine Sozialabzüge gewährt. Das zu den anorganischen Abzügen Ausgeführte trifft ebenso hier zu, nur dass in diesem Zusammenhang Art. 25 Abs. 2 BdBSt keinen Interpretationsspielraum offenlässt. Soweit diese Regel über das Ziel hinausschiesst, kann sie m. E. hier auch nicht aufgrund staatsvertraglichen Abmachungen auf das sachlich vertretbare Mass reduziert werden. Einzig in bezug auf diese Sozialabzüge trifft somit die Feststellung zu, dass sie als begünstigende Normen durch ein DBA nicht eingeschränkt werden können (vgl. aber III.4 hienach).

Allerdings sind die Tage dieser unbefriedigenden Lösung gezählt, sollen doch gemäss Art. 2 Abs. 2 des Bundesbeschlusses über die direkte Bundessteuer vom 7. Oktober 1987[24], der zwar nur bis Ende 1992 gilt, dann aber durch Art. 35 Abs. 3 des künftigen Bundesgesetzes über die direkte Bundessteuer[25] abgelöst werden soll, die Sozialabzüge bei teilweiser (d. h. bei beschränkter und eingeschränkter «unbeschränkter») Steuerpflicht nur noch anteilsmässig gewährt werden. Die Einschränkung vorteilsgewährender Normen bei der direkten Bundessteuer wird damit ab 1. Januar 1989 nur noch aufgrund des internen Rechts resultieren, so dass sich keine Probleme mehr ergeben. Damit dürften dann die singuläre Abkommensbestimmung[26] und die beiden Notizen in Schlussprotokollen[27], welche ein Einschränkungsver-

---

[24] AS *1988* I 338.

[25] Botschaft vom 25. Mai 1983 zu Bundesgesetzen über die Harmonisierung der direkten Steuern der Kantone und Gemeinden sowie über die direkte Bundessteuer, BBl *1983* III 1 ff., insbes. 329.

[26] Art. 27 Abs. 1 DBA-CDN: «Dieses Abkommen ist nicht so auszulegen, als beschränke es in irgendeiner Weise die Befreiungen, Abzüge, Anrechnungen oder anderen Vergünstigungen, die gegenwärtig oder künftig gewährt werden:
a) nach dem Recht eines Vertragsstaates bei der Festsetzung der von diesem Staat erhobenen Steuer, oder
b) nach einer anderen von einem Vertragsstaat abgeschlossenen Vereinbarung.»

[27] Schlussprotokoll zum DBA-SF (AS *1957* 733), Art. 1 Abs. 5 bzw. zum DBA-N (AS *1957* 709), Art. 1 Abs. 5: «Durch die Bestimmungen dieses Ab-

bot bezüglich begünstigender Normen expressis verbis enthalten, keine praktische Bedeutung mehr besitzen[28].

3. Einschränkung begünstigender Normen der Verrechnungssteuer

Hier geht es praktisch nur um die Einschränkung eines innerstaatlichen Rückerstattungsanspruchs durch das Staatsvertragsrecht.

So erwog beispielsweise die Eidgenössische Steuerverwaltung in einem Entscheid vom 19. Februar 1981[29] für eine Aktiengesellschaft, die in der Schweiz nur ihren statutarischen Sitz hatte, den Mittelpunkt der tatsächlichen Geschäftsleitung hingegen in der Bundesrepublik Deutschland, und die damit gestützt auf Art. 4 Abs. 8 DBA-D als in der BRD ansässig galt, dass dieser Gesellschaft gleichwohl der Rückerstattungsanspruch gemäss internem Recht (Art. 24 Abs. 2 VStG) zustehe; denn ein DBA könne «nur ein im innerstaatlichen Recht vorgesehenes Besteuerungsrecht einschränken, nicht jedoch einen Erstattungsanspruch des Steuerpflichtigen, da dadurch quasi über das Abkommen ein neuer Steueranspruch geschaffen würde, was ohne entsprechende Basis im innerstaatlichen Recht nicht angeht»[29].

Diese Argumentation überzeugt nicht; denn wenn ein Erstattungsanspruch auf staatsvertraglicher Basis geschaffen werden kann (vgl. II.1 hievor), dann muss ein bestehender umgekehrt auch durch das DBA eingeschränkt werden können. Die Auswirkungen des Staatsvertragsrechts auf die Rückerstattung einer

---

kommens erfahren die Vergünstigungen, die den Steuerpflichtigen nach der Gesetzgebung jedes der beiden Staaten oder auf Grund von zwischenstaatlichen Abmachungen zukommen, keine Einschränkung.»

[28] Im kantonalen Steuerrecht dürfte aufgrund der interkantonalen Doppelbesteuerungspraxis schon immer gelten, dass Sozialabzüge bei teilweiser Steuerpflicht nur anteilsmässig gewährt werden.

[29] Wiedergegeben bei LOCHER KURT/MEIER WALTER/VON SIEBENTHAL RUDOLF, Doppelbesteuerungsabkommen Schweiz–Deutschland 1971 und 1978, B 4.10 Nr. 5. Vgl. auch STOCKAR CONRAD, Die Praxis der Bundessteuern, II. Teil, Bd. 1, Nr. 1 zu Art. 10 Abs. 1 und Nr. 2 zu Art. 24 Abs. 2 VStG.

Quellensteuer müssen insoweit «zweischneidig» sein. Die negative Wirkung im weiteren Sinne der DBA imparitätisch aufzufassen, geht vor dem Hintergrund eines gewandelten Verständnisses vom Gesetzmässigkeitsprinzip nicht mehr an [30]. Ein internrechtlicher Erstattungsanspruch muss demzufolge staatsvertraglich eingeschränkt werden können [31]. Zu diesem Ergebnis kam jedenfalls auch das Bundesgericht in einem Entscheid vom 25. Juli 1979 [32].

III. NEGATIVE WIRKUNG IM ENGEREN SINNE (EINSCHRÄNKUNG DER LANDESNORM) AUF DIE DIREKTE BUNDESSTEUER

1. Allgemeines

Unsicherheiten bestehen dem Gesagten zufolge vor allem dort, wo das interne Recht eine Sachnorm enthält, die jedoch mit einem Doppelbesteuerungsabkommen kollidiert. Vor allem da wird nun das Landesrecht durch das Staatsvertragsrecht *eingeschränkt*. Das bestehende interne Recht wird zwar durch das Abkommen nicht «einfach unverbindlich und unwirksam» [33]; dessen Anwendung wird nur im Verhältnis zu jenen Vertragsstaaten zurückgedrängt, mit denen in Abkommen anderslautende Be-

---

[30] LOCHER (Fn. 5), 36 f., 45.
[31] So auch WIDMER (Fn. 4), 410: «Wenn eine (in der Schweiz wohnhafte) Person zugleich in einem anderen Staat unbeschränkt steuerpflichtig ist und sie gestützt auf das mit diesem anderen Staat abgeschlossene Abkommen als im anderen Staat ansässig zu betrachten ist, so wird ihr die Verrechnungssteuer nicht mehr nach Massgabe des internen Rechts erstattet; dieser Steuerpflichtige wird vielmehr für Ausmass und Verfahren auf das anwendbare Abkommen verwiesen; denn er ist nicht mehr unbeschränkt den schweizerischen Einkommensteuern unterworfen (was Voraussetzung für die internrechtliche Erstattung der Verrechnungssteuer ist).»
[32] BGE vom 25.7.1979 i. S. X., Erw. 3 a (nicht publ.).
[33] WIDMER (Fn. 2), 102. In diesem Sinne auch BGE 28.6.1967 i. S. Verleye et consorts, *93* I 330, 334 f.

stimmungen vereinbart worden sind. Im übrigen aber bleibt das Landesrecht unangetastet.

Soweit eine Eingriffsnorm staatsvertragsrechtlich «berührt» wird, gibt es – ausgehend von den konstituierenden Elementen einer Steuer[34] – theoretisch fünf mögliche Ansatzpunkte, um eine Doppelbesteuerung zu vermeiden. Tangiert sein können die Regeln über
- die subjektive Steuerpflicht,
- die objektive Steuerpflicht,
- die Bemessungsgrundlagen,
- das Steuermass,
- die Steuer[35].

Da bei den direkten Steuern nicht zwischen Steuerobjekt und (sachlicher) Bemessungsgrundlage unterschieden werden kann[36], reduzieren sich die Ansatzpunkte auf die Zahl vier.

Wie sich nun ein bestimmtes Verfahren zur Vermeidung von Doppelbesteuerungen im internationalen Verhältnis konkret auf das interne Recht auswirkt, ist nicht eine Frage des Staatsvertrags-, sondern des internen Rechts[37]. Aus der besonderen Struktur des jeweiligen Landesrechts muss somit abgeleitet werden, welche konkreten Auswirkungen eine kollidierende Norm des Staatsvertragsrechts im Einzelfall hat. Rechtsvergleichende Hinweise sind diesfalls nur bedingt aufschlussreich.

Gleichzeitig ist darauf hinzuweisen, dass es hier nicht um ein Auslegungsproblem im herkömmlichen Sinne geht. Gefragt ist vielmehr, wie der Wertungswiderspruch zwischen kollidierenden Normen aufzulösen ist, wobei zugleich feststeht, welcher Normenkomplex «zurückzutreten» hat, nämlich stets das Landesrecht[38]. Dabei geht es darum, dass dieser Eingriff schonungsvoll

---

[34] Vgl. dazu auch E. BLUMENSTEIN (Fn. 2), 32 ff., 129 ff., 187 ff., 243 ff. und 260 ff.

[35] So auch MÖSSNER (Fn. 1), 142 ff.

[36] HÖHN ERNST, Steuerrecht, 5. Aufl. Bern/Stuttgart, Rz. 5 zu § 10, S. 155 f.

[37] VOGEL (Fn. 3), N. 12 zu Art. 4, S. 140. Das OECD-Musterabkommen (Fn. 1) äussert sich denn auch dazu nicht.

[38] Vgl. Fn. 6 hievor.

erfolgt[39] und sich möglichst harmonisch in das bestehende System einordnet. Daraus erhellt, dass vor allem auch Folgeerwägungen anzustellen sind. Für die Schweiz im speziellen muss die Rechtsprechung des Bundesgerichts zum interkantonalen Doppelbesteuerungsverbot von Art. 46 Abs. 2 BV berücksichtigt werden, welche die bei der Vermeidung der internationalen Doppelbesteuerung zu befolgenden Grundsätze nachhaltig beeinflusst hat[40].

Bevor nun der Frage nachgegangen werden kann, welches der erwähnten vier Elemente im einzelnen tangiert ist, muss kurz auf die Ursachen von Doppelbesteuerungen im internationalen Verhältnis eingegangen werden. Sodann sind die verschiedenen Techniken zu deren Beseitigung darzulegen, damit die volle Tragweite der Negativkraft überblickt werden kann.

2. Ursachen von Doppelbesteuerungen im internationalen Verhältnis

Geht man von konzeptionell übereinstimmenden Steuersystemen aus, dann lassen sich die Doppelbesteuerungen im internationalen Verhältnis aus schweizerischer Sicht – wenn von unterschiedlichen Quellenzuweisungen und Qualifikationskonflikten abgesehen wird – im wesentlichen auf die *Kumulation von subjektiven oder objektiven Steuerpflichten* zurückführen[41]:

Doppelbesteuerungen ergeben sich einmal daraus, dass die *subjektive Steuerpflicht* eines Individuums sowohl an die *persönliche*

---

[39] Die schweizerische Steuerrechtslehre nimmt an, Doppelbesteuerungsverträge seien restriktiv, d.h. zugunsten der Freiheit der Vertragsstaaten, auszulegen: REICH MARKUS, Das Verständigungsverfahren nach den internationalen Doppelbesteuerungsabkommen der Schweiz, Diss. Zürich 1976, 44; BAUMGARTNER MAX, Richterliche Auslegung der DBA und Notwendigkeit oder Zweckmässigkeit einer internationalen Steuergerichtsbarkeit, ASA *20* (1950/51) 417ff., insbes. 422; WIDMER MAX, Die Auslegung der Doppelbesteuerungsabkommen, Cahiers de droit fiscal international, Bd. XLII (Basel) 1960, 268ff., insbes. 273.
[40] Vgl. Fn. 23 hievor.
[41] HÖHN (Fn. 1), 54ff.

wie auch an die *wirtschaftliche Zugehörigkeit* zu einer Steuerhoheit anknüpft. Im ersten Fall unterliegt das Subjekt als solches der jeweiligen Steuerhoheit, was erlaubt, grundsätzlich dessen gesamten wirtschaftlichen Interessen steuerlich zu berücksichtigen (unbeschränkte Steuerpflicht). Im zweiten Fall ist ein Subjekt nur in bestimmter wirtschaftlicher Hinsicht (z.B. Liegenschaft, Geschäft, Betriebsstätte, besondere Quelle) mit einer Steuerhoheit verbunden, weshalb die Steuerpflicht auch nur aus diesen einzelnen Berührungspunkten abgeleitet wird (beschränkte Steuerpflicht)[42]. Weil aber die unbeschränkte Steuerpflicht das ebenfalls bei beschränkter Steuerpflicht erfasste Substrat prinzipiell[43] bereits enthält, ergeben sich zwangsläufig Überschneidungen.

Damit verwandt ist der Fall, dass die subjektive Steuerpflicht ein und desselben Subjektes aus der persönlichen Zugehörigkeit zu zwei Steuerhoheiten resultiert. Daraus entspringen zwei konkurrierende unbeschränkte Steuerpflichten. Diese können ihrerseits darauf zurückzuführen sein, dass bei einem Steuerpflichtigen der Wohnsitz und der Arbeitsort auseinanderfallen oder dass ein eigentlicher «Doppelwohnsitz» gegeben ist.

Eine Doppelbesteuerung im weiteren Sinne[44] entsteht ferner dadurch, dass die *objektive Steuerpflicht* für ein und dasselbe wirtschaftliche Substrat zwar bei zwei verschiedenen Steuersubjekten erfüllt ist, das eine Subjekt freilich die Steuer auf das andere zu überwälzen hat. Dies erfolgt in der Weise, dass ein bestimmtes Steuerobjekt (beispielsweise Dividenden, Zinsen, Lizenzvergütungen) sowohl auf seiten des Empfängers als auch «an der Quelle» beim Leistungsschuldner steuerlich erfasst wird. Der Schuldner der steuerbaren Leistung hat jedoch seine Steuer auf den Empfänger als Steuerdestinatar zu überwälzen, womit dieser auf demselben Substrat doppelt belastet wird.

---

[42] E. BLUMENSTEIN (Fn. 2), 47 ff.; KÄNZIG (Fn. 19), N. 1 f. zu Art. 3 BdBSt.
[43] Die Schweiz kennt freilich recht weit gehende *einseitige Massnahmen zur Beseitigung der Doppelbesteuerung* (vgl. dazu Art. 19 und 52 BdBSt).
[44] BÜHLER (Fn. 1), 32; HÖHN (Fn. 1), 58 N. 10.

Im Unterschied zur Kumulation von subjektiven Steuerpflichten führt hier die Tatsache, dass eine bestimmte Quelle Leistungen hervorbringt, nicht zu einer beschränkten Steuerpflicht des Empfängers im Quellenstaat[45]. Steuersubjekt ist und bleibt der Leistungsschuldner, der jedoch zwingend seine Steuer auf den Empfänger der steuerbaren Leistung zu überwälzen hat[46]. Erst aufgrund dieser Überwälzung resultiert dann beim nämlichen Subjekt eine Mehrbelastung.

3. Technik zur Beseitigung von Doppelbesteuerungen im internationalen Verhältnis

Zur Hauptsache bestehen die modernen Doppelbesteuerungsabkommen aus den erwähnten Zuteilungs- oder Grenznormen[47], welche die Besteuerungsbefugnis auf die beiden Vertragsstaaten «aufteilen». Entweder der Ansässigkeitsstaat oder der «andere Staat» (Staat, wo sich eine Liegenschaft, eine Betriebsstätte bzw. eine Quelle befindet) dürfen besteuern, wobei dieses Besteuerungsrecht ausschliesslich oder nicht ausschliesslich ausgestaltet sein kann. Bei *ausschliesslicher Zuweisung* an einen Staat bedeutet dies, dass der Partnerstaat das entsprechende Substrat nicht besteuern darf, d.h. er muss «Befreiung» gewähren[48]. Die Besteuerungsbefugnis kann sowohl – wenn auch bloss ausnahmsweise – an den Quellenstaat (z.B. Vergütungen und Ruhegehälter für öf-

---

[45] Wie bei den Empfängern von Tantiemen, Verwaltungsratsentschädigungen oder Vorsorgeleistungen aus inländischen Quellen (vgl. Art. 3 Ziff. 3 lit. f–h BdBSt).

[46] Dies ist die Konzeption der schweizerischen Verrechnungssteuer: Steuerpflichtig ist der Schuldner der steuerbaren Leistung (Art. 10 Abs. 1 VStG), der die Steuer zwingend auf den Gläubiger zu überwälzen hat (Art. 14 Abs. 1 VStG). – Anders ist es beispielsweise bei der deutschen Kapitalertragssteuer, bei welcher der *Empfänger* der steuerbaren Leistung einer beschränkten Steuerpflicht unterliegt (§ 49 Abs. 1 Ziff. 5 EStG).

[47] Vgl. Fn. 4 hievor.

[48] HÖHN (Fn. 1), 102 und 106 ff., wo auch auf Ausnahmen hingewiesen wird.

fentlichen Dienst) wie insbesondere an den Ansässigkeitsstaat (z. B. private Ruhegehälter) ausschliesslich zugewiesen werden. Bei *nicht ausschliesslicher Zuweisung* des Besteuerungsrechts (an den Quellenstaat) andererseits wird die Doppelbesteuerung aufgrund der Zuteilungs- oder Grenznorm als solcher noch nicht beseitigt. Vielmehr bedarf es einer weiteren Regel, welche festlegt, auf welche Weise der Ansässigkeitsstaat die Doppelbesteuerung zu vermeiden hat, nämlich entweder durch Anwendung der Freistellungs- oder der Anrechnungsmethode.

Nach der *Freistellungsmethode* hat der Ansässigkeitsstaat auf Steuersubstrat zu verzichten, weil dieses im Abkommen dem anderen Staat zur Besteuerung zugewiesen wird. Dabei ist diese Befreiung nach den schweizerischen DBA regelmässig in dem Sinne unbedingt, dass sie nicht davon abhängt, ob der Partnerstaat seine Befugnis effektiv ausschöpft. Hingegen erfolgt die Befreiung durchwegs unter Progressionsvorbehalt, d. h. für die Berechnung des Steuermasses sind wiederum die gesamten Faktoren zu berücksichtigen.

Bei der *Anrechnungsmethode* sind beide Vertragsstaaten zur Besteuerung befugt. Der Ansässigkeitsstaat wird allerdings im Abkommen verpflichtet, die im anderen Staat erhobene Steuer an seine eigene anzurechnen. Dabei erfolgt diese Anrechnung meist nur bis zur Höhe der auf dem betreffenden Objekt erhobenen eigenen Steuer (sogenannte gewöhnliche Anrechnung).

Aus dem Gesagten erhellt, dass eine «Befreiung» einerseits bereits aufgrund der Zuteilungs- oder Grenznorm (bei ausschliesslicher Zuweisung) oder aber erst aufgrund entsprechender Anordnung im Methodenartikel (bei nicht ausschliesslicher Zuweisung) resultieren kann. Das Ergebnis ist freilich in beiden Fällen dasselbe. Eine Steueranrechnung hingegen ergibt sich stets nur aus dem entsprechenden Methodenartikel.

Je nach Ursache der Doppelbesteuerung und anwendbarer Technik sind nun auch die Konsequenzen für das interne Recht anders. Diese konkreten Auswirkungen sind im folgenden zu untersuchen.

4. Allgemeines zur Negativkraft

Es wurde schon vorne (vgl. II.1 hievor) darauf hingewiesen, dass bei einer Kumulation von objektiven Steuerpflichten das Recht des Quellenstaates auf Erhebung von Quellensteuern in der Regel nicht direkt eingeschränkt wird. Die Quellensteuerreduktion und damit die – ganze[49] oder teilweise – Beseitigung der Doppelbesteuerung erfolgt vielmehr auf dem Wege der Rückerstattung. Einzig für den nicht erstattbaren Teil kommt allenfalls die Anrechnungsmethode zum Zuge.

Was diese Anrechnungsmethode betrifft, so ist deren Wirkungsweise absolut durchschaubar. Vergegenwärtigt man sich nochmals die theoretisch möglichen «Eingriffsebenen» (vgl. III.1 hievor), leuchtet ohne weiteres ein, dass diese Methode bei der zu bezahlenden *Steuer,* also beim *Steuerbetrag,* ansetzt[50]. Weder an der subjektiven noch an der objektiven Steuerpflicht bzw. an der Bemessungsgrundlage oder am Steuermass wird gerüttelt. Kommt es zu einer Doppelbesteuerung, so rechnet regelmässig der Ansässigkeitsstaat die im andern Staat erhobene Steuer an seine eigene an.

Einzig dort, wo die Doppelbesteuerung auf eine Kumulation von subjektiven Steuerpflichten zurückzuführen ist und zu deren Behebung im einen Staat «Befreiung» angeordnet wird, sind die Konsequenzen weniger transparent. Für diesen Fall werden zwar die Auswirkungen meist in der Weise beschrieben, dass dadurch die objektive Steuerpflicht bzw. die Bemessungsgrundlage tangiert sei[51]. Diese Aussage trifft freilich nicht durchwegs zu. Aus diesem Grunde ist im folgenden die Negativkraft bei Doppelbesteuerungen zufolge Kumulation von subjektiven Steuerpflichten näher abzuklären.

---

[49] HÖHN (Fn. 1), 93 ff.; ESCHER (Fn. 1), 81 ff.
[50] HÖHN (Fn. 1), 95; MÖSSNER (Fn. 1), 159 ff.
[51] HÖHN (Fn. 1), 95; ESCHER (Fn. 1), 88; KNECHTLE (Fn. 1), 80 f.; SALVI (Fn. 2), 20 f. Ebenso VOGEL (Fn. 3), N. 68 zu Art. 23 S. 1093; WEBER-FAS (Fn. 1), 68. – A. M. neuerdings MÖSSNER (Fn. 1), 157 f., 166.

5. Negativkraft bei Doppelbesteuerungen zufolge Kumulation von subjektiven Steuerpflichten

a) Kumulation von beschränkter und unbeschränkter Steuerpflicht

Hier ist weiter danach zu differenzieren, ob die Befreiung im Ansässigkeitsstaat oder aber im Belegenheits-, Betriebsstätte- oder Quellenstaat erfolgt.

aa) Befreiung im Ansässigkeitsstaat

Eine Befreiung im Ansässigkeitsstaat kann sich nur so auswirken, dass ein bestimmtes Steuerobjekt aus der grundsätzlich weiterbestehenden unbeschränkten Steuerpflicht ausgeklammert wird [52]. Die subjektive Steuerpflicht als solche wird mithin nicht tangiert. Betroffen sind nur *Steuerobjekt/Bemessungsgrundlage*. Auch das Steuermass bleibt unberührt, gilt doch nach schweizerischer Auffassung generell der Progressionsvorbehalt (vgl. z. B. Art. 44 BdBSt), der mit dem Staatsvertragsrecht in Einklang steht [53].

bb) Befreiung im Belegenheits-, Betriebsstätte- bzw. Quellenstaat

Hier wirkt sich die Befreiung in der Weise aus, dass die *subjektive Steuerpflicht als solche zurückgedrängt wird*. Dies bedeutet, dass diesfalls im Belegenheits-, Betriebsstätte- oder Quellenstaat keine beschränkte Steuerpflicht mehr existiert. Es entspräche einer realitätsfernen Konstruktion, hier immer noch von einer grundsätzlich weiterbestehenden subjektiven Steuerpflicht auszugehen und zu glauben, die Befreiung betreffe auch hier bloss die objektive Seite der Steuerpflicht. Dies sei an zwei Beispielen erläutert:

---

[52] Dies trifft bezüglich der Verrechnungssteuer zu auf Dividenden: Dänemark. – Obligationen und Bankzinsen: Dänemark, Deutschland (Regel), Finnland, Grossbritannien und Irland.

[53] STRÄULI (Fn. 8), 59 f., 72 f. OECD-Musterabkommen (Fn. 1), Art. 23 Abs. 3. Vgl. auch BGE 17.2.1956 i. S. A. L., ASA *25* 132, 141; BGE 2.5.1958 i. S. H. N., ASA *27* 178, 181; BGE 17.9.1964 i. S. H., ASA *33* 485, 489 f.

Gemäss Art. 3 Ziff. 3 lit. *b* BdBSt sind Gläubiger oder Nutzniesser von Forderungen, die durch schweizerische Grundstücke oder durch Verpfändung schweizerischer Grundpfandtitel sichergestellt sind, in der Schweiz beschränkt steuerpflichtig. Nach den Doppelbesteuerungsabkommen gelten grundpfändlich sichergestellte Forderungen durchwegs als bewegliches Vermögen, das im Ansässigkeitsstaat des Gläubigers oder Nutzniessers und nicht im Belegenheitsstaat zu versteuern ist [54]. Hier wird m. E. die subjektive Steuerpflicht im Belegenheitsstaat zurückgedrängt und nicht bloss ein Steuerobjekt aus einer grundsätzlich weiterbestehenden subjektiven Steuerpflicht ausgeklammert [55].

Gemäss einem Entscheid des Bundesgerichts vom 7. Juli 1983 i. S. R. S. [56] übt eine im Ausland ansässige Person, die zur Entgegennahme einer Abschlusskommission in der Schweiz verweilt, hier eine persönliche Tätigkeit im Sinne von Art. 3 Ziff. 3 lit. *e* BdBSt aus und unterliegt dafür der beschränkten Steuerpflicht in der Schweiz, auch wenn sie daselbst über keine feste Einrichtung verfügt. Nach den meisten Doppelbesteuerungsabkommen können Einkünfte aus selbständiger Erwerbstätigkeit nur dann in einem anderen als dem Ansässigkeitsstaat besteuert werden, wenn der Steuerpflichtige in diesem anderen Staat über eine feste Einrichtung verfügt [57]. Bei Vorliegen eines DBA bestünde mithin die vom Bundesgericht geschützte beschränkte Steuerpflicht nicht mehr. Auch hier wäre die subjektive Steuerpflicht als solche in der Schweiz nicht mehr erfüllt.

b) Kumulation von unbeschränkten Steuerpflichten

aa) Auseinanderfallen von Wohnsitz und Arbeitsort

Besitzt ein Steuerpflichtiger unbestrittenermassen seinen Wohnsitz im Ausland, hält er sich jedoch zur Ausübung einer

---

[54] HÖHN (Fn. 1), 285.
[55] In diesem Sinne auch I. BLUMENSTEIN (Fn. 2), 193 f.
[56] ASA *53* 146. Vgl. auch MULLER GEORGES/RIVIER JEAN-MARC, Régime fiscal applicable à la rémunération des services rendus par un non-resident dans le cadre d'une activité indépendante, RDAF *39* (1983) 137 ff., insbes. 140.
[57] HÖHN (Fn. 1), 156 ff.; OECD-Musterabkommen (Fn. 1), Art. 14 Abs. 1.

Erwerbstätigkeit in der Schweiz auf, ergibt sich hier eine unbeschränkte Steuerpflicht gestützt auf Art. 3 Ziff. 1 lit. *b* BdBSt. Nach den Doppelbesteuerungsabkommen muss unterschieden werden, ob es sich bei dieser Erwerbstätigkeit um eine selbständige oder um eine unselbständige handelt. Im ersten Fall dürften die Einkünfte im Ansässigkeitsstaat besteuert werden, wobei mehrheitlich ein Vorbehalt angebracht wird, sofern die Tätigkeit in einer festen Einrichtung im anderen Staat ausgeübt wird[58]. Einkünfte aus unselbständiger Erwerbstätigkeit hingegen können grundsätzlich am Arbeitsort besteuert werden, sofern es sich nicht nur um kurzfristige Tätigkeiten oder um Grenzgänger handelt[59].

Bleibt in diesem Falle die doppelte unbeschränkte Steuerpflicht bestehen oder verwandelt sich jene am Arbeitsort in eine beschränkte Steuerpflicht? Mit RIVIER[60] ist hier am schweizerischen Arbeitsort von einer bloss beschränkten Steuerpflicht aufgrund des Doppelbesteuerungsabkommens auszugehen[61]. Zur Begründung wird auf das Folgende verwiesen.

bb) Doppelwohnsitz

Hauptsächlich in Fällen eines Doppelwohnsitzes sind die negativen Wirkungen eines Staatsvertrages umstritten. In einem derartigen Falle enthalten die Abkommen einen Katalog von Kriterien, anhand derer zu prüfen ist, welche der beiden persönlichen Zugehörigkeiten dominiert (vgl. etwa Art. 4 des OECD-

---

[58] Ausnahme: Künstler und Sportler sowie Aufsichts- und Verwaltungsräte.
[59] HÖHN (Fn. 1), 160 ff.
[60] RIVIER (Fn. 1), 137. Auch nach HÖHN (Fn. 8), 140 und 174, stellt der Arbeitsort im internationalen Verhältnis – im Gegensatz zum interkantonalen – ein Nebensteuerdomizil dar. Daraus ergibt sich zwangsläufig eine beschränkte Steuerpflicht.
[61] In der BRD resultiert in diesen Fällen schon aufgrund des internen Rechts bloss eine *beschränkte* Steuerpflicht (§ 49 Abs. 1 Ziff. 3 und 4 EStG). – Wenn im Ansässigkeitsstaat keine Einkünfte zu deklarieren sind, dann müssen die Sozialabzüge im Staate des Arbeitsortes gewährt werden (WASSERMEYER FRANZ, Die beschränkte Steuerpflicht, in: Grundfragen des Internationalen Steuerrechts, Köln 1985, 49 ff., insbes. 64).

Musterabkommens[62]). Dann stellt sich für den Staat, dessen Domizilanknüpfung weniger Gewicht besitzt, die Frage, ob die gemäss internem Recht bestehende unbeschränkte Steuerpflicht pro forma weiterbesteht oder ob sie – freilich bloss im Verhältnis zum Vertragsstaat und im Umfang des sachlichen Geltungsbereichs des Abkommens – untergeht[63].

Während nach IRENE BLUMENSTEIN[64] und RIVIER[65] die subjektive Steuerpflicht als solche in einem derartigen Falle hinfällig wird[66], vertritt WIDMER[67] die gegenteilige These. Er führt in diesem Zusammenhang aus:

---

[62] Zitiert Fn. 1 hievor.

[63] Da es bloss um das bilaterale Verhältnis geht, kann ein Steuersubjekt des «leer ausgehenden» Staates sehr wohl DBA mit Drittstaaten beanspruchen, da in dieser Hinsicht die unbeschränkte Steuerpflicht weiterbesteht. Vgl. jedoch den Entscheid der Eidg. Steuerverwaltung vom 20.12.1973, publiziert bei LOCHER/MEIER/VON SIEBENTHAL (Fn. 29), B 4.8 Nr. 4.

[64] IRENE BLUMENSTEIN, Die interne Regelung des internationalen Steuerrechts in der Steuergesetzgebung des Bundes und der Kantone, ASA 9 (1940/41) 1 ff., 65 ff., insbes. 77: «Durch internationale Abkommen kann die Auswirkung der Vorschriften des internen Steuerrechts im Verhältnis zu dem betreffenden Vertragsstaat in dem Sinne eingeschränkt werden, dass die Besteuerung bestimmter *Subjekte* oder Objekte oder eine gewisse Art der Steuerbemessung, wie sie das interne Recht vorsieht, nicht mehr zulässig ist, weil sie in Widerspruch stände zu den Bestimmungen des Abkommens» (Hervorhebung des Verf.); neuerdings *dies.* (Fn. 1), 193: «Am intensivsten werden sich die Doppelbesteuerungsabkommen nach dem ihrem Zweck entsprechenden Inhalt auf diejenigen Bestimmungen des internen Rechts auswirken, welche die Umschreibung des *subjektiven* Elements, d.h. der *Steuerpflicht,* betreffen» (Hervorhebung im Original).

[65] RIVIER (Fn. 1), 137: «...la convention peut avoir pour effet de supprimer complètement l'assujettissement illimité...».

[66] Offenbar auch die Eidgenössische Steuerverwaltung. Vgl. LOCHER/MEIER/VON SIEBENTHAL (Fn. 29), B 4.2 (1): «Gilt eine Person mit Doppelwohnsitz nach Absatz 2 als in der Bundesrepublik ansässig, so darf sie in der Schweiz nur *beschränkt,* d.h. für Einkünfte und Vermögenswerte, *besteuert werden,* für die das Abkommen der Schweiz als Nicht-Wohnsitzstaat (Quellenstaat) ein Besteuerungsrecht zuteilt» (Hervorhebung des Verf.). Im gleichen Sinne in einem Entscheid der EStV vom 1.5.1973, B 4.2 (5) und vom 20.12.1973, B 4.8 (4).

[67] WIDMER (Fn. 2), 104 f.; *ders.* (Fn. 4), 410.

«Eine Person kann nach den internen Rechten in beiden Vertragsstaaten steuerlichen Wohnsitz haben. In diesem Fall dient die Wohnsitzdefinition des Abkommens, d. h. die Bezeichnung eines Staates als Wohnsitzstaat im Sinn des Abkommens, nur der Bestimmung des zur ausschliesslichen Besteuerung gewisser Objekte zuständigen Staates: sie schliesst den anderen Staat von der Besteuerung der dem «Wohnsitzstaat» (im Sinne des Abkommens) zur ausschliesslichen Besteuerung zugeteilten Objekte aus. *Nur die objektive Steuerpflicht wird eingeschränkt;* der Steuerpflichtige wird deswegen im «anderen Staat» nicht zur steuerlich nichtansässigen Person. Die nach internem Recht an den Wohnsitz geknüpften Vor- und Nachteile (Progression, Abzüge, Tarif) bleiben in diesem anderen Staat bestehen»[68].

Zur Begründung verweist WIDMER auf den allgemein anerkannten Grundsatz, dass ein DBA keinen Einfluss auf die Art und Höhe der Besteuerung habe; dies sei in der Regel dem internen Recht überlassen[69]. Daraus wird gefolgert, eine aufgrund des internen Rechts bestehende unbeschränkte Steuerpflicht könne nicht durch ein DBA in eine beschränkte umgewandelt werden. Derselbe Schluss wird von Doktrin und Judikatur sowohl in der Bundesrepublik[70] wie auch in Österreich[71] gezogen.

Da es hier um ein rein internrechtliches Problem geht, erweisen sich die rechtsvergleichenden Hinweise als nicht aussagekräftig. Dies vor allem auch deshalb, weil in der Bundesrepublik und in Österreich zwischen beschränkter und unbeschränkter Steuer-

---

[68] WIDMER (Fn. 2), 104 f. (Hervorhebung des Verf.).
[69] WIDMER (Fn. 4), 410. – In diesem Sinne auch EBLING (Fn. 3), 338; KLUGE (Fn. 1), 157; VOGEL (Fn. 1), 117; PHILIPP ALFRED/LOUKOTA HELMUT/POLLAK ROBERT, Internationales Steuerrecht, 2. Aufl. Wien 1976, Z 4 N. 27. – Ferner die in Fn. 12 hievor und 71 hienach angegebenen Urteile.
[70] HERRMANN CARL/HEUER GERHARD/RAUPACH ARNDT, Kommentar zur Einkommensteuer und Körperschaftsteuer, 19. Aufl. Köln 1982, N. 20 zu § 1 EStG; VOGEL (Fn. 3), N. 13 zu Art. 4, S. 140. Vgl. auch das Schreiben des Bundesministers der Finanzen (Anwendungsgrundsätze zum DBA-D 71) vom 26.3.1973, publiziert bei LOCHER/MEIER/VON SIEBENTHAL (Fn. 29), A 4.3.1, S. 19. – A. M. VOGEL (Fn. 14), 32 ff.; BLÜMICH WALTER/FALK LUDWIG, Einkommensteuergesetz, 9. Aufl. Berlin/Frankfurt a. M. 1964, 275. – Zur Judikatur vgl. Fn. 12 hievor.
[71] PHILIPP/LOUKOTA/POLLAK (Fn. 69), Z 4 N. 24 ff. – Entscheid des VwGH 7. 4. 1961, Zl 1744/60 vom 30. 3. 1962, Zl 757/60, vom 12. 6. 1964, Zl 96/64.

pflicht grundlegende Unterschiede bestehen (Progressionsvorbehalt, Abzüge, Tarife)[72], was für die Schweiz nicht oder nicht im selben Ausmass zutrifft (vgl. unten). Die Konsequenzen sind deshalb «unvoreingenommen» aus dem eigenen internen Recht heraus abzuleiten.

Dazu ist in Erinnerung zu rufen, dass das Verständnis des internationalen Steuerrechts der Schweiz sehr stark durch die Rechtsprechung des Bundesgerichts zum interkantonalen Doppelbesteuerungsverbot geprägt ist. Wird aber die interkantonale Doppelbesteuerung als «Eingriff in die Steuerhoheit eines anderen Kantons» aufgefasst[73], ist es völlig undenkbar, dass eine kollisionsrechtswidrige subjektive Steuerpflicht im interkantonalen Verhältnis – wenn auch nur pro forma – weiterbestehen könnte.

Entscheidend ist jedoch m. E., dass das schweizerische Steuerrecht nur eine steuerrechtliche Zugehörigkeit aufgrund *persönlicher* Merkmale kennt, welche zu einer grundsätzlich *un*beschränkten (eventuell etwas *ein*geschränkten, beispielsweise aufgrund von Art. 19 dBSt) Steuerpflicht führt, und daneben eine Zugehörigkeit aufgrund *wirtschaftlicher* Anknüpfungspunkte, die eine bloss *be*schränkte Unterwerfung unter die schweizerische Steuerhoheit nach sich zieht. Eine Kombination dieser beiden Steuerpflichten, d. h. eine steuerrechtliche Zugehörigkeit aufgrund persönlicher Momente, aus der eine bloss beschränkte Steuerpflicht resultiert, gibt es nicht. Eine unbeschränkte (subjektive) Steuerpflicht mit beschränkter (objektiver) Steuerpflicht ist sowohl dem kantonalen Steuerrecht wie auch dem Recht der direkten Bundessteuer unbekannt. Die subjektive und die objektive Seite des Steuerrechtsverhältnisses sind in dieser Beziehung untrennbar miteinander verbunden. Dies erhellt auch daraus, dass für den subjektiven und für den objektiven Aspekt einer Steuer-

---

[72] WASSERMEYER (Fn. 61), 62 ff.; DORALT WERNER/RUPPE HANS GEORG, Grundriss des österreichischen Steuerrechts, Bd. I, 3. Aufl. Wien 1986, 193 ff. Vgl. auch KLUGE (Fn. 1), 36; MÖSSNER (Fn. 1), 155; TIPKE (Fn. 1), 167.
[73] HUBER (Fn. 8), 50. Vgl. auch HÖHN (Fn. 1), 58.

pflicht (unzweckmässigerweise) derselbe Begriff der «unbeschränkten» bzw. «beschränkten» Steuerpflicht verwendet wird. Genau dazu würde es jedoch führen, wenn man bei einem Doppelwohnsitz im «unterliegenden» Staat weiterhin von einer unbeschränkten Steuerpflicht ausginge, wenn andererseits gleichwohl noch gewisse Faktoren (z.B. Liegenschaftserträge oder Geschäftseinkommen) daselbst steuerlich erfasst werden dürften. Es ergäbe sich dann eine unbeschränkte (subjektive) in Verbindung mit einer beschränkten (objektiven) Steuerpflicht, was ein internrechtliches Monstrum darstellt. Bezeichnenderweise betrachtet denn auch MENETREY[74] einen internationalen Beamten, der aufgrund völkerrechtlicher Verträge oder Gepflogenheiten steuerlich privilegiert ist, als «non-résident»; dieser werde bloss aufgrund seiner wirtschaftlichen Beziehungen zur Schweiz (assujetissement fiscal limité) wie eine nichtansässige Person besteuert.

Dieses Ergebnis wird durch Art. 3 BdBSt erhärtet. Diese Bestimmung, welche die subjektive Steuerpflicht zum Gegenstand hat (Randtitel: «Die Steuerpflichtigen»), enthält im Ingress ausdrücklich den Vorbehalt abweichender staatsvertraglicher Regelungen. Es ist unbestritten, dass darunter ebenso die von der Schweiz abgeschlossenen Doppelbesteuerungsabkommen fallen[75]. Auch Art. 3 BdBSt geht offensichtlich davon aus, dass unter gewissen Voraussetzungen die subjektive Steuerpflicht als solche – sei es eine unbeschränkte gemäss Ziff. 1 oder 2 oder eine beschränkte gemäss Ziff. 3 – zufolge «Unverträglichkeit» mit dem Staatsvertragsrecht zurückzuweichen hat[76]. Wäre von

---

[74] MENÉTREY GÉRARD, Les privilèges fiscaux des fonctionnaires internationaux, RDAF *29* (1973) 255 ff., 297 ff., insbes. 234. – Vgl. auch VGE GE vom 9.11.1983, StE 84 B 72.14.2 Nr. 1; dazu BGE vom 31.7.1985, ASA *55* 166 = StE 85 B 72.14.2. Nr. 3. – A.M. OBERSON RAOUL, Le fonctionnaire internationale, domicilié à Genève est-il «contribuable en Suisse»?, RDAF *41* (1985) 97 ff.

[75] KÄNZIG (Fn. 19), N. 25 zu Art. 3 BdBSt.

[76] BGE vom 30.4.1985 i.S. M., RTT *1986* 451 Erw. 4a. «Da questo disposto (art. 3 DIN) si evince in primo luogo che, per queste persone, una deroga al principio dell'assoggettamento può sgorgare unicamente dalle disposizioni delle

diesem Vorbehalt stets nur die objektive Steuerpflicht betroffen, dann hätte er nicht bei der Ordnung der subjektiven, sondern im Bereich der objektiven Steuerpflicht angebracht werden müssen. Im übrigen sprechen auch Folgeerwägungen für diese Lösung. Gälte ein Steuerpflichtiger, der gestützt auf ein DBA in einem anderen Staat ansässig wäre, in der Schweiz nach wie vor als unbeschränkt steuerpflichtige Person, dann müssten zwangsläufig die sämtlichen mit diesem Status verbundenen Vorteile gewährt werden. Wären daselbst aufgrund anderer Anknüpfungspunkte (z. B. Belegenheit oder Quelle) gewisse Faktoren steuerbar, dann könnte dieser Steuerpflichtige gestützt auf Art. 25 Abs. 2 BdBSt alle persönlichen Abzüge – voll – beanspruchen, obschon seine persönlichen Verhältnisse im eigentlichen Ansässigkeitsstaat nochmals vollumfänglich berücksichtigt werden. Dadurch würde der Steuerpflichtige besser behandelt, als wenn er bloss einer einzigen Steuerhoheit unterworfen wäre. Das kann aber nicht Sinn eines Doppelbesteuerungsabkommens sein; darin läge ein Verstoss gegen Art. 4 BV[77].

Aber auch dann, wenn sonst keine andere Anknüpfung gegeben wäre, so dass im «leer ausgehenden» Staat effektiv keine Steuern anfielen, wäre bei grundsätzlicher Bejahung einer subjektiven Steuerpflicht gleichwohl von der Existenz eines Steuerrechtsverhältnisses auszugehen. Das Subjekt müsste diesfalls trotzdem seine formellen Verpflichtungen erfüllen und zumindest eine Steuererklärung ausfüllen. Auch diese Konsequenz

---

convenzioni internazionali ed in modo particolare dai trattati di doppia imposizione ...».

[77] So auch WASSERMEYER (Fn. 61), 63 f. Auch DORALT/RUPPE (Fn. 72), 204, äussern Bedenken gegenüber einer Berücksichtigung von Sozialabzügen in mehreren Staaten. – Das Problem stellt sich nur bei der direkten Bundessteuer, weil nach interkantonaler Doppelbesteuerungspraxis bei bloss teilweiser Steuerpflicht die Sozialabzüge verhältnismässig angerechnet werden (HÖHN [Fn. 8], 253 f.; LOCHER [Fn. 8], § 9 III Nr. 1–4). Nach Art. 35 Abs. 3 des künftigen Bundesgesetzes über die direkte Bundessteuer sollen die Sozialabzüge bei teilweiser Steuerpflicht anteilsmässig gewährt werden, so dass sich später bei der BdBSt auch keine Schwierigkeiten mehr ergeben werden.

wäre offensichtlich sinnlos. Dieses Ergebnis kann jedoch nur vermieden werden, wenn die Weiterexistenz der unbeschränkten Steuerpflicht als solche verneint wird.

IV. NEGATIVE WIRKUNG IM ENGEREN SINNE (EINSCHRÄNKUNG DER LANDESNORM) AUF DIE VERRECHNUNGSSTEUER

Die Antwort auf die Frage, ob sich die Befreiungsmethode stets nur auf die objektive Seite des Steuerrechtsverhältnisses bezieht und die subjektive Steuerpflicht intakt lässt oder nicht, hat vor allem im Bereiche der Verrechnungssteuer Konsequenzen. Dabei ist zu unterscheiden zwischen den Auswirkungen in der *Erhebungsphase* und jenen in der *Rückerstattungsphase*. Bei letzterer ist nochmals zwischen natürlichen und juristischen Personen zu differenzieren.

1. Auf die Erhebung der Verrechnungssteuer

Verrechnungssteuerpflichtig ist gemäss Art. 10 Abs. 1 VStG der «Schuldner der steuerbaren Leistung». Steuerbare Leistungen sind bei den hier allein interessierenden Erträgen beweglichen Kapitalvermögens stets nur die Erträge der von Inländern ausgegebenen Obligationen, Beteiligungsrechte, Anlagefondsanteile sowie Kundenguthaben usw. Was ein «Inländer» ist, wird in Art. 9 Abs. 1 VStG näher umschrieben:

«Inländer ist, wer im Inland Wohnsitz, dauernden Aufenthalt oder statutarischen Sitz hat oder als Unternehmen im inländischen Handelsregister eingetragen ist; als Inländer im Sinne von Artikel 4 gelten auch juristische Personen oder Handelsgesellschaften ohne juristische Persönlichkeit, die ihren statutarischen Sitz im Ausland haben, jedoch tatsächlich im Inland geleitet werden und hier eine Geschäftstätigkeit ausüben.»

Wie ist nun vorzugehen, wenn eine Gesellschaft, die grundsätzlich verrechnungssteuerbelastete Erträge ausschüttet, in zwei

Staaten ansässig ist, die miteinander ein Doppelbesteuerungsabkommen abgeschlossen haben? Nach Art. 4 Abs. 3 OECD-Musterabkommen[78] gälte sie in dem Staat als ansässig, in dem sich der Ort ihrer *tatsächlichen Geschäftsleitung* befindet. Wäre beispielsweise bloss der statutarische Sitz in der Schweiz, der Ort der tatsächlichen Geschäftsleitung hingegen in einem Vertragsstaat, dann dürfte diese Gesellschaft keinen schweizerischen Einkommens- bzw. Gewinnsteuern unterworfen sein. Gilt dies auch für die Verrechnungssteuer?

Da sich die schweizerischen DBA ebenso auf die Verrechnungssteuer beziehen[79], trifft dies in der Tat zu. Ein Vorbehalt ist nur dann anzubringen, wenn ein DBA die Kapitalertragssteuer am formellen Sitz in diesem Falle ausdrücklich vorbehält wie beispielsweise in Art. 4 Abs. 10 DBA-D. In allen übrigen Fällen müsste hier auch die Verrechnungssteuer das bessere Recht des Vertragsstaates, wo der Ort der tatsächlichen Geschäftsleitung ist, anerkennen und zurückstecken[80].

2. *Auf die Rückerstattung der Verrechnungssteuer*

a) Bei natürlichen Personen

Natürliche Personen haben Anspruch auf Rückerstattung der Verrechnungssteuer, wenn sie bei Fälligkeit der steuerbaren Leistung im Inland Wohnsitz hatten (Art. 22 Abs. 1 VStG). Der Rückerstattungsanspruch von natürlichen Personen, die infolge blossen Aufenthaltes unbeschränkt steuerpflichtig geworden sind, ist in Art. 51 Abs. 1 VStV geregelt.

Verfügt nun aber eine natürliche Person über einen Doppelwohnsitz und ist sie gemäss DBA nicht in der Schweiz ansässig,

---

[78] Zitiert Fn. 1 hievor.
[79] HÖHN (Fn. 1), 69; RYSER (Fn. 6), 400. Vgl. ebenso BGE vom 25. 7. 1979 i. S. X., Erw. 3 a (nicht publ.).
[80] So auch RYSER (Fn. 2), 134 N. 2 für das DBA-GB (und DBA-F) unter Vorbehalt der in der Schweiz erzielten Gewinne bzw. der Ausschüttungen an Steuerpflichtige in der Schweiz.

dann sollte sie hier auch keinen Rückerstattungsanspruch mehr besitzen; denn die Verrechnungssteuer soll nur demjenigen Empfänger einer um diese Steuer gekürzten Leistung erstattet werden, der für dieses Einkommen und das Vermögen, woraus solches fliesst, in der Schweiz steuerpflichtig ist[81]. Nach dem unter III.5.b.bb hievor Vertretenen ist aber in einem solchen Falle eine Person in der Schweiz nicht mehr subjektiv steuerpflichtig, weshalb auch kein Rückerstattungsanspruch mehr bestehen kann. Zu diesem Ergebnis kommt ebenso WIDMER[82]:

«Den in der Schweiz wohnhaften Personen wird die von Dividenden und bestimmten Zinsen abgezogene Verrechnungssteuer auf die persönlich geschuldeten Steuern angerechnet oder erstattet. Wenn eine solche Person zugleich in einem anderen Staat unbeschränkt steuerpflichtig ist und sie gestützt auf das mit diesem anderen Staat abgeschlossene Abkommen als im anderen Staat ansässig zu betrachten ist, so wird ihr die Verrechnungssteuer nicht mehr nach Massgabe des internen Rechts erstattet; dieser Steuerpflichtige wird vielmehr für Ausmass und Verfahren auf das anwendbare Abkommen verwiesen; denn er ist nicht mehr unbeschränkt den schweizerischen Einkommensteuern unterworfen (was Voraussetzung für die internrechtliche Erstattung der Verrechnungssteuer ist).»

Das Besondere an dieser Auffassung ist nun, dass nach WIDMER die unbeschränkte (subjektive) Steuerpflicht in einem derartigen Falle zwar weiterbesteht und die Rückerstattung nur aufgrund der Tatsache, dass ein Steuerpflichtiger diesfalls «nicht mehr unbeschränkt den schweizerischen Einkommensteuern unterworfen» ist, verweigert wird[83].

Damit wird m.E. erneut bestätigt, dass dem schweizerischen Steuerrecht ein Auseinanderfallen von unbeschränkter (subjektiver) und unbeschränkter (objektiver) Steuerpflicht fremd ist. Nur wenn beide Elemente gleichzeitig erfüllt sind, entsteht eine erstattungsanspruchsbegründende Steuerpflicht. Aus einer unbe-

---

[81] PFUND/ZWAHLEN (Fn. 10), N. 1.2 zu Art. 22 VStG.
[82] WIDMER (Fn. 4), 410.
[83] Es gibt freilich ebenso einen Rückerstattungsanspruch bloss beschränkt Steuerpflichtiger (Art. 51 Abs. 2 VStV), sofern diese für die verrechnungssteuerbelasteten Einkünfte bzw. für das entsprechende Vermögen Einkommens- bzw. Vermögensteuern zu entrichten haben.

schränkten (subjektiven) Steuerpflicht mit beschränkten (objektiven) Steuerfolgen – die nicht unbedingt durch eine Quellensteuer(sockelbelastung), sondern ebensosehr auf dem Veranlagungswege (wenn auch betragsmässig genau limitiert) ausgeschöpft werden könnte – erwüchse kein Erstattungsanspruch, weil diese beschränkte (objektive) Steuerpflicht doch allzusehr limitiert wäre. Dazu fiele beispielsweise keine kantonale Vermögensteuer an, wäre doch diese – soweit sich das DBA sachlich überhaupt darauf bezieht – stets im Ansässigkeitsstaat geschuldet, was ebenfalls einer Erstattung entgegenstünde.

b) Bei juristischen Personen

Gemäss Art. 24 Abs. 2 VStG haben juristische Personen und Handelsgesellschaften ohne juristische Persönlichkeit Anspruch auf Rückerstattung der Verrechnungssteuer, wenn sie bei Fälligkeit der steuerbaren Leistung ihren Sitz im Inland hatten. Diese Formulierung lässt offen, ob unter «Sitz» der statutarische Sitz oder der tatsächliche Sitz gemeint ist. Nach PFUND/ZWAHLEN[84] steht den juristischen Personen das Recht der Rückerstattung der Verrechnungssteuer immer dann zu, wenn diese aufgrund des «kommunalen, kantonalen oder internationalen Steuerrechts ihres Sitzes wegen im Inland steuerpflichtig sind».

Da eine juristische Person bei Doppelwohnsitz, sofern sich in der Schweiz nur der statutarische Sitz befindet, anderswo als ansässig im Sinne des Abkommens gilt, ist sie nach der hier vertretenen These auch nicht unbeschränkt steuerpflichtig, so dass ihr auch kein Erstattungsanspruch zustehen sollte. Es gilt damit dasselbe wie für natürliche Personen (vgl. IV.2.a hievor). Eine Ausnahme wäre bloss dann zu machen, wenn gestützt auf eine Sonderbestimmung in einem DBA die Verrechnungssteuer auch bei Doppelwohnsitz einer juristischen Person gleichwohl am formellen Sitz erhoben werden dürfte, wie dies beispielsweise Art. 4 Abs. 10 DBA-D vorsieht. In einem solchen Fall wäre es

---

[84] PFUND/ZWAHLEN (Fn. 10), N. 5.4 zu Art. 24 Abs. 2 VStG.

nichts als folgerichtig, dass ihr auch das Rückerstattungsrecht weiterhin zustehen würde[85].

Anderseits sollte eine juristische Person, die aufgrund ihrer tatsächlichen Geschäftsleitung in der Schweiz verrechnungssteuerpflichtig würde (Art. 9 Abs. 1 zweiter Halbs. VStG), auch dann gestützt auf Art. 24 Abs. 2 VStG einen Rückerstattungsanspruch besitzen, wenn sich der formelle Sitz im Ausland befindet, sie aber hier gleichwohl unbeschränkt steuerpflichtig ist und tatsächlich mindestens Kantons- und Gemeindesteuern[86] entrichtet[87].

V. ZUSAMMENFASSUNG

Die vorstehenden Ausführungen lassen sich folgendermassen zusammenfassen:
1. Eine Doppelbesteuerungsnorm vermag eine inexistente Landesnorm nicht zu ersetzen. Dies gilt vor allem für belastende, weniger für begünstigende Normen. Soweit sich aber Begünstigungen auf ein DBA abstützen lassen, müssen ebenso vorteilhafte Normen aus Symmetrieüberlegungen eingeschränkt werden können (was zwar faktisch zu einer Belastung führt).
2. Ist eine Landesnorm vorhanden, die durch ein DBA tangiert wird, dann hängen die Auswirkungen von der Ursache der Doppelbesteuerung und der anwendbaren Technik ab. Die

---

[85] Insoweit kann dem Entscheid der Eidgenössischen Steuerverwaltung vom 19. 2. 1981 (vgl. Fn. 29 hievor) im *Ergebnis* gleichwohl zugestimmt werden.

[86] Anders verhält es sich bei der direkten Bundessteuer, wo sich die unbeschränkte Steuerpflicht einer juristischen Person in der Schweiz nach der Veranlagungspraxis bloss dann ergibt, wenn der *statutarische Sitz* hier ist (KÄNZIG [Fn. 19], N. 12 zu Art. 3 Ziff. 2 BdBSt).

[87] In diesem Sinne sind wohl auch PFUND/ZWAHLEN (Fn. 10), N. 5.4 zu Art. 24 Abs. 2 VStG zu verstehen. – Anders jedoch ein neuerer Entscheid der EStV vom 21. 1. 1987, publiziert bei STOCKAR (Fn. 29), Bd. 1, Nr. 4 zu Art. 24 Abs. 2 VStG. Bei diesem Entscheid ging es jedoch um eine Holdinggesellschaft, weshalb wohl auch keine Ertragssteuern erhoben worden waren.

Anrechnungsmethode wirkt sich nur gerade auf den Steuerbetrag aus. Die Folgen einer Befreiung hingegen sind komplexer. Resultiert die Doppelbesteuerung aus einer Kumulation von beschränkter und unbeschränkter Steuerpflicht, dann beschlägt eine Befreiung im Ansässigkeitsstaat ebenfalls nur die objektive Seite des Steuerrechtsverhältnisses. Bei einer Befreiung im Belegenheits-, Betriebsstätte- bzw. Quellenstaat wird die beschränkte Steuerpflicht als solche zurückgedrängt. Auch im Sonderfall der doppelten unbeschränkten Steuerpflicht ist die subjektive Steuerpflicht betroffen, wobei bei einem Auseinanderfallen von Wohnsitz und Arbeitsort die unbeschränkte in eine beschränkte Steuerpflicht umgewandelt wird und im Falle eines Doppelwohnsitzes die eine unbeschränkte Steuerpflicht völlig verdrängt wird (unter Vorbehalt von Anknüpfungen aufgrund wirtschaftlicher Beziehungen).
3. Diese Ergebnisse sind folgerichtigerweise auch auf die Verrechnungssteuer zu übertragen, was sich hauptsächlich in der Weise auswirkt, dass gegebenenfalls ein im internen Recht bestehender Rückerstattungsanspruch durch das Staatsvertragsrecht ebenfalls eingeschränkt wird.

WALTER RYSER

L'ÉROSION UNILATÉRALE DE LA PORTÉE DES TRAITÉS PRÉVENTIFS DE LA DOUBLE IMPOSITION

I. INTRODUCTION

Jetant un regard sur l'évolution du droit fiscal international durant les vingt dernières années, on ne peut manquer de percevoir, dans un grand nombre d'Etats, un mouvement vers un élargissement du champ de leur juridiction fiscale. Cette tendance intéresse au premier chef les non-résidents, mais tout autant les résidents ayant des intérêts extra-territoriaux ou abandonnant le pays. Elle est tributaire d'une hantise de l'abus et conduit à une exacerbation de l'exercice de la souveraineté fiscale.

Sur le plan des conventions préventives de la double imposition, la démarche est parallèle. D'instruments ayant pour objectif essentiel de lutter contre le fléau de la double imposition, elles sont devenues des instruments tendant, en outre et de plus en plus, à la coopération interétatique pour assurer une meilleure mise en œuvre des prétentions fiscales nationales. Alors que, dans le passé, l'accent était mis principalement sur l'attribution exclusive de juridiction à l'un ou l'autre Etat sur les diverses matières imposables, associée à certains dégrèvements lors de concours résiduels d'imposition, et ceci dans une optique libérale de promotion des relations commerciales et financières internationales, cet accent est porté désormais tout autant sur l'obtention de la collaboration de l'autre Etat afin d'éviter que les résidents ne jouissent d'aucun bénéfice indu et sur l'accentuation des restrictions dans la concession de dégrèvements. Dans la renégociation de traités, il devient typique de laisser le champ libre à des mesures défensives nationales, ce qui réduit d'autant la portée des règles de dégrèvement ou de partage traditionnelles: Ainsi les cas de rémanence de l'ancien domicile[1] (condition de l'assujettissement) se multiplient-ils, ainsi des mesures anti-abus sont-elles incorporées aux traités et forment-elles autant d'entraves à l'obtention de leurs bénéfices, ainsi les dégrèvements ne sont-ils plus accordés que par la méthode du crédit d'impôt plutôt que de l'exemption, etc.

Mais, outre l'effet de ces solutions concertées et négociées, il est intéressant de constater que la portée des traités est influencée par des mesures unilatérales de l'un ou l'autre des Etats en présence. Ce phénomène n'est pas nouveau. La portée effective des traités a toujours été élastique: Si l'un des Etats décrète par exemple une augmentation du taux de l'impôt à la source perçu sur les dividendes, le bénéfice qu'apporte le traité devient proportionnellement plus grand. Inversement, si l'un des Etats abandonne l'imposition d'une certaine matière ou supprime une perception à la source faisant l'objet d'un dégrèvement contractuel, le bénéfice qu'apportait le traité en est réduit d'autant. Ces altérations n'ont pas pour effet de modifier l'effet qu'on pourrait appeler l'effet «net» des conventions. Mais ce n'est pas à ces variations que nous nous attacherons dans ce qui va suivre. Au contraire, nous nous occuperons uniquement de cas où un désavantage effectif se produit dans le chef d'un contribuable de l'autre Etat en raison d'une mesure unilatérale dépréciant l'effet inhérant jusqu'ici à une règle conventionnelle, c'est à dire de cas où l'effet «net» des traités se rétrécit.

Une convention préventive de la double imposition est presque toujours le résultat d'un certain marchandage, d'un échange de concessions réciproques. Cependant, on devrait pouvoir s'attendre que, ses termes arrêtés, les Etats s'y tiendront et que le contribuable, de son côté, pourra tabler, pour l'agencement de ses propres affaires, sur une base sûre et des conséquences prévisi-

---

[1] Voir WALTER RYSER, Introduction au droit fiscal international de la Suisse, Berne 1980, 162 s.

bles. Il est évident qu'un sentiment de frustration s'établit, si, par la suite, les avantages apparents dérivant d'une telle convention se révèlent amoindris ou inaccessibles en raison de l'attitude ou de l'action d'un seul des Etats en présence.

II. ILLUSTRATION DU PROPOS

1. Prééminence du traité ou de la loi nationale postérieure

Cette question joue évidemment aussi son rôle sur le plan fiscal international. Elle se résume à celle de savoir si une loi nationale postérieure peut mettre en échec les dispositions d'un traité antérieur. En Suisse, il est généralement admis que cela ne saurait être le cas. Toutefois, la prédominance du traité sur la loi n'est pas énoncée dans une disposition constitutionnelle expresse. Elle est le résultat de la jurisprudence du Tribunal fédéral, appuyé en cela par une partie prédominante de la doctrine. Comme le démontre fort bien le professeur ANDRÉ GRISEL[2], la Constitution fédérale, à l'art. 113, al. 3, oblige les tribunaux à appliquer les traités aussi bien que les lois fédérales sans permettre le contrôle de leur constitutionnalité, mais sans pour autant se prononcer sur leur rang hiérarchique respectif. En droit fiscal suisse, la situation est d'ailleurs clarifiée, en tout cas en ce qui concerne les impôts directs fédéraux, puisque la loi elle-même décrète que l'assujettissement se fait «sous réserve des dispositions contraires contenues dans les conventions internationales» (art. 3, al. 1 AIFD[3]). Pour les droits fiscaux cantonaux, la prééminence des traités résulte de la prépondérance structurelle[4] du droit fédéral et notamment de

---

[2] «A propos de la hiérarchie des normes juridiques», dans Schweizerisches Zentralblatt für Staats- und Gemeindeverwaltung 88 (1987), 377 s.

[3] ACF du 9 décembre 1940 sur la perception d'un impôt fédéral direct, avec ses modifications; RS 642.11.

[4] JEAN-FRANÇOIS AUBERT, La hiérarchie des règles, Revue de Droit Suisse 1974 II, 193 s.

l'art. 8 de la Constitution fédérale. Bien que la loi sur l'impôt anticipé [5] garde le silence sur ce point, il n'a jamais été mis en doute que sa portée était, elle aussi, restreinte par le droit international conventionnel [6].

Mais si la Suisse reste ainsi fidèle à la règle «pacta sunt servanda» cela n'est pas nécessairement le cas de tous ses partenaires contractuels. La grande exception ici est le fait des Etats-Unis d'Amérique. L'art. 7852 (d) du code américain des impôts [7], déclare en effet, que les dispositions de ce code ne sauraient être applicables là où elles seraient contraires à des obligations contractuelles «in effect on the date of enactment of this title», ce qui est interprété comme signifiant que des dispositions du code postérieures ont en principe la priorité. Récemment, à l'occasion de la promulgation de la loi de réforme fiscale de 1986 et plus exactement de la loi corrigeant cette loi de réforme, la portée de cet article a été confirmée, donnant – et ceci contre l'avis de la «Treasury» – la prééminence à la loi nationale postérieure sauf dérogation expresse. Les Etats étrangers, dont la Suisse, et leurs contribuables se trouvent donc constamment et potentiellement à la merci d'un changement de législation interne américaine pouvant mettre en échec, déprécier ou abolir des avantages conventionnels antérieurs. Nous ne citerons à ce sujet que deux exemples: celui de ce qu'il est convenu d'appeler la «super royalty» et celui de la «branch level tax».

2. La «super royalty»

Les conventions contiennent – et c'est le cas évidemment des conventions conclues avec les Etats-Unis – des règles permettant

---

[5] LF du 13 octobre 1965 sur l'impôt anticipé, avec ses modifications; RS 642.21.

[6] Ce qui a pour effet, entre autres, de mettre hors circuit l'art. 21, al. 2 LIA (dans la mesure où il fait obstacle au remboursement déjà si celui-ci «pourrait» permettre d'éluder l'impôt). Les conséquences de l'utilisation abusive d'une règle conventionnelle demeurent bien entendu réservées.

[7] Internal Revenue Code of 1986, cité IRS.

aux Etats de redresser les profits de leurs contribuables, lorsque des transactions sont passées avec des entreprises apparentées à des termes et modalités qui diffèrent de ceux qui auraient été adoptés, si ces transactions avaient été passées avec des personnes tierces, dans des conditions de pleine concurrence. Les Etats se reconnaissent par conséquent un droit d'intervenir, en vue de corriger des transferts artificiels de profits d'une juridiction à l'autre. Le critère unanimement adopté dans la communauté internationale est donc la comparaison avec des termes «objectivisés», c'est-à-dire de ceux qui dériveraient de rapports «at arm's length». On adopte par conséquent comme test le «Drittvergleich», c'est-à-dire, la recherche des termes qu'aurait vraisemblablement adoptés un gérant prudent et avisé agissant à l'égard d'une partie tierce. Mais il est évident que le commerçant prudent et avisé doit, dans la vie de tous les jours, agir en fonction de prévisions: qu'est-il possible d'obtenir aujourd'hui, de bonne foi, sur le marché, en fonction de toutes les circonstances actuelles? Même en objectivisant sa démarche, elle reste nécessairement le fruit d'une optique «ex ante». Or, voici soudain que les Etats-Unis s'avisent de renverser entièrement l'ordre des valeurs, s'agissant de transferts de biens du patrimoine intellectuel (tant d'ailleurs pour des transferts de la propriété que de l'usage) entre personnes apparentées. L'idée, évidemment, est d'empêcher que des maisons mères américaines ne transfèrent à leurs propres filiales étrangères de tels biens ou l'usage de tels biens sans que le bénéfice effectif futur de l'utilisation de ces biens ne soit entièrement compensé par une contre-prestation équivalente sous forme du prix ou de royautés. Par la simple opération d'une petite modification de l'art. 482 du code, les Etats-Unis ont décidé que désormais la contre-prestation pour le transfert de tels biens du patrimoine intellectuel devra se mesurer selon le produit effectif futur retiré de l'utilisation de tels biens. Par conséquent, au lieu d'une optique «ex ante», c'est une optique «ex post» qui est choisie, de sorte que les termes de toute transaction de cette nature pourront être revus dans le futur et d'où l'obligation faite aux parties, notamment si l'utilisation des biens s'avère très bénéfique, de verser par la suite des compensations complémentaires – précisément la «super royalty» – donc de revenir sur les termes antérieurs de l'opération. A la limite, il ne sera plus possible d'avoir des transactions définitives, dont les termes sont fixés une fois pour toutes et si possible lors de leur conclusion. L'épée de Damoclès de redressements de profits rétrospectifs restera suspendue indéfiniment au-dessus de la tête des contribuables aux prises. Or, lorsqu'on sait la difficulté qu'il y a, en Suisse notamment, d'obtenir ce qu'on appelle des «réajustements correspondents» et surtout l'imperméabilité actuelle des autorités fiscales à comprendre que la «restitution de l'excédent» doit pouvoir s'effectuer en neutralité d'impôt[8], on comprend que les partenaires des Etats-Unis – et notamment les contribuables suisses – aient des raisons de s'inquiéter. Changeant unilatéralement les règles du jeu, telles qu'elles sont stipulées à l'art. IV de la convention américano-suisse[9], les Etats-Unis s'arrogent donc le droit de modifier unilatéralement son effet.

3. La «branch level tax»

On sait que les Etats-Unis perçoivent un impôt à la source sur les dividendes versés par les sociétés américaines à des non-résidents, ainsi que sur les intérêts versés par des débiteurs américains à des non-résidents. Lorsqu'une entreprise étrangère possède aux Etats-Unis uniquement une succursale, les bénéfices de cette dernière (n'étant pas des dividendes d'une société américaine) ne faisaient pas dans le passé l'objet d'une telle imposition à la source. En revanche, les Etats-Unis prétendent lever dans le chef du siège principal étranger leur propre impôt à la source sur les dividendes et intérêts dans la mesure où – versés par ce siège

---

[8] Voir à ce sujet l'article de l'auteur publié dans Archives de droit fiscal suisse, vol. 53, 465 s. ainsi que la réponse de l'Administration par la plume de Monsieur CONRAD STOCKAR dans les mêmes Archives, vol. 54, 321 s.
[9] Convention du 9 juillet 1951, RS 0.672.933.62.

principal étranger – ils peuvent être considérés issus de source américaine [10]. C'est ce qu'on appelle la perception de la «second level dividend tax» et de la «second level interest tax». Dans la convention américano-suisse, l'art. XIV fait précisément allusion à cette imposition à laquelle les Etats-Unis renoncent lorsqu'une société suisse verse des dividendes et intérêts à un résident de Suisse ou à une société suisse. D'un autre côté, les Etats-Unis ont, depuis quelque temps, adopté une attitude extrêmement restrictive en ce qui concerne l'octroi du bénéfice des traités (notamment des réductions du taux de l'impôt à la source sur les dividendes et les intérêts), lorsque les bénéficiaires des revenus conventionnellement dégrevés sont des sociétés de l'autre Etat, elles-mêmes dominées par des non-résidents. Les Etats-Unis ont même établi des articles-modèles, qu'ils désirent introduire dans leurs futures conventions, incorporant les restrictions correspondantes, destinées à mettre le holà à ce qu'ils appellent le «treaty shopping» [11].

Or voici que, à l'occasion de la réforme fiscale de 1986, les Etats-Unis se sont avisés d'introduire, d'abord, une imposition à la source des bénéfices de succursales américaines de sociétés étrangères. En ce sens, ils ont imité ce que pratiquent depuis bien longtemps la France et le Canada et ce à quoi vient de renoncer l'Australie. Dorénavant donc, les bénéfices attribuables à de telles succursales américaines, dans la mesure où ils ne sont pas réinvestis dans des actifs industriels et commerciaux aux Etats-Unis, seront censés être équivalents à des dividendes distribués par des sociétés américaines. Comme la convention avec la Suisse ne prévoit pas une telle imposition et que les succursales aux Etats-Unis de sociétés américaines ne doivent pas payer cet impôt, la Suisse (comme bien d'autres Etats) peut invoquer l'interdiction de la discrimination afin de faire tomber cette imposition supplémen-

---

[10] Selon les règles très techniques de l'art. 861 IRS.
[11] On en trouvera le texte aux pages 420 à 422 du Handbuch des internationalen Steuerrechts der Schweiz, Berne 1983, publié sous la direction du professeur Ernst Höhn.

taire. Ce langage est parfaitement entendu par les Etats-Unis qui exonèrent par conséquent les sociétés suisses ayant des succursales américaines de cette nouvelle «branch level tax». Mais attention, cette exemption ne touchera que des sociétés suisses qui ne sont pas dominées par des intérêts étrangers. Par conséquent, par la petite porte, les Etats-Unis introduisent leur théorie du «treaty shopping» en matière de «branch level tax». Par conséquent, et unilatéralement, une société suisse ayant une succursale aux Etats-Unis devra payer un nouvel impôt américain, si elle n'est pas contrôlée par des résidents de Suisse. Les protestations ne serviront vraisemblablement à rien. Les Etats-Unis auront donc matériellement modifié l'effet de la convention, selon que la société en question est ou non contrôlée par des intérêts suisses [12].

Mais, les Etats-Unis ne se sont pas arrêtés là. Ils ont modifié, au surplus, leurs règles internes concernant les cas où la «second level dividend tax» et la «second level interest tax» pourront être prélevées, en modulant la définition de ce qui est de source américaine. Pour les intérêts, lorsque la société étrangère recueillait de son activité commerciale aux Etats-Unis, moins de 50% de son bénéfice brut total aucune «second level interest tax» n'était due. De même, en ce qui concerne les dividendes, tant et aussi longtemps qu'une société étrangère ne recueillait pas du fait de son activité commerciale ou industrielle aux Etats-Unis 50% ou plus de son revenu total aucune «second level dividend tax» n'était due. Désormais ce seuil de 50% a été entièrement aboli en ce qui concerne les intérêts et réduit à 25% en ce qui concerne les dividendes. On ne saurait évidemment se plaindre du fait qu'un Etat modifie sa législation interne. C'est son bon droit. Dans le cas particulier, cette modification n'entraînerait ap-

---

[12] En fait, les Etats-Unis considèrent qu'il y a déjà «domination» étrangère si des non-résidents détiennent 50% du capital. Nous ne nous attardons pas sur les autres critères qui entrent en jeu, tels que la cotation en bourse ou l'utilisation des bénéfices.

paremment pas une véritable érosion des bénéfices accordés par le traité aux sociétés suisses: on serait dans un cas où le traité varie dans ses effets en raison de son élasticité propre. En revanche, les Etats-Unis semblent avoir mis hors circuit l'art. XIV s'agissant de la «second level interest tax», dans la mesure où celle-ci ne peut être perçue lorsque la société suisse paie des intérêts (présumés être des redistributions de revenus américains) à des résidents de Suisse. En effet, s'agissant des intérêts effectivement payés par la succursale américaine d'une société suisse ou des intérêts passifs imputés en tant que charge déductible à une telle succursale pour les besoins de la détermination de son bénéfice imposable américain, les Etats-Unis adoptent désormais la position suivante: S'agissant d'intérêts effectivement payés par une succursale américaine à un créancier tiers non-résident américain, on appliquera l'imposition à la source de 30% avec éventuellement réduction conventionnelle, selon que ce créancier se trouve dans un Etat avec lequel les Etats-Unis ont conclu une convention. En ce qui concerne les intérêts passifs «imputés», c'est-à-dire la part d'intérêts qui, outre les intérêts effectivement payés, ont été déduits du bénéfice imposable de la succursale (la répartition se fait au pro-rata des actifs localisés aux Etats-Unis par rapport aux actifs totaux), on considère désormais qu'ils sont censés être équivalents à des intérêts payés par un sujet américain au siège principal suisse et que, par conséquent, ils feront l'objet de la retenue à la source réduite de 5% (et à condition encore que la société suisse ne soit pas dominée par des non-résidents). Cette approche nouvelle pourrait être, selon les cas, plus ou moins favorable, il est vrai, mais elle est néanmoins en contradiction avec les règles de l'art. XIV de la convention. Cette question n'est pas purement théorique, puisqu'un grand nombre de banques suisses possèdent des succursales aux Etats-Unis. En ce qui concerne les plus grandes d'entre elles, elles seront toujours considérées comme de véritables résidents de Suisse. Mais il n'est pas évident que, si un impôt de 5% est perçu sur les intérêts passifs attribués à leurs succursales américaines et excédant les intérêts effectivement versés par ces dernières à des tiers, elles ne s'en tireront pas plus mal que jusqu'ici. Des négociations ultérieures seront vraisemblablement nécessaires pour clarifier définitivement ce point.

4. La juridiction fiscale norvégienne sur le socle continental attribué à cet Etat par la convention de Genève et la protection conventionnelle dérivant du traité préventif de la double imposition de 1956

La Suisse est liée à la Norvège par une convention préventive de la double imposition de 1956[13]. Cette convention ne contient pas une description de l'aire territoriale d'application, mais dit simplement que son but est de protéger les contribuables ayant leur domicile ou leur siège dans l'un des deux Etats contre les doubles impositions qui pourraient résulter de l'application simultanée des lois suisses et norvégiennes concernant les impôts ordinaires et extraordinaires sur le revenu et sur la fortune[14]. Les entreprises de l'un des Etats ne peuvent d'ailleurs être imposées pour des bénéfices industriels et commerciaux dans l'autre Etat que si elles y maintiennent un établissement stable (au sens traditionnel du terme). Or, en 1975, la Norvège a étendu sa juridiction fiscale au socle continental tel qu'il lui a été attribué par la Convention de Genève de 1958, en édictant une loi sur l'imposition des profits résultant d'opérations liées à la recherche et l'exploitation de ressources minérales, notamment pétrolières.

La Norvège a estimé pouvoir imposer une entreprise suisse pour son activité déployée dans le périmètre du socle continental norvégien en dépit du fait qu'elle n'y entretenait pas un établissement stable (au sens traditionnel), en prétendant que la convention n'était pas applicable au dit socle.

A vrai dire, il s'agit ici plutôt d'une question d'interprétation de la convention que d'une dérogation à la règle contractuelle en vertu d'une loi postérieure nationale. Il n'en reste pas moins qu'il

---

[13] RS 0.672.959.81.
[14] Article 1er, al. 1.

s'agit d'un nouvel exemple où, unilatéralement, l'un des Etats prétend restreindre la portée d'un traité.

Une procédure amiable est en cours à ce sujet et il est intéressant de savoir que le problème de l'exclusion ou non du socle continental du champ de la convention a fait l'objet de discussions spécifiques, trouvant leur reflet dans le texte du nouveau traité entre la Suisse et la Norvège [15].

5. Les sociétés de base suisses et l'article 4, paragraphe 11 de la convention germano-suisse [16]

On se souvient de l'ardue renégociation de la convention avec l'Allemagne, dans la deuxième moitié des années 60. L'un des points importants de la contestation était de savoir si les sociétés holding, de domicile et de base suisses devaient être maintenues dans le réseau des règles conventionnelles ou si, au contraire, elles devaient en être éliminées (solution choisie à l'égard du Luxembourg, p. ex.). L'Allemagne avait en effet le sentiment que ses propres résidents abusaient souvent de la juridiction fiscale Suisse, en y créant des sociétés, notamment des S. à r. l., dont l'activité était «passive» (détention de participations, exploitation de brevets, administration de patrimoine, etc.). En fin de compte, il a été décidé de ne pas exclure ces sociétés du champ de la convention, la Suisse ayant accepté que celle-ci n'entraverait pas l'application, à l'égard des actionnaires et sociétaires résidents en Allemagne, des règles de l'Aussensteuergesetz [17], prévoyant l'imputation fiscale à ceux-ci des bénéfices (passifs) non distribués de telles sociétés suisses. Ce faisant, on respectait donc implicitement le principe de l'autonomie juridique et fiscale de telles sociétés intermédiaires. En effet, elles sont considérées expressément comme étant des «résidents» pour les besoins de la conven-

---

[15] Signé, mais non encore ratifié en automne 1987.
[16] Du 11 août 1971; RS 0.672.913.62.
[17] Gesetz über die Besteuerung bei Auslandsbeziehungen du 8 septembre 1972.

tion, dès qu'elles sont créées sous l'empire du droit suisse, à condition toutefois de n'avoir pas le centre de leur direction effective en Allemagne [18]. D'un autre côté, l'article 4, paragraphe 11 de la convention, contient la règle (traditionnelle et d'ailleurs superfétatoire) stipulant que le résident d'un des Etats ne saurait se prévaloir des avantages de la convention à raison de revenus (ou d'un bien) qui ne lui compéteraient pas (car agissant uniquement comme représentant ou fiduciaire). On pouvait donc estimer que toutes les sociétés de base «résidentes» en Suisse pourraient revendiquer d'être reconnues fiscalement par l'autre Etat et pourraient en principe se prévaloir des avantages de la convention (sous réserve de l'application des règles d'imputation de l'Aussensteuergesetz, dans le chef des sociétaires allemands).

Mais la pratique et la jurisprudence allemandes se sont néanmoins permises de donner à l'art. 4, § 11, un sens dépassant l'intention apparente des parties ou du moins le sens que pense devoir lui donner le partenaire helvétique [19]. Elle s'arrogent le droit d'ignorer l'existence de certaines sociétés suisses en prétendant qu'elles seraient des constructions abusives (en application de l'art. 42 AO [20]) et ceci en dépit du fait qu'économiquement et juridiquement, les revenus qu'elles recueillent et les biens qu'elles possèdent leur compètent indiscutablement et que leur administration véritable ne se trouve pas en Allemagne.

L'Allemagne n'est d'ailleurs pas prête de renoncer à cette pratique. Elle donne donc la priorité à une règle nationale, au mépris des solutions conventionnelles issues de longues négociations.

---

[18] Article 4, paragraphe 1 en correlation avec le paragraphe 8 de la convention germano-suisse.

[19] IRENE SALVI, Das Doppelbesteuerungsabkommen zwischen der Schweiz und der Bundesrepublik Deutschland auf dem Gebiet der Steuern vom Einkommen und vom Vermögen unter besonderer Berücksichtigung des Deutschen Aussensteuergesetzes, thèse Zürich 1986, 120; commentaire LOCHER/MEIER/VON SIEBENTHAL à la convention germano-suisse, B 4.11 Nr. 4.

[20] Abgabenordnung, du 16 mars 1976.

6. *L'extension de la matière imposable dévolue à l'imposition des Etats-Unis s'agissant d'établissements stables américains d'entreprises suisses*

Selon l'art. III de la convention, les entreprises suisses ne peuvent être assujetties aux Etats-Unis à une imposition de leurs bénéfices industriels et commerciaux que si elles entretiennent dans ce pays un établissement stable. L'imposition s'étend à la totalité des revenus industriels et commerciaux de source américaine.

Jusqu'ici, ces revenus n'englobaient pas des revenus de ventes économiquement attribuables à l'établissement stable américain, lorsque le titre de propriété des biens passait à l'acheteur hors du territoire des Etats-Unis. Cela permettait, selon les circonstances, de réduire très fortement le substrat fiscal imposable américain, sans pour autant que l'imposition en Suisse du siège principal ne s'accroisse d'autant. Or, à l'occasion de la réforme fiscale de 1986, les Etats-Unis ont modifié la définition de ce qui serait désormais considéré de source américaine, en éliminant la règle du «passage of title». Automatiquement, l'étendue de la matière imposable aux Etats-Unis s'accroît, sans que les termes de la convention n'aient été modifiés.

Avant 1987 les Etats-Unis n'imposaient pas les revenus, dont l'échéance tombait dans une année postérieure à l'exercice d'une activité industrielle et commerciale. Cette règle a désormais été abolie, de sorte que la question va se poser de savoir si les Etats-Unis étendront leur pouvoir d'imposition à de tels bénéfices, attribuables à des établissements permanents d'entreprises suisses, dont l'échéance intervient dans une année postérieure à celle de l'abolition de tels établissements stables. Ici également l'extension de la juridiction serait due à une modification de la loi interne, susceptible d'amoindrir l'effet antérieur «net» de la convention.

7. *Les restrictions dans l'octroi du crédit d'impôt*

Traditionnellement, les Etats-Unis accordaient à leurs contribuables la possibilité d'imputer les impôts étrangers, ayant frappé leurs revenus étrangers, sur les impôts américains dus sur lesdits revenus étrangers. Le calcul se faisait d'une manière globale, tous ces impôts étrangers pouvant être combinés et homogénéisés, à telle enseigne que pour le calcul du montant maximum imputable le critère décisif était le taux moyen de toutes les charges fiscales étrangères. Cette approche consolidée permettait, bien entendu, d'opérer une compensation entre taux élevés et taux modestes et autorisait une imputation large et libérale. Les Etats-Unis ont, cependant, progressivement restreint les règles de calcul et d'imputation, d'abord, en édictant des règles précises pour départager les revenus étrangers des revenus internes, puis surtout en ne permettant plus la confusion des charges fiscales étrangères sans égard à la catégorie de revenus à laquelle ils appartiennent.

Le mouvement s'est accentué encore à l'occasion de la réforme fiscale de 1986, par une segmentation plus poussée des catégories de revenus («baskets»), limitant ainsi l'égalisation et ayant pour effet que seules les charges fiscales plus ou moins élevées se rapportant à des revenus appartenant à la même catégorie peuvent être confondues. Le résultat net en est que les butoirs seront plus nombreux, d'où augmentation des excédents non imputables de charges fiscales étrangères. Ici également, par l'effet d'une modification de la loi interne, le contribuable américain voit les perspectives de dégrèvement s'amenuiser, alors que le principe de l'octroi d'une imputation est proclamé tant par le droit interne que par les règles conventionnelles. Ces dernières ne sont, il est vrai, pas modifiées, mais leur portée s'en trouve affectée.

Il serait inapproprié de ne vouloir jeter la pierre qu'à nos partenaires conventionnels étrangers: Notre pays ne se prive pas d'évider, lui aussi, l'effet des règles conventionnelles par des mesures unilatérales. Comme on le sait, la Suisse accorde en effet une imputation, sur les impôts suisses, des charges fiscales résiduelles étrangères sur les prélèvements à la source en matière de dividendes, intérêts et royautés. Ce dégrèvement n'est consenti que dans le cadre de conventions préventives de la double imposition. Or, l'Ordonnance du Conseil Fédéral relative à l'imputation forfaitaire d'impôts[21] prévoyait à son art. 11 que «pour le calcul du montant maximum, les revenus peuvent être diminués des intérêts passifs y afférents et des frais liés à leur acquisition». Toutefois, par une modification intervenue en décembre 1981, cet article a été complété par un alinéa 3, permettant de réduire les revenus en question bien au-delà, notamment par la prise en compte d'amortissements, de provisions, de dépenses ou de pertes, sous le couvert d'une justification, on ne peut plus fiscaliste, à savoir que, sinon, l'imposition restante en Suisse pourrait être «réduite d'une manière injustifiée». D'une règle antérieure, ayant un contenu satisfaisant à peu près l'exigence de prévisibilité, le Conseil Fédéral a fait, au mieux, une «Kann-Vorschrift», en instituant une limitation que l'Administration peut gérer plus ou moins à sa discrétion et qui évide pratiquement de sa substance le bienfait du crédit d'impôt.

8. *L'arrêté contre les abus*

La Suisse s'est distinguée sur le plan international par l'introduction de mesures unilatérales en vue d'éviter l'utilisation abusive des conventions[22]. Il est toujours hautement conjectural de savoir s'il convient de la louer ou au contraire de la tancer pour cette manifestation d'une politique de la mauvaise conscience. Personne, bien entendu, ne soutient que l'abus ne doive être endigué. En érigeant cependant des critères schématiques pour déterminer ce qui sera désormais considéré comme abusif, l'Administration fédérale des contributions a, en fait, injustement limité l'effet des traités par une mesure unilatérale, dans la mesure notamment où elle n'accepte pas que le contribuable puisse fournir la contre-preuve d'une absence d'abus[23].

---

[21] Du 22 août 1967; RS 672.201.

[22] ACF du 14 décembre 1962 instituant des mesures contre l'utilisation sans cause légitime des conventions conclues par la Confédération en vue d'éviter les doubles impositions; RS 672.202.

[23] Voir l'article de l'auteur dans «Recourse to tax havens; use and abuse», IFA seminar paper, Kluwer 1980, 75 s.

9. *Autres mesures ayant un effet d'érosion*

On ne saurait, dans le cadre de cet article, en dresser un inventaire exhaustif, mais on peut brièvement faire allusion ici à toutes les règles de procédure, rendant plus difficile l'obtention des dégrèvements, ou encore à celles qui établissent des présomptions renversant le fardeau de la preuve et obligent par conséquent le contribuable à nager, en quelque sorte, à contre courant afin d'obtenir la reconnaissance de ses droits conventionnels, ou encore à l'attitude consistant à exercer la juridiction selon le droit interne avant même d'examiner s'il est mis en échec par une règle internationale, laissant le soin au contribuable de l'autre Etat d'agir par la voie pénible des réclamations et recours ou des procédures amiables pour faire rétablir l'ordre conventionnel. On peut par exemple tenir pour contraire au système et à l'esprit de la convention entre les Etats-Unis et la Suisse, le fait de maintenir du côté américain l'exigence d'une certification selon la formule W-8 afin d'éliminer le prélèvement de la «back-up withholding tax», s'agissant de revenus recueillis par des personnes ayant une «adresse» suisse. La plupart des banques suisses refusent d'ailleurs l'usage de ces formules pour ne pas compromettre le secret bancaire et préfèrent dès lors renoncer à l'achat de certains types de papiers-valeurs américains.

III. CONCLUSION

Que l'érosion de la portée des traités par des mesures étatiques unilatérales existe est difficilement contestable. Doit-on aller jusqu'à dire qu'elle est l'indice d'une tendance à la dévalorisation des engagements internationaux, du respect du partenaire et d'un acquis traditionnel, fruit de ce qu'on pouvait espérer être un large consensus? En tout état de cause elle est déplorable.

Toutefois, on remarque que la voie choisie pour l'engendrer comporte des degrés dans l'admissibilité. Elle est difficilement acceptable lorsque le tissu même de la convention se trouve modifié, notamment lorsque l'autre Etat allègue la prééminence d'une règle nationale postérieure sur l'engagement contractuel. Elle peut, toutefois, être plus subtile et ne point modifier ouvertement les dispositions du traité, mais simplement les évider quant à leurs effets. Il n'y a pas, alors, violation ouverte mais atteinte à l'esprit du traité. Bien que personne ne puisse se plaindre du fait que l'Etat étranger choisisse d'agencer de manière différente les règles présidant à l'exercice de sa propre juridiction fiscale, on pourrait, néanmoins, parler d'une atteinte au principe de la bonne foi chaque fois que l'étendue d'un dégrèvement, dûment mesurée et discutée lors de la négociation (et souvent honorée par l'octroi d'une concession réciproque) se trouve réduite par suite d'une action unilatérale. Enfin, restent les cas où on aura de toute manière envisagé que le partenaire contractuel conserverait toute sa liberté, et là, le seul intéressé à plaindre est le contribuable, s'il a eu l'imprudence de prendre pour bonne monnaie ce qui n'était qu'une illusion.

D'un autre côté, on ne saurait oublier que la politique fiscale n'est qu'un instrument parmi d'autres de la politique externe des Etats: cela est particulièrement visible lorsque l'action corrosive unilatérale est manifestement un moyen de pression destiné à obtenir de l'autre Etat de nouvelles concessions lors d'une future renégociation du traité.

V.

INTERNATIONALES STRAFRECHT UND RECHTSHILFE

GUNTHER ARZT

ZUR IDENTISCHEN STRAFNORM BEIM PERSONALITÄTSPRINZIP UND BEI DER RECHTSHILFE

I. PERSONALITÄTSPRINZIP

1. Völkerrechtliche Überlegungen

Der «Grundsatz der identischen Norm [1]» beim Personalitätsprinzip (Art. 5 StGB, Art. 6 StGB) bildet ein altes Beispiel für das Generalthema dieses Sammelbandes. Hier – wie im Sonderfall des Art. 6bis StGB – wird die schweizerische Zuständigkeit und damit in der Regel die Anwendung des schweizerischen Strafrechts davon abhängig gemacht, dass «die Tat auch am Begehungsort(e) strafbar ist». – Parallelen bestehen zur Rechtshilfe, denn diese wird in Strafsachen grundsätzlich nur gewährt, wenn die im Ausland verfolgte Tat auch nach schweizerischem Recht strafbar ist. Man könnte gewissermassen von einer Vorzeichenumkehr sprechen: Nach dem Personalitätsprinzip ist schweizerisches Recht anwendbar, wenn eine identische ausländische Strafnorm besteht. Rechtshilfe bei einer Verletzung einer ausländischen Norm wird gewährt, wenn eine identische inländische Norm besteht. – *Aktuelle Probleme* wirft der Grundsatz der identischen Norm deshalb auf, weil sich allmählich der Akzent verschiebt, weg von einer völkerrechtlichen Betrachtung und hin zu einer strafrechtlichen bzw. strafprozessrechtlichen Betrachtung.

[1] Zur Gleichsetzung der Identität der Norm mit dem Prinzip der beidseitigen (oder beiderseitigen) Strafbarkeit vgl. nur SCHULTZ, Einführung in den AT des Strafrechts, 1. Bd. (zitiert AT-I), 4. Aufl. Bern 1982, 110 («beidseitige Strafbarkeit», zu Art. 5 StGB), und HAUSER-REHBERG, StGB, 11. Aufl. Zürich 1986, Bem. zu Art. 5 («Grundsatz der identischen Norm»). – Zur Differenzierung siehe unten II.3.

Beginnen wir mit dem *Personalitätsprinzip,* also mit der identischen ausländischen Norm als Voraussetzung für die Anwendung des schweizerischen Strafrechts. Lange Zeit standen *völkerrechtliche Überlegungen* im Mittelpunkt. Die Anwendung des inländischen Strafrechts, die nach dem Territorialitätsprinzip weitestgehend unproblematisch ist, ist nach dem passiven Personalitätsprinzip grundsätzlich völkerrechtswidrig[2]. Völkerrechtlich diskutabel ist das passive Personalitätsprinzip ausnahmsweise dann, wenn die Tat auch nach dem Recht des Begehungsortes strafbar ist. Das Augenmerk richtet sich beim Personalitätsprinzip traditionsgemäss auf den Konflikt, der zwischen Staaten entsteht, die eine konkurrierende Regelungskompetenz beanspruchen. Vom Tatverdächtigen (im folgenden kurz als Täter bezeichnet) ist im Zusammenhang mit dem Grundsatz der identischen Norm kaum die Rede. Die Wirkungen dieser primär völkerrechtlichen Betrachtung lassen sich noch heute am *deutschen* internationalen Strafrecht besonders deutlich ablesen. So findet sich noch in der Literatur der Gegenwart[3] die Auffassung, dem Erfordernis der identischen Norm sei schon Genüge getan, wenn das ausländische Recht einen entsprechenden *Tatbestand* kenne. Dass die tatbestandsmässige Handlung nach ausländischem Recht gerechtfertigt (oder entschuldigt) sei, soll die Anwendung des inländischen Tatbestandes (und die Bejahung der Rechtswidrigkeit bzw. Schuld) nicht hindern. – Diese Argumentation blickt primär auf den *Staat,* der sein Strafrecht anwendet, und zwar bis zur äussersten völkerrechtlich noch tolerablen Grenze. Die Rücksicht auf das fremde Recht wird minimiert, wenn es dem inländischen Richter erspart bleibt, sich über ausländische Rechtfertigungs-,

---

[2] SCHULTZ, AT-I, 105; SCHULTZ, Bericht und Vorentwurf zur Revision des AT und des Dritten Buches «Einführung und Anwendung des Gesetzes» des Schweiz. StGB, 1987, 13. – Das passive Personalitätsprinzip ist nur dann nicht völkerrechtswidrig, wenn es durch das «Erfordernis der identischen Norm» eingeschränkt wird, JESCHECK, Strafrecht AT, 3. Aufl. Berlin 1978, 135.

[3] TRÖNDLE, StGB, Leipziger Kommentar (LK), 10. Aufl. Berlin usw. 1985, § 7 Bem. 5, meint zur Beachtung von Rechtfertigungsgründen des Tatortrechts, die Frage sei «nicht leicht zu entscheiden».

Entschuldigungs- und Strafausschliessungsgründe zu informieren. Bezieht man jedoch den *Täter* in die Betrachtung ein, denkt man nicht völkerrechtlich, sondern strafrechtlich, kann von Identität zwischen einer Norm mit Rechtfertigungsgrund und einer Norm ohne Rechtfertigungsgrund ernstlich keine Rede sein. Angesichts der (weithin vergeblichen) Mühe, mit der die sogenannten Handlungslehren nach einem Unterschied zwischen einer schon nicht tatbestandsmässigen Handlung und einer zwar tatbestandsmässigen, aber gerechtfertigten Handlung suchen, kann es auf diese Grenze im internationalen Strafrecht unmöglich ankommen.

2. Allgemeine strafrechtliche Überlegungen

a) Eine Anwendung des inländischen Strafrechts unter Berufung auf einen ausländischen *Tatbestand* – bei gleichzeitiger Ignorierung eines ausländischen Rechtfertigungsgrundes – steht vor allem mit den Prinzipien unseres materiellen Strafrechts in Widerspruch, wie sie sich in den letzten Jahrzehnten (weiter)entwickelt haben. Im Vordergrund stehen dabei die Straftheorien sowie das Schuldprinzip mit der Irrtumslehre. So werden wir bezüglich des *Unrechtsbewusstseins* eines solchen Täters vor unüberwindbare Probleme gestellt. Anerkennen wir nämlich, dass der Täter im Ausland sich an der lex loci orientieren darf, dann ist das Unrechtsbewusstsein des Täters i.S. «unseres» Strafrechts rein theoretisch. Ein Strafrechtshistoriker kann ein in diesem Sinne rein theoretisches Unrechtsbewusstsein in bezug auf einen Tatbestand des früheren Rechts haben. Auch ein *solches* Unrechtsbewusstsein hätte keine aktuelle verhaltenssteuernde Bedeutung. Ein Täter, der sich prinzipiell an der lex loci orientieren darf und von unserer Rechtsordnung nach dem Personalitätsprinzip nur erfasst wird, wenn sein Verhalten zugleich nach der lex loci verboten ist, kann nur «theoretisches» Unrechtsbewusstsein wegen des Verstosses gegen unser Recht haben, wenn er weiss, dass sein Verhalten nach der lex loci tatbestandsmässig, aber erlaubt ist.

Selbst wenn der Täter die Regeln des internationalen Strafrechts kennen würde, die (so wollen wir annehmen) eine Identität zwischen gerechtfertigter Normverletzung der lex loci und rechtswidriger Normverletzung nach unserem Recht postuliert, ist nicht zu sehen, wie diese formelle Gleichsetzung bei einem solchen Täter ein materielles Unrechtsbewusstsein bewirken soll.

b) Sobald man die Identität der Norm mit Hilfe *strafrechtlicher* Überlegungen bestimmt, gibt es freilich kein Halten mehr: Es kann dann nämlich auf unseren dogmatisch zwar elementaren und trotzdem unsicheren Unterschied zwischen Rechtfertigung und Schuldausschluss auch nicht ankommen. Als *Beispiele* für den unsicheren Unterschied zwischen Rechtfertigung und Entschuldigung erinnere ich an die soziale Indikation bei der Abtreibung, an den Nötigungsnotstand und an die Einwilligung ins Risiko. Nicht einmal die Differenz zwischen Schuldausschluss und Strafaufhebungs- oder Strafausschliessungsgrund kann massgebend sein, wie die Diskussion um den Rücktritt vom Versuch belegt. Diskutabel ist dann allenfalls, prozessrechtliche Differenzen aus dem Spiel zu lassen, also die Identität der Norm nur materiellrechtlich zu bestimmen. Selbstverständlich ist auch dies nicht, denn die moderne strafrechtliche Doktrin stellt die Grenzziehung zwischen materiellem Recht und Prozessrecht zunehmend in Frage.

3. Konsequenzen für die Anwendung des schweizerischen Strafrechts

a) Im *schweizerischen internationalen Strafrecht* haben Art. 5 und Art. 6 StGB den hier angedeuteten Fehlentwicklungen frühzeitig die Spitze abgebrochen. Das wird besonders deutlich bei HAFTER[4], der im Rahmen seiner allgemeinen Ausführungen zur räumlichen Geltung Vorbehalte gegen die Berücksichtigung des ausländischen Rechts erkennen lässt, dann aber Art. 5 und Art. 6 StGB als «eine befriedigende Ordnung» bezeichnet. Angesichts

---

[4] HAFTER, Lehrbuch des Schweizerischen Strafrechts, AT, 2. Aufl. Bern 1946, 50 f., das wörtliche Zitat findet sich 58 Anm. 3.

der ausdrücklichen Verankerung des *Fremdrechtsprinzips* (im Sinne eines Vergleichs zur Bestimmung der lex mitior) ist im schweizerischen internationalen Strafrecht nur streitig, ob auch prozessrechtliche Elemente des fremden Rechts eine Rolle spielen, wenn sie die Strafbarkeit im Ergebnis ausschliessen oder reduzieren. Dabei ist die Zuordnung der praktisch wichtigsten Fälle (Strafantrag, Verjährung) zum Prozessrecht bzw. zum materiellen Recht bestritten, ein Streit, der jedenfalls mitunter auf die Stellungnahmen zum Geltungsbereich durchschlägt. Während es im deutschen Recht (unrichtig, aber konsequent) als ganz selbstverständlich angesehen wird, dass solche prozessualen Hindernisse, die im ausländischen Recht im Ergebnis eine Bestrafung verhindern, der Anwendung des inländischen Rechts nicht im Wege stehen, ist der für die Bestimmung der lex mitior erforderliche Vergleich der Normen nach Art. 5 StGB anfangs von der h. L.[5] auch auf prozessrechtliche Elemente erstreckt worden. *BGE 99 IV 257*[6] hat entgegen der h. L. dann den Vergleich auf das materielle Recht beschränkt und den Strafantrag – obiter auch die Verjährung – dem Prozessrecht zugeordnet. Was die besonderen Schwierigkeiten betrifft, die bei einer Kombination des Art. 5 StGB und Art. 6 StGB entstehen – insbesondere mit Blick auf die Konsequenzen eines ausländischen Freispruchs – kann auf *BGE 108 IV 81*[7] verwiesen werden.

b) Wegen des in Art. 5 Ziff. 1 S. 2, Art. 6 Ziff. 1 S. 2 verankerten Fremdrechtsprinzips rennt die vorstehend I.2 vorgetragene Kritik gewissermassen offene Türen ein, was die schweizerische

---

[5] THORMANN/V. OVERBECK, StGB, Zürich 1940, Art. 5 N. 11, 12 zu Strafantrag und Verjährung; zustimmend HAFTER, AT, 59.
[6] Vgl. bes. BGE *99* IV 257, 265. Der dortige Hinweis, für die h. L. sei die gegenteilige Auffassung insofern natürlich, als der Strafantrag als materiellrechtliches Institut betrachtet werde, tut jedenfalls THORMANN/V. OVERBECK Unrecht, weil diese explizit die Problematik des Geltungsbereichs von der materiellrechtlichen bzw. prozessrechtlichen Zuordnung trennen. Zur Kritik vgl. SCHULTZ, ZBJV *110* (1974) 378 f.
[7] Zur Kritik SCHULTZ, ZBJV *120* (1984) 2 ff.

Rechtslage betrifft. Dies ist jedoch nicht überflüssig, weil der so gewonnene Schwung – hoffentlich – bis zu einer Türe reichen wird, die noch fest verschlossen ist: Bemüht man sich um Harmonie zwischen dem Grundsatz der Identität der Norm und den Prinzipien unseres Strafrechts, kann es nämlich nicht ausreichen, dass zwischen ausländischem und inländischem Verbot nur eine äusserliche, aber keine innere Parallelität besteht. Hier wird zumeist die Identität der Norm vom Resultat der beidseitigen Strafbarkeit her interpretiert und auch bei einer rein äusseren, gewissermassen zufälligen Parallelität bejaht. Zum deutschen Recht drückt dies TRÖNDLE[8] besonders deutlich aus, wenn er schreibt: «Decken braucht sich der ausländische Tatbestand mit dem deutschen nicht (Zitate), noch braucht die ausländische Vorschrift denselben Rechtsgedanken zu verfolgen.»

Daran ist richtig, dass unter *Identität* der ausländischen mit der inländischen Norm *keine vollständige Deckung*[9] verstanden werden kann, denn die Rechtsordnungen sind «naturgemäss»[10] unterschiedlich. Damit ist jedoch noch nicht gesagt, dass wir unser Recht schon bei einer äusserlich und zufällig beim gleichen Sachverhalt zur Strafbarkeit führenden ausländischen Norm anwenden dürfen.

Betrachten wir einige *Beispiele*[11], die sich – zumeist als umgekehrte Rechtshilfefälle – an Sachverhalte anlehnen, die die Praxis

---

[8] TRÖNDLE, LK § 7 Bem. 4 b.
[9] Theoretisch lässt sich die Frage, wie weit sich die Normen entsprechen müssen, von der Problematik trennen, wie konkret und detailliert das fremde Recht zu erforschen ist (oder wie konkret und detailliert der Sachverhalt bei der Rechtshilfe unter das eigene Recht subsumiert werden muss). Beim Fremdrechtsprinzip gilt nach h. M. (SCHULTZ, AT-I, 106) die konkrete Methode, a. A. Strafgericht BS. SJZ 75 (1979) 7.
[10] BGHSt 2, 160, 161.
[11] Zu *Beispiel (1)* vgl. den deutschen Rechtshilfefall zu Art. 2 Abs. 1 S. 2 Europ. Auslieferungsübereinkommen: Fiskaldelikt nach österreichischem Recht, Betäubungsmitteldelikt nach deutschem Recht. Nach Ansicht des deutschen Rechtshilfegerichts soll der beidseitigen Strafbarkeit genügt sein. Der Entscheid ist mitgeteilt bei WALTER, in GRÜTZNER/PÖTZ (Hrsg.), Internationaler Rechtshil-

beschäftigt haben: (1) Die lex loci hat eine strenge, mit strafrechtlichen Sanktionen abgesicherte Ladenschlussgesetzgebung und ein laxes BetMG, nach dem im Inland dem BetMG unterstellte Substanzen rezeptfrei verkauft werden dürfen. In der Schweiz – so wollen wir annehmen – liegen die Verhältnisse umgekehrt. – Der Täter kauft unter Verstoss gegen die Ladenschlussgesetzgebung, aber ohne Verletzung des BetMG des Begehungsortes eine Droge. Soll er nach inländischem BetMG (vgl. Art. 19 Ziff. 4 BetMG, Weltrechtsprinzip) verfolgt werden können, weil der Kauf gegen die ausländische Ladenschlussgesetzgebung verstossen hat? – (2) Der Schweizer Täter T. täuscht in Deutschland sein Opfer O. (und schädigt dessen Vermögen) mit Hilfe einer inhaltlich unwahren, aber in ihrer Unrichtigkeit leicht zu durchschauenden Urkunde. Verfolgung nach Art. 251 (Falschbeurkundung) des schweizerischen Rechts, obwohl das deutsche Recht kein entsprechendes Urkundendelikt kennt, weil

feverkehr in Strafsachen, 2. Aufl. Heidelberg, 21. Lieferung 1986, § 66 IRG Bem. 15 Anm. 4.
Zu *Beispiel (2)* vgl. die vom Nachweis der Arglist abhängige Gewährung der Rechtshilfe in den Betrugsfällen BGE 19. 8. 1983, Licio G.; 31. 10. 1984 Jean-Léon S., mitgeteilt von SCHULTZ, SJIR XLI (1985) 323, 325.
Zu *Beispiel (3)* grundlegend BGE *109* Ib 47 (Rechtshilfefall), u. a. bestätigt in Pra 76 Nr. 72 (1987).
Zu *Beispiel (4)* grundlegend BGE *110* Ib 82 (Rechtshilfefall), bestätigt in BGE *112* Ib 212: amerikanisches Exportverbot für Hochtechnologie vergleichbar dem schweizerischen Bannbruch nach Zollgesetz Art. 76. – Es ist besonders schwierig, ein aus einem konkreten Grund erlassenes Ausfuhrverbot mit einem Blankettgesetz zu vergleichen, das die Verletzung *irgendwelcher* Ausfuhrverbote mit Strafe bedroht.
Weitere Beispiele: Das fremde Recht kriminalisiert Schmiergeldzahlungen; im schweizerischen Recht stellt sich die Frage, ob mit Hilfe eines *juristischen* Vermögensbegriffs die zum wirtschaftlichen Wohle der Gesellschaft erfolgende Zahlung unter Art. 159 StGB subsumiert werden kann. Zu entsprechenden Sachverhalten R. STAMPFLI, Die Leistung geheimer Kommissionen ..., Diss. Bern 1986. – Das fremde Recht knüpft, um seine *Zuständigkeit* zu begründen, an «qualifizierende» Unrechtsmerkmale an, die wir für irrelevant halten (Betrug unter Benutzung zwischenstaatlicher Telekommunikationsmittel). Der für uns allein massgebende Grundtatbestand (Betrug) ist nach dem fremden Recht nicht strafbar (Pra Nr. 249; beidseitige Strafbarkeit trotzdem bejaht).

nach dem Tatortrecht (mangels Arglist aber nicht nach schweizerischem Recht) Betrug gegeben ist? – (3) Der Täter macht sich nach amerikanischem Recht als Tippee des Insidertradings schuldig. Soll seine Bestrafung nach schweizerischem Recht davon abhängen, dass der Tip nach schweizerischer Auffassung unter Art. 162 StGB zu subsumieren ist – während das amerikanische Recht (so wollen wir annehmen) einen Straftatbestand des Geschäftsgeheimnisverrats nicht kennt und Insidertrading ohne Rücksicht darauf mit Strafe bedroht, ob es unter Verletzung eines Geschäftsgeheimnisses erfolgt oder nicht? – (4) Das ausländische Recht unterstellt den Hochtechnologie-Export einer Bewilligungspflicht, das schweizerische Zollrecht – so wollen wir annehmen – unterstellt alle Exporte einer strafbewehrten Meldepflicht im Interesse der Statistik.

Meiner Auffassung nach kann sich eine die Zuständigkeitsnormen unter Rücksichtnahme auf die materiellrechtlichen Grundsätze interpretierende Betrachtung mit zufälliger beidseitiger Strafbarkeit nicht begnügen. Bei zufälliger beidseitiger Strafbarkeit wirkt die Anwendung des einheimischen Strafrechts geradezu arglistig. Welche Strafzwecke sollen bei solcher Zufallsidentität erreicht werden? Wie hat man sich das Unrechtsbewusstsein eines solchen Täters vorzustellen?

Die letzte Frage weist den Weg zur richtigen Lösung[12]. Wie das Unrechtsbewusstsein nicht als zufälliges und formelles Rechtswidrigkeitsbewusstsein interpretiert werden darf, sondern sich auf das spezifische materielle Unrecht beziehen muss und in diesem Sinne teilbar ist[13], so *muss die Identität der Normen sich auf das spezifische Unrecht beziehen*. – Wo die Grenzen zu ziehen sind,

---

[12] Theoretisch könnte die im deutschen Recht viel diskutierte, weder in der Schweiz noch in Österreich als grosses Problem empfundene *Wahlfeststellung* Anhaltspunkte für nicht mehr bzw. noch ausreichende unrechtsspezifische Normidentität liefern. Angesichts der komplizierten und extrem engen Voraussetzungen für eine Wahlfeststellung ist jedoch von einer Übertragung der Kriterien ins internationale Strafrecht abzusehen.

[13] STRATENWERTH, Schweiz. Strafrecht, AT I, Bern 1982, § 11 N. 52.

also wo noch spezifisches Unrechtsbewusstsein bzw. unrechtsspezifische Normidentität vorliegt und wo nicht, ist eine zweite Frage. Im Beispiel (1) und (4), wohl auch im Beispiel (3) liegt m. E. keine unrechtsspezifische Normidentität vor. Im Beispiel (2) würde ich noch Normidentität annehmen. Auf eine kurze *Formel* gebracht: Normidentität setzt voraus, dass die Verbotsnormen vergleichbare Rechtsgedanken verfolgen, also insbesondere (nicht gleiche, aber) vergleichbare Rechtsgüter vor vergleichbaren Angriffen schützen.

Während im *AT* die Einbeziehung von Rechtfertigungs- und Schuldausschliessungsgründen durch den Fremdrechtsgrundsatz des Art. 5 Ziff. 1 S. 2 und Art. 6 Ziff. 1 S. 2 StGB gewissermassen automatisch erfüllt ist, kann im *BT* das Fremdrechtsprinzip nicht automatisch gewährleisten, dass Normidentität im Sinne einer Vergleichbarkeit der geschützten Rechtsgüter interpretiert wird. Nach der hier vertretenen Auffassung genügt es nicht, die Strafe für die konkrete Tat nach fremdem und nach schweizerischem Strafrecht zu vergleichen und das mildere Recht anzuwenden, sondern es ist zuvor zu fragen, ob ausländische und schweizerische Strafbestimmung grosso modo vergleichbare Verbotsziele verfolgen. Ist dies nicht der Fall, fällt mangels Identität der Norm die Anwendung des schweizerischen Strafrechts dahin.

4. Ungelöste Fragen, insbesondere fehlende Identität der Rechtswirklichkeit

Normidentität läuft auf einen Vergleich der *theoretischen Rechtslage* hinaus, nicht der *Realität der* Strafverfolgung oder *Nichtverfolgung*. Man postuliert also Identität zwischen einer Norm, die nur auf dem Papier steht und einer entsprechenden Norm, auf deren strikte Einhaltung geachtet wird.

Diese Ausblendung der Realität hat verschiedene Gründe. Über die Rechtswirklichkeit eines fremden Landes etwas in Erfahrung zu bringen, ist *praktisch* noch schwieriger als sich über die Rechtslage zu informieren. Auch *theoretisch* haben wir schon im eigenen System grosse Mühe mit dem Einwand des Täters, er habe bei der Verfolgungslotterie Pech gehabt (wobei diese Lotterie im Gegensatz zur üblichen Lotterie viele Gewinne i. S. einer Nichtverfolgung und nur wenige Nieten i. S. einer Verfolgung kennt). – Für diese Fallgruppe der mehr oder weniger *informellen Entkriminalisierung*[14] weiss ich keine Lösung. Ich meine nur, man sollte sich angesichts der mitunter extremen Divergenz zwischen Rechtswirklichkeit und theoretischer Rechtslage dem Argument nicht total verschliessen, das betreffende Verhalten sei im Ausland informell entkriminalisiert. Dieses Argument könnte vom Täter widerspruchsfrei wohl nur erhoben werden, wenn er zugleich plausibel machen könnte, dass die gegen ihn gerichtete Strafverfolgung im Ausland[15] in concreto auf illegitime Motive zurückgehe und deshalb rechtsmissbräuchlich sei. Wenn nach Ansicht des Bundesgerichts informelle Entkriminalisierung im Inland denkbar ist, mit der Konsequenz rechtsungleicher und in diesem Sinne rechtsmissbräuchlicher inländischer Strafverfolgung[16], dann gilt dies sicher auch für das Ausland.

[14] Nicht einmal im Ansatz zu erkennen ist eine Lösung der informellen (nicht Entkriminalisierung, aber) Herabstufung der Deliktsschwere. Wie sollen wir das plea bargaining berücksichtigen, also die faktisch sehr hohe Chance z. B. eines Räubers, in den USA statt wegen Raubes mit Schusswaffen nur wegen unerlaubten Waffenbesitzes verurteilt zu werden, *wenn* er auf seinen verfassungsrechtlichen Anspruch auf ein Verfahren vor dem Geschworenengericht verzichtet? Zum plea bargaining vgl. N. SCHMID, Das amerikanische Strafverfahren, Heidelberg 1986, 61 ff. – Im Rechtshilfeverkehr mit den USA hat Pra 76 Nr. 31 im Rahmen der Ermessenskontrolle nach Art. 4 Ziff. 3 USV die *papierne* maximale Strafdrohung berücksichtigt.

[15] Ob Art. 6 StGB ein ausländisches Strafbegehren voraussetzt, wird in BGE 76 IV 209 ausführlich erörtert (und im Ergebnis verneint). Das dürfte jedoch nichts daran ändern, dass in den meisten kritischen Fällen der Straftatverdacht der inländischen Behörde nur durch eine ausländische Strafverfolgung zur Kenntnis kommt.

[16] BGE *108* IV 120, 129. In der Schweiz wird vor allem in Strafverfahren nach Art. 204 StGB der Einwand der faktischen Entkriminalisierung erhoben (und vom Bundesgericht bisher in ständiger Rechtsprechung zurückgewiesen), vgl. BGE *99* IV 249, 252; 97 IV 99, 103. Letztlich geht es um das alte, die Eingriffsverwaltung schwer belastende Problem der Gleichbehandlung im Unrecht.

Eine andere Konstellation, in der sich die Spannung zwischen theoretischer Rechtslage und Rechtswirklichkeit ausprägt, beruht auf einer quasi-offiziellen, systematischen und allgemein bekannten (u. U. aber zugleich offiziell bestrittenen) Abweichung der Praxis von der Rechtslage. So ist z. B. in den Staaten, die sich der Folter quasi-offiziell bedienen, diese theoretisch ebenso rechtswidrig wie hierzulande. Insofern ist der Identität der Norm in der Theorie Genüge getan. Andere, für unser internationales Strafrecht wichtigere Beispiele bilden Schmiergeldzahlungen, Urheberrechtsverletzungen und Warenfälschungen. Es gibt Staaten, die zwar unserem Recht parallele Straftatbestände kennen, aber die Augen systematisch geschlossen halten. In praxi kommt es zur Strafverfolgung – ohne dass es einer Änderung des Strafrechts bedürfte! – nur bei einem Regimewechsel oder sonst nach politischer Opportunität. – Konsens dürfte hier insoweit bestehen, dass wir die Modifizierung einer theoretischen Rechtslage durch quasi-gewohnheitsrechtliche Rechtfertigungsgründe *jedenfalls* dann ignorieren, wenn solche Rechtfertigungsgründe gegen naturrechtliche Prinzipien verstossen[17]. Wer foltert, kann sich angesichts des theoretischen Verstosses gegen das Verbot der Körperverletzung usw. nicht auf systematische behördliche Tolerierung als einer Rechtfertigung berufen. Wenn jedoch die naturrechtliche Argumentation versagt, wie meist, wenn das Gebiet des Vermögensstrafrechts betroffen ist, ist die gegenwärtige Praxis, die vor der Rechtswirklichkeit die Augen fest verschlossen hält, des Überdenkens wert[18].

---

[17] OEHLER, Int. Strafrecht, Köln usw. 1973, 456; TRÖNDLE, LK § 7 Bem. 5.
[18] Zum «Ungenügen einer aus den politischen und sozialen Zusammenhängen gelösten Rechtsvergleichung» vgl. SCHULTZ, in JESCHECK/KAISER (Hrsg.), Die Vergleichung als Methode der Strafrechtswissenschaft und Kriminologie (Untersuchungen und Forschungsberichte aus dem Max-Planck-Institut für ausländisches und internationales Strafrecht, Freiburg i. Br., Bd. 6), Berlin 1980, 7 ff., 14. Vgl. ferner oben Fn. 14.

II. RECHTSHILFE

1. Völkerrechtliche Überlegungen

a) Die völkerrechtliche Betrachtungsweise tritt bei der Rechtshilfe noch deutlicher hervor als bei dem vorstehend I erörterten Anwendungsbereich des schweizerischen Strafrechts. Rechtshilfe «beruht auf einer ... völkerrechtlichen Beziehung», es handelt sich «um eine Angelegenheit völkerrechtlicher Art»[19].

Auch für die *Rechtshilfe* spielt der Grundsatz der beidseitigen Strafbarkeit bzw. der identischen Norm eine grosse Rolle. Für die Auslieferung wird die beidseitige Strafbarkeit von alters her vorausgesetzt. BGE 105 Ib 293[20] hat die beidseitige Strafbarkeit sogar als einen «allgemeinen Grundsatz des Auslieferungsrechts» angesehen, von dem auch auszugehen sei, wenn ein konkreter Auslieferungsvertrag ihn nicht explizit enthalte. – Auch die *kleine Rechtshilfe* beruht auf diesem Prinzip.

Unter den einschlägigen *Rechtsgrundlagen* steht im Vordergrund das moderne Bundesgesetz über die Rechtshilfe in Strafsachen *(IRSG)* von 1981 (SR 351.1), vgl. Art. 35 Abs. 1 a (Auslieferung); Art. 64 Abs. 1 (kleine Rechtshilfe, Zwangsmassnahmen) sowie Art. 94 Abs. 1 b, Art. 8 und Art. 30 Abs. 1. – Bei der *Auslieferung* ist das Prinzip der identischen Norm im Europäischen Auslieferungsübereinkommen (EAÜ) von 1957 (seit 1967 für die Schweiz in Kraft, SR 0.353.1) in Art. 2 Abs. 1 Satz 1 verankert. Nach dem Europäischen Übereinkommen über die Rechtshilfe in Strafsachen *(EÜR)* von 1959 (seit 1967 für die Schweiz in Kraft, SR 0.351.1) erfolgt Rechtshilfe zwar grundsätzlich unter Verzicht auf beidseitige Strafbarkeit, die Vertragsparteien dürfen

---

[19] SCHULTZ, Das Bankgeheimnis und der schweizerisch-amerikanische Vertrag über Rechtshilfe in Strafsachen (Bankverein-Heft Nr. 11), 1976, 17; sachlich ebenso MARKEES, SJK *241* 14f.; GAUTHIER, ZStrR *101* (1984) 51, 65 mit Hinweis u.a. auf BGE *105* Ib 211, 213. Grundlegend dazu SCHULTZ, Das Schweizerische Auslieferungsrecht, Basel 1953, 7ff.
[20] Zustimmend SCHULTZ, SJIR XXXVIII (1982) 233, 266.

sich jedoch das Prinzip der beidseitigen Strafbarkeit durch entsprechenden Vorbehalt ausbedingen. Von dieser Möglichkeit des Art. 5 Abs. 1 a EÜR hat die Schweiz für den praktisch wichtigsten Fall Gebrauch gemacht, dass im Rechtshilfeverkehr Zwangsmassnahmen angewendet werden sollen.

Was spezielle zwischenstaatliche Vereinbarungen angeht, soll hier nur auf das *Verhältnis zu den USA* hingewiesen werden. Das Prinzip der identischen Norm ist verankert für die Auslieferung in Art. 2 des Auslieferungsvertrages vom 14. Mai 1900 (SR 0.353.933.6), und zwar als Generalklausel vor dem Katalog der einzelnen Auslieferungsdelikte. Für die sonstige Rechtshilfe ist im Verhältnis zu den USA massgebend der Staatsvertrag ... über gegenseitige Rechtshilfe in Strafsachen vom 25. Mai 1973 (*USV* – in Kraft seit 1977, SR 0.351.933.6; vgl. auch das in Ausführung dieses Vertrags ergangene Bundesgesetz vom 3. Oktober 1975 *USG* – SR 351.93). Im USV ist das Prinzip der beidseitigen Strafbarkeit verankert in Art. 4 Abs. 2 a.

b) Angesichts dieser Ausgangslage versteht es sich, dass das die Rechtshilfe beherrschende Prinzip der beidseitigen Strafbarkeit auf eine völkerrechtliche Wurzel zurückzuführen ist. Die beidseitige Strafbarkeit konkretisiert den *völkerrechtlichen Grundsatz der Reziprozität*[21]. Ein Staat wird nur soviel an Pflichten übernehmen, wie ihm vom Vertragspartner an Rechten eingeräumt wird. – Diese Rückführung der beidseitigen Strafbarkeit auf das Völkerrecht ist richtig und zugleich unbefriedigend. Die Reziprozität kann nämlich auf einen konkreten Sachverhalt bezogen werden oder in einem weiten Sinne auf die Rechte und Pflichten der beteiligten Staaten im allgemeinen. In diesem weiten Sinne wäre

---

[21] Für die Rechtsentwicklung in der Schweiz informativ die gute, von H. F. Pfenninger betreute Arbeit von Wolfgang B. Benz, Das Prinzip der identischen Norm im internationalen Auslieferungsrecht – unter besonderer Berücksichtigung der schweizerischen Verhältnisse, Diss. Zürich 1941. Dort zur Reziprozität 15 f., 24. Benz erörtert die Reziprozität nur im engeren Sinne, also auf einen konkreten Tatbestand bezogen, obwohl er den Grundsatz im weiten Sinne formuliert (S. 27).

Reziprozität auch so zu gewährleisten, dass *beide* Seiten vom Prinzip der beidseitigen Strafbarkeit abgehen. Wenn das EÜR kleine Rechtshilfe grundsätzlich ohne Rücksicht auf beidseitige Strafbarkeit vorsieht, verstösst es damit nicht gegen die Reziprozität.

2. *Strafrechtliche Überlegungen*

a) Wenn wir uns unter den verschiedenen Möglichkeiten, wie der völkerrechtlichen Reziprozität Genüge getan werden kann, gerade für die beidseitige Strafbarkeit entscheiden, könnte dies *strafrechtlich* zu erklären sein. *Rechtshilfe ist* eben nicht nur Erfüllung völkerrechtlicher Pflichten, sondern *Teilnahme an einer Strafverfolgung*[22]. Dieser Gedanke ist von grosser Tragweite im Bereich des *formellen* Strafrechts. In bezug auf das *materielle* Strafrecht kommt dem Teilnahmeargument jedoch nur geringe Bedeutung zu: Wenn im fremden Staat Taten verfolgt werden, die nach unserem Recht nicht strafbar (oder sogar nicht verboten) sind, so ist unsere Mitwirkung an einer derartigen Strafverfolgung mit den Prinzipien unseres materiellen Strafrechts vereinbar. Die dem fremden Staat von uns gewährte Rechtshilfe kann nicht etwa als Mitwirkung an einer Strafverfolgung gegen einen Nichtschuldigen angesehen werden (Art. 303 StGB); sie führt nicht zu einer – vom schweizerischen Strafrecht aus gesehen – rechtswidrigen Freiheitsentziehung usw. usw. Der Verstoss des Täters gegen das fremde Verbot erfüllt vielmehr die Kriterien (auch) unseres Schuldgrundsatzes; der Täter handelt auch im Sinne unserer Verbotsirrtumsdoktrin mit Unrechtsbewusstsein, und die Bestrafung des Täters genügt auch den Strafzwecken, von denen wir in unseren Straftheorien ausgehen. Die Kombination völkerrechtlicher und strafrechtlicher Betrachtung ergibt, dass die Achtung der Souveränität des fremden Staates es uns verbietet, dessen Strafrecht als Unrecht zu werten, bloss weil

---

[22] So schon BENZ (wie Fn. 21), 24. Zur Aktualisierung siehe unten 4.c.

Handlungen unterdrückt werden, die wir straflos lassen. Da das fremde Strafverfahren Recht verwirklicht, ist unsere Hilfe auch keine Teilnahme an Unrecht. Mit anderen Worten, die Ausstrahlung des einheimischen materiellen Strafrechts auf den Grundsatz der Identität der Norm ist bei der Rechtshilfe viel schwächer als beim Anwendungsbereich. Unser materielles Strafrecht würde es gestatten, Rechtshilfe grundsätzlich unter Verzicht auf beidseitige Strafbarkeit zu gewähren.

b) Das Erfordernis der beidseitigen Strafbarkeit lässt sich auch nicht – wie verschiedentlich behauptet wird [23] – aus dem *Rechtsstaatsprinzip* ableiten oder mit dem *ordre public* begründen. Andernfalls käme man angesichts des EÜR, das den grundsätzlichen Verzicht auf beidseitige Strafbarkeit vorsieht, in Verlegenheit. – In der *Botschaft* [23] des Bundesrates von 1966 zum EÜR heisst es:

«Indessen lässt sich die Auffassung nicht ohne weiteres von der Hand weisen, es widerspreche dem Grundsatz der Rechtsstaatlichkeit, im Rahmen der Leistung von Rechtshilfe Prozesshandlungen vorzunehmen, die einer in einem andern Staate durchgeführten Strafuntersuchung dienen, wenn deren Gegenstand Handlungen bilden, die nach dem Recht des ersuchten Staats nicht strafbar sind; mit anderen Worten, wenn diese Strafuntersuchung sich gegen eine Person richtet, die vor dem Gesetz des ersuchten Staats offensichtlich nicht schuldig sein kann. Es erscheint tatsächlich auf den ersten Blick als mit der öffentlichen Ordnung schwerlich vereinbar, dass ein Staat in solchen Fällen im Interesse eines Verfahrens vor Behörden des Auslandes Prozesshandlungen soll vornehmen können, die ihm in gleicher Sache im Interesse seiner eigenen Strafrechtspflege versagt sind, weil mangels Strafbarkeit der Handlung ein Strafverfahren überhaupt nicht durchgeführt werden kann. ...»

In diesen Ausführungen steckt ein richtiger Kern insofern, als sich aus unserer Rechtsordnung im allgemeinen und unserem

---

[23] Botschaft zum EÜR, BBl *1966* I 457, 478 f.; zur Rückführung der beidseitigen Strafbarkeit auf den Rechtsstaat schon SCHULTZ, Auslieferungsrecht (wie Fn. 19), 313; weitere Nachweise bei VOGLER, in GRÜTZNER/PÖTZ (wie Fn. 11), 12. Lieferung 1983, § 3 IRG Bem. 2. VOGLER lehnt diese Ansichten klar und scharf ab, wobei auch der Zusammenhang mit dem Teilnahmeargument und dem ordre public deutlich wird. Deshalb müsste ein Verzicht auf beidseitige Strafbarkeit durch strenge Prüfung des ordre public gemildert werden, vgl. den Hinweis auf Sittlichkeitsdelikte und Abtreibung bei SCHULTZ, ZStW *81* (1969) 199, 212.

Strafrecht im besonderen schliessen lässt, dass wir in Ausnahmefällen die Kriminalisierung einer bestimmten Verhaltensweise als unerträglich ansehen – und deshalb *Rechtshilfe als Verstoss gegen unseren ordre public* empfinden. *Beispiel:* Strafverfolgung von Kindern, Geisteskranken oder sonstige Verfolgungen unter Verstoss gegen Prinzipien unseres Schuldstrafrechts; Unterdrückung der Pressefreiheit mit strafrechtlichen Mitteln usw. – Dagegen kann im *Normalfall* einer einfachen Abweichung zweier kulturell vergleichbarer Strafrechtssysteme der Verzicht auf das Erfordernis der beidseitigen Strafbarkeit nicht schlüssig als rechtsstaatswidrig bekämpft werden. Es lässt sich nämlich kein Verstoss gegen Prinzipien unseres Straf- und Strafprozessrechts finden – und wo es daran fehlt, ist zumeist auch das Rechtsstaatsprinzip nicht verletzt, weil sich ein Rechtsstaat in den Prinzipien des betreffenden konkreten Rechtsgebiets wiederfinden lassen muss.

c) Mir scheint, die zutreffenden Ansätze der vorstehend 1, 2.a und 2.b erörterten Deutungen des Prinzips der beidseitigen Strafbarkeit führen zu einer einfachen Erklärung, wenn wir nicht von der Rechtshilfe ausgehen, zu der wir uns verpflichten, sondern von der Unterstützung, die wir erwarten. Würden wir auf beidseitige Strafbarkeit verzichten, wäre für die Schweiz Rechtshilfe und damit Unterstützung der schweizerischen Strafrechtspflege durch den Staat X bei Verwirklichung eines Tatbestandes A erhältlich, auch wenn dieser Tatbestand im Staat X nicht mit Strafe bedroht ist. Der Preis, den die Schweiz für diese Hilfe bei der Verfolgung der Fälle A bezahlen müsste, wäre jedoch nicht abzuschätzen. Er bestünde nämlich in unserer Pflicht, dem Staat X Rechtshilfe bei der Verfolgung der Tatbestände B, C, D usw. zu leisten, die nur im Staat X strafbar sind. Die Verknüpfung des Falles A mit den Fällen B, C, D usw. wäre rein zufällig. Dagegen besteht bei der Rechtshilfe – gestützt auf den Grundsatz der identischen Norm – zwischen geleisteter und erwarteter Hilfe ein *innerer* Zusammenhang. Erst ein solcher innerer Zusammenhang kommt auch der rechtsstaatlichen Qualität des Verfahrens zugute, so wenn es um eine Rechtshilfe geht, die mit der Lehre von den Beweisverboten harmonieren soll, näher anschliessend 3.b.

3. Beidseitige Strafbarkeit oder identische Norm

a) Wenn wir uns nicht mit einem beidseitigen Verzicht auf Reziprozität begnügen, sondern beidseitige Strafbarkeit verlangen, dann ist dies damit zu erklären, dass wir Rechtshilfe beim Tatbestand B nicht in der Hoffnung gewähren, dass wir als Ausgleich bei irgendeinem *anderen* Tatbestand Rechtshilfe erhalten. Eben diese *Zufallsreziprozität* läge jedoch auch dann vor, wenn wir beim Tatbestand B Rechtshilfe gewähren, weil das konkrete Verhalten nach unserem Recht zufällig – d. h. aus anderen Überlegungen heraus – strafbar ist. Wer ausnahmsweise solche Zufallsreziprozität genügen lassen wollte, zerstört die Regel, auf der die beidseitige Strafbarkeit beruht. Damit komme ich mit anderer Begründung zu eben dem Ergebnis, das schon oben I.3 entwickelt worden ist: Nur eine *unrechtsspezifische Normidentität* genügt dem Erfordernis der beidseitigen Strafbarkeit. Die oben I.3 entwickelten Beispiele zur Anwendung des schweizerischen Strafrechts lassen sich sinngemäss heranziehen, wenn es um die Gewährung von Rechtshilfe geht.

b) Das Bundesgericht versteht zwar das «Prinzip der identischen Norm» im hier entwickelten Sinne, zugleich steht das Gericht jedoch auf dem Standpunkt, der Grundsatz der beidseitigen Strafbarkeit sei vom Prinzip der identischen Norm zu unterscheiden. Die Ansicht, «auf beiden Seiten müsse die beidseitige Strafbarkeit in dem Sinne vorhanden sein, dass die Strafbarkeit den Schutz ähnlicher Rechtsgüter bezweckt», sei abzulehnen, denn dies «würde zum Prinzip der identischen Norm führen, welches nach der Rechtsprechung ... nicht massgeblich ist» [24].

Die *Einwände* sollen nur kurz vorgetragen werden, da sich die Praxis so gefestigt hat, dass mit einer Änderung nicht zu rechnen

---

[24] BGE *112* Ib 212.

ist: (1) Von einer kontinuierlichen Entwicklung dieser Judikatur kann keine Rede sein[25]. – (2) Die Berufung auf das USV[26] ist nicht schlüssig. – (3) Die Berufung der Judikatur auf das Standardwerk von SCHULTZ zum Auslieferungsrecht kann eine Begründung nicht ersetzen[27]. – (4) Was schliesslich die Verwurze-

---

[25] BGE *109* Ib 47 (Rechtshilfe, USA, Insider); *110* Ib 82 (Rechtshilfe, USA, Hochtechnologie-Export) und BGE *110* Ib 173 (Rechtshilfe, Mexiko, Pemex-Korruptionsfall) betonen zwar übereinstimmend, dass beidseitige Strafbarkeit nicht bedeute, dass die betreffenden Strafnormen die Tat «sous le même angle juridique» bzw. «unter demselben rechtlichen Gesichtswinkel» erfassen müssen. – Da *völlige* Identität naturgemäss (siehe oben I.3.b) nicht gefordert werden kann, ist nur fraglich, ob *Ähnlichkeit* verlangt wird. *Dies* verneint BGE *112* Ib 212, 213 erstmals explizit. Die in den neueren Entscheidungen wiederkehrende Berufung auf BGE *92* I 108, 115 ist unbehelflich, denn in concreto war weitgehende Ähnlichkeit gegeben (nämlich Mord nach deutschem und schweizerischem Recht), und man sucht a.a.O. vergebens die Aussage, dass es auf Ähnlichkeit nicht ankomme. – Wenn neuestens BGE *112* Ib 225 beidseitige Strafbarkeit bei Teilnahme am betrügerischen Konkurs nach italienischem Recht und Hehlerei nach schweizerischem Recht bejaht, so könnte Ähnlichkeit auf das Argument gestützt werden, dass die Teilnahme vor bzw. nach der Tat verwandt ist.

[26] FRIEDLI, in v. GRAFFENRIED (Hrsg.), Beiträge zum schweizerischen Bankenrecht, Bern 1987, 245, 266, weist zur Erklärung der sich auf den USV stützenden Praxis auf Art. 4 Ziff. 4 S. 1 USV hin, wonach der ersuchte Staat die Prüfung der Strafbarkeit «nur aufgrund seines eigenen Rechts» vornehmen solle. Damit erspart der USV dem ersuchten Staat jedoch nur die *Kontrolle* der Strafbarkeit nach dem Recht des ersuchenden Staates. Am Prinzip der beidseitigen Strafbarkeit ändert dies nichts, so ausdrücklich *Botschaft* zum USV (BBl *1974* II 580 ff., 583). Der ersuchende Staat darf nicht nur einen *Sachverhalt* schildern, sondern er muss die Subsumtion unter *sein* Recht (und damit das die Verfolgung motivierende Rechtsgut) angeben. Wenn es auf «Verschiedenheiten in der technischen Bezeichnung» gemäss Art. 4 Ziff. 4 S. 2 USV nicht ankommt, spricht dies *für* Rücksichtnahme auf *sachliche* Verschiedenheiten. Eben dies, nämlich dass das schweizerische Recht «eine Bestimmung enthält, die das durch die Tat verletzte Rechtsgut schützt», soll auch durch Art. 4 Ziff. 2 USV und Art. 64 I IRSG ausgedrückt werden, so MARKEES, SJK 423 b, 16. – Dass nach BGer Zufallsreziprozität ganz allgemein genügen soll, zeigt sich am Pemex-Fall (oben Fn. 25) und einem Insider-Fall im Verhältnis zu Frankreich, Pra 76 Nr. 186 (zu Art. 5 I, 23 I EÜR).

[27] SCHULTZ legt a.a.O. 324 ff. dar, dass statt blosser beidseitiger Strafbarkeit ein beidseitiges *Auslieferungsdelikt* zu fordern sei. Diese erhöhte Anforderung an

lung der beidseitigen Strafbarkeit im *Rechtsstaatsgedanken* betrifft, so halte ich es nicht für rechtsstaatlich, wenn wir eine Strafverfolgung wegen Verletzung des Rechtsguts B mit Zwangsmitteln unterstützen, obwohl *uns* der Einsatz solcher Zwangsmittel zum Schutze dieses Rechtsguts verwehrt wäre – wenn und weil wir wegen der nach unserer Ansicht im konkreten Fall gegebenen Verletzung des Rechtsguts A (um dessen Schutz es in dem Strafverfahren des um Hilfe ersuchenden Staates nicht geht!) mit Zwangsmitteln vorgehen dürften. Suchen wir die sichere Basis[28]: Staat X ersucht uns um Rechtshilfe wegen des Tatbestandes B, den unser Recht nicht kennt. Dem *Sachverhalt* ist jedoch eine (im Staate X nicht strafbare) Verletzung unseres Tatbestandes A zu entnehmen, wobei diese Sachverhaltsdetails für den Tatbestand B irrelevant sind. Einfach gesagt: wäre A *und* B im Staate X strafbar, läge Realkonkurrenz vor. Rechtshilfe würde hier sicher gegen die beidseitige Strafbarkeit verstossen. Liegt nicht Realkonkurrenz vor, sondern ist ein und dasselbe tatsächliche Geschehen für den ersuchten Staat unter einem ganz anderen Aspekt als für den ersuchenden Staat strafrechtlich relevant, sollte dies für beidseitige Strafbarkeit ebenfalls nicht genügen[29]. Versucht man, die unsichere Berufung auf den Rechtsstaat[30] zu konkretisieren, lässt

---

die Beidseitigkeit wird dann wieder reduziert, es genüge nach der Praxis «richtigerweise die Strafbarkeit als Auslieferungsdelikt überhaupt» (S. 326). – Wer aus diesen Überlegungen Schlüsse für die einfache Rechtshilfe ziehen will, muss dies begründen. Vor allem ist zweifelhaft, ob sich in der bei SCHULTZ a.a.O. Anm. 88 nachgewiesenen älteren Praxis ein Fall finden lässt, bei dem eine auf unähnliche Rechtsgüter zurückzuführende Beidseitigkeit genügt.

[28] Vgl. BGHSt 27, 168, 172 (betr. Auslieferung) und VOGLER (Fn. 23).

[29] Anders die bei WALTER (Fn. 11), § 66 IRG Bem. 15, mitgeteilte deutsche Entscheidung

[30] Wie die Effizienz der innerstaatlichen Strafverfolgung durch rechtsstaatliche strafprozessrechtliche Prinzipien leidet, leidet auch die Rechtshilfe. Dies ist hinzunehmen. Zur grosszügigen Rechtshilfe bei Insider-Fällen, wie sie die Konvention XVI der Schweiz. Bankiervereinigung anstrebt, hat die NZZ vom 7./8.11.1987 Nr. 259 S. 33 bemerkt, sie sei «auf eine der Rechtsstaatlichkeit der Schweiz Hohn sprechende Weise» durchgesetzt worden. Näher WIEGAND, in v. GRAFFENRIED (Hrsg.) (Fn. 26), 277 ff.

sich die *Lehre von den Beweisverboten*[31] heranziehen. Zufallsidentität bedeutet, dass die Schweiz nach Beweismaterial sucht mit Zwangsmitteln, die sie zum Schutz des Rechtsguts A anwenden darf. Der diese Zwangsmittel anwendenden schweizerischen Behörde ist dabei bekannt, dass das gefundene Material nicht zur Verfolgung der Verletzung dieses, sondern des Rechtsguts B verwertet werden soll. Zur Aufklärung einer Verletzung des Rechtsguts B dürften keine Zwangsmittel angewandt werden, es dürfte nicht gesucht werden. – Die Lehre von den Beweisverboten sieht schon die Verwertbarkeit von *Zufallsfunden* als rechtsstaatlich bedenklich an. Die absichtliche Heranziehung einer zum Schutze des Rechtsguts A zulässigen Zwangsmassnahme, um Beweismaterial in Sachen B zu erlangen, ist erst recht mit einem Beweisverwertungsverbot zu belegen.

c) Wenn Identität der Norm als Schutz vergleichbarer Rechtsgüter gegen vergleichbare Angriffe zu verstehen ist, dann steht einer grosszügigeren Handhabung der Rechtshilfe dort nichts im Wege, wo Tatbestände im Recht des ersuchenden Staates vom schweizerischen Recht in Details abweichen – und zwar auch dann nicht, wenn wegen dieser Abweichung Strafbarkeit im schweizerischen Recht zu verneinen wäre. Art. 4 Ziff. 4 S. 3 USV trägt im Verhältnis zu den USA in vorbildlicher Weise der Einsicht Rechnung, dass ein Detailvergleich des ausländischen mit dem einheimischen Recht bzw. eine Subsumtion der Subtilitäten des ausländischen Sachverhalts unter schweizerisches Recht den Rechtshilfeverkehr empfindlich belasten würde. Art. 4 Ziff. 4 S. 3 USV sollte als Ausdruck einer allgemeinen Regel des Rechtshilfeverkehrs und nicht als Ausnahmevorschrift verstanden werden. Angesichts der *abweichenden festen schweizerischen Praxis*[32] begnüge

---

[31] Vgl. dazu im Zusammenhang mit agent provocateur RIKLIN, recht *1986* 40; DONATSCH, ZStrR *104* (1987) 397. Als Beispiel für Rechtshilferelevanz siehe nur Art. 8 Ziff. 1 S. 2 USV.

[32] Dazu SCHULTZ, Auslieferungsrecht (Fn. 19), 324 (auch schon zum hier im Text gebrauchten Beispiel). Die deutsche Praxis behilft sich mit der Erwägung, dass bei Detailunterschieden der betreffenden Normen i. d. R. der *Verdacht* be-

ich mich mit einem *Beispiel:* Betrug nach deutschem Recht entspricht grosso modo Art. 148 StGB. Es ist nicht sinnvoll, wenn der um Rechtshilfe ersuchende deutsche Richter den Sachverhalt mit Blick auf die diffizile Interpretation der Arglist im schweizerischen Recht schildern muss (und aufklären muss, obwohl es auf die Arglist der Täuschung nach deutschem Recht nicht ankommt). Es ist nicht sinnvoll, dass die Rechtshilfe beim Betrug im Verhältnis zu allen Staaten ausser den USA vom letzten Stand der dogmatischen Diskussion z. B. zur Täuschung durch Unterlassen oder zum Absichtsbegriff abhängen soll (zu letzterem vgl. nur BGE *101* IV 177, 206 einerseits und BGHSt 16, 1 andererseits). Insofern müsste die Identität der Norm beim Anwendungsbereich und bei der Rechtshilfe nicht gleich bestimmt werden.

d) Die bisherigen Ausführungen bedürfen der Präzisierung bezüglich des *Zeitpunkts* der Rechtshilfe. Hilfe kann u. U. schon gewährt werden, wenn sich aus dem vorgetragenen Sachverhalt nur (d. h. erst!) eine Verletzung eines *objektiven Tatbestandes einer Strafnorm*[33] ergibt. Meiner Ansicht nach ändert dies nichts am Prinzip der Identität der Norm. Es wird Hilfe schon zur Aufklärung des objektiven Tatbestandes gewährt, d. h. der fremde Staat wird nicht gezwungen, zugleich den Sachverhalt vorzutragen, aus dem sich die Verwirklichung des subjektiven Tatbestandes ergibt. Die einschlägigen Rechtsquellen dürfen dagegen nicht dahin interpretiert werden, dass Rechtshilfe gewährt werden darf, wenn feststeht, dass es an dem nach schweizerischem Recht erforderlichen subjektiven Tatbestand fehlt.

---

gründet sei, dass auch die weitergehende Anforderungen stellende Norm verletzt sei, so BGHSt 27, 168, 173.

[33] So z. B. Art. 4 Ziff. 2 vor *a* USV, dazu Friedli (Fn. 26), 267. Zum IRSG vgl. Markees, SJK *422* 26 ff. (zur Auslieferung); SJK *423 b* 5, 15 ff. (zur kleinen Rechtshilfe).

4. Ungelöste Fragen, insbesondere fehlende Identität der Rechtswirklichkeit oder der prozessrechtlichen Schutzgarantien

a) Beunruhigend sind die schon im Zusammenhang mit dem Personalitätsprinzip oben I.4 erörterten Fälle, in denen Rechtshilfe bei übereinstimmender theoretischer Rechtslage, aber abweichender Realität begehrt und gewährt wird. Ist das fremde materielle Strafrecht dann noch mit dem prozessrechtlichen Opportunitätsprinzip gekoppelt, klammert man sich an die materiellrechtliche Übereinstimmung als einer Chimäre. Einer Fallgruppe, nämlich der ins Gewand des gemeinen Strafrechts gekleideten Abrechnung mit dem politischen Gegner, können wir in Extremfällen mit Hilfe der Kategorie des *politischen Delikts*[34] begegnen.

b) Nicht mit Hilfe des politischen Delikts lassen sich die nur auf dem Papier stehenden Straftatbestände bewältigen, die (meist zusammen mit dem Opportunitätsprinzip) nicht um ihrer selbst willen verfolgt werden, sondern um ein Fernziel zu erreichen. Entsprechen sich die betreffenden Straftatbestände, verstösst das Fernziel jedoch gegen Prinzipien unseres Strafrechts, dürfte Rechtshilfe aus der Sicht des schweizerischen Strafrechts vielfach so unerträglich sein, dass ein Verstoss gegen unseren ordre public anzunehmen ist. So verstösst z. B. die Ausnutzung und erst recht die Schaffung von wirtschaftsstrafrechtlichen Tatbeständen, um Verdachtsstrafen für Verstösse gegen das BetMG verhängen zu können, meiner Ansicht nach gegen elementare Grundsätze unseres Strafrechts. Es ist kein Ruhmesblatt für das amerikanische Recht, dass die langjährige Zuchthausstrafe, die Al Capone[35] wegen Mordes sehr wahrscheinlich «verdient» hatte, schliesslich wegen Steuerhinterziehung verhängt worden ist. Der Heranzie-

---

[34] Wie schwer ein Täter nachweisen kann, dass eine ausländische Strafverfolgung von politischen Opportunitätserwägungen beeinflusst wird, zeigt der schon mehrfach zitierte Pemex-Fall.

[35] Näher ARZT, 12 Cornell International Law Journal (1979), 43 ff., mit Hinweis auf Al Capone S. 52, 59.

hung, ja Schaffung von Steuerdelikten, um eine poena extraordinaria wegen eines nicht beweisbaren Verdachts der organisierten Kriminalität, des Handels mit Betäubungsmitteln usw. usw. verhängen zu können, haben wir zwar nicht Hand gereicht. Den kleinen Finger haben wir im USV immerhin gegeben [36].

c) Die soeben behandelte Fallgruppe bezieht ihre Problematik nicht in erster Linie aus dem materiellen Strafrecht, sondern primär aus der unterschiedlichen Sicht der prozessrechtlichen Garantien. Da es bei diesem Beitrag um die Vergleichbarkeit des materiellen Rechts geht, sei abschliessend angemerkt, dass auf den Rechtshilfeverkehr ausserordentliche Belastungen zukommen, wenn man die Identität der Norm nicht auf das Ob, sondern auf das Wie der Verfolgung beziehen wollte, also *Identität der prozessrechtlichen Prinzipien* fordern würde. Die überkommene Sicht geht vom Prinzip der Souveränität der Staaten aus und begnügt sich mit einem Minimum an Übereinstimmung, gestützt auf den ordre public oder auf spezielle Regelungen.

Äusserungen von Strafrechtlern in jüngster Zeit zum internationalen Strafrecht ist jedoch eine gewisse Ungeduld gegenüber «herkömmlichem Völkerrechtsdenken» (SCHUBARTH)[37] und «traditionellen Argumentationsweisen» (TRECHSEL)[38] anzumerken. Einem Völkerrecht, das Rechtshilfe als zwischenstaatliche Affäre betrachtet, wird von strafrechtlicher Seite die Mahnung entgegengesetzt, dass «Rechtshilfe essentiell Teilnahme an einem fremden Strafverfahren» sei (TRECHSEL)[39]. Bei Teilnahme an fremdem Unrecht kann der Teilnehmer vielleicht nach völkerrechtlichen, nicht aber nach strafrechtlichen Prinzipien die Verantwortung auf einen Haupt- oder Vortäter abschieben, nach

---

[36] Angesichts des Mordverdachts als Strafzumessungsgrund bei Steuerhinterziehung im Fall Al Capone ist die Berufung auf diesen Fall im Zusammenhang mit dem USV (SCHULTZ, Das Bankgeheimnis [Fn. 19], 47) bedenklich.

[37] SCHUBARTH, Strafverteidiger 1987, 173, 174. – Kritisch zur «Grauzone zwischen Straf- und Verwaltungsverfahren» auch PFEIFER, in Festgabe zum Schweizerischen Juristentag 1985, 245 ff.

[38] TRECHSEL, EuGRZ *1987* 69, 77.

[39] TRECHSEL (Fn. 38), 70, 75.

dem Motto «male captus – bene deditus» (HANS SCHULTZ)[40]. Das Teilnahmeargument mag mit Blick auf das materielle Recht leicht wiegen (siehe oben II.2a), mit Blick auf das Verfahrensrecht wiegt es jedoch schwer. Je mehr Garantien unseres materiellen und formellen Strafrechts ins Verfassungsrecht transferiert werden, desto alltäglicher wird im Rechtshilfeverfahren der Vorwurf werden, das fremde Verfahren verletze nach unserem Verständnis den Wesensgehalt von Menschenrechten. Schuldprinzip, unverhältnismässig lange Untersuchungshaft, grausame Strafen oder grausame Behandlung, agent provocateur, (sonstige) Beweisverwertungsverbote – das Verfassungsrecht saugt das Strafprozessrecht mehr und mehr auf. Die Berufungen auf ordre public oder Teilnahme an fremdem Unrecht oder Menschenrechtswidrigkeit decken sich, wenn man die *Todesstrafe* als Verletzung des Kerns der persönlichen Freiheit bewertet. Es ist nur konsequent, wenn wir uns – notfalls unter Berufung auf den ordre public – weigern, durch Auslieferung zu solchen Menschenrechtsverletzungen durch Drittstaaten beizutragen[41]. So einleuchtend das auf einer Kombination von Verfassungsrecht und Strafrecht beruhende Prinzip auch sein mag, nach dem wir uns nicht qua Rechtshilfe an einem Verfahren beteiligen dürfen, das aus unserer prozessrechtlichen (verfassungsrechtlichen) Sicht wesentliche Schutzgarantien des Beschuldigten verletzt, so unklar sind die Grenzen dieses Satzes[42]. Art. 2 IRSG hat einen wichtigen Schritt

---

[40] SCHULTZ, SJIR XL (1984) 93 ff.

[41] Problematisch Pra 77 Nr. 13.

[42] Da diese schwierigen Fragen mein Thema nur am Rande berühren, sei nur hingewiesen auf DE CAPITANI, ZSR 99 (1981) II 366, 419; SCHULTZ, SJZ 77 (1981) 89, 94, und FREI, ZStrR 100 (1983) 57, 60, nach dem Art. 2 IRSG auch im Rahmen vertraglicher Sonderregelungen gelten soll. Die Bindung unserer Staatsgewalt an die Menschenrechte (und die EMRK) auch im Rahmen der Rechtshilfe leuchtet ein. Zu beachten ist jedoch (1) der gut gemeinte, aber vielleicht doch exzessive Transfer «einfachen» Strafprozessrechts ins schweizerische Verfassungsrecht; (2) die Versuchung, im Interesse der Rechtshilfe über Mängel des fremden Verfahrensrechts (und besonders der fremden Rechtswirklichkeit) hinwegzusehen; (3) die Versuchung, im Interesse der Rechtshilfe unsere rechtsstaatlichen Garantien restriktiv zu interpretieren.

in diese Richtung getan, weil Rechtshilfe (mindestens?) von der Beachtung der EMRK-Garantien im ausländischen Verfahren abhängig gemacht wird. Wie problematisch dies ist, zeigt das besonders geregelte und deshalb (vgl. Art. 1 Ziff. 1 IRSG) nicht dem IRSG unterstehende *Verhältnis zu den USA*. Hier käme es zum Kollaps des Rechtshilfeverkehrs – und zwar in beide Richtungen, wollte man ein Minimum an Übereinstimmung der strafprozessrechtlichen Prinzipien verlangen. Nach amerikanischer Ansicht verletzt z. B. unsere Rechtsordnung, wenn sie der Anklagebehörde ein Recht zur Berufung bei Freispruch einräumt, in geradezu schockierender Weise das strafprozessrechtliche – und von der amerikanischen Bundesverfassung (Amendment V) gewährleistete – Verbot der double jeopardy. Umgekehrt ist im amerikanischen Recht der für unser Strafprozessrechtsverständnis elementare, auch in die EMRK aufgenommene Grundsatz «in dubio pro reo» nicht in vergleichbarem Umfang gewährleistet[43]. Bei der Weiterentwicklung des Prinzips der beidseitigen Strafbarkeit zum Prinzip der Identität der prozessrechtlichen Schutzgarantien werden sich noch viele Fragen stellen. Sie sind nicht Thema dieses Beitrags. Immerhin lässt sich sagen, dass die Interpretation des Prinzips der beidseitigen Strafbarkeit als formale, zufällige Übereinstimmung statt einer materiellen, d. h. unrechtsspezifischen Normidentität keine gute Basis für die Bewältigung dieser neuen Probleme schafft.

---

[43] Das hängt u. a. damit zusammen, dass das amerikanische Recht bestimmte «Verteidigungen» als Einwendungen betrachtet und dem Beschuldigten die Beweislast überbürdet, vgl. FLETCHER, Rethinking Criminal Law, Boston usw. 1978, 516 ff.

HANS SCHULTZ

BEMERKUNGEN ZU IRSG ART. 74

Die Generation, die sich anschickt abzutreten, absolvierte ihre Lehrzeit in den Zwischenkriegsjahren, einer Zeit, in welcher der zügellose Nationalismus totalitärer Staaten zwischenstaatliche Beziehungen hemmte, störte und schliesslich zerriss. Sie erlebte eine Schweiz, die sich nur mit grösster Mühe und höchstem diplomatischen Geschick die Grundlage der Ernährung und des Erwerbes während der Kriegsjahre erhalten konnte[1]. Doch schon unerwartet rasch nach dem Ende des Zweiten Weltkrieges wurde der Austausch geistiger Werte und wirtschaftlicher Güter, wenigstens in der westlichen Welt, wieder rege. Er übertraf bald an Intensität, nicht zuletzt der elektronischen Massenmedien wegen, den Stand vor dem Zweiten Weltkriege so stark, dass HANS HUBER schon 1968 «Weltweite Interdependenz» zum Titel einer Veröffentlichung wählte, die allerdings den Untertitel «Gedanken über die grenzüberschreitenden gesellschaftlichen Verhältnisse und die Rückständigkeit des Völkerrechts» trug[2]. Heute ist die zwischenstaatliche Verflochtenheit so weit gediehen, dass in der Schweiz kaum mehr eine Vereinbarung getroffen oder ein Geschäft abgeschlossen wird, ohne dies mit dem urchigen «o. k.» zu besiegeln, damit einer «in» sei, von den kaum mehr dem deutschen Sprachgebiet zuzurechnenden Veröffentlichungen der Angehörigen gewisser Wissenschaften zu schweigen. Und kaum einer nimmt diesen Vorgang wahr oder stösst sich gar daran.

Seitdem HANS HUBER die Rückständigkeit des Völkerrechts beklagte, ist wenigstens für die internationale Zusammenarbeit

---

[1] Eindrücklich geschildert von EDGAR BONJOUR, Geschichte der schweizerischen Neutralität. Vier Jahrhunderte eidgenössischer Aussenpolitik, Bd. III 1930–1939, Basel/Stuttgart 1967, 402 f.; Bd. IV 1939–1945, 1970, 269; Bd. V 1939–1945, 345, 369; und besonders Bd. VI 1939–1945, 195–415.

[2] HANS HUBER, Weltweite Interdependenz, Staat und Politik 3, Bern 1968.

in Strafsachen festzustellen, dass man sich bemühte, diesen Rückstand sowohl im Vertrags- wie im Landesrecht aufzuholen. Den Auftakt bildeten die Europäischen Übereinkommen über die Auslieferung vom 13. Dezember 1957 (EAÜ) und die Rechtshilfe in Strafsachen vom 20. April 1959 (EÜR)[3]. Dazu kamen weitere Abkommen, wie das Europäische Übereinkommen vom 27. Januar 1977 zur Bekämpfung des Terrorismus[4], das von der Schweiz erst ratifiziert werden konnte, nachdem das Strafgesetzbuch durch Art. 6bis ergänzt worden war, der dem schweizerischen Strafrecht unterwirft, «wer im Ausland ein Verbrechen oder Vergehen verübt, zu dessen Verfolgung sich die Schweiz durch ein internationales Übereinkommen verpflichtet hat»[5]. Das Europäische Übereinkommen vom 21. März 1983 über die Überstellung verurteilter Personen[6] ist ratifiziert worden, nachdem das Rechtshilfegesetz am 1. Januar 1983 in Kraft getreten ist und die dazu erforderlichen landesrechtlichen Voraussetzungen geschaffen hat.

Die Möglichkeiten zwischenstaatlicher Rechtshilfe wurden ausserdem durch Reformen der Landesrechte erweitert. In der Schweiz löste das Rechtshilfegesetz[7] das Auslieferungsgesetz[8] ab und trat am 1. Januar 1983 in Kraft. Damit erhielt die Schweiz zum ersten Mal eine gesetzliche Regelung nicht nur der akzesso-

---

[3] AS *1967* 814, SR 0.353.1, 0.351.1.

[4] SR 0.353.3.

[5] Botschaft vom 24.3.1982, BBl *1982* II 11/2; BG vom 17.12.1982, AS *1983* 543, in Kraft am 1.7.1983. Die Verfolgung in der Schweiz ist der Auslieferung subsidiär, die Bestrafung setzt beidseitige Strafbarkeit voraus und lässt die lex mitior zu.

[6] Botschaft vom 29.10.1986, BBl *1986* III 769. AS *1988* 759

[7] BG über die Rechtshilfe in Strafsachen (Rechtshilfegesetz [IRSG]), vom 20.3.1981, in Kraft am 1.1.1983, SR 351.1; dazu CURT MARKEES, Internationale Rechtshilfe in Strafsachen. Das Bundesgesetz vom 20. März 1981 (IRSG), SJK Karten 421, 421a, b, 422, 422a, 423, 423a, 423b, 423 c, Genf o. J. (1985 ff.).

[8] BG vom 22.1.1892 betreffend die Auslieferung gegenüber dem Auslande, BS 3 509.

rischen oder kleinen Rechtshilfe⁹, sondern zugleich der stellvertretenden Strafverfolgung als Übernahme einer ausländischen Strafverfolgung durch die Schweiz oder die Abgabe eines schweizerischen Strafverfahrens an das Ausland sowie der Vollstreckung ausländischer Strafurteile in der Schweiz. Andere Staaten erneuerten ihre Gesetze über die internationale Zusammenarbeit in Strafsachen in ähnlicher Weise, so die Bundesrepublik Deutschland [10] und die Republik Österreich [11], zusammen mit vielen Staaten in allen Kontinenten [12].

Das Recht der zwischenstaatlichen Zusammenarbeit in Strafsachen ist weltweit in Bewegung geraten. Herkömmliche Institute, wie die Auslieferung, wurden modernisiert und andere Instrumente solchen Zusammenwirkens erstmals landesrechtlich geregelt. Die allgemeine Richtung der neuen Gesetze geht auf Er-

---

[9] Vorher galten dafür nur die von der Praxis der Polizeiabteilung entwickelten Regeln, von denen wichtige mit dem Bundesratsentscheid vom 23.9.1957 i. S. Ciurleo, VEB 27 (1957) 14, ausgesprochen wurden.

[10] Gesetz über die Internationale Rechtshilfe in Strafsachen (IRG) vom 23.12.1982; dazu Kommentar von THEO VOGLER/WOLFGANG WALTER/PETER WILKITZKI, in: Internationaler Rechtshilfeverkehr in Strafsachen. Die für die Rechtsbeziehungen der Bundesrepublik Deutschland mit dem Ausland in Strafsachen massgeblichen Bestimmungen, begründet von HEINRICH GRÜTZNER (†), 2. Aufl. von PAUL-GÜNTER PÖTZ, Heidelberg 1983, I A 2.

[11] Bundesgesetz vom 4.12.1979 über die Auslieferung und die Rechtshilfe in Strafsachen (Auslieferungs- und Rechtshilfegesetz-ARHG); dazu ROBERT LINKE/HELMUT EPP/GERTRAUDE DOKOUBIL/GERT FELSENSTEIN, Internationales Strafrecht, Auslieferung, Rechtshilfe, Vollstreckung, Fahndung, Wien 1981.

[12] Kanada, Gesetz über die Auslieferung flüchtiger Rechtsbrecher 1952, GRÜTZNER/PÖTZ IV K 3; Israel, Auslieferungsgesetz 1954, IV I 8; Japan, Auslieferungsgesetz vom 21.7.1958, IV J 1; Kamerun, Gesetz über die Auslieferung vom 26.6.1964, IV K 2; Niederlande, Gesetz über neue Bestimmungen über Auslieferung und andere Formen der Rechtshilfe in Strafsachen vom 9.3.1967, IV N 6; Brasilien, Auslieferungsgesetz vom 13.10.1969, IV B 7; Australien, Auslieferungsgesetz 1966–1974 vom 1.8.1974, IV A 13; Norwegen, Gesetz vom 13.6.1975 über die Auslieferung von Rechtsbrechern, IV N 9; Portugal, Auslieferungsgesetz vom 4.8.1975, IV P 9; alle Angaben nach GRÜTZNER/PÖTZ, 1. Aufl. 1955 ff.; Spanien, Ley de Extradición Pasiva vom 21.3.1985, GRÜTZNER/PÖTZ, 2. Aufl. (Fn. 10), IV, 28.

leichterung der Zusammenarbeit, nicht zuletzt in verfahrensmässiger Hinsicht. Ein Beispiel für diese Erleichterung der Rechtshilfe ist die Lockerung der Regel, dass die Auslieferung ausgeschlossen ist, wenn die verfolgte Tat ganz oder teilweise auf dem Gebiet des ersuchten Staates begangen worden ist, wie es AuslG Art. 12 geboten hatte [13]. Ausserdem sollen die Menschenrechte des Verfolgten oder anderer von einem Rechtshilfeverfahren betroffener Personen geschützt werden, wie dies schon EAÜ Art. 3 Abs. 2 getan hatte, dessen Regelung die Landesrechte übernahmen [14].

Wieso es zu diesen Neuerungen kam, lässt sich leicht sagen für die Bestimmungen, welche den Menschenrechten der an einem Rechtshilfeverfahren Beteiligten vermehrten Schutz gewährten und die verfahrensmässige Stellung solcher Personen stärkten. Diese Regelungen gehen zurück auf eine allgemeine Bewegung in der staatsvertraglichen und landesrechtlichen Rechtssetzung nach dem Zweiten Weltkriege, deren deutlichster Ausdruck die Europäische Menschenrechtskonvention vom 4. November 1950 ist.

Die internationale Rechtshilfe in Strafsachen zu erleichtern kann daher rühren, dass die Staaten nicht mehr so stark auf ihre Souveränität pochen, wenn es um die Bekämpfung der Kriminalität geht. Das vermehrte Auftreten schwerer Kriminalität, wie

---

[13] EAÜ Art. 7 Abs. 1 hatte diesen Ausschlussgrund schon abgeschwächt und nur als fakultativen zugelassen; IRSG Art. 36 Abs. 1 gestattet die Auslieferung der Urheber von in der Schweiz begangener Taten ausnahmsweise, wenn besondere Umstände dies rechtfertigen. Die bundesgerichtliche Rechtsprechung hatte, das Rechtshilfegesetz vorwegnehmend, die Geltung des Territorialitätsprinzipes gelockert, siehe BGE *101* (1975) Ia 598, E. 6, unveröff. BGE 29. 2. 1980 i. S. Dieter G., 26. 5. 1982 i. S. Peter F., E. 4; zur Rechtslage nach dem Inkrafttreten des Rechtshilfegesetzes gegenüber einem Vertragsstaat des Europäischen Übereinkommens BGE *109* (1983) Ib 62, E. 2 b, unveröff. BGE 15. 11. 1984 i. S. Franco P.

[14] Siehe IRSG Art. 2, 3 Abs. 2; spanisches Auslieferungsgesetz 1985, Art. 4 Ziff. 3 (Ausnahmegericht), Art. 5 Ziff. 1 (wie EAÜ Art. 3 Abs. 2); Österreich ARHG § 19 (Wahrung rechtsstaatlicher Grundsätze).

terroristische Gewalttaten[15], Grosshandel mit Drogen, schwere Wirtschaftskriminalität, kann zu dieser Entwicklung beigetragen haben, ganz abgesehen davon, dass die, wie das schweizerische Auslieferungsgesetz, bis ins letzte Jahrhundert zurückgehenden bestehenden Gesetze sich als veraltet und lückenhaft erwiesen.

Im Folgenden soll untersucht werden, ob die Auslegung einer einzelnen Bestimmung des Rechtshilfegesetzes, IRSG Art. 74 über die Heraugabe von Gegenständen, die in der allgemeinen Entwicklung des Rechtshilferechtes offenkundige Tendenz der Erleichterung der internationalen Zusammenarbeit erkennen lässt.

IRSG Art. 74 Abs. 1 gestattet den Schweizer Behörden, Gegenstände, Schriftstücke und Vermögenswerte, die nach schweizerischem Recht beschlagnahmt werden können, «den in Strafsachen und den für die Erteilung oder den Entzug von Führerausweisen zuständigen Behörden auf Ersuchen zur Verfügung» zu stellen, «soweit sie für deren Entscheid von Bedeutung sein können». Diese Vorschrift geht auf den Vorentwurf der Polizeiabteilung vom 2. August 1968, Art. 40 Abs. 1, zurück und wurde in den Beratungen des Vorentwurfes und des ihm entsprechenden Art. 71 des bundesrätlichen Entwurfes[16] beinahe nur redaktionell überarbeitet[17]. Es steht ausser Zweifel, dass es hier um die Beweisbeschlagnahme geht, werden die hier genannten Sachen und Vermögenswerte den Behörden des ersuchenden Staates doch nur überlassen, «soweit sie für deren Entscheid von Bedeutung sein können». Das Gesetz spricht zudem weder von Aushändigen noch von Herausgeben, sondern nur von «zur Verfügung gestellt», «mis à ... disposition», «messi a disposizione». Damit ist

---

[15] Die übrigens zu einer Einschränkung der politischen Delikte führten, siehe IRSG Art. 3 Abs. 2 lit. b, Terrorismus-Übereinkommen Art. 1.
[16] BBl *1976* II 444.
[17] Die wichtigste Änderung gegenüber dem Vorentwurf 1968 ist, dass die Vermögenswerte, deren Einziehung der durch VStrR Anhang 1 neu gefasste StGB Art. 58 Abs. 1 ermöglichte, in Kraft seit dem 1. 1. 1975, als der Beschlagnahme unterliegende Objekte erwähnt wurden.

gesagt, dass diese Sachen, Schriften oder Werte den Behörden des ersuchenden Staates nur während der Dauer des von ihnen geführten Strafverfahrens und höchstens bis zu dessen rechtskräftiger Beurteilung überlassen werden, doch dann wieder in die Schweiz zurückgebracht werden sollen.

Man kann sich fragen, ob es nötig war, die Vermögenswerte in diesem Absatz zu nennen. Wenn diese Werte nicht, wie Wertpapiere, in einer Sache verkörpert, sondern, wie Bankguthaben, Forderungen sind, dann dürfte es für die Beweisführung im ersuchenden Staate genügen, wenn der ersuchte Staat bekanntgibt, dass eine solche Forderung besteht[18]. Dasselbe gilt sogar für Bargeld, wenn nicht die Herkunft oder die Beschaffenheit der einzelnen beschlagnahmten Münzen oder Banknoten überprüft werden muss, so wenn eine Fälschung in Frage steht. Doch superflua non nocent, weshalb die Erwähnung der Vermögenswerte in IRSG Art. 74 Abs. 1 nicht zu Schwierigkeiten führt.

Wenn die Vorschrift die andere Rechtshilfe an die Voraussetzung knüpft, dass das schweizerische Recht die Beschlagnahme zulässt, dann ist hier vor allem daran gedacht, dass die eidgenössischen und kantonalen Strafprozessordnungen eine Beschlagnahme bei Trägern von Berufsgeheimnissen, insofern das Berufsgeheimnis berührt wird[19], oder von bestimmten Schriftstücken[20] ausschliessen. Nach einigen Autoren und dem Bundesgericht soll es ausserdem darauf ankommen, dass die Einziehung nach schweizerischem Recht zulässig ist[21]. Gegen diese Auffas-

---

[18] Ebenso unveröff. BGE 2.7.1986 i. S. L. G., E. 10a, S. 23, unter Hinweis auf BGE 97 (1971) I 383, E. 5b.

[19] BStrP Art. 69 Abs. 1, 77; Strafprozessordnung für den Kanton Schaffhausen vom 15.12.1986, Art. 172 Abs. 2. Wie im Text MARKEES, SJK 423 b, Andere Rechtshilfe, 3.111, Ziff. 2.

[20] Strafverfahren des Kantons Bern vom 20.5.1928, Art. 171 Abs. 3, für die Korrespondenz des Beschuldigten mit seinem Verteidiger.

[21] LIONEL FREI, Erfahrungen mit dem Schweizer Rechtshilfegesetz, LJZ *1987* 19, der dem unveröff. BGE 18.4.1986, B 49514, E. 4d, folgt, wonach IRSG Art. 74 sich auf die Einziehung und die Herausgabe von Gegenständen an den ersuchenden Staat beziehe. Die Einziehung der Deliktsbeute wäre übrigens zu-

sung spricht der Wortlaut von IRSG Art. 74 Abs. 1, der den prozessualen Begriff «Beschlagnahme» und nicht den der materiellrechtlichen «Einziehung» verwendet. Ausserdem könnte sich die Voraussetzung möglicher Einziehung nicht auf die in dieser Vorschrift behandelten Beweisstücke beziehen; denn diese werden nicht eingezogen, sondern zurückerstattet. Die Voraussetzung der Einziehung könnte höchstens auf Beweismittel oder andere Gegenstände gemünzt sein, die gemäss StrGB Art. 58 Abs. 1 lit. *b* der Einziehung verfallen [22].

IRSG Art. 74 Abs. 2 spricht von der Herausgabe anderer Gegenstände und Vermögenswerte, «die aus einer strafbaren Handlung herrühren». Sie «können zur Rückerstattung an den Berechtigten auch ausserhalb eines Strafverfahrens im ersuchenden Staat herausgegeben werden». Die Vorschrift hebt sich in zweifacher Hinsicht von einer anderen Regelung ab.

Einmal erwähnt sie andere, als die in Absatz 1 behandelten Objekte. Zum anderen dadurch, dass sie nicht mehr vom zur Verfügung stellen, sondern von der Herausgabe an den Berechtigten spricht. Beide Unterschiede zum ersten Absatz machen offenkundig, dass es um die Wiedergutmachung des den Opfern einer Straftat gestifteten wirtschaftlichen Schadens geht, die durch eine Sicherungsbeschlagnahme vorbereitet worden ist.

Zur Rückerstattung der Beute verpflichteten als Rechtshilfe in der Form der Sachauslieferung schon zahlreiche von der Schweiz abgeschlossene Auslieferungsverträge [23]. Das Europäische Rechtshilfe-Übereinkommen spricht in Art. 3 Abs. 1 hingegen nur zur Vornahme von Untersuchungshandlungen oder zur Übermitt-

---

lässig gemäss StrGB Art. 58 Abs. 1, der die Einziehung der aus einem Delikt erlangten Gegenstände und Werte vorsieht, unter Vorbehalt der Rechte Dritter, zu denen die Geschädigten zählen, in Art. 58bis.

[22] Rechtshilfe zu solcher Einziehung ist der weiten Fassung von IRSG Art. 63 Abs. 1 bis 3 wegen ebenfalls zulässig.

[23] So schon der Vertrag mit Italien vom 22.7.1868, Art. 11, und der mit Frankreich vom 9.7.1869, Art. 5, zuletzt der mit Polen vom 19.11.1937, Art. 16 Abs. 1 und 2; BS 12 96, 147, 207; EAÜ Art. 20 Abs. 1 lit. *b*.

lung von Beweisstücken oder Schriften, mithin einzig von Massnahmen der Beweisführung und -sicherung. Das Bundesgericht liess die Frage offen, ob das Übereinkommen zur Sicherungsbeschlagnahme verpflichte[24]. Der Staatsvertrag zwischen der Schweizerischen Eidgenossenschaft und den Vereinigten Staaten von Amerika über gegenseitige Rechtshilfe in Strafsachen vom 25. Mai 1973[25] verpflichtet in Art. 1 Ziff. 1 lit. c nur zur «Rückgabe an den ersuchenden Staat oder einen seiner Gliedstaaten von Gegenständen oder Vermögenswerten, welche ihnen gehören». In Art. II Abs. 3 des Vertrages vom 13. November 1969 zwischen der Schweizerischen Eidgenossenschaft und der Bundesrepublik Deutschland über die Ergänzung des Europäischen Übereinkommens über die Rechtshilfe in Strafsachen vom 20. April 1959 und die Erleichterung seiner Anwendung[26] wurde die Verpflichtung zur Herausgabe der aus einer Straftat herrührenden Gegenstände und des Erlöses aus deren Verwertung allgemein begründet. Damit war eine Wende in der Regelung der Beschlagnahme im Recht der anderen Rechtshilfe eingetreten.

Die ersten Vorarbeiten zum Rechtshilfegesetz fielen in die Zeit, in der das Zusatzabkommen zum Europäischen Rechtshilfeabkommen mit der Bundesrepublik Deutschland vorbereitet wurde. Deshalb erstaunt es nicht, schon in Art. 29 Abs. 1 des Vorentwurfes vom 2. August 1968, dem Vorläufer von IRSG Art. 63 Abs. 1, die Vorschrift zu finden, die Schweizer Behörden könnten Rechtshilfe leisten mit Massnahmen, die «der Beibringung der Beute dienen sollen». Die Botschaft vom 8. März 1976 übernahm diese Fassung in ihrem Art. 59 Abs. 1 am Ende. Sie beschränkte sich darauf, auf die Zusatzverträge mit der Bundesrepublik und Österreich hinzuweisen[27]. Die Vorschrift wurde von

---

[24] BGE *99* (1973) Ia 99, E. 6; *105* (1979) Ib 216, E. 5 a; *106* (1980) Ib 344, E. 3.
[25] SR 0.351.933.6.
[26] SR 0.351.913.61, 0.351.916.32.
[27] BBl *1976* II 480, 373 Ingress.

den Räten diskussionslos angenommen. In bewusster Abweichung vom Europäischen Rechtshilfe-Übereinkommen will das Rechtshilfegesetz derart die akzessorische Rechtshilfe nicht nur zur Erleichterung der Beweisführung ermöglichen, sondern auch damit die Geschädigten wieder zu ihrer Sache kommen. Die von IRSG Art. 63 Abs. 2 als Rechtshilfemassnahme vorgesehene Beschlagnahme ist deshalb nicht nur die Beweis-, sondern auch die Sicherungsbeschlagnahme.

Doch wie kam es zu der merkwürdigen Formulierung von IRSG Art. 74 Abs. 2, der von der Aushändigung von Sachen und Vermögenswerten auch ausserhalb eines Strafverfahrens spricht? Die Erklärung findet sich in dem von Dr. CURT MARKEES verfassten Bericht der Expertenkommission für ein Bundesgesetz über internationale Rechtshilfe in Strafsachen[28], der zu dem IRSG Art. 74 Abs. 2 entsprechenden Art. 64 Abs. 2 des Entwurfes der Expertenkommission ausführte, es gehe darum, «die Rückerstattung an den Berechtigten zuzulassen, selbst wenn die Verfolgung der strafbaren Handlung bereits abgeschlossen ist oder nicht im ersuchenden Staat stattfindet. Aus strafbaren Handlungen herrührende Gegenstände werden häufig im Hinblick auf die Erleichterung des ‹Absatzes› in andere Staaten verschoben. ... Die mit der Wiedererlangung solcher Gegenstände, insbesondere im Falle ihrer Entdeckung nach Abschluss eines allfälligen Strafverfahrens verbundenen Umtriebe und Unzukömmlichkeiten schienen es der Kommission zu rechtfertigen, auch für solche Fälle die Herausgabe auf amtlichem Wege vorzusehen, ...»

In seinen Erläuterungen von IRSG Art. 74 Abs. 2 verweist MARKEES auf diese gesetzgeberische Absicht[29]. Sie führte zu einer Formulierung, die zur Annahme verleiten könnte, dass IRSG Art. 74 Abs. 2 nur den Sonderfall der Rückgabe ausserhalb eines Strafverfahrens regelt, beispielsweise, wenn die gestohlenen Sa-

---

[28] Vom 4.11.1972, C I c 8, S. 61/2.
[29] MARKEES im zit. Bericht, C I c 8, S. 61/2.

chen in ein anderes Land als das, in welchem der Diebstahl verfolgt wird, verbracht worden sind.

Doch genauer betrachtet, lässt der Wortlaut erkennen, dass die von IRSG Art. 74 Abs. 2 ausgesprochene Sonderregel den Grundsatz voraussetzt, dass die Beute selbstverständlich und gerade im Zusammenhang mit einem Strafverfahren an den ersuchenden Staat herausgegeben werden darf. Das zeigen die Wendungen «*auch* ausserhalb eines Strafverfahrens im ersuchenden Staat», «*même* en dehors de toute procédure pénale», «*anche* indipendentemente dal procedimento»[30]. Der Gesetzgeber unterliess es, den Grundsatz auszusprechen, dass die als Deliktsbeute beschlagnahmten Sachen und Werte den Behörden des ersuchenden Staates zuhanden des Geschädigten herauszugeben sind. Die Wegleitung des Bundesamtes für Polizeiwesen über die internationale Rechtshilfe in Strafsachen[31] erklärt deshalb vorbehaltlos, es «stellt das Rechtshilfegesetz nun klar, dass Gegenstände und Vermögenswerte, die aus einer strafbaren Handlung herrühren (d. h. Deliktsgut) zur Rückerstattung an den Berechtigten (in der Regel der Geschädigte) den ausländischen Behörden übergeben werden können (Art. 74 IRSG)». Die Lehre stimmt dieser Auffassung zu[32].

Die Wegleitung fügt bei, eine Pflicht zur Herausgabe, wie sie die Zusatzverträge zu dem Europäischen Rechtshilfe-Übereinkommen mit der Bundesrepublik und Österreich vorsehen, bestehe nicht. Doch liegen die gesetzlichen Voraussetzungen einer Sicherungsbeschlagnahme vor, wird es kaum möglich sein, die Herausgabe der sichergestellten Beute an den ersuchenden Staat zu verweigern, ohne dass die Behörden dieses Staates die Ablehnung als einen Affront empfinden.

Indessen wirft die Sicherungsbeschlagnahme einige heikle Fragen hinsichtlich ihrer Voraussetzungen und der Aushändi-

---

[30] Hervorhebungen von mir.
[31] Stand 1.1.1983, VPB *46* (1982) 366, Nr. 68, 6 d.
[32] MARKEES, SJK 423 c, Andere Rechtshilfe, 3.126; Frei (Fn. 21), 19.

gung beschlagnahmter Güter an die ausländischen Behörden auf. So fragt es sich, wie ein auf eine Sicherungsbeschlagnahme gerichtetes Gesuch begründet sein muss, um erfolgreich zu sein. Dazu ist erforderlich, dass der ersuchende Staat nachweist, er habe begründeten Verdacht, dass die betreffenden Sachen oder Werte direkt oder indirekt durch eine strafbare Handlung erworben worden sind. Das Begehren muss den für solche Begehren geforderten staatsvertraglichen oder gesetzlichen Bedingungen genügen [33] und derart den Behörden des ersuchten Staates erlauben zu prüfen, ob nicht etwa eine von der Rechtshilfe ausgeschlossene Tat verfolgt wird [34].

Sind diese Voraussetzungen erfüllt, so bindet bundesgerichtlicher Rechtsprechung zufolge das Rechtshilfegesuch die Schweizer Behörden, es sei denn, dessen Angaben seien widersprüchlich, lückenhaft oder offensichtlich irrtümlich [35].

Was die Stärke des Verdachtes, die gesuchten Sachen oder Werte rührten aus einem Delikt her, betrifft, so kann die Rechtsprechung zur Sachauslieferung herangezogen werden. Denn die Sachauslieferung ist trotz ihrem Namen und obschon sie herkömmlicherweise im Zusammenhang mit der Auslieferung geregelt wird [36], eine Spielart der anderen Rechtshilfe [37]. Den zur Rechtshilfe genügenden Verdacht zu bestimmen ist deswegen nicht einfach, weil zwei gegensätzliche Interessen im Spiele sind: Einmal das, die gebotene Rechtshilfe zu leisten und den Geschädigten zu ihrer Sache zu verhelfen, auf der anderen Seite die Pflicht der Schweiz als ersuchter Staat, nicht in einer ihrer

---

[33] EÜR Art. 14 für Gesuche auf Grund der Zusatzverträge, IRSG Art. 28 und 76.
[34] Ständige Rechtsprechung, eingehend BGE *106* (1980) Ib 263, E. 3.
[35] Ständige Rechtsprechung, BGE *109* (1983) Ib 65, E. 2a; mit der Möglichkeit, dass der ersuchende Staat aufgefordert wird, ein mangelhaftes Begehren zu verbessern, IRSG Art. 28 Abs. 6.
[36] IRSG Art. 34, im Zweiten Teil: Auslieferung.
[37] SCHULTZ, Das schweizerische Auslieferungsrecht, Basel 1953, 510, mit Nachweisen; MARKEES, SJK *422,* 2.1.13 zu Anm. 69.

Rechtsordnung zuwiderlaufenden Weise in private Rechte einzugreifen. Denn eine Beschlagnahme irgendwelcher Vermögenswerte des ausländischen Beschuldigten zur Deckung des durch ein Delikt gestifteten Schadens stünde im Widerspruch zu den Regeln des Zwangsvollstreckungsrechtes [38]. Das Bundesgericht sprach, allerdings im Zusammenhang mit einer Beschlagnahme in einem kantonalen Strafverfahren, von einer strafprozessualen Pfandsicherung und einem Gläubigerarrest [39].

Allzuhoch schraubt die bundesgerichtliche Rechtsprechung die Anforderungen an den nachzuweisenden Verdacht allerdings nicht. Die Rechtshilfe wird meistens während der Voruntersuchung erbeten, und in diesem Zeitpunkt des Verfahrens kann mehr als ein bestimmter Verdacht von den Behörden des ersuchenden Staates gar nicht geäussert werden. In einem früheren Entscheid stellte das Bundesgericht fest:

«Il apparaît hautement vraisemblable que Grosby vivait principalement des revenus du trafic illégal de stupéfiant et que sa fortune était formée du produit de son activité délictueuse. Selon la doctrine, il suffit que l'existence de rapports entre les objets et l'infraction paraisse vraisemblable (SCHEIM et MARKEES, FJS n° 755 p. 11). En l'espèce, Grosby s'est contenté de contester l'existence de tels rapports, sans donner la moindre indication sur la provenance possible des biens et valeurs saisis... Dans ces conditions, il faut admettre que l'existence de rapports entre les objets saisis et les infractions en question n'est pas simplement vraisemblable, mais hautement vraisemblable...» [40]

Ein späteres Urteil verweist auf den Entscheid Grosby sowie auf die Rechtsprechung zur Sachauslieferung und sagt von einem solchen Begehren um Rückerstattung der Beute: «che tale provenienza delittuosa sia resa altamente verosimile» und «che la do-

---

[38] BGE 76 (1950) I 100, E. 4.
[39] BGE 101 (1975) IV 379, E. 3 b.
[40] BGE 97 (1971) I 383/4, E. 5 b.

manda dello Stato richiedente sia particolarmente esaustiva e precisa: un esposto indeterminato e generico non è sufficiente.»[41] Damit dürfte jedoch keine grundsätzliche Verschärfung der Anforderungen an den Nachweis dieses Verdachtes ausgesprochen worden sein; diese Formulierung dürfte vielmehr von den Besonderheiten des Falles hervorgerufen worden sein und sollte überdies dazu dienen klarzustellen, dass an die Begehren von Nichtvertragsstaaten nicht zu geringe Anforderungen gestellt werden dürfen[42].

Schwierigkeiten entstehen, wenn durch Delikt erworbene Sachen veräussert werden. Ob der Erlös der Rückerstattung unterliege, liess das Bundesgericht offen[43]. Weitere Schwierigkeiten könnte es bereiten, wenn der Täter durch eine Straftat erworbene Sachen versilbert und durch Vermengung des Erlöses mit eigenem Geld Eigentümer des ganzen Betrages wird[44].

Konnten die mit dem Rechtshilfebegehren gesuchten Gegenstände oder Vermögenswerte in der Schweiz aufgespürt und beschlagnahmt werden, so sind sie, wenn dies verlangt wird, den Behörden des ersuchenden Staates auszuhändigen, wenn nicht gutgläubig erworbene Rechte Dritter bestehen, der Geschädigte in der Schweiz wohnt oder fiskalische Pfandrechte geltend gemacht werden[45]. Es ist Sache der Behörden des ersuchenden

---

[41] BGE *112* I 627, E. 10 a.
[42] Zit. BGE S. 25. In einem Fall von Sachauslieferung auf Grund des Auslieferungsvertrages mit den Vereinigten Staaten von Amerika vom 14.5.1900, SR 0.353.933.6, Art. XII, hatte der unveröff. BGE vom 2.10.1985 i.S. Paul I.L. sich damit begnügt, dass der Zusammenhang zwischen dem verfolgten Delikte und den sichergestellten Gegenständen glaubhaft gemacht worden war.
[43] BGE *103* (1977) Ia 623, E. 4 b.
[44] Siehe BGE *112* (1986) IV 74, wenn dem von ZGB Art. 727 Abs. 1 vorgesehenen Miteigentum keine Bedeutung beigelegt wird.
Mit Verfügung vom 22.2.1987 gewährte der Präsident der I. öffentlichrechtlichen Abteilung des Bundesgerichtes einer Beschwerde gegen die Herausgabe von Vermögenswerten gemäss IRSG Art. 74 Abs. 2 aufschiebende Wirkung.
[45] IRSG Art. 74 Abs. 2 sieht die Anwendung von Art. 34 Abs. 3 und 4, 59 und 60 ausdrücklich vor.

Staates, abzuklären, ob der Verdacht der Herkunft dieser Objekte aus einer strafbaren Handlung sich erhärtet oder nicht und dann, wie BGE *112* (1986) Ib 626, E. 9b, es für die Sonderart der akzessorischen Rechtshilfe, die Sachauslieferung, entschieden hat, nach seinem Recht über das Schicksal der beschlagnahmten Sachen oder Werte zu befinden. Denn die Beschlagnahme ist in einem Rechtshilfe- wie in einem Strafverfahren nur eine prozessuale Massnahme, welche die Durchführung der im Urteil möglicherweise angeordneten Einziehung oder Rückgabe an den Geschädigten oder einen anderen Berechtigten sichern soll.[45a]

Erweist sich der Verdacht als unbegründet, ist die Beschlagnahme spätestens im Urteil aufzuheben und die Gegenstände und Vermögenswerte sind an die Behörden des ersuchten Staates zurückzusenden, damit sie den Personen zurückerstattet werden können, bei denen sie erhoben worden sind, es sei denn, diese Personen befänden sich im ersuchenden Staate.

Es versteht sich, dass die Behörden des ersuchenden Staates das beschlagnahmte Gut vor der rechtskräftigen Beurteilung dem Geschädigten zurückgeben dürfen, wenn das Strafverfahren dieses Staates ein solches Vorgehen erlaubt[46], vorausgesetzt, dass das Eigentum des Geschädigten zweifellos feststeht, wie dies bei individualisierbaren Sachen – Schmuckstücke, Motorfahrzeuge, Namensaktien – zutreffen kann.

Nicht einfach ist der Entscheid über die Aushändigung beschlagnahmter Vermögenswerte, wenn es sich um grössere Beträge handelt und erhebliche Kursschwankungen möglich sind. Das Bundesgericht hat in einem Fall der Sachauslieferung zugelassen, solche Umstände zu berücksichtigen[47]. In solchen Fällen ist das rechtskräftige Urteil über die Einziehung abzuwarten.

Es hat sich gezeigt, dass die Behandlung der Rückerstattung der Deliktsbeute, wie sie das neue Rechtshilfegesetz vorsieht, den heutigen Tendenzen der Rechtshilfe in Strafsachen ent-

---

[45a] BGE *112* (1986) Ib 600, E. 12 c. c.; für eine Sachauslieferung 625, E. 9 b.
[46] Zum Beispiel Bundesrepublik Deutschland StrPO § 111 c Abs. 3.
[47] So in der in Fn. 44 Abs. 2 erwähnten Verfügung.

spricht und der Erleichterung dieser zwischenstaatlichen Zusammenarbeit dient. Doch zugleich entspricht sie einer anderen zeitgemässen Entwicklung des Kriminalrechts: Sie berücksichtigt deutlich und wirksam die Interessen des Geschädigten[48]. Das Rechtshilfegesetz, dessen Vorarbeiten auf eine Zeit zurückgehen, da vermehrter Schutz des Opfers noch nicht Mode gewesen war, erweist sich auch in dieser Hinsicht auf der Höhe der Zeit.

[48] Siehe BV neu Art. 64ter; Vorentwurf zum BG über die Hilfe an Opfer von Straftaten gegen Leib und Leben vom 12.8.1986; Rapport final de la Commission d'étude chargée d'élaborer un avant-projet de loi fédérale sur l'aide aux victimes d'actes de violence criminels du 23.12.1986. Grundsätzlich zur Stellung des Opfers CLAUS ROXIN, Die Wiedergutmachung im System der Strafzwecke, in HEINZ SCHÖCH (Hrsg.), Wiedergutmachung und Strafrecht, 1987.